O CARVALHO E A MULEMBA

DIEGO FERREIRA MARQUES

O CARVALHO E A
MULEMBA

Angola na narrativa colonial portuguesa

Prêmio de melhor tese de Doutorado no
Concurso Anpocs de Obras Científicas e
Teses Universitárias em Ciências Sociais
Edição 2013

Associação Nacional de Pós-Graduação
e Pesquisa em Ciências Sociais

© 2014 Cultura Acadêmica

Cultura Acadêmica
Praça da Sé, 108
01001-900 – São Paulo – SP
Tel.: (0xx11) 3242-7171
Fax: (0xx11) 3242-7172
www.culturaacademica.com.br
feu@editora.unesp.br

Anpocs
Av. Prof. Luciano Gualberto, 315 – 1° andar
Cidade Universitária – CEP 05508-010 – São Paulo SP
Tel.: (11) 3091-4664 / 3091-5043
anpocs@anpocs.org.br
www.anpocs.org.br

CIP – Brasil. Catalogação na Fonte
Sindicato Nacional dos Editores De Livros, RJ

M319c

Marques, Diego Ferreira

    O carvalho e a mulemba: Angola na narrativa colonial portuguesa

Diego Ferreira Marques. – 1. ed. – São Paulo: Cultura Acadêmica, 2014.

    ISBN 978-85-7983-558-2

    1. Angola – História. 2. Angola – Colonização. 3. Angola – História – Guerra civil, 1975. I. Título.

14-16456

CDD: 967.3
CDU: 94(673)

Editora afiliada:

Asociación de Editoriales Universitarias
de América Latina y el Caribe

Associação Brasileira de
Editoras Universitárias

AGRADECIMENTOS

Este trabalho resulta de esforços acumulados, para os quais concorreram muitas pessoas e instituições; agradeço inicialmente à Universidade Estadual de Campinas (Unicamp) e ao Conselho Nacional de Desenvolvimento Científico e Tecnológico (CNPq), instituições que o viabilizaram, e à Associação Nacional de Pós-Graduação e Pesquisa em Ciências Sociais (Anpocs), por sua publicação. A Omar Ribeiro Thomaz, que orientou a tese de doutorado que deu origem a este livro, agradeço pela disponibilidade, argúcia e, de modo geral, pela amizade e pelo papel que desempenha na minha trajetória. Agradeço aos colegas e funcionários do Instituto de Filosofia e Ciências Humanas da Unicamp, notadamente a Maria José Rizola, e também aos professores do Departamento de Antropologia Social, de modo especial a Guita Grin Debert, Maria Filomena Gregori, Bela Feldman e Vanessa Rosemary Lea e, por fim, a Silvana Barbosa Rubino, do Departamento de História.

A Heloísa André Pontes devo agradecer particularmente pela disposição generosa com que sempre me ouviu, leu alguns dos meus textos, debateu comigo os melhores caminhos a seguir na pesquisa e, às vezes, na própria vida. Igualmente, agradeço a Rita de Cássia Natal Chaves, da Universidade de São Paulo, por quem a minha gratidão se mistura à minha admiração; a Wilson Trajano Filho, da Universidade de Brasília; e a João de Pina Cabral, da University of Kent e do Instituto de Ciências Sociais da

Universidade de Lisboa, todos membros da banca em que pude discutir este trabalho, os quais me proporcionaram uma leitura profícua e um debate que foi um importantíssimo momento de crescimento. Finalmente, agradeço a Peter Fry, Sebastião Nascimento e Paulo Granjo pelas interlocuções ao longo desta pesquisa. Alguns colegas e professores com os quais convivi mais intensamente em outros momentos devem ser lembrados nestes agradecimentos; assim, gostaria de agradecer a Mário César Lugarinho, Sílvio Renato Jorge e Tânia Macedo, pelo estímulo continuado e pelas palavras de motivação ainda no início desta jornada, bem como a Marcelo Bittencourt, por um diálogo que sempre foi também amizade e porque é a ele que devo a sugestão original desta pesquisa, e, por fim, a Laura Cavalcante Padilha, a quem já não posso, de fato, agradecer, porque falta o nome para harmonizar a descrição do ato com o tamanho da vontade do gesto.

Foram diversas as instituições que contribuíram decisivamente na feitura deste trabalho. Gostaria de agradecer ao Real Gabinete Português de Leitura do Rio de Janeiro, à Biblioteca Nacional de Portugal, Sociedade de Geografia de Lisboa, Fundação Portugal-África da Universidade de Aveiro, Fundação Mário Soares e Centro de Documentação do 25 de Abril da Universidade de Coimbra, Arquivo Histórico Ultramarino e Instituto de Investigação Científica Tropical, Fundação Calouste Gulbenkian e Arquivo de História Social do Instituto de Ciências Sociais da Universidade de Lisboa. Em Angola devo agradecer, inicialmente, ao Ministério da Cultura, na pessoa da exma. sra. ministra Rosa Cruz e Silva, e Arquivo Histórico Nacional de Angola, especialmente à sua diretora, dra. Alexandra Aparício, por me terem facultado as condições para a pesquisa naquele país. No Arquivo Histórico Nacional de Angola, agradeço ainda a Honoré Mbunga e José Bernardino Borges de Sá, pelo valioso auxílio, bem como a Leandro e a Maria, pela sua solicitude. Agradeço ao Museu Nacional de Antropologia, na figura de seu diretor, dr. Américo Kwononoka, mas muito especialmente ao José Neves Teca e ao Prof. Mateus Camba Kavula, da Universidade Agostinho Neto, mais do que um interlocutor inestimável, um verdadeiro camarada. Na Universidade Agostinho Neto, devo agradecer ainda ao professor Samuel Aço, por sua disponibilidade para o diálogo, sua generosidade ao me receber e por seus estimulantes projetos que tanto nos motivam a alçar novos voos.

Gostaria também de agradecer à Conferência Episcopal de Angola e São Tomé e Príncipe (Ceast), pela acolhida fundamental em Luanda, bem como à irmã Maria Salomé, ao padre Francisco, ao padre Bantu Mendonça e ao pessoal da Missão Espiritana do Prenda, que me fizeram viver Angola mais próxima, mais familiar, mais "em casa". Finalmente, agradeço ao Gonçalves, ao "seu" Joaquim, meu *kota*, ao Leandro e ao Leonardo, pelas deambulações por Luanda, e a todos aqueles que tão bem me receberam, munidos de um sorriso cordial. Voltando a outras latitudes, devo agradecer à Simone Frangella pela sua imensa generosidade, transformando uma convivência de uns dias numa amizade que instantaneamente me pareceu de anos. Agradeço também ao Max Ruben Ramos, à Gleiciane Fernandes e ao Terêncio Lins, queridos colegas do Instituto de Ciências Sociais da Universidade de Lisboa, e dentre as pessoas que contribuíram com este trabalho devo ainda destacar e agradecer, sobretudo, ao Paulo Salvador, cujo trabalho de recuperação das "memórias africanas" é admirável, e à dona Nídia Jardim, também incansável curadora daquela experiência e daqueles dias. Por meio deles, agradeço a todos os demais que comigo colaboraram.

Este trabalho não teria chegado a bom termo, porém, se nele também não tivessem tomado parte pessoas imprescindíveis, sujeitos dos meus afetos. Agradeço, então, a Taniele Cristina Rui e Leonardo Ruffing, Laura Santonieri e Liliana Sanjurjo, Paulo Dalgalarrondo e Raul Ortiz Contreras, Mauro Brigeiro e Adriana Dias e todos aqueles que se "filiaram" a essa nossa tão estranha e tão certa família, que incluía ainda Ana Laura Lobato, Fernando Niemeyer, Joana da Hora, Giovana Lopes Feijão e Pedro Feijão, Paula Leonel Ferreira, Roberta Rizzi, Roberto Rezende e Suzane Vieira. Dessa família, o meu agradecimento especial a Graziele Rosseto, Luís Felipe Bueno Sobral, Hector Guerra Hernandez e Marta Denise da Rosa Jardim, amigos, é certo, de inestimável apreço, mas também bons parceiros de pesquisa, aos quais devo creditar ideias que certamente surgiram em algum dos nossos intermináveis cafés. Sou grato ainda a todos os demais amigos que pude constituir ao longo dos anos em que estive na Unicamp, os quais preencheram de partilha uma história que está para muito além da simples troca de ideias. Notadamente, agradeço a Nashiele Loera e Bertrand Borgo, Gábor Basch, Gustavo Rossi, Marília Giesbrecht, Christiano Tambascia, Daniela Ferreira Araújo Silva, Carolina Castro Ferreira, Marcos Vinícius

Coelho, José Swako, João Batista Bittencourt, Ludmila Abílio, Daniel Andrade, Érica Giesbrecht, Lucybeth Camargo, Raquel Pereira Rocha, Ernenek Mejía, Rafael Cremonini Barbosa, Diego Amoedo e todos aqueles com quem pude partilhar tão indispensáveis momentos de fraternidade, de Campinas ao Minho, o meu muito obrigado, extensível aos pequenos Sofia, Gael, Catari e Nuno, desejos de porvir. Ao Marcelo, ao Bruno, à Marcela e à pequena Malu, à Carol e ao Atílio, ao Nélson, amigos de ontem e de sempre, agradeço porque, constituindo o que eu sou, são como as margens que definem o curso de um rio. A Aline Bezerra agradeço porque, em meio às tormentas e aos descaminhos com que lidamos, o apoio recíproco e cotidiano foi sempre indispensável.

A minha mãe, dona Regina, agradeço pela sua força, pelos dias passados, por tudo que nunca será o bastante para dizermos o quanto. Ao meu pai (*in memoriam*), agradeço, na firme certeza de que enquanto "dormita ao meu lado/eu me torno meu pai". À Desirée Azevedo só tenho a dizer que, além do quanto me sinto inteiro, completo, nos anos passados na estrada comum da nossa vida, o meu sentimento por ela, quem o definiu foi um poeta, Jorge de Sena: "é inefável./ Inefável é o que não pode ser dito". E, por fim, agradeço à Cecília, a quem também dedico este trabalho, para que, um dia, saiba que nessa brincadeira de acreditarmos que cuidamos dos filhos, foi ela quem cuidou de mim, foram as suas intermináveis canções e "histórias de chuveiro", como um bálsamo, os seus sorrisos e afagos, contra a raiva e a má disposição dos dias, a sua amizade, ela que é a minha maior amiga, o seu amor, o maior amor, que fizeram que eu não esmorecesse: se o caminho deste trabalho foi cumprido, é porque esteve ao meu lado.

Para o Ruy Duarte de Carvalho, *in memoriam*
(Santarém, 1941 – Swakopmund, 2010)

SUMÁRIO

Agradecimentos   5
Introdução   17

1 *Quimbos* de branco   51
2 Outras terras   109
3 Outras gentes   187
4 Aventura e rotina   273
5 O destino da grei   371

Conclusão   443
Referências   465

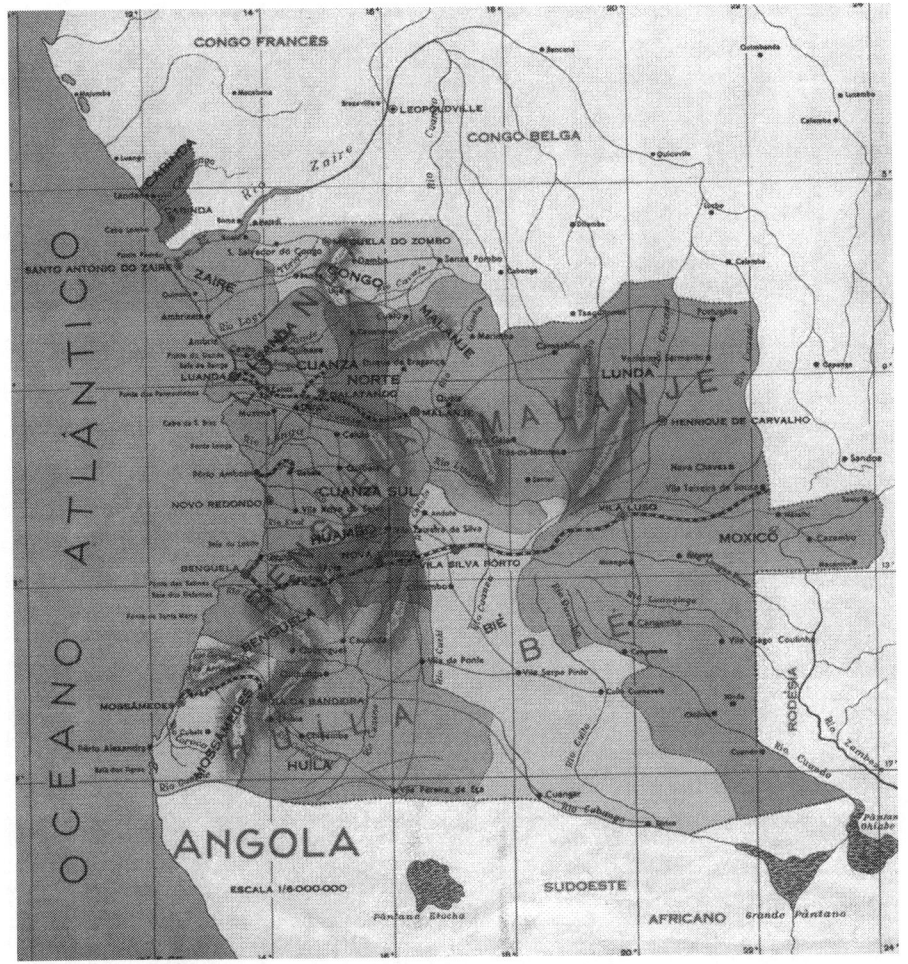

Imagem 1 – Angola,1939.
Fonte: Angola. In: Portugal Insular e Ultramarino. [Mapa, 99,00 x 72,50cm] Porto: Educação Nacional, 1939.

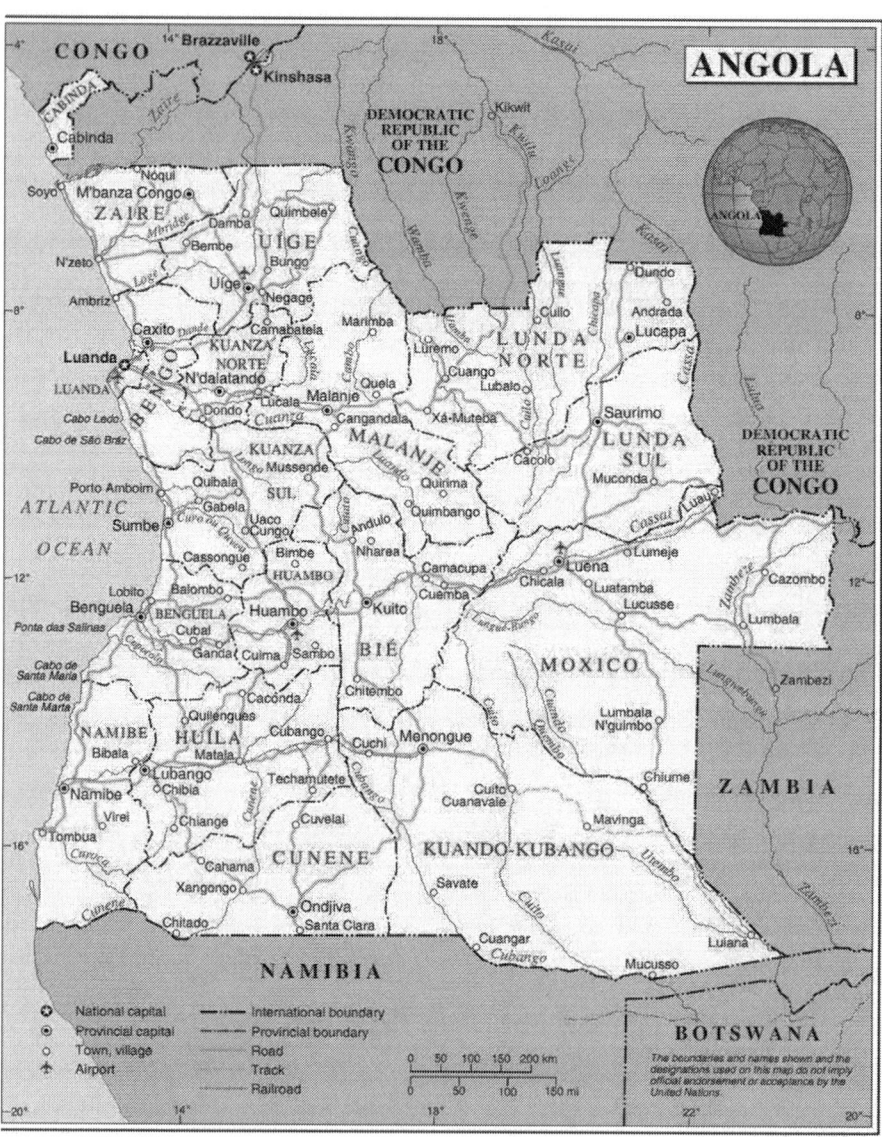

Imagem 2 – Angola, 2008.
Fonte: Angola. Map n. 3727, Rev. 4. New York: United Nations Cartographic Section, 2008.

 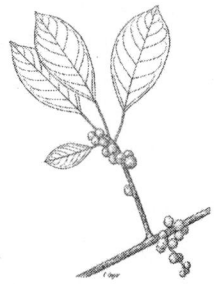

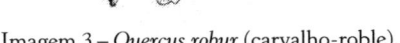

Imagem 3 – *Quercus robur* (carvalho-roble).   Imagem 4 – *Ficus thonningii* (mulemba).

O *Quercus robur* (família botânica *Fagaceae*), vulgarmente chamado carvalho roble ou carvalho alvarinho, é uma árvore de folha caduca, de grande porte, tronco reto e casca espessa. Suas folhas são grandes, simples e alternas, abovadas e pouco recortadas, de cor verde intensa, com as nervuras bem salientes na parte inferior, em geral mais clara que a superior, e assumem um tom acobreado no outono, quando persistem em pequeno número nos ramos, depois das secas. As flores masculinas aparecem em compridos pêndulos esverdeados e as femininas, pouco vistosas e vermelhas, em cachos que brotam no extremo dos raminhos. O fruto é uma bolota, infrutescência parda e escamosa numa cúpula aberta em forma de taça. É a espécie dominante nos carvalhais do noroeste de Portugal, sendo comum em todos os solos não calcários, úmidos e profundos da Europa e de parte da Rússia asiática. Sua madeira é muito dura, pesada e resistente à putrefação e por tudo isso é especialmente usada na marcenaria, na tanoaria e na construção naval.

A *Ficus thonningii* (família botânica *Moraceae*), chamada "mulemba" em Angola, *mrumbapori* em swahili, *nsanda* em kikongo, ou simplesmente figueira africana, é uma árvore sarmentosa, de porte elevado, copa volumosa e muito ramificada, que apresenta raízes aéreas, conhecidas como "barbas" e com uma característica seiva leitosa, de tom rosado. As folhas são simples, de um verde brilhante e escuro, finas como papel ou ligeiramente rugosas, de margem lisa, elíptica ou oblongada, por vezes bem compridas, agrupadas em extremidades nos galhos. Abaixo das folhas, aparecem pequenas flores, amarelas ou vermelhas. Seus frutos, sicônios que nascem das axilas das folhas, têm cerca de dez milímetros de diâmetro e são atrativos para grande diversidade de aves. Ocorre espontaneamente em Angola, na República Democrática do Congo e na Tanzânia, mas está espalhada por quase toda a África subsaariana, preferindo terrenos secos e arenosos, embora ocorra em florestas de planaltos, prados abertos, zonas ribeirinhas rochosas e na savana. É apreciada sobretudo pela generosa sombra que proporciona.

Alegoria à fundação da cidade de Luanda por Paulo Dias de Novais
Fonte: Quadro de Albano Neves e Sousa, no átrio da antiga Associação Comercial de Luanda. Colecção de Gravuras Portuguesas. 10ª série. Angola. Lisboa: [s.n.], 1970. Estampa n.17.

Introdução

I.

"Angola, a mais portuguesa de todas as colônias." Nos três primeiros quartos do século passado, essa sentença foi utilizada à exaustão. Publicistas e viajantes, missionários e militares, intelectuais e administradores, colonos e portugueses de toda sorte repetiram-na, por aprendizado ou crença. Observadores estrangeiros, entre cumplicidade e ironia, subsumiram-na do discurso daqueles. Por um lado, era uma fórmula de síntese, em que se condensavam duas narrativas: a de uma longa história de contato, que perdurou por séculos, e a de uma breve história de presença, que não durou mais do que um punhado de décadas. Por outro lado, exprimia de modo particular ideias de autodesdobramento e de incorporação, comuns à encenação do drama colonial em outros quadrantes africanos. Qual *matrioska* de palavras, encaixava corpos distintos no bojo de um corpo vazio. Passadas quase quatro décadas do termo do fato a que remetia, seus efeitos gerais ainda estão longe da total diluição. Em Portugal e em Angola, seus sinais, visíveis, estão um pouco por toda parte. E é por isso, antes de tudo, que o objeto deste trabalho consiste em dizeres desse tipo.

II.

Entre as primeiras décadas do século XX e o início da guerra de libertação, em 1961, alguns milhares de portugueses se fixaram em Angola. Constituíam um grupo profundamente heterogêneo. Sobretudo em seguida à Segunda Guerra Mundial, acompanhavam a onda de emigração europeia para a África, que, rapidamente, mais do que duplicou a população branca do continente. Foi ao longo desse mesmo período que o incremento do ingresso de manufaturas metropolitanas, a fixação de grandes empresas de extração de recursos naturais e a emergência de culturas de *commodities*, com todas as suas implicações sobre o regime de terras, alteraram profundamente o comércio e a exploração econômica da colônia. Fosse em torno aos diamantes da Lunda, fosse em meio à região cafeeira do planalto central, ilhas urbanas floresceram na direção desses novos fluxos de capitais. Batizaram-nas com nomes como Nova Lisboa, Vila Luso, Carmona e Salazar.[1] Ao lado desse grande trânsito de coisas e pessoas, havia um consistente aproveitamento ideológico da imagem colonial na metrópole. Progressivamente, a figura da bandeira portuguesa tremulando nas lonjuras do império se tornou uma espécie de fiadora nacional, a que recorreram sucessivas vagas políticas. Quando o Estado Novo se consolidou, no início da década de 1930, a consagração da "questão colonial" parecia definitiva. Os enclaves comerciais, que subsistiam desde a chegada dos portugueses, no século XVI, deram lugar a uma efetiva colônia. Uma miríade de novos personagens somou-se aos *funantes* e *degredados*,[2] aos caçadores e exploradores de antanho, a desenhar lugares brancos na vida africana. Efeito particularmente sensível do processo foi o deslocamento das elites mestiças e assimiladas, que lograram considerável espaço na sociedade colonial de fins

---

1   Hoje Huambo, Luena, Uíge e Dalatando, respectivamente. António Óscar de Fragoso Carmona (1869-1951) foi presidente da República portuguesa a partir de 1926 até sua morte, o que corresponde a boa parte da ditadura militar e do Estado Novo. António Oliveira Salazar (1889-1970) foi ministro das Finanças e também das Colônias e presidente do Conselho de Ministros da República, entre 1932 e 1968; exerceu tamanha concentração de poder que o período da história portuguesa compreendido entre 1926 e 1974 é comumente chamado "salazarista".

2   *Funantes* eram os vendedores ambulantes ou sertanistas que praticavam trocas com as sociedades nativas para além do *hinterland* de Luanda. Ao lado dos *degredados* (figuras que existiram até as primeiras décadas do século XX), eram comumente apresentados como "tipos sociais" de um passado colonial a ser superado.

do século XIX. No lugar dessa comunidade *crioula* de Angola afirmou-se, cada vez mais, uma elite branca de forte caráter exclusivista. Isso ainda sem considerar o impacto da colonização sobre o *design* das sociedades nativas, em diferentes aspectos. Enfim, foi dessa conjunção de fatores que resultou um fenômeno histórico descrito habitualmente nos termos de uma "mudança social vertiginosa" e sobre esse pano de fundo que se multiplicaram representações concorrentes de uma nova Angola em uma África tocada pelo colonialismo.

III.

Nas páginas seguintes, importa-nos explorar o repertório pelo qual Angola foi apreendida por um olhar colonial. Como uma metáfora radical,[3] entendemos que esse olhar é a multidão de variadas formas de pôr em perspectiva os universos do que é visto, a fim de mapeá-lo, normalizá-lo e, então, nomeá-lo, classificá-lo, fazê-lo dizível. Ou seja, o olhar é um fato mediador, um instante entre o vivido e o dito. Assim, perseguiremos duas questões básicas: Que atos e concepções, situações e afetos os coloniais de Angola consideraram fundamentais para dar a conhecer a experiência em que estavam imersos? E que relações esse olhar para a realidade no seu entorno mantém com a estrutura geral do colonialismo em Angola? Para tentar respondê-las, lançaremos mão de um material empírico que, em conjunto, é aparentemente excêntrico ao campo da antropologia. Trata-se, em primeiro lugar, de uma soma de textos, produzidos pelos mais diversos agentes, entre os anos de 1920 e 1960. Romances, crônicas, contos, narrativas de viagem, livros de memória, monografias, história, coletâneas de aspectos etnográficos, álbuns de caça, ensaios, artigos de jornal, enfim, uma massa de papéis escritos, de natureza vária e de propósitos inúmeros, que a seu tempo foram tomados sob o mesmo e único rótulo de "literatura colonial". Na medida do possível, recorreremos também a relatos orais, entrevistas, imagens, registros audiovisuais e todo tipo de documentos escritos, de modo a complementar as explorações desse objeto. Evidentemente, esse trabalho demandaria uma reflexão ulterior sobre noções como narrativas, versões, fato e ficção. Todavia, considerando as particularidades desse ma-

---

3   *Cf.* Turner, 2008, p.19-55.

terial, sua variedade inclusive quanto aos saberes que exprime, evitaremos indagar sua natureza pura e simplesmente formal, bem como supor que ele deva ter algo de propriamente etnográfico. Em vez disso, vamos nos dirigir à persuasão das suas imagens e às relações de força em que foi concebido, a fim de desentranhar indícios que iluminem a empresa de uma etnografia do olhar colonial sobre Angola.[4] E "contra o lugar-comum corrente segundo o qual todas as narrativas pertenceriam em alguma medida à ficção", interessa-nos pensar sobre a "relação complexa entre as narrativas inventadas e as narrativas com pretensão à verdade".[5]

IV.

Um aspecto relevante a que devemos aludir é o expressivo número de clivagens sociais encarnadas nesses textos. Seus autores se moveram em mundo que, descrito a certa distância, dava a impressão de uma peça minuciosamente coreografada, com uma diversidade enorme de papéis. A principal dessas clivagens era, sem dúvida, de ordem racial, e opunha brancos e negros. Mas até nesse nível a trama era mais elaborada, haja vista a celeuma em torno aos mulatos ou a preocupação constante, de brancos e negros, com sujeitos liminares como *brancos cafres* e *pretos calcinhas*.[6] Cada um desses blocos se embaralhava ao sabor de outras distinções mais ou menos evidentes. Diferenças de classe ou de *status*, percepções de pertença e exterioridade, fidelidades expressas em termos de identificação, cesuras de ordem situacional, enfim, uma dúzia de rearranjos influía sobre os círculos de aliança e de rusgas. Os vários sujeitos que nos ocupam se definiram como "portugueses", "portugueses de Angola", "brancos de Angola", "angolenses", "naturais de Angola" e "filhos da terra"; foram tratados pelo juízo alheio de forma diversa, segundo a posição de "metropolitanos", "africanistas" ou "coloniais" (este último termo, aliás, particularmente ambíguo)

---

4   No trato desse tipo de textos, compartilhamos as perspectivas de Araújo & Viveiros de Castro, 1977, p.130-169, e Lalande, 2003, p.31-58, dentre outros.

5   Ginzburg, 2004, p.15-17.

6   *Cafre* (do árabe, *kafr-*, "infiel") era a forma habitual com que se designavam os brancos que, dado o convívio prolongado, teriam adquirido "modos" nativos; *Calcinhas* (ambaquistas) designava, de modo pejorativo, o negro que adotava "modos" europeus, sobretudo no vestuário, e que pretendia falar fluentemente o português, tendendo a um discurso "palavroso", marcado por arcaísmos.

que o xadrez da "nação-império" lhes reservava. E, enfim, se ajustaram a redes de interesse como as que opunham empresários e autoridades da metrópole aos administradores e proprietários coloniais, estes aos funcionários e profissionais liberais de toda ordem, na colônia, e figuras como missionários, um tanto ao lado e um tanto contra todos. Em escalas diversas, havia atores de todos esses tipos produzindo representações divergentes sobre o espaço colonial angolano. Boa parte das preocupações que materializaram em seus discursos dizia respeito a coisas como modos de distinção, reivindicações de legitimidade, constatação de fronteiras, descoberta de espaços e relações de excisão ou de porosidade entre os grupos dos quais julgavam participar. É certo que cada vez menos parece apropriado falar em "grupos sociais" como coisas unas, mas é impossível referir-se àquele contexto sem destacar a importância que conferiam a esse tipo de noção. Tanto quanto é impossível ignorar o efeito dessa colcha de retalhos que conforma a sociedade colonial sobre as várias visões da cena de "territórios sobrepostos" e "histórias entrelaçadas" que ela engendrou.[7] O material que coligimos é o resultado da expressão de uma variedade de pontos de vista, que vão desde a adesão integral à máquina colonial até o que os discursos nacionalistas angolanos, mais tarde, tomariam como "exemplos nacionais anteriores", entremeados de um sem-número de vozes imprensadas entre "boas intenções" e "más consciências".[8] Contra a tendência a tomar o "discurso colonial" como um monólito, gostaríamos de privilegiar essa polifonia de que ele se compõe e de observá-lo de forma contraintuitiva, com atenção especial para as "confusões", para o que não está claro, para a heterodoxia que se pode adivinhar pelas suas frestas.

V.

Em paralelo a esse conjunto heterogêneo de variados *status* e interesses, um aspecto central sobre os discursos produzidos nesse contexto é o da presença recorrentee de estereótipos, juízos depreciativos e generalizações com que cada um desses grupos apresentava outros em meio à "situação colonial".[9] A julgar pelos estudos empreendidos nesse campo nos últimos

---

7   Said, 1995, p.33-98.
8   Candido, 1987, p.153; Chaves, 1999, p.133.
9   *Cf.* Kuper, 1964, p.149-164.

trinta anos, esse parece ser o núcleo privilegiado na abordagem das narrativas coloniais. E é fato que elas quase sempre estiveram amarradas às questões fulcrais da *ipseidade* e da *alteridade*. Todavia, para além do arsenal de violência discursiva, interessa-nos observar em que medida sua recorrência compõe um catálogo de "situações sociais",[10] que condensam os elementos estruturantes dos processos em causa. Temas e motivos expressos nessas narrativas, como "caça", "sexualidade" de negros e brancos, relações com "trabalho" e "dinheiro", "feitiçaria" e gigantismo dos "animais", da "jângal" e do "mato", padrões de "casa", de "conduta", de "lazer", bem como oposições aparentemente secundárias, por exemplo a da "fazenda africana" em relação aos *"quimbos"*,[11] dentre outras, constituem um rol de obsessões e de imagens recidivas. O nosso objetivo principal é tentar listá-las, de modo a conectá-las com a emergência daquilo que se tem chamado uma "cultura colonial."[12] No caso específico de Angola, gostaríamos ainda de explorar a possibilidade de relacionar o tratamento dispensado por esses textos à miuçalha do cotidiano colonial a uma forma de escatologia das relações luso-angolanas, que tendia a apresentar aquele espaço como vocacionado a replicar a comunidade nacional portuguesa. Por fim, nossa hipótese básica é a de que é possível tratar essa "cultura colonial" emergente como um "campo de moralidade", no sentido em que Roy Wagner tomou a noção durkheimiana de "moral", entendendo-a como "um leque de contextos construído a partir das associações de outros contextos", que relaciona e é, ela própria, uma "construção expressiva", "criando uma imagem e uma impressão de absoluto em um mundo que não tem absolutos".[13] O que nos ocupa não é a sociedade colonial em si, mas uma depuração dela, mediada pela prática social do narrar. Talvez, então, não tenhamos o bastante para definir o que constitui essa "moralidade". Cremos, no entanto, que vale a pena tentar desenhá-la. Ainda que o resultado seja somente um borrão.

---

10   No sentido atribuído por Gluckman, 2010, p.227-344.
11   *Quimbo* (do kimbundo, *k'imbu yetu*, "nossa aldeia"), pequena povoação rural, aldeia, roçado.
12   *Cf.*, por exemplo, Kennedy, 1987; Gosden & Knowles, 2001; Procharska, 2002.
13   Wagner, 2010, p.82.

VI.

Se, como ensinava Braudel, "a história é uma centena de correlações ao mesmo tempo, das quais, na melhor das hipóteses, só percebemos algumas",[14] talvez a tentativa de reconstrução de contextos culturais, no que tem de empreitada caudatária da história, não seja senão como um jogo de quebra-cabeça, uma aventura detetivesca, que demanda certa disposição para se deixar levar pelas sugestões e pelos indícios de que dispomos à partida. Comecemos, portanto, apresentando algumas das pistas que permitem compreender melhor o nosso objeto e as razões pelas quais o consideramos interessante.

VII.

It is often said that we Portuguese have the vice of history. Some even say that we seek to take refuge in the greatness of the past to compensate for the smallness of the present – thus obeying the doleful law of the Empires corroded by stagnation or decadence. In Portugal, however, we now feel that we are so much the legitimate heirs of a great tradition that the generation of today is entitled to invoke the past not as the remembrance of dead things, but as the source of inspiration for the future. (Armindo Monteiro, 1939)[15]

Eis aí um discurso exemplar. Esse pronunciamento de Armindo Monteiro diante da Royal African Society, em 1939, concentra a quase totalidade do que importa, quando se trata de sintetizar formas oficiais de "ler" o "Império" português na primeira metade do século XX. É com uma lógica implacável que respondia aos detratores do "vício da história", cujas críticas se voltavam para as fantasias de um passado de grandeza e para o que revelavam sobre a consciência da "queda" de Portugal. Para Monteiro, esse voltar de olhos para trás era só o resultado direto do vínculo entre a presença portuguesa centrada na África, àquela altura, e o legado que remontava aos

---

14 Braudel, 2007, p.177.
15 Monteiro, A. "Portugal in Africa." In: *Journal of the Royal African Society*. v.38, n.151, Apr., 1939, p.259-272. (Monteiro, então embaixador na Grã-Bretanha, foi ministro das Colônias, entre 1931 e 1935, e um dos homens mais próximos a Salazar no período inicial do Estado Novo. *Cf.* Rosas et al., 1996.)

séculos vividos no Oriente e no Brasil, entre os quinhentos e os oitocentos. Era a consequência de um "destino", de uma "tradição" e de uma "herança" que persistiam na história e em que se fundava a razão das ações portuguesas. Essa retórica, centrada na questão da legitimidade, e esse modo de dizer o "Império", sacralizando-o,[16] não eram privilégio seu. Nem tampouco nasceram do dia para a noite. Foram o produto complexo de construções que remontam ao terceiro quarto do século XIX, pelo menos, e que, no período considerado, tomaram ares de dogma.

Em meados do século XIX, porém, estava na berlinda essa centralidade, que, a despeito da existência real do império, a ideia do "Império" ocupou no Portugal contemporâneo,. Almeida Garret descrevera um país autocentrado nas *Viagens na minha terra*. Antero de Quental apontara as colônias como "causa da decadência dos povos peninsulares". E, por fim, Oliveira Martins disse de Portugal que era o "moribundo da Europa Ocidental".[17] Paralelamente, esses discursos de perda e declínio ganhariam a concorrência de discursos de "regeneração nacional". E, desde então, a "questão colonial" foi tratada como indissociável da questão da "viabilidade" da nação. O movimento em causa começou no interior do que se tem chamado de "viragem africana", um ponto de mutação entre o tempo das possessões e o período da ocupação. Nos momentos-chaves do processo de reposicionamento português no concerto imperialista, essa noção de ressurgimento esteve sempre presente. Encontramo-la nos discursos daqueles que fundam a Sociedade de Geografia de Lisboa, em 1875, e, pouco depois, a Escola Superior Colonial e nos debates que repercutem as viagens de exploração ao interior de Angola e Moçambique empreendidas por Ivens, Capelo e Serpa Pinto; e ela domina o pensamento da chamada "Geração de 1895", aquela dos "heróis da pacificação" Mousinho de Albuquerque e Antonio Ennes.[18]

---

16   Alexandre, 2000, p.147-162.

17   Martins apud Hammond, 1966, p.35. As referências anteriores são o romance de Almeida Garret (*Viagens na minha terra*. [1846] Lisboa: Sá da Costa, 1974) e a conferência de Antero de Quental (*Causas da decadência dos povos peninsulares*. [1871] Lisboa: Livraria Guimarães, 2001.)

18   A "Geração de 1895", ou "de Moçambique", tornou-se uma espécie de mito colonial português. Tratava-se de um grupo, formado majoritariamente por militares, que, tendo participado das campanhas militares contra a resistência africana à ocupação, esforçou-se por produzir uma ideia de "colonização moderna", voltada para a ocupação efetiva e para a centralização administrativa dos territórios. A imagem clássica de Mousinho de Albuquerque submetendo o chefe Gungunhana foi estampada em toda a parte e resume o mito.

Foi no bojo do sentimento de humilhação que o *Ultimatum* britânico de 1890 produziu,[19] acrescido da dificuldade de inserção portuguesa na corrida maluca que foi a "partilha da África", que uma coisa virou outra. Entre o redivivo "perigo espanhol" e uma obsessão que jamais deixaria de acompanhar Portugal – a das garras alheias a espreitarem o Império –, surgiu a versão portuguesa do dilema "nação ou império", tornado ali um dilema entre "Província ou Império".[20] Em um tempo de inquietação com "viabilidades nacionais", o arrivismo nacionalista português passaria definitivamente a considerar as colônias como a tábua de salvação do país.

Poderíamos aqui evocar a tendência verificada pela historiografia portuguesa a reter uma imagem de lances decisivos da história do país que denota correlatos imperiais. Embora as coisas nem sempre se tenham passado como sugerem tais narrativas, a persuasão desse tipo de explicações do "cá por lá" é um indicador da eficácia simbólica do "Império", como termo essencial do processo de invenção nacional portuguesa. Isso esclarece, em parte, porque durante bom tempo o centro do debate interpretativo sobre o colonialismo português do século XX gravitou em torno à oposição entre as teses do "imperialismo de prestígio", destituído de maiores interesses materiais, e a do "imperialismo econômico", equivalente a todo o conjunto da presença europeia na África, cujas formas clássicas foram propostas por Richard Hammond e Gervase Clarence-Smith,[21] respectivamente. Se o volume de trocas econômicas entre Portugal e as colônias africanas indica que estas nem sempre foram o centro da vida material do país, o fato, como demonstrou Clarence-Smith, é que detentores do poder econômico estiveram permanentemente envolvidos e interessados nesse filão. E, por outro lado, há um sem razão de aparições de discursos sobre essa "imprescindibilidade" das colônias que, mesmo que aceitássemos sua vinculação a

---

19 O *Ultimatum* foi a pá de cal sobre a pretensão portuguesa de unificar em faixa contínua os territórios de Angola e Moçambique. Em janeiro de 1890, o governo britânico ameaça romper relações diplomáticas com Portugal e retaliar militarmente o país, forçando a retirada da expedição de Serpa Pinto que subia o rio Chire, em direção ao lago Niassa. Seguiu-se uma série de violentos protestos antibritânicos e, posteriormente, antimonárquicos, pois o *Ultimatum* foi visto como prova do desdém do regime para com a questão colonial (*Cf.* Axelson, 1967; Alexandre, 1993).

20 Sobre o chamado "iberismo federativo" nos séculos XIX e XX e o medo de que um Portugal "fraco" não tivesse alternativa senão se unir ao vizinho, ver Cartoga, *in*: Torgal & Roque, 1993. *Cf.*, ainda, Thomaz, 2005-2006, p.19-29; p.64-65.

21 Hammond, 1966; Clarence-Smith, 1985.

interesses outros, dificilmente são explicáveis sem que se tenha em conta a força ideológica de construções sobre um "destino português";[22] inclusive, como sugeria Hammond, no seu teor religioso. Em ambos os casos, portanto, a oposição de foco não esconde o que é essencial. Quer olhemos para as coisas, quer para os conceitos, por todo lado, no Portugal de entre os séculos XIX e XX, há sempre histórias sobre caminhos e descaminhos percorridos no ultramar.

Tão importante quanto essa acepção que tomava a "questão colonial" como um problema relativo à "viabilidade" da nação, foi seu aproveitamento como tema "unificador" ao longo de todo o chamado "Terceiro Império".[23] Durante o processo de cadaverização da monarquia, a propaganda republicana explorou fartamente o seu potencial para galvanizar a atenção daqueles que, como mais tarde definiria Antonio Eça de Queiroz, filho do célebre escritor, "não davam um passo pelas colônias" e, contudo, "berravam como possessos se alguém pretendia bulir-lhes".[24] Se algo havia de estável no equilíbrio precário do regime de 1910, era certamente esse pendor pró-colonial que atravessava facções. Nele se escorou até mesmo a temerária participação portuguesa na Primeira Guerra Mundial, sempre com os olhos fitos na fragilidade do império diante de cobiças alheias.[25] O traço dominante da política colonial da primeira República era, aparentemente, uma forte descentralização administrativa que buscava modernizar os territórios coloniais. Mas essa era uma iniciativa assentada em interesses muito frouxos. O que mais perdurou do período entre 1910 e 1926, um tempo de aceso debate e muitíssima confusão, foi a emergência de um nacionalismo extremado, que passou a demandar não só uma ação mais firme no terreno do império, mas um amplo processo de interesse da sociedade portuguesa pelo problema das colônias; o fenômeno característico desse período foi, portanto, antes de tudo, o da "socialização da ideologia colonial" e da incorporação do problema da "educação colonial na metrópole" à "magna questão colonial".[26] Em boa medida, a própria República foi viti-

---

22   *Cf.* Lourenço, 2001.
23   Clarence-Smith, 1985.
24   Queiroz, A. E. de. "Como eu descobri a África." *In: Portugal Colonial.* Ano 3, n.28, Jun., 1933, p.10.
25   Ver Marques, 1889, p.63.
26   Paulo. *In:* Marques, 1889, p.30-88; Idem. *In:* Bethencourt & Chaudhuri, 1998, p.304-482.

mada por ele. Na fase que se segue, aquela com que afinal nos importamos, a partir do golpe militar de maio de 1926 e, sobretudo, do Estado Novo, de 1932, um novo adjetivo seria definitivamente entronizado nos discursos oficiais, com relação à questão colonial: de "viabilizadora" e "unificadora", ela passaria, cada vez mais, a "definidora" da nação.

É pela política que tudo começa nesse capítulo. No início da ditadura, o grande ponto de discussão era o problema da "nacionalização" das colônias. A par de interesses divergentes, que levaram o golpe ao sucesso, tratava-se de se servir do império como fator de equilíbrio. Os debates da hora tocam coisas como estabilidade orçamentária, modos de ocupação e necessidade de centralização administrativa. Enfim, esse processo culmina no surgimento de um corpo jurídico específico para as colônias, incluindo a ratificação de um Estatuto Político, Civil e Criminal dos Indígenas, em 1929, a promulgação do Ato Colonial de 1930 e a sua incorporação à Constituição, em 1932. O impacto das garantias econômicas e políticas oferecidas nessa legislação foi quase consensualmente positivo, ademais, porque seu aparecimento respondeu aos efeitos da crise mundial de 1929. À testa desse movimento, um homem que jamais pisou ou pisaria nas colônias começou a ampliar seu escopo de poder. Em parte, a história da ascensão de Salazar e do salazarismo é também a história da escolha feita nessa altura. Entre a pressão de um parco grupo de colonos, sobretudo em Angola, aliada aos desejos desenvolvimentistas de pequenos segmentos metropolitanos, e a força de instituições como o "Exército, a Igreja e a burguesia comercial e industrial do país", o "voluntarismo conservador" de Salazar opta pelo lado mais forte.[27]

Sob o Estado Novo, o que começou assim, tão politicamente, ganharia uma boa dose de mistificação. Vera Marques sugere que dentre "as ideias que constituem a memória crítica" desse período, está "a de um regime criador de perfis idílicos da nação, encenador do mundo campestre das aldeias, inventor de ranchos folclóricos e galos de Barcelos".[28] De forma extremamente conservadora, exaltava-se a vida rural de um campesinato, no entanto, miserável, tomado como exemplo daqueles portugueses que, como dizia o próprio Salazar, "preferiam viver habitualmente".[29] Uma

27 Alexandre, 2000, p.216-217. O ensaio todo é uma excelente síntese do período (199-217).
28 Marques, 2007, p.63.
29 Apud Paulo, 1994, p.117. *Cf.* Thomaz, 2002, p.261-263; Rosas, 1994, p.53.

massa de ações de propaganda em torno desse tipo de imagens foi levada a cabo, a partir do Secretariado de Propaganda Nacional (SPN/SNI), em que pontificava Antonio Ferro. Era a assim chamada "política do espírito", uma política estruturada sobre dois pilares. De um lado, esse Portugal agrário se reproduzindo no tempo vazio e homogêneo; de outro, o "Império". E foi municiado dessa ideia de um país definido pelo seu "espraiar-se pelo mundo" que o regime interveio nos mais diversos campos de saber e nas mais diversas práticas, da academia às artes plásticas, da imprensa ao cinema. Enfim, o Estado Novo é atravessado por episódios e iniciativas que se voltaram para a invenção desse "mostruário do Império",[30] de que falava João Ameal, cujas glórias máximas foram a I Exposição Colonial Portuguesa, no Porto, em 1934, e a Exposição do Mundo Português, em Lisboa, em 1940.[31] Esse é um período relativamente longo, que vai dos anos de 1930 à metade da década de 1970, marcado por mudanças de concepções e de personagens, por ondas de centralismo e de descentralização, até aquela que se inicia em 1951, já no contexto da Guerra Fria e da descolonização. Mas é notável a persistência com que reproduz a retórica que via os portugueses como uma "raça de líricos, lavradores e marinheiros". Olhando para o império colonial português, em meados de 1930, Yves Léonard propôs que invertêssemos a conhecida frase de Charles Péguy, pela qual ele teria dito, da França, que "tudo começa em mística e acaba em política". No caso português, "*o* político, *a* política foram provavelmente os primeiros", mas tudo se consumou em velhos mitos.[32]

VIII.

Nesse "labirinto mítico"[33] português, Angola ocupava um quadrante especial. E, contudo, nas primeiras décadas do século XX, não era raro encontrar uma visão da antiga colônia em que prevaleciam notas de amargor. Um bom exemplo deste olhar vem "de fora". Ao concluir o seu safári, em 1939, percorrendo 1.346 quilômetros entre o Lobito e a fronteira oriental

---

30   Ameal, João. "O mostruário do Império." *In: O Mundo Português*, v.1, n.3, Mar., 1934, p.97-101.

31   Para uma análise aprofundada das exposições coloniais em questão, ver Thomaz, 2002. Quanto à política do espírito e a propaganda oficial durante o salazarismo, ver Paulo, 1994.

32   Léonard, *in*: Bethencourt & Chaudhuri, 1998, p.24.

33   Lourenço, 2001.

de Angola, o geógrafo norte-americano Linton Wells concluía: "*We marvelled that with so much at hand so little had been done. That all is not milk and honey is as true for Angola as for any other African land, but here surely are possibilities demanding intelligent exploration*".[34] Essa imagem de um território um tanto estagnado, cheio de possibilidades e, todavia, subaproveitado, não era uma originalidade de visitantes estrangeiros. Com filtros ideológicos e propósitos distintos, ela está na base da maioria das reclamações de coloniais, negros assimilados e até mesmo de autoridades metropolitanas que gostariam de imprimir um ritmo diferente às relações com a colônia.[35] O que possibilitou seu surgimento, contudo, foi a dispersão da crença na transformação radical daquele espaço; crença que aproximava o colonialismo de outros projetos de "manipulação" e "aceleração" do curso da história.[36] Essa noção, tornada hegemônica nas quatro décadas para as quais olhamos, entre os anos 1920 e 1960 do século passado, foi uma espécie de ponto de partida, tanto para a rejeição da "modernidade incompleta" prometida pela ordem colonial quanto para os esforços dos que acalentaram o desejo de converter a "*brousse*, crua e híspida, vertida pela fantasia dos viajantes",[37] em um "*segundo Brasil, terceiro Portugal*".[38] Gostaríamos de voltar um pouco nessa história, a fim de melhor compreender como esta se torna uma questão central e de que forma ela se adapta ao amontoado de metáforas da mitografia colonial portuguesa.

De Angola, dizia-se que representava um elo entre as temporalidades superpostas do Império. Isso explica porque tantas vezes foi descrita como "estruturalmente portuguesa", revelando desde "o pórtico de entrada, seu cunho português".[39] Como já antes dissemos, a presença colonial ali remontava ao século XVI. Sobrevivendo ao período das descobertas, às rotas para o Oriente, Angola era também o grande empório do comércio de gente que foi o tráfico atlântico. Entre os séculos XVII e XIX, aquela zona da costa oeste de África esteve sob o domínio de um condomínio luso-brasileiro, baseado num colonialismo complementar, em que a cota parte

---

34   Wells, L. "Angolan Safari." *In: Geographical Review*, v.30, n.4, Oct., 1940, p.573 [553-573].
35   Ver, por exemplo, Pimenta, 2008, p.137ss, e Rodrigues, 2003, p.53ss.
36   *Cf.* Arendt, 1989.
37   Gonzaga, N. *África de sangue, do oiro e da morte*. 1942, p.59.
38   Ferreira, V. Angola, nova Lusitânia. *In: Estudos Ultramarinos*, v.2. 1954b, p. 226.
39   Archer, M. *Angola filme*. Cadernos coloniais, n.19. 1936, p.4-5.

de Angola era fornecer braços para as monoculturas da América. Dessa fase emergiu uma sociedade de mercadores e sertanistas, embaralhados aos "naturais da terra", intermediários de interesses portugueses e brasílicos, que deu origem às imagens de uma "Luanda mulata" ou de uma "Benguela morena", por muito tempo tratadas como símbolos da especificidade do contato colonial em Angola. Historiadores "angolistas", ligados à tradição luso-africana, como Cadornega, ainda no século XVII, ou Ralph Delgado e Gastão de Sousa Dias, já no século XX, cristalizaram uma visão dessa sociedade, com os seus heróis e ápices dramáticos particulares.[40] O principal deles, sem dúvida, era a Restauração de 1648, tendo à frente o "carioca" Salvador Correia de Sá, que, como uma espécie de "mito de origem", o colonato branco de Angola jamais deixaria de reivindicar.

Não surpreende que essa ponta do comércio triangular que sustentara o "segundo Império" tão rapidamente fosse tomada por centro do "terceiro". Logo após a Independência do Brasil surgem os primeiros sinais desse desejo de transformar Angola numa nova colônia de "tipo americano". No fim do século XIX, ainda prevalecem as cidades costeiras, das quais a mais importante, Luanda, era ainda uma capital com pouquíssima infraestrutura, marcada por uma numerosa elite "mestiça". A tensão, no entanto, só fazia aumentar.[41] Já nas primeiras décadas do século XX, depois da submissão de *lundas* e *kiôcos*, a leste, e do triunfo de Pereira d'Eça sobre Mandume ya Ndemufayo e os *kwanyamas*, ao sul, a unidade geográfica do que seria Angola estava praticamente definida. E foi a partir de então que os efeitos dessa história dita multissecular se fizeram sentir com mais força.

É certo que o debate sobre a colonização de Angola esteve sempre longe de fazer a unanimidade. Para além daqueles que tinham outra noção da

---

40   *Cf.* Alencastro, 2000, p.35; 53.

41   Foi nesse quadro que se deu o famoso caso da publicação de *Voz de Angola clamando no deserto* (1901), obra que respondia ao artigo "Contra a lei, pela grei", dado a lume na *Gazeta de Loanda*, artigo este que propunha, dentre outras coisas, a criação de uma justiça para os brancos e outra para os negros, a substituição de penas de prisão por castigos corporais para os negros infratores e a supressão das condenações de brancos que ofendessem nativos (*Cf.* Chaves, 1999, p.40-41). Os intelectuais associados à publicação do opúsculo, naturais de Angola, são comumente considerados parte do chamado "protonacionalismo" angolano (Andrade, 1997; *Cf.*, também, Rocha, 2003). Episódio que corresponde a uma espécie de ápice desse embate entre a elite mestiça local e os "novos" coloniais é o da frustrada revolta "autonomista" de 16 de junho de 1911. Uma descrição literária desses eventos está no romance *A Conjura* (Lisboa: Caminho, 1989), de José Eduardo Agualusa.

natureza do colonialismo a ser aplicado naquele momento, é quase impossível listar a quantidade de ideias divergentes em favor de uma "colonização demográfica".[42] Vicente Ferreira, governador-geral entre 1926 e 1928, foi um dos expoentes da corrente que acreditava que o grande propósito então em jogo era o de tornar Angola *terra de brancos*. E, contudo, sua concepção do que deveria ser essa política era substancialmente diferente de tantos quantos se obstinavam em desviar para as colônias africanas fluxos emigratórios que demandavam outras paragens. Para ele, útil era uma colonização de quadros e não o dispersivo amontar de qualquer gente, que foi, afinal, o que fizera o Brasil.[43] Havia ainda uma preocupação especial dos propagandistas da ideia colonial, que em boa medida se relacionava com esse debate. Tratava-se da inquietação com uma espécie de "grau zero" do discurso, que insistia em apresentar Angola como "terra de degredo", "lugar onde se morre" e, em todos os sentidos, perigoso "por natureza". Como diria o editorial de uma revista colonial portuguesa, em 1934, "ir para a África correspondia, na imaginação de todos nós, partir para uma região misteriosa, onde os animais selvagens, de fauces hiantes, esperavam, traiçoeiros, a hora saborosa do banquete".[44] No período que se abre com os governos de Norton de Matos, um homem que se tornaria célebre na história da Angola colonial, não só a economia e a sociedade angolana sofrem profundas alterações, mas também essas representações se transformam. Esse é um tempo marcado pelas estradas que se abrem, por signos de modernização como o Caminho de Ferro de Benguela (CFB), pelo início da ação de grandes investidores como a Companhia União Fabril (CUF) ou, um pouco mais tarde, a Diamang (Diamantes de Angola) e por toda uma empreitada que daria azo à profusão de discursos que enfatizavam a "dinâmica" que se acreditava em curso e os entraves à superação da velha estrutura de feitoria.[45]

---

42   Uma síntese desses debates sobre o povoamento de Angola e Moçambique com naturais da metrópole está em Castelo, 2007, p.39-162.

43   *Cf.* Ferreira, V. *Estudos ultramarinos*, v.1 e 2. 1954a.

44   Castro, A. "Propaganda colonial". *In: O Mundo Português*, v.1, n.7-8, Jul.-Ago., 1934, p.246.

45   Norton de Matos foi Alto-Comissário em Angola por duas vezes (1912-1915; 1921-1924). Essa visão do seu consulado é uma visão, por assim dizer, "nativa". De fato, o "período Norton" foi muito mais controverso, marcado também pelo altíssimo déficit orçamentário da colônia, por acusações de corrupção contra o Alto-Comissário e por um bom número de escândalos, dos quais o mais célebre foi o da fraude praticada por Alves dos Reis contra o Banco de Angola. Entretanto, sujeitos que vivenciaram a Angola dos anos 1930 e 1940 cos-

Esse dinamismo liberal da primeira República logo arrefeceu. Sob o Estado Novo a colônia é abafada por um "centralismo metropolitano", que Hilda Kuper afirmou constituir a característica principal da presença portuguesa em Angola.[46] Só muito tardiamente, já nas décadas de 1950 e 1960, é que o volume de emigrações portuguesas assume uma monta de tipo "brasileiro" de fato e que há preocupações significativas com o incremento da infraestrutura das cidades coloniais. Em geral, prevaleceu uma situação de incômodos represados, como o que um membro britânico do *Anglo--Portuguese Club of Luanda* assinalou, em 1943, ao notar que a maioria dos colonos ressentia-se de ver Angola tratada como "vaca leiteira" do governo da metrópole.[47] Esse fastio com a situação eclodiu em alguns momentos de revolta, como nos episódios que envolveram o governador Filomeno da Câmara, em 1930,[48] e noutros tantos de dissídio, como no caso da formação da "lista de Angola" nas eleições legislativas de 1945.[49] De todo modo, num tempo de diferenças forçosamente "silenciadas", a nota dominante foi a do consenso quanto aos vínculos profundos e ao futuro comum de Angola e Portugal. Mesmo segmentos pouquíssimo inclinados a aceitá-lo acabaram

---

tumam dar enorme importância às referências aos homens daquela geração que eles gostam de chamar dos "construtores de África" (citamos como exemplo dessa visão o depoimento de Júlio Garcês de Menezes Lencastre, concedido a Paulo Salvador, em 21 set. 2009, e o relato de Cláudio Frota sobre sua família materna, de 31.5.2009).

46   Kuper, 1964, p.149-164.

47   Pro-Fo: 371/39583. *Angola reports on political and economic conditions, 1944* (From "Donald" – Anglo Portuguese Club Luanda, to the Rev. B. F. Chambers, 11, Vicarage Gate, Kensington, London, 28.10.1943) apud Pimenta, 2004, p.16. ["The majority of people one talks to are completely fed-up with the system, especially the people of this Colony. Angola is simply used as a milch-cow by the Metropolitan Government which refuses permission to the Colony to start any industries which might compete with the Homeland."]

48   Em março de 1930, autonomistas brancos, deportados portugueses e militares da guarda de Luanda lançaram uma ofensiva contra o governador-geral Filomeno da Câmara, acusado de diversas arbitrariedades na prática da governação. O movimento, liderado pelo Coronel Genipro da Cunha d'Eça, foi duramente reprimido, mas as hostilidades se estenderam ainda até 1931. Não há consenso entre a historiografia de Angola quanto a este ter sido um movimento de caráter puramente local, uma reação ao recrudescimento do centralismo da metrópole ou, de fato, uma intentona de cariz autonomista (ver Pimenta, 2008, p.149-159; Janeiro, 1998; Torres, 1992).

49   Nas legislativas de 1945, a "União Nacional" apresentou uma lista de candidatos à representação de Angola na Assembleia da República que encontrou forte resistência do colonato local. Para evitar a adesão destes à lista opocionista do MUD, a União retirou seus candidatos em favor de uma independente "lista de Angola", cuja figura central era o tenente Henrique Galvão, personagem a que tornaremos diversas vezes neste trabalho (Ver *A Província de Angola*, n.6072, 17 de outubro de 1945, p.4; n.6073, 18 de outubro de 1945, p.4).

partilhando dessa impressão de "fato consumado". E foi assim que as grandes questões do momento recaíram sobre os sentidos da "mudança", num mundo que foi representado de formas diversas, mas nunca como estável.

Um olhar para certos fenômenos demográficos dá conta da realidade física de tanto movimento. Estima-se que, entre 1940 e 1950, a população branca de Angola tenha aumentado quase 50%. Estrondoso nas urbes coloniais, como Luanda, cuja população total cresceu 152% no período, com 104% de alargamento da comunidade branca, esse aumento atingiu também zonas agricultáveis dos distritos da Huíla, do Huambo, de Malange e do Moxico (onde foram registradas taxas de "branqueamento" da ordem de 88% no Lobito e 52%, em Malange, apenas para citar os casos mais agudos), espraiando-se um pouco por toda a parte. Ao mesmo tempo, dá-se um amplo processo de desterritorialização das populações nativas, que abrem espaço para o elemento *settler*. No mesmo período, entre os anos 1940 e 1950, os concelhos da Quissama, no Kwanza-Norte, Bailundo, no Huambo, e Quilengues, na Huíla, contabilizam a retração do contingente negro em 15%, 8,5% e 7%, respectivamente.[50] Não foi o reforço de tendências "normais" ao deslocamento populacional o que desencadeou o processo, mas fatores como uma feroz concentração de terras e uma crescente demanda por mão de obra. Tudo isso resulta em uma sociedade cada vez mais segmentada, marcada por assimetrias de *status* e em que tomam corpo práticas crescentemente racializadas, com forte impacto no futuro de Angola. Remonta a esse período a imagem da cidade cindida entre o alcatrão e a terra vermelha dos musseques.

Muitas das observações mais interessantes contidas no material que coligimos foram o produto das filigranas desse cenário. Havia, por exemplo, uma considerável distância entre os antigos descendentes dos madeirenses e dos "luso-pernambucanos" estabelecidos no Sul de Angola desde o século XIX e os recém-chegados, principalmente os que se radicavam em Luanda. Diversas cidades do Sul construíram um relevante discurso de "orgulho local" baseado nesse tipo de diferenciação. E essa era apenas uma forma branda da oposição entre "velhos" e "novos colonos", com muitas outras versões além desta. Em várias localidades, Angola contava com um bom número de

---

50   Ver *Anuário Estatístico da Província de Angola*. DSEA: 1952-1953; *Cf.* Galvão & Selvagem. *Império ultramarino português*. Monografia do Império, v.3, Angola, 1952, p.212-213.

"euro-africanos" ou "naturais" da colônia. Só por volta dos anos 1950 esse grupo deixou de sofrer quaisquer restrições da sua cidadania portuguesa.[51] Não surpreende que as elites negras, tensionadas pelos embaraços da "assimilação", tenham percebido esse tipo de situação e formulado o problema da convivência com a comunidade branca nos termos das diferenças entre velhos e novos colonos.[52] Como notificou o "Subcomitê das Nações Unidas para a situação em Angola", em 1961, a pirâmide social angolana levava em conta categorias sociodemográficas que, acima da "classe" ou "estatuto", associavam "raça" e "naturalidade".[53] Embora o "racialismo" fosse fato determinante, a sociedade colonial estava mais para um tabuleiro de xadrez, polarizado entre peças brancas e negras, mas com valores, movimentos e potências muito diversas.

Enfim, Angola foi mote essencial na construção de narrativas sobre a legitimidade e a peculiaridade do colonialismo lusitano. Enquanto perdurou a retórica dos "Direitos Históricos", perdurou o temor da queda da *"joia do Império"* e do quanto ela significava.[54] Esse medo foi o que se alardeou quando surgiram os "acordos anglo-germânicos" anteriores à Primeira Guerra Mundial, quando o "relatório Ross" atiçou a opinião pública internacional e a Comissão de Mandatos da Liga das Nações e mesmo quando, muito mais tarde, se intuiu que os atores estrangeiros viriam intervir nos conflitos abertos pela Guerra de Libertação. Nem durante a segunda metade do século XIX, quando muitos (e importantes) sujeitos propuseram a "venda das colônias", essa hipótese chegou a ser levada a sério com relação a Angola. Diante da obsessão com a profundidade dos laços luso-angolanos, até o fim se pôde ouvir o eco daqueles que desejaram eternizar o vínculo; ainda que sob a forma de uma *Commonwealth* lusíada, em que Angola seria o terceiro termo da unidade espiritual que a ligava ao Brasil e a

---

51   Por exemplo, até 1951, os "bilhetes de identidade" dos nascidos em Angola não eram válidos na metrópole e restrições às viagens desses cidadãos a Portugal eram frequentemente impostas. *Cf.* Okuma, 1962, p.59.

52   A Liga Nacional Africana (LNA) pronunciou-se diversas vezes sobre a diferença entre esses recém-chegados e os colonos antigos, radicados em Angola antes da década de 1930 e percebidos como sujeitos que andaram ombro a ombro com os "naturais da terra". Ver Rodrigues, 2003, p.53ss.

53   United Nations General Assembly.16th Session, Agenda Item 27. *Report of the sub-comittee on the situation in Angola* (22.11.1961). *Cf.*, Okuma, 1962; Bender, 1978; Torres, 1991.

54   Ver Santos, 1945.

Portugal. Foi nesse jogo, de tempos sobre tempos e de peças truncadas, que se desenharam as cenas que tentamos reconstruir.

IX.

Uma estratégia que gostaríamos de adotar ao longo deste trabalho é a comparação com outros contextos coloniais da África do século XX. Isso pressupõe alguns dilemas, mas também inúmeras vantagens. Por um lado, a existência de uma nomeação difusa de "África", em representações que correm o mundo (e que muitas vezes emergiram da própria "situação colonial"), bem como o tratamento dado ao fenômeno "colonialismo", pensado em diversos casos como um contínuo, nos impelem a refletir sobre os sentidos dessa pasteurização e a dar mais atenção ao "diferir" do que ao "equiparar". Ficamos assim à mercê das dificuldades que Todorov apontava em relação aos discursos sobre a "alteridade"; sempre problemáticos, pois "o postulado da diferença leva facilmente ao sentimento de superioridade, e o de igualdade ao de indiferença".[55] Por outro lado, contudo, a natureza dos "ajustes culturais" e das "dinâmicas sociais", pelas quais se constitui a precária "posição de predominância" europeia sobre a África colonial, impõe a necessidade de aproximar diferentes cenários, para melhor compreendê-los.[56] Como produto de descontinuidades no tempo e no espaço, o mundo colonial, antes de qualquer coisa, era um mundo marcado pelo trânsito de bens e pessoas. Não à toa definiu-se, em tantas ocasiões, a partir da convivência entre a vida a granel das vilas coloniais e as andanças e grandes jornadas. Ignorar o seu caráter transnacional e as suas convergências, em meio a uma enorme diversidade, é desprezar uma parte essencial da experiência daquelas sociedades.

É a comparação que nos diz, por exemplo, o quanto, em relação às demais colônias com uma população não nativa relevante, Angola se distinguia pelo alto grau de exclusividade do elemento "português". Enquanto em territórios como o Quênia, as Rodésias, a África do Sul ou a Argélia as comunidades coloniais contavam com farto contingente de indivíduos procedentes de lugares outros que não as respectivas metrópoles, em

---

55 Todorov, 1988, p.61.
56 Kennedy, 1987, p.189.

Angola essa presença de "estrangeiros" era praticamente insignificante. Descontada a pequena comunidade *boer* instalada no planalto da Huíla e a comunidade judaica, procedente, sobretudo, do Leste Europeu, o grosso da população de Angola, excluídos os nativos, era de portugueses de origem ou nascimento. Nada que se assemelhe a aglomeração de gregos, italianos, nórdicos (sobretudo dinamarqueses e suecos), judeus de toda parte e até portugueses, que se somavam aos franceses, belgas e ingleses nos vários espaços coloniais. Isso, é claro, sem considerarmos o contingente de asiáticos, chineses, libaneses e indianos principalmente, importantíssimo em territórios como o Quênia, a Rodésia do Sul (Zimbabwe) ou a África do Sul. Em Angola, "estrangeiros" eram residuais; por volta de 1960, estima-se que somassem menos de três mil. E o governo português repetidamente travou a sua entrada na colônia (algo que não pôde fazer em Moçambique, onde ingleses e sul-africanos foram sempre muito influentes).[57] Não haveria nesse excesso de "portugalização" um traço importante do que constituiu a especificidade colonial de Angola?

O mesmo tipo de raciocínio ilumina fenômenos muito mais complexos. Pensemos, por exemplo, no caso da "mestiçagem". Se o número absoluto de mestiços parece irrelevante, quando contrastamos Angola a quadros com uma razão mais equânime entre brancos e nativos ou quando o observamos em relação a um caso como o Brasil colonial, passe o anacronismo, os números relativos, considerada a proporção dos grupos que conformam as várias comunidades coloniais, nos dão um quadro um pouco diferente.[58] Os "mulatos" de Angola são, de fato, uma força social importante naquele cenário e ocupam uma posição perturbadora e intermédia, que noutros contextos africanos foi desempenhada por asiáticos, sobretudo. É certo que isso não anistia o caráter perverso dos mitos e discursos oficiais construídos em torno ao tema, mas, no mínimo, ajuda a compreender as bases sobre as quais ergueram seu significado e os porquês de sua força e longevidade em tantos casos.

---

57   *Cf.*, Messiant, 2005, p.118-123; Neto, 1964, p.63-65; 153-165, e *Recenseamento geral da população de Angola, 1960*. População segundo nacionalidades e naturalidades. DSEA: 1964.

58   Ver Bender, 1978; Neto, 1997, p.327-359, e Lemos, Alberto de. Altas questões da administração colonial portuguesa. *In: Brotéria*, v.44, n.4, 1947 [separata], este último contendo dados comparativos do número de mestiços em Angola com relação a outros espaços da África colonial.

Há também um bom número de situações em que a comparação revela a diferença interna a cada espaço colonial, bem como semelhanças fundadas em categorias como a "classe" ou a "origem" dos coloniais. Quando tomamos um ditado que ficou conhecido no universo das colônias britânicas, *"Kenya for the officers, Rhodesia for the sergeants"*, estamos diante de algo que envolve a composição socioeconômica das comunidades coloniais, sua homogeneidade ou estratificação, e até características relativas aos *designs* das cidades e às suas fases de ocupação e formação. Tudo isso ultrapassa em muito a fidelidade aos adjetivos nacionais de cada um dos colonialismos.[59] Luanda, por exemplo, não era uma cidade substancialmente diferente de outras capitais da África colonial, como Nairóbi, Argel, Leopoldville (Kinshasa) e Salisbury (Harare). Em 1950, concentrava cerca de 3,5% da população total de Angola, quase 15% dos brancos da colônia e mais de 20% dos ditos "civilizados". Já em 1960, considerando-se a distinção entre as populações rural e urbana, Luanda abrigava 68% desta.[60] Albergava, portanto, quase toda a variedade de raças, classes e até nacionalidades que fosse possível. Situação muito diferente da que se encontrava em núcleos como Henrique de Carvalho (Saurimo) e Vila Luso (Luena), ou Elizabethville (Lubumbashi), no Katanga, e Klerksdorp, no Transvaal, "bombas-relógios", com uma razão absurdamente desproporcional entre a massa de trabalhadores negros, muitas vezes deslocados de suas regiões de origem, e o reduzido corpo branco de administradores e técnicos. Também muito diversa do extremo oposto, de cidades como Moçâmedes (Namibe) ou Sá da Bandeira (Lubango), que, a exemplo das regiões produtoras de vinho na Argélia ou das cidades *boers* da Rodésia e do Orange, tornar-se-iam "ilhas brancas" cercadas por "oceanos negros".[61] Esses assentamentos, quase

---

59 Quanto aos fenômenos que estão na origem do ditado e à possibilidade de estendê-los para contextos coloniais não anglófonos, ver Kennedy, 1987, e a resenha que lhe dedicou Clayton, 1988, p.304-305.

60 Para Luanda, ver *Recenseamento geral da população de Angola, 1960*. População residente segundo a região, os grupos linguísticos e a fecundidade. DSEA: 1964; *3º Recenseamento geral da população de Angola, 1960*. DSEA: 1964; Bender & Yoder, 1974, p.125-126. Para as demais cidades, ver Freund, 2007, p.65-106; Duignan & Gann, 1977, p.123-125; Nugent & Locatelli, 2009, p.1-14.

61 Em Sá da Bandeira, os "brancos" eram maioria desde os anos 1950 (6.201, contra 542 mestiços e 4.911 negros, segundo o recenseamento de 1950); Moçâmedes atingiu essa marca no início dos anos 1960 (4.308 brancos contra 635 mestiços e 3.020 negros, segundo o recenseamento de 1960). *Cf. Recenseamento geral da população de Angola, 1960*. População residente segundo a região, os grupos

sempre, foram formados por comunidades que chegaram à África antes da chamada "idade de ouro" do colonialismo e que, no seu *trek*, procuraram afastar-se ao máximo do elemento nativo ou deslocá-lo em busca de mais e melhores terras. E mesmo essas "ilhas" podiam ser bem distintas. Nas *highlands* do Quênia ou nas cercanias de Lusaka, na Rodésia do Norte (Zâmbia), havia uma boa quantidade de títulos de nobreza; o suficiente para justificar o ditado mencionado; em Angola, também. Eles estavam, por exemplo, na região cafeeira do centro, entre o Dondo, Lukala e N'Dala--Tando, isso desde os tempos dos "barões do café de Cazengo"[62] (e, aliás, era café o que a baronesa Blixen cultivava, na sua famosa fazenda queniana descrita em *Out of Africa*).[63] Mas esses colonos de estirpe não se pareciam em nada com os camponeses mediterrâneos de Bône nem com os *farmers* rodesianos e muito menos com o português das terras altas da Huíla. Se, por um lado, a imagem do "pobre colono português" não corresponde à totalidade do fluxo colonial que chegou a Angola entre os anos de 1920 e 1960, por outro, comparado à situação de espaços como o Quênia, em que a "raça" e a "classe" podiam se fundir em uma categoria única, o colonato angolano era profundamente diversificado. Embora o governo português tenha feito esforços para "selecionar" coloniais e embora o degredo tenha oficialmente acabado em 1932, Angola recebeu degredados de outras colô-nias até os anos 1950 (além de muitos desafetos do Estado Novo) e nunca pôde frear a chegada de portugueses pouco qualificados e que, em geral, tinham a esperança por único bem.[64] De modo genérico, os brancos de An-gola eram mais aparentados dos rodesianos, quanto à posição social, e dos *pied-noirs*, quanto à sua adesão a um colonialismo nacional; mais até do que dos seus congêneres que demandaram Moçambique.[65]

Como boa parte da historiografia africana apontou, uma característica marcante do colonialismo europeu na África do século XX é que o seu apogeu foi quase simultâneo à sua decadência.[66] Nesse "paraíso precário",

---

linguísticos e a fecundidade. DSEA: 1964. Para uma visão de outros contextos africanos similares, ver Kennedy, 1987 e Crosby, 1986.

62 Birmingham, 1978, p.523-538.

63 Blixen, Karen. *A fazenda africana*, 2005.

64 Messiant, 2005, p.120.

65 Para uma comparação entre os perfis socioeconômico e demográfico das comunidades colo-niais de Angola e Moçambique, ver Castelo, 2007, p.164ss.

66 Ver, por exemplo, M'Bokolo, 2007; Falola, 2005; Ajayi, 2000 e Piault, 1987.

o "influxo" que empurrou milhares de colonos brancos àquelas terras foi só a antessala do "êxodo".[67] Portanto, parece natural que, apesar da variedade de experiências, tenham existido contiguidades e constâncias entre os vários núcleos dessa presença "forasteira" na África. Quando observamos o domínio da vida cotidiana, essas recorrências parecem muito claras. Por exemplo: no que toca às formas de se referir aos criados negros, é notável a proximidade entre os aristocratas do Quênia e os seus "primos pobres" das terras altas angolanas: quem os serve é sempre o "moleque" (ou o *boy*), descrito nos termos mais carinhosamente pejorativos que o vernáculo pudesse conter.[68] O mesmo se passa com um conjunto de outros temas e situações: o medo da "deriva" identitária, a sensação de "isolamento e distância do mundo", o terror à "neurastenia", o sentimento de "insegurança", a noção duma "permissividade" existente no espaço colonial, inquietações quanto à ideia de "segregação", a forte tendência à "autodefesa", preocupações com padrões de "morar", "comer", "vestir" ou um fetiche específico por objetos e práticas que constituem o que se pode chamar de um "estilo de vida" colonial. É certo que em torno a coisas desse tipo não havia só consenso, mas também clivagens. Algumas delas beirando o anedotário (por exemplo, a obsessão de caçadores e administradores, isolados em pontos longíquos, com a ideia de que viviam uma experiência da África mais "africana" e mais autêntica).[69] De modo geral, entretanto, é com base na frequência com que essas noções são apresentadas como descritores do universo em questão que tem sido desenvolvida a concepção de uma "cultura

---

67 L'ange, 2005, p.180-189; p.231-237.
68 Veja-se a seguinte definição do *"colonial"* de Angola, Norberto Gonzaga: "Na África há sempre um rictus no espelho do nosso quarto – o do moleque. [...] Quando falo, pois, da África atendo a que a África é o branco, o branco de outros princípios, de outros países, de outros hábitos, de outras ideias, mas com a sua sombra – o preto." [*África de sangue, do oiro e da morte.* 1942, p.59-60; grifo meu] Exemplos relativos ao Quênia e à Rodésia podem ser encontrados em: Kennedy, 1987, p.140-150.
69 Ferreira Costa, inicialmente instalado em Luanda, por ocasião da sua primeira "caçada", comenta a sua transferência para o posto administrativo de Santo Antonio do Zaire nos seguintes termos: "Abati dois cêfos e uma pacassa pequena. Não cabia na pele. Encontrara um mundo cheio de emoções, rico de atractivos e de encantos, para o meu temperamento. Finalmente, ali estava a África, tal como eu a sonhara! Tiros, caçadores, matagais, pretos a carregar os bichos abatidos... Que pena não haver um Kodak! Que fotografia a enviar aos meus amigos de Lisboa! Tamanha foi a alegria que abençoei a hora em que me transferiram de Luanda..." [*Na pista do marfim e da morte.* 1944, p.222-223; grifo meu].

colonial", assentada particularmente em sociedades que, como Angola, foram terreno da "colonização demográfica" (*settler colonialism*).[70]

Embora seja objeto de farta discussão, a noção de "*settler colonialism*" aponta para certos aspectos comuns. Ela enfatiza o caráter diferencial da presença de "colonos" nos quadros sociais em que eles estão radicados, o que implica distinguir essa forma de colonialismo do conjunto das "situações coloniais".[71] Nesse sentido, nos contextos marcados por essa presença alheia, criar-se-ia uma sociedade tetrapartida, em que se opõem, interagem e/ou colaboram, em alianças e clivagens múltiplas, um Estado metropolitano, um Estado colonial (que nem sempre é a pura e simples tradução dos interesses do primeiro), a população colonizada (sobretudo suas "elites europeizadas", como força mediadora) e o colonato branco.[72] Como "terceiro termo" intrometido entre a parelha colonizador-colonizado, a comunidade de colonos seria o principal motor da produção de "sociedades plurais" restritivas, definidas por subgrupos que partilham o espaço, mas quase nenhum "consenso cultural".[73] Ao longo deste trabalho, gostaríamos de reter exemplos desses outros "mundos coloniais", por acreditar que entender a natureza da sociedade angolana no período considerado é um elemento essencial da análise dos discursos produzidos sobre ela. E além do mais, pensamos que seria bom tentar superar uma atitude profundamente arraigada nas nossas práticas disciplinares, ainda muito marcadas pela força das "línguas" e dos resquícios coloniais que elas tantas vezes carregam. Afinal, embora as comparações lusófonas sejam produtivas, e em muitos casos indispensáveis, porque deveríamos pensar Angola sempre em face das experiências de Moçambique (ou, o que é ainda mais complicado, do Brasil), mas nunca em relação às experiências do Congo, da Zâmbia ou do Zimbabwe?

X.

[...] em Marrocos deixámos tão palpávelmente firmada a nossa febre construtiva, que Lyautey afirmava não se poder dar um passo sem topar com vestígios da ocupação portuguesa: "Em todas as partes do Mundo por onde andei, ao ver uma ponte, perguntava quem as tinha feito: Respondiam: portugueses!

---

70 Ver Elkins & Pedersen, 2005; Krautwurst, 2003; Prochaska, 2002 e Kennedy, 1987.
71 Prochaska, 2002, p.6-9.
72 *Cf.* Cooper, 2005; Prochaska, 2002, p.1-28.
73 Kuper & Smith, 1969; Kuper. *in:* Miner, 1967, p.127-180.

Ao ver uma estrada fazia a mesma pergunta e respondiam: portugueses!

Ao ver uma igreja ou uma fortaleza, sempre a mesma resposta: portugueses, portugueses, portugueses!

Por isso faço votos para que, se pelo rodar dos tempos Marrocos vier a ser ainda esquimó ou chinês, os que vierem depois de nós encontrem lá tantos vestígios franceses como nós encontrámos relíquias portuguesas." (Gastão de Sousa Dias)[74]

Quando alguém como o militar, professor e historiador Gastão de Sousa Dias, um homem profundamente identificado com as aspirações portuguesas em Angola, evoca de modo apaixonado a retórica dos "Direitos Históricos", com tantas referências à tradição colonizadora de Portugal, e o faz citando Lyautey, um emblema da França colonial, isso é um exemplo claro da importância legitimadora desse tipo de "olhar estrangeiro". Com efeito, discursos como este, que atestavam o reconhecimento dos "pares" à "obra colonial portuguesa" eram extremamente comuns naquele período. Para entendê-los é preciso ter em conta que, a seu tempo, "colonizar" foi um fenômeno curiosamente percebido como empreendimento "nacional". Não se falava de "colonização", como um nome em absoluto, senão como um fato qualificado pelos diferentes adjetivos gentílicos que lhe seguiam. Havia "colonialismos" – o sistema inglês, francês, belga ou português – e boa parte do que se propalava como o sucesso do mandato colonial tinha a ver com a capacidade de demonstração da eficácia das suas ações em particular. Os portugueses se esmeraram nesse ofício; quase toda sua propaganda colonialista enfatiza que seu "imperialismo *não deve ser confundido com outros – que significam ameaça, absorção ou lutas sem fim*", pois "é determinado pela história e pela estrutura religiosa de Portugal".[75] Hoje, há inúmeros bons trabalhos que demonstram que a grande particularidade do colonialismo português foi, talvez, a sua obsessão com a ideia de particularidade.[76] Já exploramos os principais elementos das formas de relacionar o "Império" aos discursos sobre a "nacionalidade" no Portugal do século XX. Gostaríamos de apresentar sucintamente aqueles que dizem respeito ao modo de se medir em relação aos "rivais" da empreitada colonial. Pelo

---

74 Dias, Gastão de Sousa. *O destino da grei*. Crónicas angolanas. 1940, p.62-63.
75 [s.a.]. *O Mundo Português*, v.1, n.3, Mar., 1934, p.313.
76 Ver, por exemplo, Messiant, 2005, p.61-69; Castelo, 2000; Almeida, 2000; Neto, 1997.

seu impacto sobre a representação de uma sociedade tão profundamente marcada pela ideia de um vínculo umbilical com a sua metrópole, acredita-mos que eles são parte do *olhar colonial* que perseguimos (e desse processo em que "a perturbação histórica se transforma em permuta simbólica").[77]

Um desses elementos, provavelmente o mais importante, era a mani-pulação de noções sobre a "força" ou a "fraqueza" de Portugal enquanto "nação colonizadora". Era a partir da presunção de vulnerabilidade ou de debilidade que se erguiam muitos dos discursos em que o colonialismo por-tuguês era apresentado como uma forma de "colonialismo menor" e, por isso mesmo, "desinteressado" e mais puramente "civilizador". Considera-dos os parcos recursos de que dispunha e a sensação de "ter sido ultrapas-sado" por seus contendores, a conclusão parecia inegável: em comparação à França e à Grã-Bretanha, Portugal estava longe de ser o "campeão do impe-rialismo" daquela hora. Entretanto, o que os elogios dessa sua "fraqueza" ressaltavam era uma espécie de "fundo moral", herança do "padroado do Oriente", que fazia de Portugal um grande ator imperial, mesmo diante das suas limitações, e que distinguia a sua ação, *inspirada de um alto idealismo operante*,[78] do materialismo de outros agentes menores como os italianos e os belgas. "Pequenos, mas honrados", os portugueses permaneceriam "orgulhosamente sós"[79] nessa sua versão do *white man's burden*. A projeção desse estranho argumento – "fortes, porque fracos" – pode ser vista com clareza no confronto entre dois mapas que se tornariam célebres: o "mapa cor-de-rosa" de fins do século XIX e o projetado por Henrique Galvão para a Exposição Colonial do Porto, sob a legenda "Portugal não é um país pequeno". Este reafirmava a grandeza do país pela sua negação, con-trastando a pequena franja da metrópole aos grandes territórios da África, cujas sombras se projetavam sobre a Europa; aquele, pura e simplesmente encarnava as fantasias de uma herança histórica já a muito esvaecida. Essa visão repercutiu sobre muitas das leituras posteriores do "Império colonial português", como se pode ver na mencionada tese de Richard Hammond.[80]

---

77 Sahlins, 2003, p.215; 218.
78 Machado, V. *O mundo português*, v.3, n.27, Mar., 1936, p.94.
79 A expressão tornou-se famosa ao ser proferida por Salazar, em discurso de 18 de fevereiro de 1965, em meio às enormes pressões da comunidade internacional contra a manutenção da "Guerra colonial".
80 Hammond, 1966.

Mas é interessante que sujeitos vinculados a uma posição diametralmente oposta a destes encômios coloniais, como Perry Anderson, tenham acabo por comprar, em certa medida, essa ideia de um colonialismo que se sustentava sem dispor dos meios para tal.[81] Não nos interessa ingressar nessa polêmica. Mesmo porque acreditamos que ela pertença mais ao terreno das representações do que ao dos fatos. Do nosso ponto de vista, mais importantes são as concepções que derivaram dessa forma de situar Portugal no concerto imperialista.

Por exemplo: associada a essa noção de um colonialismo vivendo de prestígio está a exacerbada "opressão paternalista" com que se desenrolam e se descrevem as relações com as populações nativas nesse "mundo que o português criou".[82] Muito antes da tese luso-tropicalista se ter tornado paradigmática[83] o discurso colonial português já mobilizara a ideia da propensão natural dos portugueses à adaptação aos trópicos e à submissão das ditas "raças inferiores". Na sua variedade, essas narrativas marcam a distinção do império português, *"por se absorver na preocupação altruísta da cristianização das raças atrazadas"*,[84] e sublinham a ilusão de que *"o indígena, o doce e resignado negro português"*, [...] *"espiritual e materialmente, integrado no ambiente nacional"*, teria também relação preferencial com os portugueses; pois, ao contrário dos tutelados por outros, sentiria *"dentro do seu generoso coração, o coração de Portugal"*.[85] É a partir dessa chave que se poderá ler a forma com que Maria Archer, por exemplo, descreve as "aspirações nativas": *"Vestir como nós, falar como nós, enfim, ser português – eis o desejo, o móbil, a ambição do negro de Angola"*.[86] É certo que essa atitude está em flagrante contraste com a manifesta preferência por apresentar o elemento nativo nos seus "usos e costumes negros e bárbaros". Confronta-se também com o ridículo com que em geral se descreviam os sujeitos as-

---

81 Anderson, 1966. Ver também Boavida, 1981, p.25; Dilowa, 2000.

82 Freyre, 1940. Sobre a ideia de "opressão paternalista", ver Geffray, 2007.

83 Como demonstra Castelo, 2000, embora desde o aparecimento das obras de Gilberto Freyre, em meados dos anos 1930, suas teses suscitem o interesse de uma franja de intelectuais portugueses e apesar das relações entre o autor e o regime português remontarem aos anos 1940, é só a partir do início dos anos 1950 que se verifica uma incorporação dos pressupostos de seus trabalhos aos discursos oficiais sobre o "Império colonial".

84 Azevedo, F. Alves de. *Mística imperial*. Cadernos coloniais, n.17. 1939, p.5-6.

85 Eduri. "Terras angolanas. Portuguesíssimas terras de epopeia, sacrifício e glória." *In: O mundo português*, v.6, n.71-72, Nov.–Dez., 1939, p.487.

86 Archer, Maria. *Angola filme*. Cadernos coloniais, n.19. 1936, p.7.

similados. Mas, apesar disso, o elogio de uma prática colonial teoricamente assimilacionista, cristã e missionária tornou-se um *leitmotif* da distinção entre Portugal e seus rivais.

Esse não é um pormenor desimportante. Quando pensamos nas grandes teorias da administração colonial, tais como a "associação" (*association*) francesa ou o "duplo mandato" (*indirect rule*) britânico, pensamos também em maneiras diversas de colocar em perspectiva as sociedades nativas, concebendo a sua "alteridade" como "preteridade", em escalas igualmente variadas.[87] Na prática, a administração das colônias respondia muito mais aos contextos em que se efetivava do que à fidelidade a sistemas em particular. Os ingleses nunca trataram do mesmo modo Uganda ou a Nigéria e o Quênia ou a Rodésia, onde, a par das reivindicações de estatuto especial dos colonos, nunca preponderaram de todo as teses de Lugard.[88] O mesmo vale para a França, em relação às diferenças entre a África Equatorial Francesa e a Argélia, por exemplo; e para Portugal, se comparados os casos de Angola e Moçambique à Guiné. Havia muitos mais bricolagens e adaptações do que modelos únicos. E, entretanto, o impacto retórico da opção por uma ou outra via era considerável. O "Império britânico" foi certamente marcado por essa cisão entre "cidadãos" e "súditos" (*citzens and subjects*),[89] enquanto a "França colonial", enredada na sua mística republicana e revolucionária, tinha enorme dificuldade para conciliar a "irmandade" à necessidade de "sujeição" (*frerés et sujets*).[90] Ao lançar mão da ideia assimilacionista, calcada no mote "tudo isso é Portugal", mais do que se conformar a uma tradição legal ou a um *modus operandi*, o colonialismo português recorria a uma noção de "particularismo" autorreferencial e legitimatória. E a partir dela, descrevia suas "aptidões colonizadoras".

Mas há um outro terreno em que a ideologia do "colonialismo menor" reproduziu a sua excentricidade; e, nesse caso, agindo mais diretamente sobre o colonato branco. Trata-se da forma peculiar que a oposição entre noções de "modernidade" e "atraso" assumiu no "Império colonial português". O cineasta Antonio Lopes Ribeiro, realizador do célebre *Feitiço do Império* (1940), comentando o filme *Angola-Pullman* (1932), de René

---

87   *Cf.* Thomaz, 2002; Mamdani, 1999, p.859-886.
88   Ver M'Bokolo, 2007, p.393-398.
89   Mamdani, 1996.
90   Dozon, 2003.

Ginet, oferece um exemplo claro da *glamourização* da pequenez: "*É realmente notável o contraste entre as cidades opulentas dos belgas e dos ingleses*", ele nos diz, "*onde os negros se devem sentir à margem duma supercivilização que não compreendem, e as cidades portuguesas, lindas, na sua simplicidade, onde se evidencia a saudade da pátria distante no recorte portuguesíssimo dos edifícios*". E conclui: "*os* buildings *de Leopoldville não conseguem superar em inteligência as confortáveis casas portuguesas*".[91] Não é difícil encontrar aí o eco, ou a versão africana, da exaltação do "Portugal dos pequeninos", que tanta carreira fez na metrópole. Enquanto ideologia da "modernização" e da "mudança social", no entanto, o colonialismo era amplamente incompatível com essa forma de colocar as coisas. Como harmonizar o cosmopolitismo com que se apresentava a experiência da presença europeia na África colonial a tão rasgados "elogios da solidão"? Como sustentar a necessidade de um sistema definido pela ideia do *gap* civilizacional entre europeus e africanos, diante de tamanho apego à imagem de uma nação "congelada no tempo"? Muitos dos constrangimentos registrados pelos colonos de Angola, fosse com relação a um sentimento de inferioridade perante a afluência de seus "vizinhos", fosse com relação aos entraves colocados ao seu "desenvolvimento", foram produto dessa inconsistência. Mapeá-la é também percorrer alguns dos caminhos que constituem a especificidade do *olhar colonial* sobre Angola.

XII.

As fontes documentais deste trabalho distribuem-se em três grandes grupos, a saber: obras literárias, correspondendo a todos os livros completos, fascículos de coleção ou encartes avulsos de outras publicações, de acordo com o caráter variado dessa "literatura"; periódicos e jornais publicados em Portugal ou em Angola durante o período colonial; e, por fim, documentos de ordem vária, quer sobre a produção e circulação de textos impressos em Angola, quer sobre a vida social da colônia. Quanto ao primeiro grupo, coligimos um total de, aproximadamente, 80 títulos, que são apenas um fragmento da série, encontrados em sua maioria nos acervos do

---

91 Ribeiro, A. L. Angola-Pullman. Um filme francês em que se faz justiça à obra portuguesa na África. *In: Portugal Colonial* Ano 2, n.18, Ago., 1932, p.19.

Real Gabinete Português de Leitura (RGPL), no Rio de Janeiro, na Biblioteca Nacional de Portugal (BN/PT), em Lisboa, e na Biblioteca Nacional de Angola (BNA), em Luanda. Com os aportes da Biblioteca Nacional do Brasil (FBN), no Rio de Janeiro, do Museu de Zoologia da Universidade de São Paulo (MZ/USP) e de acervos particulares, completamos esse *corpus*, que constitui a base das nossas análises. No que toca ao segundo grupo, para além do acervo da imprensa regional em Angola, concentrado na BNA e na Biblioteca da Câmara Municipal de Luanda (BCML), foram essenciais os materiais do Fundo Geral de Revistas e do Fundo Geral de Jornais da BN/PT, bem como a vasta coleção de periódicos da Sociedade de Geografia de Lisboa (SGL). Acrescentamos a esses acervos a coleção digitalizada do Boletim Geral das Colônias/do Ultramar (BGC/BGU) – disponível no portal de dados da Fundação Portugal-África, desenvolvido pela Universidade de Aveiro (UA) e pelo Centro de Estudos sobre a África e o Desenvolvimento do Instituto Superior de Economia e Gestão (CeSA/ISEG), em Lisboa –, bem como material proveniente das coleções de periódicos do *Royal African Institute* e da *American Geographical Society*, situados em Londres e Nova Iorque, respectivamente. No caso da documentação, recorremos aos códices dos séculos XIX e XX no Arquivo Histórico Nacional de Angola (AHNA), em Luanda, e aos Fundos do Gabinete de Assuntos Políticos do Ministério das Colônias (GAP/MC/AHU) e da Repartição dos Serviços de Relações Públicas e Turismo da Agência Geral das Colônias (RSRPT/AGC/AGU/AHU), depositados no Arquivo Histórico Ultramarino (AHU), em Lisboa, este último, sobretudo, importante fonte de dados sobre o Concurso de Literatura Colonial e a ação editorial da Agência Geral das Colônias. Dados sobre a censura em Portugal no século XX foram ainda encontrados no arquivo do Centro de Documentação do 25 de Abril da Fundação Mário Soares (CD25/FMS), em Lisboa, enquanto dados sobre a aquisição e apreciação de livros foram consultados no acervo da Fundação Calouste-Gulbenkian (FCG), também em Lisboa. Utilizamos as séries do *Anuário Estatístico de Angola*, disponíveis na Biblioteca Nacional do Brasil (FBN), e alguns dos relatórios sobre a situação de Angola, disponíveis do Arquivo Nacional da Grã-Bretanha (*The National Archives/Public Officers/*PO), em Londres, no Fundo do *Foreign Office* (CAB/FO), consultados a partir das sugestões do trabalho de Fernando

Tavares Pimenta.[92] Finalmente, recorremos ao espólio de Pinto Quartim, depositado no Arquivo de Ciências Sociais, do Instituto de Ciências Sociais da Universidade de Lisboa (ICS/UL), em que constam registros do período em que esse autor residiu em Angola. Complementarmente a todas essas fontes, apoiamo-nos em testemunhos e acervos pessoais de antigos residentes de Angola, especialmente nas suas coleções fotográficas, dentre as quais sobressaem as de Nídia Jardim, Aida Saiago e Rui Martins, a quem agradecemos imensamente. Servimo-nos ainda dos trabalhos de Paulo Salvador, através do material encontrado nos três volumes da sua coleção *Recordar Angola*[93] e das entrevistas por ele realizadas durante o programa Memórias Africanas, emitido semanalmente, desde 2009, pela Rádio Sim de Lisboa. A diferença de conservação, apresentação e acesso aos textos nos vários arquivos aqui referidos é também um elemento da visão que sobre eles construímos. A esse respeito, esperamos conseguir fazer algumas considerações oportunas na conclusão deste trabalho.

XIII.

Organizamos este trabalho em cinco capítulos, segundo os conjuntos de aspectos que nos importa analisar. No primeiro, *"Quimbos de branco"*, adensamos os dados sobre a demografia da Angola colonial, discutindo as concepções de "trabalho", "lazer" e "não trabalho" e as ideias de "legitimidade" e "cotidiano" entre os colonos brancos, bem como o problema da "cidade colonial" e os efeitos da projeção da metrópole sobre o *design* da colônia. Os quatro capítulos seguintes são dedicados ao que constitui o centro do nosso objeto, qual seja: o repertório da narrativa colonial. Em primeiro lugar, interessa-nos a fração desse repertório em que sobressaem o espaço angolano, as sociedades nativas e os vários "sujeitos liminares", que são tomados como contrapartes dos discursos nos quais se opera a invenção da *"ipseidade"* do colonato branco. Os capítulos 2 e 3, "Outras terras" e "Outras gentes", respectivamente, em clara referência ao livro homônimo de Henrique Galvão,[94] exploram o olhar dos *"coloniais"* para as distintas paisagens físicas de Angola, para a fauna "hiperbólica" daqueles

92   Pimenta, 2008.
93   Salvador, 2008.
94   Galvão, Henrique. *Outras terras, outras gentes*, v.2, 1941.

espaços e para fatos como a "feitiçaria" e as "sexualidades nativas", que entendiam como práticas de redução da "cultura" à "natureza", buscando relacioná-lo às imagens pelas quais definem uma ideia de "sociedades nativas"/"indígenas" e concepções acerca de sujeitos como os *cafres*", os *"calcinhas"*, as *"candonas"*, os *"mulatos"*, e os *"moleques"*. Na sequência, abordamos o autorretrato dos *"coloniais"* e dos demais agentes da presença portuguesa em Angola, com especial atenção para os elementos pelos quais construíram a ideia dum vínculo com uma unidade "externa", Portugal, e indexaram os aspectos mais relevantes do seu "estilo de vida". No capítulo "Aventura e rotina",[95] destacamos situações, como a "caça colonial", ou *loci*, como a "casa portuguesa" e a "fazenda africana", particularmente importantes para tais projeções da "identidade colonial" de Angola. Por fim, em "O destino da grei", recuperando o título do livro de Gastão de Sousa Dias,[96] exploramos imagens que relacionam a noção de "projeto" individual e "missão" (civilizacional), discutindo ainda as contradições coloniais entre "cosmopolitismo" e "localidade" e os "usos da História" que estão na base da ideia do "elo luso-angolano". Em que (e se é que) era tão portuguesa a *"mais portuguesa das colônias"*? – eis aí uma das questões que, de alguma forma, gostaríamos de ajudar a responder.[97]

---

95   Referência a Freyre, 1953.

96   Dias, Gastão de Sousa: *O destino da grei*. Crónicas angolanas. 1940.

97   Nota metodológica: Segundo os usos dessa Introdução, ao longo do trabalho apresentamos em *itálico* as citações extraídas de nossas fontes primárias, bem como categorias ou conceitos delas provenientes, de modo a diferenciá-las das demais citações ou dos termos que isolamos entre aspas com finalidade enfática. Exceção feita, nesse caso, às citações longas, uma vez que, por estarem apartadas do corpo do texto, já lhes é dado o devido destaque. Também com o objetivo de maior clareza, ao citar estas mesmas fontes nas notas de referência, adotamos um padrão diferente do que se aplica às demais citações, apresentando, por extenso, os nomes do autor e da obra, texto ou documento citado.

Ilustração de Luís Kol na capa do "Suplemento de Domingo" do jornal *A Província de Angola*, n.104, de 24 de abril de 1938. Edição comemorativa do segundo aniversário do Suplemento. Fonte: Acervo da Biblioteca Nacional de Portugal.

1. QUIMBOS DE BRANCO

Quando se olha da baía, na luz de uma tarde suspensa, com céu lavado, desde o rés d'água subindo até o coroamento da antiga cidadela, a prolongar-se cansadamente pelas Imgombotas dos pretos, pelo Alto das Cruzes e Musseques, Loanda mostra a face pensativa e saudosa de uma cidade portuguesa do Sul que se visse para sempre condenada à costa d'África.

[…] Pretas vão, pretos vêm, moços e salariados, e nesse formigueiro anónimo em que todos os indivíduos se igualam, muitas vezes se envolve aquela população europeia onde não é difícil descobrir alguma mestiçagem moral das piores proveniências, a dar razão neste contato, áquela ironia sabida de que *é o branco o pior dos pretos de África...*

[…] Êstes Portugueses da nossa África são hospitaleiros, bons comedores, amigos da anedota picante, jogando quási todos excelentemente, uns por vício, outros por hábito e necessidade de vencer o silêncio dormente dos serões. […] Guitarras que vão gotejando nos quintais e largos, a meia luz, após regalada mesa, aqui trazem a velha Lisboa do Bairro Alto e da Alfama […].

[…] Assim é Loanda, senhores, em que o sol sempre alumia o diálogo do tédio com a Eternidade; com estes serões profundos em que se podem ouvir ainda os gritos esfomeados de quimalancas, ou vozes de onças tresmalhadas nas cercanias da Maianga; com noites claras sôbre a cidade e as praias em que o luar em torrente se mostra poeira de nevões do Norte, acudindo ao suplício dos calores – luz irreal, claridade transfiguradora de mundos que só vimos a sonhar, para além da vida, em nossas ambições de meninos. (Hipólito Raposo)[1]

....

Que mundo morto essas linhas encerram!

Tipoias, maxilas, cadeirinhas, o teatrinho do governador, a aparição das senhoras na sociedade dos homens, a falta de mulheres brancas em Benguela, o brasileirismo dos costumes; como tudo isso se sumiu ante aos autos, as ruas asfaltadas, os bailes com os seus *flirts*, as praias com seus *maillots*! Só numa coisa a Luanda de há cem anos estava actualizada e não mudou: na falta de meias que Lopes de Lima notava nas senhoras. Nisso e na formosura da Ilha vista cá de cima, bordada de coqueiros. A beleza dessa, não é de hoje, é de sempre! (Lília da Fonseca)[2]

Eis aí duas falas que, de Luanda, ao centro, procuravam dar um panorama da Angola colonial, em temporalidades muito distintas e, contudo, assombrosamente próximas. A descrição carregada do advogado Hipólito Raposo ainda lembra em algo o velho entreposto luso-africano, de feição abrasileirada, dominado pelos antigos sobrados e pela poeira vermelha mergulhando sobre a cidade Baixa. Vai, portanto, a meio do caminho entre a Angola dos cronistas à moda de Lopes de Lima e o mundo dinâmico, atraído pela urbe e sempre movimentado pela novidade do dia, que a prosa leve de Lília da Fonseca se esforça por desenhar. Mas, entre um e outro texto, correm menos de vinte anos. É certo que não foram quaisquer vinte anos. Esse breve intervalo corresponde a quase um terço do que foi, efetivamente, o colonialismo em Angola, ao menos se o entendemos no sentido contemporâneo dos colonialismos europeus na África dos séculos XIX e XX. Isso é muito; mas não é tudo. Porque se trata de esquadrinhar olhares sobre esse cenário, gostaríamos de ter em conta a distribuição das representações que os constituíram entre tópicos de duas naturezas. Uma, em que Angola era "menos Angola" e mais "África", esse nome generalista, um tanto hiper-real e um tanto redutível a uma lista de lugares-comuns.

---

1   Raposo, Hipólito. *Ana a Kalunga*. Os filhos do mar. 1926, p.36-58 [grifos nossos].
2   Fonseca, Lília da. "Angola de há cem anos." *In: A Província de Angola*. Suplemento de Domingo. Ano VI, n.288, 2 de Nov., 1941, p.1. [Lopes de Lima, cronista de Angola, publicou, em 1846, um *Ensaio sobre as possessões portuguezas*; é a esta obra que Lília se refere ao comentar as suas "linhas que encerram um mundo morto".]

E outra, em que Angola era "mais Angola"; o que, grosso modo, na maior parte de textos como estes, equivalia a dizer "mais portuguesa". Cada um dos polos dessa estrutura de significados se ligava mais diretamente a uma narrativa "breve", na primeira versão, ou "longa", na seguinte, sobre o histórico da presença portuguesa em Angola. Em todo caso, um termo os equiparava: com as mais variadas conotações, ambos tiveram por núcleo imagens de sujeitos "brancos"/"de fora", intervenientes naquele mundo, o da arena colonial, e, a seu lado, sujeitos chamados "indígenas"/"de dentro", cuja existência se definiria pela reprodução de práticas ordinárias [o que, afinal, levaria às leituras que enfatizaram a centralidade das "tradições inventadas" ou da "profundidade da cultura" no contexto de uma "África" "ocupada"].[3] Com relação ao repertório da biblioteca colonial, todo o restante parece convergir para esse ponto. Foi assim que Norberto Gonzaga resumiu perfeitamente a questão. Da impressão que seus textos nos transmitem, Gonzaga não parece ter sido propriamente um grande escritor; mas deve ter sido jornalista de algum faro e um frasista exímio. Deixemos que explique, por nós, o que tateamos:

> Quando falo, pois, da África atendo a que *a África é o branco*, o branco de outros princípios, de outros países, de outros hábitos, de outras ideias, *mas com a sua sombra – o preto*. Tudo quanto se desenrole de imprevisto, de teatral, não nos deve, por isso, admirar. Encaremos esse imprevisto, esse teatral, com simplicidade sorridente, amável, flutuante. *Estão em jogo o branco e a sua sombra...*[4]

Assim, o que dá dimensão e significância aos textos que observamos, em grande parte, está alhures da sua própria "vida". Se falamos da obsessão com uma história dita multissecular ou se falamos dessa noção de tempos abreviados em que a história se acelera, acabamos sempre vendo ressurgir esse nó górdio que é o jogo de "figuras" e de "sombras" de que fala Gonzaga. E aí que se encontram os motivos de eleição dos "tons fortes" com que esse universo é descrito, em detrimento de aspectos nele tão presentes quanto estes outros; e, no que tange à sua persuasão, à sua força narrativa,

---

3   Ver o comentário de Feldman-Bianco [2010], na p.15-16, sobre o exame do "costume e da tradição como objetos de investigação em contextos de aceleradas mudanças sociais", desde Max Gluckman até Hobsbawm e Terence Ranger.

4   Gonzaga, Norberto. *África de sangue, do oiro e da morte.* 1942, p.60 [grifos nossos].

uma parcela considerável da compreensão desses textos consiste em compreender as regras desse "jogo".

Por exemplo: quando observamos a reincidência temática "do trabalho, do dinheiro, da casa, do lazer, da fazenda, das sexualidades, da caça, da feitiçaria, do *quimbo*", enfim, do quadro de preocupações emergentes da situação colonial que monopolizam essas narrativas (citado à Introdução deste trabalho), temos de considerar a sua íntima vinculação com a precedência, quase absoluta, que, naquele contexto, foi assumida por noções de "costume", de "hábito", em resumo, do que se pode definir como concepções acerca do "cotidiano", Processos cruciais da formação desse universo que é o da história "breve" dos colonialismos na África, entre o último quarto do século XIX e a primeira metade do XX, tais como a aguçada "perturbação" dos regimes de terras ou um conjunto de intervenções e transformações de escalas das antigas cidades pré-coloniais, tornadas o centro da "dinâmica" colonial, não foram descritos pelo *"acabrunhador pormenor econômico"*,[5] que claramente envolviam. Ao contrário, do ponto de vista do debate público, tanto quanto ele existiu, o que mais frequentemente definiu tais reordenamentos do espaço foram inquietações "sanitárias", preocupações com coisas como "higiene" e "habitabilidade" das residências, ou alegações de mau uso dos solos e improdutividade, mas sempre ligadas aos "modos de fazer 'nativos'". Essa forma de contenda existiu um pouco por toda parte na África subsaariana daquele período; a primeira delas foi particularmente sensível nos processos de organização urbana de cidades como Cape Town ou a Nairóbi colonial.[6] Em relação a Angola, há inúmeros exemplos dessa comutação de discussões sobre *"os melhores locais para a fixação e o povoamento europeu"*, transitando facilmente de ocupações com melhores tipos de terras e culturas para questões como a "salubridade" e a possibilidade de "aclimatação" dos colonos.[7] A imagem desses "paraísos precários"

5   Gonzaga, N. *Aspectos de Angola*. Cadernos coloniais, n.45. 1936, p.30.
6   Ver Coquery-Vidrovitch, 2005, p.310-316; Otiso, 2005, p.73-97 e Western, 1985, p.335-357.
7   Ver, dentre outros: Matos, Norton. "Uma experiência de Colonização em Angola." *In*: *Boletim da Sociedade de Geografia de Lisboa (BSGL)*. 58ª série, n.3-4, Mar.-Abr., 1940, 170-173; Machado, Carlos Roma. "Os melhores locais de Angola e Moçambique para a vida das famílias portuguesas." *In*: *BSGL*. 56ª série, n.9-10, Set.-Out., 1938, p.380-401; Colaço, Pedro de Portugal. "A colonização europeia e indígena em Angola." *In*: *BSGL*. 53ª série, n.5-6, Mai.-Jun., 1935, p.238-253.

das *highlands* africanas criou as suas contrapartes: a sobrevalorização da obstinação e dos obstáculos enfrentados por aqueles que demandavam o *"sertão"* ou o *"mato"* (o avesso da proteção das penínsulas "brancas") ou a ideia, um tanto paradoxal, de que a autêntica experiência colonial, e, portanto, da África, era essencialmente rural (quando, sem dúvida, o grosso dos *coloniais* se concentrava nas cidades). No fim das contas, a reciclagem de questões de monta em qualquer coisa que pudesse ser definida como da ordem das "experiências ordinárias" foi uma característica marcante de inúmeros discursos sobre aquilo em que consistia a colonização.

Há incontáveis trabalhos na bibliografia africanista que ressaltam essa conexão das trajetórias, das biografias, das histórias de família ou de pequenas localidades com transformações agudas das dimensões sociais, políticas, econômicas em que tais narrativas se enredam – é o caso, por exemplo, dos influentes estudos de Landeg White, Richard Werbner e Terence Ranger,[8] apenas para citar alguns. Considerando cenários como o de que aqui se trata, esse tipo de articulação se revela extremamente significante. Na sua ampla pesquisa sobre o encontro e a interação entre missionários e *tswanas*, Jean e John Comaroff partem duma conclusão relativa a algo particular – segundo a qual o objetivo central das missões seria "reformar a vida cotidiana dos nativos" – para argumentar que a relevância do "cotidiano" residiria justamente na capacidade de atos tomados como residuais, naturalizados, que assumem a qualidade de "hábito", insinuarem-se, "aparentemente sem agência", no coração do que se chama de "cultura", na textura de uma visão de mundo. Assim, insistem os Comaroff, seria compreensível porque "reelaborar práticas mundanas, rotineiras tenha sido tão vital para todos os reformadores sociais, missionários coloniais dentre eles".[9] A rigor, o que se aponta aqui é o "lugar extraordinário do ordinário" na África colonial. Daí que essa visão sobre o microcosmo, sobre cidades e aldeias, sobre colonos e nativos, sobre o que Braudel chamou de o "reino da rotina,"[10] tenha precedido, no quadro em questão, os discursos sobre macroprocessos. Daí que o próprio colonialismo possa ser visto como "empreitada moral", na medida em que era uma "moral" seu desejo de reordenamento das coisas, sempre voltado para o feixe de significações que emergia do "costume." E, afinal,

---

8   White, 1987; Werbner, 1991; Ranger, 1995.
9   Comaroff & Comaroff, 1997, p.30-31.
10   Braudel, 1985, p.15.

daí também que mesmo um discurso bastante vago sobre o *"direito de colonizar,"* tal como surgia nas versões dos propagandistas metropolitanos, acabasse por se debruçar sobre essa miuçalha de fatos e atos que constituíam o *"viver habitual"* das colônias, encarnando-a, por exemplo, numa ideia de *"obra colonial portuguesa"* [ou qualquer outro gentílico que fosse, porque esse era um motivo que atravessava os "Impérios"].

Por outro lado, todavia, se deixarmos de lado o rol de visões de uma Angola "mais África", centrada na variante "breve" da história colonial, em direção àquilo que foi apresentado como sendo a sua especificidade, centrada na variedade "longa" da mesma história, mudam-se as tramas, mas persistem muitos elementos comuns. Em que, senão na presunção da antiguidade, da particularidade das suas velhas "vilas coloniais", radicava a imagem de *"maior e mais portuguesa das colônias"*? Com efeito, cidades como Luanda e Benguela têm uma importância central no lento e truncado processo de "intrusão" europeia nas costas africanas. São provavelmente as mais antigas cidades de *"design europeu"* do continente; um prenúncio que, no entanto, deu-se em bases muito diferentes das que estariam em marcha quando novas cidades desse *facie* surgissem. Segundo os dados levantados por Catherine Coquery-Vidrovitch, com base nas estimativas de J. K. Thornton e no *Ensaio*, de Lopes de Lima, em 1846, Angola contava com 1.832 brancos, dos quais apenas 156 eram mulheres; a fixação de intermediários do tráfico Atlântico e o *trekking* de comerciantes pelas cercanias da bacia do Kwanza encorajaram "casamentos mistos", de sorte que, no mesmo período, estima-se que o número de mulatos na colônia chegasse a 5.800, dos quais, segundo documentos da época, somente 28 seriam escravos.[11] Do final do século XVII ao final do XIX, a governação e a estrutura de poder nessas cidades foram praticamente imutáveis. A primeira mudança sensível não veio do "Terreiro do Paço", mas de disputas locais que alteraram as ordens do cotidiano. Durante longo tempo, em Luanda, por exemplo, a vida da cidade se concentrava no quarteirão mercantil e "burguês" de Nossa Senhora dos Remédios, na Cidade Baixa, de onde uma cooperativa de senhores portugueses e "luso-africanos" controlava o movimento do comércio externo. Mas, aos poucos, os comerciantes identificados "portugueses", brancos e, em geral, recém-chegados, tornando-se mais

---

11   Coquery-Vidrovitch, 2005, p.286-287. [*Cf.* Thornton, 1981, p.713].

numerosos, empurraram as elites mistas para os arrabaldes desse quadrado do porto; de modo que, quando no começo do século XX, alijaram-nas também dos postos administrativos, apenas se deu conclusão a uma dinâmica que vinha de antanho [aliás, não deixa de ser interessante que esses "portugueses antigos" também acabassem empurrados por coloniais ainda mais "novos", deixando claro que o poder, ali, vinha sempre "de fora"]. Como demonstrou Peter Mark, num estudo acerca da questão da "etnicidade" entre os "luso-africanos" da Guiné, mas que se aplica também nesse caso de Angola, durante dois séculos e meio, sincretismos de ordem vária indicavam a "assimilação" da comunidade luso-africana "nos fluidos padrões de etnicidade das sociedades nativas"; porém, ao longo do século XIX, a pressão exercida pela crescente influência de holandeses, franceses, belgas e ingleses, teria "estabelecido categorias étnicas europeias racializadas", levando esses "crioulos" a "crescentemente enfatizarem que eram 'brancos', católicos e 'portugueses'".[12]

De todo modo, foram as memórias de personagens e passagens desse largo período que, mais tarde, tanto estimularam o desejo de reforma de alguns, dentro da lógica dos contrastes entre "velhos" e "novos colonos", quanto insuflaram a difusão do caráter "portuguesíssimo" de Angola, dando-nos mais evidências de que a questão do contato, incluídas as diferentes formas de imaginar a "comunidade colonial" e a sua interação/fricção contra as populações "nativas", conforma o ponto nevrálgico dessa grande narrativa colonial. Apenas para encerrar essa apresentação da hipótese de que podemos extrair desse nódulo as chaves do "olhar colonial" que perseguimos, observemos mais duas falas de sujeitos considerados por seus contemporâneos "coloniais" de fato e de direito: Maria Archer e o pintor Albano Neves e Sousa. O trecho de Archer é uma brasileiríssima visão negativa da falta de originalidade, e de "síntese cultural", da colônia de Angola; sublinhando, por seu turno, a pura e simples duplicação dos "modos portugueses", emigrados para aquelas terras. No extremo oposto, Neves e Sousa ressente-se das transformações que essas "coisas emigradas" impunham às sociedades nativas; numa passagem que, às avessas, não deixa de lembrar o "adeus viagens! adeus selvagens!" dos Tristes Trópicos brasileiros de Lévi-Strauss.[13] Em

---

12 Mark, 1999, p.173-191.
13 Lévi-Strauss [1955], 1996, p.93.

ambos os casos, é nas cidades e vilas, nos "usos e costumes", nessa "vida a preto e branco" de que falávamos, que se concentram os fundamentos de uma interpretação mais generalista do universo colonial.

Angola, velha colônia, embora com mais carácter português que Moçambique, e mais fundas raízes lusíadas na sua estrutura, não tem de seu um tipo de povoado, de casa, de vestuário, de transporte, de cozinhado, de denguice, um tipo de criação regional saído das suas condições de clima, de terra, de gente. A própria cozinha regional, tão rica no Brasil e no Oriente português, não criou em Angola doçaria ou pitéus especiais. Julgam por lá que o churrasco barrado a malagueta é criação autónoma da colónia: erro. No Brasil conhecem o churrasco, e com êsse mesmo nome – e em toda a África o comem. Nem a fantasia da mulher indígena, nem a da mulata, nem a da branca, condicionou os frutos de Angola em forma de doce específico e original; tudo o que por lá se come é de uso emigrado.

[...] Clamante é também o estado amorfo, incaracterístico, da nossa colonização em Angola; chega-se a pensar que o português, o negro e a terra angolana não se podem ligar num todo homogéneo; falta-lhes um não sei quê de dinâmico ou aglutinante, um não sei quê gerador duma alma ou duma civilização.

[...] No planalto da Huíla, no planalto de Benguela, vivem milhares de colonos ligados à terra, agricultando, comerciando, criando gado, na mesma incaracterística comunidade. O contato do português com o negro e a África não produziu em Angola, sob nenhum prisma, obra de amor e de criação. O português anda por lá vestido como na sua província...[14]

. . . .

De há dez anos para cá a nossa Província sofreu profundas modificações: o traje indígena vai-se aproximando cada vez mais do padrão europeu e a habitação evolui, se não para melhor sob o ponto de vista da higiene, pelo menos no sentido de uma maior aproximação da construção portuguesa ou europeia.

Onde até agora as cubatas eram feitas de capim e paus, pura e simplesmente, veem-se casas de adobe, com portas e janelas pintadas e com uma mobília composta de mesas e cadeiras, e os competentes mosquiteiros de riscadinho

14 Archer, M. "Aspectos da 'paisagem social' na África portuguesa e no Brasil do passado sugeridos pelos livros de Gilberto Freyre." *In: Seara Nova.* Ano XVI, n.536, 20 de Nov., 1937, p.167-168.

flamante, que livram o corpo das picadas dos mosquitos e do terrível *miruí*, que não se importa mesmo nada com o mosquiteiro vulgar.

O preto dia a dia vai-se cristianizando, aprendendo a ler e a ter ideias diferentes sobre o mundo que o cerca e pondo de lado o bárbaro fetichismo tribal.

[…] Hoje a mulher quissâma usa, como a de Luanda, lenço na cabeça, blusa curta e vestido ou panos! Mais limpo? Sem dúvida, mas muito menos pitoresco.

[…] O que não há dúvida nenhuma é que de certo modo se estão perdendo as características correspondentes a um certo estado de civilização negra que naturalmente se transforma. É urgente a recolha de elementos capazes de, no futuro, poderem informar o que foram e como foram os quissâmas, os bailundos e os libolos[…][15]

Por tudo isso, acreditamos que a diversidade desses textos, desde as memórias dos coloniais por anos radicados em Angola até o mero elogio do distante Estado metropolitano, acabam sempre retornando a coisas como ideias de *"trabalho"* e *"não trabalho"*, concepções sobre *"estilos de vida"*, sobre o que eram os *"colonos"* e sobre o que eram os *"indígenas"*, enquanto tipos sociais. E, portanto, antes de passar a vasculhar os retalhos temáticos com que se costuravam tais narrativas, gostaríamos de oferecer um pequeno panorama dos aspectos que são como o material de que ela foi feita.

1.1 "São assim os colonos portugueses de Angola"

Em face dos perigos e das hesitações da hora presente, não podemos ter outra divisa que não seja esta: *Angola eternamente para os portugueses!...* Portugueses foram os seus descobridores e os seus conquistadores. Se, para possuirmos hoje esta terra preciosa foi necessário que ela fosse primeiro regada com o sangue de portugueses – nossos pais – pertence-nos ela por consanguinidade, é nossa e só nossa tem que ser, embora cubiças estranhas pareçam, por vezes, ambicionar a sua posse. (Armando Leite Velho)[16]

---

15 Neves e Sousa, A. "Angola e o Tempo." *In: Boletim do Instituto de Angola*. Ano I, n.2, Dez., 1953, p.25-26.
16 Velho, A. L. "Pro-Angola." *In: Angola Portentosa*. Ano I, n.5, Set., 1931, p.1.

Falando a partir do Cacolo, diante das inseguranças de um mundo marcado pela crise mundial de 1929, Armando Leite Velho, colono, dos ligados à cultura do algodão em Angola, reúne um tanto de imagens metafóricas, e um quê de interpretação literal das coisas, nessa sua defesa de uma *"Angola eternamente para os portugueses"*. Há, no seu discurso, toda uma referência à linguagem da parentela como análoga às formas de dizer a nação, que nos parece tão familiar e que, conforme se tem discutido, desde trabalhos como os de Anderson,[17] constitui o modo privilegiado de pensar o tipo de "comunidade" que a nação é (ou deveria ser). Mas, há também qualquer coisa de discurso justificatório, que compreendia Angola como uma espécie de "herança", porque, com efeito, a par da ideia de uma história multissecular dos "portugueses" naquele espaço, a fixação ou a exploração dessas terras, não raro, foi coisa transmitida de "pais" a "filhos", com efetivos laços consanguíneos. Sem querer avançar em uma ou outra dessas dimensões, nos parece que aqui existe um problema que não é banal. Se o caso era o de sustentar uma ligação perene e se as narrativas coloniais tantas vezes definiram *"tudo aquilo"* como *"Portugal"*, *"Angola"* como um *"Portugal maior"*, todos os filhos da colônia como *"portugueses"*, o desejo dos *"indígenas"* como o de *"serem exclusivamente portugueses"*, cabe, então, perguntar: afinal, quem eram, de fato, os *"portugueses"* de Angola? e o que permitia sua identificação, assim, em termos de *"unidade"*? Dentre todas as estratégias possíveis para se achegar dessa questão, gostaríamos de começar lançando mão de um olhar não óbvio, e não familiarizado, para o vocabulário de "termos de identidade" que proliferava na Angola colonial, com todos seus nomes que, em geral, nos parecem autoevidentes. Utilizamos recorrentemente alguns dos termos até aqui. Porém, a sua justaposição e um olhar contraintuitivo sobre eles nos diz algo de muito relevante. Para além da *"nação"* e do *"sangue"*, consideremos só uma parte desse vocabulário:

> *Colonos*: as estatísticas oficiais definiam qualquer sujeito europeu/português (não nascido na colônia), portador de uma passagem emitida na Metrópole e, posteriormente, radicado em Angola, como um "colono". Nesse sentido, o termo ganhou certa sinonímia com a figura do "imigrante", do residente que vinha "de fora" (donde provinha a referência a todo "português", natural da Metrópole, como "colono"). Apesar disso, o uso corrente chamava "colono" a um tipo específico de

17 Anderson, B., 2008 [especialmente, p.35-70; p.71-83].

residente – o "assentado" no meio rural, ligado à agricultura (mais ou menos no sentido de "*settler*", na língua inglesa, ou à designação dos imigrantes europeus, no Brasil do século XIX, enquanto "colonos"), exceção feita aos comerciantes ou "sertanistas" e, por raras vezes, aos oficiais de "postos" no interior de Angola (mas o termo nunca, ou só residualmente, se aplica a funcionários da administração ou aos profissionais liberais das cidades). Um fato interessante é que o termo teve seu auge do começo do século XX até os anos 1930-1940, mas, depois, foi progressivamente sendo abandonado (talvez, em parte, pressentindo-se a *debaclé* da "colonização", em parte, como resultado da abolição do termo "colônia" na reforma legislativa de 1951), a ponto de, já no começo dos anos 1960, sobreviver apenas em usos muito restritos (como na designação dos novos "colonos" que afluíram para os colonatos da Cela e da Matala).

Coloniais: a rigor, esse era um termo preferencialmente empregado nos debates públicos sobre a colonização e, portanto, como dissemos, particularmente ambíguo. Embora houvesse a tendência a igualá-lo a "africanista"/"interessado pelas colônias", sobretudo na Metrópole, ele se mostra muito operativo, todavia, porque, de certa forma, permitia uma designação "neutra" a quase todo tipo de sujeitos implicados na sociedade colonial: desde os "colonos" até os residentes temporários, a cargo da administração colonial, desde os avulsos e profissionais liberais citadinos até aqueles que o meio reconheceu como "conhecedores das colônias" (quer por razões econômicas, quer por curiosidade "científica"); e até mesmo aos "naturais de Angola". Foi nesse sentido, principalmente, que ganhou algum uso corrente. É interessante ainda o quanto, em certo aspecto, esteve próximo do adjetivo "*angolano*", àquela altura, menos um gentílico nacional e mais um descritor "local" (qual no uso de expressões tais como "sociedade *angolana*", "meio cultural *angolano*" ou "imprensa *angolana*", todas podendo ser referidas como "*coloniais de Angola*").

Euro-africanos: eis aí um termo que conjugava "naturalidade e sangue", "localidade e ascendência". Chamava-se, em geral, "euro-africano" ao indivíduo nascido em Angola. Entretanto, era corrente distinguir o "euro-africano *branco/português*", nesse caso, designando apenas a naturalidade de um sujeito que descendia de uma família branca, do "euro-africano *misto*" ou "*luso-africano*", nesse caso, referindo, com o duplo gentílico, a condição de "mestiço"/"mulato" do sujeito. Finalmente, havia aí também um componente político, pois o termo era, geralmente, conotado com uma maior adesão ou aceitação da ordem colonial (e, talvez por isso, dada a polêmica que suscitava, não era assim tão corrente; vide a desconfiança que suscitou, no começo dos anos 1930, a criação de uma "Associação dos Euro-Africanos Portugueses").

Naturais da terra: era quase um equivalente de "euro-africano", mas dele divergia em dois aspectos principais – de um lado, raramente suscitava distinção entre "brancos" e "mulatos" (incluindo, de algum modo, os "assimilados"; o que "euro-africano", dada a sua dupla referência, obviamente não fazia); de outro, o seu uso despertava certa "desconfiança" quanto ao grau de adesão à *portugalidade* triunfante.

É curioso que, por ter sugerido uma "angolanidade" compreendida como *"naturalidade"* e não como *"nacionalidade"*, e, sobretudo, por sua vinculação à Associação dos Naturais de Angola (Anangola), com toda a polêmica que esta suscitou no eclodir da descolonização, este último aspecto tenha acabado por se inverter, ou, no mínimo, por ser problematizado, a partir do final dos anos 1950. De todo modo, era um termo estrategicamente importante naquele quadro.

Angolenses: foi o termo de eleição das elites locais de Angola na passagem dos séculos XIX e XX. Conotado com todos os eventos que marcam a ascensão e a queda desse núcleo proeminente da fase anterior da presença colonial portuguesa em Angola, tinha, a um só tempo, uma legitimidade histórica e uma carga de referências políticas, nem sempre bem-vistas pelo *status quo* colonial que emergiu a partir dos anos 1920. Por sua vez, a identificação do termo com a ideia de uma sociedade "crioula", mestiça, embora não só composta de mestiços, também despertou rumores. Incorporava, em geral, todos os sujeitos que se podiam definir como "naturais da terra", apesar de se encontrarem referências a um uso que comportava ainda a população nativa/ indígena de Angola e apesar de se ter ligado com alguns dos "coloniais" da velha geração. Sobreviveu, principalmente, nos discursos de uma elite negra "assimilada", que encontrava pouca margem de manobra nesse vocabulário, tal como o contatamos nos textos das revistas da Liga Nacional Africana, em meados dos anos 1930, provavelmente como uma forma de estabelecer "raízes" para as suas reivindicações reformistas.

Portugueses/brancos de Angola: finalmente, há que se considerar um uso específico de "portugueses" como sinônimo de "brancos de Angola", excluindo, portanto, do gentílico nacional todos os "não brancos", a despeito do que os Censos, por exemplo, consideravam a "população civilizada", logo, "portuguesa", e dos indivíduos que legalmente eram "portugueses" (como os "assimilados"). Esse uso nunca foi veiculado em meios oficiais e era, a rigor, extremamente minoritário; mas existia (e produzia muita celeuma e muita confusão, cujos efeitos são sentidos até hoje). A essa identificação *"brancos = portugueses"*; *"portugueses = brancos"* e ao que suscitava, retornaremos adiante.

Enfim, esse é mesmo apenas um recorte. Mas o suficiente para nos fazer refletir sobre o quão temerário pode ser falar, como "unidade", de "portugueses de Angola". Voltando ao trecho do artigo de Leite Velho, não é o caso de se pensar sobre a diferença entre uma *"Angola eternamente de Portugal"* e uma *"Angola eternamente para os portugueses"*; um problema a que os sentidos desses poucos termos já dariam ensejo. Qualquer um poderia arguir, nesse ponto, que os designativos que listamos anteriormente recobrem aspectos muito diferenciados, sendo pouco comparáveis. No entanto, eles apontam, em comum, para um conjunto de elementos – naturalidades, fidelidades, pertenças e/ou diferenças quanto aos "outros", raça/"sangue"–;

todos envolvidos, em algum nível, com as formas pelas quais se definem e se descrevem as "nações". Portanto, quando os contrastamos à recorrência de discursos sobre um "*Portugal maior*", sobre uma "*portugalidade*" extensiva às colônias, eles nos compelem a pensar sobre as questões problemáticas que esses discursos recobrem.

Tabela 1. Distribuição da população de Angola por grupos raciais, situação quanto ao "indigenato" e/ou nacionalidade, 1920-1970[18]

	"População civilizada"*				"População nativa"
	Brancos (%)	Mestiços (%)	Negros (%) (Assimilados)	Outros brancos (%) (Estrangeiros)**	Negros (%) (Indígenas)
1920	20.700 (0,6)	10.500 (0,4)	≈ 49.907***	≈ 1.422***	3.100.000 (99)
1930	30.000 (0,9)	13.500 (0,5)	? (?)	? (?)	3.300.000 (98,6)
1940	44.083 (1,2)	28.035 (0,8)	24.221 (0,7)	≈ 1.200 (0,02)	3.665.892 (98)
1950	78.826 (1,9)	29.648 (0,7)	30.089 (0,7)	≈ 2.000 (0,02)	4.036.687 (97,4)
1960	172.529 (3,6)	53.392 (1,1)	? (?)	? (?)	4.604.362 (95,3)
1970	≈ 300.000 (5,1)	? (?)****	- - - - - - - ****	? (?)	? (?)

18 Para 1920 e 1930, ver Marques & Serrão, 2000, p.309; Para 1940, 1950 e 1960, seguimos: Angola. *Censo da População de Angola*. RCEG: 1940; *II Recenseamento Geral da População de Angola. 1950*. DSEA: 1953; *3º Recenseamento geral da população de Angola, 1960*. DSEA: 1964; Para 1970: Portugal. INE, Delegação de Angola. *Anuário Estatístico. Portugal, Estado de Angola. 1972*. O número de assimilados em 1940 e 1950 é aqui referido com base em Bender, 1978, p.151. * A divisão da população entre "civilizada" e "nativa" está consignada nos Censos de 40 e 50. Ver Galvão, Henrique & Selvagem, Carlos. *Império Ultramarino Português*. Monografia do Império, v.3. 1953, p.224. ** O número de estrangeiros não corresponde a nenhuma categoria censitária exclusiva, estando computado entre o total de brancos; o que produz, aqui, uma sobreposição de dados. Para 1940 e 1950, seguimos a estimativa apresentada por Galvão, Henrique & Selvagem, Carlos. *op. cit.*, p.229, com base no apuramento do Censo de 1950. *** O número de assimilados e de estrangeiros para 1920 é aqui apresentado a partir de Wells, Linton. "Angolan Safari." *In: Geographical Review*, v.30, n.4, Oct., 1940. p.553. As discrepâncias com relação às estimativas de 1940 e 1950 explicam-se por não existir ainda, à altura, o "Estatuto do Indigenato" (sendo considerados "assimilados" aqueles que as autoridades assim compreenderam) e pela falta de um Censo formal. **** Pélissier (1978, p.58-59) julgou que a real dimensão da comunidade mestiça de Angola em 60 devia ser o dobro das estatísticas oficiais; o que permite supor que, entre 1960 e 1970, essa população oscilasse entre 90 mil (30% do número de brancos estimados em 1970; proporção idêntica à de 1960) e 180 mil indivíduos. Quanto à categoria *assimilados*, não se aplica a 1970, pois foi extinta em 1961 (Decreto-Lei n.43.893/61).

Pensemos, por exemplo, na tensão que se estabelecia entre a atribuição da cidadania oficial portuguesa a toda população descrita pela legislação e pelos registros oficiais como sendo "civilizada" e os mecanismos pelos quais essa mesma atribuição produzia cidadãos "essencialmente portugueses" e cidadãos "equiparados a portugueses". A rigor, qualquer "branco" ou "mulato", que não vivesse em *"quimbos"*, *"libatas"* ou *"sobados"*, era "civilizado" e, assim, "português". O indivíduo "negro" ou mestiço que "parecesse negro" estava submetido às rotinas do reconhecimento legal da "assimilação" para ser tomado como tal; mas quando o núcleo "assimilado" perguntou se não seria razoável submeter ao crivo da "assimilação" os *"brancos cafres"*, que viviam entre indígenas no interior de Angola, as autoridades portuguesas simplesmente fingiram não entender.[19] Ao sabor das "situações de enunciação", *"assimilado"* era um termo que tanto podia incluir, quanto excluir os sujeitos do gentílico *"português"*. Mas esse era um caso extremo; e envolvia, ademais, uma questão de cor/raça, que revela uma forma particular de aplicar leis de excisão essencialista, que estavam espalhadas pela África colonial. Entre "brancos" também podemos encontrar exemplos relevantes. Por exemplo, na oposição entre esses "verdadeiros portugueses" que eram os colonos e coloniais de Angola e aqueles a que circunstâncias levariam à deriva identitária: *"sertanejos"* e *"funantes"*, por vezes chamados *"pombeiros"* e *"fubeiros"* (porque negociavam o *"fuba"* dos indígenas), comerciantes *"do mato"*; todos identificados com a figura, quase sempre indesejável, do *"cafre"*. Embora houvesse quem tenha sublinhado a "originalidade" desses sujeitos,[20] são muito mais pródigas as ocasiões em que foram apresentados como o negativo do autêntico português. Em parte,

---

19   Um documento significativo dessa posição, surgida mais de uma vez, está em *Análise social do regime de indigenato* (1961), do advogado "assimilado" moçambicano Domingos Arouca, onde ele, retoricamente, se pergunta se não seria um "insulto colocar o assimilado em pé de igualdade com Europeus [cafrealizados] vivendo em padrões primitivos" (p.14-15). No entanto, como observou Bender (1978, p.152), sua lógica escapou às autoridades coloniais [Arouca, que teve papel ativo na diplomacia moçambicana, durante a fase do Governo Provisório, rompeu relações com a Frelimo, a qual esteve anteriormente ligado, e após a Independência se tornou um célebre líder da Fumo; um grupo anti-Frelimo no exílio].

20   Era, por exemplo, a opinião de Maria Archer: "Um e outro – o sertanejo e o funante – são os únicos tipos apartados que se mostram na paisagem social de Angola; contudo, em tão pequena quantidade que não dão relevo e no geral em tão má qualidade que não dão brilho." ["Aspectos da 'paisagem social' na África portuguesa e no Brasil do passado sugeridos pelos livros de Gilberto Freyre." In: *Seara Nova*. Ano XVI, n.536, 20 de nov., 1937, p.167-168].

o mesmo se dava com relação à oposição entre "velhos" e "novos colonos", aqui envolvendo a interpretação de segmentos assimilados, que descreviam aqueles como exemplos de um período em que *"colonos e indígenas se compreendiam e se auxiliavam"*, como *"portugueses todos"*,[21] e estes últimos como elementos que, por influência *"estrangeira"*, cediam a *"clientelas estribadas em conceitos cromáticos inteiramente à margem do espírito português"*.[22] Isso sem considerar um problema candente, e mais diretamente implicado com a questão, como o conflito entre "metropolitanos"/"residentes temporários" e "colonos"/"naturais da terra" em torno de um termo altamente pejorativo como *"portugueses de 2ª"*, que despertava não só problemas de cidadania, e de ordem prática (como a questão dos bilhetes de identidade, em que se percebia mesmo um tratamento de *segunda categoria*), mas também inquietações de caráter simbólico.

Tabela 2. Distribuição da população de oito cidades de Angola por grupos raciais oficiais, 1950-1960[23]

	1950			1960		
	Brancos	Mestiços	Negros	Brancos	Mestiços	Negros
Luanda	20.710	9.755	111.112	55.567	13.593	155.325
Malange	1.592	691	7.190	3.223	1.740	20.803
Benguela	3.346	841	10.503	8.706	3.148	28.421
Lobito	4.074	459	19.364	10.474	1.556	38.393
Nova Lisboa	4.756	1.185	22.346	12.510	4.589	53.526
Silva Porto	1.229	369	7.241	1.699	633	22.657
Sá da Bandeira	6.201	542	4.911	7.494	1.142	6.492
Mossâmedes	3.545	377	4.654	4.308	635	3.020
Total (%)*	45.453 (57,6)	14.219 (48)	187.321 (4,6)	103.981 (60,2)	27.036 (50,6)	328.637 (7,1)

---

21 Braga, Paulo. "Colonos e nativos. Os criadores de mundos novos." *In: Angola*. Ano V, n.16, Jul., 1937, p.5.

22 "Notas & Fatos: Associação dos Euroafricanos Portugueses." *In: Angola*. Ano VI, n.25-26, Set.-Out., 1938, p.33.

23 Tabela reproduzida a partir de Pimenta, 2008, p.452 [Quadro 5]. * Percentual da concentração destes grupos nas cidades, em relação ao total da população de cada grupo em Angola. Calculado com base em Amaral, Ilídio. *Ensaio de estudo geográfico da população urbana de Angola*. 1962, 48-49; Angola. *II Recenseamento Geral da População de Angola. 1950*. DSEA: 1953; *3º Recenseamento geral da população de Angola, 1960*. DSEA: 1964.

Por mais oficialista que fosse, a literatura colonial não pode passar ao largo desse tipo de conflitos. *Conquista do Sertão* (1930), de Guilherme de Ayala Monteiro, por exemplo, é todo um elogio da empreitada colonial de penetração nos interiores de Angola e, não obstante, seu enredo é uma clara contraposição entre um "velho colono", Pedro Costa – *"aviado"* (comerciante) no sertão, suficientemente obstinado para fazer fortuna, mas perdido em *"aventuras licenciosas"* que lhe dariam três filhos "mulatos", *"três criaturas cuja situação não era livre e igual à sua"* –, e um "novo colono", seu sobrinho Jorge Costa, que dispende a vida em Angola criando hospitais e desenvolvendo fazendas. Completando o panorama, que já inclui velhos e novos colonos e mulatos, o romance de Monteiro dá uma larga vista de olhos para os *"ambaquistas"*, sujeitos que herdaram os seus modos "à branco" e o conhecimento da escrita da língua portuguesa dos tempos da missão jesuítica de Santo Hilário, dizendo-os *"peritos na arte de redigir num bárbaro português, inclassificável, extensos requerimentos em que dão larga à mais disparatada verbosidade, alinhando argumentos em que a lógica aparecente e a má-fé disputam primazias"*.[24] Outro exemplo significativo e perturbador é *O Sol dos Trópicos* (1936), de Henrique Galvão, em cujo percurso que leva Venâncio, o protagonista, de um fracassado jovem na Metrópole a "perfeito colono", encontra-se a decepção com dois homens brancos, o "Coxo" e o "Dezassete", *funantes* que quase lhe propiciam a inicialmente desejada morte, e, a seguir, uma ajuda que provém do *mukubal* N'Tuba, o nativo profundamente disposto a agir segundo a *portugalidade*, que, afinal, o próprio Venâncio descobriria. De todo modo, o que resta é que os vários indivíduos a que nos referimos até aqui foram todos, mesmo que "situacionalmente", mesmo que com sentidos e estratégias diferentes, impelidos a reivindicarem em algum momento a sua participação em uma nacionalidade *"portuguesa"*: até aqueles que se sentiram mal interpretados ao postularem o desejo *"de uma Angola grande em um Portugal maior"*;[25] até os que se viram compelidos a fazer lembrar que *"como portugueses"*, e, portanto, *"evoluindo à maneira portuguesa"*, não deveria haver *"distinção possível entre o português e o angolano"*.[26] Os sentidos dessa pertença, as

---

24   Monteiro, G. de A. *Conquista do Sertão*. 1930, p.118-119; p.127; p.192.
25   "S.J.C." "Nem nativismo, nem separatismo." *In: Angola*. Ano V, n.14, Mai., 1937, 2; 4.
26   "Jodaeso." "Justa lamentação." *In: Angola*. Ano IV, n.2, Fev., 1936, p.6.

formas de contorná-la e/ou de viver com ela foram, talvez, um dos maiores objetos de disputa dessa fase da história de Angola.

Uma forma interessante de considerar a questão é observar os efeitos da transposição para Angola de um fenômeno profundamente relevante no Portugal da primeira metade do século XX: o "regionalismo". Num estudo dedicado ao tema, Daniel Melo registrou o aparecimento de diversas associações regionalistas em Angola, naquele período: o Clube Transmontano, em 1912, a Casa das Beiras e a Casa do Minho, ambas em 1932 (em 1960 e 1966, respectivamente, novas Casas das Beiras surgiram no Lobito e em Nova Lisboa), a Casa de Lisboa e da Estremadura, em 1937, e mais tardiamente, a Associação dos Antigos Alunos de Coimbra e a Casa do Distrito do Porto, em 1957 e 1959, pela ordem, todas em Luanda.[27] Segundo Melo, a análise da atuação dessas associações permite acompanhar, dentre outros aspectos, a emergência de uma visão "não unidimensional" das formas de exprimir uma identidade portuguesa, na medida em que, apesar de serem vistas como parte de um movimento "retrógrado e clientelar" (sobretudo pelo uso do regionalismo no Estado Novo), criaram uma ideia de convivência comunitária e intergeracional, que, diante do exacerbado nacionalismo "imperial" do período, dava brechas ao exercício de uma *portugalidade* não estrita à grelha da "raça". Afeito à fatia dos naturais da Metrópole radicados em Angola, esse regionalismo português assentava não só na muito explicável necessidade de atualizar as "estruturas de afeto" da comunidade original, mas também, em muitos casos, na necessidade de reafirmação de laços da rede migratória que em ondas distintas se transplantara. É assim que se pode entender que os únicos distritos que tinham representações individuais, "Casas" próprias, fossem Lisboa e o Porto, justamente donde provinha a maioria absoluta dos coloniais de Angola. O mesmo com relação à importância das representações das Beiras, de Trás-os-Montes e do Alto Douro, províncias que ocupavam o primeiro lugar na lista de naturalidades daqueles que se tornaram efetivos *colonos* em Angola (no sentido de "colonos rurais"). Essa "regionalização" dos coloniais, que seguia o poder de atração das redes já estabelecidas, nos lembra de que a par de toda a discussão sobre a *portugalidade*, trata-se, afinal, de uma mecânica de migrações internacionais – assim se explicam, por exemplo, a concentração

---

27 Melo, 2004, p.2 [Quadro 1]; p.4-9.

de metade dos naturais de Angra do Heroísmo radicados em Angola no Kwanza Sul (atraídos pela presença da "Açoereana", a Cooperativa Agrícola do Catote) ou a concentração dos nascidos no Funchal, também quase a metade, na Huíla (madeirenses fundaram as principais vilas e cidades daquela província; e madeirenses encontramos ali, até o fim da era colonial).[28] O efeito dessa dinâmica era certamente considerável; talvez ele explique o sentimento de Archer quanto ao português que em "Angola vestia-se e vivia como na aldeia natal".[29] Mas tão interessante quanto esse fenômeno foram as respostas ou os seus equivalentes locais.

De um lado, por exemplo, há um regionalismo particular, que aflorou nas principais cidades angolanas. O "amor dos angolanos pelo seu povoado", dito "corrente entre as gentes brancas de Angola",[30] motivo de "saudáveis rivalidades", foi um fato constatado incontáveis vezes durante os dias do colonialismo. É, no entanto, muito relevante notar que, no período pós-colonial, os antigos residentes e/ou naturais de Angola, "retornados" (um termo que, em geral, rejeitam) a Portugal, tenham tantas vezes optado por se definirem, antes de tudo, como "moçamedenses, luandenses, lobitangas, benguelenses/filipinos" etc., de modo, inclusive, a ativar e legitimar memórias desses seus "lugares que ainda existem, mas já não estão lá". Esse regionalismo angolano mobilizava noções de "originalidade" dos locais que tinham muitos elementos situados para além da paisagem física dos lugares. Isso nos faz pensar na sugestão de Arlindo Barbeitos, segundo a qual, se a racialização das práticas coloniais portuguesas em Angola e as transformações pelas quais passou o colonialismo no século XX não ratificam a ideia de que as cidades angolanas fossem "ilhas crioulas", tal como se apresentavam

---

28   Os naturais de Angra do Heroísmo vivendo no Kwanza Sul eram mais do que o triplo dos seus conterrâneos em Luanda (332 contra 108); representavam quase 49% dos açoreanos ingressados em Angola naquele período. Quanto aos naturais do Funchal, 78% deles se concentravam em Luanda, Benguela e na Huíla, sendo quase a metade do total de madeirenses os que radicaram neste último destino. [Ver Castelo, 2007, 224-226; Pélissier, 1978, p.48].

29   Archer, M. "Aspectos da 'paisagem social' na África portuguesa e no Brasil do passado sugeridos pelos livros de Gilberto Freyre." In: Seara Nova. Ano XVI, n.536, 20 de Nov., 1937, p.167-168.

30   Galvão, H. Outras terras, outras gentes. 1941. [Transcrito, sob o título "São assim os colonos portugueses de Angola..." In: A Província de Angola. Suplemento de Domingo. Ano VII, n.324, 19 de Jul., 1942, p.1]

no célebre texto de Mário António Oliveira,[31] ainda nos anos 1960, é fato que práticas da vida ordinária (eis aí, outra vez, a questão) e relações sociais análogas às do mundo *crioulo*, cujo paradigma foram Luanda e Benguela do século XIX, sobreviveram até os dias finais do período colonial. Talvez, a epítome desse processo se encontre na constância com que os mesmos antigos residentes de Angola se dispõem a lembrar que *"todos conhecíamos e tínhamos amigos mulatos"*.[32]

De outro lado, há uma conexão, aparentemente ignorada, entre essas formas de um regionalismo, tolerado e incorporado pelo regime português, e o modo pelo qual o associativismo angolano sobreviveu ao período mais agudo do colonialismo. Ainda de acordo com Melo, todas as Casas regionalistas partilhavam um modo de ação que incluía atividades de imprensa, realização de eventos que visavam revivificar as manifestações do "folclore" (*Kultur*) do *"rincão natal"* e, à falta de um Estado social, empreendimentos de caráter previdenciário e de assistência mútua.[33] A rigor, isso as aproximava das associações angolanas – todas elas intervindo no jornalismo, funcionando como grêmios recreativos, pugnando pela valorização dos *"folclores nativos"* de Angola e atuando como órgãos de mutualismo e assistência social. À primeira vista, são as transformações do espaço colonial, com o que pressupõem sobre a racialização e aumento de distâncias entre grupos rácicos em vários níveis, o que explica a proliferação dessas associações e a formação de suas clientelas. É assim, ao menos, que se tem compreendido diferenças entre o Grêmio Africano (mais "recreativo" e "mulato") e a Liga Nacional Africana (mais "assimilada"), entre a Sociedade Cultural de Angola (cheia de "coloniais", em dado momento) e a Associação dos Naturais de Angola (com uns poucos "coloniais", mas, em geral, reduto de "mulatos"), entre esta e uma Associação dos Euro-Africanos Portugueses (integralmente branca), de curta vida. Todavia, é interessante pensar que, quando se confronta esse associativismo com seus antecessores do começo do século XX, do período liberal da I República, e com o que alguns desses organismos, ou antes, elementos deles saídos, se fizeram no fim do período colonial, sobretudo quanto a traços comuns da sua atuação pública (as

---

31 Oliveira, M. A. de. *Luanda, "ilha" crioula*. 1968.
32 Dentre os vários exemplos ouvidos ao longo da pesquisa, citamos depoimento de Aida Saiago, disponível no seu sítio pessoal: http://www.saiago.com/angola.html.
33 Melo, 2004, p.1-9.

queixas à rejeição de quadros assimilados e mestiços na administração ou à discriminação geral contra esses elementos, a recriminação aos apelos de autoridades portuguesas à cessação de casamentos mistos e o que isso implicava, etc.), foi recorrendo à linguagem dos regionalismos, representando Angola ou frações da sociedade angolana, dentro de uma "portugalidade extensiva", que essas associações forjaram parte das suas estratégias de sobrevivência.

Enfim, com relação aos aspectos especificamente considerados, se há algo que parece perfeito na interpretação que alguns historiadores angolanos, como Maria da Conceição Neto, têm apresentado do período, é a constatação de que, se não é adequado falar de um "colonialismo" português, ou de uma lógica colonial portuguesa, em geral (donde parte a crítica ao chamado "luso-tropicalismo"), também não se pode enxergar um "colono" português, assim sem maiores qualificativos: houve práticas coloniais e sujeitos coloniais; distintos, tanto quanto foram distintas as temporalidades e os espaços em que o colonialismo aconteceu.[34] O que não impede, é claro, que se possam perseguir fenômenos, processos ou características que nos levem a melhor compreender a variedade de circunstâncias em que esses "coloniais", a *"gente branca"* e *"portuguesa"* de Angola foi representada (e se apresentou) como uma "unidade".

É o caso, por exemplo, do forte sentimento de "apego", de "arraigamento à terra", que as narrativas e memórias coloniais, a seu tempo e depois, fizeram crer um dado predominante das formas com que esses sujeitos lidavam com a sua fixação em Angola. O movimento de evolução da população branca na colônia, entre os anos de 1920 e 1970, é, nesse particular, muito revelador. Apesar de se ter verificado sempre um aumento dos brancos, ao longo de todo esse período, algo que os Censos de 1940 e 1950 estimaram como um incremento de quase 50% em dez anos, o fato é que um tal crescimento comportava dinâmicas contraditórias. Houve, por exemplo, involução no ingresso de naturais da Metrópole em diversos anos situados no intervalo dos recenseamentos (sobretudo nos primeiros anos da década de 1930, durante o auge da crise); e, ao mesmo tempo, houve picos em que a chegada desses sujeitos ultrapassou em muito a média notificada ao final

---

34   Neto, 1996; 1997, p.334-335.

de um decênio.[35] Nesse lapso entre o Censo de 1940 e 1950, mas, principalmente, no seguinte, entre 1950 e 1960, o crescimento dos naturais de Angola foi quase sempre maior que o aporte de novos "metropolitanos" (resultado que decorria do aumento do número de mulheres e famílias fixadas na colônia, que foi significativo dos anos 1930 em diante). E, por seu turno, o número realmente considerável de brancos residindo em Angola à época da independência (elevado para qualquer dos contextos africanos) desvela um tipo de explosão demográfica muito particular: como notou Bender, quase a metade desses indivíduos tinha chegado a Angola e/ou nascido depois da eclosão da guerra, em 1961.[36] É que não apenas os quadros deslocados pela guerra tinham criado um *boom* da população branca, mas também foi por essa altura que mais se fizeram inversões econômicas e esforços de criação de infraestruturas, o que trouxe consigo um incremento do fluxo migratório. Contra essa "passagem", essa vivência de uns poucos anos, a maior parte dos demais coloniais tinha vivido um processo de aumento da população branca de Angola que, embora considerável, foi, em geral, paulatino. Portanto, datavam a sua experiência da terra de 30, 40 anos antes do começo da guerra, isso sem considerar o grande número desses sujeitos cujas famílias haviam chegado ali nas gerações anteriores. Naturalmente, a ideia de um vínculo já "enraizado" tornou-se um importante aspecto da sua autorrepresentação e das formas de pensar a sua legitimidade. É o que

---

35 Considerando o movimento de "passageiros" entre Angola e Portugal, todos os anos, entre 1932 e 1937 tiveram saldo negativo; o que é um indicador da baixa procura pela migração, pois que, como já não haviam degredados a repatriar (às expensas do Estado), as saídas mantiveram seu fluxo normal (colonos que se retiravam, funcionários que se aposentavam, que gozavam as licenças "graciosas" etc.) e as entradas, dado o agravamento da crise, é que diminuíram. [ver Angola. Repartição Central de Estatística Geral. *Anuário Estatístico*. 1937-1944]. Já considerando o movimento migratório para as colônias, nota-se, por exemplo, que, em anos como 1948 ou 1953, 1954 e 1960, houve decréscimo no saldo de portugueses entrados em Angola e Moçambique; mas, em compensação, anos como 1947 (em comparação a 1946, com um saldo de mais de 4.000 ingressos) ou 1952 (com mais de 3.000 ingressos de saldo, em comparação a 1951) foram pontos fora da curva, apresentando crescimento acima da média dessa população natural da Metrópole. [ver Portugal. INE. *Anuário Estatístico do Império Colonial*. (1943 a 1949); *Anuário Estatístico do Ultramar* (1950 a 1960); Castelo, 2007, p.177-180].

36 Com base nos Recenseamentos de 1940, 1950 e 1960 e nos dados recolhidos pelas Nações Unidas, de 1972 a p.75, Bender nota que dos 335.000 brancos (estimados) vivendo em Angola em 1974, somente 28% nasceram na colônia; e comparando com os 173.000 brancos (aproximadamente) que residiam em Angola em 1960, o fluxo e/ou a natalidade posteriores à Guerra quase duplicaram a população branca. Ver Bender, 1978, p.224-237.

revelam os vários belos exemplos fornecidos pela literatura colonial, como a carta de Guilhermina de Azevedo destinada ao marido (datada da época em que preparava a edição de *Brancos e Negros*, 1956) ou o artigo de José Melo dos Santos, ambos enfatizando o *"feitiço"* e a *"sedução"* que a terra impunha aos brancos:

> Mas, ouve, nunca, nunca se ouviu dizer, por mais desgraçada que uma criatura tenha sido naquelas paragens, ter ela amaldiçoado o sertão e esquecido por completo a sua influência e beleza maravilhosa a ponto de não desejar mais para lá voltar, sofrer as mesmas dores, a mesma solidão e a mesma saudade pungitiva. Dizem que todo colono, ao beber pela primeira vez água africana toma o feitiço do Continente[...] Afirmam-no a rir, mas toda a gente acredita nisso.[..][37]

....

> A gente não sabe porque quere tanto a esta Angola! Sabemos apenas que uma vez aqui desembarcados, vindos desse lindo e doce país – que é a nossa terra continental – rapidamente nos prendemos à *terra-nova*. [...] Talvez porque possui um nome feminino – é caprichosa esta Angola – dando-se-nos toda num dia para depois se mostrar dura e implacável[...]. Mas quanto mais esquiva se mostra – como dizia o poeta – mais lhe queremos – ou não fosse essa a contradição dos que amam[...][38]

Mas, além dessa adesão à terra, o que tais exemplos (e tantos outros) revelam é ainda uma noção de "dificuldade", "privação", que poderia ser resumida na ideia de *"vida dura"*. Uma das maiores complicações que tivemos ao longo das discussões deste trabalho foi tornar crível para os nossos interlocutores o fato de que as transformações do sistema colonial levaram os "colonos" a, progressivamente, valorizarem sinais exteriores de afluência e um estilo de vida "aburguesado" e "mundano", pois, nas concepções prévias sobre os "portugueses de Angola" subsistia uma imagem, muito forte, do "pobre campônio". Novamente, alguns dados nos levam a compreender porque, em face de inúmeros sinais contrários, essa concepção

---

37 Azeredo, G. de. "Ah! Meu amigo, meu amigo! Nós éramos tão novos e tão cheios de ilusões!" *In: O Mundo Português*. Ano XI, n.123, Mar., 1944, p.106-107.

38 Santos, J. M. dos. "Angola. Terra Nova." *In: A Província de Angola*. Suplemento de Domingo. Ano I, n.36, 20 de Dez., 1936, p.1.

se mostrou tão sólida e duradoura. De fato, os dados sobre a escolaridade em Portugal no período, extensíveis a Angola (embora, como dissemos, fossem um pouco menos alarmantes), reforçam a ideia de um colonato pouco qualificado e sem um contingente de quadros mais habilitados. O mesmo se dá com relação aos debates suscitados pelo "trabalho branco" (entenda-se, o trabalho subalterno realizado por brancos) ou pelo número, um tanto inconcebível em se tratando da África colonial, de 10% de desempregados entre os brancos, registrado em Angola no início dos anos 1960.[39] Ao mesmo tempo, como notou Douglas Wheeler, o "português ordinário radicado em Angola" não era sobretudo "o fazendeiro ou o industrial", mas o "comerciante", cujas "ambições eram limitadas a possuir uma *taberna* ou *venda*"[40] (o que nos levará à interessante questão da importância das representações sobre o "mundo rural", em meio a uma população que, a rigor, transitava pelos interiores, mas se fixava, principalmente, nas cidades). Ao observar que, em 1940, o Censo apontava o comércio como a primeira ocupação entre os brancos de Angola (quase 19%), à frente dos funcionários da administração (cerca de 12%) e da agricultura (11%), bem como ao notificar que, comparativamente a Moçambique, por exemplo, o número dos ingressados na colônia como "isolados" ou "empregados" foi sempre maior, corrobora-se a ideia de uma população aferrada à *"vida dura."* Mas, noutro sentido, há que se considerar que a mesma comparação com a irmã do Índico, revela também que em Angola foi maior o número de chegados na condição de patrões ou, considerando também a população natural da colônia, era mais amplo o setor dedicado a qualquer atividade industrial.[41] Enfim,

---

39   Cf. Cruz, V. da. "Angola, quelle independance...?" *In: Révolution*, n.6, Fev., 1964, p.5-16.

40   Wheeler & Pelissier, 1971, p.64.

41   Para a distribuição dos brancos de Angola por atividade profissional, ver Angola. *Censo da População de Angola*. RCEG: 1940. Segundo as estimativas de 1940, quase 12% dos brancos de Angola se dedicavam à indústria (e mais 6,5% ao setor dos transportes, entre o qual se contavam os trabalhadores dos Caminhos de Ferro, direta ou indiretamente ligados a ações da indústria); em Moçambique, por essa altura, as atividades industriais não atingem 10% dos brancos. Quanto aos brancos embarcados para o Ultramar, em meados dos anos 1960, no caso de Angola, 2% deles viajam na condição de "patrões" (pouco mais de 1% estão na mesma condição, no caso de Moçambique), 1,5% na condição de "isolados" e quase 21% na condição de "empregados" (1% e 20% para Moçambique, respectivamente); só os "funcionários" (do Estado e/ou militares) são mais representados na colônia Oriental: 13% contra 8% [ver Portugal. INE. *Anuário Estatístico, v.II: Províncias Ultramarinas* (de 1967 a 1973); Castelo, 2007, p.192-193; 227; 238].

o que se pode deduzir é que, a exemplo de outros espaços em que o *ratio* de brancos sobre a população geral era até maior do que em Angola, como no caso da Rodésia do Sul, ali a população branca era mais diversificada quanto às classes e havia também um forte lapso entre os segmentos que estavam no topo e na base de uma pirâmide socioeconômica. No entanto, é preciso que se diga, há também um bom número de exemplos e de discursos que reforçam a particularidade da pobreza branca na África (*"os pobres podiam ter seus empregados"*)[42] e que, não obstante, deixam clara a percepção do *gap* entre *ricos* e *pobres*; algo que se vê claramente no comentário de uma moça-medenses à viagem das moças do Colégio de N.ª S.ª de Fátima à Itália, já em 1966, ao afirmar que era *"a viagem que todos os jovens gostariam de fazer, mas que não era acessível a todos neste cantinho de África onde a vida, embora nesta altura já não fosse tão difícil como era dantes, não era tão fácil quanto, romanticamente, se ouve ainda hoje por aí apregoar"*[43].

Finalmente, ao *"amor à terra"* e à *"vida dura"*, soma-se um terceiro aspecto em que as invenções da literatura colonial e as memórias coloniais se mostram afins: a propensão com que se definiram os "portugueses de Angola" como *entrepreneneurs*, como desbravadores, *"aventureiros"*. Havia, sim, um *ethos* "bandeirante" entre esses sujeitos, para o qual certamente terão contribuído a ideação do apego à terra (no fundo, uma fórmula de reelaboração do exotismo, com o que supunha sobre a intrepidez daqueles que se dispuseram a "enfrentar" a África) e da dureza daquela vida (com o que supunha sobre a vulnerabilidade das cidades coloniais ou sobre as vicissitudes do comércio e da agricultura). Porém, de algum modo, terão contribuído aí também as características de uma população branca majoritariamente "adulta" (entre 1940 e 1950, quase 75% dessa comunidade contava menos de 40 anos; e quase a metade tinha entre 20 e 39) e "masculina" (61% dos brancos, segundo o Censo de 1940; sendo os "solteiros" quase o dobro dos "casados", situação que perdurou até os anos 1960, embora, entre os naturais de Angola, o equilíbrio demográfico entre homens e mulheres já

---

42   Comentário do escritor moçambicano Fonseca do Amaral a Patrick Chabal (Chabal, 1994, p.128).
43   Depoimento de Teresa Carneiro, em 2008; uma das mossamedenses que participaram da viagem.

se estivesse caracterizando desde os anos 1950).[44] Noutros trabalhos sobre a época colonial de Angola esses números já foram correlacionados a uma série de questões candentes e inegavelmente presas a eles: as principais, sem dúvidas, foram as questões (da falta) das "mulheres brancas", dos conflitos em torno dos casamentos inter-raciais e, é claro, do lugar social dos "mulatos" (questão tão vasta e tão cheia de consequências, que não poderíamos nos furtar a abordá-la à parte, como o faremos, adiante). Entretanto, seria bom não desprezar a sua relação com fenômenos internos ao "mundo dos brancos", pois é razoável supor que aí se encontrem algumas das bases para a compreensão do porquê, mesmo os segmentos mais urbanizados daquele meio, tenderam a fixar a imagem de uma "sociabilidade colonial masculina" (cujo centro era, talvez, a "caça"), pautada no enfrentamento da natureza irrefreável e do ambiente hostil, como se ela fosse um concentrador geral da "experiência africana". Apenas para fechar esse ponto, citemos um último depoimento, de uma senhora nascida em Angola, a respeito do pai; o qual, teoricamente, era somente um pacato regedor agrícola, no Centro--Sul da colônia:

"Tchipata" foi o nome que os angolanos de raça negra, do Sul de Angola, deram ao meu Pai. Desconheço o seu significado. A minha Mãe disse-me que se referia à sua maneira de ser: lutador, aventureiro. Realmente, meu Pai era, antes de mais, um aventureiro. Porque não reconhecia limites para o que se propunha explorar: o desconhecido e, por desconhecido, entenda-se o deserto, o mato, as fazendas próximas ou distantes, quanto mais difícil e complicado, maior o desafio, melhor! Era assim que se sentia bem.[45]

---

44 Quanto à distribuição etária, entre 40 e 50, os maiores de 50 anos não passavam de 10,5% (cerca de 8.700 pessoas, em 1950); já os indivíduos entre 20 e 40 anos eram cerca de 30.900 pessoas (39% dos brancos de Angola, àquela altura). Quanto à distribuição por sexos, em 1940, havia, aproximadamente 26.700 homens e 17.300 mulheres (60,5% contra 39,5%); em 1950, com o aumento da população, eram 45.900 homens e 32.900 mulheres (58% contra 42%) [ver Angola. *Censo da População de Angola*. RCEG: 1940.; Angola. *II Recenseamento Geral da População de Angola. 1950.* DSEA: 1953]. A observação de que entre os naturais de Angola o equilíbrio entre homens e mulheres estava por se estabelecer é de Henrique Galvão [Galvão, H. & Selvagem, C. *Império ultramarino português*. Monografia do Império. V III, 1953, p.224], com base nos levantamentos preliminares do Censo de 1950; ignoramos, contudo, como tenha chegado a tal conclusão.

45 "Tchipata", crônica de Aida Saiago, disponível em seu sítio pessoal: http://www.saiago.com/tchipata.html.

Imagem 1.1 – Fazenda de Café no Uíge, anos 1950.
Fonte: Acervo de Antonio Amaro Ferreira.

Imagem 1.2 – O cinema Restauração (atual Assembleia Nacional da República de Angola), no antigo Largo D. Afonso Henriques, Luanda, anos 1950.
Fonte: Postal do arquivo de Maria Carlota Quintanilha.

Imagem 1.3 – "São assim os colónos portuguêses de Angola."
Fonte: Galvão, Henrique. In: *A Província de Angola*. Suplemento de Domingo. Ano VII, n.324, 19 de Jul., 1942, p.1. (Acervo da Biblioteca Nacional de Portugal).

Imagem 1.4 – Luanda. De cima para baixo, da esq. para a dir.: o "muximba" da linha "17 – Mutamba / Bairro da 'Cuca'" (a mais importante cervejaria de Angola), Luanda, anos 1960, acervo de Jorge Barreiro; O mercado do Kinaxixe (obra de Vasco Vieira da Costa), Luanda, 1960, acervo de Maria Fernanda Carvalho; Charge de "Kampeão", sobre as infraestruturas de Luanda. A legenda diz: "Instantâneos de Luanda: o sonho de um motorista" (A Província de Angola. Suplemento de Domingo. Ano II, n.53, 25 de abr., 1937); Porto pesqueiro de Luanda, com o Banco de Angola ao fundo, anos 1950, Acervo de Ana Rocha; A famosa "Maria da Fonte", como os coloniais chamavam a estátua do Padrão-Monumento aos Combatentes da I Grande Guerra, no Largo dos Lusíadas, ou Largo do Kinaxixe, em Luanda, anos 1940.
Fonte: Acervo de "MGV", d
o sítio "Sanzalangola".

Imagem 1.5 – Lobito, vista dos mangais e marginal urbana, anos 1960.
Fonte: Acervo de Castro Rodrigues.

Imagem 1.6 – Carmo Matos e amigos, na Praia das Miragens, Mossâmedes, 1954.
Fonte: Fotografias do acervo de Nídia Jardim.

Imagem 1.7 – As moças do Colégio N. Sra. de Fátima, Mossâmedes, em viagem à Itália, anos 1960.
Fonte: Acervo de Teresa Carneiro.

Imagem 1.8 – Trabalhadores da Fazenda Margarido, Kikabo/ Bengo, anos 1960.
Fonte: Acervo de João Lourenço, ex-combatente da Guerra.

Imagem 1.9 – Trabalhadores da Fazenda Gomes, Kimbele/ Uíge; à frente o capataz, João Pedro, e o patrão, Gabriel Gomes, anos 1970.
Fonte: Acervo de Gabriel Gomes.

Imagem 1.10 – "O problema dos criados."
Fonte: Charge de Luiz Kol. *In: A Província de Angola*. Suplemento de Domingo. Ano X, n.464, 15 de abr., 1945, p.6 (Acervo da Biblioteca Nacional de Portugal).

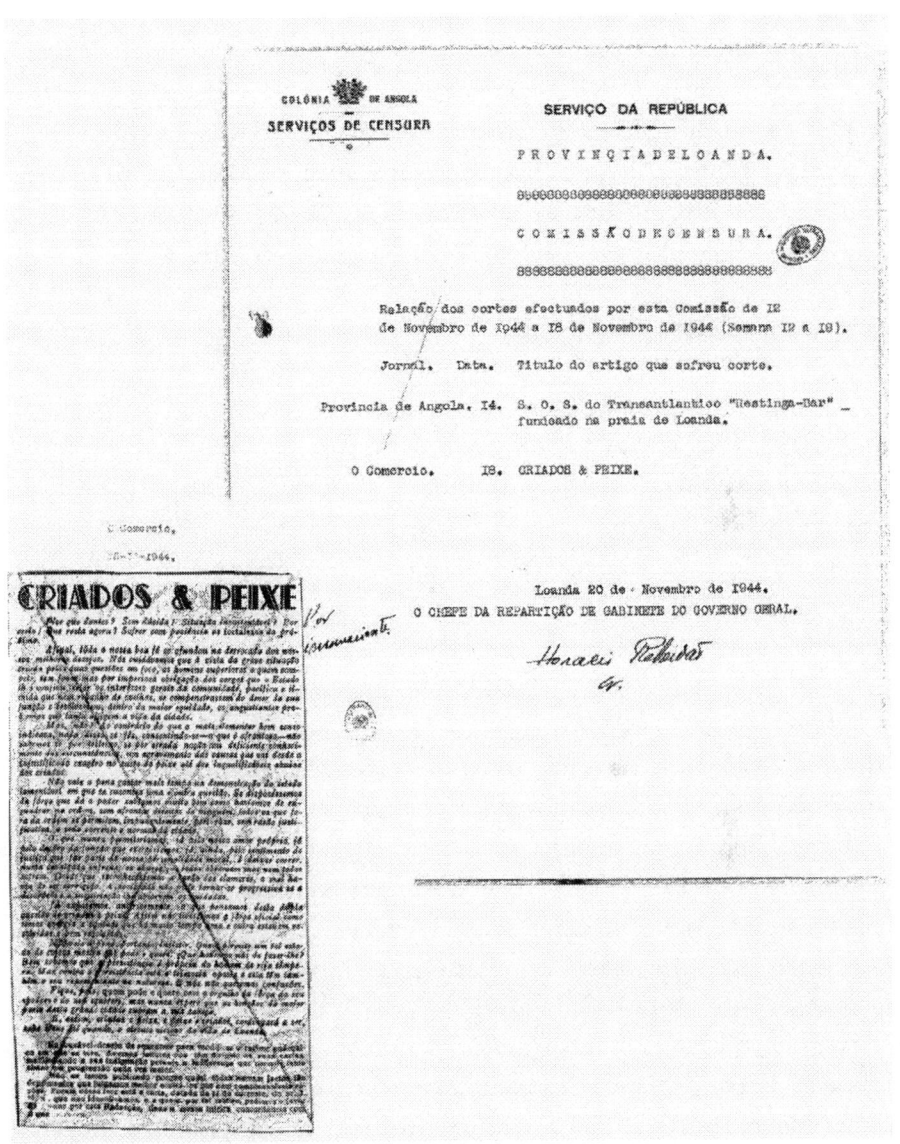

Imagem 1.11 – Serviço de Censura da Colônia de Angola. Província de Luanda. Cortes da Imprensa – Semana de 12 a 18 de novembro de 1944. Corte do artigo "Criados & peixe", que seria publicado em *O Comércio*, de Luanda, em 18.11.1944.
Fonte: Fac-símile do processo AHU/MC/MU/GM/GAP – 24 7 Mç. 50.

O quanto tal imagem é próxima e o quanto é distante da descrição, um tanto caricata, do colono de *"mãos tostadas como um berbere, a barba toda crescida"*, *"o fato de cáqui, abotoado até acima, como um verdadeiro cafuso"*, *"o chapéu à militar de aba larga, correia por baixo dos queixos"* e *"botifarras cardas, grandes demais para os seus pés"*, como o encontramos em Brancos e Negros, de Guilhermina de Azevedo?[46] E o quanto essas imagens são operativas, são bons descritores das coisas, se se trata de julgar a adequação de afirmar que *"eram assim os colonos portugueses de Angola..."*?

1.2 Velhas cidades novas

Um âmbito mais concreto para avaliar a projeção da ideia de uma *Angola portuguesa* e de uma *presença portuguesa em Angola* é o das imagens que se ergueram em torno dos *"quimbos de branco"* levantados naquele espaço: as cidades coloniais. Nelas, mais do que em qualquer outro espaço, momento ou monumento, é que se encenou a condição que Anderson descreveu como a de grupos consideráveis concebendo uma vida e uma "existência paralela" em relação a outras tantas pessoas, mesmo que nunca se encontrassem, "mas com certeza seguindo a mesma trajetória".[47] Como o mesmo Anderson notara, o mundo rasgado pelas expansões produziu a "novidade" de uma *"New York*, de uma *Nueva Leon*, de uma *Nouvelle Orléans* ou de uma *Nieuw Zeeland"*, cidades em que os europeus exercitaram o "estranho hábito de denominar lugares remotos como 'novas' versões de (portanto) 'velhos' topônimos em suas terras de origem". Rompendo com a ideia de sucessão, esse "novo" não significava "herança", "descendência", remissão ao "velho", ao "desaparecido", mas uma extravagante concepção de "sincronismo", de continuidade no espaço e "paralelismo" no tempo. Nesse mister, Portugal foi precursor e mestre. Em Angola mesmo, ergueu-se uma "Nova Lisboa", a cidade do Huambo, criada para ser a futura capital da colônia (e que o foi, de direito, sem nunca ter sido, de fato). Já no século XIX, Héli Chatelain, o folclorista e missionário suíço, notava, em estudo sobre a toponímia de Angola, a frequência com que os portugueses deram nomes novos a velhos lugares e, fato curioso, com que até mesmo os vernáculos

46   Azevedo, G. *Brancos e Negros*. 1956, p.121.
47   Anderson, 2008, p.256-259.

locais incorporaram essas novas alCunhas (era o caso das Quedas da Kalandula, no rio Lucala, àquela altura chamadas "Quedas do Duque de Bragança", a que o *kimbundo* da época, segundo Chatelain, chamava "*n'Duki*").[48] Muitos anos mais tarde, era o jornalista Christian de Caters que repreendia ter sido a "*velha cidade do Lubango* [...] *rebaptizada com o nome de Sá da Bandeira, segundo a deplorável mania dos portugueses de mudar todos os nomes antigos, substituindo-os por nomes mais ou menos obscuros da sua história ou da política nacional*" – o que valeu aguda crítica da parte de Gastão de Sousa Dias, não a Caters, mas a quem não o soube explicar a grandeza da figura homenageada.[49]

Muitas outras localidades angolanas foram então batizadas segundo o critério dessa repetição eufórica da posse pela linguagem: não como "Novas Cidades Velhas", mas com nomes que obedeciam a lógica semelhante. Havia as citadas Sá da Bandeira, Vila Salazar (N'Dala-Tando) e Carmona (Uíge), Pereira d'Eça (Ondjiva), na extremidade sul do país, e a Vila Teixeira de Sousa (Luau), na fronteira com o Katanga, Artur de Paiva (Cuvango), na Huíla, e Henrique de Carvalho (Saurimo) na Lunda, Silva Porto (Kuito) e Serpa Pinto (Menongue); todas a lembrar que regimes de nomes geralmente indicam algo mais profundo do que uma relação arbitrária de signos e coisas nomeadas. Em lugar da geografia de comunidades alargadas (como no exemplo das *cidades novas*), o caso luso-angolano enfatiza a história de tempos sobrepostos. Porém, se essas nomeações são, por si só, um fenômeno interessante, mais significativas ainda eram as inúmeras comparações entre os lugares velhos e os novos, tais como as narrativas coloniais as retiveram, na sua gradação de ideias e impressões, fórmulas e imagens que traduziram a noção de "urbes duplicadas".

Luanda, por exemplo, era, por motivos óbvios (e principalmente, pela obsessão com o "Terreiro do Paço"), uma espécie de *Lisboa*[50] – uma *Lisboa mulata*, talvez (embora essa relação, de todo modo recorrente, fosse um pouco prejudicada pela clara necessidade de distinguir um centro real de

48   Chatelain, H. "Geographic Names of Angola, West Africa." *In: Journal of American Geographical Society*, v.XXV, 1893, p.304-312.

49   Dias, G. de S. "As estradas de Angola". *In: O destino da grei*. 1940, p.35-36. [O texto resenha o artigo "*Rails et routes d'Angola*," publicado por Caters, na revista francesa *Le miroir du Monde*, em meados de 1939].

50   Galvão, H. "O Terreiro do Paço em Angola." *In: Em terra de pretos*. 1929, p.97-107.

poder do que seria a sua sucursal, pela qual *"todos os navios em direção ao Império passavam"*). Mais forte era outra comparação, surgida vez ou outra, em decorrência desta: aquela em que *Benguela* (por oposição a Luanda) era uma análoga do *Porto* (por oposição a Lisboa); ou como disse Henrique Galvão, a Benguela que, segundo consta, teria reagido à transformação da sua face mais "tradicional", quando da instalação das infraestruturas do Caminho de Ferro, e, assim, perdido boa parte destas para o porto vizinho, o Lobito, era habitada por *"uma gente teimosa e tão simpaticamente aferrada à cidade, que constitui o caso mais típico e ferrenho de bairrismo de que se tem notícia em Angola"*, fazendo *"lembrar a gente do Porto"*.[51] Para além das homologias políticas e simbólicas, havia aquelas que deitavam raízes em evidências físicas. Era o caso do Seles ou da Gabela, *"a mais linda vila de Angola"*,[52] essas cidades do *Cuanza-Sul*, com seu casario e as suas ruas recortadas de um modo que lembrava os *Açores*, donde provinham muitos dos que ali radicaram. Era também o caso de *Sá da Bandeira*, com o seu Jardim da Sra. do Monte, a capela no alto, escadório e tudo o mais, exatamente como no Bairro do Monte, na cercania do *Funchal*, na Ilha da Madeira, donde saíram muitos dos que pousaram no Lubango. Finalmente, nesse *degradé* de mundos redobrados, havia os desejos de reconhecimento e de invenção da vida simétrica, que a narrativa colonial captou em passagens como aquelas em que Galvão viu o planalto de Angola como de um *"ar tão fino como o de Sintra"* e Mossâmedes, *"quando se passeia nas suas ruas, à tardinha, sem bispar Deserto nem mar"*, como uma cidade em que dificilmente se realizava *"a sensação de estarmos na África"* (*Mossâmedes*, aliás, com as suas gentes de origem algarvia, também foi vista como *"um bocado do Algarve"*, com *"casas de cores vivas e garridas"*).[53] Distinta, mas equivalente sensação à descrita por Maria Archer, quando, indo a Vila Luso (Luena), pelo Caminho de Ferro, diz ter despertado, um pouco para lá do Planalto, com a súbita impressão de estar *"no Algarve serra, onde a figueira*

---

51   Galvão, H. & Selvagem, Carlos. *Império ultramarino português*. Monografia do Império. v II, 1953, p.561.
52   Idem, ibidem p.580.
53   Galvão, H. & Selvagem, Carlos. *Império Ultramarino Português*. Monografia do Império. V.II, 1953, p.532-533. Sobre o caráter "algarvio" de Mossâmedes, ver o depoimento de Luís Amaral. *In*: Fernandes, 2009, p.77.

contorce e acaçapa os ramos tortuosos onde a alfarrobeira esguedelha o verde triste das romarias" – afinal, a sua *"terra"*, de *"ar cortante e sadio"*.[54]

Dos diversos efeitos produzidos por tais comparações, dois parecem ter sido os mais relevantes. O primeiro foi o potencial de "distanciamento" da paisagem angolana de si mesma, que as imagens aí contidas suscitaram. Encontramos esse tipo de sugestão em fragmentos que fazem notar uma distinção entre uma *"África"* (para lá das cidades) e um mundo tornado diferente de si, aquele dos espaços "convertidos" pela colonização; é o que se destaca do comentário de Sousa Dias sobre a *"casa portuguesa"*, que *"nas zonas verdadeiramente africanas"* ou, *"muito em especial, nas zonas planálticas, foi-se adaptando"*, *"com sua varanda alpendrada, a sua escadaria com lampeão, as suas janelas geminadas e o seu rodapé de azulejos"* (como se o Planalto, as *highlands* africanas, enfim, não fosse um lugar verdadeiramente "africano").[55] Em seguida, há o impacto dessas comparações sobre aquele regionalismo que as memórias coloniais retêm como traço característico de Angola, permitindo a extensão de outras e mais específicas analogias e alimentando novas e velhas rivalidades. Por um lado, como notava Galvão, esse sentimento se expressava em termos aparentemente locais: já que *"uns amam as terras em que se estabeleceram, provisória ou definitivamente, como amam[...] o 'Benfica' e o 'Sporting', com espírito clubista"* (o que já não é uma observação puramente "local"), enquanto *"outros amam-nas enraizadamente, sentindo como próprios os seus faustos e revezes, permanentemente estimulados pelo bairrismo da terra mais próxima"*, de sorte que,

> O homem de Luanda tem sempre uma piada a ouvir ou a dizer ao homem do Lobito; o homem de Mossâmedes discute com o de Lubango; Nova Lisboa desdenha o Bié, como o Bié desdenha Nova Lisboa – e todos a uma gritam, barafustam e indignam-se, se surge quem ponha em dúvida o seu amor e a sua fidelidade à Metrópole ou a sua dedicação por Angola,[56]

54   Archer, M. *Singularidades dum país distante*. Cadernos coloniais, n.11, 1939, p.11-12.
55   Dias, G. de S. "Casas coloniais." *In: O destino da grei*. 1940, p.60.
56   Galvão, H. *Outras terras, outras gentes*. 1941. [Transcrito, sob o título "São assim os colonos portugueses de Angola..." *In: A Província de Angola*. Suplemento de Domingo. Ano VII, n.324, 19 de Jul., 1942. 1.]

Portanto, tudo se poderia dirimir em "implicâncias de vizinhos". Por outro lado, contudo, parece claro que as formas de pensar a identidade das cidades novas tenha, de algum modo, reelaborado imagens recorrentes sobre os sentidos de ser "minhoto", "algarvio", "madeirense," etc., incorporando essa memória dos "lugares de origem" à sua gramática particular.

Mas as cidades eram objetos de muitas outras representações. Em especial, foi nelas que se concentrou a face do colonialismo que se pensava como um projeto de "modernização". Se a toponímia ou a vasta quantidade de monumentos e de estatuária portuguesa espalhada em Angola demarcavam uma noção de pertença e contiguidade à Metrópole, o traçado das cidades, o desenho urbanístico que foram assumindo, os prédios levantados aqui e ali constituíram um arquivo nítido, material, palpável da ideia de "transformação" que a empreitada colonial subsumia. De um lado, os esforços modernizadores da colônia foram, primeiro, incipientes e, depois, tardios – como ademais muito das práticas coloniais portuguesas. As infraestruturas de Angola, de modo geral, tardaram a deslanchar. Disso os jornais angolanos (quase sempre se ressentindo dos efeitos econômicos do fato) e a literatura colonial guardaram farta memória. Maria Archer, por exemplo, narra ter saído de Luanda, em 27 de junho de 1935, e ter chegado a Luena cinco dias depois, tendo viajado por mar e pelo Caminho de Ferro de Benguela, num percurso um tanto insólito. Por essa mesma época, diz a autora, *"Luanda era uma cidade bisonha, moldada pelo figurino acanhado das nossas mais rotineiras cidades de província"*,[57] e Vila Luso, seu destino, *"não fugia ao padrão dos povoados de Angola"*, pelos quais se andava, *"sem lobrigar a sombra dum europeu, como se a cidade jazesse abandonada, partidas, em êxodo, as gentes"*[58] – opiniões tais que, se eram, talvez, exceção, quanto à forma, não eram tão raras. Foi no pós-Guerra e, sobretudo, a partir de meados dos anos 1950 (em meio ao começo do fim dos colonialismos na África e com as inversões do Plano Marshall), que, à medida em que se operava a explosão demográfica das cidades coloniais de Angola, deu-se uma revolução. Apesar disso, muito das mudanças vinham desde os anos 1920, 1930 – de sorte que boa parte dos que viviam em Angola ao longo desse período passaram a vida em cidades "em construção".

---

57   Archer, M. "Um inglês." In: *Há de haver uma lei...* 1949, p.119.
58   Archer, M. *Singularidades dum país distante.* Cadernos coloniais, n.11. 1939, p.22.

Estudos sobre a arquitetura portuguesa no século XX chegam mesmo a falar de uma "geração africana", pois dada a profusão de obras, em Angola e Moçambique, principalmente, boa parte da melhor e (por contingências históricas) mais moderna arquitetura portuguesa até os anos de 1970 foi expressa nas colônias. Nelas, produziu-se um estilo que José Manuel Fernandes chamou de "estilo Estado Novo" ou "gosto português suave", combinando um revivalismo dos edifícios mais tradicionais das urbes portuguesas com uma inspiração que ia do *art decó* ao *corbusianismo*.[59] Desse período datam os grandes "Planos de Urbanização" das cidades angolanas: o primeiro, de Luanda, concebido pelo arquiteto polonês Etienne de Gröer e por David Moreira da Silva, foi entregue em 1946 (emendado, depois, por criações de Vasco Vieira da Costa, ilustrador e também arquiteto, famoso, sobretudo, pelo prédio do Mercado do Quinaxixe); de fins da década de 1960 data ainda um plano de revitalização da Mutamba, a baixa luandense. Mas, a seguir, viriam muitos outros: Malange, Novo Redondo, Nova Lisboa, Benguela e Mossâmedes, todos dos anos 1950 e todos consagrando a ideia da "cidade-jardim", concepção urbanística em voga na altura. Nenhuma outra cidade, no entanto, concentrou tão aguda e frontalmente a ideia de modernização quanto o Lobito. Transformado em porto estratégico, *"porta da África central"*, por força das linhas do Caminho de Ferro de Benguela, o Lobito estava coalhado de edifícios modernistas, surgidos à medida que a cidade emergiu, quase do nada, em 1910, para os 50 mil habitantes de 1960. Dessa cidade, vale a pena transcrever a impressão do jornalista Dutra Faria, em que se encontra o outro lado da moeda: o do paradoxo, bem português, entre o colonialismo como "utopia modernizadora" e o tradicionalismo do "viver habitual":

Se fosse doutros, o Lobito seria, porém, como que um vasto armazém, apenas. Um vasto e feio armazém mascarrado de carvão e de pó de cimento, um local de onde os brancos, à tardinha, fugiriam em massa, para os bangalôs da periferia, na ânsia do whisky vespertino. Mas o Lobito, graças a Deus, coube aos portugueses na partilha do Mundo. Por isso o Lobito – sem deixar de ser a grande porta da África central – nos dá a reconfortante impressão de uma cidade-brinquedo, o tal brinquedo que tivessem agora mesmo desembrulhado,

---

59   Fernandes, 2009, p.13-64.

para que nele se prendessem para sempre, embevecidos, extasiados, num deslumbramento de meninos, os nossos olhos.[60]

Contra os feios empórios dos ingleses ou dos belgas, os portugueses faziam cidades "para se viver" – eis o que nos diz Faria. Mas, justamente por serem feitas para a vida, como a vida, as cidades encarnavam, quase na mesma proporção, "pureza e perigo".[61] "Pureza," porque, de fato, as cidades eram o espaço privilegiado da normalização de uma "vida importada"; um cenário em que era possível conceber uma *"África" "europeia na toilette"*, onde, como dizia Norberto Gonzaga, *"não há gentlman que não saiba conduzir um carro, atirar a um antílope, que não se barbeie todos os dias e faça com elegância a risca do seu cabelo".*[62] Dentre as representações do urbano nesse mundo colonial, aquelas que sublinharam a possibilidade de acesso a bens, de manutenção de padrões de higiene, de vestuário ou de conduta "à europeia" são as mais comuns. Em meio a uma profusão de imagens sobre a hostilidade e a insalubridade do espaço africano (ao menos, da perspectiva "branca"), todo um rol de preocupações com o "corpo", com o "consumo", com a "saúde" ganhou extrema atenção. Os "manuais do colono" (em quantidade tão significativa que seria apropriado pensá-los como um gênero da literatura colonial)[63] traziam inúmeros exemplos e orientações, a fim de enfatizar o quão importante era, para a construção do *"perfeito colono"*, o cuidado físico, do *"quinino"* aos *"banhos"*. E esses eram temas recorrentes nos debates sobre a vida urbana, dado que, do ponto de vista do planejamento urbano colonial, o objetivo principal era tornar as cidades vivíveis *"para os europeus"* [um exemplo interessante de tudo isso é o contraste entre as imagens de mulheres brancas e de mulheres negras reproduzidas nos livros ou na imprensa do período; nestas, dando ênfase às suas "formas", à sua compleição física; naquelas, focando a sua "aparência", a sua "saúde"].

---

60 Faria, D. "Três Cidades." In: *Jornal de Angola*. Ano IV, s./n., 2 de Jun., 1957, p.6.
61 Douglas [1966], 1991; o que é uma apropriação "indébita", mas só em parte – pois, como veremos, noções sobre a "higiene", a "pureza" e a "impureza" integram o repertório de imagens sobre as cidades coloniais.
62 Gonzaga, N. *África de sangue, do oiro e da morte.* 1942, p.57.
63 Ver, dentre outros: Meira, M. T. V. *Noções de higiene tropical para colonos.* 1947; Santos, J. N. *Como o colono se deve preparar para a sua viagem.* 1945 (Separata do *BSGL*); Inglês, Heitor Mascarenhas. *Habitação do colono: alguns conselhos práticos.* 1945 (Separata do *BSGL*).

"Pureza" também, porque as cidades representavam "defesa," contra o que
João de Pina Cabral chamou de "agorafobia colonial"[64] – esse complexo
que consistia em imaginar o espaço africano como vazio e gigantesco, indomável e propenso a "ocultar as coisas", portanto, ameaçador. Se o *"mato"*
dava azo a representações de um isolamento, em que *"a longas distâncias de
tempo passava um ou outro branco que lhe dava notícias do mundo"* e onde
"entre as quatro paredes nuas da casa, se via uma paisagem larga e insuperável como a do mar",[65] as cidades sugeriam o contato e a ajuda mútua de uma
"comunidade." Se como propõem diversos trabalhos, como os de Crosby e
Kennedy,[66] a experiência do colonato branco na África passava pela sensação de "insularidade", as cidades eram arquipélagos.

Mas também "perigo". Como observa com propriedade Coquery-Vidrovitch, a cidade colonial se apresentava como "extraordinária mediadora
cultural": "um rico centro de combinação, se não de síntese, de valores
considerados tradicionais e de valores importados", de modo que uma
oposição entre o "tradicional" e o "moderno" parece um erro, diante de
tantos exemplos de junção "do novo e do velho", de "adaptação de heranças estabelecidas às necessidades de mudança".[67] Um dos fatos mais
interessantes a esse respeito é que durante muito tempo imagens do urbano
foram extremamente minoritárias nas narrativas coloniais, em relação à
abundância de representações de uma *África verdadeira*, para lá, para o
sertão. Essa é uma tendência que só se reverte entre o fim dos anos 1950,
começo dos 1960, quase ao mesmo tempo que começa a aflorar uma cidade
colonial protagonista dos dramas locais; mas já não é a cidade "dos brancos" – é a cidade das interferências e das sobreposições, a cidade dos bairros
de alcatrão e, principalmente, a cidade das ruas de areia e casas de adobe dos
musseques. É essa a Luanda de José Luandino Vieira, em *Luuanda* (1963)
e em *Nós, os do Makulussu* (1970), a cidade da fermentação anticolonial. É
também a cidade sobre a qual as representações dos coloniais começaram a
refletir, exprimindo-a, por exemplo, na belíssima *"Canção do Subúrbio"*,
originalmente gravada por Sara Chaves (com suas significativas menções às
"cubatas velhas, vermelhas/de barro velho, vermelho/e a chuva tamborilando

---

64   Cabral. *In*: Bastos, A. & Feldman-Bianco, 2007, p.119-122.
65   Diniz, Â. "Aquela branca no mato." *In*: *Portugal Colonial*. Ano II, n.24, Fev., 1933, p.8; 14.
66   Crosby, 1986; Kennedy, 1987.
67   Coquery-Vidrovitch, 2005, p.330-331.

por cima do zinco velho"),[68] ou em *Filha Branco* (1960), de Reis Ventura, a melhor das três novelas que compõe a série "Cenas da Vida de Luanda", Reis Ventura era uma das mais controversas figuras da colônia, àquela altura, e encarnou, em certo sentido, o protótipo do colonialista tardio. Por isso mesmo, a sua visão das evidências de uma cidade transformada, interferida, como a que registrou no prefácio de *Filha de Branco*, é muito relevante. Ela expõe com clareza uma "originalidade," então apresentada como um traço particularizante e legitimatório do colonialismo português, mas, ao mesmo tempo, como um exemplo de fronteiras fluidas, de contradições multiplicadas, "perigosamente" disponíveis para fazer ruir a ilusão da "cidade duplicada":

> [...] a parte mais original da cidade é a vasta área dos muceques. S. Paulo, Vila Clotilde, Muceque Rangel, Casa Branca – um formigueiro humano em que caldeia a Angola do futuro. Existe um centro nervoso desta zona de contrastes: a Rua de S. Paulo. Ainda não é bem cidade; e já não pode chamar-se muceque. Há por ali lavadeiras pretas aposentadas, com casa arrendada ao branco. Mas quando reclamam a renda atrazada, tratam o inquilino por "patrão"[...].
>
> Filha de branco, esta Luanda dos muceques é uma estranha mistura de arraial minhoto e de batuque de sanzala, de mercado indígena e de feira algarvia. No seu panorama humano, juntam-se o rufia de Lisboa, o taberneiro da Beira, o preto da Liga Africana e o filho do antigo guerreiro dembo, que veio servir na casa do branco, trazendo uma medalha, que lhe deu o missionário, e uma tatuagem que lhe fez o feiticeiro[...].
>
> E comércio, comércio, comércio! Uma taberna a cada esquina. Lojas a todo o correr das ruas. O branco atento às predilecções do preto. Os descendentes dos descobridores, servindo os netos dos antigos sobas rebeldes. O vinho alegre do Douro, embebedando pescadores da Ilha ou estivadores do porto. Mãos que arremessaram azagaias ou manejam a catana, agarradas a copos fabricados em

---

68   Composição de Eleutério Sanches (*c.*, 1953), ex-aluno do Liceu Salvador Correia, músico e artista plástico, irmão da cantora Lily Tchiumba e do também músico Carlos Alberto Sanches (que integrou os *Kriptons*, famoso conjunto de *rock* daquele período), todos ligados ao "N'Gola Ritmos", de Liceu Vieira Dias. A relação entre esses artistas angolanos e um grupo de músicos, radialistas e cineastas "coloniais", dentre os quais se incluía, Sara Chaves, é uma das mais fascinantes situações de proximidade e permuta, em meio a um quadro de segregação, como era o de Angola, nos anos 1950 e 1960.

Leiria. Velhos europeus das colunas de João de Almeida, aviando fregueses que lutaram na tropa fandanga do Caculo Caenda.[69]

É possível que encontremos aí algumas das razões pelas quais havia tanta disposição a compreender a *"autêntica vida africana"* como a confluência entre *colonos e nativos,* mediada pelo *mato,* como sugeria João Fernandes.[70] Contra as cidades, cheias de códigos de excisão e espaços de confluência, crescendo à base de segregações nem sempre estáveis, fundadas em muitas categorias, a *"vida do sertão"*, onde o colono era *colono* e o nativo, *nativo,* oferecia a impressão de uma distância segura, apesar de todos os perigos, onde as disposições ideológicas do colonialismo pareciam fluir com a regularidade de um relógio suíço. Era *"pena não haver ali uma Kodak"*, como disse Ferreira da Costa.[71] Nas cidades, porém, *"cantinhos de África"*, em que *"do dia para a noite tais coisas deixaram de ter lugar"*,[72] havia Kodaks. E havia uma vida, tão complexa quanto seria de se esperar.

1.3 "Luanda não se diverte..."

Se as cidades se constituíram em verdadeiros "lugares de memória",[73] concentrando sinais materiais, afetivos e simbólicos, constantemente evocados e reelaborados pelas lembranças dos antigos residentes e/ou naturais de Angola, havia, no entanto, muitas outras dimensões, nem só físicas, nem só ideais, em que se desenhava a variedade de "lugares sociais" do universo colonial. Para finalizar esse panorama, escolhemos abordar uma delas: a da oposição entre noções de "lazer" e "tempo livre" e concepções sobre o "trabalho" e o "não trabalho". Quanto ao lazer (ou àquilo que uma grande quantidade de narrativas coloniais chamava de *"distracções"*), o mais interessante é observar que a questão oferece vários exemplos da importância de categorias, às vezes tidas por secundárias, e mesmo menosprezadas, nas análises do período colonial (como é o caso da "classe"), para as definições

---

69   Ventura, R. *Filha de Branco.* 1960. Prefácio. [s./p.]
70   Fernandes, J. "Notas da vida africana." *In: Seara Nova.* Ano XXIII, n.842, 2 de Out., 1943, p.92.
71   Costa, F. da. Na pista do marfim e da morte. 1944, p.222-223.
72   Depoimento de Nídia Jardim, natural de Mossâmedes, em 2009, a propósito da construção do cais de Mossâmedes.
73   Nora, 1984; 1993, p.7-28.

de padrões de sociabilidade naquele cenário. Quanto ao trabalho, por outro lado, é nele, mais do que em qualquer outro aspecto, que se evidencia o fenômeno que Gosden e Knowles chamaram de uma "cultura colonial de negação",[74] pondo em foco, contra toda sorte de idealismos, a marcha das práticas racializadas e dos mecanismos de segregação, que, tanto quanto noutros contextos africanos, também em Angola teve lugar.

Acompanhando a intensidade das transformações registradas nos cinquenta anos que vão de meados da década de 1920 a meados dos anos 1970, as descrições dos *divertimentos públicos*, da *convivência*, da *boemia* e do *entretenimento* em Angola atestam, como notamos em relação às cidades, a passagem entre burgos *pacatos*, e um tanto *tediosos*, e movimentadas urbes, cheias de *novidade*. A expressiva maioria dos textos voltados para o período que antecedeu a Segunda Guerra Mundial deu lume à imagem de cidades desprovidas de estrutura, inclusive, evidentemente, no que se refere ao lazer. Ou, como disse, de Luanda, Maria Archer, era uma cidade que *"não tinha água, não tinha luz"*, onde *"cafés só eram frequentados por homens"* e *"nos clubes, só em noites de festa e baile é que se viam senhoras"*.[75] Desse período provém a ideia de uma *"vida social na colônia"*, marcada, como a descreveu Antonio Metello, pela *"necessidade premente de fugir ao isolamento, de buscar apoio, de procurar companhia"*. Um aspecto relevante dessa forma de encarar a sociabilidade colonial é seu vínculo com uma noção de "espontaneidade" (*"As almas"*, diz Metello, *"por lá* [na colônia], *têm necessidade de se descobrir, não andam escondidas, como nos caminhos da falsa e mentirosa civilização* [...]. *As almas, por lá, nos exílios fundos e pesados, têm necessidade de conviver como irmãos, como parentes da mesma família"*) e de "temor do meio" (*"Não sei se o clima, a grandiosidade da paisagem, a imensidade da natureza, que sobre nós se debruça continuamente* [...], *tudo isto atravessa as almas, as impregna e as domina, trazendo-as cá para fora, para ao pé das outras"*).[76] É certo que havia o *"chá-dançante"*, como os da Obra Social de Educação Feminina,[77] os bailes dos clubes desportivos, das associações regionalistas e de mutualidade, todas já aqui mencionadas, o *Réveillon* do Club Naval de Luanda, cheio de *"casacas"*, por que transitava

---

74   Gosden & Knowles, 2001, p.10.
75   Archer, M. "Um inglês." *In: Há de haver uma lei...* 1949, p.119.
76   Metello, A. *A vida social nas colônias.* 1945, p.5-6.
77   Ver *A Província de Angola.* Suplemento de Domingo. Ano VII, n.303, 1º de Fev., 1942, p.8.

o "colunista social" Salinas de Moura, o teatro e as Companhias que vez por outra excursionavam em Angola, como a "Hortense Luz", que brilhou em Luanda, em 1932.[78] Mas, em geral, predominava a ideia de um lazer centrado nos *almoços de domingo* (entre pares), nos *passeios à horta*, em que *"as famílias se juntavam em piqueniques à sombra das mangueiras"* e *"passavam as tardes comendo, bebendo, conversando, divertindo-se"* e *"recuperando forças para a semana seguinte"*.[79]

Tudo isso diferia muito da aparelhagem de entretenimento que emergiu a partir dos anos 1940, e, sobretudo, de meados dos 1950. Com uma profusão de salas de cinema, como a magnífica "Restauração", em Luanda (hoje Assembleia Nacional), e outras tantas noutras cidades, anfiteatros e "cinemas de esplanada", de que são exemplos o "Flamingo," no Lobito, e o "Miramar" também em Luanda, casas de espetáculos – que receberam, em 1955 e 1960, com o público em *frenesi*, Amália Rodrigues, um dos maiores ícones portugueses do século XX –, como o "Nacional Cine-Teatro" (inaugurado, um pouco antes dessa fase, em 1932), *night clubs*, como o famoso "Cine Bar Dancing Tropical", e, ainda na capital, uma diversidade de bares e restaurantes, como os que se concentravam no Largo da Portugália, essa variedade de espaços de "excitação"[80] mudou por inteiro as representações da sociabilidade colonial. Um filme como *Angola: no outro lado do tempo* (ComSom, 1996), de Mário Brito, com a sua diversidade de imagens da noite de Luanda, coalhada de letreiros em neon, dos restaurantes à beira-mar, na Ilha, das corridas de automóvel, das bandas de *rock garage*, que se apresentavam no programa *Cazumbi*, no Parque dos Heróis de Chaves, e dos jovens dançando a música *disco*, oferece um contraponto perfeito ao retrato, publicado em 1937, em *A Província de Angola*, por Carlos Alves, de outra Angola; a da *"Luanda"* que *"não se diverte"*:

Efectivamente, tirando o único cinema, nem sempre com lotação completa, com estreias à quarta e reprise ao sábado, Luanda não é fértil em distracções para

---

78 Moura, S. de. "Club Naval – 1931/1932. Réveillon." *In: A Ilustração Colonial*. Ano I, n.1, Jan., 1932, p.18; p.27; "Companhia Hortense Luz. Anúncio /Fotografia."*In: A Ilustração Colonial*. Ano I, n.1, Jan., 1932, p.10-11.

79 Depoimento de Nídia Jardim, natural de Mossâmedes, em 2009, a propósito dos piqueniques na "Horta do Torres".

80 Elias & Dunning, 1992.

a sua população, divertimentos acessíveis a todas as bolsas, por modicidade de preços, num passatempo, onde, em remanso do espírito, se deixe de pensar nas locubrações e cuidados da vida material quotidiana.

Não há dúvida de que abundam os clubes, as sociedades de recreio, que, às vezes, dão o seu bailesito, pago a tanto por cabeça [...] A boemia também não tem campo; e, fechado o *Biker* ao bater da meia noite, toca a recolher a penates, almofariz de economia, para não ir curtir neuroses e bestializar o espírito num Karibala matreiro, à luz dum lampião... Tirante a *sueca*, jogo muitíssimo tropical, bebendo limonadas com a família e ouvindo os arrastados fados do Menano, em maquineta de dar corda, nada de acessível surge para a distração econômica do espírito. O *bluff* é caro e melindrosos; e o *bridge* e o *mah-jong* não divertem toda a gente. Resta pois a cavaqueira, onde sempre surge a crítica afiada, e certa pimentinha de maledicência a condimentar os paladares. Há quem prefira estas tertúlias, ao bom peixe frito com salada de alface, em horto bucólico, com cabras a pastar. Eu opto pelo peixe e pela visão das cabras.[81]

Mas a crônica de Alves tem ainda muito a dizer, quanto ao seu valor documental. Ela enfatiza, por exemplo, a falta de divertimentos acessíveis *"a todas as bolsas"*, introduzindo assim um aspecto candente no que se refere ao panorama do "lazer angolano" nesse período: a extremada segmentação das práticas "por classes", Como observou, a propósito, Cláudia Castelo, mesmo nos *almoços de domingo*, as famílias coloniais "agrupavam-se tacitamente segundo o seu estatuto: para um lado, as famílias dos funcionários administrativos, do médico, do veterinário, da professora do posto escolar, do bancário e dalgum comerciante mais abastado"; e para outro lado, "as famílias do enfermeiro, do ajudante de pecuária e dos restantes comerciantes".[82] O esporte era um parâmetro desse tipo de divisões: para os segmentos mais abastados da "família branca", hóquei sobre patins, tênis, tiro esportivo, ciclismo, vela, natação e, eventualmente, golfe; para os demais, o futebol (aliás, reinante, e com adeptos em todas as faixas sociais) e, subsidiariamente, o basquetebol [é ainda digna de nota a existência de um conjunto de *"jogos de preto"*, como os promovidos, todos os anos, pela

81   Alves, C. "Luanda não se diverte..." *In: A Província de Angola.* Suplemento de Domingo. Ano II, n.83, 28 de Nov., 1937, p.1.
82   Castelo, 2007, p.262.

Diamang, que já foram alvo de farta discussão].[83] E, assim, sucessivamente, as práticas "burguesas", de "elite", distinguiam-se das franqueadas ao conjunto dos coloniais – para uns, havia o teatro, o balé, a que enviar as filhas, o automobilismo (que chegou ao ápice nas passagem entre as décadas de 1960 e 1970) e a caça; para outros, a quermesse, os clubes de dança, os espetáculos musicais e as salas de cinema. No intervalo entre um e outro polo, havia certos eventos capazes de comover a quase todos: o futebol, em dadas situações; os "Concursos de *Misses*" (que levaram a exaltação às nuvens, quando "Riquita", uma mossamedense, foi coroada *Miss* Portugal de 1972); ou as grandes apresentações musicais de atrações europeias e, ainda mais, portuguesas. Há aí outro aspecto de relevo: enquanto as práticas elitistas, em geral, apontavam para um cosmopolitismo colonial, bem burguês, eram sobretudo os "hábitos" mais "populares" que, apesar de reelaboração ligadas aos contextos locais (como na culinária, em que o gosto pela *"moamba"* rivalizava ferrenhamente com o das *"sardinhas ao bafo e batatas coradas"*), faziam avultar a duplicação do *"viver português"*.

Tão importante quanto essa segmentação, de estatutos e classes, era aquela em que se opunham o meio urbano e o rural. Porque, a rigor, as transformações aqui elencadas atingiram em maior grau, ou quase exclusivamente, as cidades. No *"sertão"* predominava ainda, segundo contam as narrativas e as memórias dos coloniais, a espera da *"carrinha"* semanal que pudesse levar à casa de uma outra *"família branca"*, para, nestas visitas, matar um tanto a sensação de isolamento; e, no mais, havia os *"hasteamentos de bandeira"*, aos domingos, com hino e tudo, nos postos oficiais, havia a visita anual do bispo diocesano, havia, de quando em quando, a sessão de cinema na caminhonete itinerante que percorria os postos do interior e havia as comemorações religiosas ou nacionais.[84] Porém, houve um terreno em que o mundo rural granjeou um lugar especial: o interesse turístico. É que, à medida que as cidades foram se identificando com um "mais-do-mesmo" à europeia, no entanto provincianamente, cresceu a ideia, ma-

83 Na *"festa anual indígena"* da Diamang, uma das grandes originalidades eram jogos como o arremesso de um grave à distância, com o auxílio de uma pá (equivalente do lançamento de peso ou de "martelo", olímpicos e, logo "europeus") ou o lançamento de zagaia (análogo ao dardo). Sobre o tema, *Cf.* Henriques. *In*: Bethencourt & Chaudhuri, 1998, v.5, p.256-257.

84 Eventos citados no depoimento de Morais Martins [1998, 116-118], sobre os anos que passou na Damba/Congo, Angola. Apud. Castelo, 2007, p.262.

nifesta por Pinto Quartim, de que as cidades não *"valiam a deslocação até lá"* e de *"quem se resolve a ir a África vai em busca de aventura e mistério"*, o que só se encontra *"na vida do indígena"* e na *"Natureza grandiosa"*.[85] Todo material de divulgação ou de estudo econômico do potencial turístico passou a consignar roteiros em que as cidades eram as estações de pouso de um trajeto que sempre ia dar às lonjuras de uma *"Angola que concentrava toda a diversidade de África"*.[86] Há uma diversidade de relatos dessa *"fuga para o sertão,"* à procura duma *"África real"*, que, não obstante, revelam um certo *blues*, um certo nojo, que, a par da quantidade de discursos que transformavam diferenças em distâncias, emergia do confronto entre as cidades, já "civilizadas", e esse mundo, ainda "bárbaro". É assim que Norberto Gonzaga, acompanhado de um grupo de mossamedenses, descreve o desfecho de uma caçada, o *"churrasco barreado"*, dando como remédio para o fastio que se seguiu a essa empreitada, de *"espairecer"*, a necessidade de *"espairecer"*:

E, algumas horas depois, no ponto de partida, todos à uma, celebrando seus feitos, saboreiam pedaços tenros dos lombos palpitantes de animais que se abateram. Bebe-se cerveja e experimentam-se pontarias. Há quem corte um cigarro atirando a vinte metros, mas há também quem estilhace garrafas a mais de cem. Apesar de tudo a custo se disfarça um tédio dominante. É que, sem excepções, entontece a fartura da mortandade. Revela-se em todos os olhos o mesmo nojo, a ânsia nauseante do fartum...

Por isso, quando se alvitra o regresso todos concordam! E a volta a Mossâmedes empreende-se não com a alegria, com o entusiasmo da partida, mas com o sentimento, pesado, brumoso, de que durante horas, sem detença, se viveu a vida do bárbaro, do canibal, da fera humana, do primitivo... E à noite, para espairecer, vai-se ao teatro.[87]

Finalmente, há que se mencionarem aqueles eventos, práticas ou espaços de convivência em que, temporariamente, as diversas clivagens sociais

---

85   Quartim, P. "Angola turística e pitoresca." [Recortes sobre Angola. Espólio Pinto Quartim. AHS/ICS, s/d.]

86   Batalha, F. "Angola Turística." In: *Boletim do Instituto de Angola*. Ano I, n.2, Out.-Dez., 1953, p.45-48.

87   Gonzaga, N. *África de sangue, do oiro e da morte*. 1942, p.235-236.

pareciam estar em suspensão. Como já nos disseram Norbert Elias e Eric Dunning, o lazer, essa fatia dirigida do tempo livre, tem uma carga de mimetismo que disciplina as tensões sociais, plasmando-as em excitação--jogo, permitindo que a limitação, a restrição social seja excedida até certo limite, dando, enfim, ordem à desordem.[88] De certo modo, era por isso, pelo seu caráter de jogo, que práticas liminares, "perigosas", também tinham seu lugar: num dado nível de "confissão", proliferam as narrativas de coloniais a tomar parte num *"batuque"* ou, mais recorrentemente, numa *"noite de rebita"*, organizada nos *"terreiros"* de subúrbio, com *"mulatas de vestido claro e seios escuros"* e *"pretinhas miúdas"*, a dançarem *"umbigadas estrondosas"*, *"ao som da harmônica"* e *"à luz dos lampiões"*.[89] Tais situações compunham um duplo com aquelas em que certas limitações se eclipsavam, em proveito do máximo recursos a outras. Era o caso, por exemplo, das cerimônias oficiais, recepções a autoridades portuguesas ou comemoração de datas e feriados nacionais, em que havia muitas manifestações exteriores de coesão "entre iguais", com certo nivelamento social, mas que, em compensação, exploravam à farta a coreografia de posições distintas calcadas na "raça"/"etnicidade" (haja vista as tradicionais "representações indígenas" que se mobilizavam nessas ocasiões). Ou o caso do Carnaval, por outro lado, em que a raça, talvez mais do que em qualquer outra circunstância, podia facilmente ser contornada, embora, até mesmo no sentido físico, espacial, houvesse nítida segmentação por classes.

Ainda assim, considerada a variedade de narrativas sobre o lazer e a sociabilidade dos coloniais, tendo em conta as transformações de práticas e de aparelhagens que esteve em curso ao longo desse período, continuaram a ser mais numerosos os discursos em que sobressaía a ideia de uma Angola *"sem distracções"*. Não, entretanto, porque não as houvesse. Para os colonos *"do mato"*, é que a *"verdadeira África"* era aquela em que se tinha de *"sovar o próprio pão"*, em que se precisava *"caçar a própria carne, por não haver talhos"* e em que se usava *"iluminação a petróleo"*. Para o citadino, é que se era *"pobre"*; mesmo que ser pobre não implicasse *"sovar o próprio pão"* e que os "brancos do musseque" não passassem de 6% dos brancos de Angola, numa altura em que estes já eram numa quantidade suficiente para fazer

88 Elias & Dunning, 1992.
89 Cardoso, J. A. "Noite de Rebita". In: *A Província de Angola*. Suplemento de Domingo. Ano II, n.46, 7 de Mar., 1937, p.7.

desse percentual um número absoluto desprezível.[90] Enfim, a par da noção que chamamos de *"vida dura"*, o fato é que, do ponto de vista das narrativas coloniais, foi o "trabalho", mais do que o "lazer" e o tempo livre, que continuou presidindo as representações de uma sociedade presa *"às locubrações e cuidados da vida material quotidiana"*.

***

Dentre as várias faces do "trabalho" na imaginação colonial, gostaríamos de destacar apenas duas, as quais consideramos as mais significativas. Em primeiro lugar, a ideia de "trabalho" perpassa toda a espinha dorsal do edifício moral do colonialismo, desde os discursos oficiais até as mais "desinteressadas" memórias individuais. Não é difícil constatá-lo: afinal, concepções sobre um *"fardo"* que consistia em *"retirar do ócio populações adormecidas, civilizando-as"* (evidentemente, pelo trabalho), de modo a *"aproveitar as enormes riquezas de amplos territórios inexplorados"*, figuram, nas suas incontáveis versões, em dez entre dez dos elogios retóricos do direito de colonizar. Entre as últimas décadas do século XIX e o início do XX, essa idealização do trabalho se tornou uma forma de religião secular: equivalendo *a civilizar*, "trabalhar" e *"fazer trabalhar"* substituíram *"cristianizar"* na maioria dos debates públicos europeus sobre o problema colonial. E não é preciso se alongar no fato, muito emblemático, de que, mesmo em Portugal (onde a *"cruz"* continuou sendo evocada), os primeiros instrumentos legais da fase contemporânea do colonialismo não foram Cartas orgânicas e administrativas, mas códigos de trabalho, incorporados ao "Estatuto do Indigenato".[91] Não há dúvida de que tamanho esforço retórico, enquanto um motivo, um fato representacional, chegou à fala dos coloniais, interferindo nos seus modos de descrever a sua própria situação e o seu próprio empenho nas lidas do cotidiano. Acompanhando a sugestão

---

90   O percentual aqui indicado corresponde à observação de Heimer (1980, p.107), segundo a qual, em meados dos anos 1970, quando a população branca de Angola passava de 300.000 pessoas, apenas 6% dos adultos que viviam nos bairros periféricos eram brancos; na sua maioria, pequenos comerciantes. Os dados conferem com as estimativas dadas por Ilídio Amaral (1968), para um período um pouco anterior, e Pélissier (1978, p.346).

91   Oficialmente, "Estatuto Político, Civil e Criminal dos Indígenas de Angola, Moçambique e Guiné", aprovado pelo Decreto n.12.533, de 23 de outubro de 1926. [Posteriormente emendado e/ou substituído pelo "Código do Trabalho dos Indígenas nas Colônias Portuguesas de África" /Decreto n.16.199, de 6 de dezembro de 1928 e pelo "Estatuto Político, Civil e Criminal dos Indígenas" /Decreto n.16.473, de 6 de fevereiro de 1929.]

de Ann Laura Stoler, no contexto em causa, o trabalho era um dos principais polos em que "macropolíticas de governança" rivalizavam com a sua gestão em "microespaços de intervenção política".[92]

Por inúmeros condicionalismos, a transferência maciça de bens e pessoas, com tudo o que pressupunha sobre *gaps* entre infraestruturas e "modos de vida" distintos, fazia do espaço colonial um terreno muito propício para que as vicissitudes da adaptação das coisas e da gente "de fora" se transformassem em "dificuldades", em *vida dura*. No caso de Angola, a isso se acrescia a extrema heterogeneidade da comunidade "branca", que não só resultava num grande número de sujeitos para os quais o "trabalho" era, de fato, um valor central, mas que também produziu certos casos-limite. Era comum, por exemplo, citar, a título de insígnias dos esforços gerais, a existência de "brancos" lotados em funções consideradas subalternas – como os garçons e os taxistas brancos nas maiores cidades, Luanda, Lobito, Huambo (o que, a rigor, resultava, em boa parte, da reserva de mercado nessas profissões e das redes estabelecidas no fluxo migratório dos coloniais). Viveu-se a epítome desses exemplos na passagem das décadas de 1950 e 1960, quando surgiu o famoso caso dos *"engraxates"* e *"ardinas lisboetas"* (vendedores ambulantes de jornais) importados por Angola.[93] Hoje, a imagem do "trabalho branco" subalterno produz certo choque, principalmente porque dá a impressão de uma utopia de ocupação total do espaço social, com a consequente "expatriação negra" da "cidade dos brancos". Mas, àquela altura, esses pequenos rapazes engraxando sapatos e vendendo jornais também causaram escândalo. E aqui já prenunciamos o porquê: é que seu lugar no quadro social angolano contrariava a dimensão, talvez, mais explicitamente racializada daquele universo; expressa, justamente, numa segunda concepção fundamental sobre o "trabalho" – algo a que se tem chamado de um "ideal de não trabalho".[94]

Comentando a relação entre "brancos", "negros" e "asiáticos" no contexto colonial de Moçambique, Marta Vilar Rosales refere que, entre seus entrevistados, antigos residentes naquele país, era frequente a frase *"não nos dávamos"*, empregada geralmente pelos "brancos" para fazer um contraponto à ideia de excisões raciais: como se, no limite, se tratasse apenas de uma questão

---

92   Stoler. *In*: Woodward, Hayes & Minkley, 2002, p.3-26.
93   Henriques. *In*: Bethencourt & Chaudhuri, 1998, v.5, p.216-235; p.251-259.
94   Ver a resenha de Thomaz (2008, p.187-190), a propósito do livro de Castelo (2007).

de falta de afinidades. Rosales interpreta esse dado como expressão de uma incapacidade de construir instrumentos conceituais para processar e pôr em perspectiva os "encontros" entre esses grupos – o que se aproxima da noção de "cultura colonial de negação".[95] Em Angola, no entanto, o que nos parece é que um fenômeno bem semelhante era descrito com termos diametralmente opostos. Em geral, o que é recorrente entre os angolistas é a ideia do "*nos dávamos, mas cada um no seu lugar*".

Por um lado, a obsessão dos discursos que tomavam o trabalho como *fato civilizador* produziu, no capítulo das relações raciais, efeitos mais do que esperados. Opondo-se à legitimidade do "colonial branco", afeito à *vida dura*, havia uma enorme profusão de imagens do homem negro como sendo "indolente", apegado ao "vício", à "mandriice", à "mentira" (imagens estas que já foram todas objeto de farta discussão; e que, ademais, deitavam raízes em processos muito anteriores – a própria escravidão dos séculos XVI a XIX dentre eles). Paradoxalmente, quase todos os discursos desse tipo surgiam em meio ao seu contrário: a defesa do trabalho como uma compulsão que devia ser imposta aos "negros". É abundante, mesmo nesse período, a quantidade de relatórios, estudos e planejamentos da administração colonial (bem como de artigos de imprensa sobre o tema) em que se defende a necessidade da "*colonização indígena*" – isto é, da fixação "dirigida" das populações locais e/ou da sua transferência para "colonatos agrícolas" –, como método de fomento à produção agrícola de Angola,[96] ou em que se postula que terrenos agricultáveis, mas situados em regiões de clima especialmente inóspito, tinham de ser aproveitados, mesmo que, neles, "*apenas os indígenas trabalhassem*".[97] Mais do que simplesmente registrar esses dados, de que, aliás, se poderia fornecer incontáveis exemplos, é interessante pensar nas suas consequências, quando se desce a discursos radicados fortemente na vida cotidiana. Com a naturalidade de quem comenta os ventos e a chuva, Guilhermina de Azeredo apresentava os seus criados domésticos (e o que pensava deles), em uma crônica que cuidava de introduzir "Chica", a babá de sua filha, com quem ela acabaria, nitidamente, "identi-

95   Rosales, 2007, p.24-46 [*Cf.* Gosden & Knowles, 2001.]
96   Colaço, P. de P. "A colonização europeia e indígena em Angola". *In: BSGL*. 53ª série, n.5-6, Mai.-Jun., 1935, p.238-253.
97   Machado, C. R. "Os melhores locais de Angola e Moçambique para a vida das famílias portuguesas". *In: BSGL*. 56ª série, n.9-10, Set.-Out., 1938, p.380-401.

ficada"; a fim de justificar por que, de súbito, sem referências, a contratou, diz a Condessa de Samodães:

> A mão de obra aparece sempre assim, de improviso. Se a procuramos, foge desconfiada; se se oferece, é tomá-la antes que se arrependa. Não tentem saber de sua origem, das suas qualidades ou do seu trabalho, nem mesmo da última casa onde serviu. Tivesse eu interrogado a Chica e ela mentiria como um saco roto e com o maior descaramento, olhos nos olhos. Francisco, o cozinheiro, também mentiu, e o "Boy" o criado de mesa, e até minha afilhada também mentiram. Todos eles se apresentaram, o primeiro como bom cozinheiro, o segundo como bom criado de mesa e a mulatinha como óptima criada de dentro. Fingi acreditar. Tinha a certeza de que, pelo menos, se ajeitariam nos seus misteres. Mas livrei-me sempre de exigir do Francisco a lavagem dos pratos; ele tinha seu ajudante. Ou que "Boy" fosse para o jardim cavar os meus canteiros de flores, ou para a horta ou para o batatal. Teriam fugido como coelhos, sem deixar rastros; teriam mudado de terra, de nome e de profissão, para onde "olhos de branco os não pudessem descobrir".[98]

Chama atenção o fato de que, só nessa lista, Chica fosse a quinta criada "de casa" de uma senhora que, à parte os títulos de nobreza, era apenas a esposa de um ruralista falido, que ali, em tese, era não mais do que um *sertanejo*. Chama atenção que Guilhermina atribua à indolência de Francisco e de "Boy" a sua "inaptidão", sem problematizar as tensões, e as questões, implícitas num fato, certamente, estranho para ela, num primeiro momento, que era ter "homens" realizando um trabalho doméstico (um tema ao qual tornaremos adiante). Mas, principalmente, chama atenção o não dito: que a necessidade de "trabalho" desses sujeitos fosse resultado da desincumbência, ou do tempo livre, da *"patroa"*, que podia tranquilamente se preocupar com seus *"canteiros de flores"*.

E então, por outro lado, em decorrência da compulsão pelo "trabalho" surgia aquilo que lhe era oposto: uma ideia de "necessidade" e "interdição", quase nunca enunciada, mas sempre presente, de que "qualquer branco não podia realizar qualquer trabalho". Daí ao casamento entre a projeção da subalternidade nativa dos discursos oficiais do colonialismo e a pura e simples

---

98 Azeredo, G. de. "Chica". *In: Brancos e negros*. 1956, p.160-161.

"ordem prática das coisas" nas relações rotineiras, quase nada restava. No extremo, tal identidade deu azo a uma reificação quase plenas dos *"criados"*. Um exemplo, que seria cômico, não fosse trágico, está na narrativa em que Emílio Castelo Branco se lembra dum episódio que se teria dado com o velho Barradas, *"africanista veterano"*, que, *"de muito lidar com os pretos, só tinha em conta as maldades"*. Com a esposa, *"ainda verde em coisas de África e cega quanto a manhas de preto"*, a não consentir *"ameaças de pancada, quanto mais pancada"*, o Barradas observava os modos de Cristiano, seu "criado de dentro", e *"secava, de não poder fazer a vontade ao braço, que lhe pedia tosa no preto"*, pois sabia que *"estava a ser experimentado, como é corrente o preto experimentar o branco a quem serve, com partidas cada vez mais pesadas até a que rompe a paciência"*. Todo o resto do episódio, passado em Malanje, se detém apenas em provar a tese de que *"o preto só se sente do castigo quando o castigo lhe dói na pele"*.[99] E antes que se argumente que tais coisas constituíam exceção, ou que tais relações eram produto do meio rural, ou do meio "aristocrático", mais abastado, é possível enxergar (talvez sem o componente físico) um mesmo padrão de reações entre setores bem mais medianos e urbanos. Como no exemplo de um artigo anônimo, publicado em *O Comércio*, de Luanda, em outubro de 1944, que, diante de "direitos" estabelecidos pelo maior controle metropolitano, queixava-se, nos seguintes termos: *"Mudaram os tempos... Dantes, branco mandava... Agora, é o que todos veem e, tristemente, a maior parte sabe. Até quando, ó Catilina?"*.[100] Uma forma peculiar dessa polêmica, inclusive, era a que associava a carestia, a qual levava a maioria dos coloniais a viverem numa *"mediana folga"*,[101] à exorbitância nos custos duns gêneros alimentícios, como o "peixe" (trazido, em geral, por pescadores negros, ao menos, no caso de Luanda), e aos *"abusos dos criados"*, não só em direitos, mas em exigências econômicas. Essa foi a tônica de um outro artigo anônimo, um carta, na verdade, que *O Comércio* procurou levar às suas páginas quase um

---

99   Castelo Branco, Emílio. "A fera branca." *In: O Mundo Português*. Ano V, n.60, Dez., 1938, p.495-498.

100 "Coisas da vida de Luanda." *In: O Comércio*. s/n, 28 de Out., 1944. [O recorte consta do processo AHU/MC/MU/GM/GAP – 247 Mç. 50. "Província de Luanda. Comissão de Censura. Cortes semanais – Imprensa".]

101 A expressão, de meados dos anos 1940, é de José Tristão de Bettencourt, então governador geral de Moçambique; mas em muito se aplica também a Angola. Apud. Castelo, 2007, p.265.

mês depois do artigo anterior. Exigindo "providências" do governo, diz o autor:

> Ao contrário do que o mais elementar bom senso indicava, nada [...] se fêz, consentindo-se – o que é afrontoso – não sabemos se por desleixo, se por errada noção ou deficiente conhecimento das circunstâncias, um agravamento das causas que vai desde o injustificado exagêro no custo do peixe até aos inqualificáveis abusos dos criados.
>
> [...] Se dispuséssemos da força que dá o poder, sabíamos muito bem como havíamos de enquadrar na ordem, sem afrontar direitos de ninguém, todos os que fora da ordem se permitem, impunemente, perturbar, sem razão justificativa, a vida corrente e a normalidade da cidade.
>
> O que nunca permitiríamos [...] é deixar correr, numa cavalgada infrene, os abusos que todos observam, mas nem todos sofrem. A sociedade não pode tornar-se progressiva se a desordem e a inquietação lhe absorvem os cuidados. [...]
>
> E assim, criados e peixes, e peixes e criados, continuará a ser, sabe Deus até quando, o círculo vicioso da vida de Luanda.[102]

O resumo mais bem-acabado de toda essa questão está numa charge de Luís Kol, que foi publicada, em abril de 1945, no Suplemento de *A Província de Angola*. Em "*O problema dos criados*" vemos a figura de um criado branco, servindo pirão a uma família negra, acompanhada de um diálogo insólito: "*O patrão* [o homem negro]: – *Fala lá rapaz... Onde você trabalhou?* / *O criado* [o branco]: – *Saiba V. Ex.ª que fui proprietário duma agência de criados... para servir V. Ex.ª* ".[103] A ironia da charge reside justamente em uma situação considerada absurda (que um "homem branco" sirva a uma "família negra") e na roda viva que a situação propõe: o que o "*criado*" nos diz é que ele era o "*patrão*" ("*fui proprietário*"; e que, portanto,

---

102 "Criados & Peixes." *In: O Comércio*. s/n, 18 de Nov., 1944. [O recorte consta também do processo referido na nota 142. É interessante que a censura tenha sistematicamente vedado essas manifestações mais "exacerbada". Em parte, do ponto de vista dos "coloniais", isso revela uma sensibilidade política fundada precisamente na ideia dos brancos radicados na colônia como um "terceiro termo", interposto à parelha colonizado-colonizador, com a sua série de conflitos próprios, em relação às populações locais, e com as suas diferenças e reclamações quanto ao centralismo metropolitano.]

103 Ver Imagem 1.11..

empregava, provavelmente, "negros"), cujo trabalho, no entanto, era absorvido (à mercê da necessidade de *criados* e dos seus *abusos*) em servir "a quem lhe devia estar servindo". Nada mais conclusivo de uma concepção do trabalho que supunha um "ideal de não trabalho". Apenas mais um dos muitos "não" de uma Angola que, afinal, como dizia Carlos Alves, também *"não se divertia"*.

***

Todo nosso esforço até aqui é como um retrato que, do instante, focaliza menos do que aquilo que omite. Nesse nosso panorama de cidades e distrações, de gentes e identidades, ignoramos muito mais do que fomos capazes de elencar. Ao produzir essas listas com lugares e nomes, procuramos tão somente dar complexidade, matiz, dimensão, a um mundo quase sempre explicado sob a ótica do "sim" e do "não", mas muito pouco pela do "talvez". Essa é uma observação que nos é cara, sobretudo em respeito às memórias daqueles que viveram esse tempo e esses espaços, independentemente das conotações (ideológicas) que conferem a essas memórias. E, todavia, se há recorrência nas explicações binárias daquele universo é como resultado da inegável importância que, de fato, os binarismos têm, como constituintes da experiência colonial.

Aspecto parcial da chana do Camissombo, Lunda.
Fonte: Fotografia de Jan Janmart. *In: Flagrantes da vida nas Lundas*. Coleção Museu do Dundo, n.37, 1958, p.57-58.

2. Outras terras

Benche tutta l'Africa sia universalmente popolata più che dagli huomini dalle fiere selvaggie nulla di meno sembra, chel'angolo di questi Regni sia reserbato, come covile proprio per annidarvene d'ogni specie; imperocché sia si proprietà del Clima di sovechio caldo & humido, ò altra occulta ragione, che genera corruzzioni, certo stà esservi copia incredibile di Mostri, e di feroci animali entro l'acque, in mezzo alle selve, ne'monti, e nelle pianure, dalle insidie, delle quali quanta molestia sperimentino cotidianamente [...].

[...] & Io parimenti havendo osservata diversità di animali mostruosi, e terribili, specialmente nella Provincia di Bondo, e di Ganghella, riputai che fossero imperfezioni, ò scherzi deformi della Natura, e non altrimenti cose da intesservi tanti favolosi racconti, come ancora esagerai a stolti Neri la sacrilega veneratione, con cui sovente gli adorano." (Giovanni Antonio Cavazzi da Montecuccolo)[1]

....

O meio africano é tudo quanto há de peior para o investigador se entregar a assíduo estudo; quem ali for e contribuir com mais um traço para o grande esboço póde considerar-se feliz. (Henrique Capello & Robert Ivens)[2]

....

O clima, em que o viajante mal attenta, exerce sobre elle estranha acção,

---

1   Cavazzi da Montecuccolo, Gio. Antonio. *Istorica descrizione de' tre' Regni Congo, Matamba, et Angola.* Lib. I;,n.99; n.235, 1687, p.33; 84.

2   Capello, H. & Ivens, R. *De Benguela às terras de Iácca.* 1881, p.xxi; xxvii.

perturbando as principaes funcções do seu organismo e produzindo-lhe um mal-estar, que o torna inquieto e incapaz de estudo circumspecto.

[...] E, nesta situação, não póde deixar de se aborrecer em presença das discussões que se levantam, e pretende convencer os indígenas logo ás primeiras phrases, querendo por força sujeitá-los ás suas imposições, como se não estivesse em terra alheia e onde não póde dictar a lei! (Henrique de Carvalho)[3]

....

Landscapes too have faces as persons have, as inconstant and as inscrutable.

(T. Alexander Barns)[4]

Não é difícil conceber por que o espaço físico, a "outra terra", é um motivo central de nove entre dez das narrativas coloniais – e, nesse caso, quase quaisquer que sejam elas, consoante a diversidade de experiências e episódios a que se possa atribuir o adjetivo "colonial". Como um historiador da literatura do século XIX afirmou, um "Império é parcialmente uma ficção [...], é por definição e defeito uma nação em excesso, uma nação que foi longe demais...".[5] E se o Império é esse "estender as mãos sobre o mundo", *possuir terras alhures*, o problema colonial é uma equação que envolve controle e distância, deslocamentos no espaço (a ser controlado) e alguma ciência (geográfica) da lonjura. Descrever a relação carnal entre a imagem e a invenção do espaço, de um lado, e os limites de uma comunidade, de outro, é tarefa quase impossível. Boa parte da bibliografia dedicada à questão das comunidades nacionais sublinhou esse forte vínculo ideacional, resumido, como notou Anderson, na forma moderna da instituição dos *censos, mapas e museus*.[6] Mas isso não é tudo, principalmente quando se trata de explicar a constância com que os *universos outros* dos diversos movimentos históricos da *expansão* foram definidos em termos de *paisagens*; porque, a rigor, a *paisagem* não se reduz a matéria de política interna, de grupos, a ideologias nacionais e/ou de classe. Ela é, antes de tudo, um meio, um veículo de outros discursos, uma forma de expressão historicamente construída, geralmente ligada a fenômenos não locais, intimamente ligada à forma com

---

3   Carvalho, H. A. D. de. *Ethnographia e historia tradicional dos povos da Lunda.* 1890, p.7-8.
4   Barns, T. A. "In Portuguese West Africa: Angola and the Isles of the Guinea Gulf." *In, The Geographic Journal.* v.72, n.1, Jul., 1928, p.18.
5   Richards, 1993, p.1.
6   Anderson, 2008, p.226-255.

que distintas sociedades perceberam a emergência de qualquer equivalente ao espaço global, à existência de *alhures*.[7] Do ponto de vista da comunidade que extravasa seus limites, *domar* os efeitos do estranhamento e da ignorância das *outras terras* é uma preocupação essencial. E por isso mesmo, não precisamos aprofundar o debate para afirmar, de saída, que estas são questões radicais no que se refere à extensão do nosso objeto.

Quando ouvimos falar antigos residentes em Angola, não raro a conversa é tomada por um turbilhão de memórias que desenham imagens de *outras terras*. Referências à grandeza silente do Kwanza, do Cunene, do Lucala, à beleza majestática das Quedas do Duque (Kalandula), à visão do planalto desde a Fenda da Tundavala, ao horizonte sem fim do Deserto do Namibe, ao mar quente e encalmado da Ilha de Luanda, ao espelho do céu na Baía Azul de Benguela, à graça e ao risco dos *bichos do mato*, à estranha sobrevivência da *welwitschia mirabilis*, fóssil de outras eras, aos gostos da terra, às frutas da terra, *sabor de maboque* – são todos elementos de uma estrutura de afetos, pela qual se empreende, da *Angola que já não está lá*, a projeção sobre a Angola que subsiste. Nessa estrutura há muito mais do que mera paisagem. Há uma interpretação sobre a experiência daquela terra e, mercê dos traços que o tempo só muito lentamente altera, há o desejo de nela enxergar indícios de uma retenção física da memória. Como diria Lévi-Strauss, acerca de viagens e de *lugares outros*, "toda paisagem apresenta-se de início como uma imensa desordem que nos deixa livres para escolhermos o sentido que preferimos lhe atribuir".[8] E talvez, por ser assim, possamos ver tanta propriedade na analogia entre a História e as Geologias – "ali onde hoje vejo um terreno árido, dois oceanos outrora se sucederam," avança ainda Lévi-Strauss, para concluir que, agindo em sentido contrário aos testemunhos da paisagem, há a recuperar "um sentido primeiro, obscuro sem dúvida, mas do qual cada um dos outros é a transposição parcial ou deformada".[9] Sob o véu dos sentidos confusos do espaço que se vê, há documentos sobre o mundo de antanho.

Pensemos, por exemplo, nas imagens do espaço angolano contidas nas descrições que antecedem o ápice do período colonial. *"Covis de monstros"*, um *"clima"* que *"produz mal-estar"*, um ambiente que é *"tudo quanto há*

---

7 *Cf.* as teses apresentadas em Mitchell, 2002, p.5-18.
8 Lévi-Strauss [1955], 1996, p.54.
9 Idem, ibidem.

de pior" e *"paisagens"* que tem *"faces inconstantes como as pessoas"* – são
cenas muito distante das narrativas das décadas de 1930, 1940 e 1950, em
que, se o *mato* subsiste como inimigo, há também uma propensão a fazê-lo
objeto de uma relação sentimental com a terra ou de um mais-saber que
dá legitimidade à sua posse (não obstante o fato de que, no caso da ligação
Portugal-Angola, a aquisição de conhecimentos – e por que não dizer, das
terras – tenha parecido, tantas vezes, *imperfeita*). São impressões que dis-
tam mais ainda das antecipações nostálgicas com que os últimos coloniais,
nos anos 1960 e 1970, falam de uma Angola já perto do fim da viagem. E,
no entanto, com que obstinada constância os elementos de uns e de outros
discursos são os mesmos. Como nos detritos rochosos de duas margens de
um rio, sobre as quais cresce uma vegetação diferente, há fragmentos impressos no espaço, a atestarem uma vida anterior (ou, nesse caso, atitudes,
curiosidades e ansiedades) em comum.

Como dissemos, imagens do espaço são um campo vastíssimo nas narrativas coloniais e, portanto, pretender enfrentá-las globalmente é tarefa
para um ou muitos esforços concentrados. Mesmo em relação apenas aos
discursos que compõem o nosso objeto, a enorme dispersão do assunto
impõe uma preocupação verdadeira; principalmente, porque, como também já se discutiu aqui, é na projeção da "paisagem vazia" que uma ideia de
Angola está mais subsumida à fantasia de uma "África" (o que, diga-se de
passagem, equivale a dizer – à produção de uma *paisagem africana arqueti-
pica, à moda britânica*; qualquer coisa como uma gigantesca reserva natural
de Tsavo). Na nossa tentativa de inventariar o repertório de representações
sobre a Angola do intervalo colonial do século XX, interessa-nos algo bem
menor: um recorte de uns tantos discursos, de um número igualmente limitado de narrativas, pelos quais possamos acompanhar a trajetória de um
modo de olhar para o espaço, constituído por referências intercambiáveis,
em que confluem a *paisagem* e as experiências sociais que a atravessam e a
ultrapassam. Entre o *inferno tropical da história* e o *paraíso perdido das memórias* dos *coloniais*, o que nos ocupa é a tentativa de indiciar como e por que
as *outras terras* de Angola foram tão comumente apresentadas com imagens
em que, pendularmente, *perigos* foram convertidos em *possibilidades*.

* * *

A *Istorica descrizione de' tre' Regni Congo, Matamba et Angola*, do italiano Giovanni Antonio Cavazzi da Montecuccolo, é um dos vários documen-

tos antigos em que podemos buscar raízes dessa apresentação. Publicado em 1687, escrito, provavelmente, dez anos antes, o relato do missionário capuchinho, nomeado prefeito da *Propaganda Fide* para as terras da então chamada *"Etiópia inferior Ocidental"*, é dos registros mais lembrados e influentes sobre a Angola do século XVII. Nele, encontramos um testemunho circunstanciado de aspectos do cotidiano da população do centro-norte do país àquele tempo, bem como recortes de instituições e de figuras-chave para a compreensão daquele universo, tais como os *Mani Kongo* ou a famosa *Nzinga M'bandi*, *N'Gola* da Matamba. Para além dessa face antiquária e das limitações de tradução que a tarefa de Cavazzi impunha, há outro grande motivo da *descrizione*, marcado pela sua obsessão de "colecionista" (uma característica partilhada com diversos textos do período). Cobrindo cerca de dois terços do que é hoje Angola, desde o estuário do Congo até o planalto e expandindo-se para leste, até o limite do que seria o território do *Mwantianvwa*, o livro primeiro da obra de Cavazzi comporta sucessivos capítulos dedicados ao clima, às estações do ano, à flora e à fauna angolanas, arrolando dezenas de espécies, várias delas presentes no conjunto de pranchas ilustrativas encomendadas pelo autor e, posteriormente, emendadas pelo seu editor póstumo, Fortunato Alamandini. Sobre o inventário das terras austrais que aí encontramos, tão relevante quanto a sua relação histórico-etnográfica dos reinos do Ndongo, Congo e Matamba, e, principalmente, sobre sua *longa duração*, gostaríamos de tecer alguns breves comentários, centrados em três aspectos.

Primeiro, enquanto um religioso do século XVII, imbuído dum espírito barroco, Cavazzi é extremamente dado ao gosto pelo contraste. No seu texto, imagens da *"dádiva divina"*, que permitiria àquelas *inóspitas paragens africanas* albergarem alguma vida, confrontam sinais de *"corrupção"*, gerada pelo *"clima"* ou por qualquer *"outra oculta razão"*, os quais desvelam a realidade decadente/degradada daquele espaço – que ele considera, afinal, um *"covil de monstros"*, habitat de *"feras selvagens"*. Isso implica na evocação da antiga tese de Aristóteles, sobre a impossibilidade da vida na *tórrida zona*, moeda corrente na Europa daqueles dias,[10] embora o faça, o que é realmente interessante, nesse caso, por correspondência à ideia de

---

10   Dentre os vários exemplos possíveis, citamos a *História do Brasil*, de 1627, do Fr. Vicente do Salvador, que contém farta argumentação em contrário à *"opinião de Aristóteles, e de outros Philosophos antigos que a zona torrida era inhabitável, porque como o sol passa por ella cada*

pena, castigo pela *"sacrílega veneração com que o Negro estulto adora"* uma tal natureza em *queda*. A seguir, temos que considerar o fato nada despre-zível de que quase toda a descrição do que é novo na flora e na fauna ango-lanas é feita por comparações com elementos já conhecidos das taxonomias europeias. Cavazzi nos fala de animais com *"forma de cavalo e cabeça de veado"*, *"vacas com qualidades de rinoceronte"* e de *"frutos como melões que sabem a noz-da-índia"*. Anedótica se tornou a sua descrição do *pesce donna* [*peixe-mulher*], não mais do que um sirênio, hoje provavelmente extinto, mas então encontrado na bacia do Kwanza, cuja estampa presente na *Isto-rica descrizione* parece arrancada de uma zoologia fantástica.[11] É claro que a analogia corresponde, em parte, a uma estratégia de tradução. O que chama atenção, no entanto, é que, encadeada no rol dos argumentos de Cavazzi, ela se presta à comprovação da dupla natureza do mundo físico africano, cujas *"quimeras"* percebidas pelo olhar europeu seriam *"cópias deformadas da Natureza"* – como se, sob a face comunicável, tradutível, daquele uni-verso, houvesse algum tipo de *verdade substancial* sobre a deformação das terras cálidas. E, por fim, o relato de Cavazzi demonstra uma preocupação com a *"utilidade"* das coisas, ou antes com o seu *"uso"* pelos *nativos*: é exemplar dessa atitude o seu pasmo com o fato de que, diante de fruto tão aproveitável quanto o *ananás*, os da terra o deixassem *"incultivo"*. Nesse ponto da história, o que é mais interessante é a contraparte desse espanto, qual seja: a noção de que terras incultivas são *"imeritórias de lembrança"*; e, portanto, sem uma *"história"*, sem *"dono"*. Por ela é que se introduz a fabu-losa ideia de um espaço vazio, de tão longa repercussão ainda nas primeiras décadas do século XX.[12]

Da conjunção desses aspectos, temos ao menos duas consequências que em muito esclarecem as representações sobre o espaço de Angola na

---

anno duas vezes pera os Tropicos, parecia-lhes, que com tanto calor não poderia alguém viver." In: *Annaes da Bibliotheca Nacional do Rio de Janeiro*. v.XIII 1885-1886. p.41.

11   Cavazzi. *Istorica descrizione* Lib. I; n.132, 1687, p.42.

12   No início da *descrizione*, Cavazzi explica que a sua relação das terras do Mani Kongo tentará ser o mais completa possível, deixando de parte as províncias *"incultas"*, as quais *"parecem imeritórias de recordação"* [*"lasciando da parte alcune, le quali, benche di competente grandezza, per essere incolte, e quasi prive de habitatori, sembrano immeritevoli di ricordanza."*] Ver Cavazzi. *Istorica descrizione* ... 1687: Lib. I; n.4: 2; e também: Lib. I, n.85, p.29-30 [sobre o não cultivo do ananás]. Para uma abordagem mais detalhada destes aspectos da obra de Cavazzi, ver Almeida, 2005, 1-15.

narrativa colonial das décadas de 1920 a 1960. Por um lado, há o problema da dilação/distribuição temporal da diferença física dos trópicos. Contrastivamente aos relatos dos viajantes que passaram pela América à época das "descobertas", em boa parte dos documentos antigos sobre a presença dos europeus nas franjas da África, o que subsiste é a imagem de um mundo áspero e insalubre. Com efeito, tratava-se não de apresentar um *Novo Mundo*, perdido em quaisquer primícias de *paraíso*, mas de reencontrar resíduos do mundo antigo, já conhecidos (não era aos fantasmas do *sahel*, da *Núbia*, da *Etiópia inferior* que os sábios da Antiguidade chamavam *tórrida zona*?). Contra os motivos edênicos com que Gândavo, Goneville, Thevet e Léry enxergaram a América (e que vivem ainda, enquanto "*o Brasil é uma paisagem*"),[13] os textos de Cavazzi, um dentre outros, nos falam de um *Éden torto* – um refúgio de monstros e de fábulas (*favolosi racconti*), em cuja densa floresta os *nativos* se escondem para perpetuar ritos cruéis de uma infância pagã. Isto que a linguagem antiga formulou em termos teológicos, o século XIX e a sua gramática apreenderam em termos positivo-evolucionistas. Como sugere Michael Taussig, o tipo de fantasia que é a paisagem conserva a capacidade de fazer coexistirem o real e o ficcional, a natureza e a "segunda natureza" (o vestígio encarnado sob a superfície do espaço), reunindo duas ordens de tempo e uma impressão do passado relativa ao diferente senso de progressão histórica que se aplica ao *mundo físico*.[14] Por força dessa fantasia é que a exploração contemporânea adivinha uma *natureza involuída*, um *corpo estagnado*, de recursos disponíveis, um mundo *a fazer mover-se*, os restos de uma ordem, que a simples visão de tantos animais de proporções pré-históricas revelava *arcaica*. Ao mergulhar na diferença das *outras terras*, imerge-se também, assim, no *passado*.

Por outro lado, no entanto, os próprios termos a que nos referíamos permitem dizer que a questão central aqui não são pura e simplesmente as representações sobre/do espaço, mas o que elas subsomem: um discurso sobre os homens. Ao fim e ao cabo, a *ancestralidade*, como uma metá-

---

13 Referimo-nos a *Relation Authentique du Voyage du Capitaine de Gonneville ès Nouvelles Terres des Indes* (Paulmier de Gonneville, 1505), *Les Singularites de la France Antarctique, Autrement Nommée Amerique* (André Thevet, 1557), *Histoire d'un Voyage Fait en la Terre du Brésil* (Jean de Léry, 1578) e ao *Tratado da terra do Brasil e História da Província de Santa Cruz* (Pero Magalhães de Gândavo, 1576). Para uma abordagem que articula estes textos, ver, entre outro: Moisés, 1996, p.84-93. A frase irônica sobre o Brasil é atribuída a Nélson Rodrigues.

14 Taussig. *In*: Mitchell, 2002, p.325-326.

fora central da "África", não é uma imagem de recusa do tempo. Mas, à época de Cavazzi (e, em muitos sentidos, depois dele), é certamente uma estratégia de suspensão da história, posto que ela inscreve um verdadeiro elemento dinamizador do espaço; nesse caso, o *europeu*, aquele que *vem de fora*. Quanto mais a paisagem é superabundante, mais se constrangem e se comprimem as ações do homem, mais diminuto é o campo da *cultura* – e ao mesmo tempo mais o espaço propicia que se o leia como metonímia da vida social que ele contém. Chegamos, então, a um ponto que realmente nos importa, pois essa sucessão – *espaço antigo/sociedade primitiva; terra incultiva, homens incultos* – é uma forma essencial de relações que estão presentes no grosso do repertório das representações coloniais. No fundo, ela nos diz por que, mais do que o espaço, como um todo, é relevante um signo que o resume, reduzindo-o: o *mato*. E por que desse emblema, com as mais variadas conotações, se podem extrair incontáveis hipóteses sobre o que constitui o *olhar colonial*.

* * *

O *mato* [compreendido não no sentido de *bois/bush*, mas como a íntegra do que está para além do perímetro urbano, isto é, a quase totalidade do país, excetuadas as *ilhas brancas*] é um protagonista dessa Angola projetada pela narrativa colonial portuguesa. Comprimindo o espaço à sua fração, teoricamente, *vazia*, ele é o cenário da *colonização* propriamente dita; mas é também a contraface da dinâmica que esta empreende, o *locus* da existência recidiva e *bruta* dos *da terra* e o termo adverso aos *de fora*. Essa cadeia de relações pode ser observada mesmo quando qualquer de seus elementos é omitido, de sorte que é difícil encontrar referências em que não se apele em certo grau à metáfora do *mato* para evocar *Angola*, com toda forma de alegorias que daí decorrem, e até nas memórias do mais citadino dos *coloniais* é possível encontrar uma definição da sua experiência de Angola pautada pela consciência sempre presente de um duplo para além da cidade: o *mato*. Em termos semióticos, essa estrutura de atribuição de significados poderia ser representada segundo o quadro de contiguidades e oposições a seguir

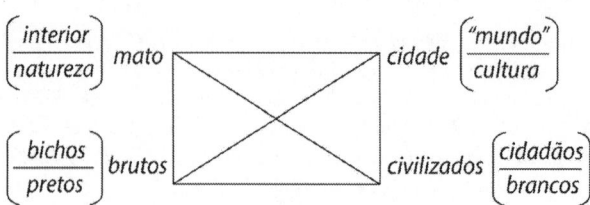

sendo o *mato* (como signo geral do *espaço incultivo*, do *interior*, da *natureza*) o oposto homólogo da *cidade* (monumento da *cultura*, mas, sobretudo, o *espaço do trânsito*, da ligação ao *mundo* não local, exterior), a qual se opõe diametralmente aos *brutos* (isto é, à força recidiva da natureza, encarnada pelos *bichos*, mas também pelos *pretos*), tal como o *mato* se opõe aos *civilizados* (*cidadãos, brancos*, os que fogem ao espectro da natureza em direção à lei, mas principalmente, os intervenientes sobre o espaço, quer se trate de apreendê-lo como *paisagem*, quer como *recurso*). Em linhas gerais, é esse o conjugado em que está contido o repertório das narrativas coloniais, uma vez que quase toda a sua preocupação prende-se com a manutenção da precária estabilidade de cada uma dessas posições e, a um só tempo, com a estabilidade da estrutura como um todo.

Se um aspecto particularmente interessante, e frequentemente notado, com relação às narrativas e aos depoimentos sobre o mundo colonial, de todo tipo, é a sua monotonia, talvez haja aqui uma pista de por que o leitor/o ouvinte ex-cêntrico tende a receber esses discursos com fastio. É que constantemente essa massa de relatos nos chega envolta em um rótulo que confunde guias de viagem, literatura de aventuras, biografia ou história, etnologia, compêndio naturalista, tudo ou quase tudo amalgamado, numa *assemblage*, que evidencia um certo desespero descritivo em que os elementos devem reforçar-se mutuamente. Essa é provavelmente a essência da "literatura" que se diz "colonial". Um livro resume perfeitamente essa tendência. Dedicados em boa medida a Angola, os fragmentos que Henrique Galvão coligiu, em 1941, assentam, nunca sobre um, mas, sobre dois pilares: a compleição das suas descrições envolve *Outras terras, outras gentes*.

* * *

Para que possamos passar a algumas formas específicas desses discursos sobre *"outras terras"* e *"outras gentes"*, gostaríamos apenas de mencionar que a história da conversão do espaço de Angola em *mato* e, ainda mais, a trama da conversão de *perigos* em *possibilidades* a que aludíamos é a história de uma ocupação que, à medida que se cumpre, cria as condições para que o mundo dado previamente à presença alheia seja tomado como antípoda do que a máquina colonial produz. Ao tempo da propalada relação entre o colonialismo afro-asiático e a emergência de Sociedades de Geografia com toda a sua plêiade de sábios – geógrafos, topógrafos, biólogos, geólogos (etnólogos, inclusive) –, os relatos de travessias do *sertão africano* estão prenhes ainda de elementos datados de 200 anos antes, dos dias de Cavazzi. Em muito da literatura de "conquista" dos séculos XIX e XX (uma massa de histórias de marinheiros, miragens de minas de ouro ou loucuras de comerciantes embrenhados rios acima),[15] sem descurar dos intermináveis capítulos de descrição física nas obras dos exploradores, o fantasma do *continente negro* sobreviveu. Não obstante, mais do que a simples cartografia, as contingências da ocupação efetiva produzem cartogramas, representações sobre as incidências de fenômenos no espaço, perfazendo um rastro de terras adquiridas e paisagens vazias. Henrique Capelo e Robert Ivens nos falam ainda de uma bacia do Congo que é *"a mais pestilencial região da África"*, mas o seu testemunho vale por esquadrinhar o Kwanza Norte, o Malange e o Kwanza Sul adentro, até os limites do rio Cuango e até as franjas do planalto. O mesmo vale para os relatos do missionário Charles Dupaquert, cujas *Viagens na Cimbebásia* descortinam o deserto, margeando o Cunene, até que, anos mais tarde, David Martins de Lima contasse a versão portuguesa desse percurso.[16] E há a expedição de Henrique de Carvalho e Sisenando Marques ao *Mwantianvwa*, no que seja talvez a mais completa dessas viagens, desvelando não só a frente leste do país, mas tendo já um olhar para os *usos e costumes*, para além do espaço. Todo esse movimento, entre o último quarto do século XIX e a primeira década do século XX, decorre enquanto Luanda já não é um objeto de dissecação geográfica, mas de recenseamento estatístico, como o que Lopes de Lima coligiu.[17] Dos fragmentos de que tais relatos fizeram a aquisição, armaram-se fronteiras físicas e simbólicas: e eis aí a unidade do que a "nação portuguesa, em excesso" incorporou como "Angola". Mas o resultado dessa aquisição só se completa numa outra unidade: aquela que contempla o *mato* e a *cidade*, duas faces historicamente construídas, em relação, de uma entidade de cariz *econômico*.[18]

---

15   Referimo-nos, por exemplo, aos clássicos *As minas do rei Salomão* (Haggard, 1885), *Lorde Jim* ou o *Coração da Trevas* (Joseph Conrad, 1900; 1902), monumentos do imaginário colonial da passagem dos séculos XIX e XX.

16   Duparquet, C. *Viagem na Cimbebásia*. 1880 [Tradução de Gastão de Sousa Dias, em edição do Museu de Angola: 1953]; Lima, David Martins de. *A campanha dos cuamatos*. 1908.

17   Lima, J. J. Lopes de. *Ensaios sobre a statística das possessões portuguezas*. 1844.

18   O processo de assunção da oposição do *campo* (nesse caso, o *mato*) à *cidade*, em decorrência de formações econômicas e transformações da ordem social cogerminadas ao capitalismo

De fato, é sobretudo o *valor de uso* do espaço o que sobressai nas narrativas coloniais do século XX. Poderíamos mesmo afirmar que o ápice do
período colonial, nas suas breves quatro ou cinco décadas, é para Angola
um "momento de Robinson". Como um mito de antecipação dum indivi-
dualismo contemporâneo e burguês, a célebre personagem de Daniel Defoe
é um homem sozinho (ou pretensamente sozinho, o que é mais importante)
numa *"ilha selvagem"*. Tem todos os motivos para contracenar com a natureza, mas ela lhe é quase antagônica – umas vezes, recurso, e outras tantas,
obstáculo. *Homo economicus* por excelência, Robinson cataloga o espaço,
investiga a natureza, mas a sua diversidade e dimensão importam-no com o
fito de fazê-las outras. A síntese do que pensa sobre a ilha está na sentença
que profere nos primeiros parágrafos que o seu diário dedica à exploração/
ocupação do terreno (não por acaso, termos análogos aos que descrevem os
primeiros movimentos da empresa colonial): *"wild and, for want of cultivation, imperfect"*.[19]

Contra a *"brousse vertida pela fantasia dos viajantes"*, os debates que tiveram lugar no Portugal do Estado Novo esforçaram-se por fazer substituir
um imaginário por uma *"publicidade africanista"*. Quase toda a reportagem
e a literatura de viagens do período, e são estes os gêneros predominantes
no que concerne às representações do espaço, oscilou entre sublinhar um
pitoresco bem ao gosto dos seus leitores metropolitanos e restituir o idílio
americano das *"terras em que se plantando tudo dá"*. Mais enfática do que a
África de sonho (1932), de Maurício Oliveira, as *Terras do nu e do batuque*
(1933), de Antonio de Aragão e Paiva, ou o *Na roda do batuque* (1933), de
Luís Teixeira (títulos que estranhamente falam de *gentes* e não de *terras*)
são os exemplos de romances como *A Conquista do Sertão* (1930), de Guilherme de Ayala Monteiro, *A árvore das macutas* (1934), de Cerqueira de
Azevedo, *O Sol dos Trópicos* (1936), de Henrique Galvão, *Na terra do café*
(1946), de Metzner Leone, ou *Tonga, epopeia do café* (1959), de Antonio
Pires, os quais, sem dissimular a centralidade do valor-mercadoria do espaço, apelaram todos à fantasia da fortuna proveniente da terra. Muito antes

---

moderno, é vigorosamente analisado, quanto às suas representações, em *O campo e a cidade
na história e na literatura* (Williams, 1990. Ver, especialmente, p.11-20; 387-410).

19   Defoe, Daniel. *The life and the adventures of Robinson Crusoe*. [1719], 1919, p.99.

dos diamantes (privilégio, aliás, de um Estado dentro de outro),[20] muito antes do petróleo, foram as miragens do milho, do algodão e do café que serviram à empreitada de atrair portugueses para a confecção de uma *Angola portuguesa*. Enquanto o *mato* foi empurrado para as distâncias do espaço conquistado pela *cidade*, da teologia subsistiu apenas a crença na proficuidade de terras em que se podia achar a *"árvore das patacas"*. E não é um paradoxo que a complexificação social da colônia não tenha feito diminuir a profusão de imagens do espaço físico como o descritor principal daquele universo; afinal, ele persistiu sendo a dimensão mais imediatamente comunicável não só da riqueza, mas também do campo aberto para a encenação propriamente colonial.

Quando a *cidade* definitivamente suplantou o *mato*, a última forma das representações sobre a paisagem dessa Angola colonial conserva ainda um quê de utilitarismo. É o que manifesta alguém como o articulista Fernando Batalha, do Museu de Angola, cuja obstinada campanha de exaltação das qualidades do *"mostruário de África"*,[21] apela ao aproveitamento turístico de Angola compondo, à maneira descrita por Benjamin, um *réquiem* como o dos contadores de histórias que buscam descobrir "uma beleza nova naquilo que é fugidio e se esvai".[22] E, para além disso, o mato é apenas refúgio de *sertanejos velhos*, também enredados nas fantasias de um passado que a paisagem retém (com exceção, talvez, depois dos anos 1960, dos discursos em que o *mato* é o inferno real em que se trava a guerra; o que, contudo, é uma outra história). Fosse como fosse, o desfecho da trama colonial igualou os sentidos do espaço à sua *posse*. Mesmo o marulho cheio de saudade com que os antigos sujeitos radicados em Angola lembram as maravilhas naturais daquelas terras fala de uma *"vida deixada"*[23] – como se de *bens perdidos* se tratasse (e, no fundo, a própria ideia da diáspora que às vezes se lhes apli-

---

20   "O Estado dentro do Estado" foi a definição com que o deputado Cancela de Abreu resumiu a situação da Diamang e do seu controle sobre a região das Lundas, em discurso proferido em 1958. Para uma abordagem mais detalhada sobre o peculiar tipo de relação colonial que decorre no caso em tela, veja-se: Porto, N., 2007, p.125-142.

21   Batalha, F. "Angola Turística." In: *Boletim do Instituto de Angola*. Ano I, n.2, Out.-Dez., 1953, p.45-48.

22   Benjamin, 1980, p.59.

23   Veja-se, por exemplo, um livro relativamente recente, "*Angola, terra prometida*. A vida que os portugueses deixaram." (Fonseca, A. S., 2009), e a farta quantidade de memórias de perdas que ele contém.

ca evoca essa metáfora de uma *"terra prometida"* e abandonada). A seguir, o que pretendemos é oferecer minúcias desse mundo "desaparecido": primeiro, observando a correlação entre a diversidade da geografia angolana e a diversidade de experiências coloniais que nela estão radicadas; depois, tentando compreender em que medida visões da relação entre homens e animais descrevem elementos das relações entre os homens; e, finalmente, avançando a hipótese de que as relações com o espaço tenham consistido em laboratório das dimensões de *controle* e de *posse*, a que tantas vezes se reduz o fenômeno colonial.

2.1 Planaltos, chanas e deserto.... & o inimigo mato

Da enorme variedade de narrativas que abordam a matéria em questão, poderíamos extrair incontáveis estratégias para prosseguir essa apresentação das visões coloniais do espaço de Angola. A mais simples, sem dúvida, seria persistir explorando o viés classificatório presente neste tipo de documento antigo que é a *Istorica descrizione* de Cavazzi. De fato, a forte impressão gerada a cada descoberta de uma *nova espécie* de planta, fruto ou animal, o impacto da observação de tipos substancialmente diferentes de acidentes geográficos, biomas e ecossistemas, de uma natureza que se tomava como *riqueza oculta*, foi um dado recorrente nas descrições legadas pelos mais variados sujeitos que travaram contato com as terras angolanas (até mesmo para aqueles cujo contato ficou limitado a um ou dois pares de anos). E, se de um lado, instituições como a Junta de Investigações do Ultramar, o Instituto de Investigação Científica de Angola ou a Diamang (aquelas, malgrado a limitação das condições em que se desenvolveu o saber colonial português; esta, contando com um maior volume de recursos e, sobretudo, de colaboradores estrangeiros)[24] tentaram fazer subsistir o interesse profissional pelas *classificações* do espaço angolano, o caso é que, de outro lado, o enorme manancial de narrativas e memórias coloniais, principalmente no gênero dos *relatos de viagens*, está repleto de imagens de *paisagens* pujantes e de uma *natureza* cuja contemplação é inolvidável.

---

24 *Cf.* o número de colaboradores estrangeiros que publicaram trabalhos na coleção de "Subsídios" para a Etnologia, Botânica, Geologia das Lundas, produzida pela Diamang entre 1956 e 1969. Ver, ainda: Porto, 2007, p.125-142.

Mas façamos duas observações preliminares; uma metodológica e outra, digamos, de caráter histórico-etnográfico. *Espaço, paisagem, natureza, meio físico* – até aqui, seguindo a sugestão de alguns dos documentos que temos citado, utilizamos esses termos duma maneira equívoca. De modo a evitar as implicações que isto possa trazer, consideremos que há mesmo uma ambiguidade nestes usos, embora, sob o ponto de vista dos campos de saber que geralmente delas se servem, há algum consenso sobre certas diferenças entre estas palavras. *Paisagem* refere-se geralmente a uma experiência sensível, ao fato empírico da aquisição, corporal, de um entorno, de um *meio físico* dado e enquadrado pela própria incorporação. *Espaço*, por contraste, é definido, de hábito, como sendo o complexo que envolve a *natureza* naturante e naturada (mudada), o meio e a cumulação, temporal, de ações que nele se desenvolvem.[25] Isto, é óbvio, tratando-se apenas de uma redução de tão vasto e complicado debate. O bastante, contudo, para que deixemos de lado o problema das *classificações*. A botânica ou a zoologia, as geologias e geografias todas não são o nosso *métier*. E o trato que tais conceitos recebem nestas disciplinas é de todo modo distinto daquele com que a antropologia olha para eles, quer busque compreender a construção cultural, sistêmica e/ou simbólica, da paisagem, quer se ocupe das dimensões e da interação socioecológica do espaço.[26] Em lugar de aceitar fazer uma discussão para a qual não temos meios, também não seria de todo apropriado adentrar outro terreno percorrido pelas "antropologias da paisagem/do espaço" – não nos tocam, por exemplo, as reflexões sobre espaço/paisagem e cognição, orientações e concepções culturais acerca do espaço e só tangencialmente a nossa questão relaciona percepções de natureza e cultura com uma forma de definição ou pertencimento identitário. Dessa forma, nossa estratégia consistirá em recuperar esta terminologia êmica – a *terra*, as *outras terras* –, tantas vezes utilizada nas narrativas que analisamos para se referir às diferentes dimensões e conceitos citados, dela extraindo o que realmente oferece: uma descrição, uma transposição, uma ecfrase... um discurso sobre o *visto*.

Dito isso, há que considerar que a menção anterior à ecfrase não é aleatória. Dentro do quadro de algo que se pode chamar uma tradição ociden-

---

25   Ver Cosgrove, 1984, p.45-62 e os verbetes do *The Dictionary of Human Geographic* (Johnston, et al., 2000); em especial, *landscape* (p.429-431) e os relacionados ao termo *space* (p.644-647; p.768-775; p.834-836, dentre outros).

26   Rösseler. *In:* Bollig & Bubenzer, 2008, p.297-298.

tal, a própria origem da ideia e expressão *paisagem* está ligada à pintura, designando nomeadamente um modo e uma experiência particular de *ver/ perceber* a paisagem. É esse o sentido que uma arte descritiva dos séculos XVI a XVII deu à palavra, como, por exemplo, no alemão *Landschaft* ou no holandês *landschap*. Por extensão desse sentido é que paisagem passa a designar "o envolvimento das pessoas com a *terra* que, ao longo do tempo, gera um '*sentido de lugar*' para elas".[27] E não é estranho que, para muito de nós, a ideia dum lugar particularmente *belo* ou *interessante*, logo, uma *paisagem*, evoque quase automaticamente sua conversão em imagem; hoje, talvez, numa *fotografia*. Tão interessante quanto este primeiro dado é o que nele está contido: que se associe paisagem e envolvimento pessoal (criando, obviamente, um senso de *espaço*) e, principalmente, paisagem e beleza (algo presente na própria noção de um lugar que vale a pena ser fixado). É evidente que nem todas as pessoas compartilham essa acepção, diga-se, estética. Como demonstraram Appleton e outros, não há um denominador comum, uma teoria ou um senso prático compartilhado que determine essa vinculação entre paisagem e beleza; e, na verdade, em muito lugares as pessoas podem simplesmente não ver nenhuma beleza na paisagem. Esse laço, que responde à questão "*por que pensamos na paisagem como lugar aprazível?*" é, no fim das contas, um construto cultural.[28] E não impune-mente esse lugar aprazível aparece quase sempre na forma de um aciden-te natural (uma praia, uma montanha etc.), raramente, uma cidade vista com a distância prudente duma grande angular, estabelecendo uma franca oposição ao urbano e, *mutatis mutantis*, à Cultura. *Pitoresco*, um adjetivo que veio a ser sinônimo de *exótico*, é uma palavra muito esclarecedora da questão.[29] Neologismo do século XVIII, ela designava, primeiramente, "ver como uma pintura" (*fr.*, *pittoresques*; *ing.*, *picturesque*), aplicando-se à natureza, à terra. Da ideia de que nos relatos de viagem, à maneira dos antigos viajantes, viam-se as coisas "como nos quadros", e da clara acepção de "tornar familiar" que havia nesse sentido primeiro, temos que o tipo de representação da paisagem a que vimos nos referindo envolve ecfrase, visualização, tanto quanto tradução. Com efeito, são estes os termos bá-sicos da matéria, do mesmo modo que o *exotismo*, e a apreensão das *terras*

27   Waterson, 1997, p.63.
28   *Cf*. Appleton, 1975.
29   Casid, 2005, p.45ss.

outros como *pitorescas*, são as atitudes referenciais na constituição histórica da compreensão cultural da *paisagem* pelos sujeitos europeus; um processo que dificilmente esclareceríamos melhor do que o fez Edward Said em *Cultura e Imperialismo*.[30]

Reaproximando-nos do nosso objeto, citemos o trecho final de *Outras terras, outras gentes*, de Henrique Galvão, a fim de examinarmos, precisamente, a consciência que ele demonstra quanto ao seu papel, *imperialista*, de ilustrador e de tradutor das peculiaridades das lonjuras de um Império que a descrição quer aproximar:

> Apesar da extensão e da variedade do percurso, apesar ainda das centenas de páginas que precisei para a contar superficialmente, tinha que reconhecer que podia viajar mais cinquenta ou cem mil quilômetros, por outros caminhos e terras diferentes, em contato com outras gentes, e não teria, mesmo assim, esgotado o assunto e a variedade angolanas.
>
> Tinha-me ficado ainda fora do itinerário florestas sem fim, montanhas majestosas, quedas d'água deslumbrantes, povos curiosos, assunto para mais quatro, seis ou oito volumes.
>
> Em compensação *julgava ter reunido no que vi, e agora mostro de fugida, todos os traços fisionômicos da colônia*, os bastantes pelo menos para formar as linhas da sua fisionomia total, *vista sob o ângulo em que se colocam os viajantes que mais cuidam de ver do que de estudar.*[31]

"*Ver mais do que estudar*", "*reunir o visto*" e "*mostrá-lo, de modo fugidio*", ainda que, no caso de Galvão, como veremos, a "*variedade*" seja uma mesmice.[32] Consideradas as observações anteriores e tendo em conta o tipo de retrato que esse e outros autores forneceram, o que se segue é só uma tentativa: reunir quatro "quadros" angolanos – o planalto, o deserto, a savana e essa entidade um tanto indefinida, o mato –, e a partir deles alinhavar quatro fragmentos, quatro hipóteses, que, como tentaremos demonstrar,

---

30   Said, 1995, em especial p.33-46. *Cf.* ainda Said. *In*: Mitchell, 2002, p.241-260.

31   Galvão, H. *Outras terras, outras gentes*. 1941, p.625. [grifos nossos].

32   Como ressalta Thomaz, p.2002, p.188-190, embora "trata-se de terras e gentes exóticas", o exotismo, na perspectiva de Galvão, "não constitui uma alteridade radical: antes temos uma mesmice que se anuncia em todos os lugares". Uma mesmice, é claro, "lusitana". Discutiremos este aspecto mais detalhadamente adiante.

definem a própria forma das representações das *"terras"* de Angola que as narrativas coloniais portuguesas produziram.

(I) As outras terras nunca são exatamente outras

Angola é um país de elevações médias, com 1.600 km de costa e zonas interiores entre os 1.000 e os 2.000 m. Um traço marcante da sua *fisionomia*, como queria Galvão, não somente do ponto de vista natural, mas também sociológico, é o largo Planalto, que ocupa uma grande parte da região central do país. Distribuído, principalmente, entre as províncias de Benguela, Huambo, Bié e Huíla, o *Nano*, como lhe chamam os *herero* e as gentes do sul, possui extensas terras planas e cadeias montanhosas, contando com algumas das paisagens mais célebres de Angola, como as Serras da Chela e da Leba ou a grande Fenda da Tundavala, donde se tem um impressionante miradouro das planuras e das escarpes planálticas. No planalto está concentrada a maioria dos grupos *ovimbundo*, os mais numerosos do país, e quase metade da população rural de Angola; esse "excedente" demográfico tem sido, historicamente, um dado determinante da vida e da mobilidade das gentes angolanas. Sem adiantar mais informações, passemos a um exemplo que é definitivo para se compreender o espírito com que se descreveu o Planalto na narrativa colonial. Trata-se do relato de um "estrangeiro", o inglês Alexander Barns, que percorreu a região no final dos anos 1920. Notemos que sua primeira observação é a seguinte: *"Angola has a decided personality that is bound to assert itself and which every visitor to her shores will at once recognize"*. E, no entanto:

> The coastal ramparts of the Chella Mountains in the neighbourhood of the thriving colony of Lubango at the head of the Mossamedes Railway are imposing and beautiful, reminding one almost of parts of Switzerland. [...]
>
> The Central Plateau, which rises from the coast in a series of broad terraces, forms the core of the country, and is in some respects a most remarkable region. It has a mean elevation of about 5000 feet, and from it, flowing to all points of the compass, a group of beautiful rivers – the Cuanza, the Cunene, the Cubango, and their thousand affluents – some going by devious courses into the Atlantic, whilst others find their way to the Indian Ocean by the great

waterway of the Zambezi. The Portuguese describe it in their geographical terminology as the "breast" of the country, and over it the cool ozone-laden breezes sweep up from the Southern Atlantic, depositing an unfailing supply of rain over a land generous beyond all others in Africa with perennial rivers and bubbling springs. [...]

Humpata may be described as a semi'alpine, moorland country with an elevation of about 6000 to 7000 feet. It is beautifully watered and closely settled. Dotted here and there across the open landscape are small and picturesque homesteads with red-tiled roofs and patches of wheat and forage plants and orange orchards nestling about them.[33]

O "peito" (coração) do país "lembra a Suíça"; em essência, é esse o traço que mais chama a atenção de Barns e de quantos outros ofereceram descrições desse tipo. É evidente que um relato como esse comporta mais do que paisagem – é de notar, por exemplo, que, sendo um inglês, Barns veja como "pitorescas" as pequenas herdades de telhados vermelhos na Humpata, que portugueses como Galvão considerariam tipisíssimas, – tanto quanto é evidente que a abundância das águas ou a fresca brisa que sopra sobre o planalto, vinda da corrente de Benguela, são aspectos da região e, como tais, participariam de todo tipo de descrições físicas da mesma. Contudo, se a representação da terra é um ato de ver e um ato de traduzir, ela implica, necessariamente, selecionar; focando o visto e optando por análogos. No caso do Planalto, talvez não seja a Suíça, mas também não o são a vegetação, os animais e qualquer outro elemento – as descrições coloniais, via de regra, elegeram como cerne da apreensão daquelas terra o clima, o clima, o clima e, finalmente, a grande quantidade de terras aproveitáveis em um lugar de tão bom clima – "the cool ozone-laden breezes".

Houve muito entusiasmo nessas descrições do planalto, a partir dos anos 1920; na razão direta em que crescia o consenso em torno da colonização demográfica de Angola e em que quase todos os publicistas coloniais da metrópole consideravam necessário dirimir a imagem das febres e dos abcessos do estômago, do degredo e das costas africanas em que se perdia a vida. No planalto, estavam as terras em que "*a fixação das famílias europeias*

---

33   Barns, T. A. "In Portuguese West Africa: Angola and the Isles of the Guinea Gulf." In: *The Geographic Journal*, v.72, n.1, Jul., 1928, p.18, 19; 24.

se pode fazer por séculos, sem necessidade de virem à Europa", por contraste a quase todo o restante território – em que *"as famílias europeias se não devem fixar por muito tempo"*, em que o europeu *"só pode viver com saúde até 3 a 4 anos seguidos"* e em que *"o branco só pode mandar o preto cultivar a terra"*.[34] Toda uma ciência imperial procura dar o seu contributo à tese, apresentada por cel. Carlos Roma Machado, no Congresso de Geografia da Holanda, em 1938, segundo a qual para a fixação do colono, sem que este *"se estiole, é necessário que as condições climatéricas, metereológicas e nosológicas sejam pouco diferentes das do seu país primitivo"*.[35] E foi essa identificação, esse *"ar salubre das terras do alto"*, que fez a fama de locais como o Bimbe e a Caala, o Lepi e a Chibia, as Serras do Pundo e do Huche, que fez, afinal, do Lubango, da antiga Sá da Bandeira, uma espécie de "capital branca" do país e do Huambo, Nova Lisboa, a capital que foi, sem jamais ter sido. Consequentemente, é até possível que se encontre, mas, com toda franqueza, não conhecemos registros em que o planalto central, especificamente, tenha sido desdenhado por suas qualidades naturais: pois, como desdenhar, em *outras terras*, a símile da própria?

No deslocamento pelo Caminho de Ferro de Mossâmedes, numa cena a que aludimos antes, Maria Archer revê-se no Algarve, quando os seus *"olhos espraiavam-se sobre planos de terras afastadas, porque o horizonte se alargava pela contínua ascensão ao planalto, onde já se ultrapassavam os 1.500 metros de altitude"*, e os sentidos lhe dizem da paisagem que é *"bom, saudável, o ar estimulante, o frio que afasta a apatia amodorrada na planície tropical"*.[36] Da Serra da Leba, onde em fins do período colonial ergueu-se uma estrada realmente exuberante (que se tornou mundialmente famosa numa foto noturna da National Geographic), antigos coloniais lembram-se *"dos folhos rendados da saia da rainha das serras"*, dos campos, lembram-se dos *"cosmos, essas flores espontâneas que pintavam de muitas cores os terrenos vazios, branco, vermelho, amarelo, roxo, cor-de-rosa"*, das estradas na Huíla, do corredor das *"plantações de eucalipto entre florestas*

---

34 Machado, C. R. "Os melhores locais de Angola e Moçambique para a vida das famílias portuguesas." *In*: *BSGL*. 56ª série, n.9-10, Set.-Out., 1938, p.389; 391.

35 Idem, ibidem, p.380.

36 Archer, M. *Singularidades dum país distante*. Cadernos coloniais, n.11. 1939, p.12.

espontâneas".[37] Diante de um quadro descrito, de hábito, por um sentimento de "vulnerabilidade", como o do *"branco isolado no mato"*, a imagem das terras altas de Angola oferecia a ideia de um senso de "estabilidade". Mais do que qualquer outro aspecto da paisagem, essa seleção *bucólica* de visões do planalto parece prender-se a uma experiência de *lugar, lugar no mundo*, como se aproximando-o às serranias europeias aos *coloniais* fossem dadas a fantasia e a esperança da perenidade da sua "passagem para África".[38] Quando Henrique Galvão define, num romance, a *"Humpata"* como *"o mais português de todos os povoados de Angola"*, *"risonha no seu ar de derriçar por entre árvores de frutos, asseada, fresca, alegre"*,[39] para depois dizer o mesmo da *"Gabela"*, na serra que lhe é própria, às franjas do planalto, *"o centro de um pequeno país que tem a alma de todas as nossas coisas"*[40] (e é tudo portuguesíssimo para o perfeito colonial), essas são referências a um tipo de "transplante" da metrópole feito da emulação de tradições, da imaginação de "usos e costumes", da possibilidade de recriar, materialmente, com sinais visíveis, a nação. E entretanto, essa forma de descrever o planalto, construindo o seu *pitoresco* do inusitado de que o *distante*, e presumidamente *diferente*, seja percebido como *idêntico*, apresenta mais do que isso. Ela diz que, para além do fato do processo de extensão da nação que o "paisagismo imperial" exige ser de natureza simbólica, o jogo de retratar, traduzindo, em que ele consiste, é um jogo de comparações (um sentido em que, talvez, a etnografia possa perigosamente se resumir a um "paisagismo humano"). A obsessão de analogias que estava presente em Cavazzi, por exemplo, e que persistiu nas representações do *mato* é um indicativo da validade da hipótese. E é possível que seja este o sentido último das relações entre a América das descobertas e o Éden, uma fantasia que as iluminuras cristãs tornaram acessível, logo comparável a uma verdade descrita de modo fantasioso. Do ponto de vista da paisagem, "as outras terras nunca são exatamente outras".

---

37   Depoimentos de Célia Cunha, em 13 de junho de 2010, e Inácio Rebelo de Andrade, em 14 de abril de 2009.

38   Servimo-nos propositadamente do título do livro de Cláudia Castelo (2007), porque a ideia de uma "terra colonizável/ocupável" é mesmo o traço dominante das representações sobre o planalto no discurso colonial português.

39   Galvão, H. *O Velo de Oiro*. 1933, p.30.

40   Idem. *Outras terras, outras gentes*. 1941.

Para encerrar, digamos apenas que a "proximidade suíça" das visões sobre o planalto central angolano permitiram um outro tipo de aproximação, marcada pela frequência com que, à maneira das descrições das cidades, a paisagem ali podia residir no espaço transformado. Falando pela *Voz do Planalto*, num dos incontáveis artigos em que huambinos defendiam a Nova Lisboa em *"que fica bem, indiscutivelmente, a futura capital de Angola"*, Norberto Gonzaga sintetiza essa ideia de uma terra definida pelas qualidades *"naturais"* propiciadoras, tanto quanto pelo *"trabalho"* que nela está empregado. Dessa perspectiva, o planalto é região *"magnífica, [...] dos grandes rios e das altas montanhas, de clima salubre [...], de sedutoras paisagens turísticas"*, mas, sobretudo, por ser cenário de *"colonização intensiva e ponto estratégico e de labuta pacífica."* [o artigo, aliás, faz um jogo de palavras, que não deixa de ter graça, ao afirmar, do norte do país: *"ali atinge-se facilmente o céu, por exemplo*, a riqueza proveniente das monoculturas; ao passo que, do planalto, afirma: *"o nosso fica muito mais elevado"*, não pela elevação física, mas pelas aspirações].[41] Exemplo mais consistente é o do romance *O Sol dos Trópicos* (1936), de Henrique Galvão: espécie de *Bildungsroman* do rapazola português que, na firme decisão de morrer, embarca para uma África que de fato encontrará, no *mato*, até que se faça o seu percurso de aprendizado, de crescimento, como homem (e, evidentemente, como português), e ele enfim inicie a vida ao pé de uma fazenda no planalto. No percurso, o mato é o espaço liminar, a condição *betwixt and between* do protagonista de Galvão, o lugar de provação; o seu destino, é um só – o trabalho, a família, a fazenda; o preceptor, o planalto, a Serra da Chela. Se, do ponto de vista de Galvão e outros quantos coloniais, o exotismo e a distância eram atributos superficiais, porque a história e a *"escolha"* faziam de Angola uma terra *"espiritualmente portuguesa"*, foi essa paisagem, a do planalto, a que mais frequentemente se prestou à idealização de um mundo dado *"à continuação da existência rural e dos costumes tradicionais portugueses"*.[42]

---

41 Gonzaga, N. "No solar dos grandes rios." *In: A Voz do Planalto.* Ano VII, n.321, 14 de Jan., 1939, p.1; 9.

42 Dias, G. de S. "Carta a uma senhora..." *In: Seara Nova.* Ano VIII, n.107, 5 de Mai., 1928, p.429-430.

(II) A TERRA É UMA CONSTRUÇÃO SENSÍVEL, EMOCIONAL

Das *highlands* africanas, como do planalto angolano, provêm histórias de arraigado apego à paisagem conquistada. *The Flame Trees of Thika*, de Elspeth Grant Huxley, é uma delas. Escrito em 1959, o livro[43] narra os dias de Elspeth, desde o *trekking* dos pais até Thika, no Quênia, até a implantação da sua fazenda, seu amadurecimento, casamento, as descobertas do espaço e dos *africanos* no *seu* espaço, pontuado de todas as experiências sensíveis, concomitantes ao aprendizado social, que, à maneira de *madeleines*, mais que esperadamente acompanham o relato, cujo subtítulo é *"memories of an African childhood"*. Dentre passagens realmente instigantes, algumas saltam aos olhos pela sinceridade. Uma das que mais nos impressionam é aquela em que Alec Wilson, colono, cultivador de café, como a família de Elspeth, como Karen Blixen, todos esses personagens de uma África que o cinema consagrou (na única representação que, talvez, escape ao binômio de *exotismo* e *miséria/ausência de Estado*, no que concerne às "imagens africanas"), confronta, enfim, essa jovem narradora com uma verdade sobre o seu lugar no mundo colonial. *"I didn't come to civilize anyone"*, ele diz, *"I came to escape from the slavery one has at home if one doesn't inherit anything. I mean to make a fortune if I can. Then I shall go home and spend it. If that helps to civilize anyone I shall be delighted, but surprised."*[44] E, no entanto, quem sabe se justamente por isso, o traço mais imediatamente visível de histórias como estas é que elas sempre, ou quase sempre, expõem uma considerável *joie de vivre*, a sensação de uma vastidão, percebida no espaço, que reingressa nessas descrições como uma ampla e excitante vastidão de possibilidades pessoais – ou, como dissera Nadine Gordimer, deste mesmo livro de Huxley, estes são relatos *"about something it is good to hear and valuable to have on record – the happiness and joy of a life that was, essentially, of Africa"*.[45]

Como dissemos, há muitas dessas histórias de "vida" e "apego à terra" também com relação a Angola, vindas não só do planalto, mas um pouco

---

43   Adaptado para uma série de TV, em 1981 (*The Flame Trees of Thika*, UK, Euston Films, Thames Television, 7 ep., 50', dir. de Roy Ward Baker), com Holly Aird no papel de Elspeth.

44   Huxley, E. [1959]. *The Flame Trees of Thika*. 1987, p.125.

45   Gordimer, N. *"The Flame Trees of Thika, by Elspeth Huxley. Review." In: The New York Times Book Review*. 13 de Set., 1959, [s./p.].

de todo canto. Geralmente, elas se prendem à descrição das paisagens, dos espaços angolanos, pela tradução, sim, e logo, por escolhas, mas, no caso, por elegerem certas insígnias do que, remetendo à *terra*, reconta a *vida*. Dispositivos de memória, poderíamos chamar-lhes – de que destacaríamos, como exemplos, as famosas *"acácias rubras"* de Benguela, porque temos a impressão de que um sujeito que verdadeiramente tenha por lá vivido sempre demarca o tempo das suas histórias pela florada das acácias. *Farmers*, como eram os Huxley, elegeriam talvez alguma imagem de suas "culturas". Os do Uíge, de Malange, da Baixa do Cassanje afora devem recordar os dias mudando em "rosa-chá, verde e vermelho", à medida que as flores se tornavam frutos do café maduro na *"paisagem que se estendia a perder de vista"*, onde se *"aspirava, voluptuosamente, o perfume inebriante das flores do arbusto"*.[46] Para outros, eram as pilhas imensas de algodão branco, colhido, que *"pareciam neve sobre a terra"*. Nos lados do Kwanza Sul, em Quibala, no Catofe, Seles, pela Gabela adentro, era o açúcar, as mãos espalmadas do canavial a se erguer e cortar, o cheiro do açúcar eram as *"notas nostálgicas da sinfonia dos açorianos que viveram em Angola"*.[47] Poderíamos multiplicar, indefinidamente, exemplos desses signos de identificação com a localidade, acabando sempre por encontrar uma ideia de "ligação profunda", "vínculo", "pertença", que se encaminha, na bela síntese de Guilhermina de Azeredo, para a imagem de *"uma atmosfera branda como um narcótico, a ponto de nos fazer esquecer a realidade [...] tudo quanto perdemos e fomos no mundo civilizado"*, pois *"o colono, ao beber pela primeira vez água africana, toma o feitiço do Continente"*[48] [advertência que encontramos outras vezes, numa versão menos literária, qualquer coisa como – *"quem bebe água do Bengo não esquece mais Angola"*].[49] Essas são imagens sem entorno. Não é que se esforcem por eludir as coisas. Como o comentário da Nadine Gordimer transcrito anteriormente parece querer enfatizar, essas imagens não dizem nada

---

46   Azevedo, J. M. Cerqueira de. *A árvore das macutas*. 1934. [Transcrito do excerto: "Os cafeeiros do Amboim." In: *A Província de Angola*. Suplemento de Domingo. Ano II, n.48, 21 de Mar., 1937, p.5].

47   Comentário à foto de Ana Quaresma, no sítio *Sanzalangola* (http://www.sanzalangola.com/galeria/albun60/Cedida_por_Ana_Quaresma_7), acessado em 1º de Ago., 2008).

48   Azeredo, G. de. "Ah! Meu amigo, meu amigo! Nós éramos tão novos e tão cheios de ilusões!" In: *O Mundo Português*. Ano XI, n.123, Mar., 1944, p.107.

49   *Cf.* os comentários à foto de Rui Ribeiro, disponibilizada no sítio *Sanzalangola* (http://www.sanzalangola.com/galeria/albun60/Bengo), acessado em 9 de Mai., 2010).

de política, não falam da massa de trabalhadores negros, catana à mão, pagamento de *"pano ruim, 50 angolares, porrada se refilares"*,[50] os contratados que lidavam com o café, com o algodão e com o açúcar que aí aparecem; essa imagens não falam de *"cotações"*, nem do *"Terreiro do Paço"*. Elas falam de uma *construção afetiva do senso de lugar*. E quanto a esse aspecto, que por ora é o que nos interessa, digamos que pouca gente parece mais ufana, mais identificada com o seu próprio sentimento de "pertença", do que os *coloniais* que viveram no extremo sul de Angola. Dessa gente do Namibe, de Mossâmedes, a *"Sintra de África"*, como dizia a revista *O Sul de Angola*, no aniversário da cidade,[51] provêm muitos retratos interessantes, mais um que nos parece particularmente revelador: a especial relação construída em torno a uma paisagem aparentemente insólita – o *deserto*.

O deserto, em Angola, é o Deserto do Namibe (embora o Kalahari prolongue até as terras do Cunene a sua influência, confundindo-se os dois por aquelas paragens). O Namibe é um imenso plano, areal numas partes, terra ácida e árida noutras, estendido entre Angola e a Namíbia; o mais antigo deserto do mundo [em condições áridas ou semiáridas há pelo menos 55 milhões de anos] e, para muitos, o mais inóspito. São cerca de 80.900 km², 1.600 km ao longo do oceano e 50 a 180 km de largura leste-oeste, menos de 1 cm de chuva/ano, uma escassa vegetação, incluída a célebre *welwitschia mirabilis*, que dizem ter 70 milhões de anos e ter sido comida de dinossauros, a cobra-do-deserto, venenosíssima, a famosa Duna 7, de 383 m em média, a maior do mundo, além de temperaturas infernais e uma das menores densidades demográficas do mundo. Em *nama* (*khoe* ou *khoekhoegowab*), *namib*, a palavra que deu nome ao lugar, significa *"vastidão"*, *"imensidão"*, *"lugar sem gente"*. Do deserto sabem os pastores *Tji-Herero* que o circundam e a população não banto que é das poucas que lá vivem, *va-Twa, Kwadi, Kwepe*. Para os lados de Tombwa, Porto Alexandre de outros tempos, o deserto vai seguindo o areal do mar e entra na Namíbia numa região conhecida por Costa dos Esqueletos, assim batizada por ser a perfeita definição da *"África em que se morre"*. O Cunene o perpassa, desaparece nas dunas e reaparece, meio sem que se saiba como, para fazer a sua foz onde o deserto é mesmo praia. O resto é miragem.

---

50   Versos extraídos do poema *"Monangambé"*, de Antonio Jacinto (*In: Poemas*. 1961).
51   Trindade, J. "Os que vivem longe." *In: O Sul de Angola*. Ano XIII. [s/n], 4 de Ago., 1945, p.1.

Para a gente que viveu no Sul colonial, o deserto era mais. Era uma metáfora para a pertinácia com que geralmente descrevem a própria vida. E depois era qualquer coisa de indizível. Feita de detalhes, de cotidianos, do que é menor, do trancar *"as portas e as janelas e permanecer dentro de casa, onde a temperatura se tornava fresca e agradável"*, quando soprava o vento Leste, *"vento peste"*,[52] e a brusca variação de temperaturas passava além dos 40°C, essa memória consubstancia a moral do *"esforço"*, da *"vida dura"*, presente em tantos relatos coloniais e perfeitamente resumida na forma com que se chamavam as cidades do Sul: *cidades-coragem*. O seu rol de signos é um emaranhado de alegorias da precariedade tornada obstinação; a *welwitschia mirabilis*, *"a materialização da própria sede, nascida na areia escaldante do deserto e abrindo, como súplica dolorosa, as longas folhas metálicas para a luz"*, esse *"aborto vegetal"*, que o curador do *Royal Botanic Gardens* da Grã-Bretanha afirmou ser *"sem sombra de dúvida a planta mais maravilhosa e também mais feia que jamais trouxeram a este país"*,[53] era a sua máxima expressão. Num cenário em que o mesmo vento quente, que provém do interior, transporta transtorno e alimento, restos de plantas e insetos, que dão sustento à fauna pequena do deserto, porque ali *"o vento é vida"*, proliferam discursos acerca da ideia de *superação*. Remontam ao período da chegada dos primeiros madeirenses, vindos de Pernambuco, a bordo do *Tentativa Feliz*, no final do século XIX, histórias que todo mossamedense sabe contar, e transbordam em imagens de *trabalho* e de *aventura*, de *fartura* e *escassez* – *"se há peixes, toca a construir edifícios em Mossâmedes, se não há, as coisas se complicam"*,[54] era o que se dizia pelos idos dos anos 1950.

E em qualquer das circunstâncias, a *paisagem* é um dado *exaltado*. Da faina das pescas, mais se encontram imagens da *"fímbria do deserto"*, da

---

52 Depoimento de Aida Saiago sobre o Namibe, publicado na sua página pessoal (http://www. angola-saiago.net /deserto.html), acessada em out., 2008, p.2 de 8).

53 A frase atribuída ao *Regius Keeper* do *Royal Botanic Garden* de Kew, John Smith, é lembrada em diversos lugares, com pouca credibilidade, mas consta do artigo de Morais, A. T."Porque é notável a welwitschia mirabilis?" *In: Boletim do Instituto de Angola*. Ano VI, n.11, 1958, p.53-66; e é ratificada pelo botânico Cooper-Driver, 1994, p.2-10. A descrição da planta, anterior, é, segundo as mesmas fontes, o relato que consta do diário do seu descobridor, o botânico de origem austríaca Friedrich Welwitsch (cujo nome batizou cientificamente o vegetal, chamado, localmente, *tumbo*).

54 Ver Pereira, M. "Moçâmedes, cidade-coragem." *In: Flama*. Ano XXX, n.1361, 5 de Abr., 1974. [s./p.].

"*foz do Cunene, onde a manga de areia da Baía dos Tigres, com cerca de 35 km de comprimento, é uma das maiores do mundo*", como o é a Baía, "*que ela separa do oceano encapelado*" e, "*ciclicamente, se separa do continente e transforma-se numa ilha, avistando-se ao longe o casario*".[55] Afora o deserto pelas costas, visto a contrapelo do oceano, a pesca é a "Festa do Mar" de todos os anos. Como para a paisagem estão voltadas essas imagens do *trabalho*, assim também as da *aventura*. Porque o deserto é ainda a caça, é o Parque Nacional do Iona, encravado e disperso bem pelo seu meio, onde a diversão de uns quantos foi matarem manadas de órix, cabras de leque e rinocerontes. Boa parte das aventuras de caça narradas pelos coloniais de Angola passou por essas terras. De aventuras é ainda um relato inusitado, que encontramos no livro de Antonio Videira, *Talvez... quatro dias a sede no deserto do Kalahari* (1941), em que o conhecido jornalista e advogado de Luanda, também aeroclubista afamado, conta as desventuras da queda do seu *Talvez*, o pequeno avião em que cruzava Angola. Embora todo o entrecho gire em torno à biografia desse autor, e à própria aviação e às relações que ela lhe proporcionou, um dado nada desprezível é que, à maneira dos velhos marinheiros naufragados na *Skeleton Coast*, a paisagem seja um personagem da narrativa, produzido pela terrível dúvida sobre a dimensão dos obstáculos (seria pior a sorte de ter caído ou de ter caído justamente naquelas paragens?), mas, ao mesmo tempo, pela descoberta do "*consolo maternal da terra*"[56] (mesmo em se tratando de uma tal terra). Conclusivamente, o que nos interessa demonstrar é que a improbabilidade do ambiente não obscureceu uma apreensão em que sobressai uma conotação positiva desse "*lugar sem gente*". Por ela, exercitava-se uma noção de *controle/domínio/conhecimento* do espaço adverso, que, no fim das contas, era o foco virtual da lógica da *superação*, mas, antes de tudo, introjetava-se um senso de *integração*, que era a forma pela qual se exprimia a *alegria* de uma *vida*, como diz Gordimer, *que foi essencialmente da África*. As belas palavras de Aida Saiago, ao relatar a sua introdução ao deserto, pelas mãos do pai, o resumem:

---

55   Depoimento de Aida Saiago sobre o Namibe, publicado na sua página pessoal (http://www.angola-saiago.net /deserto.html), acessado em Out., 2008, p.5 de 8.

56   Videira, A. *Talvez... quatro dias a sede no deserto do Kalahari*. 1941 [Transcrito de: "Terra." In: *A Província de Angola*. Suplemento de Domingo. Ano III, n.134, 27 de Nov., 1938, p.5].

Mas o meu Pai ensinou-me a gostar, a compreender, a respeitar o deserto. Ele, sim, tratava-o por tu. [...] Conhecedor do deserto, sabia das suas transformações repentinas. Depois de uma chuvada, ele convidava a Mãe Lola para ir até lá: o deserto, cuja tonalidade na véspera era quase uma só, tinha-se transformado num manto de coloridas florzinhas que aguardavam somente a dádiva da chuva para desabrocharem com toda a intensidade, num festival de cores![57]

Como *"as florzinhas coloridas que aguardavam a chuva para desabrocharem"*, a vida nestas franjas do deserto eram comumente descrita como um lento amontoar de dias, em que o prelúdio das adversidades era a antessala dos sucessos. De resto, um aspecto importante das representações do deserto é que elas são, sobretudo, matéria de fotografia; muito provavelmente, o melhor tipo de textos que se produziu sobre esse espaço. Fixando os contextos, o mais amplo e o mais restrito, da paisagem "capturada",[58] a fotografia do deserto contribui para torná-lo indizível, participando de um grande número de narrativas que *"alimentam, assim, a aura de mistério e de impenetrabilidade que rodeia tudo quanto diz respeito a este deserto"*;[59] narrativas cuja expressão final margeia uma *"devoção"*, uma espécie de contemplação mística que "sacraliza" o lugar (e, por conseguinte, as trajetórias dos que o defrontam), tanto quanto expõe a segunda versão do senso de *integração* daqueles sujeitos à paisagem, marcada pela ideia de identidade, física, sensível, entre a *"verdade do deserto"* e *"as pessoas que ali não podem fingir que são"*. Citemos, a propósito, duas fotografias feitas de palavras: do jornalista Antonio Gonçalves, a confissão de incapacidade para descrever um *lugar vivido*, e de boa memória; da reportagem de Moutinho Pereira, para a revista *Flama*, a exaltação da gravidade do deserto, que tudo atrai e incorpora nos seus areais:

Mas passear no deserto não era brinquedo. Era preciso sentido de orientação e experiência para evitar as manhas das areias macias, para não ficar atolado. Nunca tive problemas. Nunca fui sozinho. O Turra tomava conta e até possuía uma casa algures por ali, onde os meus miúdos passaram férias e viram

---

57 Depoimento de Aida Saiago sobre o Namibe, publicado na sua página pessoal (http://www. angola-saiago.net /deserto.html), acessado em Out., 2008, p.1 de 8.
58 Heintze, 1990, p.131-156.
59 Depoimento de Aida Saiago sobre o Namibe, publicado na sua página pessoal (http://www. angola-saiago.net /deserto.html), acessado em Out., 2008, p.5 de 8.

hienas. A Baia dos Tigres só por si merece mais que uma citação, merecia um atlas tamanho família. Assim eu soubesse descrevê-la.[60]

....

[O deserto] Esmaga quem não o entende; integra quem, mesmo de fugida, o compreende na sua agreste beleza, na sua aparente solidão. Viver o deserto é uma experiência que nos marca para o resto da vida. Ali, as pessoas não podem fingir que são. A luz é diferente, o dia é diferente, a noite veste-se com um céu diferente e limpo. Salta-se de um espanto a outro, primeiro, e, logo depois, quando se compreende, vestimo-nos com a mesma calma que nos rodeia. É difícil contar as coisas como são, […] contar "aquilo" que se vê, se sente, mas não se transmite.[61]

De tudo quanto dissemos, resta apenas que, mesmo o inóspito e o inesperado pode se converter em *paisagem aprazível*. Para além do *pitoresco* das descrições, como um homem da serra e alguém do litoral parecem irreconciliáveis em concordar quanto ao que é mais belo, se uma praia ou uma montanha, boa parte das imagens do deserto, nos álbuns coloniais, revelam *dias felizes*, a memória de uma paisagem *desfrutada*. Afinal, "a terra é uma construção sensível, emocional", que vale pelo que significa, quando se deslocam os seus signos na remontagem, na reelaboração dos contextos da lembrança. E, por isso mesmo, já não poderíamos terminar sem uma coincidência que é, a todos os títulos, magnífica. Porque, de tudo quanto nos disseram do deserto, também nos falam que *"é um colosso, mas um colosso frágil e, tal como as suas plantas mais representativas, o seu solo gipsífero é extremamente sensível: as marcas das rodas das viaturas ali ficam gravadas por 100, 200 anos..."*.[62] Soubessem, então, os *coloniais* do Sul que as suas vidas, à maneira com que tantas vezes sugeriram, seriam mesmo iguais ao deserto – um *colosso frágil*, cujas *marcas* que lhe atravessaram *talvez ainda durem 100, 200 anos...*

---

60   Depoimento de Antonio Gonçalves, publicado no sítio *Africânder* (http://africandar. blogspot.com). Gonçalves foi o chefe de redação da importante revista *Notícias*, publicada entre os anos 1950 e 1974. Dela trataremos adiante.
61   Pereira, M. "Moçâmedes, cidade-coragem." In: *Flama*. Ano XXX, n.1361, 5 de Abr., 1974, [s./p.]
62   Depoimento de Aida Saiago sobre o Namibe, publicado na sua página pessoal (http://www. angola-saiago.net /deserto.html), acessado em Out., 2008, p.7 de 8.

(III) As TERRAS DO(S) OUTRO(S) SÃO UM MEIO E UM MOTIVO

Até aqui vimos insistindo num tipo de descrição das "outras terras" que é, na verdade, um elemento de definição de um *self*, um termo autorreferente desses sujeitos que na terra alheia vislumbraram um *espaço aberto* para a expansão das fronteiras pessoais (estabelecendo, é claro, um duplo com a *expansão* das fronteiras nacionais que se encena nesse processo). Contudo, a paisagem outra é também, evidentemente, um elemento de construção do alterno – e não apenas porque seja física e claramente diversa, ela mesma, mas ainda porque ela se torna um veículo pelo qual se acede, primeiramente, "ao que é *outro* no *Outro*". Como sugere exemplarmente Mitchell, "a paisagem é como o dinheiro", um "meio de troca entre o homem e a natureza, o próprio e o outro", que "não é um bem em si mesmo, mas expressa uma reserva de valor potencialmente limitada".[63] E como tal, a paisagem é um meio, "uma cena natural mediada pela cultura", algo que "representa e apresenta o espaço, é significante e significado, um modelo e o que um modelo contém, um lugar real e o seu simulacro".[64] É de se esperar, portanto, que estas descrições se prestem a exprimir uma forma de mediação da engenharia colonial, fundada em perspectivas e relações com o espaço, pelos quais se *naturalizam* os *próprios* padrões *culturais* e a um só tempo se *constrói* e torna *exótico* o *outro*, espelhando-o na natureza descrita. No que concerne às representações de/sobre Angola, se vamos encontrar uma tal forma em qualquer parte, é justamente nos cenários que mais imediatamente se apreendeu como dissimiles, alternos – a floresta, a planície, as terras baixas alagadas pelos grandes rios e, mais do qualquer outro, a *savana* (*chana, anhara*, como lhe chamam em Angola), o terreno que, por excelência, define uma espécie da *África hiper-real*.

É dessa lavra que provêm imagens exorbitantes, exageradas, que constroem ideias de fertilidade/gigantismo sobre a *natureza africana*, exortando-a como espaço de riqueza potencial ou como fonte de recursos, e, ao seu lado, visões de miséria/incompreensão, bases de uma inquietação e de um senso de vulnerabilidade, que constituem os contraditórios de uma dialética cuja síntese, o fim, previsível, é a justificação do *uso* do

---

63   Mitchell, 2002, p.5.
64   Idem, ibidem.

espaço *incontido*, a conter, *indomado*, a domar. Comecemos por evocar dois exemplos *coloridos* por essa perspectiva: ambos, a descrição de Henrique Galvão e a do etnólogo José Redinha, nos falam de um Moxico em que se cruzam todos os estereótipos de uma África (definida pela *savana*) diversa, contraditória e *estranha*:

> As anharas principiam ou acabam na floresta; as suas fisionomias são nitidamente desenhadas pela formatura dos troncos; uma anhara principia sempre onde acaba uma floresta – e uma floresta começa sempre no fim de uma anhara.
>
> Neste sistema de contrastes, que faz as delícias de uma viagem por terras do Moxico, correm rios recém-nascidos em multidão, mas que nascem no próprio Moxico, e outros com nascente própria e que atravessam para seguirem ao seu destino. Cada um dos rios da bacia hidrográfica do Zambeze despede tantos afluentes como ramificações tem uma espinha de peixe. [...]
>
> Para os lados do Alto Zambeze o Moxico continua em anharas; para os lados do Moxico o Alto Zambeze prolonga-se em florestas. Mas um é continuação do outro e a profusão de água é o seu elemento de continuidade.
>
> Um dos grandes encantos do Moxico está na variedade de côr e de aspectos da sua paisagem. Há tantos Moxicos como estações no ano. O Moxico verde – do verde severo das florestas, grave como verde das sobreiras alentejanas e dos verdes macios das anharas atapetadas por capins razos. O Moxico Lago, das terras inundadas, com as suas vistas lacustres e as suas visões oceânicas. O Moxico Oiro, das queimadas, quando as anharas se enchem de lumes trepidantes sob nuvens de fumo. O Moxico Kaleidoscópio, da primavera e do outono, em que as florestas se vestem de cores variadas como a das flores e se fazem enormes canteiros da paisagem.[65]

....

> A certa altura do dia, a incidência da luz dá a estes estreitos mas longos drenos, atapetados de erva, reflexos assetinados de fantasia furta-cores. Lembram, por vezes, longas passadeiras alouradas, cruzando a floresta que se alinha com notável regularidade, por um e outro lado, rasgando perspectivas cheias de cor e de luz [...].

---

65   Galvão, H. *Outras terras, outras gentes*. 1941. [Transcrito de: "Moxico, berço de rios." *In*: *A Província de Angola*. Suplemento de Domingo. Ano VII, n.324, 19 de Jul., 1942, p.3].

Olhando as copas frondosas e pujantes e o chão de areia branca e fina, afigura-se-nos o Tchiboco como grande abóbada verdejante a cobrir um deserto e não podemos deixar de nos interrogar sobre o extranho fenómeno que permite extrair tanta vida de terras lavadas e sem húmus. As zonas percorridas são o suficiente para podermos afirmar que o Tchiboco é a região de mais intensa cor que temos visto.[66]

O Moxico referido é, de fato, uma região em que a savana, que vem do norte, se espraiando desde as Lundas, encontra florestas esparsas, que acompanham as serras, nascentes de rios, os vários afluentes do Zambeze, e que, por todo Tchiboco abaixo, vão se revestindo do areal e da acidez que atinge, no Sudoeste, o Cuando-Cubango, até o extremo da famosa Faixa de Capirivi, no limite da qual a dispersão das gentes, a planura, sem distinção entre céu e horizonte, e os bichos do mato, aos montes, produziram a fórmula *"terras do fim do mundo"* com que aquelas paragens ficaram conhecidas. É tudo, com efeito, uma região de contrastes e de variedade e de fronteiras; do norte ao extremo sudeste, dos limites entre Angola, a República Democrática do Congo, a Zâmbia e, depois, a Namíbia e o Botswana. Nesse largo corredor, as populações estão em mobilidade, lá e cá da fronteira, todo o tempo, seja fisicamente, seja por seus lastros – chamam-lhes *Chokwe, Kioko, Lunda, N'dembu*, mas, para além do grupo, há *Lubas*, que vem do Norte, há *Nganguela* (grupos de agricultores como os *Lwimbi, Lutchaze*, os *Lwena*, que deram nome à capital do Moxico, em plena área, teoricamente, *Chokwe*), grupos que se entrocam e que se movem, para além dos limites feitos à mão pelas linhas dos mapas coloniais. Essa diversificação de paisagem física e social é um aspecto crucial para que se compreenda o que pretendemos dizer, pois, para além do Moxico inundado das cores de que falam Galvão e Redinha, há um outro; como nos mostra Augusto Casimiro:

> Na orla da grande chana, a oriente, o lago Dilolo. Depois, fronteira mais nítida, um rio de águas quási paradas, com um colar de arvoredo... A planura começa. Vai até Nacanexi, já perto do rio Lumégi.
>
> O caminho incerto, mal alumia a marcha. Na paisagem marinha a água falta. Nas paragens sequiosas, com o sol ao alto, os homens cavam o solo

---

66   Redinha, J. *Campanha etnográfica ao Tchiboco (Alto-Tchicapa)*, v.1. 1953, p.11; 26.

vermelho, abrem cacimbas, dessedentam-se. Água barrenta que lhes põe nos lábios gôsto e manchas de sangue. Quinze horas de marcha dum bordo a outro da tchana [...]. Scenário para grandes batalhas campais, e cargas troantes de esquadrões incontáveis [...]. Para entrechoque de ondas de exércitos, marés cheias, violência, de gritos, de mortes, de halalis guerreiros [...][67]

É triste constatar que, algumas décadas mais tarde, as palavras de Casimiro tornar-se-iam profecias.[68] Mas, independentemente do vínculo entre perspectivas coloniais e o devir pós-colonial de Angola (um elemento crucial de tudo quanto temos feito, mas que não compete ainda adiantar), o que nos prende é a tentativa de entender *qual a relação entre imagens em que a paisagem, aparentemente, vale por si, como nos dois primeiros exemplos, e aquelas em que ela, nitidamente, compreende um discurso sobre a alteridade de que é parte, como no caso do fragmento de Casimiro.* Nos exemplos a seguir, buscamos demonstrar que a comutação de discursos sobre a natureza em discursos sobre o homem, à maneira que se passa com as velhas descrições de Cavazzi, como referimos, é, acima de tudo, o resultado de um modelo, de um *padrão de olhar para as coisas,* que forja uma relação de homologia entre as distinções *eu/outro, cultura/natureza,* segundo a presunção de que concepções diferentes dessas dimensões exprimem *diferenças radicais* entre os sujeitos. Vejamos a etnografia de José Redinha sobre o *Tchicapa,* em dois momentos, e o que dela podemos extrair:

Sobre a paisagem em torno do Tchicapa	*Sobre os Kioko / Chokwe*
"Tem-se a impressão de que se percorre um extenso parque, e é natural que a esta disposição da natureza se possa atribuir a ausência de caminhos. De facto, vimos extensões consideráveis por onde cada um podia atalhar como lhe conviesse, pois o chão, desimpedido, permitia a passagem em diversos sentidos."[69]	"O homem das savanas expande, em mais amplos horizontes, a sua personalidade: tornando-se mais comunicativo; busca o contato, calcurriando a terra em alongadas viagens, desenhando-nos, desembaraçadamente, na areia do solo, o esquema geográfico do território que conhece. O homem das savanas possui, de facto, uma mentalidade diferente e superior sentido das direcções.

---

67   Casimiro, Augusto. *Paisagens de África.* Cadernos coloniais, n.46. 1937, p.31-32.

68   Próximo à região percorrida por Casimiro aconteceria, entre 1987 e 1988, a batalha de Cuíto--Cuanavale, envolvendo tropas da Fapla, Unita, cubanos e sul-africanos, no maior confronto na África desde o fim da Segunda Guerra Mundial; assim, transformaram-se, finalmente, aquelas *chanas* em teatro de sangue para o *"entrechoques de ondas de exércitos...".*

69   Redinha, J. Campanha etnográfica ao Tchiboco (Alto-Tchicapa). v.1. 1953, 26.

> "– Com o Cassai à mão direita, caminhei
> durante 10 dias. Depois, marchei para o lado do
> kalunga (o mar) de costas voltadas ao Gangela
> (nascente)...
> Cruzei o Lonche, o Luembe e o Katchimo,
> e cheguei às terras de Tchikomba!...'"Assim
> se expressava um quioco da Lunda, nosso
> conhecido, contando uma viagem que
> fizera. Nas florestas, porém, é difícil, senão
> impossível, encontrar quem se explique
> deste modo."[70]

A princípio, parece-nos que a ecologia cultural de José Redinha não faz mais do que a interseção entre "formas de organização social do espaço" e uma causalidade baseada na "natureza, descrita em termos de disponibilidade, abundância/escassez e previsibilidade de recursos",[71] o que, a rigor, é um tema clássico da etnografia [o próprio Evans-Pritchard começa por apresentar seus *Nuer* como os tolos que "acreditavam viver na melhor região do mundo", em face do interesse por gado, como eixo dominante de suas vidas, contra toda evidência daquela terra, "do ponto de vista de um europeu, não possuir qualidades favoráveis"].[72] Embora exista um forte anacronismo nessa sua correspondência tão direta entre um dado físico (a planura da savana) e um fato cultural (qual seja: a tecnologia de localização, a noção de espacialidade do *Chokwe/Kioko*), no melhor estilo dum evolucionismo à Morgan, que consorcia natureza, tecnologia e desenvolvimento sociocultural, nos interessa aprofundar a relação entre o tipo de sociologia praticada por Redinha, e outros, e os tipos de descrição paisagística que vimos comentando, naquilo que tem de, sugestiva e perigosamente próximo: a alternância e a permuta entre adjetivos/atributos culturalistas e "naturalistas," como o resultado duma perspectiva que, *diferenciando-se*, identifica plenamente a *outra terra* às *outras gentes*. Observemos, por exemplos, os vários fragmentos no quadro a seguir:

---

70 Idem, ibidem, p.30.
71 Rapoport, A. *In*: Ingold, 1994, p.466.
72 Evans-Pritchard [1940], 1987, p.61.

Sobre a relação ambiente/sociedade/"crença"	*Sobre o "medo", na Mucaba (Uíge)*
"Nestes termos, a história e a cultura dos povos angolanos encontram-se reatadas a parte importante do povo e território africano. E aí encontramos, interferindo nesses destinos, ora e sempre, a constituição geográfica do Continente. "[...] A estas características da vida material, não deixam de corresponder aspectos de espírito. E, assim, o homem da Ombrófila [floresta] com suas superstições e temores; o da Tropófila [savana], fortemente animístico, com seus ritualismos e inquietação aventurosa; o das estepes e desertos com seu conformismo primitivo; o pastor com seus laivos de totemismo e culto de rapina em que o roubo é honra. Entremeando as regiões mais definidas correm zonas especiais, como o vale e as margens brejosas dos grandes rios e os vastos deltas, instauradas, muitas vezes, em terreno de refúgio de grupos fracos ou esquivos, que procuram, em paragens pouco pretendidas, a independência que ambicionam. Assim [...] os Cuissos [Kwisi /Kwadi] na faixa arenosa da costa de Mossâmedes, os Camachis nas suas ilhotas do Cuando."[73] .... "Ao ler Anderson, Bamés e Chapman, tinha-me sempre surpreendido não encontrar nas suas obras o nome de nenhuma cidade e nem sequer o de nenhuma povoação importante. Parecia que o país era deshabitado. Esta dedução parecia-me falsa, mas a verdade é que, na Dâmara, não há realmente cidades, mas tão somente algumas aldeias. As populações são, com efeito, essencialmente pastoris, por ser a agricultura impossível nesta região, quer pela natureza pedregosa do solo, quer pela secura do clima. Por motivo destas condições geológicas e climatéricas, as populações não tem residência fixa. [...] As cartas geográficas da Dâmara não podem pois ser preenchidas com nomes de cidades. Em vez destas figuram nelas as nascentes e cursos de água, em volta das quais as populações se agrupam forçosamente.[74]	"De novo mergulhamos na sombra. A folhagem tolhe o caminho, estreitam-se os troncos. Os cipós, as trepadeiras gigantes enredam-se no crepúsculo cada vez maior. Os troncos das mafumeiras são pilares monstros, com arcobotantes no sopé ciclópico, em que as raízes prendem à encosta, como garras laminadas, tensas, suspendendo os rochedos precipitantes, prestes a rolar. No alto dir-se-ia pesar a abóbada monumental desta nave sombria. [...] "Depois a luz amanhece, a sombra abre--se, como uma flor, em luz de névoa, uma luz em que há cintilações de arco-íris. Cega a transição brusca. A voz da água atrôa. O espetáculo esmaga. No alto, a cúpula do céu arde, esbate em azul desmaiado. Dir-se-ia, na súbita impressão, que o alude alvente vai arrastar a serra, e que a alta muralha, os troncos, os rochedos, a um grito de guerra, vão tombar sobre nós! [...] O rochedo, tapetado de musgo e flores, como cachôpo açoitado pela tormenta – é um genuflectório diante do estuvendo altar."[75]
	Sobre pedras, "horrores", feitiços e florestas
	"A Pedra do Feitiço existe. Fica distante de Santo Antonio do Zaire, quasi em frente de Boma. É um morro pedregoso, agreste e nu. Triste. Sinistro, por vezes. Assenta no limite de savanas bravias, onde as tsé-tsé instilam venenos letais, os carnívoros despedaçam corças e todos os brutos urram de ansiedades frenéticas nos contatos da procriação. Para lá da colina rochosa, desliza o grande rio majestoso – o Zaire. [...] Calor. Mudez. Ninguém. É assim a Pedra do Feitiço."[76] .... "Na margem sul do baixo Zaire, encontra--se a rocha Taddi enzazzi ou Lighting Stone, que é objecto de veneração, e no mesmo rio é bem conhecida a Pedra do Feitiço. Não é, pois, para estranhar que, também, os quiocos atribuam às rochas do Muheuhe uma série de estranhas lendas. As fossilizações, as gravuras rupestres, as formas estranhas das rochas

73   Redinha, J. Coleção Etnográfica. Museu de Angola. 1955, p.3-4.
74   Casimiro, A. "A Queda do M'Brige." In: Paisagens de África. Cadernos coloniais, n.46. 1937, [s./p.]
75   Duparquet, Pe. Charles [1881]. Viagem na Cimbebásia. 1953, p.115.
76   Costa, F. Pedra do feitiço. Reportagens africanas. 1945, p.8-9.

> ruiniformes, etc., justificam sobejamente estas
> crenças, e muito principalmente na África,
> onde o primitivo, na impossibilidade de achar
> as razões científicas, atira com a questão para
> as 'costas largas' do 'maravilhoso.'"[77]

De saída, chama a atenção a identidade entre os supostos de Redinha e visão do antigo explorador do Ovampo, o pe. Charles Duparquet. Fazendo a "curva" para a esquerda, após o longo corredor das Lundas às *Terras do fim do mundo*, na rota do Cunene, Duparquet enxerga no espaço o dado determinante de uma economia, que se reconverte em ocupação do espaço e organização social. Que o seu foco seja, eminentemente, o fator humano e não a descrição da natureza, prova-o a leitura da *Viagem à Cimbebásia*, em que o autor alterna, com flagrante constância, entre o preito à "paisagem-jardim" e a miserável visão do "vestíbulo do deserto", produzindo representações muito ambíguas da depressão do Kalahari.[78] O mesmo tipo de estratégia subjaz ao esquema de Redinha; o que ele pratica, afinal, é uma modelagem [→ *floresta* = *feiticismo*; → *savana* = *animismo*; → *prado* / *deserto* = *totemismo*; → *"resto"* / *hunter-gathering* = *autonomismo* (?)]. É bastante razoável supor que havendo interação "mútua entre pessoas e ambientes, existam ligações que conectem essas duas pontas", assim como, sendo a disponibilidade de recursos um dado que a economia não elimina, há graus de interferência entre o entorno e a organização social que lhe dá sentido.[79] Tudo isso é bem aceitável, e assaz discutido, mas comprimir todas essas dimensões – economia, natureza, sociedade e "crença" – é menos uma forma de explicar os vínculos entre elas, perpassados por dinâmicas, por movimentos, e muito mais a projeção de uma "sociedade fria", à maneira errônea com que alguns entendem a distinção proposta por Lévi-Strauss,[80] como se de sociedades cristalizadas e presas aos condicionamentos ambientais, a despeito da disponibilidade de recursos simbólicos, se tratassem. Os esforços e a "curiosidade" de Redinha, que muito contribuíram e contribuem para o conhecimento de Angola, foram certamente notáveis; por isso,

77   Redinha, José. *Campanha etnográfica ao Tchiboco (Alto-Tchicapa)*. v.1, 1953, p.58.
78   *Cf.* Esterman, Carlos. *Etnografia do Sul e Sudoeste de Angola*. v.II. Os povos não banto e o grupo étnico dos ambós, 1960, p.67.
79   Rapoport, Amos. *In*: Ingold, 1994, p.467.
80   *Cf.* Lévi-Strauss [1962], 1997; 1998, p.107-117.

a passagem vale menos pela crítica fácil que se lhe pode fazer, do ponto de vista antropológico, do que pelo que revela – a fabricação de imagens dum complexo "cultural" em que os homens estão tão imóveis (ou só muito lentamente perpassados de história, de temporalidade) quanto a própria paisagem.

É assim que podemos ler a descrição da floresta exposta nas *Paisagens de África* de Augusto Casimiro (*"monstruosa, ciclópica, sombria"*, e, enfim, inspiradora de reverência, *"genuflectório diante de um altar"*; terreno, por-tanto, de secretismos e *feitiços*). É assim que se pode compreender a corre-lação entre a alma das pedras (a "do Feitiço", no Zaire, descrita por Ferreira da Costa como o cenário *"sinistro"* de aventuras selvagens e bichos bravios, nua e perpassada de *"ansiedades"*) e o que Redinha supõe ser uma crença explicável, animismo sugerido pelo que é estranho e inquietante na planu-ra, ainda que este lance mão de um esboço da "teoria da causalidade local" com que se tratou, de forma clássica, o *"feiticismo africano"*.[81] Uma coisa é observar as eloquentes descrições de Galvão e Redinha sobre o *"Moxico furta-cor"* e tomá-las como ecfrase da paisagem; outra é ter presente a coin-cidência que existe entre essas descrições e aquelas, que nunca as deixam de acompanhar, qual a do jornalista Maurício de Oliveira, que encontra *"o país das luenas – as mais belas formosuras negras de Angola"*, *"esbeltas, de uma elegância impecável, chegando mesmo a ser bonitas, apesar da sua som-bria cor e feições essencialmente típicas da raça a que pertencem"*,[82] em clara correspondência entre a beleza da paisagem e das pessoas, como, noutros tantos casos (a que tornaremos), com maior ênfase ainda, a "fertilidade" exacerbada dos campos africanos é um correlativo (e uma explicação) para o *"frenesi"* com que os *"indígenas"* exercem a sua hipersexualidade. Exem-plos dessas correspondências (e são tudo correspondências, dizia Baude-laire) não faltam. A *"tchana"*, que *"é mundo... enche a terra, parece que o céu descansa sôbre ela, fatigado, dorido da imensidão..."*, é também o teatro em que, no cacimbo, as *"vozes sôam sobre o rolar dos n'gongos e o ruído dos pés, ferindo, uníssonos, o terreno batido"*, imitando os troares que anunciam as chuvas, enquanto elas não vêm.[83] Com ou sem surpresa, podemos ver um sujeito como Norberto Gonzaga definir os grandes rios de Angola – o

---

81 Ver, por exemplo: Middleton & Winter, 1963.
82 Oliveira, Maurício. *África de sonho*. 1932, p.115-116.
83 Casimiro, Augusto. *Paisagens de África*. Cadernos coloniais, n.46., 1937, p.27; 33.

"Cuanza, banhando tratos opulentos, fecundos e iluminados, lugares de rude e selvática beleza, recantos de enfeitiçado e sentido sabor histórico, o Cubango misterioso e o benéfico Cunene que vai dessedentar as manadas no Sul",[84] lançando mão de adjetivos e referências embebidas de "usos e costumes", "feitiços e mistérios", num texto de fundo, nada mais, nada menos que... econômico. O que esses exemplos propõem não é interpretação, descrição densa, como, talvez, Redinha procure. Mas, ao representar a paisagem, apresentando-a, e ao fazê-lo servindo-se da mesma compreensão de dimensões que os seus intérpretes praticam, eles acabam por oferecer, não uma simples fotografia, mas, um modelo explicativo daquele *espaço* (dos fenômenos coincidentes, [in]formados pela *paisagem*, em que atuam o *ambiente* e a *sociedade*). Uma forma decisiva para a questão, seria chamar a esse modelo *exotismo* (embora ele o ultrapasse). Não o *exotismo* a que se referem Bernard Mouralis e outros,[85] aquele que, por não poder eludir os sinais do *Outro*, acaba por subverter a sua própria lógica diferenciadora/hierarquizante; é um outro, que, de posse dos sinais do que é alterno, utiliza-os para promover o seu descentramento, encenando a própria capacidade de compreensão como evidência *da distinção que o separa do meio*. É o que vemos nos três exemplos a seguir:

Sobre diferenças, distâncias e reminiscências coloniais	
(i)	"Como é bom fugir da prisão que é uma casa quando se vagueia ao sabor da terra, longe dos hábitos e limites quotidianos, essa esclavitude! "Numa tenda, ao meio da floresta, ou no planalto desafogado sob as estrelas, quer se escute o silêncio da noite, quer a agite o vento furioso ou a percuta a chuva desencadeada, ao luar encantado ou ao fulgor dos relâmpagos, – encontramos de nós mesmos um sabor perdido, uma alegria há muito morta. Como à voz dum suave milagre, desprendem-se do que somos, emergem, renascem remotas modalidades esquecidas. "O pastor solitário, o nómada scismático, o adorador silencioso e embebecido das noites alumiadas de mundos – o que fomos e a nossa saudade mal recorda uma encantada suspeita [...] Perdemo-nos, crianças, inquietas e contentes, no próprio regaço materno da Vida. Voltamos a ser força rude, força pura, invencível, fluindo ao sabor de cósmicas harmonias."[86]

---

84   Gonzaga, Norberto. "No solar dos grandes rios." *In: A Voz do Planalto*. Ano VII, n.321, 14 de Jan., 1939, p.1.

85   Mouralis, 1982.

86   Parreira, Carlos. "África, ou a fascinação do diferente." *In: O Mundo Português*. Ano II, n.14, Abr., 1935, p.56.

(ii)	"[O batuque] Era um rebôo de asperidades, que se entrelaçavam em esbeltas núpcias melódicas, e se desfaziam, esquecidas dêsse momento em que coincidiram, – ritmando o delírio báquico dos corpos sob a fustigação orgíaca das dansas... a lua vinha, sonâmbula na sua mousselina branca, suscitando da solenidade fluída das alturas, espasmos de Sulamita... Ah, êsse luar jamais o poderei esquecer! Tão branco, tão nítido, tão repassado de uma alvura de além-mundo! Na hora de morrer, pudésse eu tê-lo ainda, a apaziguar-me da sua translúcida extrema-unção! E escuto a voz do meu amigo: – a outra coisa, que ficou lá longe, na África..."[87]
(iii)	"Oferecia-se, aquela magnânima Angola, a todos os prazeres duma aventura continuada a quem dela quisesse fazer descoberta de mil maneiras, quer fosse por trabalho, ou tirar simplesmente partido duma excentricidade que tocava o perigo de muito perto. Para zonas de vida primitiva e dura, deslocava-se quem, de resolução premeditada, destinava proporcionar, com muito de experiência adquirida, um período de emoção "comprada", a clientes que iam buscá-la ali."[88]

Representar a paisagem como sendo *"regaço materno da Vida"*, em que se reencontram *"remotas modalidades esquecidas"* do que éramos (e o que éramos, neste caso, é *"o pastor solitário, o nómada scismático, o adorador silencioso"*), tratá-la como *"além-mundo"* e *"excentricidade"*, é estratégia muito sutil, muito dissimulada, de representar um distanciamento que, obviamente, é negado ao *outro*, sujeito à plena influência dos condicionantes ambientais (e definido mesmo por eles). Desse modo, "as terras do(s) outro(s) são um meio", um veículo que exprime uma concepção de *separação homem/natureza*, e "um motivo", pelo qual se atribui a exclusividade dessa concepção e das relações que dela decorrem. O *exotismo é o modus operandi* que torna o processo plausível, tão acessível para o leitor historicamente disposto de relatos de aventura, de livros de viagem, da literatura colonial como um todo, quanto para os *coloniais*, que a restauram no processo de restituição das memórias. Mas ele não para por aí. No limite em que deixa de ser simplesmente um meio de expressão e um motivo representacional para dar lugar a uma ideologia, a *paisagem*, definida, cede terreno ao *mato*; e a *contemplação*, ao *confronto*.

---

87   Depoimento de Irene Banazol, em 4 de Jan., 2011.
88   Casimiro, Augusto. *Paisagens de África.*, Cadernos coloniais, n.46, 1937, p.11-12.

Imagem 2.1 – Fenda da Tundavala (autor desconhecido).
Fonte: Centro de Informação e Turismo de Angola/CITA, Anos 1960. AHU/Cota AGU/PI 747.

Imagem 2.2 – Fazenda de Café na Gabela, Kwanza Sul.
Fonte: Centro de Informação e Turismo de Angola/CITA, Anos 1960. AHU/Cota AGU/PI 627.

Imagem 2.3 – Caala.
Fonte: Fotografia de Luís Abegão, fins dos anos 1960.

Imagem 2.4 – Dois órix (*Oryx gazella*). Parque Nacional do Iona, 1971.
Fonte: Fotografia de João Crawford Cabral. IICT.

Imagem 2.5 – Abel Pratas, sobre o dorso de um elefante abatido.
Fonte: Fotografias extraídas de Galvão et al., *A caça no Império Português*. v.2, 1942.

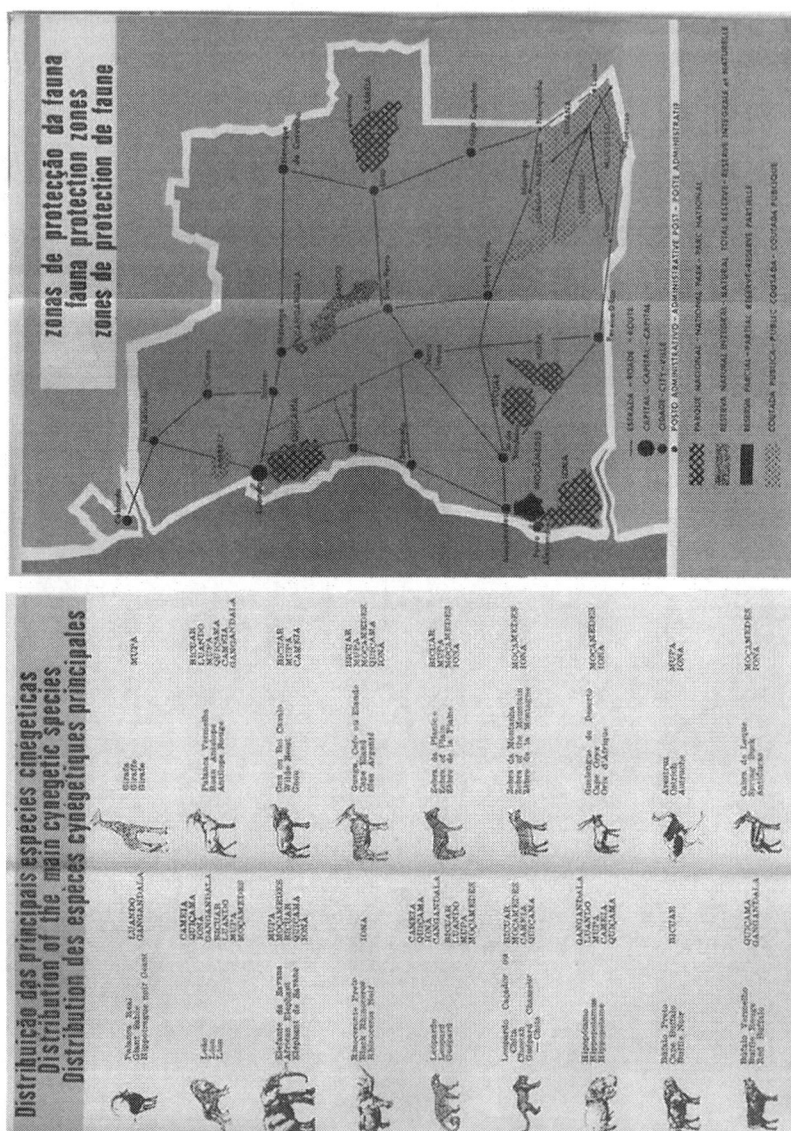

Imagem 2.6 – Caça em Angola.
Fonte: Publicação do Centro de Informação e Turismo de Angola/CITA, 1966.

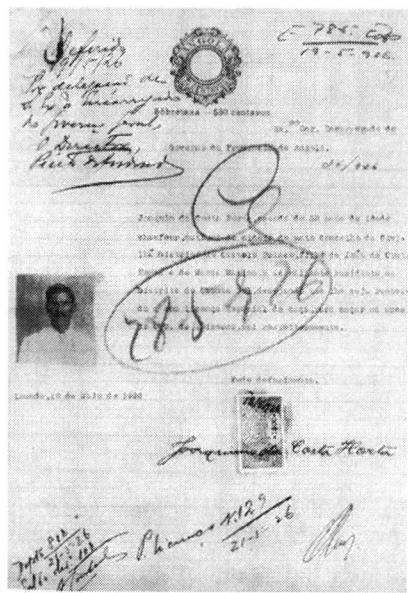

Imagem 2.7 – Processo de licenciamento de caça, em favor do cidadão alemão Hermann Freyberg e do motorista Joaquim da Costa Horta, restrita à circunscrição do posto da Camacupa, no Bié. Observe-se o verso da licença (em destaque), discriminando as quantidades de animais que o portador estava autorizado a abater.
Fonte: AHNANG – Cx. 910 – Processo n. 36 – Gov. Geral da Prov. Angola / Secretaria do Interior/ "Várias licenças de caça." Agosto de 1926.

(IV) A TERRA É UM CAMPO DE BATALHA

Na acepção em que o colonialismo é um confronto, cujo elemento de rusga é uma ideia de espoliação, o *mato* é o grande portador de recursos, logo, o espaço/a coisa/o ser, o termo que se pretende espoliar (sim, pois, ao menos discursivamente, o colonialismo do século XX, sobretudo numa versão *assimilacionista*, como a portuguesa, dificilmente admitiria que o espoliado é o *nativo*). Nesse confronto ele é, portanto, o *inimigo*. Podemos, inclusive, traçar a sua construção social como esse grande *adversário* a ser batido. Diante dessas constatações, a pergunta crucial, no entanto, é *"o que é o mato?"* E, não obstante, respondê-la é quase impossível, porque, à maneira do mito, o *mato* é "um nada que é tudo". O mesmo planalto que alberga o colono, alvejado pela praga que consome a lavoura, é o *mato*. O mesmo deserto, quando se tem de atravessá-lo, utilitariamente, em vez de tão somente contemplá-lo, é o *mato*. A savana e a floresta, para além do exotismo, na solidão do posto administrativo ou da *funança*, são sempre ou quase sempre o *mato*. Tudo quanto não seja a cidade, em algum sentido, é o *mato*. A distinção fundamental aqui é entre a *"morada de todos os brancos por exemplo*, o espaço da "reprodução" social da comunidade colonial, já submetido à sobreposição dum espaço interveniente, e a *"lonjura"*, o espaço renitente, resistente, incultivo ou simplesmente ainda alheio.[89] Nessa acepção, o *mato* é, pois, o cenário em que o protagonismo individual (aquele dos "Crusoés" que, perante a natureza, encarnam o *self made man*) se encontra com as projeções do colonialismo enquanto uma engenharia coletiva, empreitada de um espaço que deve (ou pretende) se sobrepor a outro; evidentemente, submetendo-o. Nesse "mundo 'interior' a terra é um campo de batalha".

Para começar, resgatemos um aspecto que não consideramos com relação a dois dos excertos de Augusto Casimiro citados anteriormente. Tanto ao descrever a *planura da savana* que inspira visões de *"gritos e mortes,"* quanto ao registrar as suas impressões da *floresta "monstruosa e ciclópica"*. Casimiro procede não apenas como quem construísse culturalmente ima-

---

89 A título de exemplo dessa perspectiva, lembremos que no trecho de *Os Nuer* citado anteriormente, Evans-Pritchard sugere, não sabemos se com ou sem fundamento, que os *nuer* tendiam a achar que Karthoum, a capital do Sudão Anglo-Egípcio, era, como cidade, *"o lar de todos os homens brancos."* [Evans-Pritchard, 1987, p.61].

gens da natureza exótica, mas é, ele mesmo, afetado por um sentimento em que o seu olhar e sua interação com o ambiente são, fundamentalmente, uma única e mesma coisa. Do ponto de vista da representação, o *mato*, como todos os inimigos temíveis, inspira, em primeiro lugar, *medo*. Há a contar nesse *medo*, é claro, o conjunto de fantasmagorias historicamente constituídas no imaginário europeu sobre a África (o que era tema recorrente dos publicistas do colonialismo). Mas o que de fato nos interessa, e o que possui significância social quanto à experiência dos *coloniais* de Angola, não é o prejulgamento das *outras terras*, mas um senso de continuada ignorância *a posteriori* à sua vivência; é o *medo* como um resultado da relação com o espaço, tal como aparece nos seguintes exemplos:

A floresta tomou, então, aspectos verdadeiramente fantasmagóricos, que nos prenderam em contemplação. Era um mundo novo que surgia como por encanto, deixando mais adivinhar que perceber. Verdadeiro país do sonho e da ilusão, os esguios ólumes esbatidos pareciam árvores simbólicas, as mutátas formavam macissos de sombra irrompendo do capinzal prateado. [...] E nós próprios sentimos um estranho temor invadir-nos, as mãos virando automaticamente a partilha da Mauzer... parecia que tocavam gêlo! [...] O mato era palco imenso onde os figurantes apareciam como sombras, só aqui e ali batidos ao vivo pela luz forte das fogueiras. Por entre as árvores, os focos coavam-se, esbatendo timidamente coisas e pessoas, para mais além envolverem tudo numa poalha fosforescente, e depois não deixarem mais que um vago sombreado.[90]

Com o declinar da tarde vem o nevoeiro tornar mais misteriosa a região, sublinhar o silêncio do mato com a invisibilidade diáfana que a pouco e pouco vai estabelecendo, como a preparar os olhos dos homens para as trevas da noite. E do interior do arvoredo, cortando o silêncio completo e enervante que tudo envolve, ouve-se de quando em quando o piar solitário de uma ave de rapina, e, mais de longe em longe, um restolhar estranho que se perde na densidade da vegetação, e que nunca fica a saber-se exactamente o que foi – apenas dá a certeza de quem quer que percorra esses caminhos não está só, e que, ali bem

---

90   Aguilar, Antonio de. *Aventuras de caça*. 1935, p.41-42; 71.

perto, a poucos passos, há entes vivos que se movem a coberto do biombo verde da vegetação cerrada.[91]

Ambos os fragmentos – quer a cena de caça descrita por Antonio de Aguilar, passada nos anos 1930, para os lados do Rio Cuvo-Queve, quer a caminhada pela fazenda do Amboim, em que Metzner Leone situa a personagem principal de *Na terra do café* –, mais do que afirmarem um *medo*, em estado bruto (que noutro tipo de relatos, provavelmente nos procedentes de mulheres ou relativos às *famílias brancas no mato*, viríamos a encontrar), declaram *incertezas*. Embora a confissão de impotência diante do espaço nunca, ou muito dificilmente, tenha lugar, a impressão de estar mal compreendendo-o, a ideia de que essas "paisagens africanas" possuem estratégias insondáveis para malversar os sentidos e, sobretudo, a vulnerabilidade mal disfarçada diante daquilo que não se dá a mapear são expressões recorrentes nessas narrativas. Esse é um dado muito relevante, por duas razões. Primeiro, porque assevera que o *mato é uma relação* (um espaço, no sentido em que *espaço* é uma multitude de tempos, pessoas e ambientes, mas não um lugar, embora as relações sejam feitas de lugares). Isso esclarece porque pouco importa o lugar a que se chama mato; o que conta são os contextos ativados, os significados a que se alude quando se define o mato. Reformulando aquilo que sugerimos anteriormente, poderíamos dizer, com Ingold, que o *mato* é um exemplo de que "as formas de agir no ambiente são também formas de percebê-lo".[92] E, em seguida, a profusão de imagens de *incerteza* e *malentendu* que cercam essa relação indica que a causa da aversão ao *mato* (e, quando se trata da construção social de inimigos, há sempre uma causação, real ou imaginária) é um senso de profundo *alheamento* – uma dimensão que gostaríamos de explorar em duas direções, partindo dos três exemplos a seguir:

Sobre medos, isolamento e monotonia	
(i)	Nessa época, S. Antonio do Zaire tinha existência sonolente e doentia. A actividade circunscrevia-se às pequenas repartições e a quatro ou cinco estabelecimentos de comércio com o gentio. A povoação contava meia dúzia de casas de madeira, mais algumas de pedra e cal. O resto era predisco e areia sôlta, pântanos, o rio, ilhotas minúsculas, cobertas de vegetação dispersa, e um calor torturante. [...] Febres, insónias, nuvens de mosquitos e de besouros, injecções de quinino, papelinhos de sulfato de sódio...

91   Leone, Eduardo Metzner. *Na terra do café*. 1946, p.57-58.
92   Ingold, 2000, p.9.

	Vagas conversas nostálgicas... [...] Um companheiro em perigo de vida, quási todas as semanas. [...] E calor – um calor úmido, pegajoso, que nos quebrantava e nos levava ao desvario. E, além do calor, respirava-se tédio, doença e desolação. Por vezes, sentiam-se absurdos desejos de morrer.[93]
(ii)	Não havia brancos muitos quilómetros em volta nem a qualidade da região os atraía: lonjura enorme, mata espessa para moradia de fauna brava, clima causticante que enche a pele de livores e o sangue de micróbios. Ia a caminho do Mulondo – um posto desgarrado num cotovelo do Cunene, a cem quilómetros do posto mais próximo, que outra cousa não é senão um posto desgarrado também.[94]
(iii)	Quando se percorre, por mais que uma vez, no serviço do recenseamento, determinada região, insensivelmente se burocratizam as operações que acabam por se tornar monótonas, de tão uniformes, de tão sempre iguais. O encanto, o acre sabor da vida ao ar livre, – onde não há secretarias nem montanhas de papeis, quantas vezes, duma infantilidade que os coloca em nível inferior de frívolos jornais de modas – êsse encanto quási se aniquila no registro contínuo dos mesmos sobas, dos mesmos dados estatísticos.[95]

Em primeiro plano, o que esses exemplos revelam é um *alheamento do mundo*; na clara posição de predomínio precário em que se encontram, cercados de um ambiente que remarca a sua condição de elementos exógenos, por força de uma interação em que sobressai a desconfiança, alguma coisa como a sensação de que *algo anda à espreita* (como revelam Aguilar e Leone), o que os relatos de administradores e funcionários de postos *longínquos*, como os de sertanistas e comerciantes que deambulam o mato ou os de colonos que reproduzem os dias nas fainas de uma fazenda descrevem é uma perspectiva do espaço pontuada pelos elementos mais significantes da sua própria forma de nele estar – a *monotonia* e o *isolamento*. Evidentemente, a *monotonia* e o *isolamento* são produtos das conotações que os coloniais atribuem à sua posição/interação naquele cenário. Como afirmou uma esposa de chefe de posto, radicada em Lufico, numa beira de estrada entre Ambrizete e Nóqui, em conversa com o governador de Angola, Horácio Rebelo, *"o pior aqui [no mato] é o isolamento. Sou só eu e o meu marido, com o meu filho. À volta só há pretos e pretas. Não visitamos ninguém, nem ninguém nos visita porque não há ninguém próximo"*[96] [logo, transparecendo a equivalência *pretos = ninguém*, a qual subjaz à *monotonia* que Cândido Guerreiro da França enxerga não em recensear "sempre as mesmas pessoas", mas no fato

93 Costa, Ferreira da. *Na pista do marfim e da morte*. 1944, p.210-212.
94 Diniz, Ângelo. "Aquela branca no mato." *In: Portugal Colonial*. Ano II, n.24, Fev., 1933, p.8; p.14.
95 França, Cândido Guerreiro da. "Coisas que sucedem a quem anda pelo mato." *In: A Província de Angola*. Suplemento de Domingo. Ano VII, n.315, 10 de Mai., 1942, p.1.
96 Rebelo, Horácio de Sá Viana. *Angola na África deste tempo*. 1961, p.92.

de que, a rigor, perceba todas aquelas pessoas como uma "massa de iguais", e, portanto, parte do "ambiente"]. Que dessa perspectiva se desdobrem *medos* é natural. A ligação que uma outra *colonial*, Maria Gomes, radicada no posto Gungo, Kwanza Sul, por volta da década de 1940, estabelece ao dizer que "*os dias eram sempre iguais. Quando se ouvia um ruído de carro, para mim era um dia diferente.* [...] *Eu trancava as portas por dentro com um pau.* [...] *Punha coisas dependuradas nas portas para, no caso de mexerem nas portas, os tachos e as panelas caírem e fazerem barulho*",[97] deixa patente que, dada a incerteza e a previsão da adversidade em que o isolamento se tornava, a calmaria mal dissimulava uma permanente sensação de *insegurança*. Dos males gerados pelo *isolamento*, produziu-se até a nosografia: do colonial ensimesmado, diziam ser *neurasténico*.[98]

Contudo, o *alheamento do mundo* é só uma das faces da questão. A ele vinha juntar-se a ideia de *alheamento* como *percepção da exogenia*, apreensão do entorno como *alheio, alterno*. É esse o sentido que aflora no constante sublinhar dos *perigos do mato*, numa seleção do que define o espaço que privilegia as propriedades negativamente conotadas, *os mosquitos, as doenças, os bichos bravios*, o conjugado indistinto *dos indígenas* e *do ambiente*, hostis, ambos, que o *colonial*, em face sua própria e presumida distinção resume no fórmula classificatória "*brutos*". Dessa acepção, em que o confronto contra o *mato* se apresenta sob a forma de uma "agorafobia colonial",[99] provém outra importante consequência: a construção do *sertão*, da *lonjura*, do *mato* como plataforma dum exercício *másculo*.

---

97   Gomes, Maria Leal. *Andanças a preto e branco*. Memórias da minha vida e andanças por Angola. 1998, p.17-18.

98   A associação entre o isolamento e a doença foi uma constante na literatura colonial. De uma personagem que teria vivido em Angola, por volta dos anos 1920, Henrique Galvão traça o seguinte retrato: "era um inglez neurasténico", que "andava por África há quatorze anos, sempre no mato bravio do interior, a caçar, isolando-se propositadamente. [...] Nenhum homem, decerto, personificou tão completamente a figura da indiferença – uma indiferença gelada, imóvel, noturna, como certas formas da loucura mansa." ["O Branco que odiava as brancas." In: *Em terra de pretos*. 1929, p.180-181]. O inglês em causa, Mr. Perkings, tornar--se-ia, posteriormente, protagonista da "invenção completa de uma história real", na ficção de Ruy Duarte de Carvalho, antropólogo e escritor angolano, no interessantíssimo *Os Papéis do Inglês* (Lisboa: Cotovia, 2003).

99   Pina Cabral, 2001, p.505-509.

Se *o mato é uma relação*, poderíamos dizer que *"nestas terras rudes, des-bravadas por acções musculares, onde o homem, em geral, moureja só"*,[100] a *natureza* é o elemento hipossuficiente, enquanto o *homem* (por exemplo, "o masculino") é o sujeito que se re(a)presenta proeminente. De um lado, essa é uma construção problemática, que, dada a insistência com que conota o *mato* como rude, másculo, e, ao mesmo tempo, espaço *para homens*, tende a oferecer-se como visão de uma masculinidade que não se afirma pela oposição significativa às propriedades do "feminino", mas pela exclusão de tudo o que não é *másculo*, logo *igual* [e na experiência de certos sujeitos, caçadores, campistas, por exemplo, a força da associação entre contextos coloniais como o *mato* e sociabilidade masculinas é um dado; e, até certo ponto, também o é a carga de homoafetividade que imagens e relatos dessas experiências carregam].[101] Noutro extremo, entretanto, a obsessão com a *identidade/ipseidade*, participa de uma complexa engenharia em que a construção social da masculinidade se dá por uma confusão entre a *"illusio viril* e a *illusio dominandi"*, como diria Bourdieu.[102] Reproduzindo a teórica hipersuficiência do masculino sobre o feminino, e construindo uma cadeia de homologias – da *técnica* (ou da *dureza máscula, do trabalho braçal*), como *propriedade (Cultura)* dos homens que *desbravam* o *mato (natureza*, logo, *mater natura)*, em relação aos sujeitos coloniais, e da *resiliência*, da *ductibili-dade*, da capacidade de ser *dobrada, vencida* (conotadas com o "feminino"), em relação ao espaço –, chega-se a noções de *superioridade* e *predominância*, como estratégias de superação do *medo* que o *mato* inspira. O que há para além disso, é uma interessante teoria de correspondência entre ambiente e comportamento – o que José Redinha expõe, sinteticamente, ao afir-mar, sobre o Tchicapa: *"Ali encontrámos, ainda, nas coisas e nos homens, traços vincados e característicos da vida experimentada na escola áspera do sertão"*.[103] É em face dessa sugestão (o *áspero ambiente* produz/alberga *homens ásperos*) que podemos ler a ideia de que o mato não é *lugar de mulheres* como uma forma da resistência que a moral colonial expõe a tudo o que indique *deslocamento/dissimilitude*, *deriva identitária* (porque mulheres não deveriam ser *ásperas*, à maneira com que um branco, por exemplo, *não de-*

100 Galvão, Henrique. *O vêlo de oiro*. 1933, p.100.
101 Ver, a propósito, o texto de Hartmann. *In*: Hartmann; Silvester & Hayes, 1998, p.156-163.
102 Bourdieu, 1999, p.63.
103 Redinha, José. *Campanha etnográfica ao Tchiboco* (Alto-Tchicapa), v.1, 1953, p.11.

veria se cafrealizar). Para retirar dessas concepções algumas consequências, fiquemos com uma história que, segundo Maria Archer, teria se passado por volta de 1932 ou 1933, em Angola:

> [...] como as lonjuras e o desconforto dos postos fronteiriços não cabem em medida, raro chefe de posto arrasta consigo a mulher e os filhos para a tragédia da longínqua selva. A mulher indígena e os rebentos mestiços arremedam ali, com deformidades caricaturais, a família e o lar. Mas certo chefe de posto, novo e enamorado, aconchegou nos braços fortes sua dama, como em escudo de amor, com ela partiu para os confins da savana, com ela se embrenhou na solidão temerosa, sonhando viver um romance bucólico no ermo bravio onde só dramas são possíveis. [...]
>
> [O marido, no entanto, vem a falecer; ao que a mulher, tornada à casa dos parentes] quando teve a rodeá-la cuidados e confortos de lar, parece que reviveu consigo, e ensimesmada intensificou na alma, as horas da tragédia sertaneja, as apavorantes realidades dos dias findos. A segurança material deu-lhe ensejo para se entregar, sem desvios, às sombrias cogitações da agonia íntima. E então, a vida que ela bravamente disputara ao calvário da selva, à cruciante separação do corpo amado e abandonado num rincão selvagem da terra bárbara, malbaratou-a na concentração dos pensamentos dolorosos. Matou-se.[104]

Da pungente descrição do sofrimento íntimo, contra o qual não pode lutar a mulher que vencera a *"tragédia sertaneja"* e o *"calvário da selva"*, constatamos que, enquanto as narrativas centradas no *homem* que buscam se sobrepor ao *mato* revelam *excentricidades, inseguranças* e, quando muito, *inquietações neurastênicas* (posto que, afinal, trata-se de afirmar uma relação assimétrica), os flagrantes de "mulheres e famílias" embrenhadas em *confins do mundo*, ao colocarem em jogo, sem pudores, imagens de fragilidade e, sobretudo, de inadequação, de "alguém que está fora do lugar", permitem que, com maior propriedade, se defina a interação colonial com o ambiente como uma *disputa*, um *confronto*. Para além desses exemplos, no entanto, a história registra lances em que este conflito se tornou guerra real, com regimentos mobilizados de um e outro lado. Apenas para dar exemplo, e, assim, nos encaminharmos para a conclusão deste ponto, lembramos o

---

104 Archer, Maria. *Sertanejos*. Cadernos coloniais, n.9. 1939, p.43-44; 46.

caso da invasão acridiana de 1934 e 1935, tristemente célebre, resgatando-a do depoimento de Sócrates Dáskalos e das crônicas de Maria Archer e Lília da Fonseca (não por acaso, duas mulheres), cujo confronto é extremamente revelador:

Sobre gafanhotos e guerras

"Quando a praga encontrava uma zona verde, descia sobre ela e, em escassos minutos, tudo que era verde e tenro ficava branco, muito branco parecendo esqueletos contorcidos dançando com macabros trejeitos. Estas nuvens de gafanhotos tapavam a luz do sol e levavam horas a passar. Uma vez, quando eu viajava de Galangue para o Huambo numa velha camioneta do meu Cunhado Bernardino, passei sob uma nuvem de gafanhotos, que caminhava em sentido contrário, durante 40 quilómetros!

"[...] Face a esta invasão utilizavam-se brigadas de homens que matavam os gafanhotos com feixes de vissapas ou faziam-se aplicações de veneno. Mas eram medidas praticamente ineficazes face à quantidade e rapidez de acção destes vorazes insectos. Dos Serviços de Extinção de Acrídios - 3ª Zona, em Nova Lisboa que, por sua vez ficaram à guarda do Arquivo Histórico Nacional, hoje completamente desmantelado, extraímos as seguintes passagens: 'Ofício n.º 61/15 /Nova Lisboa, 21 de Fevereiro de 1935 /Excelentíssimo Senhor Administrador do Concelho do Huambo, /Informo V. Ex.ª que, de futuro, poderá proceder-se à compra de gafanhotos alados, à razão de angolares 0,05 por quilo, mas só nos casos de absoluta necessidade; e só a indígenas. /A Bem da Nação, /O Chefe da 3ª Zona /Amadeu Bettencourt Reis'

"[...] As consequências desastrosas destas pragas fizeram-se sentir em todo o país nos anos seguintes." [105]

"A terra desentranha-se na garridice das flores e no tesoiro dos frutos. As lavras verdejam das messes espigadas e o balouçar das ramarias rumoreja na sinfonia da vida vegetal extasiada ao sol. O olhar retouça pelos campos esmando promessas de fartura. Desenfadado de labores, regozija-se o negro na mira de colher bem, e vender melhor, o grão que suas mãos espalharam no chão ubérrimo. O colono foragido das esgotadas courelas da Ibéria ufana-se da mantença que irá enceleirar. De lés a lés todo o planalto embandeira com verdes de seara, ilusões, esperanças; e é então que cai do ar, com esbravejos de tempestade, fragor de cataclismo, carreando sombras como as nuvens dos pesadelos, a galgar espaços num impulso que gera e despedaça universos – a cólera de Joevah, a praga dos gafanhotos."

"Gafanhotos! São devastadores, esmagantes, apavorantes, como prodígio de maldição bíblica. São calamidade que aterra como desgraça súbita ou a morte fulminante.

"Perdido! Perdido! A plantação tam viçosa, que tantas canseiras lhe dera, era um montão pardacento de destroços, roída até aos mais íntimos talos, pelas mandíbulas vorazes dos orthoptéros. Nada acusava ter existido no meio do solo aspérrimo daquele torrão africano, o oásis viçoso, mimo de tenacidade e sacrifício do colono, experimentado pelas adversidades mais dispares do sertão. Nada. Nem vestígios de milho, nem cafezeiros floridos. Tudo ruína.

" Sabino, semilouco, apertava a cabeça nas mãos e chorava, como só uma vez se chora: pela morte duma mãi, pela perda da mais bela ilusão, pela derrocada do primeiro amor."

"[...] Desde aquele dia fatídico, entrou em Sabino a nostalgia da Metrópole, só de raro em raro sentida, e tornou-se-lhe mórbido o desejo de abandonar aquelas paragens tam ingratas para ele."

---

105 Dáskalos, Sócrates. *Um testemunho para a história de Angola*. Do Huambo ao Huambo. 2000, p.38-39.

Gafanhotos! São nuvens de monstros implacáveis, que sideram a vontade do homem exaltada ao máximo, a força humana transfigurada pelo desespero à tensão do maior alento. [...] Ensacando, esmagando, queimando, brancos e negros destroem toneladas de gafanhotos. Toneladas! Que valem como punhados de areia lançados à água para entupir o mar, que são hecatombes inúteis! Ninguém visiona, ninguém concebe a extensão, o horror da praga! Só crê quem a vê. Porque perante esse assombro, perante a cólera de um céu que despeja, por dias e dias, alucinantes ondas de monstros, o homem amesquinha-se, fulminado, sente o nada da sua ciência e da sua vontade contra as forças naturais desencadeadas. Gafanhotos! Gafanhotos! Tantos como estrelas, areias, ondas, veios de água a demandarem o eterno mar."[106]

A febre consumia-o. Como velho portão ferrugento, que depois de funcionar toda a vida, espera as primeiras chuvas de inverno para emperrar, a Sabino, o que não lograram fazer trinta anos de África, tinham-no realizado aqueles três meses de angústia. Decaíra e envelhecera."[107]

Hecatombes naturais, com quartéis de homens negros ensacando gafanhotos, para serem vendidos a $5 Ang. a tonelada, e com colonos gemendo e chorando os prejuízos financeiros certos, são quase tão recorrentes nas narrativas coloniais quanto as idílicas descrições da paisagem de campos e planaltos cultivados. O espírito desses relatos é sempre o mesmo: enquanto a visão das colheitas a madurarem é uma expressão de *Cultura*, imagem, portanto, da conversão do *espaço* em *colônia* (e aqui, lembremos do sentido primevo do termo -*colonus*), a força da *natureza*, que tudo devasta, reduz o espaço ao *mato*. E é por isso, fundamentalmente por isso, que o *mato* é tão crucial: ele é um suporte, uma escada, uma muleta representacional, pela qual se exercita o conflito básico entre o *homem de fora* (à maneira Crusoé) e a *paisagem vazia*, afirmando a sobreposição dum espaço em relação a *Outro*. Com maior nitidez, percebe-se isto na forma de definir as cidades como *lugares que o branco trouxe para a civilização, agarrando-os ao mato* (fórmula bastante comum e com mais de uma versão naqueles dias). Afinal, do ponto de vista da "empreitada colonial", tudo se reduz a isto: trata-se, nada mais, nada menos, de *"vencer o mato"*.

---

106 Archer, Maria. *Ninho de bárbaros*. Cadernos coloniais, n.15. 1939, p.19-20; 23.
107 Fonseca, Lília da. "O Velho Colono." *In: A Província de Angola*. Suplemento. Ano II, n.69, 15 de Ago., 1937, p.7.

2.2 A maka dos bichos (ou "o laboratório da disciplina")

> *"Muttering some mantrah, some drum-song of murder*
> *To keep his rage brightening, making his skin*
> *Intolerable, spurred by the rosettes, the cain-brands,*
> *Wearing the spots from the inside,*
> *Rounding some revenge."* (Ted Hughes)[108]

Entretanto, não poderíamos encerrar este capítulo sem tecer comentários ao que são os elementos mais imediatamente apreensíveis da nomeação generalizante de *"África"*, tal como ela surge nos mais variados canais de expressão até os nossos dias: os grandes animais – os leões e elefantes, rinocerontes, girafas e búfalos; aqueles que, na língua inglesa, são chamados os *"big five"*. Qualquer apreciador de filmes documentários ou mero cinéfilo hollywoodiano é capaz de citar uns quantos exemplos de fitas protagonizadas por esses colossos. Poucas, no entanto, com o apelo de *The Ghost and the Darkness* (1996), de Stephen Hopkins, a última das versões cinematográficas de um livro que já nasceu célebre: *The Man-Eaters of Tsavo* (1907), do engenheiro e militar britânico John Henry Patterson. Tudo o que realmente importa está concentrado nessa instigante narrativa construída por Patterson. Como chefe da construção de um trecho da "ferrovia Cairo-Cabo", o coronel preocupa-se, sobretudo, com a manutenção de uma "ordem de coisas" e com a marcha da tarefa de que está incumbido; os leões, nessa acepção, são *nativos* e são o próprio *mato*, renitente, em conflito com o *progresso*. Os clichês prosseguem: *"devils, devils"*, como lhes chamam, os bichos são a própria incarnação do *non sense* colonial – de um espaço que resiste ao confinamento da linguagem; e, que, presumivelmente, os *nativos* só podem perceber como *feitiço*, Patterson como *desajuste*, *rudez* que a *razão* deve submeter (nesse caso, *pelas armas*). Finalmente, a predação, a "fúria assassina dos leões", sazonalmente afetados pela escassez de presas naturais, funciona como metáfora, e como descritor literal, da cadeia de predação que ali está estabelecida: com engenheiros britânicos que se arvoram sobre mestres de obra indianos, indianos que se atiram aos operários negros e estes, uns sobre os outros – todos, como se diria em *kimbundo, diquixis*

---

108 Hughes, Ted. "A Second Glance at a Jaguar." *In: Wodwo.* London, Faber & Faber, 1967.

comendo-se; *kuxiba* [sorvendo] as almas dos mais diretamente abaixo. Em síntese, a história dos "leões de Tsavo" (taxidermizados e expostos no *Chicago's Field Museum of Natural History*) exprime e desvela uma forma de definir o contexto colonial da África do século XX como "experiência limítrofe": um grande drama que opõe *técnica* e *natureza* em jogos de *vida* e *morte* – versões condensadas dos conflitos produzidos pela "aceleração da história", que a retórica do período apresentava como o cerne do que chamamos de *colonialismo*. Caçadores, como Patterson, incorporam esse conflito; levando-o ao paroxismo. Como podemos ler na apresentação do livro de um velho caçador de Angola, Hugo Seia, é um jogo: *"on one side is the big game hunter, on the other side is a wild big game animal – instinctive, vigorous, quick, blessed with sharp senses and protected by the habitat as well as more familiar with it. […] After all, on the big game hunting field, whoever comes off second best pays with his life"*.[109] A princípio, uma maneira primordial de definir relações de proximidade e distância entre homens e animais não humanos nos cenários da África passa pela desconfiança do *espaço*, em relação ao qual *se paga as derrotas, os segundo lugares, com a vida*, representando, pois, os *bichos* (e, por metonímia, toda a *natureza outra*) à maneira do jaguar preso, do famoso poema de Ted Hughes, que circunda o próprio corpo, "tramando uma vingança". Mas a verdade é que a *maka* (questão) *dos bichos* é bem maior; um vasto emaranhado de motivos e representações superpostas, em que, talvez, os *bichos* sejam o que menos importa.

Em primeiro lugar, há a considerar a versão indireta: as inúmeras narrativas em que os *bichos* não contam em si mesmos, mas como *entes do repertório de fabulações locais*. Etnógrafos ou folcloristas, missionários ou chefes de posto, coletores de dados semiamadores e semiprofissionais estiveram sempre profundamente atentos a esta dimensão. Desde a coletânea *Folk--tales of Angola* (1894), de Héli Chatelain, até os *Cinquenta contos bantos do Sudoeste de Angola* (1971), de Estermann e Antonio Joaquim da Silva, temos, em Angola, vários exemplos. Cada um dos diversos contextos destas recolhas, redunda, é evidente, em diferentes usos sociais das narrativas. Carlos Estermann, por exemplo, ilustra o primeiro volume da sua *Etnografia* com um bom número de histórias deste tipo: nalguns casos (*Cf. "O*

---

109 Da apresentação do editor de Seia, Hugo. *In any kind of cover*. Hunting the dangerous game of Africa. 2001.

leão e o chacal" ou "*O rei dos pássaros*", narrativas *Nkhumbi*), como prova
retórica de ilações sobre a organização social das populações que estuda;
noutros (*Cf.* "*O monstro e os dois rapazes caçadores*", conto *va-Twa*), como
tentativa de suprir observações empíricas.[110] Bem diferente é o uso de um
Óscar Ribas (que, em 1964, publica *Missossos*, título quase exclusivamente dedicado a estas histórias) ou de Germano Gonçalves, autores a quem
importa o aproveitamento dessas narrativas como motes propiciadores
de "verossimilhança".[111] Em *Uanga (feitiço)*, de 1951 (obra rejeitada pela
AGC no Concurso de Literatura de 1935), Óscar Ribas insere um formidável conjunto de *missossos*,[112] cujo encaixe ao entrecho do seu romance
produz um interessante efeito, que recupera certa oratura angolana, para
além dos limites do "*português de preto*" a que recorriam, frequentemente,
os autores da literatura colonial (*Cf.*, por exemplo, no segmento "Noite
de luar", 171-187, "*O leão, o caçador e a tartaruga*", "*A onça, a lebre e
a cobra*", e, antes, "*O sapo e o lagarto – e do porquê há batucadas no céu*",
150-152). De todo modo, o recurso ou a atenção prestada a este arquivo de
histórias orais é um aspecto decisivo da recepção *a posteriori* desses autores;
explica, em parte, o lugar o reconhecimento da obra de Ribas e outros no
curso da "formação nacional angolana", indo na contramão da maioria dos
escritores desse período colonial. Contudo, o mais importante aqui é nos
interrogar sobre os motivos pelos quais *missossos* ou *contos de bicho* são reveladores não apenas de uma diversidade de perspectivas, manifestas em face
dessas narrativas, sobre a "*história de povos sem história*" (e, consequentemente, sobre a disjunção entre os vários sujeitos coloniais, em face das
concepções/manifestações de localidade), mas também exprimem olhares
diversos em relação aos próprios *bichos*. Com efeito, suspensos entre o *puro
signo* (o *animal não animal* da fábula) e a *coisa*, o significante (o *animal, ipso
facto*), que se pode ver e apreender, contos deste tipo conjugam juízos de
valor expressos em fórmulas morais (digamos, uma *tradição*) e fórmulas de
inscrição num meio, de sorte que oferecem ao leitor externo (como se assu-

---

110 Estermann, Carlos. "O sentido de justiça como reflexo de alguns contos colhidos entre os
   bantos do Sudoeste de Angola." *In: Boletim do Instituto de Angola*. Ano IX, n.15, Jan.-Dez.,
   1961, p.5-17. [Reproduzido, posteriormente em: Estermann, Carlos. *Etnografia de Angola*.
   Sudoeste e Centro, v.2. 1983, p.281-296].

111 Ver, por exemplo: Gonçalves, Germano. "Ilunga. Caçador de Pungo Andongo." *In: A Província
   de Angola*. Suplemento de Domingo. Ano VII, n.309, 15 de Mar., 1942, p.7.

112 *Mi-soso*, designa, em *kimbundo*, o conjunto das fábulas e das narrativas ficcionais tradicionais
   que começam por uma fórmula especial – *Kuta* (i.e., "dizer"; usado na acepção de "– Vou
   pôr/dizer uma estória...") –, geralmente, moralizantes.

miriam, na maior parte das vezes, os *coloniais*) a ilusão de uma *tradução* que pudesse operar, em simultâneo, em ambos os níveis.

Como no fabulário europeu, *animais*, nestas narrativas, são personificações da virtude ou do vício (socialmente definido) de *animais humanos*. Circunscrevendo-nos ao universo de língua *kimbundo* e *umbundo*, temos, por exemplo, o *mbewe* (cágado/tartaruga), como *juiz/mais-velho*, ora, *sabedoria*; o *kandimba* (lebre), como astúcia; o *njamba* (elefante), como força; o *nguli, hosi* ou *ndumba* (leão), como a soberania/força, não obstante, facilmente, ludibriável, etc. Esse tipo de equivalência estrutural, "uma espécie de princípio de conservação da matéria mítica", diria Lévi-Strauss, existe e é perceptível, malgrado as diferenças de "armadura, código e mensagem" do mito na sua viagem em tempos e espaços.[113] Vejamos, por exemplo, que o conto *"o leão, o caçador e a tartaruga"*, inserto por Ribas em *Uanga*, é positivamente um análogo de *"o homem e a serpente,"* a fábula de Esopo, cuja "moral", *"fazei o bem, mas olhai a quem"*, responde a do *kimbundo, "mbote ui banga mukuá muxima"*.[114] Todavia, a supressão de narrativas orais no quadro de referência demarcado por versões europeias desse Ur-código,[115] dessa matéria moralizante "bruta", produziu, muitas vezes, um sentido inverso ao da aproximação que seria de esperar. Demarcando, principalmente, sinais externos (a forma), e não o conteúdo (o fundo), dessas histórias, pondo em evidência *distâncias* onde se poderia enxergar *proximidade*, a expressiva maioria das narrativas coloniais tendeu a reter o que parecia expressivo da "mentalidade"/dos "costumes nativos". De um *leitmotif* como o da figura do *jacaré*, a expressar *correição*, a perspectiva colonial tendeu a fazer confluir um dado compreensivelmente chamativo (o do grande número de acidentes envolvendo crocodilos nas margens de rios, mormente o Kwanza) com aquilo que lhe parecia exemplificar a mediação homens – ambiente conformada pelas "lógicas do *preto*". São diversos os exemplos de textos que apelam à causação da feitiçaria e desenvolvem o tema do *"jacaré"* que *"come quem tem malandra no corpo"*,[116] mas gostaríamos de citar

---

113 Lévi-Strauss. *"Comme ils meurent."* In: *Esprit*, v.39, n.402, Avr., 1971 [In: Nascimento, 1977, p.91-104].

114 Ribas, Óscar. *Uanga* (feitiço). 1951, p.180. ["*Mbote...*, i.e.:"*o bem faz-se a quem tem coração*"]

115 Emprego o conceito no sentido de Eco, 1971, p.322ss.

116 Como exemplos, citamos a descrição do fim de Rosa, cozinheira da expedição de Vasco e Rodrigo, personagens de *O Velo de Oiro*, de Henrique Galvão [1933, p.68-69], e o caso do feiticeiro Samucambo, que perseguia André da Silva, um "velho colono" com quem Ferreira da Costa teria travado relações em S. Antonio do Zaire, por volta dos anos 1930 [Ver "Vida, paixão e fim de André da Silva, o falta d'ar." In: *Na pista do marfim e da morte*. 1944, p.41-172].

apenas dois, o de um conto de Guilhermina de Azeredo, "Chiromba", e o enxertado em *Uanga*, por Óscar Ribas, pois cremos que as diferenças de abordagem entre ambos elucidam muito do que temos a dizer:

Sobre jacarés, tradições e traduções	
"Covarde como os covardes, o réptil imundo espreitava ocasião propícia para o salto de morte e, no instante em que a rapariga, a cabaça cheia, se erguia para voltar, açoitou-a com a cauda serrilhada, derrubando-a e arrastando-a para o fundo. Os outros pretos, paralisados um momento e com a respiração cortada, logo se revoltaram numa gritaria desesperadora; batiam a água, rogavam pragas, insultavam a fera." "Sobre a corrente só apareciam laivos sanguíneos; [...] Porém, de repente, quando menos se esperava, a rapariga veio à tona.	"Por fim, Caísso cansou-se, perdeu os sentidos, foi abatida. E o bicharroco, segundo seu costume, cavalgou na vítima, consigo a levou. Quando se reanimou, achou-se deitada numa laja, à beira do rio. O sítio era pedregoso. A princípio, estranhou o lugar, mas em breve abarcou a iminência do perigo. Embora extenuada, o instinto de conservação prontamente a fortaleceu. [...] Felizmente a proteção não se delongou. Pessoas de casa, inquietas com a demora, apressaram-se a procurá-la pelo rio. Já estavam desoladas pela pungente certeza de mais um dano dos jacarés, quando ouviram os clamores."
Ela, a negra forte, presa uma perna nos dentes do crocodilo, encarniçava-se ainda numa luta renhida, pedindo socorro, e procurando libertar- se... O espetáculo horroroso repetia-se impunemente, a multidão fugia apavorada. E a noite avançava, trágica... salvar a mulher era impossível. Então, Morales, roxo de cólera, congestionado, lançou mão da Mauser, e, quando a moça, braços ao alto, voltou acima, mandou-lhe uma bala salvadora contra o peito, que a tornou insensível à dor e à agonia. Fizera bem? Fizera mal?"[117]	"Que sorte! Quase em seguida, surgiram quatro jacarés, positivamente anfitrião e convidados que iam banquetear-se. Como não encontrassem o espólio, bateram as imediações – e que espetáculo não aconteceu! – os monstros, numa indignação feroz, atiraram-se a um. Com assombro dos circunstantes, os jacarés tempestuavam o rio, espargiam o ar com grossas gotas de água: em roncos medonhos, bocas com bocas, caudas com caudas, digladiavam-se com fúria. A ferocidade contra ferocidade revelava a grandeza da própria ferocidade. [...] "[...] segundo afirmava Caísso, o desastre não representava senão a cólera de Mutacalombo. [...] Caísso havia-se malquistado com uma irmã. [...] Caísso, mais culpada, sofreria uma desgraça: como quimbanda, conhecia melhor as regras do xingüilamento. Ao cumprir pena, porém, Mutacalombo a assisti-la-ia, razão por que lutou com o jacaré, escapara do afogamento. Quanto à irmã, devia pagar a sua falta com uma vida acidentada de tormentos."[118]

117 Azeredo, Guilhermina. "Chiromba." *In: Feitiços.* 1935, [s./p.].
118 Ribas, Óscar. *Uanga (feitiço).* 1951, p.33-35.

Chiromba, vítima do crocodilo no texto de Guilhermina, é uma *cando-na*, a concubina do branco, Morales, malversada com a família, que rejeita que esta condição. Caísso, a presa "não consumida" do outro bicharoco, é uma *kimbanda* em desavença com uma irmã. A imposição dum sentido moralizante, que enfatiza a centralidade da harmonia entre a parentela, é o traço central de ambas as narrativas. No entanto, enquanto Ribas (que, segundo afirma, reproduz a versão de Antonio Sebastião para um episódio que se teria passado no Dondo, em 1928) demonstra desde o princípio algum pendor contextualizante e, malgrado os limites dessas descrições, explicita ao máximo a inserção do caso no quadro de representações social-mente significantes para além dos passos narrados (como "enunciado do saber que esconde sempre outro enunciado"),[119] o texto de Guilhermina confina-se a uma plosão de horror, expressão ex-cêntrica (e ela apenas in-sinua que, por "inveja da sua condição de companheira de um branco", as demais mulheres a enfeitiçaram), que, ademais, se dissolve por força de um elemento externo – o branco, que, com um tiro, vence jacaré, feitiço e a pró-pria mulher, em luta já perdida. O distanciamento, duplamente construído – em relação à "causa nativa" e ao "comportamento animal" –, tal como o descreve Guilhermina é, com efeito, a atitude primordial que permite afirmar que o lugar dos "animais não humanos" nas narrativas coloniais é, antes de tudo, o de veículos de "interpretação" da fala indígena, por que se articulam sínteses da percepção exógena (e exótica) do *espaço africano*.

Se, como afirma Florence Burgat, a lógica da animalização, afora a es-pecificidade da dimensão zoológica de categorias como *homem/animal*, consiste na "destituição do direito de ter direitos, na impossibilidade de aceder a uma forma de reconhecimento que permita ser tratado como um fim e nunca simplesmente como um meio",[120] podemos sugerir que o tipo de reificação a que o discurso colonial sujeita os animais está fundado sobre uma ontologia da identidade, em que os animais e o espaço são a mesma e única *coisa*. Dessa ontologia resultam efeitos interessantes: de um lado, perturbadoramente próximos aos *indígenas* (pois que *tutelados/bellow of rights*), de outro, um grau de separação entre a *agência da cultura* e a *sujeição da natureza* (pois que *recursos*; um meio e não um fim, como, ao menos na retórica assimilacionista, o são os *nativos*). Organizadores, desse modo, de uma hierarquia colonial, para os animais convergem, metafórica e literal-

---

119 Boyer. *In*: Nascimento, 1977, p.81-89.
120 Burgat. *In*: Héritier, 1999, p.45-46 [45-62].

mente, todas as propriedades conotadas positiva ou negativamente com que a singularidade daquele espaço figura nas representações dos *coloniais*. Desse repertório constam a "beleza do que é rústico", a admiração pelo que, oferecendo a "fantasia da liberdade e da força perdidas", suscita a possibilidade das demonstrações de reflexividade por parte do "civilizado", tanto quanto conta a ojeriza à *rudez do espaço*, hostil e vazio, a projeção da terra *"sem tempo"* e *"superlativa"* e uma forma polida de objetivação da leitura *"supersticiosa"* do *"pensamento selvagem"* (atualização do que Cavazzi e seus contemporâneos resumiriam afirmando que *"os deuses gentios"*, e aqui, os animais totêmicos são *deuses, "são demônios"*). A constância e monotonia dessa apresentação é tamanha que ela nos dá a impressão de que, mais do que à análise, se presta à antologia. Por isso, em lugar de nos atermos às minúcias de cada uma das suas formas, preferimos propor a seguinte tipologia: de modo geral, o *bicho do mato*, os animais não humanos são representados como:

a) sínteses da hostilidade do ambiente – que se reduz à sua rudeza (objetos, portanto, da "animalização" do espaço);	"O bicho; o amarelo; o bruto; o grande; tudo menos chamar-lhe: leão. [...] Na missão ia grande alvoroço. Dois leões vindos do poente haviam assentado arraiais ali mesmo ao pé, e receava-se uma desgraça a todo momento. Uma nomeada terrível precedera as feras. Sabia-se dos muitos estragos, que vinham praticando impunemente, e tôda a gente temia a grande predileção que mostravam pela carne humana."[121]
b) agentes da agorafobia colonial – como perpetradores (e, ao mesmo tempo, como veículo de causação, objeto do "feiticismo nativo");	"No esconderijo da árvore haviam surgido dois olhos fosforescentes, coruscantes reflexos esverdeados. E, se como não bastasse, um relâmpago longínquo iluminou o recinto trágico. Um leão soberbo, magestoso, imponente, apareceu então na entrada da toca. Olhou, um esgare hediondo e feroz, o mísero caminheiro indefeso que se apresentava a disputar-lhe o abrigo, e alçando os quadris largos e robustos, as fauces hiantes, a juba erriçada, soltou um rugido de cólera e formou o salto. Respondeu-lhe um grito lancinante, de dor, já lá embaixo, nos penhascos do rio. Voluntariamente, ou tomado de pavor, o vulto despenhara-se no abismo. Então, como que respondendo ao grito de dor do homem e ao rugido de cólera da fera, uma descarga elétrica rasgou o espaço ao mesmo tempo que um estampido formidável abalava a Terra e atroava os ares. Quando, perdidos os últimos ecos pela imensidão além, a calma se refez, o imbondeiro e a fera jaziam, lado a lado, em pedaços... Dir-se-ia que, sobre eles, tinha caído a cólera divina."[122]

121 Aguilar, Antonio de. *Aventuras de caça*. 1935, p.171.
122 Pires, Antonio. "Um drama na selva." *In: A Província de Angola*. Suplemento. Ano II, n.50, 4 de Abr., 1937, p.7.

c) descritores de um espaço – África – "fora do tempo";	"A imensa pradaria verde tornejada pela enorme floresta; a cabeça altaneira dum antílope, cortando arbustos, surge ao resvés da paisagem; eis uma visão da natureza, com seu espaço, energia e liberdade, que para sempre fica na memória; visão da anhara, mistério do país distante... O país distante desentranha-se nas mais variadas morfoses das bichezas que assombram."[123]
d) expressões da fabulação que cerca a apresentação de "África" entre depauperação e superabundância;	"No mundo tudo é mistério. Não sei como é possível – e contudo é possível! – existirem milhares de bichos bravios nessas terras ressequidas, abundantes de mimos nas pastagens, mas chupadas da derradeira gota de água. É assim. Mas não explico porque não compreendo."[124] "[...] E logo que as águas do céu alagam Cameia, logo que as poças de vinte a trinta metros de raio se enchem, nessas águas de milagre surgem milagrosamente cardumes e cardumes de peixes. São peixes, peixes autênticos, com guelras, com espinhos, com barbatanas. E esses peixes vi-os eu, Maria Archer, que isto escrevo; sei que existem, porque os vi. Eu amo todos os devaneios, todos os desequilíbrios da fantasia, todos os deslumbramentos da imaginação. Mas agora garanto que não invento, que não procuro extrair do impossível efeitos palpitantes que cumulem de atractivos a selvática solidão de Cameia, anhara inundada, segredo entre os segredos do país distante."[125]
e) expoentes da "beleza do que é selvagem/natural" (que suportam os exercícios de reflexividade e autodesdobramento do "civilizado");	"os antílopes deram por nós e quedaram-se muito atentos, pescoços no alto, os cornos tombados para trás, um grupo de rara elegância, que animava a monotonia verde da chana. Eu, que, até então, apenas tinha visto da fauna exuberante da África, a caça miúda e uma ou outra cabra do mato, olhava cheio de curiosidade e delícia para aqueles grandes antílopes, de pêlo quási dourado e armação elegante, que também pareciam olhar-nos com mais curiosidade que receio."[126] "Confranjo-me; de quê? De remorsos. Dá pena vê-los, assim desfeitos, entre a vida e a morte, aos soberbos filhos da selva, estampas de beleza pura, fortes como ídolos pagãos, livres como o não são homens. [...] Morrem com os olhos muito abertos, absorvem até ao derradeiro momento a plenitude da luz – olhos suaves, de dulcíssimas miradas, olhos que mansamente interrogam: Porquê? O resto do bando abalou, sumiu-se ao longe, ennovelado na poeira galopada. Apenas ficaram connosco os animais abatidos. Carne de dor e podridão – como a nossa. Porquê – mas porquê, somos nós os únicos animais que extraem da crueldade prazer? Porquê – mas porquê, o homem não é mais que fera bravia, hidrópica de capacidade nociva? É lamentável e é verdadeiro."[127]

123 Archer, Maria. *Ninho de bárbaros*. Cadernos coloniais, n.15, 1936, p.14.
124 Idem, ibidem, p.5
125 Archer, Maria. *Ninho de bárbaros*. Cadernos coloniais, n.15, 1936, p.11-12.
126 Galvão, Henrique. *O velo de oiro*. 1933, p.63.
127 Archer, Maria. Ninho de bárbaros. Cadernos coloniais, n.15. 1936, p.8-9.

f) emanações de "pura força"/"potência" /"plosão natural" – portanto, adversos ao homem (e alheios à lei; perturbadoramente comparáveis, nesse sentido, aos "nativos").

"Uma manada de pacassas buscou abrigo numa moita formada por algumas palmeiras envoltas em trepadeiras e rodeadas por arbustos de jasmim gigante. O seu chefe é um grande bicho de pêlo escuro e luzidio, a pele bem esticada sôbre músculos poderosos, a armação em forma de meia lua, larga e sólida na base, as pontas afiadas, polidas e brilhantes, sem terem ainda aquelas rugas que traz a velhice. Entorpecido pelo calor, as peludas orelhas afastadas da cabeça, os olhos meio fechados à claridade que o rodeia, sonha com as lutas que travou e com as vitórias que conseguiu sôbre os outros animais. Ainda há pouco, em batalha tremenda, venceu e expulsou da manada o pacassão velho que a comandava ficando êle seu senhor absoluto. Nenhum outro animal o incomoda e até se sentiria com fôrças de afrontar o rei da selva, o leão, se o encontrasse alguma vez na margem de cá do grande rio. [...]
Na criação só uma espécie existe que lhe inspira certo respeito misturado de curiosidade: é o homem. Quando as pacassas avistam o homem, é melhor, mais prudente, ceder-lhe o lugar... Mas que estranho ente âquele, diferente de todos os outros. Sem dentes, nem garras, nem armação, poucas são as suas fôrças e no entanto êle sabe produzir fogo e obrigar as plantas a nascer como e onde quere, em linhas direitas e iguais. Ele abre caminhos mais largos do que todos os outros bichos, por onde passam em correria desenfreada enormes massas crepitantes e, segundo consta, é capaz de, mesmo sem lhes tocar, mesmo de muito longe, tirar a vida aos animais, até das aves que sabem voar. Mas, assim como há pacassas ruivas e outras negras, há também homens pretos e outros claros. Êsses claros é que são os mais perigosos, capazes de dizimarem num instante uma manada de pacassas."[128]

De leões inomináveis, como os de Antonio de Aguilar, e daqueles que são a própria encarnação do *feitiço*, vindos do escuro e da *incerteza do mato* (pois que é só o espaço à espreita que alberga o *feitiço*), como o de Antonio Pires; da pacassa (*Syncerus caffer nanus*), violenta como o é o espaço ou força bruta que a razão "ruiva" do homem branco submete (já que os "*homens pretos*" são quase *pacassa*), como a encontramos nos fragmentos de Eugénia Brandão de Melo; do hipopótamo dolente, a preencher os rios em que o tempo é ilusão, do elefante, a deambular seu corpo pré-histórico e, enfim, de todos esses "*ídolos pagãos*", em que Maria Archer encontra algo de "puro" (quiçá, a beleza do *bom selvagem*, do "*idiot savant*", recorrente como motivo colonial), dessa imagem quase sempre transferida para "*fora da história*", visões "*donde se conclue que se refugiaram nos bichos certas*

128 Melo, Eugénia Brandão de. *Na terra de Tabi*. 1941, [s/p].

virtudes que os homens perderam";[129] resta, sempre, uma imagem em que os animais, metonímias do espaço africano, *ativos*, mas não *agentes*, exprimem a contraface do que é o próprio colonialismo, como fenômeno fundado em *ocupação* e como *utopia do progresso*. E, nesse aspecto, as representações coloniais são não somente persuasivas, mas factuais. Afinal, do ponto de vista histórico, a marcha colonial e a dispersão da fauna são processos concomitantes e mapeáveis no tempo e no espaço. Talvez por isso seja exemplar a descrição do geógrafo norte-americano Linton Wells, demarcando a Cultura (neste caso, *animal husbandry*) na mancha ocupada das terras altas do planalto e discernindo a Natureza (*wild life*) no *"vasto espaço inabitado de Angola"*; a que ele, muito sugestivamente, chama *"um paraíso de Nimrod"* (i.e., babélico, primitivo):

> The logical area in Angola for extensive animal husbandry is the region south of the Huila and Humpata highlands as far as the South-West Africa boundary, where there is little disease and considerable natural grazing land, which could be greatly improved without much difficulty. There is no water during the dry season, but storage reservoirs could be constructed. In any event, an estimated 1.563.718 animals were in this region at the end of 1935, which is more than 50 per cent of the number in the colony; and the many thousands we saw in 1939 seemed to be doing well, fending for themselves and drinking from holes and trickling streams.
>
> The vast uninhabited spaces of Angola are a Nimrod's paradise. There the hunter can find – in fact, almost drives into – wild life in abundance, from elephants and lions to the shy giant sable antelope. This magnificent animal has been slaughtered to such an extent that today it is estimated that there are fewer than 50 in Angola. Since the departure of the Boer hunters the carnivores have increased to the point where they are a menace to human and animal life in some districts. All the streams are filled with crocodiles and many with hippos.[130]

Onde a *Natureza* escapa ao *Cultivo*, e *confrontos* podem ser encenados como *jogos*, os animais aparecem na realidade mais cruenta com que foram apreendidos pela perspectiva colonial, e, por isso mesmo, aquela que é mais recorrente e mais significativa: como *recursos naturais*. E não é pequeno o

---

129 Archer, Maria. *Caleidoscópio africano*. Cadernos coloniais, n.49, 1939, 14.
130 Wells, Linton. "Angolan Safari." *In: Geographical Review*. v.30, n.4, Oct., 1940, p.571-572.

espólio desses recursos. A caça é uma atividade que, em Angola, exige licenciamento de prática desde o começo dos anos 1920. Ao longo do período colonial, as áreas de conservação e o rol de espécies preservadas são continuamente aumentados. Por volta de 1960, existiam parques e reservas de proteção parcial na Quissama (no Bengo), em Cameia (no Moxico), no Iona (próximo a Tombwa, no Namibe), na Huíla (o parque da *Mupa*/Girafa e de Bikuar), além das reservas mais controladas, ou totais, como a do Lundo (criada em 63 para proteger a palanca negra) e o Milando (criado, como parque, em 51). Para além disso, havia as Coutadas públicas e de safáris, das quais as mais famosas eram Ambriz-Quimilala, Luiana, Luengué, Longa--Mavinga e a célebre Coutada do Mucusso, no Cuando-Cubango, *terras do fim do mundo*, onde um seletíssimo escol realizou seus devaneios de caçadas africanas. Os *big five*, e emblemas angolanos, como as pacassas e palancas (de cuja variedade "negra", hoje símbolo nacional, restavam pouquíssimas na década de 1950) não eram os únicos protagonistas: caamas, cacus, springboks, cefos, oryx, gnus, golugos, impalas, songues, pukus, olongos, bambis, punjas, tungos, leopardos, chitas, caracais, facoceros, zebras, girafas, enfim, um universo gigantesco de espécies era registrado em Angola; o zoólogo Mário Pirelli, do Serviço de Turismo da colônia, descreve-o, resumidamente, em cerca de 40 laudas (muito, muito inferiores as ocupadas pelos Regulamentos de Caça).[131] Tudo, no entanto, redutível a pesos e medidas; seja o termo de referência a cotação do marfim (fito principal da caça comercial), a arroba da carne (a que se dobravam mesmo caçadores abastados, a fim de custear o dispendioso "jogo") ou os recordes de troféus espoliados aos corpos dos *bichos*. É certo que a caça é um mundo em si – um rito e um *locus* social, cheio de códigos e profundamente articulador de contextos –, e para ela temos de reservar um tratamento específico, adiante. Gostaríamos, no entanto, de evocar três pequenos fragmentos que descrevem situações de caça (e pós-caça), pois acreditamos que, ao expressarem os lugares dos animais, em quadros mais amplos que decorrem nos cenários da caçada, eles revelam um "padrão de consumo colonial" do espaço:

---

131 *Cf.* Pirelli, Mário. "A fauna de Angola." *In: Boletim do Instituto de Angola.* Ano XII, n.20, Set.-Dez., 1964, p.5-42.

	Sobre animais, pesos e medidas...
(i)	"Muitos dias passaram sôbre a matança dos búfalos, dias trabalhosos empregues na dura faina da preparação dos couros e da carne para negócio e, ainda, no arranjo de exemplares de colecção. Servindo-nos de injecções de sulfato de zinco sob pressão e fricções de sabão arsenical, tratamos, entre outras, duas cabeças de machos velhos, autênticas peças de museu. [...] E era coisa de ver o pasmo dos indígenas, ante a figuração real daquelas cabeçorras. Eram os troféus máximos."[132]
(ii)	"Via-se a uns setenta metros, em baixo, o elefante a romper caminho, agitando furiosamente a tromba e a cabeça. Estava cansado da corrida. Nessa altura aparecia a descoberto. Foi então que, a distância, lhe distingui os dentes, – tão bons! – pensei. Estava emocionado, mas não tanto que não disparasse ainda um inútil 'tiro de misericórdia'... Estendi-me depois por sobre as 'pontas,' que tinham precisamente o meu comprimento da cabeça aos pés: 1,72. [...] Começou o Paca a berrar e a chamar toda aquela medrosa gente; e do capim, ora aqui, ora acolá, começaram a espreitar as cabeças curiosas e assustadas dos meus homens. O bicho, na verdade, era um monstro. Seguramente, cinco a seis toneladas de carne, nada menos. Quanto aos dentes, a balança o diria. [...] Só os dentes, pesando quarenta e dois quilos cada um, renderam, renderam, vendidos ao Banco do Congo Belga com os competentes e legais impressos de caça, a quantia de 21.700 francos, que, ao câmbio de então, se transformaram em pouco mais de 16 contos."[133]
(iii)	"Ao longo dos rios Cuíto, Okavango e Cuando, havia planícies grandes, mas quase sempre pantanosas, em que um para meter-se tinha que muitas vezes molhar-se quase até à cintura, com excepções, em que em alguns lados era firme. Aí era a terra dos Red Lechwes e das sitatungas e alguns Waterbucks ou Inhacosos como lhes chamávamos em Moçambique. Os Lechwes Vermelhos eram animais imponentes e fortes. Um pouco mais pequenos do que os Inhacosos, mas de uma cor amarela quase alaranjada. Aí conseguimos muitos bons troféus, que não ficavam nada atrás dos que os caçadores da Botswana pregoavam que eram os melhores. Os Elefantes, ah! os elefantes, – esses sim eram os maiores elefantes que em tamanho de corpo eu tinha visto na minha vida. De facto, o elefante considerado o maior do mundo está no Museu de Historia Natural de Washington, que lhe foi oferecido por um dos velhos caçadores angolanos, o José Fenikovi."[134]

De todos os aspectos certamente muito interessantes que encontramos em relatos de caçadores, como estes, devemos confessar, o que mais nos atrai a atenção não é a forma histórica e politicamente relevante com que se naturalizava, então, a reificação dos animais (e pensemos neles, aqui, como *natureza*), que permite, afinal, tratar "cabeças" como "coisas" (ante o *"pasmo dos nativos"* e a despeito das perigosas analogias que isto desperta) ou reduzir o animal à fórmula *"seis toneladas de carne e 1,72m de dente, peça de museu"*, Efetivamente, essas são versões fortes, mas não exclusivas, de

---

132 Aguilar, Antonio de. *Aventuras de caça.* 1935, p.131-132.
133 Costa, José da. "Episódios da vida de caçador (II)." In: *O Mundo Português.* Ano XIV, n.8, Ago., 1947, p.166-168.
134 Do depoimento de Victor Cabral, caçador em Angola e em Moçambique, em 2 de Out., 2006.

uma concepção do *espaço* como *disponibilidade*. Se atentarmos para os vários aspectos tratados ao longo deste capítulo, vamos perceber que, no que concerne às representações coloniais voltadas para as *"outras terras"*, quase tudo retorna à questão primaz do conflito entre *"(pretensa) inutilização* vs. *utilidade, direito* vs. *usufruto"*. E, neste caso, apenas se acrescenta a racionalização da violência, a qual se legitima pela muito nítida distinção que os seus agentes percebem entre o meio e seu lugar de interação com ele (e, diga-se, tratamos de um momento em que dificilmente alguém aventaria a hipótese de ultrapassar a "metafísica da simpatia", no que diz respeito a relações homens—animais). É muito interessante observar que, em meados dos anos 1960, quando o colonialismo definha (e, por coincidência, ou não, também a caça começa a ser tida por instituição *non grata*), os discursos que emanam de sujeitos feitos responsáveis pela implementação do preservacionismo insistam numa apresentação da "fauna de Angola" que transparece, sob as advertências aos maus caçadores, quão persistente é a lógica do "recurso". É o que exprime o citado Mário Pirelli:

> É sabido que a ética da caça desportiva não é normalmente respeitada pelos caçadores de Angola que, em geral, abatem indiscriminadamente qualquer animal, pelo simples prazer de matar, sem a preocupação de ver se se trata duma fêmea, dum animal protegido pelo Regulamento ou duma espécie rara. Tudo isto causa naturalmente prejuízos, não só quanto à riqueza que representa a fauna selvagem em certas regiões de Angola, mas também à nossa propaganda turística, exactamente num momento em que devíamos fazer tudo para deixar nos nossos visitantes as melhores impressões.[135]

Parece muito claro que a *"riqueza"* de que fala Pirelli não é a que atualmente diríamos ser a biodiversidade, mas sim aquela que é quantificável/"rentável" (*commodifiable*); e é notável que os safáris fotográficos que começam a existir no período de que ele fala, comuns até hoje, emulem o sacrifício da caça pelo aprisionamento do signo-imagem do animal, proporcionando, todavia, um elo de continuidade entre as práticas, enquanto atividade econômica. Nesse aspecto, os animais são apenas

---

135 Pirelli, Mário. "A fauna de Angola." *In: Boletim do Instituto de Angola.* Ano XII, n.20, Set.-
-Dez., 1964, p.5-6.

a vanguarda, ou o elemento mais vulnerável, de uma "industrialização da 'diferença' para o consumo",[136] com a peculiaridade de que o seu estatuto ontológico (atribuído) não põe em causa as formas de consumo físico/efetivo, ao passo que a diferença *"nativa"*, por exemplo, é principalmente um objeto de consumo simbólico, como o verificamos nas diversas faces do exotismo (embora, por outro lado, o servilismo encarnado no *"contrato"* ou a obsessão de fantasias *"antropofágicas"* possam colocar a hipótese em suspensão). Gostaríamos, no entanto, de avançar num outro aspecto. Porque ao observarmos os três relatos de caçadores citados anteriormente, podemos enxergar pelos dois elementos em comum entre eles: alguma propensão à definição da caça em termos "científicos" e uma nítida preocupação com as "comparações". Sem querer enfileirar uma "manada" de argumentos, digamos apenas que essa combinação é extremamente sugestiva: a "ciência" (nesse caso, "racionalização do consumo") supõe uma objetivação e um distanciamento (*animais*, aqui, são *coisas*), mas também os processos sociais que disciplinam o objeto, enquadrando-o em classificações (de modo que, como o mineralogista classifica pedras, a fim de estabelecer o seu *valor*, os *animais-coisa* que encontramos aqui são também *classificáveis* e *valoráveis*); a "comparação", por seu turno, supõe a concomitância, a homologia, a existência da prática [ou do signo] para além de si mesma (nesse caso, a existência de *outros caçadores*). Desse modo, se é de *recursos* que se tratam, os termos fundamentais da equação são a capacidade de *mensurar* e *ponderar valores*; e, portanto, de transferir as propriedades das *coisas* (de quaisquer *coisas possuídas*) para seus *consumidores*, sob a forma de *prestígio*. Como procuraremos demonstrar em passagens adiante, o *prestígio* é um dado crucial e definidor do *consumo colonial* em linhas gerais. Como dimensão decisiva do *consumo*, em qualquer circunstância, o *prestígio*, numa sociedade em que a *distinção* que dele provém é mais do que mera modelagem social – é a própria engrenagem societária; e, mais do que isso, é o *"limite da lei"* –, torna-se a chave dos mais diversos cenários de interação entre os homens. A exemplo da conclusão a que chegamos quanto ao *mato*, os *animais* são também uma plataforma para o exercício de *"prestigiosas performances de dominação"*. Como explica Henrique Galvão, esse é o cerne do jogo perigoso que envolve *homens* e *bichos*:

---

136 Burgat. *In*: Héritier, 1999, p.46-47 [45-62].

[...] a quantidade e variedade da fauna, as dificuldades opostas pelos elementos conjugados de territórios e clima, o perigo ou risco que envolvem a perseguição venatória a certos animais, o valor desportivo e comercial dos despojos, as qualidades físicas e morais, especiais, que o exercício exige aos caçadores coloniais, etc. – explicam abundantemente a sedução exercida pela caça nas colônias. Entre estes elementos de atracção, dois, sobretudo, a prestigiam: o risco perante a caça perigosa e a corpulência das espécies principais.[137]

Quanto à predação em que o *jogo* (e o *consumo*) implica, para além das representações que a narrativa colonial legou, resta apenas dizer que alguns dos documentos mais perturbadores envolvendo *bichos* são justamente aqueles que deveríamos encarar com maior naturalidade: dentro dos limites de um conservacionismo crescido sob a lógica dos *recursos*, as licenças de caça, tal como eram expedidas em Angola, visavam controlar o exercício indiscriminado da atividade, cuidando de estabelecer algum equilíbrio quantitativo e distributivo das espécies. Traziam, por isso, como se de um livro de créditos e débitos se tratasse, uma lista de animais, com as respectivas quantidades de cada um deles que o caçador que portava a licença estava autorizado a abater. Aos fiscais, quase sempre de modo inglório, competia descontar da lista as peças abatidas.[138] Tudo muito lógico e até mesmo razoável; não fosse pelo fato de que essas listas de morte quantificada, de morte estatística (com as piores sombras de episódios históricos que isto nos lembra), não possam deixar de parecer chocantes... para nós, "leitores não modernos".[139]

***

Um último aspecto a ser explorado, no que tange às representações dos animais, é o que nos informa a sua dimensão de organizadores/catalisadores de relações entre os homens. Dos mais variados exemplos desse uso, o que nos parece mais relevante é aquele em que os animais, de certo modo, "criam" um espaço de relativização das clivagens sociais, fomentando à ideia de uma "solidariedade" entre sujeitos (situacionalmente) iguais, a partir de uma imagem de "participação"/comunhão de "interesses", radi-

---

137 Galvão, Henrique; Cruz, Freitas & Montes, Antonio. *A caça no Império Português*, v.2. 1942, p.161.
138 Ver Imagem 2.7.
139 Latour, 1994.

cada sob a distinção generalizante entre humanos e não humanos. O fato de que, sob certo ângulo, os *animais* representem uma ameaça/inconveniente para todos os *homens*, tal como se desvela nas narrativas que traduzem em *horror* a presença dos jacarés, leões e outros *"devoradores de gente"*, bem como da constatação, aparentemente inquestionável, de que os grupos sociais *nativos* tivessem concepções acerca dos animais que permitiam tomá--los como *raw material* (e, nessa acepção, como *"recursos"*), propicia uma enorme variedade de discursos baseados na *associação*, na cooperação entre agentes, habitualmente, apresentados como antagonistas, assim, no entanto, reunidos por uma *luta comum contra a hostilidade do ambiente e pela incorporação dos bens "naturais"* pelo agregado humano. A caça, mais uma vez, é o cenário mais propício ao surgimento e proliferação desses discursos. Um motivo que constantemente podemos encontrar em relatos dos caçadores de Angola é o da pronta disposição dos *nativos* para empreender essa atividade de que o resultado é sempre uma afluência sazonal, mas bem-vinda. Procedendo a uma descontextualização da caça praticada localmente (pois que a aproximação desta à caça colonial só é possível rasurando a assimetria de escalas, propósitos e interação com contextos sociais mais amplos), estas narrativas evocam um tal motivo num duplo movimento: por um lado, apelam à simpatia e, por conseguinte, a uma imagem de *"inserção"* que define e legitima a sua *experiência africana*; por outro, sublinham a précondição desta simpatia, produzindo imagens duma *harmonia* (ainda que *hierárquica*). Para não proliferarmos os exemplos[140] (e dispensar outros aspectos destes textos que gostaríamos de tratar, adiante), citemos apenas um fragmento de Castro Soromenho, de um episódio que se teria passado em Camaxilo, no começo dos anos 1930; o relato é significativo, sobretudo, por apresentar a ordem e o processo da empreitada, desde a tímida participação do *"branco"*, abatendo o animal, até a euforia com que os *"nativos"* se encarregam de quase toda a *"tomada de posse do bicho"*:

---

140 Um antigo colonial de Benguela oferece o seguinte retrato dessas empreitadas associativas: "A carne era para comer e era repartida por todos. Para aqueles que viviam nas sanzalas da zona, e que o meu pai conhecia muito bem, uma caçada significava abundância, festança e barriga cheia! Assim se faziam as caçadas em Angola. Eram sobretudo momentos genuínos de convívio, amizade e solidariedade!" (depoimento não assinado, disponível em: http:// angolaanosperdidos.blogs.sapo.pt/1520.html, acessado em 21 de Dez., 2009).

O sertanejo quis conhecer pormenores, mas os negros, falando tumultuá-
riamente, gesticulando de maneira desordenada, estabeleciam tanta confusão
que se tornaram incompreensíveis. Só a palavra *govo*, repetida a cada momento
em ênfase, com respeito, quási com temor, tomava vulto, agigantava-se... O
europeu voltou-lhes as costas e tornou à sua cabana. Era grande a azáfama dos
negros à procura de *javites*, cujas lâminas correram nas pedras de afiar, de paus
com dimensões tão excessivas que os homens mal podiam carregá-los às costas
e que êles aguçavam com rapidez extraordinária numa das pontas para serem
utilizados como arma de ataque; e de cordas fortes, *lomdombis* sangrentos,
arrancados brutalmente das árvores que cercavam o acampamento. [...] – Já
não comes mais mandioca, – disse Mualucano, lançando o seu *javite* à cabeça do
animal. E os negros riram a sua grande gargalhada selvagem. O funante mirou,
com olho de caçador, o hipopótamo. Era, de facto, de grande corpulência,
mas já bastante velho. Sem entusiasmo, num golpe de misericórdia, o europeu
meteu uma bala na cabeça do paquiderme. A morte foi fulminante. Ainda o
cheiro de pólvora andava no ar, e já os negros, aos gritos, dançavam em redor da
cova. Toda a tarde foi gasta a esquartejar o hipopótamo. Como não era possível
transportar toda a carne, resolveram que ficasse um homem de guarda a secá-la
ao sol. Na volta fariam a partilha, cabendo a parte de leão ao Mualucano. [...] A
carne do bicho é nossa porque nós é que o matamos. Estava assegurado o direito
de posse![141]

O modelo narrativo da passagem de Soromenho é basicamente padrão
em exemplos equivalentes: tiros e armas, nas mãos dos brancos; paus, javites e cordas, nas dos nativos; carnes e despojos, para estes; troféus, peças,
marfins, valia, para aqueles; de um lado, entretenimento, pura e simples
aventura, comércio, economia, enfim; de outro, batuque e barriga cheia. E,
no entanto, há nessa lógica de "cooperação" (na verdade, um encadeamento de posições dissimiles), a imagem dos animais como grau de separação,
como uma dimensão privativa da *natureza disponível*, que, afinal, confere
sentido à parelha descritiva do que está em causa na ocupação colonial:
outras terras, outras gentes. Dando maior profundidade ao esquema de
oposições que apresentamos páginas atrás, essas relações que a "*caça asso-*

---

141 Soromenho, Castro. "O direito de posse." *In: O Mundo Português*. Ano VI, n.70, Out., 1939,
   p.380; 382.

ciativa" descortina permitiriam representar um quadro de hierarquias e de distinções, organizado conforme o diagrama seguinte:

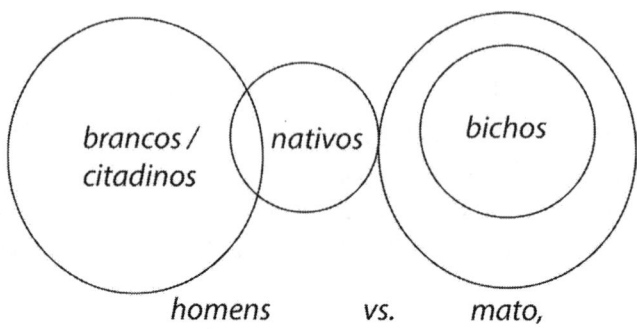

sendo a oposição fundamental, *homens vs. mato*, distribuída em campos – o dos *citadinos/brancos*, na proporção opositiva exata do *mato*, que alberga, integralmente os *bichos* (reunidos sob uma mesma lógica de *adversidade/*de *recursos*), mas só tangencialmente os *nativos*, porquanto *brutos*, logo, parte do espaço a submeter, embora intersticialmente participantes dos interesses dos *homens* (como, no mais, são intersticialmente sujeitos à lei, dado o regime do *"indigenato"*).

***

Entanto os animais sejam presença constante na narrativa colonial, pouquíssimos são os textos exclusivamente dedicados a/protagonizados por eles. Dentre eles, há a destacar um livro sofrível, mas contextualmente importante, *Muata-Maiendo: o 'crocodilo'* (1950), de Mário Milheiros (interessante como revelação de certo fundo político nas narrativas que envolvem a tradução a que a se submete o repertório da oralidade), e principalmente um livrinho despretensioso (mesmo para o seu autor, um pretensioso nato), embora muito esclarecedor: *Kurika* (1944), de Henrique Galvão. Trata-se de um romance infanto-juvenil, escrito sob o mesmo lema do *Tin Tin*, de Hergé - *"para crianças dos 7 aos 77 anos"* –, bem ao gosto "colonial". É a história de um leãozinho, o *Kurika*, levado como animal doméstico para a casa de um "sertanejo" (depois de ter a mãe abatida numa caçada) e, lá, adotado por um cachorro e uma macaca. Como "pedagogia colonialista" é fraco; sobretudo, por combinar, estranhamente, a ficção de aventuras e a descrição quase técnico-científica de uma dúzia de espécies da fauna angolana (desviando-se de certas convenções que marcam o gênero). E como "*aventura de bichos*" (gênero de sucesso à época),[142] é tão ingênuo e, em certo sentido, tolo, quanto o filme mais comum de Walt Disney. Mas tem sua graça. É, no mais, uma história confrangedora: o pobre leão é recebido com faustos ("*uma estrela desprendida do céu e recebida em casa do 'funante' não teria provocado o alvoroço e alegria que espontaneamente brotaram com a entrada do Kurika*"), mas a sua situação é nitidamente inviável, à medida que ele cresce, e domesticá-lo se apresenta como uma não possibilidade ("*o Kurika encheu-se um amor novo: o da liberdade; e de um apetite mais irresistível: o das galinhas – então postas fora do seu alcance*").[143] Por fim, o leão foge; mas tudo lhe sai mal – morre a macaca, companheira de fuga; a comida não lhe vem fácil, caçar é um dilema e, afinal, como sujeito de "identidade deteriorada", diria Goffman,[144] o "*mundo dos leões o rejeita*" (é notável a passagem em que uma leoa o desvela: "*Tem feitiço! Anda com os homens! Aí estava desvendado o mistério – a razão da sua ignorância quando o encontrara, das suas surpresas na caça e no amor. Vinha dos homens!*").[145] Assim é o *Kurika*, alguém que *já não é*, nem pode *vir-a-ser*. O seu fim é melancólico – a contemplar o cão e o rio, em cuja outra margem fica a casa do antigo dono, sabendo que não pode cruzá-lo. Eis, então, o aspecto em que o livro de Galvão é mais interessante: como encadeamento de metáforas.

Se a discussão sobre "legados coloniais" frequentemente reduz a complexidade de um conjunto de dinâmicas sociais concomitantes que atuam nos ditos espaços pós-coloniais, tomando-os por rendidos a uma sociologia do inevitável, é fato também, por outro lado, que o colonialismo é um desses eventos críticos dos quais transbordam narrativas sobre um antes (irrecuperável) e um depois (sempre com os olhos voltados para trás). Galvão viria a demonstrar, num célebre discurso à Assembleia da República, dois anos após a publicação do *Kurika*, que a coincidência entre a vida do seu pequeno personagem e certos movimentos verificados na sociedade colonial não era acaso, mas tentativa arguta de acompanhar processos em

---

142 Poucos meses após o lançamento, *Kurika* atingia já a terceira edição (com tiragem média de 1.000 exemplares), seguindo o sucesso comercial de outros autores portugueses, como Aquilino Ribeiro, com *O Romance da Raposa* (1924), e Miguel Torga, com *Bichos* (1940).

143 Galvão, Henrique. *Kurika*. 1944, p.23; 37.

144 Goffman, 1963.

145 Galvão, Henrique. *Kurika*. 1944, p.23; 37.

curso; expressa numa narrativa, que, ademais, fora composta com intenções ambíguas (no prefácio do livro, Galvão declara: *"das semelhanças que venham a notar-se entre o comportamento dos homens e dos bichos, na ordem das suas ações e sentimentos – não é o autor responsável"*).[146] Para além do viés "progressista", no entanto, o texto exprime diversos outros aspectos interessantes. Primeiro, a recorrência com que o autor enfatiza o pasmo e encanto dos empregados *nativos* de Conceição, o colono que adota o leãozinho, diante da visão inverossímil do *bicho domesticado* (reiterando, desse modo, a diferença de perspectivas em relação ao animal e, mais, a tudo o que encarna). Depois, a própria questão dos entraves/da inviabilidade da *domesticação*, que, paradoxalmente às convicções manifestas por Galvão, inscreve a sua narrativa no âmbito de visões céticas quanto aos limites da empreitada colonial. E é precisamente nessa dimensão mais rasteira e mais concreta, imediatamente reconhecível, que, talvez, encontremos o mais importante a ser dito. Porque, como Galvão faz questão de frisar, a ficção do *Kurika* é *"baseada em fatos reais"* – a primeira frase do livro é justamente *"os personagens deste livro existiram"*, e todo ele está recheado de provas e marcas dessa sua "factualidade". Com efeito, não é mesmo raro encontrar fotografias e relatos de antigos coloniais que comprovem esse gosto um tanto inusitado por conviver e/ou domesticar os "animais selvagens", mormente filhotes de grandes felinos e adultos de espécies mais "mansas", os antílopes de certa variedade e os macacos entre os preferidos.[147] Há uma dimensão perfectiva dum "cotidiano colonial" (de que expressões excêntricas como esta são parte) e também há a dimensão estética dessa prática, ambos dados a considerar. Mas, a despeito do caráter afetivo-operacional, da importância desse tipo de fato para a definição de uma "identidade colonial", a despeito da beleza e do interesse dessas memórias e imagens, isto tudo nos leva a uma última e fundamental questão: o *controle*, o termo pelo qual o que se *domestica* não é o *bicho*; é o que, de modo amplo, ele *significa*.

* * *

Domesticar é uma palavra forte. Ela remete duplamente à aproximação (por via do seu adjetivo correlato – *doméstico)*, lembrando-nos de que se trata de fazer *familiar* algo *diverso*, e antes *apartado*, mas também, percebe-

---

146 Idem, ibidem, p.*vii.*
147 Ver, por exemplo, as imagens e depoimentos que constam de: Fonseca, 2009, p.28-29 [encarte].

-se logo, à distância (por via do seu étimo – *domus, ii*, do *lat.* "casa", mas, principalmente, "domínio", "senhorio"), evocando, portanto, a ideia de *submeter, dominar*. Mas, se tivéssemos de resumir tudo o que até aqui foi dito sobre as *"outras terras"*, ainda não seria essa *"a palavra"*. Comentando a possibilidade de *domesticar* um animal que ninguém levaria a sério como o *bicho de estimação da casa*, o leopardo, a trinca de caçadores coloniais, Henrique Galvão, Abel Pratas e Teodósio Cabral, nos fornece melhor sugestão. Sobre o *Felis pardus*, advertem: *"Os mais mansos e mais habituados à convivência com o homem fazem partida quando menos se espera. Este magnífico patife consente, por vezes, em deixar adormecer a patifaria, mas não a perde; nem a patifaria, nem a beleza"*.[148] E é assim, da perspectiva de um mundo em que *"a patifaria adormece, mas não desaparece"*, que não só os céticos, mas quase todas as narrativas coloniais definem o espaço de Angola como se propriedades, positiva ou negativamente conotadas (a *patifaria* e a *beleza*), fossem dados objetivos e objetiváveis, dimensões das coisas, nelas impregnadas e inertes; em resumo, as *outras terras* são *em essência*.

Essencialismo, eis a palavra. Como, no entanto, temos a péssima impressão de que toda a *blitz antiessencialista*, já há algumas décadas, tem esgotado o que de realmente importante poderia ser dito, no sentido de tentar melhor compreender esse fenômeno/atitude/essa epistemologia que é o essencialismo, ao mesmo tempo em que os esforços envidados nesse sentido criam, por vezes, a versão *essencialista* do *antiessencialismo*,[149] preferimos concluir este capítulo explorando apenas um dado, uma contingência: a relação de *necessidade* que o *controle* cria, em relação aos *essencialismos* de todo tipo. Porque, a rigor, enquanto questão radical da condição a que "teorias do contemporâneo" tem chamado "colonialidade,"[150] o *essencialismo* é, sobretudo, um "mecanismo de poder" propiciador de uma (ilusão de) *ordem* ante a (aparente falta de ordem da) *complexidade*.[151] Lembremos o caso da narrativa de Patterson, citada anteriormente, acerca dos leões de Tsavo: trata-se ali, antes de mais nada, de restabelecer um estado de coisas ameaçado pelo

---

148 Galvão, Henrique; Pratas, Abel & Cabral, Teodósio. *Da vida e da morte dos bichos*. v.4 – Búfalos, Antílopes, Leopardos, etc. 1933, [s./p.].
149 *Cf.* a advertência que consta dos argumentos de Appiah, 1997, p.127-154; p.193-220.
150 *Cf.*, por exemplo, Mignolo, 2005.
151 Um "mecanismo de poder" atuando como um "regime de verdade", no sentido de Foucault, 1979; 1980.

fato estranho – os ataques dos leões –, do qual resulta, no entanto, uma série de supostos sobre a *natureza profunda* do fenômeno, que darão, ao engenheiro-caçador, o ensejo para recuperar a *confiança*, e, evidentemente, a *proeminência*, sobre o grupo de operários em debandada. Dum caso análogo, que se teria dado no Ambriz, por volta de 1940, com um administrador colonial de Angola, José da Costa, temos o relato seguinte:

> Eu tinha os ouvidos cheios de histórias e peripécias de caçadas onde a pacassa figurava sempre como a principal protagonista daquelas cenas de coragem e ousadia, praticadas e havidas pelos matagais daquela nossa e importante Colónia. Era um animal que, para mim e com a minha inexperiência, assumia proporções de monstro pré-histórico. Desta forma, quando os indígenas, batendo a queixada já na mira de saborosos bocados, me vieram avisar, eu não me alegrei como seria natural, atento o meu entusiasmo por este perigoso desporto. Pelo contrário, parece que, repentinamente, o sangue me tinha desaparecido das veias. No entanto, seria uma vergonha e das grandes, demonstrar perante o indígena a minha fraqueza ou medo em presença das pacassas. Era um desprestígio que até poderia afectar os trabalhos da estrada em curso. Peguei da carabina e de trinta cartuchos, pensando amargamento na possibilidade de armar, de novo, em corredor de velocidade. Mas, fosse o que fosse! Não podia recuar. E lá fui.[152]

Em comum, entre a narrativa de Patterson e o caso de Costa, temos, além da caçada e das preocupações com pontes, trilhos e estradas, duas coisas: primeiro, a indisfarçável expressão de uma *ansiedade*; *controlar* os leões ou as pacassas, o espaço, enfim, não parece tão importante quanto manter sob *controle* os homens sob tutela. Se nos movermos do terreno fugidio de narrativas como estas, na direção da documentação administrativa ou de textos mais "modernos"/modelares sobre política colonial, encontraremos a confirmação numérica de que a *"questão nativa"* (leia-se, a *questão do controle dos nativos*) é a maior, mais imediata e mais recorrente preocupação dos *"africanistas"* do século XX. Basta dizer que é por meio dela, a par das diferentes teorias que comporta, que se tem o hábito de distinguir variados

---

152 Costa, José da. "Episódios da vida de caçador (I)." *In: O Mundo Português*. Ano XIV, n.7, Jul., 1947, p.67-68.

modelos de "colonialismo" (*indirect rule, association, assimilação* etc.). Em segundo lugar, no entanto, vinculando-se diretamente a essa primeira dimensão, temos ainda um outro aspecto: o quanto o espaço, por exemplo, o *espaço físico/"natural"* se presta à pantomima do *controle* – na maioria dos relatos desse tipo é impossível não enxergar uma atitude de "encenação", de "caso pensado", como se, dada a inferioridade ontológica do *espaço vazio*, nele se pudesse exercitar, sem o constrangimento presumível, aquela *illusio* viril/*illusio dominandi* de que falávamos, de modo a que os sujeitos definidos como Outros (tangencialmente próximos desse espaço) pudessem ver a nítida analogia e a clara mensagem de "predomínio" que emana do "destemor do proeminente" (como as personagens de Henrique Galvão, é possível que também José da Costa afirmasse que *"diante dos pretos só se atira quando se tem a certeza de não errar; é preciso que eles não deixem de confiar em nós"*).[153] Nesse sentido, é possível ver o espaço, as *outras terras*, e o que, em absoluto, dessa perspectiva, ele compreende (como é o caso dos animais) como um campo de provas; ou antes, como o "laboratório da disciplina" em que, ao mesmo tempo em que se opera a ocupação, se ensaia o *controle colonial*.

Poderíamos evocar uma série de exemplos históricos que atestam os vínculos entre as práticas de uso/exploração/ocupação do espaço e técnicas de biopoder empregadas, na sequência, quer com relação aos *"nativos"*, quer com relação aos *"iguais excêntricos"* que o século XX produziu em larga escala. Esses exemplos dão persuasão à possibilidade de enxergar o espaço colonial como "laboratório", no sentido mais literal, "cientificista" e menos exotérico possível.[154] Contudo, o que gostaríamos de frisar é que esse tipo de apreensão do espaço africano supõe o "isolamento" (qual o objeto de experiências deve ser isolado) e, porquanto, a "imobilização" das imagens apreendidas, o que as remete, diretamente, para o campo do *essencialismo*. A fotografia colonial é um tipo de fazer que, com todo o seu rol de *paisagens vazias* e *nativos enfileirados* (ambas as expressões de uma "ordem" e

---

153 Galvão, Henrique. *O Velo de Oiro*. 1936, p.63.
154 Citamos, por exemplo, o interessante caso, estudado por Tiago Saraiva, dos geneticistas alemães da Universidade de Halle que, ao explorarem a possibilidade de aclimatação das ovelhas Karakul no então Sudoeste Alemão (Namíbia), tomaram-nas como organismos modelares de experimentos sobre hereditariedade que, de certo modo, acabaram por influenciar o desenvolvimento destas pesquisas na Alemanha nazista (1933-1945). Ver Saraiva, 2009.

de um *disciplinamento do espaço*), cadeias de imagens produzidas de modo "técnico" e perspectivas construídas a partir de um olhar externo, explicita o elo entre o congelamento do espaço ocupado [descontextualizado/não processual, portanto, um "passado"] e a assunção da modernidade como uma concepção definidora da experiência colonial. Se há um documento explorado à farta, e que resume a questão, este é a famosa fotografia do administrador sul-africano Carl Linsingen Hahn, registrada na fronteira entre Angola e a Namíbia, em 1943, que mostra dois jovens *ova-Himba* e o *"imenso vazio"* do Kaoko, para onde apontam, projetando-se nele, por defeito e virtude da imagem, a sombra do próprio fotógrafo-administrador, "Cocky" Hahn. A imagem dispõe nitidamente as coisas: a paisagem vazia, ante-histórica (*open, wide space*), uma força inerte, secundária, escanteada (os *ova-Himba*) e o sujeito que exercita a sua capacidade de autodesdobramento, projetando, mais que a sombra, a sua *proeminência* sobre o *espaço*. É um bom exemplo, mas não único. *A árvore das macutas* (1934), de Cerqueira de Azevedo, é um romance que, no quadro da narrativa colonial de Angola, exprime o mesmíssimo regime de disposições: a trama envolve um *"colono pobre"* tornado cafeicultor; na sua base, a descoberta da *paisagem vazia* (na verdade, coalhada de plantas nativas) e do *valor* até então desconhecido desse *recurso*, apresentada não como o resultado da ignorância do *estrangeiro* em relação ao espaço, mas como a prova da *inércia* das populações locais. O que é que se experimenta em laboratórios assim? A capacidade de *deslocamento* do *espaço* (*desterritorializando-o*; e superpondo-se a ele) e a possibilidade de multiplicar a *identidade settler*, tornando-a dinamizadora da *mesmice africana*.[155] É sobre esta base (o *inerte/antigo vs.* o *moderno*) que se justificam analogias e homologias, (con)fusões entre *natureza e nativos*, codificações que tornam o *estranho* legível – não é esse, precisamente, o sentido da literatura de informação e de viagens, com a qual narrativas/fotos desse tipo dialogam? Mas, para finalizar este capítulo, voltemos ao explorador Alexander Barns, para com ele finalizar a viagem que juntos começamos. Desse seu último pronunciamento, o que nos interessa é colher uma derradeira imagem da África como *divertissement*:

---

155 *Cf.* Hayes. *In*: Hartmann; Silvester & Hayes, 1998, p.96.

As one approaches the still lower zones towards the sea at an elevation of about 1.000 feet the country suddenly changes and the sun is obscured by the misty pall of cloud that usually hangs over these ramparts of the south-west coast. Here are forests of baobab trees and phalanxes of gigantic clubbed aloes spreading over a rocky country that must make a wonderful appeal to those visiting tropical Africa for the first time.[156]

Era também o *"maravilhoso apelo para aqueles que visitam a África tropical pela primeira vez"* que movia o "guia turístico" de Fernando Batalha, ao descrever Angola como *"o mostruário da terra africana"*, em que *"se expõem as suas multivariadas formas de expressão, desde as belezas mais extasiantes aos aspectos mais trágicos e agrestes"*.[157] No entanto, é apenas aparentemente paradoxal que os seus textos de exortação ao turismo na África, ricamente ilustrados, com fotografias, mapas e a mais variada quantidade de diagramas de roteiros, tenha em conta, sobretudo, plantações, vilas, os casarios velhos e novos, ruínas históricas e nem tão históricas assim, etc. De soslaio é que paga um tributo à *natureza* (*wild life*), quase sempre dando mostras de que ela é o entorno, o "pitoresco", um dado curioso do percorrer aquelas terras. Ao fim e ao cabo, o que o olhar de Batalha revela é só um outro jeito de afirmar que o que conta é o espaço transformado, ocupado, *roubado ao mato*; aquilo a que o Terreiro do Paço chamava *"a obra colonial portuguesa"*. O resto é afeto, entretenimento, mero recurso e laboratório. A rigor, afora a *performance da ipseidade*, a *diferença* das *outras terras* é resíduo; como o próprio *Outro*, ela importa pouco, muito pouco...

---

156 Barns, "In Portuguese West Africa." *In: The Geographic Journal*, v.72, n.1, Jul., 1928, p.26.

157 Batalha, Fernando. "Angola Turística." *In: Boletim do Instituto de Angola*. Ano I, n.2, Out.--Dez., 1953, p.48.

Chokwe [Ka'tchoko] dançando com a famosa máscara de Mwana Pwó. A legenda original diz: "Bailarino muquiche Muana Puo (Quioco, área do Chitato)".

Fonte: Fotografia de Jan Janmart. *In: Flagrantes da vida nas Lundas*. Coleção Museu do Dundo, n.37, 1958, p.179.

3. Outras gentes

31 de janeiro

[...] Tenho de olhar as fotos que acabaram de ser reveladas para me ver em algum lugar que se assemelhe à África. Estas pessoas nuas que observamos nas placas de vidro, nós estivemos entre elas. Miragem engraçada. "Nós bebemos. Vós bebeis. Eles BEBEM. Vejo com meus dois olhos", diziam em coro os pequenos alunos de um negro que ensinava francês debaixo da varanda do acampamento de Poli. [...]

31 de março

[...] Engordei. Experimento uma ignóbil sensação de pletora. Eu, que esperava voltar da África com a aparência de um desses belos corsários acabados. A vida que levamos não poderia ser mais superficial e burguesa. O trabalho, em essência, não difere muito de um trabalho de fábrica, firma ou escritório. Por que a investigação etnográfica com frequência me faz lembrar um interrogatório policial? Não nos aproximamos mais dos homens ao nos aproximarmos de seus costumes. Permanecem como antes da investigação, obstinadamente fechados. Posso, por exemplo, gabar-me de saber o que pensava Ambara, que todavia era meu amigo? Nunca dormi com uma mulher negra. Que eu continue europeu então! (Michel Leiris)[1]

---

1   Leiris, Michel [1934]. *A África fantasma*. 2007, p.253; 297.

Certas frases, quando arrancadas de seu (con)texto, conhecem uma eloquência que, a princípio, lhes seria inaudita. Na história de uma disciplina às vezes ela mesma inaudita como o é a Antropologia há diversas dessas frases. Um exemplo famoso é o da declaração de Malinowski, um fragmento da sua modificação pelo campo, um instantâneo da sua "fúria", que, provavelmente, ele jamais repetiria em público, mas que lá está, no célebre *Diário*, a confessar *"sentimentos que tendiam a exterminar todos os brutos"*.[2] É também o caso, cheio de ambivalências, empatias, desejos e aversões confessáveis ou não, dessas linhas arrancadas da *África fantasma*, de Leiris. Entre a estranha inveja e aliviada irritação, que confessa nunca ter "tido" uma mulher negra, e a birra pachorrenta de um "secretário arquivista" cansado de "secretarias" e "arquivos", o pequeno *flash* do volumoso relato da Missão Dacar-Djibuti, empreendimento fantasmagórico, coordenado por Griaule entre 1931 e 1933, (que Leiris transformou, subjetiva, intempestiva, caótica e, ao mesmo tempo, disciplinadamente, de travessia Atlântico-Mar Vermelho, em uma espécie de R.E.M. da Antropologia dos anos 1920 e 1930), revela um imenso fastio com uma "África real", *"tão diferente, tão diferente"* da *"imaginada através das fantasias"*.[3] Participar dos intermináveis debates sobre o modelo de pesquisa, entre "colecionista" e "salvacionista",[4] que abarrota Museus europeus de excertos de "Culturas" que se esvaem, tal como ele emerge das páginas de Leiris, é fascinante. Também o é discutir as vicissitudes que circundam e constituem o tipo de trabalho que etnógrafos efetivamente fazem, como as revelam a marginal e íntima escrita do *Diário* de Malinowski ou a torrente friamente calculada do diário de Leiris. Mas, o que nos importa, é discutir um aspecto mais comezinho e banal do fragmento citado. Ao tempo em que o pesquisador do *Musée de l'Homme* construiu a sua fantasmagoria pessoal da África, essa "decepção", digamos assim, com um "Oriente Médio sem camelos", com uma "América Latina sem índios, macacos e bananas", com uma "África sem feras, nem canibais" era um lugar-comum de uns tantos textos de quilate bem inferior ao de Leiris. Nos exemplos concernentes a Angola, com

---

2   Malinowski, Bronislaw [ed. póstuma, 1967] *Um diário no sentido estrito do termo*. 1997, p.103.
3   Galvão, Henrique. *O velo de oiro*. 1933, p.28.
4   Ver a apresentação de Peixoto (*In*: Leiris, 2007, p.19-33), na edição brasileira de *A África Fantasma*.

que lidamos, ela aparece recorrentemente; e, não raro, a propaganda colonial inverteu-lhe a polaridade, tornando-a, justamente, o exemplo dos bons ofícios da *obra civilizatória* europeia. Não obstante, as "falsificações do Outro" impunham-se como um padrão. Josephine Baker brilhava na *Folies Bergère* com sua famosa saia de bananas, a mesma casa que apresentava, *tous les soirs*, vigorosos *Zoulous* e o sucesso de *Les 10 Dahoméens*. Os camaradas de Leiris, na Paris dos anos 1920 e 1930, ainda apreciavam as taitianas de Gaugin; o *jazz* era negro, o *fox-trot*, negro, as *masques* de Picasso, negras. Para cima e para baixo na verticalização social, a publicidade, talvez o grande invento da segunda Revolução industrial, apelava à singularidade, ao autodesdobramento, ao desejo diferenciador; uma alteridade "exterior" ingressava, como *commodities*, como possibilidade, na linguagem de um capitalismo que engatinhava na direção, cada vez mais inescapável, da padronização do consumo. A ralé produzida pela industrialização na Europa havia fornecido, no século XIX, um modelo de despersonalização, objeto de política higienista e contendora, pelo qual o imperialismo, na lonjura das "outras terras", normalizou "outras gentes". Nesse momento, contudo, ela se solidarizava com suas elites nacionais e lia folhetins aventurosos como os de Emílio Salgari e Edgar Wallace ou, mais frequentemente, ia às exibições de *Zoos* humanos de grandes feiras e exposições coloniais, assistia às incontáveis fitas que o cinema começava a produzir e descobria, lá "ao longe", onde tremulava uma bandeira de seu país, uma ralé ainda inferior, vivendo em terras que tudo de fantástico comportavam; exceto, como sugere Leiris, a pletora comum dos escritórios e a patética escola missionária, em que *"petits nègres"* aprendiam, em francês, sutilezas de flexões verbais e as histórias de "antepassados gauleses".[5]

Essa esquisita digressão, bem ao gosto do próprio Leiris, serve para nos lembrar de que, se é de "representações do Outro" que se trata, não podemos deixar de considerar a externalidade desse *Outro*, distinto de qualquer sociedade "alterna" realmente existente para além da fronteira e da ideação (ex)cêntrica europeia, cuja valia consiste em ter propiciado, numa dada forma histórica, a do imperialismo, modos de legitimação estreitamente dependentes daquilo que Appiah chamou "máquinas de alteridade".[6] Na

---

5   *Petit-négre* é também a forma pejorativa pela qual se refere, em francês, o *pidgin* e/ou os *crioulos* de base francófona.

6   *Cf.* Appiah, 1997, p.218-219.

feliz expressão de Pascal Blanchard e Sandrine Lemaire, enquanto a República francesa acalentou desejos de *plus grand-France*, também a França parecia "conquistada por seu Império".[7] Isto nos leva a ter em conta a decalagem entre a imageria do Outro, tal como se dá a conhecer nas metrópoles do século XX, e o quadro de situações sociais em que, por *n* fatores, grupos de pessoas habitualmente tenderam a perceber, a si e aos outros, como alternos, no âmbito de uma "convivência colonial". Somos levados, assim, a um problema (assaz discutido) que respeita também ao que sujeitos como os antropólogos fazem (ou creem fazer). Se não fosse o colonialismo, diria Lévi-Strauss, "talvez nem sequer existisse etnologia", situação paradoxal em que "devemos o fato de existirmos àquele que foi o destruidor de tudo aquilo a que nós damos valor"; o que não dá à disciplina e ao fenômeno histórico o caráter de gêmeos – mas explica porque, tão repetidamente, "sociedades tratadas como coisas eram estudadas como coisas".[8] A maturidade da disciplina, ainda é a apologia de Lévi-Strauss que nos diz, consistiu precisamente em compreender "que os homens não chegariam a se compreender enquanto houvesse a quem tratar como objeto". Deste esforço de extensão do humanismo, "que renova e expia o Renascimento"[9] (e que implica compreender os mecanismos pelos quais se opera a reificação de homens "em particular", que não se coaduna com a imagem abstrata do homem "universal", mas que se aplica a uns, reduzindo-os, e nunca a outros), é que gostaríamos de partir, ao discorrer sobre imagens de *"outras gentes"*.

* * *

Quando falávamos, algumas páginas atrás, das representações de *"outras terras"*, nosso percurso foi pontuado, todo o tempo, por "viagens e viajantes". De Leiris a Lévi-Strauss, seguimos esbarrando com estes mesmos personagens e situações. Se, por um lado, o *espaço* é a dimensão em que primeiro as fantasias coloniais se insinuam, o elemento primordial do transplante de mundos/modos em que elas se projetam, o *termo a ser espoliado*, por outro, o tipo de sobreposição simbólica e geográfica que consiste em transformar *lonjuras* em *pedaços de Império* pressupõe algum grau de compressão e identificação entre os dois polos em que o *alterno* é visível: as *terras* e as *gentes*. E por isso, para falar das representações do *"Outro"* ati-

---

7   Blanchard & Lemaire, 2002.
8   Lévi-Strauss [1974], 1995, p.21-47.
9   Idem, ibidem.

nentes a Angola, vamos começar insistindo numa imagem em que a *natureza* é uma plataforma de discursos sobre os *homens*; e persistindo no rastro de viajantes. Dos exploradores de Angola do final do século XIX, Capello e Ivens, recolhemos um pequeno chiste, uma breve historieta, que sintetiza um pouco a ideia de uma "África" cheia de boas e frondosas "árvores de patacas":

> É tão rápido ali o desenvolvimento da vegetação, que certo indígena, contando-nos as mais estupendas histórias acerca da dynastia dos sobas do Bié, asseverou, com extrema naturalidade, ter mettido um bordão no terreno lodoso e encharcado pelas últimas chuvas, quando á porta da sua casa começara a fazer aos parentes uma extensa narrativa, e ao concluir notou, sobremodo admirado, que estava á sombra de uma copada árvore, cuja existência desconhecia. Era o próprio bordão que, tendo creado raízes, lançara ramos e folhas em todas as direcções, começando, segundo elle afirmava, a desabrochar flores em alguns pontos! Similhante *trait d'esprit* valeu-lhe um copo de aguardente, realmente bem merecido.[10]

A graça e o *trait d'esprit* do *indígena* do Bié, devidamente recompensado, *"com um copo de aguardente"*, duram pouco. Para cada uma dessas imagens de árvores que crescem e são adultas, ao correr de uma conversa (a tônica do conflito básico entre um *inferno* e um *novo Brasil* com que o século XIX apresentou as costas de Angola), há uma contraparte. Enquanto o Estado e pequenos setores da sociedade portuguesa operavam a dita "viragem africana", os *homens da terra*, que os Sá da Bandeira, as leis do Brasil e os navios ingleses já não permitiam contar como *peças*, ganharam todo um novo rol de adjetivos. Diante de tantas evidências de produtividade, o aparente incultivo da terra (o *vazio*, que, afinal, era também uma construção colonial) só se podia explicar por inépcia daqueles que até então reclamavam a sua posse. São os mesmos Capello e Ivens que advertem:

> Isto de reger colonias em tão especial situação, letra a letra pelo nosso código fundamental, de collocar o negro ao abrigo das leis benéficas n'elle outorgadas,[...] no intuito de vigiar e impedir as exigências do branco para com o preto;

---

10   Capello, H. & Ivens, R. *De Benguela às terras de Iácca*. 1881, p.96.

e deixar este na ociosidade, levando uma vida licenciosa, e quiçá tendo senzallas e banzas, ás quaes elles se arrogam o direito de senhorio e governança dentro da mesma província; parece-nos que, se por um lado se póde considerar louvável no intuito tocante à protecção, é assás reprehensível sobre o ponto de vista moral e economico. A protecção e a liberdade bem consideradas não devem consistir n'esse amplo consentimento, que hoje damos ao indígena africano, de trabalhar só quando quer, com grave detrimento de quantas industrias ali se iniciam e prejuízo do commércio e da propriedade rural.[11]

Contradição das contradições, num labirinto cheio delas, era justo por ser mandrião e preguiçoso, vadio e errático, que o *homem negro* servia mesmo... era para o *trabalho*. Como aqui já afirmamos, o *boy*, o *moleque*, o *braço* são os papéis principais destinados pelo repertório colonial aos *africanos* (sim, porque, em face dessas nominações generalizantes, é de *"África"* que se trata). Mas o que gostaríamos de destacar dessa passagem de Capello e Ivens não é a evidente lamúria com a insegurança que o fim do tráfico prenunciava, nem a previsão de uma estratégia para transformar a escravatura em contrato/servidão mantendo o caráter compulsório da coisa (o grande legado da geração de africanistas portugueses de 1880). Em certo sentido, a questão do *trabalho* ultrapassa o problema das definições *Nós/Outros* (e do que é adequado imputar a *uns* e *outros*) e não é de graça que os exploradores referem numa só equação *economia* e *moral*: uma "ética do trabalho" participa, de modo decisivo, das formas pelas quais a sociedade colonial se representa; sobretudo, durante os grandes afluxos de *colonos* em meados do século XX. O que é realmente impressionante, digno de nota, é que em 1955, pós-Segunda Guerra Mundial, pós-Conferência de Bandung, quando versões de teses luso-tropicalistas começavam a invadir os escritórios do Ministério do Ultramar (e já não mais "das Colônias"), o "angolista" Francisco Bahia dos Santos explicasse a necessidade e os "princípios" do Estatuto do Indigenato, ainda vigente, quase repetindo as palavras de Capello e Ivens, dando-lhe o atributo de *"reacção natural"*, frente *"às consequências das liberdades dadas às populações indígenas para não trabalharem e para continuarem vivendo como sempre viveram, nas exuberantes regiões equatoriais, estendendo as mãos aos frutos para se alimentarem e às cascas das*

---

11   Capello, H. & Ivens, R. *De Angola à Contra-Costa*. 1886, v.1, p.181.

árvores para se cobrirem".[12] Quanto às representações da alteridade, o que esse tipo de discurso revela é que, se o fim é, indubitavelmente, o controle e a mobilização da força de trabalho *nativa*, os meios para o atingir passam por fazer do trabalho o antídoto de sempre para os vários vícios que imputam aos *Outros* no longo curso da sua construção histórica.

* * *

Como já ficou claro, sem referir essas duas questões fulcrais, o esclavagismo e (um seu correlato, diretamente ou indiretamente propiciador) o racismo, é impossível abordar as relações e as representações que envolvem Portugal e os *Outros*, principalmente, quando se trata dos "outros *africanos*". Na perspectiva da *longa duração*, o Império português, "o primeiro a chegar e o último a sair", foi alicerçado sobre a escravatura e o tráfico de escravos; Angola foi o seu grande repositório. A história do tráfico Atlântico, no entanto, é um universo à parte, um grande pano de fundo, uma espécie de "lado B" da própria história da formação do que viemos a chamar "Mercado", esse ente superior do "capitalismo global". Quanto às ciclópicas discussões sobre o *"racismo à portuguesa"*, há tanto já dito e tanto a dizer, que ingressar por aí pode ser um caminho sem volta. Pensemos, então, no que estes dois problemas nos dizem de mais imediato sobre as formas pelas quais a *"outra gente"* se tornou um dos termos do binômio com que os *coloniais* de Angola, no século XX, definiram as suas *experiências africanas* (presentificando o *preto* e o *mato*). Uma boa sugestão, nesse sentido, seria pensar que a escravidão Atlântica (agindo, mas alterando, o caráter da escravidão praticada dentro do contexto das sociedades africanas) legitima-se em face da supervalorização e do recurso perene a imagens de *enselvajamento* do homem negro. Embora a presença de escravos *negros* em Portugal, desde o século XV, não pareça ter sido objeto de maiores ansiedades sociais, nem tenha havido um debate teológico tão relevante quanto o que, na Espanha, envolve a questão da *alma* dos *indígenas americanos* (e da adequação de fazê-los *cristãos* e computá-los entre a *humanidade*), a consciência do esclavagismo se beneficia amplamente da difusão da ideia do escravo como um *semi-humano*, *infra-humano*, cuja *conversão* (mais pelo *trabalho* do que pela *fé*), *des-enselvajando-os*, seria um bem; e não um cativeiro. Para essa imagem terão contribuído, decisivamente, tanto a demonização de práticas

---

12   Santos, Francisco Bahia dos. *Política Ultramarina de Portugal*. 1955, p.124.

religiosas/comunais locais, apodadas de *feiticismo*, quanto a prova mais cabal de infra-humanidade e desarraigamento social que emerge desses primeiros tempos em que Angola é ainda empório de homens: a *antropofagia*. Sem adiantar o importante papel que a imagem do *"negro antropófago"* tem na organização geral das representações que aqui estão em causa e a despeito de uma discussão de maior profundidade sobre a existência (ou não) de uma "antropofagia real e/ou simbólica" entre as sociedades angolanas, digamos apenas que *fantasmas canibais* são um dado crucial do processo pelo qual a fronteira entre *natureza & cultura* é constantemente revolvida, naturalizando a inferioridade e a dessocialização, a-historicidade e o direito ao usufruto do *Outro*.

Como notou, de forma muito interessante, Isabel de Castro Henriques, os primeiros relatos de exploradores portugueses que tocaram as costas da África ocidental não contêm uma só menção a práticas antropofágicas. Embora recolhessem uma profusão de curiosidades físicas e/ou "culturais" (nudez, circuncisão, pinturas, cabelos, tatuagens, escarificações, modos, coisas de comer, práticas religiosas, casamentos, cerimônias funerárias, etc.), nenhum dos navegadores portugueses, como Diogo Gomes e Duarte Pacheco Pereira, ou estrangeiros, como Cá da Mosto e Eustache de la Fosse, que percorreram as costas africanas entre 1456 e 1517, registrou *"talhos de carne humana"* ou crianças esmagadas para o fabrico de *"azeite de veneração"*.[13] É interessante notar que nos quatro ou cinco séculos seguintes, a antropofagia será sempre algo insinuado, mas só esporadicamente um tema efetivamente explorado nas representações coloniais. Se traçássemos uma linha entre as três principais séries de periódicos que operam a "recolha de material etnográfico" em Angola, das últimas décadas do século XIX, com o *Almanach de Lembranças (Luzo-Brazileiro)*,[14] passando pelo *Mensário Administrativo*, do Serviço de Administração Civil de Angola,

---

13   Henriques, 2004, p.225-246.

14   O *Almanach de lembranças luzo-brazileiro*, publicado de 1851 a 1932, é uma das mais importantes fontes no que toca à produção intelectual e artísticas das ex-colônias portuguesas, principalmente quanto às últimas décadas do século XIX. Nele estão publicados, por exemplo, os textos de José da Silva Maia Ferreira e boa parte da produção, tanto etnográfica quanto literária, de Joaquim Cordeiro da Matta, importantes precursores da inteligência angolense. Quase todas as mais proeminentes famílias euro-africanas de Angola – os Maia Ferreira, Pinto de Andrade, Pinheiro Falcão, Nascimento da Matta – as quais constituíam a elite local do período, tinham entre seus membros colaboradores do periódico.

entre os anos de 1940 e 1970, até chegar à revista *Portugal na África*, a partir dos anos 1950, perceberíamos claramente que esse é um tema presente, embora menor. O mosaico da geração de *velhos colonos* e da elite *eurafricana* das décadas de 1880 e 1890 compreende, sobretudo, *Volkskunde* – julgamentos, cerimônias para a eleição de um soba, feitiços, sepultamentos, artigos referentes à culinária africana, costumes, enfim[15] – os interesses dos *quadros* dos anos de 1930 a 1950 passam antes por linhagens, chefaturas, nomes, clãs e tudo o mais que forneça subsídios à classificação das populações; e finalmente, os missionários que escrevem na *Portugal na África*, Estermann, van Koolwijk e outros, tratam, em primeiro plano, das coisas relativas aos ritos, às traduções, às cosmogonias; cada um desses sujeitos agindo em função dos dados que presidem as suas relações com os *nativos*. Mas em todas essas séries, que expressam exemplarmente a "etnografia empírica (dos comerciantes), a antropologia aplicada (dos homens de Estado) e a etnografia missionária", segundo a tipologia sugerida por Carlos Serrano,[16] a "questão antropofágica" é um aspecto dentre outros, às vezes, uma dimensão colateral, uma suspeita, rumor ou intuição, mas quase nunca é um ponto *essencial*, um qualificativo que define "o *africano*". E, no entanto, é inquestionável a presença, a força e a dispersão da imagem do *preto-papusse-papão*.

Segundo a hipótese original de Henriques, num mundo atravessado pelo tráfico de coisas, de plantas, de homens, também os *Niam-Niam*[17] são o produto do contrabando de imagens, cuja primeira versão envolve uma trinca de italianos: Vespucci, Pigafetta & Cavazzi. Com efeito, os primeiros registros da antropofagia africana, no que concerne a Angola, estão na *Relação do reino do Congo e das terras circunvizinhas* (1591), de Filippo

---

15   Moser, 1993 apresenta uma antologia e um estudo crítico acurado sobre o *Almanach*. O inventário dos temas de interesse etnográfico nele publicados, como citamos, corresponde ao que realizou Mário Antonio Fernandes de Oliveira, nos anos 1950, segundo o registra Serrano, 1992, p.21.

16   Serrano, 1992, p.15-36; Idem, 2008.

17   Como o fenômeno não é uma exclusividade portuguesa, referimos aqui o interessante caso do termo "Niam-Niam", pelo qual exploradores dos séculos XIX e XX tornaram conhecidos os "Azande" (os mesmos "feiticeiros" estudados por Evans-Pritchard). Segundo a versão corrente mais de meio século atrás, o termo seria, originalmente, de origem Dinka e, na "linguagem" dos *dinka* (o que parece inverossímil) equivaleria a "grandes comedores (*great eaters*)"; a onomatopeia (que simula a mastigação) fez a fama do termo, no entanto, dado o perfeito encaixe à imagem do "negro que não podia dissimular a propensão ao canibalismo".

Pigafetta e Duarte Lopez, e na *descrizione*, de Cavazzi, em ambos os casos, seguindo à risca o modelo da "antropofagia ameríndia", que comporta "açougues humanos" e "deglutições de inimigos", tal como ele foi consagrado a partir de relatos de exploradores do Brasil, dentre os quais Americo Vespucci, o primeiro, cujos diários das viagens ao *Novo Mundo*, entre 1498 e 1504, eram provavelmente conhecidos de seus compatriotas. Assim, tal "contribuição americana à interpretação da África" (e a história da Antropologia registraria outras, em sentido contrário) dá a impressão de que o interesse pelos *canibais negros* tenha sido gestado ao mesmíssimo tempo em que a maquinaria colonial europeia procurava normalizar a "selvageria" do africano, e, consequentemente, o seu estado de anomia social, de "guerra de todos contra todos", a fim de justificar teológico-politicamente não a escravidão (instituição com vários exemplos antigos e modernos), mas a verdadeira novidade posta em marcha: o comércio em larga escala de escravos. Procedendo ao mesmo movimento no tempo que ensaiamos anteriormente, é de se notar que o interesse e a exploração do "motivo antropofágico" em Angola tenha tido seus cúmulos justamente durante alguns dos episódios de maior tensão/polarização envolvendo o *"mundo dos brancos"* e dos *"nativos"* – é assim que se pode compreender, por exemplo, o surgimento da figura do *"mussele canibal"* (gel. *Ovimbundo*), cujo aparecimento remonta às *Guerras do Nano*, ao tempo da chamada *pacificação*, no século XIX; e é assim que se pode compreender que, em 1961, essa mesma figura, deslocada, se preste a traduzir a *selvageria* e o *secretismo* das *"organizações terroristas"*,[18] nas várias fotografias que noticiam o começo das hostilidades no Norte do país, dando um desmedido destaque às incisões dentárias dos *nativos*, prova de "apetites atávicos". Até mesmo o contraditório, porém

---

18   Em março de 1961, depois dos ataques, posteriormente atribuídos à UPA (FNLA), na zona da Cotonang, *A Província de Angola* noticiava esse episódio, que compõe o rol de eventos que marcam o início da luta de libertação de Angola, com uma versão que conjugava as supostas "cobiças estrangeiras", sempre evocadas nos discursos oficiais do regime, e uma notória apelação à imagem da "selvageria" dos "terroristas"; foi nesse contexto que uma famosa foto (a qual já figurara na capa do livro de Henrique Galvão, *Antropófagos*) veio a estampar a primeira página de *A Província*. Ao longo de toda a guerra a "antropofagia" e o "secretismo" das "seitas nativas" seriam utilizadas como atributos para qualificar os vários movimentos nacionalistas e para reiterar a "falta de razão" das suas reivindicações, confirmando uma leitura que já se gestara alguns anos antes. *Cf.*, por exemplo, Botzáris, Alejandro. *África e o comunismo*, v.1, 1959; v.2, 1961; Serra Frazão, F. Santos. *Associações secretas entre os indígenas de Angola*. 1945. Ver Imagem 3.1..

instigante, livro de Henrique Galvão, *Antropófagos* (1940), pode ser lido, com consequências marcantes para a sua interpretação, em função tanto de polêmicas que cercam o chamado "relatório Ross", sobre o trabalho indígena, quanto do avanço das Companhias Agrícolas sobre o Kwanza Sul e o planalto, nas cercanias cronológicas do aparecimento da obra (entre 1928 e os anos 1940). Enfim, o que este exemplo permite discutir é o quanto se trata, no fundo, de sublinhar e/ou de eludir, em termos de representações, o que é funcionalmente significativo nos embates entre o *Self* e o *Outro*. Se, como dizia Arendt, o relativismo Renascentista descobriu "a diversidade em que se consubstanciava a natureza, na realidade idêntica e onipresente, do homem e da razão",[19] ele também constatou que a produção de coesão social, sobre diferenças e hierarquias, inventora de "vizinhos inferiores", era uma operação razoavelmente fácil; podia ser simplesmente uma questão de viver num ou n'*Outro* lado de um rio.

* * *

Pourquoi me tuez-vous? – Et quoi!, ne demeurez-vous pas de l'autre côté de l'eau? Mon ami, si vous demeuriez de ce côté, je serais un assassin, et cela serait injuste de vous tuer de la sorte. Mais puisque vous demeurez de l'autre côté, je suis un brave et cela est juste. (Blaise Pascal)[20]

Produções do "Outro" são sempre, ou quase sempre, empreendimentos marcados por conveniências e formas particulares de relação. Todo tipo de discurso que constrói historicamente a alteridade lida, em alguma medida, com a reiteração de distinções que atuam em sentidos vários, dentro e fora de uma sociedade (na sua "interação" com "outros"), para as quais a normalização do que constitui o "interno" e o "alterno" funciona como uma espécie de "gramática" (um código que, ao se manifestar impositivo, "naturaliza" disposições já compartilhadas). No caso da África colonial do século XX, é muito nítido que a regra pétrea dessa gramática foi a *raça*. Mas o *racismo*, como se apresenta nesses contextos, é o produto de uma história complexa, de que participam distinções, e conflitualidades, gestadas a muitos quilômetros do "continente negro", no seio de processos sociais que, em geral, envolveram, sobretudo, "iguais" e não "outros". Assim como

---

19 Arendt, 1989, p.207.
20 Pascal, Blaise. *Pensées* [Ed. Guillaume Desprez. v.293, 1666], p.51-293.

os *vizinhos inferiores* do pensamento europeu precedem a consagração da imagem da *inferioridade dos negros*, a raça é uma ideologia, uma chave explicativa da história, surgida antes do *racismo*. Até o fim do século XIX, ela é uma nebulosa em que confluem questões de ascendência, pertença a grupo (principalmente a um grupo/uma comunidade religiosa), posições na verticalidade da hierarquia social e, finalmente, ligações a uma "família nacional" que se compreende emancipada. No português e no castelhano do século XVI, por exemplo, *raza/raça, estirpe, nación/nação* são termos intercambiáveis; e uma das primeiras formas modernas da linguagem racista, a obsessão hispânica com a *limpieza de sangre*, que remete ao mesmo período, é um amontoado de referências à religião (ser *cristiano viejo*), posição social (ser *fidalgo, filho d'algo*, ter, nesse sentido, *"sangre"*/origem) e, por consequência, participação no núcleo das comunidades nacionais Ibéricas em formação (*cristianas e fidalgas*).[21] Entretanto, isso não quer dizer que uma tal ideia não se tenha feito extensível, à medida que as expansões revelavam aos olhos dos *forasteiros europeus* "homens que seu orgulho e senso de dignidade não permitiam aceitar como semelhantes", os quais "pareciam tão amalgamados com a natureza que careciam de caráter especificamente humano, de realidade especificamente humana; de sorte que, quando massacrados, não se percebia nisto um 'crime contra homens.'"[22] Dois fenômenos particularmente interessantes dessa história são a forma pela qual termos biologizantes e culturalistas se tornaram comutáveis e manipuláveis e o paradoxo que consiste no fato de a *raça*, à progressão em que construía *outros*, ter tornado *todos* (todo e qualquer ser humano) parte de *grupos raciais*; portanto, igualando-os.

Como sugere Hannah Arendt, a grande contribuição da África colonial ao racismo foi ter criado um padrão que conjugava "raça" e "burocracia". O discurso racial, quase sempre ligado a extremismos, reunia o pior, a escória da passagem entre Oitocentos e o século XX: uma ralé ávida por encontrar "sujeitos" ainda mais subalternos (de que os bôers sul-africanos, com seu ódio venal por todo e qualquer *uitlander*, são o perfeito exemplo) e uma aristocracia desarraigada dos Estados nacionais capitalistas e decadente. A burocracia, no entanto, com a sua fantasia de "racionalização" admi-

---

21   Ver Gay, 2001, p.76-79.
22   Arendt, 1989, p.223.

nistrativa (um controle "prudente, higiênico, distanciado, estatístico") era filha de algumas das melhores contribuições da *intelligentsia* europeia. Associadas, raça e a burocracia fizeram da África colonial um terreno em que o inominável ingressou na esfera do Direito, legitimando a existência de tantos Estados e de tantos âmbitos jurídicos, quantos fossem os sujeitos "classificados" no largo *degradé* que vai dos *"cidadãos"* aos *"selvagens"*. Se como ensinavam os velhos mestres Durkheim e Mauss, "classificações" são um domínio fundamental da organização social, na África tocada pelo imperialismo do século XX, os *rótulos*, mais até do que a *cor da pele*, tornaram-se o próprio cerne da máquina societária.[23] Vulgarizou-se, então, o estabelecimento de comunidades políticas racional e matematicamente circunscritas (como se a dinâmica social pudesse ser "congelada"), tornando os massacres modos de administrar e promovendo "massacres administrativos", como disse Carthill e nos revelam nossas próprias fontes, cheias de imagens de chefes de posto em permanente "estado de recenseamento".[24] Tudo isso nos leva a um problema bastante complexo.

Há duas formas, digamos, "fáceis" de prosseguir, a partir deste ponto. Por um lado, se nos ativermos à importância de estereótipos negativos como meios de relação na situação colonial, tal como sugeria Hilda Kuper,[25] poderíamos tomar o "racismo" como um dado definitivo e seguir, simplesmente, enumerando imagens que reduzem todo o problema à construção social da ideia da superioridade *branca* e da inferioridade/hipossuficiência dos *negros* (tomados, nessa acepção, como *"crianças adultas"*, *"incapazes de complexidades linguísticas e/ou psicológicas"* etc.). E por outro lado, se buscássemos aprofundar a nossa compreensão da (suposta) especificidade portuguesa no trato e na representação de *"outras gentes"*, poderíamos discutir a insistência com que os agentes colonialistas portugueses operam sobre a contradição, absolutamente extravagante, que consiste em enxergar, nas "diferenças", a mesmice. Essa não seria uma perspectiva de todo desinteressante. Se há algo de realmente singular, quanto ao tema, no caso das narrativas coloniais voltadas para Angola, é, sem dúvida, o confrangedor esforço dos discursos oficiais portugueses por converterem em aparência/ em diferença superficial (de *Cultura*) o que o próprio ordenamento jurídi-

---

23 Durkheim & Mauss. *In:* Durkheim, 2000, p.183-203.
24 *Cf.* Arendt, 1989, p.216.
25 Kuper, 1964, p.149-164.

co das colônias estabelecia conhecer como distinção essencial (de *raça*). E se há uma marca discursiva que parece reunir quase todos os *coloniais* do século XX, é a resistência em admitir quaisquer privilégios que pudessem ser atribuídos a um quadro social racializado (plasmada em tentativas de dissimulá-lo, quer por meio de referências afetivas, quer pela evocação de categorias diferenciadoras de base socioeconômica; a famosa retórica sobre a *"vida dura"*). Mas ambos os caminhos, e a própria defasagem entre as duas versões, indicam que é necessário atender a uma questão de "pontos de vista". Sim, a "construção, objetificação e negociação das *diferenças*" são certamente os movimentos que dominam o interesse de uma "Antropologia do colonialismo". mas cremos que, para chegar a compreender como modos de interação social complexos chegam a ser descritos em termos de "distinção, dualismo, discórdia e dissensão, discriminação, duplicidade",[26] é preciso recorrer, em alguma medida, à História.

Pensemos, por exemplo, na Benguela do século XVII – grande empório negreiro, ao tempo da tomada de Angola pelos holandeses. Enquanto a maioria dos comerciantes portugueses, fiéis à Monarquia Ibérica, deslocou-se de Luanda para fugir aos flamencos, originando o famoso mito dos "heróis de Massangano", os seus pares de Benguela fizeram uma pequena movimentação, rumo a Caconda. Os registros históricos mostram que tais portugueses (ou luso-brasileiros, afinal, eram todos portugueses à altura), presumível, mas não seguramente brancos, eram não mais do que uma dezena e meia. Quatorze ou quinze homens, operando um comércio litorâneo, com lastro pelo *hinterland* do país, e atravessando coisas e pessoas pelo Atlântico, em larga escala. Até o final do século, há sucessões de documentos que nos contam histórias de *"pombeiros, aviados, funantes, de comerciantes do mato"*, instituindo redes de troca e atravessamento pelos *"sertões de Angola"* e recorrendo a mecanismos de fidelização, que, não raro, se expressavam em casamentos, em alianças de parentesco. Em comum, esses sujeitos de antanho vivenciaram experiências de interação em que eram tão flagrantemente minoritários e vulneráveis que, a despeito de quaisquer estratégias, técnicas e instrumentos de "empoderamento" de que dispusessem, só podem ser compreendidas em face da existência de "formas de hegemonia" sob controle das elites locais africanas, dentro das

---

26   Comaroff, 1998, p.321-361.

quais eram eles, não os "nativos", os verdadeiros Outros. Da mesma natureza, são outros tantos fenômenos. Como compreender os conflitos e todas as manifestações de insatisfação da "sociedade crioula, euro-africana" da passagem entre os séculos XIX e XX em Angola, senão como resultado do ingresso de novas categorias funcionais e de uma alteração na correlação de forças, que revolve as fronteiras, a partir das quais se definem os Outros. Mesmo durante as décadas de 1920 a 1960, como compreender que etnólogos de Angola (dos mais profissionais aos semiamadores) venham ratificar uma distinção, já aqui referida, entre o negro e o indígena, fazendo notar, por exemplo, que entre as populações do Norte do país as classificações de base étnica já quase não faziam sentido,[27] senão como o resultado de percepções sobre a distância e / ou a proximidade do "Outro" em relação às "ilhas brancas" das cidades, que determinam se será a raça ou a etnia o crivo dominante da sua apreensão. Ao fim e ao cabo, descrever estereótipos pura e simplesmente, oblitera a complexidade das situações sociais em que, positivamente, o Outro é uma construção relacional, ou, como diria o historiador Peter Gay, um "outro conveniente".[28]

Como afirmávamos em relação ao problema das representações do espaço, também a representação das "outras gentes", a construção de imagens que visam traduzir "o mundo dos pretos", é um vasto campo, que alberga as mais diversas produções, empreendidas por diferentes agentes. Se tentássemos distribuir os textos da literatura colonial pertinente a Angola que dizem respeito à diversidade social formulada em termos de alteridade, classificando-os em gêneros, precisaríamos contemplar, no mínimo, etnografias, crônicas de fundo ou temática etnográfica, ficção cujo leitmotif são as sociedades locais, relatórios de viagens, diários, isto sem contar a miríade de documentos e de narrativas paralelas, tais como as consignadas em

---

27 Veja-se, por exemplo, a opinião de José Redinha: "[entre] as populações aderidas às grandes cidades, às cinturas suburbanas e as zonas que seguidamente as circundam [...] já não é possível determinar grupalmente, e, com muita frequência, individualmente, a etnia dos elementos humanos" [Distribuição étnica de Angola. FTP/IICA, 1971: 7]. Não obstante alguma generalização, às vezes perigosa, a esta concepção se aplica perfeitamente o modelo do Estado colonial na África, tal como interpretado por Mamdani, 1995, segundo o qual haveria uma nítida distinção entre um domínio hierarquicamente "superior" (above), marcado pela tríade cidadania/lei/raça e associado às cidades, e um domínio "inferior" (bellow), definido pela sujeição/costume/etnia, associado ao campo, constituindo a sua articulação, a essência do duplo mandato (indirect rule).

28 Gay, 2000, p.79.

relatórios e processos administrativos, registros censitários etc., que sem manifestarem a intenção explícita de o fazer, participam de formas de acumulação, elucubração e produção social de saberes sobre "o(s) Outro(s)". Para cada um desses conjuntos, no entanto, quase sempre correspondentes a diferentes sujeitos e posições sociais, no quadro de uma sociedade atravessada por um montante de classificações e categorias diferenciadoras, seria possível conceber diferentes Outros, emergindo de distintas formas de interação e cooperação, excisão e conflito. Nas próximas páginas, tentaremos inventariar algumas das imagens pelas quais se constroem esses Outros, mobilizando extremos de repulsa e de desejo, tanto quanto visões de sujeitos intervalares, cuja própria existência coloca tais limites de ipseidade/alteridade em suspensão. Certamente, há convergências, mas também há boa dose de discrepância entre os olhares de sujeitos como os empregados brancos de casas comerciais do subúrbio luandense e os funcionários do Estado ou de grandes Companhias agrícolas, os meros viajantes ou os próprios *nativos* (pois também eles constroem "*Outros do outro*"). Como se trata de escolher pontos de vista e como poderíamos fazê-lo a partir de um ponto aleatório, gostaríamos de começar, dada a quantidade de questões que isto pode suscitar, tentando supor *quem eram os Outros (e como era o mundo) da perspectiva de um chefe de posto no interior de Angola em meados dos anos 1930?*

3.1 De sombras (& de intérpretes)

A ideia constantemente repetida de que "os números não mentem" é uma das falácias a que o economicismo esotérico parece ter submetido o mundo dos nossos dias. Mas, em respeito a Pascal, citado ainda anteriormente, e a de Fermat, é preciso reconhecer que algo eles dizem. Em 1930, o Censo geral da população de Angola estimava o número de "*indígenas*" em 3.300.000. A "Relação do pessoal do quadro administrativo, referida a 19 de janeiro de 1931", produzida pela Direção dos Serviços de Administração Civil da colônia, contabilizava, na altura, 604 funcionários, distribuídos pelas nove categorias/níveis de que se compunha o quadro.[29] Basicamente,

---

29   Dados censitários, para 1930, coligidos por: Marques & Serrão, 2000, p.309. O quadro administrativo, em 1931, compreendia, em ordem ascendente: Aspirantes; Chefes de posto de 3ª classe; de 2ª classe; de 1ª classe; Chefes de circunscrição – Chefes de circunscrição

o que competia a esses funcionários era prover a administração territorial e a regência da *"população nativa"*, reportando-se aos chefes de cada Circunscrição Civil, que, por sua vez, se dirigiam aos Governos de Distrito, e estes ao Governo Geral da Colônia, diretamente submetido ao Ministério. Desprezando o número variável de funcionários lotados em cada Distrito, em face da sua extensão ou do seu contingente populacional, a razão simples entre a população *"indígena"* e o quadro administrativo nos dá, para o começo dos anos 1930, um *ratio* de 1 *administrador* (*branco*) para, aproximadamente, 5.400 *nativos*, em média; o que implica dizer (e veremos que esta é uma informação central naquele universo): se mantida uma distribuição normal na pirâmide demográfica, trata-se de 1 *administrador* para cerca de 1.500 *homens adultos*. É certo que raríssimos Postos Administrativos do interior de Angola foram ocupados por um único funcionário do quadro; e que, além dos contingentes militares das sedes de Distrito e da capital da Colônia, os Postos contavam com sua *"tropa negra"*, os famosos *cipaios* (sim, é preciso lembrar este dado, afinal, é de ocupação e de submissão que se trata). Mas, exagerando as imagens, apenas um pouco, e considerando a baixa densidade populacional de Angola, mormente longe das cidades, o Aspirante recém-ingressado no quadro administrativo chegava a Angola com a parca e superficial formação oferecida pela Escola Superior Colonial em Lisboa, umas instruções e manuais um tanto vagos, e deparava com um vasto território, cheio de *"vazios"*, que ele desde cedo tendia a perceber como hostil, para defrontar uma relação que, segundo a versão maniqueísta do *colonizado* vs. *colonizador*, era, em média, de *1 contra 1.500*. Não surpreende que encontremos as terríveis palavras do velho colono Augusto "Catucinho" a Antonio de Aguilar (*"estes cãis preparam-se para nos esfolar como quem esfola vacas"*).[30] Para além das *febres* e *distâncias*, esse ainda não era todo o mundo, visto de um Posto; de acordo com os *"Outros brancos"* ao redor, a vida podia piorar muito.

---

de fronteira; Secretários de circunscrição; Administradores de 3ª classe; de 2ª classe; Intendentes de fronteira – Administradores de 1ª classe. A absoluta maioria era constituída por Aspirantes (106 funcionários de nomeação definitiva e 100 interinos) e Chefes de posto de 2ª classe (112 definitivos e 107 interinos), seguidos pelos Secretários de Circunscrição (69 definitivos e 15 interinos, perfazendo as 84 circunscrições existentes à altura). AHNANG, Cx. 904, Processo n.50 – Gov. Geral da Prov. Angola /Dir. dos Serviços de Administração Civil.

30   Aguilar, Antonio de. *Aventuras de caça.* 1935, p.28.

De modo geral, a dita Administração Civil não era nem a mais constante, nem a mais dispersa *presença branca* em meio aos *mundos nativos*. Saltando algumas décadas em relação à cena apresentada anteriormente, um levantamento de 1959, por exemplo, registrava a cifra de 1.370 povoações comerciais no interior de Angola, computadas mais de 2.000 casas de comércio; um número que, a rigor, corresponde à percepção de Bender, quando ressalta a natureza essencialmente comercial da colonização portuguesa – possivelmente, o verdadeiro elo entre o século XX e o tempo dos chamados "direitos históricos".[31] Pressionadas pelos influxos e pela "mudanças" desencadeadas pelo comércio, as sociedades angolanas viram-se constrangidas, de um lado, pelos compromissos e permutas, vínculos e conflitos estabelecidos com esses *funantes e pombeiros do mato*, e, de outro, pela compulsoriedade do "trabalho" que, progressivamente, se estabelecera como modelo de "gestão da questão nativa", desde as primeiras décadas de 1900 até a sua consagração/institucionalização por via do "Estatuto do Indigenato" (1926). A partir dos anos 1930, a centralização imposta às colônias e a crescente exploração, concomitante à crescente divergência entre o setor produtivo local e a elite capitalista-comercial radicada na Metrópole, impele à generalização do recurso a um instituto que o indigenato criara (ou consolidara): o *contrato*. Como a condição para residir sobre o mandato dos poderes consuetudinários, ser, *de jure*, *indígena*, era recolher o *imposto indígena*, cobrado por *libata,* por exemplo, por unidade de domicílios num *kimbo* (a nomenclatura *kimbundo*, nesse caso, generalizou-se), e como as formas dessa cobrança eram facilmente "manipuláveis", o *contrato* permitia dispor de toda, ou quase toda, a força de trabalho, dentre a população *não assimilada*; o que, não raro, resultava no seu deslocamento. Os números sobre o *contrato* interno em Angola são muito discrepantes (ainda havia o *contrato* para São Tomé e Príncipe), a documentação, esparsa; o montante de trabalhadores negros que estiveram, em algum período, sob *contrato* é incalculável.[32] Citemos apenas o estudo de Mário Milheiros, administrador

---

31   Números sobre o comércio em Angola, em 1959, estimados com base no livreto: *Recenseamento geral da população de Angola, 1960*: população residente segundo as condições perante o trabalho. Luanda: DSEA, 1964; Cf. Bender, 1978, p.233.

32   Basil Davidson [1972,127] estimava que, em 1954, haveria cerca de 379.000 trabalhadores *contratados* em Angola, por exemplo, quase 10% do total da população *indígena*; informação que obviamente foi negada pelas autoridades coloniais; que, no mesmo período, asseguravam ser esse número da ordem dos 140.000 trabalhadores [Ver Bender, 1978, p.143-144].

e etnólogo, publicado entre 1952 e 1953, no *Mensário Administrativo* da
D.S.A.C.: num resultado talvez inédito na história das estatísticas sociais,
Milheiros ouviu uma resposta quase unânime ao inquirir, no Norte de
Angola (Kwanza Norte e Malanje), trabalhadores agrícolas que provinham
do Planalto, do Centro-Sul do país, sobre os motivos da imigração para
a região – o *contrato*.[33] Ainda está por ser feita uma efetiva história social
do trabalho em Angola nas décadas 1930 a 1960; seria um contributo de
importância insondável, inclusive para a compreensão de fenômenos que
ainda hoje repercutem sobre a vida do país. Casos deste tipo, no entanto,
revelam a enorme quantidade de pressões em jogo (e o vulto e a discriciona-
riedade desses processos).

Onde há excesso de vulnerabilidade, em geral, também há excesso de
arbitrariedade (comportando-se o *poder*, nesses casos, segundo a lógica dos
roedores: quanto mais acuados, mais agressivos). *1.500 contra 1*, era a perspectiva de que partíamos. No terreno, no entanto, há histórias bem mais
complexas a contar. É o caso, por exemplo, do inquérito administrativo,
datado de 1930, que envolve a conduta de Raul Lourenço Vieira, chefe de
posto na Catota, então distrito do Bié, no processo de *contratação de trabalhadores* nas circunscrições civis de Menongue e Cuíto-Cuanavale, a fim
de os encaminhar para o engajamento numa Companhia Agrícola no Amboim.[34] Conforme os depoimentos constantes do processo, de que, adiante,
transcrevemos a fala do *soba* "Chuquique", as estratégias da Companhia
envolviam o depósito de uniformes na sede do posto, provavelmente, a concessão de comissões (em dinheiro) a Raul Vieira, instruções para que este
deixasse de cobrar o *"imposto indígena"* (deixando a população local disponível para o *contrato*; pois, supostamente, "não trabalhavam") e, finalmente, a nítida intimidação dos *indígenas*, com ameaças de agressão, prisão e,
até mesmo, de morte. Em meio a acusações de prisões ilegais e corrupções
à farta, Lemos também que a revolta do *soba* Chuquique dizia respeito à
quebra de um acordo: por entregar 45 homens ao contrato, o chefe de posto
prometera dar-lhe *"um fato novo e uma mala cheia de roupas"*; entregou só
"um casaco e um chapéu velho". No fim das contas, o processo rende a Raul

---

33 Margarido *apud* Copan, 1975, p.335 ["Le colonialisme portugais et l'anthropologie." 307-
    344]. Cf. o Ano IX, .57-58 – 67-68, Jun./Jul. – Nov./Dez., 1952, do *Mensário Administrativo*.
34 AHNANG. Cx. 1171 – Processo/Raul Lourenço Vieira, v.IV, 1930. p.948-950. Ver a trans-
    crição do depoimento do soba Chuquique, adiante, a seguir à Imagem 3.4.

Vieira uma suspensão; ao menos até onde os registros nos permitem contar a história. Resultado bastante semelhante ao de um outro caso, envolvendo, por razões substancialmente diferentes, um outro chefe de posto. Em meados dos anos 1960, Hugo Seia, chefe de posto nas Lundas, recebe um caminhão cheio de *pretos*; e um bilhete: *"Senhor chefe, envio esses homens para o senhor dar porrada"*. Constatando que os delitos de tais homens eram pequenas faltas trabalhistas, atrasos e objetos quebrados, Seia, em vez de açoitá-los, libera-os do *contrato*. Recebe, dias depois, um homem e uma ameaça: *"Cuidado, você é demasiado pequeno para brincar com a Diamang"*. Nunca mais foi promovido; até que largou o quadro, e passou a caçador profissional.[35] Por acumpliciamento ou por cumprimento do (teórico) dever, administrar, nesse quadro, supõe lidar com divergentes e desiguais forças, nas mais variadas direções e com as mais diversas agendas; supõe uma corda bamba, um exercício de equilíbrio. Como os processos de natureza econômica, tais como existiam no mundo colonial, são também "relações econômicas", de grupos e de pessoas, mas como eles não agem, exclusivamente, por "recompensas e privações," por exemplo, segundo uma "lógica econômica", recorrendo também a processos/relações "políticas", cujo poder, em última instância, se mantém por "coerção física", é preciso reconhecer, seguindo esse raciocínio, sugerido por Abner Cohen, que o equilíbrio entre esses dois polos, o político e o econômico, ligado à atualização que os homens fazem deles, em diferentes situações, no curso de relações contratuais, manipulativas, instrumentais, depende uma articulação simbólica, de uma "legitimação", a qual se obtém por "valores", por "normatividade", é certo, mas também por "conhecimento".[36] Em outras palavras, a continuidade da máquina colonial (e da produção de *Outros* que ela enceta) dependiam de permanente contenção, do represamento, da limitação, tanto do reconhecimento/do direito dos *"nativos"*, quanto dos arbítrios que presidem às relações a que se os sujeita.

Essa perspectiva dada pela sugestão de Cohen nos leva a um problema cuja dimensão não podemos abordar integralmente neste trabalho; pensemos, então, em alguns dos aspectos que estão envolvidos nessa questão, procedendo por partes. Em primeiro lugar, o caráter "normativo" da pre-

---

35   *Cf.* depoimento de Hugo Seia a Ana Sofia Fonseca, em Out., 2007 [*In*: Fonseca, 2009, p.121-123].

36   Cohen, 1978, p.22-23; 35-47.

sença de *coloniais* (leia-se, *brancos*) no espaço colonial é admitido como consequência, e como imperativo, pelos próprios ideólogos do Estado Novo. Mesmo na confortável distância do gabinete instalado em Lisboa, sujeitos como Marcelo Caetano e Adriano Moreira afirmaram, em reiteradas oportunidades, que o papel modelar dos *coloniais* não era devido aos encargos do *white man burden*, mas sim, tributário da *black man decay*. Consagrando "*o retorno à desigualdade perante o dever*", disse Moreira, o *indigenato* colocou "*a cargo do colono um dever de diligência e protecção que não lhe pertence na metrópole e que o obriga a uma diligência excepcional,* [produzindo] *um tipo normativo de colono, que se traduz em atribuir a todo o português no Ultramar uma função de interesse público*".[37] "Normatividade", tal como era aí compreendida, equivalia quase a "conduta". Implicava a ideia de que seria possível operar distinções positivas entre os *cidadãos* (e os *assimilados*) e os *indígenas* partindo não somente de posições, previsões e prescrições, mas, também e principalmente, de "usos e costumes". É nesse sentido que documentos como os que apresentamos anteriormente, monótonos processos administrativos, participam das "narrativas coloniais": também eles indexam e representam possíveis e impossíveis, desejáveis e indesejáveis, em termos de condutas, de *comportamentos brancos*. E é em relação à fragilidade desse tipo de critério, mesmo enquanto operador político, baseado numa subjetivíssima noção de "adequação", "normatividade", que se constituiu uma interpretação do *indigenato* e da *assimilação* como "métodos de recusa na produção de cidadãos".[38] Negando a *separação*, sem possibilitar efetiva *associação*, justificando a *violência* e não dirimindo as *tensões*, o *assimilacionismo*, nessa chave, é visto como um modelo de dilação *ad infinitum* do *problema*, transferindo-o para um nebuloso *futuro*. Sem negar a propriedade dessa constatação, cremos que esta seja uma leitura limitada. Há muito mais a depositar na conta do *indigenato* e da *assimilação* do que supõe a vã filosofia dos números.

Por um lado, o Estatuto (pensemos apenas neste *corpo jurídico*, por enquanto) ratificou uma entidade cuja gestação é só um pouco anterior a ele: o *indígena*. O *indígena*, aquele que de fato e de direito é apresentado pelo olhar colonial como *Outra gente*, não é propriamente o *nativo*, num senti-

---

37 Moreira, Adriano. *Política Ultramarina*. 1960, p.324.
38 Ver Henriques, I. *In*: Bethencourt & Chaudhuri, 1998, p.225-230.

do *lato*, o "*originário de*, o *natural de, gentílico*"; nem tão pouco é o *gentio*, termo preferencial da teologia (e das descrições, até o século XIX), pelo qual se designa o *homem não cristão*; e menos ele é o *negro* – não é por coerência à carga semântica que *indígena* se aplica, da América à Oceania, aos *Outros de todo mundo*. O indígena não é o ser *Em-Si*; ele é um ser *Para-Si*: se é de "normatividade" que se trata, ele é, sobretudo, o desvio em relação à "norma" (o *Self*/o *colono branco*), cuja *diferença* só é (re)conhecível na *distância*. Teoricamente, na imageria de um esquema colonial português, ao *indígena* se deveria sobrepor o *assimilado*; aquele cuja *diferença inata é desviante*, mas a *normalização equipara*. Contudo, sabemos, os números da assimilação são, numa palavra, ridículos. E, todavia, no espaço colonial, o "contato", a "porosidade" e a "interação" entre o *mundo dos brancos* e o *dos Outros*, pretensamente distintos, são enormes; retomando apenas os exemplos já citados, eles incluem um expressivo número de agentes – comerciantes, chefes de posto, "etnólogos," etc. –, instituições – as grandes Companhias, o Estado, o próprio *contrato* – e processos – a missionação, dentre eles. Logo, a *proximidade* institui um paradoxo. Mais do que "não cidadãos", o que o *indigenato* e a *assimilação* operam é a produção de uma extensa faixa de sujeitos que, positivamente, já não se identificam no limite classificatório que comprime "*o indígena*" e que, ao mesmo, sob nenhum aspecto ("na forma da lei") podem ser tomados como "*assimilados*". Não surpreende que exista um lapso entre todas as imagens, prenhes de *exotismo*, dos *indígenas* expostos por Henrique Galvão na Exposição Colonial do Porto, em 1934, e na do Mundo Português, em Lisboa, em 1940, os *indígenas* da "Paris presa ao Império" dos anos 1920 e 1930, dos romances de Ernest Hemingway e Beryl Markham, tão distintos e tão "estranhos" aos alunos de francês vistos por Leiris, fonte da sua decepção e da de tantos outros. O modelo português é exemplar, porque as representações coloniais que ele legou, *in loco*, foram, talvez, graças à contradição gerada pelo *indigenato*, as que mais explicitamente traduziram a cena em que a maioria populacional real – em Angola quase 80% da população – era constituída duma mancha de fantasmas, sujeitos despersonalizados; *sombras, pretos*.

A formulação sintética e radical de Norberto Gonzaga permanece sendo um dos mais didáticos exemplos do que a "diferença funcional" entre o *preto* e o *indígena* significa. Se "*a África, é europeia em larguíssima extensão*", como define, mas "*subentenda-se, apenas na toilette, na aparência, no exte-*

rior", é porque "*na África há sempre um rictus no espelho do nosso quarto – o do moleque*", sendo que o "*imprevisto*", o "*teatral*", que resulta deste "*rictus*", é função de estarem em jogo "*o branco, de outros princípios, de outros países, de outros hábitos, de outras ideias, mas com sua sombra – o preto*".[39] Quando se define o *Self* positivamente, pelo "*que é*" (alguém de *outros países, hábitos, ideias*, etc.), em face duma presença que "*não é*" (é apenas reflexo num *espelho, sombra*), o que resulta não é propriamente um *Outro* (como o *indígena*, que, não obstante "inferiores", tem seus "usos e costumes"), mas um "*não Ser*", um objeto, um "corpo sem cultura", como diria Peter Gay,[40] cuja "essência" é a *disponibilidade*. Há nesse tipo de exemplo uma profunda convergência entre um processo de estigmatização social (com a previsível "descredibilização", manipulação do suposto "defeito", que constitui a "identidade deteriorada do estigmatizado) e um contraditório processo de despersonalização, que faz deitarem os estigmas sobre o vazio, desalojando o sujeitos dos vínculos que o sustêm e atam à sua "natureza humana", a fim de que esteja "nu diante do poder"; nesse sentido, a imagem do *preto, sombra, braço, força de trabalho*, tal como surge nas representações coloniais, é a do *homo sacer*, expatriado, mesmo quando em sua própria terra.[41] Para dar maior clareza aos mecanismos (e às contradições) sobre as quais essas imagens residem, poderíamos citar a definição de Ramiro Ribeiro Cabral, o qual afirma que "*o negro boçal, o semisselvagem, nasce no mato e lá se desenvolve em meio a uma sociedade ignorante, alimentando seus defeitos raciais ancestrais com uma tendência ao mal, pois aprende tudo o que é próprio à vida do homem selvagem*" e, portanto, "*aqueles que vivem em torno aos centros urbanos, para os quais o remédio é difícil de encontrar, pois talvez já seja tarde demais [...], retém do homem civilizado a cópia dos seus defeitos, desdenhando as virtudes como crianças mal intencionadas*".[42] À parte o fato de que o artigo de Ribeiro Cabral se intitula "Maneira de educar os indígenas" (no entanto, descrendo do "ensino" como método; fazendo tímido eco às palavras do editor d'*A Província*, Antonio Correia de Freitas, a quem a Liga Nacional Africana acusava de desejar que "*o preto continue a vida da selva, não apareça ao nosso convívio civilizador*") o caso é que a lógica com que

---

39 Gonzaga, Norberto. *África de sangue, do oiro e da morte*. 1942, p.59-60.
40 Gay, 2001, p.79.
41 Servimo-nos aqui de uma síntese das formulações de Goffman, 1963, 41-43 e Agamben, 2002.
42 Cabral, Ramiro Ribeiro. *In: Mensário Administrativo*. Ano X, n.71, Jul.-Ago., 1953, p.57-59.

opera encadeia a existência de um tipo de sujeito social – o *indígena* (o qual existe *no mato*) –, repositório de estigmas (de ordem *racial*), a que se sobrepõe um vácuo: nas *cidades, o boçal, semisselvagem*, é menos do que isso; é uma *cópia dos defeitos dos homens civilizados*; um *reflexo*, uma *sombra*, pois. Interessante é notar que num ponto os Freitas e Cabral concordam, talvez, com os membros da LNA: afinal, ao sublinharem a identidade virtual do *"artífice preto"*, como algo plasmado sobre *defeitos brancos*, ambos, com valores distintos, é verdade, reiteram o caráter normativo/normalizador da presença colonial.

Se há um aspecto em que a literatura colonial é pródiga, quanto às representações do *Outro*, é justamente em procurar dissimular o caráter nitidamente *racializado* que marca a noção de *contato* e *interação* no universo colônia e, por conseguinte, em denegar a recusa do *Outro* em que a *racialização* se constitui (e, nesse caso, referimo-nos, sobretudo, à memória, à crônica, à ficção, aos textos da literatura não interessada, ou não científica, porque a raça, como construto colonial, é, antes de tudo, um discurso de profissionais). Nas várias narrativas de caçadores e fazendeiros, de funantes e *coloniais* das cidades, em convergência com uma memória colonial que ainda subsiste, as mais recorrentes imagens procuram atestar uma harmonia que, entretanto, contrasta diretamente com a presença de *sombras*, da massa anódina de *negros* que o discurso não pode eludir e cujo lugar deslocado, um *pano de fundo*, revela a natureza das relações efetivamente atualizadas nesse cenário. Para cada imagem de *convívio* ou de *afeto*, que busca contrapor a memória às evidências da excisão, há um número incontavelmente superior de representações em que o *preto* é o não nomeado, é um *sujeito genérico*, entre referências *generalizantes*, ou é o *criado-coisa*, diante de quem é possível portar-se como se diante de *coisas* se estivesse. A dispersão dessas referências é tamanha, que atinge até o esforço, raro, de trazer as *sombras* para o primeiro plano. Como uma medida do fato, citemos, a fim de concluir essa reflexão, os exemplos de duas *"patroas brancas"*; significativo, ademais, por se tratar de duas mulheres cujo discurso é, em geral, "progressista", numa sociedade tão cheia de interditos. O primeiro é extraído de "Chica", crônica de Guilhermina de Azeredo (já aqui citada), num trecho que nos fala da reação da *patroa* perante a *criada* que se lança ao berço do bebê daquela, oferecendo o próprio corpo para livrar o pequeno da ação, provavelmente fatal, de uma serpente. O segundo é o retrato que

Maria Archer faz de "Mussobine", seu *criado de mesa* em Luanda, depor-
tado vindo de Moçambique, acusado de traição durante os combates entre
portugueses e alemães na Primeira Guerra Mundial:

> [Chica] rebolou-se pelo chão como possessa, cheia de dores, com a cara feita
> num bolo. Esteve vinte e quatro horas em delírio e semanas a fio em tratamento
> da vista com o melhor quimbanda da especialidade. Pobre Chica! Quantas
> vezes a fui ver a sua cubata! Quanto lhe agradeci a sua dedicação! Fora ela uma
> branca e tê-la-ia abraçado, tê-la-ia chamado irmã com toda minha ternura, teria
> chorado com ela de alegria e gratidão... Chica sorria-se e só perguntava pela sua
> menina [...] Quando voltou para o serviço, ainda bastante fraca, dei-lhe mais
> panos, mais blusas e um lindo bracelete. Eram as lembranças da menina para
> sua negra.[43]

....

> Mussobine, o lavrador, Mussobine, o guerreiro, é, agora, o condenado
> n.344-9071, vestido de ganga azul, numerado no peito, perdido na vida que
> o perdeu a ele. [...] Em Luanda a minha mesa de trabalho ficava em frente da
> janela, largamente aberta sobre o horizonte de arvoredos, céu e mar, da encosta
> das Ingombotas. Em baixo, no quintal, ouvia, às vezes, um canto nostálgico,
> melopeia monótona como os cantos alentejanos. Era Mussobine, o guerreiro,
> que talvez recordasse luzimentos de armarias, lampejos de baionetas, tinir de
> azagaias, enquanto se acocorava na esteira para polir com requintes, como se
> cuidasse armas principescas, as pequenas colheres de prata servidas no meu
> almoço matinal.[44]

O retrato desenhado por Archer é bem mais linear na apresentação da
impessoalidade, da *despossessão* do trabalhador *negro* (e, não obstante, o
seu esforço de aproximação, de condolência pela situação de Mussobine,
ele admite um estado de coisas que compreende que tenha um "criado de
mesa" e que Mussobine seja, sobretudo, uma função; se guerreiro ou criado, estará sempre "em baixo, no quintal" a polir metais). Já o fragmento
de Guilhermina é uma síntese simbólica: por um lado, a normatividade, o
comportamento desejável da "mulher *branca*", supõe a possibilidade duma

---

43 Azeredo, Guilhermina de. "Chica." *In: Brancos e negros*. 1956, p.169.
44 Archer, Maria. *Angola filme*. Cadernos coloniais, n.19, 1939, p.39-40.

aproximação entre a *patroa* e a *criada*; por outro, a *raça*, a *posição* impõem o recato, a contenção do gesto, a evidência corporal de uma hierarquia (ela talvez a *abraçasse*, talvez a *chamasse irmã*) em um processo de reiteração da ordem que a frase final, decisivamente, estabelece – não é a menina que é de Chica, é a menina que possui; Chica é quem é *"sua negra"*. Ambos os excertos possuem outros, e mais agudos, sinais do fenômeno a que nos referimos: Chica recebe da *patroa "panos, mais blusas e um lindo bracelete"* – paga de *servos*, não de *trabalhadores*; Mussobine é um número – algo um tanto mais significativo se defrontamos o *contrato*, não a instituição, mas o registro físico dos *contratados*: consignando, em geral, uma procedência, um nome de atribuição (associado ao "sobado" de que os *contratados* provinham), uma impressão digital e o *número*, que é o que contará a partir de então.[45] São, ademais, dois exemplos contundentes, porque reforçam o que vimos tentando demonstrar até aqui: se, de um lado, a *alteridade* incorporada pelo *negro* é uma *disponibilidade*, e portanto, *recusável*, de outro, *as Outras gentes só existem, a rigor, na distância*.

Isso nos leva a uma segunda questão central. Se os diversos exemplos discutidos nos parágrafos anteriores não fossem suficientes, um balanço das circunstâncias e do tipo de conhecimento produzido acerca das sociedades angolanas durante o período colonial poderia evidenciar, de uma vez por todas, tanto a centralidade (política e econômica; e não apenas simbólica) da *aquisição* e do *domínio* de discursos sobre o *Outro*, quanto o imperativo do *distanciamento* para a sua produção. Ao observarmos, por exemplo, o quanto as elites luso-africana, apoiada por especialistas estrangeiros, haviam avançado no estudo e na sistematização de informações das sociedades de língua *Kimbundo* na passagem dos séculos XIX e XX, constatamos que entre os dias de Héli Chatelain e de Joaquim Cordeiro da Matta, de Maia Ferreira e José Pereira do Nascimento, e o relançar desse interesse, na metade dos anos 1950, início dos 1960, há um lapso; dificilmente explicável, senão em face do aguçar as tensões (e a proximidade) entre tais grupos e a sociedade propriamente colonial, dado que as áreas sobre as quais ela primeiro incide são justamente Luanda e seu *hinterland*, historicamente ocupado por núcleos *Kimbundo*. Com relação às sociedades *Umbundo*, do Kwanza Sul ao planalto, esse lapso é ainda mais flagrante. É de se notar

---

45   Ver Imagem 3.4.

que durante a fase crítica da mobilidade de mão de obra e de ocupação dos solos nas áreas históricas *Umbundo*, o mais relevante da produção de conhecimentos concernente a tais sociedades tenha sido obra de estrangeiros: em geral, missionários protestantes ou etnólogos como D. A. Hastings, W. D. Hambling e G. M. Childs, cuja tese *Umbundo kinship and character* (1949), sob orientação de Ruth Benedict, é provavelmente o mais influente trabalho sobre a região, até um período muito recente.[46] Subsistindo nos anos de 1930 a 1960, o "saber português" relativo às sociedades de língua *Ovimbundo* ("não distanciado", "não estrangeiro") foi conformado, sobretudo, por uma Antropologia física: dados antropométricos, teorias de procedência geográfica baseadas em caracteres "rácico-corporais" e, para além disso, apenas uma *"coleta de aspectos exóticos necessários à relação"*, como definiu Mário António de Oliveira e atestam os resumos publicados por Alexandre Sarmento, etnólogo e funcionário da Câmara de Nova Lisboa, no "Boletim Cultural do Huambo".[47] Um balanço bibliográfico da época, editado pelo Instituto de Estudos Ultramarinos, em 1960, mostra a clara prevalência da Antropologia física/Antropometria, quando confrontadas 424 obras "antropológicas" relativas ao "Ultramar português".[48] Se parte desta proeminência pode ser atribuída a uma defasagem do campo científico português, cremos que também há a considerar o quanto esta propensão não era reforçada por uma perspectiva que tende a defrontar a alteridade de dados grupos, em dadas circunstâncias da situação colonial, recusando a *diferença cultural*, em favor de uma *diversidade* tomada como suposta *inferioridade implícita*, externalizada pela *diferença física*. Contrastivamente aos números gerais, e em abono desta nossa última hipótese, podemos citar, por exemplo, o levantamento bibliográfico restrito a Angola, produzido pelo Centro de Documentação Científica Ultramarina, de Lisboa, que cataloga, também nos anos 1960, um total de 63 títulos sob o que se poderia rotular

---

46 *Cf.* Hastings, D. A. *Ovimbundu beliefs and practices.* Hastford: Kennedy Seminary, 1933; Hambling, W. D. *The Ovimbundu of Angola.* Chicago: University of Illinois Press, 1934; Childs, G. M. *Umbundu kinship and character.* Oxford: Univerisity Press, 1949.

47 Oliveira, Mário António Fernandes de. "Colaborações angolanas no *Almanach de Lembranças,* 1851-1900." *In: Boletim do Instituto de Investigação Científica de Angola* (IICA). Ano III, n.1, 166, p.75-85; Sarmento, Alexandre. "Estudos antropológicos no Huambo." *In: Boletim Cultural do Huambo.* Ano 2, n.2, 1949, p.17-20.

48 Gonçalves, José Júlio. *Bibliografia antropológica da Ultramar português.* Lisboa: Por exemploU./A.G.U., 1960.

de "Antropologia Cultural", sendo 33 relativos a "ritos de circuncisão" (nos mais diversos grupos étnicos), 15 relativos ao grupo *Nganguela* e, no extremo oposto, apenas um às "lendas, canções e contos angolanos".[49] Não nos parece gratuito que diante do que é mais imediata e manipulavelmente concebido como uma relação entre *política* e *exotismo* (e este parece ser o caso da distribuição de poder segundo classes etárias), que entre os *Nganguela*, distribuídos pela Cunha que adentra pelo Moxico até as "*terras do fim do mundo*" (e, portanto, nas "*lonjuras*"), "observadores portugueses" tenham encontrado *Cultura* e *indígenas*, em vez de *braços* e *pretos*.

Em que pesem os lapsos (ou deliberadas recusas), o fato é que o período colonial viu o desenvolvimento de uma considerável produção de cunho etnológico sobre Angola. Facilmente se tem confundido as coisas. É bem verdade que, em 1984, olhando em retrospectiva, alguém como Mesquitela Lima, etnólogo de Angola (cuja tese foi orientada por Leroi-Gourhan e aprovada por Denise Paume-Schaeffner e Roger Bastide),[50] afirmava que "*no caso português havia o político que até certo ponto condicionava o aparecimento de uma Antropologia voltava para o domínio efetivo* [domínio no sentido de *conhecimento, apreensão da matéria*, nesse caso ao menos]", de sorte que julgasse o "*saber português*" como um "*conhecimento empírico-intuitivo*", que "*possuía muita coisa baseada em estereótipos, em conhecimento do tipo familiar, repassado de emotividade, de fantasmas, de aparências, de ideias feitas*".[51] Contudo, essa situação reconhecidamente confrangedora, o "tom moralizante e paternalista que conferia à qualidade dessas obras um baixo nível científico",[52] como caracterizaram Bender, Gallo e outros críticos, não implica desprezar a importância quantitativa e a eficácia simbólica do que a narrativa colonial coligiu e apresentou sobre as *Outras gentes* de Angola. Como evidência, podemos citar uma obra decisiva: *Populações indígenas de Angola* (1918), de José de Oliveira Ferreira Diniz, Secretário dos Negócios Indígenas durante o primeiro governo de Norton de Matos. Essa famosa compilação de dados etnológicos, produto do inquérito administrativo

---

49   *Boletim Bibliográfico do Centro de Documentação Científica Ultramarina.* Lisboa: J.I.U., 1958--1965. 46 vol. Bimestral.

50   Lima, Augusto Mesquitela. *Fonctions sociologiques des figurines de culte Hamba dans la société e dans la culture Tshokwé (Angola).* Thése de Doctorat en Ethnologie, Université de Paris (Sorbonne), 1969. Luanda: IICA, 1971.

51   Lima, 1984, p.19-38.

52   Ver Bender, 1978, p.208.

sobre as populações nativas, criado por Ferreira Diniz, pode ser considerada a base de uma grelha classificatória, que resulta na Carta Etnológica de
Angola, reproduzida, emendada e/ou corrigida, embora fundamento de
todas as cartas geoetnolinguísticas produzidas e utilizadas, didática ou administrativamente, até hoje na República de Angola. O trabalho de Ferreira Diniz pode ser lido como encadeamento de decisões "burocráticas"; da
Portaria n.372, de 17 de Abr. de 1913, alterada pelo Decreto n.175/1913,
até o questionário etnográfico enviado, preenchido e devolvido pelos funcionários dos postos, e daí até o relatório (não obstante, cheio de considerações metodológicas extraídas de Leite de Vasconcelos, a autoridade
portuguesa na matéria, à altura), resultando numa obra que, pretendendo
"codificar os usos e costumes dos *indígenas*", parece exotérica, inverossímil
aos nossos olhares hodiernos. Mas é possível tomá-lo como resultado de vários outros processos. Por um lado, a "pacificação" (sucessão de campanhas
militares de ocupação) e o avanço da "ordem colonial" contemporânea em-
purram as sociedades angolanas, confinam-nas, restringem (em termos) a
sua mobilidade, identificam-nas às áreas geográficas que, em seguida, a recensão, a classificação, a "etnografia colonial" vem ratificar e converter em
limite, "inventando" fronteiras. Por outro lado, a própria classificação é um
objeto de disputas. Não à toa as "pesquisas" de Ferreira Diniz começam em
1913, na antessala da Guerra e em meio à passagem da Expedição Rohan-
-Chabot (entre Angola e a então Rodésia do Norte), sob a direção do cmte.
Jacques Rohan-Chabot, com patrocínio do governos francês e da Sociedade
de Geografia de Paris, produzindo os influentes estudos de Affonse Marie
Lang e C. Tastevin sobre os *Nyaneka*,[53] nos quais ainda Estermann e seus
contemporâneos buscavam subsídios. O *"empírico e intuitivo saber colonial
português"* era, nesse caso, muito menos *naïf*, muito mais *político*.

Em meio à corda bamba dos anos críticos do colonialismo (o *1 contra
1.500 e mais uma legião de forças divergentes* de que falávamos), as contradições desencadeadas pelo *assimilacionismo* e pelo *indigenato*, enquanto
objetos de ideologia, continuaram demandando operação sociológicas de
contenção, classificação, normalização *do(s) Outro(s)*. Diante de um discurso oficial de "equiparação" (afinal, *são todos portugueses*, ao menos retorica-

---

53 Lang, A. M. & Tastevin, C. *Mission Rohan-Chabot*. Tome V. "Ethnographie: la tribu des
Va-Nyaneka." Paris: Ministère de l'Instruction Publique/Société de Géographie, 1938. [A
"Missão Rohan-Chabot" data de 1912 a 1914.]

mente) e, no entanto, em meio à dispersão do quadro de estereótipos sobre a "diferença", o que a "prática de campo" da Administração Civil e de outros quantos agentes evidencia é a produção de um *"Outro funcional"* (e desde os dias de Ferreira Diniz, essa prática é, sobretudo, o resultado de articulações locais, muito mais do que de diretrizes vindas do Estado português). Essa produção observa-se em palavras como as de Ramiro Cabral; quando define a compreensão da organização das chefaturas (*sobados*), como elemento fundamental para o *"bom funcionamento dos serviços sem fricções, do que retiram benefícios os indígenas e as autoridades locais"*, procedendo, assim, a uma leitura do poder nas sociedades angolanas, que responde ao espírito do que vulgarmente chamamos "tradições inventadas".[54] E esta é uma prática continuada, integrada à rotina: o *Mensário Administrativo* registra, nos anos 1940, pelo menos 13 funcionário dos quadros da Administração Civil procedendo, em paralelo às suas atividades, à recolha sistemática de dados e à publicação de material etnográfico (isto sem contar o bom número de "curiosos", como ainda hoje se diz em Angola, cujas incursões por este terreno eram esporádicas).[55] O seu *"conhecimento do tipo familiar"* indexa, contudo, a percepção que, aos *nativos*, à *Outra gente*, era preciso dividi-los e igualá-los: para o *controle*, dividi-los; para o *trabalho*, igualá-los; para *representá-los (como recurso, pitoresca e exoticamente)*, dividi-los; para *apresentá-los (equiparando-os, comparando-os ao "mundo branco")* igualá-los; para o *direito*, por fim, dividi-los (*funcional e administrativamente*) e igualá-los (*na excisão quanto à cidadania*). Como um Estado vulnerável pode ser violento, mas dificilmente monopolista, e como a diversidade de situações em que a necessidade de classificar/apreender se impõe sugere que uma quantidade proporcional de agentes intervém no jogo (incluindo os próprios sujeitos que se deseja classificar; pois, na interação, "reinventam" o seu papel), o que ocorre é que o esforço concentrado em administrar não reduz as coisas;

---

54   Cabral, Ramiro Ribeiro. "Autoridades gentílicas." *In: Mensário Administrativo*. Ano X, n.73-74, Set.-Out., 1953, p.29-30. *Cf.* Hobsbawm & Ranger, 1997.

55   Os índices do *Mensário Administrativo* [Ano I, 1944 – Ano X, 1953] consignam os nomes de Augusto de Castro Jr., José Pereira da Silva Jr., Mário Milheiros, Alberto Ferreira Marques, Francisco Serra Frazão, Herculano da Silva Barros, Mário Henriques da Silva, António Emílio Pires, Álvaro da Fonseca Dias Ferreira, Horácio de Carvalho, António Augusto Durão, Aníbal dos Santos Brandão e Elmano Cunha e Costa, todos "administradores--etnólogos".

das narrativas coloniais emergem não um, mas, vários *"Outros funcionais"*, situacional e contratualmente produzidos.

***

Continuemos, então, com um mapa: ao Norte, cortando Angola, do interior até a foz do Congo, estendendo-se até as florestas do Mayombe e Cabinda, uma área *Bakongo*. Logo abaixo, latitudinalmente, vem Luanda, o seu *hinterland* formado pelo Bengo, pelo Kwanza e dali até alguns quilômetros pelo interior, a área *Ambundo* (*Kimbundo*), que se prolonga até onde o Kwanza começa a mostrar suas origens, onde começam as Serras e o país vai dando lugar ao Planalto, de Benguela, no litoral, até o centro; é o terreno da concentração *Umbundo* (*Ovimbundo*). Parte-se, então, rumo ao Nordeste do país e ali aparece a longa faixa longitudinal, que atravessa Angola de cima a baixo; é a área *Chokwe*, estendida dos dois lados da fronteira, até a Zâmbia, onde ecoa ainda o poder dum nome, o *Mwantianvwa*. Começando junto a esta faixa e se esparramando pelo país, dispersando-se de modo singular, em forma de Cunha, até os lados do Sul, a área *Ngangela*. Para o poente, onde as Serras começam a descer, rumo ao Sul extremo, ao deserto, a área dos *Handa, Tyilenge, Nyaneka e Nkhumbi*, ou simplesmente, *Nyaneka-Nkhumbi*. O ângulo extremo do Sudoeste, terra de pastores e país dos (*O-Tji*)*Herero*; no lado oposto, no exato vértice Sudeste, *"terras do fim do mundo"*, estão os (*O-Shi*)*Xindonga*, pequeno grupo. Entre uns e outros, nas terras do Cuvelai, espremidos pelo além e aquém Cunene, o país que, do outro lado da fronteira, na Namíbia, chamam Ovambolândia, terra dos *Ovambo* (*Ov-ampo*), que os cronistas angolanos chamavam *país Cuanhama* (*Kwanyama*). Poeira salpicando o sul, pequenos grupos *Khoisan*, não bantos, e grupos, ainda menores, de *va-Twa*, ditos pré-bantos, como os *Kwisi*, entre os *Kuvale* (*Herero*) e os *Kede/Kwadi*, entre os *Kwanyama*. Essa é a "distribuição étnica de Angola", segundo as representações do período colonial.

Essa imagem, resumo das *Outras gentes* de Angola, é, por assim dizer, o produto dum acochambramento; por um lado, ratifica uma estruturação geográfica e demográfica tripartida dos segmentos populacionais da colônia (*brancos/assimilados*; *negros*; e, finalmente, *gentios/indígenas*) e legitima, por conseguinte, a hierarquia muito mais estratificada (com os *coloniais* à cabeça) que está oculta nesta tripartição; por outro lado, dirime um problema prático: a cartografia do espaço, a que nos referíamos no capítulo anterior, "desmantela territorialidades africanas" na progressão em que a ocupação desenha o espaço colonial "Angola" – mas, como a dinâmica social, a mobilidade (tudo o que escapa à rigidez da *diferença*) são bastante mais fugidias, as representações etnográficas dum conglomerado de "unidades culturais" disciplinam o conteúdo de "marcadores vivos do espaço", ao mesmo tempo que reiteram, conceitual e pragmaticamente (ainda que de modo "falso"), o controle simbólico que se arvora sobre ele.[56] A primeira versão dessa distribuição está certamente imbuída desse espírito, tanto mais porque o mapa que acompanha a obra de Ferreira Diniz, em 1918, ainda sustém a pretensão de classificar "grupos étnicos", um por um. Os seus equivalentes derradeiros já comportam certo nível de crítica. Resultado da coleção de observações de Carlos Estermann sobre o Sul e Sudoeste de Angola, de Hélio Esteves Felgas sobre a chamada *"zona conguesa"*, de Murray Childs sobre os *Umbundo*, de José Redinha sobre Norte e o Leste, de Mesquitela Lima sobre estas duas últimas áreas, e da História, mais do que da etnografia, sobre os *Ambundo*,[57] a distribuição de 1971, até hoje referencial, consagrou estes macrogrupos de base etnolinguística, chancelando, sua arbitrariedade; embora tanto Estermann, quanto Redinha, por exemplo, pronunciassem algum tipo de autocrítica, quanto à compressão de realidades etnossociológicas distintas, que essas linhas gerais ignoravam. Como representação produtora de representações, esse inventário da multitude angolana acabou por se tornar operacional. No fim do período colonial, um balanço do que havia de mais relevante na etnologia de Angola mostrava cerca de 130 grupos étnicos "descritos"; não obstante, há hoje um grau considerável de aceitação, e de autodefinição, por parte dos angolanos, da ideia desses macrogrupos (como também não é raro – o que, talvez, seja efeito pós-colonial, e, sobretudo, pós-guerra – encontrar quem considere que mesmo tais grupos são um excesso, uma "coisa criada").[58] Ainda

---

56   Ver Henriques, 2003, p.12-15.
57   Ver Redinha, José. *Distribuição étnica de Angola.* 1971, p.5.
58   Se, de um lado, a preocupação com a "inexatidão" e/ou arbitrariedade dessas classificações subsiste, principalmente entre acadêmicos e agentes do Estado, na Angola atual (tal como se depreende, por exemplo, do texto de Melo, R, 2005, p.157-178), de outro, poderíamos citar o caso do *Jornal Regional*, exibido aos sábados à tarde, pela TPA (Televisão Pública de Angola), o qual veicula notícias nas "línguas" mencionadas nesse quadro classificatório e que, contudo, é, em geral bem-visto e compreendido como "importante" pela população, tal como pudemos constatar em Angola. Em Luanda, tivemos ocasião de entrevistar o sr.

assim, os arranjos dessa representação operam sobre curiosos e, em alguns casos, perturbadores exemplos de fragmentação e/ou supressão simbólica de dados relevantes das realidades que pretende descrever. O exemplo dos *Nyaneka-Nkhumbi*, já antes citado, poderia ser o mais flagrante, mas não é único, nem, digamos, o mais excêntrico. Contrastivamente a este caso, o dos *Ovampo* é singular; embora os *Nyaneka-Nkhumbi* não possuam termo classificatório do grupo, em nenhuma das suas línguas, há algum nível de percepção de "grupo", a que hoje muitos sujeitos recorrem,[59] inclusive politicamente, como se vê pela oposição entre o *ova-Nano* (*os de cima*), termo com que *Nyaneka-Nkhumbi* e *Herero* distinguem o *Ovimbundo*, e o *ova-Mbwelo* (*os de baixo*), termo com que estes distinguem os *Nyaneka--Nkhumbi* (que, aceitando a designação, de fundo geográfico, reconhecem algum tipo de operacionalidade na classificação). O *Ovampo* é distinto; enquanto dado nome como o *Cuanhama/Kwanyama* (*os da carne*) é localizável nas narrativas orais, associado a um território, grupo e mito fundacional, *Ovambo* (*'mpo*, na pronúncia *Cuanhama*), aplicado, sobretudo, aos *Donga/ Dombondola*, e por extensão aos *Kwanyama, Cafima, Kwamatu, Evale*, etc., é um termo, quase certamente, externo, designação dos *Herero* para os que vivem *na terra dos avestruzes*, por exemplo, no além Cunene (*ova-Mbo*).[60]

Joaquim, *c.* 60, natural do Huambo, hoje com família constituída no Uíge, mas trabalhando, sazonalmente, na capital. Perguntado, ele se definiu "[Ba]*Wambo*", mas acrescentou: "*Umbundo, sabes, é tudo a mesma coisa...*" e prosseguiu: "*o que existe mesmo é a gente do Norte e a gente do Sul, a gente do Sul é que trabalha e a gente do Norte tem outro jeito, querem andar com pastas, a mandar, mas é tudo uma coisa só*". Sugerimos que ele se referisse a serem todos "*Bantos*", ao que ele advertiu: "*não, isto nos tempos antigos, História, era tudo reinos iguais, era tudo o mesmo, isto de dividir veio depois, foram coisas que inventaram para fazer guerras*" [Entrevista realizada em Jul., 2011]. De algum modo, a percepção do sr. Joaquim ecoa um discurso oficial, esse sim, produto do Estado pós-colonial, que visa sublinhar a ideia de "angolanidade"/"nacionalidade", superpondo-se às realidades étnicas, como consagrado no famoso *slogan* dos anos de 1980 e 1990, em que Angola era reiteradamente apresentada como uma só, "*de Cabinda ao Cunene*".

59 Rosa Melo cita, por exemplo, a criação, em 2000, duma ONG, a Associação *Nyaneka-Nkhumbi*, no Lubango; embora ressalve que, em sua opinião, trata-se da admissão (ou incorporação) de um equívoco [Melo, 2005, p.170].

60 Ver Estermann, Carlos. *Etnografia do Sudoeste de Angola*, v.I. *Os povos não bantos e o grupo étnico dos Ambós*. 1956; v.II. *O grupo étnico dos Nhaneca-Humbe*. 1957. Para alguns antropólogos angolanos atualmente, esse caso, dos *Ovampo*, na Província do Cunene, guardaria alguma similaridade com situações como a das Lundas (em torno da diferenciação *Lunda-Kioko*, que poderiam [ou não] ser tomados por *Chokwe*; excluindo, certamente, os *Baluba*) e, no caso mais grave, em Cabinda (em torno da consideração [ou não] dos *Cabinda*

Como tudo é mutável, no entanto, a existência posterior de um Estado-
-nacional, a Namíbia, em que a conflitualidade foi por vezes descrita na
chave da oposição entre um polo *Herero* e um *Ovampo* (como em Angola
houve a tentação de descrever a conflitualidade entre o universo *Kimbundo*
e o *Ovimbundo*), essa definição, vinda "de fora", acabou por fazer sentido.

Com efeito, o universo das classificações/das identidades étnicas é labi-
ríntico. Como é de relações que se trata, antes de tudo, e como os pressupostos, a consciência de pertencimento aos grupos supõe existirem referências
externas, *Outros*, que *familiarizam* e *diferenciam*, que conferem significado
ao que os indivíduos evocam como fundo da sua *existência comunitária em
comum* e que clarificam o que apontam como *diferença* nos *dissimiles*, é mais
ou menos presumível que fronteiras, limites étnicos sejam mais reconhecíveis para uns ou para outros, dado o grau de proximidade que se estabelece
(nas relações) entre os vários sujeitos, aquém e além da fronteira, como diria
Barth.[61] Qualquer tentativa de reduzir o cadente problema da *desigualdade/
diferença-igualdade/identidade*, talvez, a mais radical das questões da teoria
social, a algo como a *classificação étnica* resultará quase tão improdutiva
quanto essa categoria volátil, mutável (não só histórica, às vezes, circuns-
tancial), é imprecisa. Bastaria contrastar esses cartogramas étnicos do período colonial com o esforço que os linguistas hoje realizam (em contextos
amplamente diferentes) para perceber que, quer os mapas a cargo da SIL,
quer as distribuições dos tempos de Redinha, ao pretenderem fixar o que, a
rigor, é movimento de instituições sociais, de pessoas, por mais elaboradas
que sejam, as descrições levam a supressões, a elisões, a enganos e que tais.
Quando nos debruçamos sobre as representações que emergem da obsessão
classificatória colonial é com o fito de compreender, em primeiro lugar,
não a imprecisão/indeterminação das classificações em si (que sempre as
afetará em alguma medida); é a legitimidade, a repercutibilidade, a persuasão que delas advêm que mais nos interessam. Quanto às imprecisões, elas
existem à farta: como últimos exemplos poderíamos citar a dificuldade que
até hoje se registra na referência ao pequeno grupo de pastores *Ovampo* das
cercanias dos Evale que a crônica colonial chamava *Cuamatos*, o que não é
senão um depreciativo de vizinhos, *ova-Kwamatwi* (*os da orelha grande*),

---

como grupo ou parte das sociedades *Bakongo*). Ver Melo, 2005, 175. Parece-nos que, dada a
aparente razão que as reveste, são observações a investigar.

61   Ver Barth, 1981; 2000, p.25-68.

ligado ao adorno auricular comum entre eles; ou poderíamos citar o texto de José Ferreira da Silva Jr. sobre o Concelho do Seles, onde era administrador, que a fim de oferecer uma descrição das populações da circunscrição registra a existência dos *Mussele* e dos *Munano*; i.e., *M'balundo* (*Bailundo*) referidos pelo etnônimo socialmente construído pelas suas vizinhanças.[62]

Mas a despeito das classificações e do que elas significam em termos de represamento e contenção simbólica das *populações nativas*, há ainda outros aspectos interessantes a comentar, se o objetivo é revisar inventários e inventariantes de *Outras gentes* de Angola. Já citamos a relevância da Antropologia física, como tendência quantitativamente dominante nesta matéria, mas um fato a que a pequena crítica dedicada à produção de saber sobre as sociedades angolanas pouco atendeu é a influência exercida, durante o período colonial, por concepções que mesclam certo difusionismo, à moda norte--americana, com um culturalismo germânico, fundado na ideia de *Kulturkreise* ("áreas culturais"), como definida por Graebner, ou na construção de "espíritos/personalidades culturais", *Kulturcomplexe*, constante de um "quase-folclorismo" cheio de análogos entre etnólogos de Angola. Seja por meio de espaços institucionais (como a farta presença de textos sobre Angola em revistas como a alemã *Anthropos*, editada pelo *Anthropos Institute*), seja por cooperantes, como Marie Louise Bastin, Alfred Hauenstein ou Hermann Baumann (suíços, austríacos, alemães), essa presença, que, em primeiro plano, estabelece uma interessante diferença com relação aos ingleses "fronteiriços", se os compararmos ao saber produzido no *mundo que o português criou*, marca tanto "temas", quanto o *Outro* que interessa investigar; não à toa a informação etnológica sobre Angola desenvolveu-se em maior escala com relação a domínios como os ritos ou a cultura material, manifestações dum *Geist*, portanto, ou em áreas (e não grupos), como entre os *Chokwe*, em que estes aspectos se mostravam de particular importância. A título de curiosidade, e a fim de passar a uma questão de maior relevo, citemos uma passagem permeada de difusionismo/culturalismo, em que José Redinha propõe uma explicação (para as ausências, sobretudo) dos artefatos dos *indígenas* do Sul de Angola:

---

62 Silva Jr., José Ferreira da. "Concelho do Seles. Monografia etnográfica sobre a população indígena do Concelho do Seles." *In: Mensário Administrativo.* Ano VIII, n.43-44, Mar.-Abr., 1951, p.15-29.

A zona dos criadores constitue um mundo muito diferente dos caçadores do Nordeste e dos plantadores do restante território angolano. Ali, a vida dos homens e dos bois constitue uma comunidade íntima, desde o campo físico ao divino. A alimentação de leite, os bois *totem*, o soba amortalhado na pele de boi e algumas vezes enterrado no curral, afirmam-nos inteiramente. Os destinos do homem e do rebanho são comuns. Daí, talvez, as leituras do destino nas entranhas do boi sacrificado ao modo *Vacuval*. A interdição do uso de barro e metal nos baldes de leite, a cama *herrero* de pelo de boi e as mantas de couro à camita, falam-nos de arreigadas e curiosas tradições. E a órbita de influência alastra-se a *Humbis* e *Cuamatos*, onde se trajam peles de bois negros. No Cuanhama enterram-se homens, ritualmente, no centro dos currais. O boi, companheiro e amigo, é também divindade: os *Vanhanecas* conduzem processionalmente o boi *Geroa*, em festas anuais, semelhantes às do antigo Egipto em honra do Boi Apis.[63]

Em que pese o recurso a uma tese que, por volta da década de 1950, já era amplamente refutada (a da dispersão *nilótica/camítica* dos pastores para o Sul, derivando nos *Herero*) há alguma substância, há substrato de práticas observáveis e observadas nesta apresentação de Redinha. Não se trata, pois, de questionar a "verdade" dessa sua ecologia cultural; como, em geral, questionar em termos de "verdade" a suposta "autoridade etnográfica" é quase sempre tautológico – a observação e o olhar são sempre fragmentos, regimes de, não verdades. E contudo, dificilmente se pode deixar de observar as reduções, as compressões que essa descrição opera. Para compreendê-las, todavia, a lembrança da ligação estreita entre Redinha e os sujeitos representativos dessa forma de proceder, em relação à etnologia, citados anteriormente (mercê da ligação entre aqueles e a instituição que ele dirigia, o Museu do Dundo), é um dado, se não definitivo, pelo menos, crucial. Logo, cremos que inquirir a circunstância e o circunstanciante é um bom caminho para chegar a perceber como as informações sobre baldes de leite, camas e cobertores vêm a conformar uma representação "*do que é, do que são*" os *Nyaneka, Nkhumbi, Kwanyama, Herero* etc.

---

63   Redinha, José. "Apresentação." *In: Colecção etnográfica.* Museu de Angola. 1955, p.43.

* * *

Sangue Cuanhama (1949), de Antonio Pires, é um romance pelo qual poderíamos nos aproximar um pouco mais da questão. O entrecho é simples.
Trata-se da narrativa do êxodo dum grupo de *Cuanhamas*, chefiados pelo
soba Quimbele, que, despojados do seu gado, passam a vagar pelas terras
circunvizinhas ao Cuvelai, até encontrarem abrigo, junto aos *brancos*, para
os lados da Missão da Mupa. Na base do enredo, Pires "inventa" (não como
fabulação, mas como História) um tipo de rivalidade que, existindo, dificilmente se expressa na forma com que o livro a apresenta; os seus *Cuanhamas*
fogem de uma instituição político-econômica de mecanismo complexo da
qual são parte, as *razias de gado*, de que são perpetradores, no romance,
os *mucubais* (*Kuvale*). Ambientando no início da década de 1920, como
sugerem algumas marcas temporais (por exemplo, a subida do Caminho
de Ferro de Moçâmedes à Serra da Chela, datada de 1923), o romance, no
melhor espírito novelesco, tem ainda um fundo "romântico": Binge, o filho
de Quimbele, quer "viver para" Ulula, a moça por quem se encanta ainda
na *ofundula* (iniciação feminina); por isso, foge à guerra, traindo o seu povo
e provocando, assim, a sua desgraça e a de sua amada. Há qualidades que
o distinguem: é dos poucos títulos alinhados à proposta da AGC que tem
como protagonistas sujeitos "angolanos" (questões "angolanas"); o que
não significa que não se possa lê-lo como mais um dos vários textos que
indexam a *selvageria nativa* (a guerra como *status quo*) e o colonialismo
como força contendora – um tema para lá de batido nesses anos. Sem mais,
citemos um pequeno excerto da obra, a fim de darmos uma medida de qual
é o seu "espírito":

O Cuanhama, por Antonio Pires, ficcionista

(i)   "Desde o ofundula que [Binge] trazia no coração o desejo de possuir Ulula, sólida
rapariga da sua tribu. E ela queria pertencer-lhe. Certas noites, quando os mais velhos se
reuniam no oluvanda do pai, ele escapava-se cosido com as sombras e ia encontrar-se com
Uluba no etambo, gosando as sombras propícias dos grandes depósitos de massambala e
milho pilado. Tinham sido tempos bem felizes êsses. Passado o ofundula, ele tinha sido
iniciado com mulheres mais velhas, como mandam os ritos.

Mas com Uluba era outra coisa. A sua carne era rija e cálida. Os seios tersos, a boca úmida e doce. Se não fosse o medo de concitar contra os seus descendentes o poder dos espíritos, que não perdoam a um Cuanhama amasiar-se de mulher virgem sem primeiro satisfazer os tributos de sangue à família, ele tê-la-ia possuído. Passadas que fossem mais seis luas, a vaca que a mão lhe dera teria as crias, que ele destinava ao tributo de sangue. E então ergueria o seu chilongo e levaria Uluba consigo. Mas um dia os pastores que andavam por ali apareceram galopando doidamente, sem gados, trincados de pavor, e deram a notícia terrível: os mucubais haviam descido das suas furnas da Chela e vinham talando chilongos e mucundas, chacinando homens, mulheres e crianças, e levando consigo os gados."[64]

Carlos Estermann, já então considerado uma "autoridade" na etnografia dos povos do Sul-Sudoeste de Angola, é instando a escrever uma crítica ao romance de Antonio Pires. O ensaio, de 1950, em que ele o faz, tem oito páginas de "reparos" (na verdade, reprovações) que atingem todos os aspectos possíveis da obra, desde o uso indiscriminado e equívoco do vocabulário *Kwanyama* até imprecisões de ordem geográfica, histórica, etnológica, etc. Para os efeitos que desejamos, citemos apenas as "emendas" mais relevantes:

	O Kwanyama, por Carlos Estermann, etnólogo/crítico
(ii)	"[...] Ainda assim custa-nos a ler coisas como esta: '[os homens] deitavam às costas a pele de boi para agasalho do corpo durante a noite' (p.17). É assaz sabido que já muito antes da ocupação da terra dos Cuanhamas, um dos artigos de negócio mais apreciados por estes pastores era o cobertor de papa, chamado onhosi, ou seja 'leão.' Também não faz sentido apresentar um homem cuanhama desta época que nunca tenha visto dinheiro [...]. Nesta série de dislates o que me parece ser o cúmulo é atribuir a um homem adulto de uma tribo guerreira, a ignorância do uso de uma arma de fogo (p.59). Isto quando se sabe que um soba como o terrível Mamdume era capaz de fusilar por suas mãos um homem de sua tribo que tivesse medo de disparar um tiro. [...] Porém antes de terminar este capítulo, não podemos deixar sem censura a lenda duma invasão do território além Cunene por bandos de guerrilheiros cuvale (mucubais). Nunca tal se deu e, até há pouco, pode afirmar-se que a grande maioria dos Cuanhamas desconhecia a existência desta gente./[...] É assim a cena passada entre Binge e Ulula (p.106 ss). Nem a atitude amorosa, nem a traição à tribo por causa da mulher, nem o desprezo posterior desta por se reconhecer entregue a um traidor são sentimentos concordantes com o fundo psicológico desta gente. [...] É coisa inaudita uma mulher abandonar a terra e a tribo por causa da morte violenta do homem. Pretender fazer acreditar nisto, é não fazer a mínima ideia da organização familiar, pela linha matriarcal, destes pretos. A mulher nem depois de unida a um homem lhe fica tão intimamente ligada como a seus parentes uterinos. "Por conseguinte, desaparece o homem, ela regressa naturalmente ao 'clã' maternal. [...] Tudo isto é artificial demais!/[...] 'Praguejando contra N'Zambi que tão duramente os castigava' (p.18) 'Os Cuanhamas haviam perdido as boas graças de N'Zambi e o

---

64   Pires, Antonio. Sangue Cuanhama. 1949 [Transcrito de: Cultura. Ano I, n.8, Dez., 1945, p.1; 5; 12].

> grande espírito oculto castigava-os' (p.38), [etc.]. Tudo isso, para quem conhece a
> mentalidade indígena é mui simplesmente revoltante. Nota uma ignorância crassa da
> ideia que estes primitivos fazem de Ente Supremo, que, seja dito de passagem, não tem
> o nome de N'Zambi com ou sem apóstrofe (entre os Cuanhamas denomina-se Kalunga).
> Este ser – Kalunga – é essencialmente bom, embora a sua bondade pouco ou nada
> influa no governo direto do mundo, porque vive afastado demais dos acontecimentos
> quotidianos da vida humana. Quem intervém nela com frequência e com quem importa
> estar em boas relações, são os espíritos."[65]

Fundamentalmente, a crítica de Estermann se baseia numa suposição de ignorância.[66] Resumindo a questão, poderíamos afirmar que o seu incômodo é o resultado da percepção de uma "distância" (como se o texto de Pires surgisse de um contato esporádico, impressionista, com dada realidade social – no caso, a do Cuanhama – sem demonstrar capacidade de aprofundamento, de se deixar pervadir pelo observado, descrevendo-o com alguma densidade; portanto, é uma crítica de nítido fundo antropológico, neste sentido). Acontece que a "distância" de Pires precisa ser vista em perspectiva. Já o vimos como polemista sustentar a necessidade de introjeção nos elementos "mais característicos da vida colonial" (o *preto* e o *mato*, no fundo), contra o alheamento de sujeitos que, a léguas de distância do olhar de Estermann e dele próprio, não tinham, como ambos, quarenta anos de vida na colônia e, ainda assim, disputavam o monopólio/a legitimidade dos discursos coloniais. Pires escreveu *Sangue Cuanhama*, como os seus romances seguintes *Luiana* (1950) e *Tonga* (1959), no intervalo em que, jornalista de profissão (redator do *Diário* e, depois, chefe em *A Província*), era membro do conselho de Governo da Colônia; é possível que, dos escritórios de Luanda, a *expertisse* acumulada sobre distintas regiões de Angola não chegasse a alcançar os detalhes da história entre *Kuvale* e *Kwanyama*, as regras de linhagem e/ou o sistema de parentesco desses sujeitos, nem uma distinção precisa entre terminologias e concepções teológicas (a natureza de *n'Zambi* ou *Kalunga*), mas o fato de que todas essas dimensões, tão caras aos

---

65 Estermann, Carlos. "Sangue Cuanhama." [Transcrito de: Portugal na África. v.VII, [s/n], 1950, p.335-342] *In: Etnografia de Angola. Sudoeste e Centro*, v.II, 1983, p.459-463.

66 É interessante observar que Estermann conclui o ensaio crítico ao romance de Pires com um tipo de asserção que é praticamente idêntica àquelas que o próprio Pires e outros desfeririam contra os africanistas de gabinete, tão assíduos aos Concursos da AGC: "Literatura colonial, desejamo-la abundante e variada! Mas com igual anseio queríamos vê-la, se não perfeita, ao menos em nível mais elevado do que a maioria dos trabalhos até agora publicados". [Idem, ibidem, p.463]

etnólogos, sejam criticadas por Estermann, só comprova que ele pretendeu abarcá-las. Do ponto de vista de Pires (e a sua trilogia de romances que percorrem distintos *espaços angolanos* o comprova), é possível que ele considerasse o que fazia, se não ideologicamente, ao menos, formalmente algo bem próximo ao que fez Castro Soromenho; inserto em uma polêmica em que, a rigor, situava-se ao centro (nem à esquerda, nem à direita), seu Cuanhama existia em função dos interessados locais, dos publicistas da AGC (que o premiaram) e dos *africanistas* metropolitanos – era, sobretudo, objeto de uma história em que sobressaía a ideia do colonialismo interveniente, que *"ensinava"* algo aos *"indígenas"*, encerrando-os às classificações por sua própria "proteção" (e qualquer semelhança com o discurso do Partido Nacionalista Africânder não será mera coincidência), contrabalanceada, no entanto, com o desejo de projetar os "africanos" ao primeiro plano dos interesses coloniais. Enfim, os *Cuanhama* de Antonio Pires *não o são*, mas se prestam a definir um *Cuanhama, em essência*, objeto de consensualizações. Substantivamente outra é a perspectiva do seu homônimo, António Emílio Pires, *"velho colono"*, chefe de circunscrição e um renomado fotógrafo do período colonial; citemos um trecho da sua descrição do *Ofundula*, a fim de prosseguirmos na composição desse mosaico de olhares:

	O Cuanhama, por Antonio Emílio Pires, administrador
(iii)	"Generalizou-se, entre todas as tribus indígenas da Colónia e creio que mesmo do continente africano, o costume da compra da mulher, para fins conjugais, feita a pessoas de sua família, por meio de dinheiro, gado, artigos de vestuário, utensílios, etc. Este costume, a que o vulgo dá o nome de alambamento, difere de tribo para tribo. Entre os Cuanhamas o boi é a pedra de toque e o alambamento, oionda, é constituído por uma ou mais cabeças de gado bovino, conforme o grau de riqueza do pretendente. [...] A ofundula é uma festa Cuanhama, de 4 dias, pela passagem da qual as raparigas se consideram mulheres. Por volta dos 18 anos (às vezes antes) a rapariga passa a usar um penteado herende, feito de cabelo postiço e pequeninos búzios anunciando que, nêsse ano, pela altura das colheitas, será submetida à festa da ofundula (será muficada, como lá se diz aportuguesando a palavra) e, por consequência, estará apta a sair da casa de seus pais para a do seu homem. Chega à altura da festa, logo é anunciada pelo tan-tan longínquo dos engoma e começa o afã das famílias das oukadona nos trabalhos de ornamentação do eumbo, onde a ofundula vai ter lugar. O dono do eumbo a quem coube a sorte de ter festa em casa, avisa aos pais das oukadona que é chegada a altura de construírem os ingombele. Os ingombele são caracterizados pela construção de pequenos compartimentos, com ramos e folhagens, um para cada mufico, onde é fabricado o malodo e onde é feita a comida. [..] À distância, na sede do Posto Administrativo, aquele homem branco, o muhona, o Chefe, que ali é a autoridade máxima e mantém com denodada coragem a soberania portuguesa, alongando a vista à tarde que morre, sente inundar-se-lhe a alma de deliciosa nostalgia ao ouvir o confuso, longínquo e ininterrupto rufar dos 'engoma,' trazido pelo vento de feição."[67]

67   Pires, Antonio Emílio. "Ofundula. Festa Cuanhama da puberdade feminina." *In: Mensário Administrativo*. Ano VI, n.20-21, Abr.-Mai., 1949, p.45-46; 51.

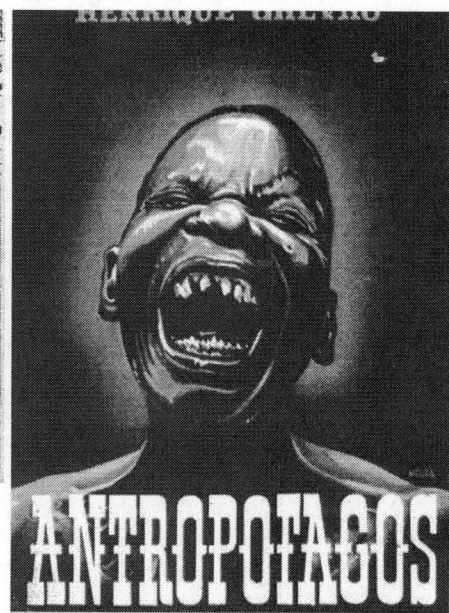
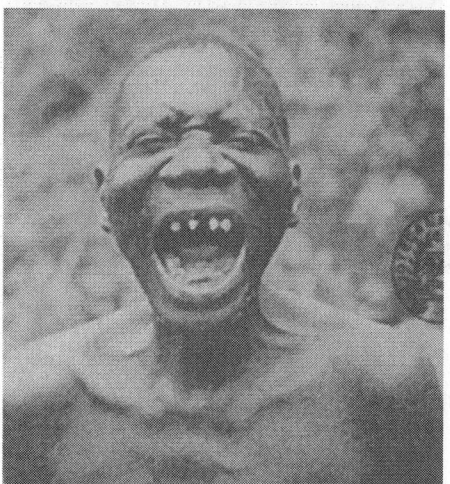

Imagem 3.1 – Detalhe da capa de A Província de Angola de 31 de março de 1961, de que, sob o título "Surgem inesperadamente mais provas de que os 'directores' da sinistra conjura no norte da Província estão, comodamente, do outro lado da fronteira", consta matéria referente aos acontecimentos passados em Quitexe durante aquele mês. Ao lado das fotos dos "Antropófagos" vem a legenda: "Três expressivas imagens de comparsas dos sinistros acontecimentos do Norte, que documentam os instintos primitivos daqueles que, de humano, têm apenas a identidade morfológica;" Fonte: Galvão, Henrique. Antropófagos.1947. Capa de José de Moura; Idem, ibidem, p.241. A legenda original diz: "Uma expressão do Meneca Paca, Kinzare de Nambuangongo, cantando a Puhita".

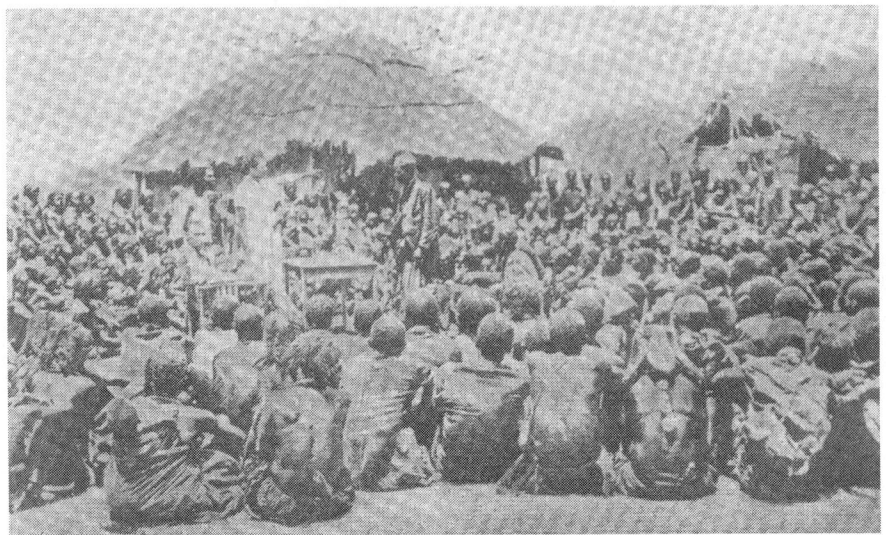

Imagem 3.2 – Fotografia de Vieira Baião. A legenda original diz: "O Chefe do Posto – Agente da Autoridade – explica ao Soba e à multidão a necessidade do recrutamento para soldado e as vantagens do angariamento livre para trabalhadores e carregadores, que defendam, enriqueçam e criem novas fontes de riqueza agrícola, comercial e industrial".

Fonte: Cerqueira, Ivo de. *Visa social indígena na colónia de Angola*. 1942, p.36.

Colónia de Angola — Distrito do Moxico

Circunscrição Civil do Lungui-Bungo

Inventário da riqueza indígena referido ao anno de 1928

Administração da Circunscrição Civil do Lungui-Bungo em Cassamba, 24 de Março de 1930

O Administrador

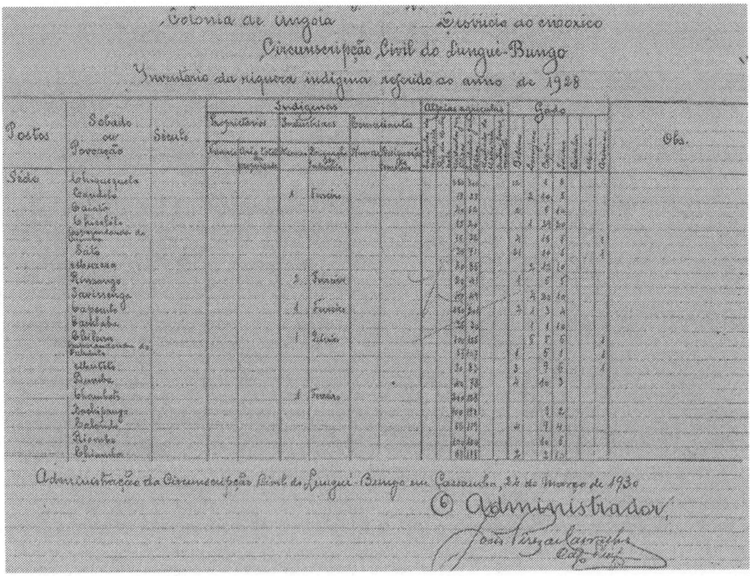

Imagem 3.3 – Inventário da riqueza indígena referente ao ano de 1928. Circunscrição Civil de Lungue-Bungo. Distrito do Moxico.

Fonte: AHNANG – Cx. 915 – Gov. Geral da Província de Angola.

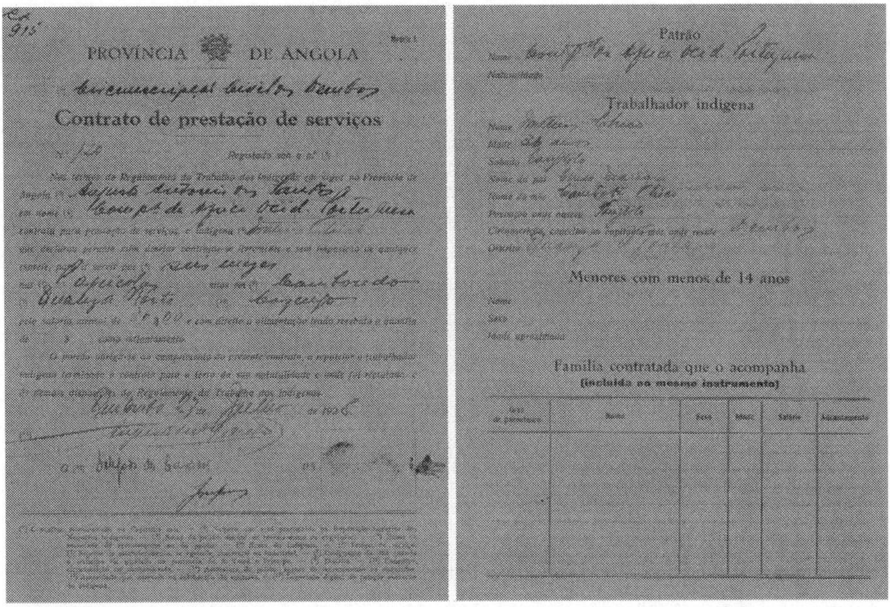

PROVÍNCIA DE ANGOLA

Contrato de prestação de serviços

Patrão

Trabalhador indígena

Menores com menos de 14 anos

Família contratada que o acompanha
(incluída no mesmo instrumento)

Imagem 3.4 – O Contrato.
Fonte: AHNANG – Cx. 915 – Gov. Geral da Prov. Angola / Direcção dos Serviços de Administração Civil – Trabalho indígena – Verbetes, modelo E, 130 fls., 38.14.8, AA (Contrato de Mateus Chico, 36a., natural dos Dembos).

"Colonia de Angola, Distrito do Bié. Autos de averiguação sobre factos ocorridos nas Circunscrições Civis de Menongue, Cuíto Cuanavale e posto civil da Catota no Alto Kwanza"
AHNANG. Cx. 1171 – Processo – Raul Lourenço Vieira, v.IV, 1930

"... o chefe meteu-se na camionete com os quatro homens [obrigados ao contrato], a testemunha e o soba Muenehambo, e foram até o Quempo, onde encontraram muitos séculos, ali apareceu o chefe, chamou os séculos e disse-lhes que todos eles tinham de dar gente para o Amboim e aqueles que não dessem eram espancados e metidos na prisão até morrer; depois chamou os cipaios Chibera, José e Samututa, a testemunha e o soba Muenehambo e disse-lhes, vocês acompanham esses séculos aos seus quimbos que eles vão lhes entregar gente para o contrato, se não entregarem eu mato-os, que os séculos que estavam aterrorizados, chegaram aos quimbos e falaram com a sua gente sobre a ida para o Amboim, eles recusaram-se dizendo que não se queriam contratar-se que os séculos contaram-lhes o que o chefe lhes tinha dito que os matava se não dessem gente, que só assim os séculos conseguiram reunir quarenta e cinco pessoas que os entregaram e eles vieram trazer ao chefe no Quempo; indo a testemunha na companhia dos mesmos, que lhe deram um casaco e um chapéu velho, o chefe dizia que lhe davam um fato novo e uma mala cheia de roupa. Que aqueles que não se queriam contratar-se eram espancados e metidos na prisão até aceitarem o contrato, aqueles que não diziam nada recebiam artigos de vestuário do Amboim e ficavam soltos, que os que vinham pagar o imposto, o chefe recusava receber, dizendo que o que ele queria era homens e não o dinheiro do imposto, que era dessa gente que eram espancados e obrigados a contratar-se, que só quando acabou o engajamento é que o chefe começou a receber o dinheiro do imposto. [...]"

[Testemunha Chuquique, Soba, folhas 948 a 950 do processo]

O texto de Emílio Pires é um exemplo perfeito do tipo de etnologia in-
tuitiva, recolha bruta de dados de campo, que passou à História como sendo
o *modus operandi*, por excelência, dos administradores coloniais, auxiliares,
in loco, de um saber sobre a alteridade construído *a posteriori* e à distância.
Embora contextualmente se possa depreender os seus sentidos, os excessos
nos usos do vernáculo *Kwanyama* são ainda mais notórios nesse caso. Tudo
o que segue ao excerto citado é uma modorra: monótona descrição, passo
a passo, das fases e das instâncias do rito, num ritmo de sonolência, traí-
do, apenas, pelo momento em que o administrador, o *muhona*, emerge no
texto. Ali, a recolha etnográfica dá lugar à memória colonial e a inserção do
observador, quase à maneira dos "diários de campo", ressignifica um texto
que, ademais, é mesmo de um nível confrangedor. Antes de comentá-lo, no
entanto, convoquemos alguém que provavelmente reprovaria esse texto,
tanto quanto o fez com relação ao do outro António: Carlos Estermann;
não o etnólogo, mas aquele que ele também (e, aliás, principalmente) era – o
missionário. Contra a obsessão da classificação étnica, e do que supõe sobre
o congelamento histórico das sociedades nativas, Estermann defende:

	O Kwanyama, por Carlos Estermann, etnólogo/missionário
(iv)	"Os assim chamados primitivos não são desprovidos da faculdade de raciocinar. O que os diferencia de nós é a equiparação que fazem entre causas e agentes naturais e supostos preternaturais; mas para eles estes são tão reais como aqueles. Se pois queremos, no combate contra esse mal, atacá-lo pela raiz, não há outra forma de proceder senão esforçarmo-nos por lhes transformar a mentalidade onde a magia ocupa um lugar preponderante. [...] E não se diga que esta finalidade é utópica ou de realização extremamente demorada! Não! Nós temos no Sul de Angola um exemplo flagrante para nos mostrar que este resultado foi atingido não só por parte de alguns indivíduos, mas pela maioria de uma tribo inteira, a dos Cuanhamas. É certo que não são santos. Encontram-se ali também apóstatas: homens que regressaram à poligamia até alguns que tiveram uma educação mais esmerada recebida num internato duma missão. Mas no que diz respeito às chamadas práticas gentílicas e supersticiosas já são raros os indivíduos que a elas recorrem. O Cuanhama é hoje uma terra onde os poucos quimbandas ainda existentes vêem a sua clientela diminuir dia para dia."[68]

---

68   Estermann, Carlos. "O problema do homicídio ritual do Sul da África." [Transcrito de: *Por-*
      tugal na África. v.XV, n.86, Mar.-Abr., 1958, p.69-82] *In: Etnografia de Angola.* Sudoeste e
      Centro, v.II, 1983, p.45-46.

Imagem 3.5 – "O Feiticeiro"
Fonte: Cerqueira, Ivo de. *Vida social indígena na colônia de Angola*. 1942, p.75 [encarte].

Imagem 3.6 – Calundu. "Conjurando os espíritos."
Fonte: Cerqueira, Ivo de. *Vida social indígena na colônia de Angola*. 1942, p.75 [encarte].

Imagem 3.7 – Vestido "à branco", contra uma casa construída "à africana", o comerciante branco (funante).
Fonte: Loureiro, 1999, p.178

Imagem 3.8 – Grupo de jovens moçamedenses, Praia das Miragens. 1956.
Fonte: Acervo de Nídia Jardim.

Há um aspecto implícito a reunir esses quatro fragmentos, o qual devemos mencionar antes de prosseguir: o Cuanhama (a região) e os *Ovampo*
foram o capítulo derradeiro da ocupação de Angola, já no século XX, constituindo, inclusive, o soba Mamdume uma espécie de equivalente simbólico
do "moçambicano" Gungunhana, personificação do "chefe selvagem" que
a "pacificação" teria submetido. Consequentemente, foi comum encontrar, nas narrativas coloniais portuguesas, a imagem dos *Kwanyama* como
indígenas prototípicos; e, posteriormente, como o prototípico nativo trans-
mudado pela influência colonial – em linhas gerais, trata-se de uma crença
na "obstinação" da *gente Cuanhama*, tomada como o aspecto central da sua
cosmovisão. Ora, são estes dois extremos o que encontramos nos exemplos
anteriores: em Emílio Pires, a imagem de uma *diversidade* (de matrizes
culturais), de uma inferioridade autoevidente (e algo repugnante), expressa
numa instituição que é plana, absolutamente sincrônica, instrumento de
perpetuação da "*tradição*", da mantença da ordem que opõe anciãos e jovens, reflexo de uma sociedade que não é Éden primitivo, nem é complexa
ao nível de maiores clivagens – tudo isso perpassado da emotividade de
assistir, *in loco*, ao *passado vivo*; em Estermann, é o contrário – a obstinada
adesão a valores exógenos, a dinâmica social levada aos estertores da deriva
dos valores antigos (o passado absoluto, substituído pelo presente absoluto;
as sincronias e planuras, com vetores trocados). O que é que nossos sujeitos
observam, no entanto: o mesmíssimo repertório que seus colegas etnólogos
encontravam noutras paragens; *bride price*, de um lado (ainda que o *administrador* pareça mais interessado no seu aspecto econômico do que nas suas
consequências sociológicas); teorias sobre *feitiço* e *causação*, do outro (ainda
que o *missionário* tenha de abrir mão do interesse cosmológico, em favor de
um enviesado humanismo cristão – uma sensação de que "é preciso salvá-
-los dessas ideias"). A grande diferença, e como há diferenças entre essas
visões, não está noutro ponto, senão em diversas formas de interação, em
diferentes agendas e agentes, que forjam, dum mesmo repertório, *Outros*
de diferentes valências. Como dizia Goody, o aspecto mais interessante das
relações entre o colonialismo (no seu período reformista, diga-se de passagem) e a Antropologia (na sua época formativa) é justamente o impacto
da institucionalidade colonial sobre as possibilidades de desenvolvimento

de pesquisa em universos coloniais.[69] Como é possível não relacionar a mencionada influência duma escola germânica nos estudos realizados em Angola e a origem (belco-austro-suíça) do capital associado à Diamang (proprietária do Museu do Dundo)? Ou como negligenciar a postura mais permissiva de autoridades portuguesas em relação a determinados sujeitos, principalmente quando franceses e ingleses, por exemplo, foram sempre ou rivais, até meados dos anos 1950, ou "partidários do fim", junto com os norte-americanos, a partir do início dos anos 1960? No fim das contas, rodeado de um manancial de clássicos produzidos na sua fronteira, o conhecimento sobre as sociedades angolanas acabou pautado (de certo modo, até hoje) em *Volkskunde* e em classificações de áreas culturais. Mas, para além do que se passa no plano dos Estados e das instituições, trabalhos como os de Hutchinson ou Schumaker[70] têm mostrado que, o inquérito a processos e agentes de pesquisa, como os que fizeram do Rhodes-Livingstone Institute a instituição central que foi, ou a revisitação de contextos (como rever os *Nuer*, décadas depois de estudados por Evans-Pritchard), "africanizando" saberes consolidados, revelam injunções e limites, constrangimentos, mas também possibilidade e disponibilidades que, tendo forjado olhares, levam-nos à lembrança de um truísmo, e nem por isso desimportante: a natureza do saber sobre *Outros* é, fundamentalmente, relacional. Como Comaroff & Comaroff, em belo texto dedicado às fotos de Isaac Shapera entre os *Tswana*, deixam supor, ao projetar a passagem do tempo, "a vida" *Tswana* "como ela é", o que Shapera ofereceu foi mais do que um arquivo, foi um "retrato", à maneira Joyce, "do etnógrafo quando jovem".[71] Construímo-nos, como outros todos, nas relações.

3.2 Feitiços & outras coisas de comer

Tendo de escolher, dentre a miríade de estereótipos, aqueles que nos parecem os mais significativos, gostaríamos de prosseguir essa exploração das representações do "*homem angolano*" (i.e., do "negro", "africano") nas narrativas coloniais, apresentando um pequeno rol de exemplos de três

---

69   Ver Goody, 1995, p.7-25.
70   Hutchinson, 1996; Schumaker, 2001.
71   Comaroff & Comaroff, 2006, p.9-16.

diferentes ideias, comumente referidas como atributos do *"Outro"* e apenas aparentemente desconexas, quais sejam:

---

a) a noção da pobreza objetiva das "sociedades primitivas", com destaque para uma sociologia da escassez, que consolida a imagem da sociedade voltada para a subsistência ou reduzida às suas atividades primárias (feita refém das mesmas);

"[Os mucancalas] Vivem em tribu. Não reconhecem chefe na tribu. Um conselho de homens válidos regula os assuntos do agrupamento. Não têm cultos religiosos. Não enterram os mortos. Os doentes e os velhos que, por marcharem mais vagarosos, embaraçam as deslocações da tribu, são abandonados sem piedade. Nalgumas regiões, antes de os abandonarem, partem-lhes o crâneo com uma pedra. Noutras entregam-nos vivos aos assaltos das feras. Tudo isso fazem para que a tribu não pare, para que se desloque rápida, para que procure e encontre alimento em terra sempre renovada. Qualquer demora inútil pode acarretar a fome sobre toda a comunidade." [72]

"N'Tuba era mukubal – quere dizer: pastor nómada, servo fiel e atento do seu gado. Como todos os homens da sua raça, não tinha preocupação nem cuidados que não fossem assegurar aos bovídeos pastos de qualidade e águas bastantes. Para tanto, deslocava-se constantemente, sem que a si mesmo pensasse em dar qualquer confôrto. As suas necessidades, os seus caprichos, os seus desejos, a sua felicidade, enfim, começava onde terminavam as exigências de passadio das manadas. E os mais eram todos como êle – grandes nómadas da montanha, caminheiros infatigáveis, sem eira nem beira, sem palhota nem terra preferida, vivendo atrás dos bois, hoje aqui em vale cerrado, amanhã na encosta ou no alto de um cabeço, em toda parte onde o capim engordasse o gado e a água o dessedentasse. [...] O boi é o ídolo a quem tudo é devido. E N'Tuba falava do seu gado perdido com o enternecimento e a mágoa com que os civilizados contam saudades dos seus mortos e ausentes." [73]

"Magra, alta, miserável, pés gretados fundos, aparece por ali, perto da fogueira, com o garoto escanchado nas ancas, braços caídos ao longo do corpo. – Fome! [...] Realmente, ninguém sabe dizer ao certo a raça a que pertence ou a cor que tem. Chega da escuridão como um fantasma e só as suas pupilas pequenas de mongol falam agarrando-se à comida. Toda ela é monstruosa e assexual, de maças salientes afuroando a pele."[74]

---

b) a compreensão que Appiah chamou de "África como um corpo" (por oposição) à natureza jurídica das "sociedades complexas") e que sublinha a imagem do "negro" estrídulo, histriônico e hipersexualizado;

"É um bailado demoníaco, uma dansa frenética, uma bacanal cabriolada que uma capitosa cachaça anima em meio da poeirada amarela que tudo envolve, ocultando pormenores que poderiam ser interessantemente picarescos, dando-nos apenas a visão movimentada de esculturais silhuetas escorrendo suor à superfície do relevo vigoroso dos troncos musculados dos negros, ou sobre os bustos delicadamente torneados daquelas jovens negras de seios hirtos, equilibrados e gelatinosos, tremendo a cada salto coreográfico das bacantes sertanejas, presas de ardente excitação... [...]

---

72   Archer, Maria. "A morte do pigmeu." *In: O Mundo Português.* Ano VII, n.79, Jul., 1940, p.309-310
73   Galvão, Henrique. O Sol dos Trópicos. 1936, p.139-140; p.142.
74   Azeredo, Guilhermina de. Brancos e negros. 1956, p.39; 41.

Há negras deitadas pelo chão, em desalinho, estiraçadas, num harfar acelerado e alteroso; caíram vencidas de cansaço ou entontecidas pelo rodopiar sem fim. Há pares entrelaçados que, afastando-se, vão saciar na escuridão a sede de amor que os abraza... E os batuques, esses longos troncos ocos armados em tambores, soam sempre, sem cessar, batidos por mãos de artistas a ritmar dolentemente a dansa sertaneja, a que os primeiros clarões da aurora hão-de pôr fim."[75]

"Há fogo nas veias que latejam! Verniz de suor nos corpos desnudados. [...] Embriaguez dos sexos que se buscam e prometem, delírio de carne e dos sentidos, ânsias de gozo, indefinido, dinâmico, místico e sensual. Os negros dançam, os negros riem!"[76]

"Os olhos da negrita, muito húmidos e meigos, riam provocantes, como ria a boca, mostrando a fileira dos dentes alvos, de fêmea brava, e toda ela era uma oferta, um petulante convite, claro e franco que fazia ao macho, para o festim do seu corpo moço."[77]

"Através da janela protegida pela rede mosquiteira, chegava até nós o marulhar triste das águas nos pedregulhos da margem. Ocultos nas trevas, resfolegavam hipopótamos. Para além do aterro, talvez no Kinvika, berravam negros, no agudo alarido que sempre teve o condão de me crispar os nervos."[78]

"Os pretos são sonoros, estrídulos de voz, e gostam de se ouvir falar, embalam-se da vocalização pessoal, animam-se das próprias palavras como do som de aplausos, talvez em desforra dos longos isolamentos constrangidos ao silêncio nas caminhadas do sertão desmedido. O solilóquio em público é feitio característico da gente negra."[79]

c) a ideia da extremada propensão do "negro" para o vício (e para o "ócio"), como parte de uma estratégia de infantilização dos sujeitos negros, que tende a reiterar, sobretudo, a sua incapacidade de domínio dos impulsos físicos.

"Às portas das cubatas, enquanto as mulheres cozinhavam o pirão, os homens, estendidos nas esteiras deitavam contas no dimo, e a motopa passava de mão em mão, sorvida por todos, cantarolando dentro a água acobreada por macutas de antigamente a tornarem mais forte a maconha dos viciados que, satisfeitos, expeliam para o ar grossas expirais de fumo negro. [...] O velho soba perdeu o prestígio de outrora. Caquenda [homem rico, tornado pobre, introdutor da liamba no sobado de Dumba Cabango] mais miserável, vai arrastando os últimos dias de vida que lhe restam e, dir-se-ia que o velho potentado lhe segue as pegadas. São amigos e fumam pela mesma motopa."[80]

75   Oliveira, Maurício de. *África de sonho*. 1932, p.128-129..
76   Lemos, João de. *Almas negras*. 1937, p.69.
77   Idem, ibidem, p.121.
78   Costa, Artur Ferreira da. *Na pista do marfim e da morte*. 1944, p.172.
79   Archer, Maria. "Entre quimbundos." In: *O Mundo Português*. Ano II, n.17, Mai., 1935, p.169.
80   Resende, Manuel de. "[L]iamba, ópio negro." In: *A Província de Angola*. Suplemento de Domingo. Ano II, n.53, 25 de Abr., 1937, p.8-9.

"A grande satisfação que o preto mostra ao receber a gorjeta é devido a um antegozo de poder ir saciar o vício que o branco lhe incutiu. Podem eles estar sem receber ordenado dois e três meses, como segundo dizem, algumas vezes lhes acontece, podem no fim do mês descontarem-lhe metade ou mais do ordenado pelo que quebraram e muitas vezes pelo que não quebraram, que isso pouco abalo lhes dá, mas se querem vê-los radiantes é darem a miúdo uma pequeníssima quantia, o tal matabicho para irem afogar em vinho. Pobres pretos, quando é que lhes ensinarão que o matabicho é degradante como gorjeta como nocivo é como bebida! [...] Quando é que os nossos pretinhos de Angola chegarão a um grau de civilização?"[81]

É muito evidente que todas essas três ideias têm uma relação profunda com o caráter altamente normativo/moralista do discurso colonial; cada uma delas, no entanto, tem sua própria valência. As descrições dos *Khoisan* (capazes de partir o crânio dos velhos para acelerar a marcha, cotidiana, em busca de alimento) ou dos *Kuvale* (totalmente identificados, e reduzidos, à pastorícia), como as encontramos nos textos de Archer e Galvão, respectivamente, para além de reforçarem o motivo tipicamente "moderno" da "sociedade primitiva" como agrupamento de total dissolução do indivíduo na vida comunal, dialogam com um tema clássico da Antropologia, retomando a versão, igualmente "moderna", da "sociedade primitiva" dominada pela incessante busca de satisfação das necessidades básicas, cujo *design* responde à falta de "excesso econômico", à concentração do "lazer em circunstâncias excepcionais" e à disposição de "recursos naturais escassos e/ou, relativamente, incertos", que constitui a base das teorias da "pobreza paleolítica", da dependência material de uma "economia do dom" e de decalagem temporal que faria subsistirem em sociedades contemporâneas "economias da idade da pedra".[82] É um fragmento como o de Guilhermina de Azeredo, ao narrar a chegada de uma mulher [possivelmente, *Khoisan*] a uma aldeia [possivelmente, *Ovimbundo*], na mais confrangedora situação de depauperação, que permitirá ultrapassar o sentido inicial daquelas descrições e relacioná-las, para além das economias, pelo seu valor simbólico, às demais ideias. Ora, a mais notável característica da personagem construída por Guilhermina, uma refugiada, por isso mesmo, submetida mais do que nunca às contingências da incapacidade de atender às necessidades de sub-

---

81 Cabette, Adelaide. "Mata Bicho." *In: Ilustração Colonial*. Ano I, n.1, Jan., 1932, p.10.
82 *Cf.* Sahlins, 2006, p.79-98; 1972.

sistência, é justamente o fato de ela ser incaracterística: reduzida ao dado fisiológico (a fome) e aos mecanismos que o expressam (olhos e boca que se "agarram à comida"). Esse tipo de imagem, infelizmente, ainda muito comum numa dada representação de "África", é extremamente propício para um discurso que, contrastando a presumível "falta" (de recursos, de meios) ao compreensível "excesso" (de reações físicas), tende a tomar a (suposta) "pobreza" como uma plataforma pela qual se (inventa e) interpreta a preteridade, indexada nos corpos, de necessidades e desejos "primitivos" do "Outro". É por meio dessa estrutura de impressões que a "moralidade colonial" oblitera a nítida contradição que aí se verifica com relação a uma outra ideia também corrente – a da "estagnação e ociosidade" das sociedades africanas (afinal, considerada sua natureza econômica, tratar-se-iam, na verdade, de sociedades de "trabalho perpétuo") –, concentrando-se numa representação de sujeitos "negros" reduzidos (e dominados por tal redução) a objetos de psicofisiologia.

Com excessos psicofisiológicos, com uma expansão inata, preternatural, de gestos, de reações, precisões e movimentos corporais, é que os "negros" riem, gritam, berram, dançam, como em preâmbulo da cópula, e copulam, como "bichos", nas incontáveis e intermináveis descrições dos "batuques", que são como "um camelo no Saara", motivo e cena quase obrigatórios nas memórias e narrativas coloniais. Uma vez que essa apresentação de sujeitos eminentemente histriônicos, duma incontinência física irreprimível, estrídulos, lúbricos, hipersexuais, é emoldurada e enquadrada por um tipo muito específico de normatividade ligada às clivagens sociais coloniais, é fácil perceber que com tanta frequência quanto aparece ela é tratada como prova do caráter vicioso do sujeito alterno que inventa, delimita e descreve. Quando Lemos o "velho colono" Manuel de Resende e a esposa do Governador de Angola, Eduardo Ferreira Viana, D. Adelaide Cabette, a descreverem a decadência do sobado de Dumba Cabango, no Malanje, ou a degradante submissão ao "*matabicho*" (expressão corrente em Angola para designar o café da manhã [pt.-br.] ou pequeno-almoço), atribuindo-as à fantástica propensão do "negro" para o vício e para o ócio, para a entrega ensimesmada à *liamba*, à *garapa*, à cachaça, ao *vinho dos pretos*, etc., temos mais do que a simples condensação de uns tantos estereótipos. De algum modo, essas descrições participam de discursos de "inferiorização", pela via da "infantilização" (psicológica) do "negro", cuja versão tipicamente

portuguesa remonta aos dias de Oliveira Martins, tendente a representá-
-lo, antes de tudo, como um "físico", incapaz de dominar os impulsos e
demandas do corpo. E eis porque consideramos que estas três ideias são de
especial relevância: arriscando-nos a uma hipótese um tanto quanto "selvagem", diríamos que, em resumo, tomadas pelo que têm de comum, elas
permitem delinear formas pelas quais a normatividade dos discursos coloniais ensaiou, quanto às representação do *"Outro"* (*africano*), uma verdadeira "noção de pessoa" – que poderíamos descrever como a concepção de
uma "pessoa fisiológica", ou, de modo mais claro, uma pessoa "constituída
pelos sentidos" e "confinada a uma corporalidade do estômago para baixo";
tudo bocas, braços, gestos largos, ventres, sexos, secreções e apetites.

Uma forma de interpretar o efeito dessa concepção pode ser buscada na
leitura que o linguista russo Mikhail Bakhtin fez da obra de François Rabelais e das suas relações com o que ele chamou "a cultura popular na Idade
Média e no Renascimento". Fundado no expressivo uso duma linguagem grosseira e familiar e na importância atribuída nas obras de Rabelais
às representações da corporalidade, em especial, às imagens deformadas
do "baixo corporal" (das bocas, das barrigas, das genitálias, dos orifícios
pelos quais o corpo se liga ao exterior, à natureza, revelando-se "corpo em
processo, em metamorfose"), que constituiriam um gênero discursivo,
o "realismo grotesco", Bakhtin sugeria que o resultado desse complexo
imagético, uma forma discursivo-alegórica que ele chama "carnavaliza-
ção", pois ligada à instituição dos ritos próprios ao Carnaval, redundaria
na apresentação de um mundo da ordem excepcionalmente suspensa, um
"mundo às avessas".[83] Ora, em diversos aspectos, as narrativas coloniais
em tela operam com um esquema estrutural similar, embora, ideologicamente, conotando-o com uma carga moral particular, expressa em propósitos e em conclusões substancialmente diversas desse exemplo antigo.
Neutralizando a dimensão muito obviamente derrisiva que está presente
no discurso "carnavalizado" sobre os "corpos em processo" – expressão
de uma "liberdade", e/ou suspensão da "ordem," aceitável apenas como

---

83 Bakhtin [1940], 2008 (especialmente, Cap. 2 e 4). A análise de Bakhtin, em diversos
aspectos, vai ao encontro da de Eric Auerbach, sobretudo no que diz respeito à correlação
entre a estrutura social da transição entre o Medievo e a Idade Moderna e o exagero alegórico
das representações da corporalidade nas obras de Rabelais (Ver Auerbach [1946], 2004, Cap.
XI, "O mundo na boca de Pantagruel").

"exceção" – as narrativas de que nos ocupamos também tenderam a compreender a sua obsessão com os corpos e a fisiologia dos "negros" como alegorias dum "mundo às avessas"; não obstante, ao normalizá-lo e, por conseguinte, tratá-lo como estereótipo da generalizada "(des)ordem das sociedades primitivas" (uma ordem reduzida às necessidades de comer, excretar, reproduzir etc.), tais narrativas, de modo geral, associaram este "mundo às avessas", marcado pela indesejável expansão e visibilidade dos corpos, com uma "normatividade avessa" (superada, e depurada pelo "processo civilizatório") em relação aos códigos de contenção que constituem a *illusio moralis* instruída pela ordem colonial (ou seja, a "conduta apropriada" e "branca"). Para dar um exemplo mais claro desse tipo de discurso, o qual tende a enxergar nos fragmentos do cotidiano, nas "artes de fazer", nos "usos e costumes", as chaves para a interpretação do Outro, citemos o caso dum livro de João de Lemos, sugestivamente intitulado *Almas negras* (1937). Num dos mais interessantes textos da obra, Lemos as desventuras de um certo Sousa, conhecido de Lemos, caçador e *funante* no norte de Angola, envolto num grave problema de disputas entre a companheira negra, sua *candona*, e a amante mulata, com que deseja se casar, enredado por costumes cafrealizados e pelo conturbado manejo da sua "tropa negra". Em certo ponto da narrativa, encontramos o Sousa a *"pontuar com caxações a repetição de ordens não cumpridas"* e a *"castigar à chibatada"* impulsos do *"povo dócil que não sabia resistir à tentação de ferrar o dente na carne crua, palpitante quási, em estendal dispersa pelo chão"*;[84] e a descrição com que João de Lemos apresenta, então, o seu acampamento, em plena febre de recolha dos despojos pós-caça, é, pelo próprio voltear grotesco e um tanto Barroco da linguagem, de um iniludível pantagruelismo:

> Pretitos nus, barrigudos e ágeis, chupavam os dedos, arregalando olhares de gula para o montão de carne sangrenta que formava na areia um cavalo [hipopótamo] morto na véspera. Cinco latagões luzidios de suor, desmanchavam-no com arte, traçando primeiro um corte longitudinal no ventre arroxeado, esquartejavam-no, abriam a pela que desdobrava e caía, forrada de gordura alvinitente. Estendiam-na depois como um tapete, e sobre ela outros negros colocavam os pedaços de carne limpa, cortada rente aos ossos que tinham de

---

84   Lemos, João de. *Almas negras.* 1937, p.118.

sair sem febra, muito brancos. De entre os visitantes, alguns prolongavam a estadia, dando ajuda ao pessoal de caça, na mira de ceias lautas de carniça assada nas brazas, com um punhado de sal e dois pimentos de 'gindungo' ou do caldo de tripas preparado em latas velhas de conservas, ao fogo lento do fumeiro.[85]

Do mesmo quilate da imagem dos *"pretitos nus, barrigudos e ágeis"*, *"chupando os dedos e arregalando olhares de gula"*, há todo um rol de expressões exóticas e grotescas que desenvolvem os motivos do "imenso apetite" e da exacerbada "plosão corporal" dos "negros". A sua formação mais corrente é aquela que se volta para uma questão que pareceu sempre particularmente angustiante para os *coloniais*: as formas da sexualidade e a (aventada) hipersexualidade dos "negros" (problema tanto mais grave, em face do próprio desequilíbrio demográfico visto entre a população branca, ao menos até meados dos anos 1950). Encontramo-la em estado bruto na forma com que, por exemplo, o mesmo João de Lemos descreve as "negras", com um pendor para o excesso de adjetivos que faz pensar num adepto de Góngora: *"florações de carne, stalagmites vivas de sexo, brotam da terra fulva de África, como estátuas de maleável lava, candente ainda de todo o ígneo e erótico ventre dos Trópicos".*[86] No entanto, é ainda mais comum uma sobreposição dessa imagem em particular à outras, atuando em reforço mútuo com relação ao espectro de estereótipos coloniais acerca da alteridade/diferença. É assim que Reis Ventura articula, em *Cafuso* (1956), uma perspectiva sobre o *"mundo negro"*, em que se conjugam a ansiedade colonial diante do "espaço alterno" (*"mistério da selva africana, plena de mil presenças vigilantes e hostis"*), a demonização da "conduta alterna" (*"sortilégio da grande loucura negra, [...] de faces desvairadas pelo demônio do vinho e da luxúria"*) e, finalmente, a inferiorização moral do *"Outro"* reduzido ao *"corpo"* (dominado pela *"excitação do primitivismo escravizado aos instintos"*).[87] E é assim que, mesmo uma postura, a princípio, dissidente, como a chamada "negrofilia",[88] atua num grau de correlação com esse tipo de imagens; pois, dados os limites da situação colonial, é a partir delas que

---

85 Idem, ibidem, p.117.
86 Idem, ibidem, p.198.
87 Ventura, Reis. *Cafuso.* 1957, p.68-69.
88 Ver Oliveira, José Osório de. "Literatura negrófila." *In: O Mundo Português.* Ano III, n.29, Mai. 1936, p.205-206. *Cf.*, ainda, Ferreira, M., 1997, p.11-12.

se veiculam concepções como a da "espontaneidade" do homem "negro", forma contemporânea da figura do "bom selvagem", como sinteticamente expressa numa definição de Castro Soromenho: *"os bárbaros integraram-se na natureza, porque é na natura que vive a grande, a única verdade da vida"*.[89] Há, contudo, um domínio que, aposto a esta imageria do excesso físico, revela, com particular eficácia, o quanto essa inquietação com "corpos Outros" ultrapassa o puro e simples estereótipo, em direção a uma formulação mais complexa sobre o tipo de "pessoas" que o imaginário colonial julga que os "negros" sejam. Trata-se do universo da crença, do mito, do ritual – e do grande tema em que estas dimensões estão conjugadas nos discursos sobre a "África" colonial: a "feitiçaria". No mesmo fragmento do texto de Soromenho supracitado, encontramos os termos mais constantes dessa articulação, que, partindo de uma interpretação da tese "animista" (o complexo de ideias sobre a transcendência que foi genericamente descrito como o fundamento das crenças religiosas *"africanas"*), tende a apresentar um universo de sujeitos enredados por símbolos e dominados pela presença do sobrenatural: *"o homem negro, cismaticamente, olha para o fogo e deita-se a pensar em feitiçarias. Mundo de selvagens. Sobem labaredas, em bailados de quimera, e o bárbaro ainda lembra feitiços e mortes"*.[90] De um lado, como instituição social, a magia e as constantes acusações de feitiçaria/bruxaria tinham (e têm) um importante componente de controle social e de expressão de conflitos ou (re)distribuições do poder político, um aspecto a que a Antropologia atendeu desde há muito tempo, como se constata em alguns dos clássicos ensaios da coletânea de Meyer Fortes e Evans-Pritchard, *African Political Systems* (1940);[91] de outro, a interpretação destes fenômenos, em si mesmos, foi profundamente marcada pela ideia de "causação", reforçando o elo entre a incidência destas instituições e aceitação social da fortuidade do cotidiano.[92] Concebendo impressões, versões ou intuições não especializadas dessas duas chaves interpretativas, mas emoldurando-as com todo o repertório de estereótipos histriônicos e fisiológico que vimos discutindo, as narrativas coloniais tenderam a normalizar uma ótica a que

---

89   Soromenho, Castro. "Angústia." *In: A Província de Angola.* Suplemento de Domingo. Ano II, n.43, 14 de Fev., 1937, p.1-7 [O texto é um excerto do romance, à altura inédito, *Noite de Angústia*, de 1939].
90   Idem, ibidem.
91   Fortes & Evans-Pritchard [1940], 1987.
92   *Cf.* Evans-Pritchard [1937], 2004; Nadel, 1952; Wilson, 1951.

poderíamos chamar "lógica da falta" (uma vez que o dado fundamental com que opera é a conversão das cosmovisões do "Outro" numa ausência de princípio ou numa incapacidade, em geral, de racionalização). Como o traço marcante desses discursos é a ideia de que os *"africanos"* estão permanentemente dominados pelas necessidades "visíveis" e, a um só tempo, obcecados por forças "invisíveis", essa lógica impõe, contraditoriamente, que se perceba a vida desses sujeitos como um domínio de significantes absolutos, por exemplo, como uma incessante busca de "concretizações"; daí que "tudo tenha alma", que "toda relação com a natureza seja uma relação com o invisível" e que o cotidiano seja uma constante "luta contra a vulnerabilidade diante do que é invisível", tanto quanto ele é constantemente marcado pelos processos fisiológicos. Para darmos uma ideia mais concreta desse encadeamento de ideias, vejamos como um trecho, rigorosamente etnográfico, de uma crônica de Maria Archer descreve o rito da "adivinhação" *"entre quimbundos"*:

Abro outro parêntese, para colorir de tons iluminados outro vitral no remoto templo do passado humano. O *'chingredor'* é qualquer indígena possesso de crises hipnóticas, que cai em transe como o *médium* espírita, recebe e transmite comunicações sobrenaturais, e pratica várias sortes de magia-branca. O *'chingredor'* não se presta a actos de feitiçaria maligna, a chamada magia-negra. Somente o temível *'ulonge'* faz feitiçarias prejudiciais, mortes, doenças, loucuras, incêndios, chamadas tenebrosas aos espíritos diabólicos, etc. O *'chingredor'* é apenas consultado para aliviar doentes, descobrir as tramas dos inimigos, os desejos dos *'cazumbis'* (almas penadas), adivinhar ladrões, remédios, malfeitores, formas de destruir as perseguições, meios de encontrar os desaparecidos, etc., enfim, necessidades sem malícia da vida corrente. Na sua casa, sobre esteira, deita-se o *'chingredor.'* Os servos acendem a fogueira indispensável a concitar o prodígio, e rodeiam o amo de ovos, azeite de palma, farinha de milho e mandioca, frutos, etc. O *'quimbanda'* toca o *'batuque,'* os assistentes batem palmas, provocam a vinda dos *'cazumbis'* ao círculo mágico. O *'chingredor'* cala-se e espera. Lentamente apossa-se dele a hipnose, o *'calundu.'* Ergue-se, apaga o fogo com as mãos, sem temer as queimaduras, come os mantimentos dispersos ao seu alcance. Depois fala. Consideram-no infalível. Dentro da *'quinda'* (cesta) onde o *'quimbanda'* faz a magia com ervas e palavras, misturam os objectos que os acusados de crime entregam para elemento do processo, contágios mágicos de personalidade. [...] Depois de contar esse caso verídico, autêntico friso da vida gentia, a pena discorre naturalmente a confessar que os quimbundos continuam vegetando na sua calma milenária de pântano insalubre, como Paulo Dias de Novais os deparou, em 1575, bárbaros e primitivos. Quem estiver inteiramente livre de toda a superstição, que lhes atire a primeira pedra.[93]

Essa vivaz descrição do *calundu* visto por Archer lembra em algo as tétricas imagens dos *Hauka* do Niger, em plena possessão estridente, um tanto bufa e um tanto grotesca, como os vemos no célebre filme *Les maîtres fous* (1955), de Jean Rouch. Aqui, como na etnoficção de Rouch, a possessão é mais do que um estado de "contato"; é um verdadeiro estado "entre dois estados", um encadear de vultos do invisível agindo sobre a mímica do visível, mediado pela provação física dos corpos possessos (que se queimam, como fazem os *Hauka*, como faz o *chingredor*) e pela evidência da sua liminaridade, concretizada em significantes do cotidiano. Embora a descrição de Archer se preste a um exotismo caracteristicamente colonial, e, por isso mesmo, esteja emoldurado por uma boa dose de estereótipos (de que é exemplar a imagem do "*remoto templo do passado humano*"), não é possível sugerir que a sua capacidade de "diferir", de "construir o alterno", com alguma percepção do que é socialmente significativo para o "Outro", esteja de todo embotada pelas limitações que lhe são impostas pela situação em que emerge. Correlações entre símbolos rituais, ecologias locais e funções fisiológicas participam do rol de observações "estrangeiras" das sociedades africanas desde os relatos dos viajantes e exploradores até as mais elaboradas teorias da Antropologia Social; disso dão prova os relatórios de espécies vegetais e usos exóticos pelos "*nativos*" das Lundas, registrados por Henrique de Carvalho e Sisenando Marques no final do século XIX, tanto quanto as teses de Victor Turner, em área contígua, sobre as relações entre recursos naturais, a simbologia das cores e tinturas produzidas a partir destes ("vermelho, preto e branco") e uma cosmologia fundada sobre interpretações da fisiologia humana entre os *Ndembu*.[94] Poderíamos acrescentar outros exem-

---

93   Archer, Maria. "Entre quimbundos." *In: O Mundo Português.* Ano II, n.17, Mai., 1935, p.175-176.

94   Turner [1967], 2005, p.59-92. Carvalho, Henrique Augusto Dias de. *Ethnographia e historia tradicional dos povos da Lunda.* 1890. Marques, Agostinho Sisenando. *Os climas e as*

plos de afinidade entre a descrição de Archer e certos modelos de apreensão do processo ritual entre sociedades da dita "África negra". É de se notar a forma com que ela atende à distinção entre dois diferentes agentes rituais, o *feiticeiro* e o *bruxo* (*quimbanda* e *ulonge*), que, não obstante o fato de ser uma distinção controversa para a compreensão do fenômeno em si, responde à percepção de uma diferença de ações/posições bastante significativa do ponto de vista do funcionamento sociológico, político e moral da *magia* nas sociedades em que incide nestes termos.[95] E ainda poderíamos dizer que a forma com que apresenta o ofício e a desincumbência deste pelo *adivinho* não é desvinculada da recorrência com que se descreveu a operação do *feitiço* sobre o *feiticeiro*, com certa literalidade, como "uma condição dos intestinos", do estômago, do baixo corporal, enfim.[96] Quanto ao que ora nos ocupa, o mais interessante é exatamente isto: que, no exemplo de Archer, o rito e, mais do que o rito, a sua expressão, a sua performance, se sobreponham tão flagrantemente a seus significados; e que a sua apresentação reúna, num mesmo plano, o excepcional – o *espírito*, o *possesso*, a *possessão* – e o ordinário – o corpo que *batuca, gesticula, estrila, come*. Comer, excretar, mover-se, expandir o corpo, copular e fazer feitiço; no grosso dos discursos coloniais que chegam a conceber um *"Outro"* (uma "pessoa alterna") essas dimensões estão de alguma forma encadeadas, pois que surgem como os modos pelos quais se supõe que ele se relacione e dê significado ao mundo.

Se há, todavia, uma questão, um tema, em que a concepção psicofisiológica do *"Outro"* e a fantasmagoria do predomínio do sobrenatural estão inteira e visceralmente superpostas, este é, sem dúvida, o caso das narrativas que enfocam a *antropofagia*. Voltando a esse emblemático ponto, comecemos por citar, a título de exemplo, as descrições que Henrique Galvão produziu num livro totalmente dedicado ao assunto, *Antropófagos* (1947): dos *Bakongo* de Nambuangongo, afirma que *"eram ainda inferiores a muitos outros povos bantus: mais viciosos, mais submetidos ao horror negro da magia, degenerados e embrutecidos pelas orgias, enfim, reduzidos às piores condições morais e intelectuais"*; e dos que chama *Mussorongo* diz *"serem gentes que deixaram, entre as piores, fama sonora de canibalismo e animalidade,*

---

producções das terras de Malange à Lunda. 1889.
95 Ver Middleton, J. & Winter, E., 1963.
96 *Cf.* Evans-Pritchard [1937], 2004; e ainda: Geschiere, 1997.

de estupidez e insensibilidade moral, de mandriice e vícios orgíacos".[97] Estas imagens, que, de *per si*, revelam a estreita conexão entre inferiorização psicológica, hipervalorização dos corpos e dos desejos físicos e redução do *"Outro"* à obsessão de forças atávicas, (sobre)naturais, participam duma forma de compreender a *antropofagia*, primeiro, como um "problema real" (a despeito da sua valia quantitativa ser residual, quase nula) e, depois, como uma forma de "gula" (embora não fosse possível associá-la à prática alimentar, senão sob formas simbólicas). Como disseram Gluckman e Marwick, em meados dos anos 1960, as acusações de enfeitiçamento (e/ ou de antropofagia) parecem ter sido incrementadas, entre as décadas de 1930 a 1950, na proporção direta do avança das mudanças sociais (em parte) desencadeadas pelo colonialismo, na medida em que, atuando como força social conservadora, cresceu a importância da *feitiçaria* como modo de reforço dos laços comunitários.[98] Nas representações coloniais, no entanto, a *antropofagia* e o *feitiço* têm muito de injunção moral, é certo, mas quase nada relativo ao equacionamento das contradições intracomunitárias, tal como se apresentava nas sociedades africanas – de um lado, estes fenômenos são apresentados numa chave ideológica, que os toma como exemplares do "terror primitivo"; de outro, são submetidos a uma face metafórica que, fundada nos variados exemplos da sua incidência noutros tempos e espaços, se presta a quantificar o grau de adesão a uma normatividade "civilizada" e, por conseguinte, o grau de "humanidade" dos "bárbaros". Para melhor compreender essa perspectiva, citemos dois trechos conflitantes de testemunhos de *antropofagia* na Angola colonial – o primeiro, retirado do livro de Galvão; o segundo, de um artigo de Carlos Estermann:

Confissões e testemunhos sobre "comedores de gente"
(iv)	"DOS N'GANGAS VOLUNTÁRIOS "XXXII – CHICA MASSANGA, mulher de cinquenta anos, natural e residente no povo da PRAIA. Confessa que é feiticeira e que comeu e ajudou a matar e a desenterrar, para serem comidas, várias pessoas. Recorda-se, entre outras, de: uma sua filha, chamada MASSANGA, de quatro anos de idade, que morreu de doença e cujo cadáver desenterrou e comeu de sociedade com seu tio SONHE (falecido, o qual a tinha aconselhado a cometer o acto). [...]

---

97   Galvão, Henrique. *Antropófagos*. 1947, p.116; p.126.
98   Marwick, 1965, vii; p.221.

"DOS KINZARES
"XLIV – MENECA PACA, homem de cinquenta anos de idade, casado à moda gentílica, natural e residente no MUCONDO. Aprendeu a feiticeiro quando era novo. Quando quer matar alguém extrai um veneno das folhas da planta MULENDA. Este veneno é posto na boca das pessoas quando estão a dormir, fazendo-as morrer pouco depois. É KINZARE. Foi seu mestre o indígena DIOGO GONGA do povo do MUCONDO. [...]
"XLIX – DIOGO GONGA, homem de cinquenta anos de idade, casado à moda gentílica, natural e residente no MUCONDO. Foi soba no MUCONDO, mas destituído há dois anos do seu cargo, a pedido da população do Sobado. Atribuiu primeiro a destituição ao facto de os velhos do Sobado não gostarem dele – depois à circunstância de ser o Soba já há muitos anos. Confessa ser KINZARE e ter sido ele, na região, o mestre dos mesmos KINZARES. Foi um mulato falecido há muitos anos no DANDE, que tinha por alCunha N'GANGA MUXIMA, quem o ensinou a ser KINZARE. [...] Tinham sido tantas as pessoas que matara e desenterrara que não se lembrava bem. Apenas sabe que foram muitas mais além das referidas."[99]

(ii) "Um caso concreto de obtenção do poder da abundância de mantimento (ondyau) que me foi relatado por pessoa de absoluta confiança, vem elucidar ainda melhor este ponto. 'Quando eu tinha mais ou menos 14 anos, conta a mulher, era muito amiga de uma rapariga de M (nome do lugar). Um dia tínhamos combinado com outras raparigas uma reunião dançante. Surpreendeu-me muito a ausência ao nosso divertimento da minha melhor amiga. Estávamos nós em plena brincadeira, quando alguém veio avisar-nos: como podeis divertir-vos desta maneira, enquanto que uma vossa companheira se encontra moribunda? Soubemos depois, de manhã cedo, que ela tinha falecido, de facto. Fomos dali para a casa paterna da defunta, a fim de tomarmos parte nos prantos fúnebres. Ao chegarmos perto da cerca, vimos correr do pátio para fora uma lebre que trazia ao pescoço uma fiada de missanga branca. Passado pouco tempo ouvimos dizer aos velhos da terra que os pais tinham matado a filha, a fim de adquirirem o etambu do mantimento – ondyau –, pois, diziam eles: Estamos a viver numa terra de fome.' É preciso observar aqui que pai e mãe da defunta não eram naturais da região, onde apenas se haviam casado e criado os filhos

Depois de ter deixado acabar a narração à minha interlocutora, faço-lhe algumas perguntas: Como mataram os pais a sua filha, se ela morreu de doença? A resposta vem sem hesitação: tyilulu comeu-a. Evidentemente um tyilulu que cumpriu ordens dos pais. Insisto: Não teriam eles sufocado a filha ou provocado a morte por meio de veneno? Resposta: Não. Conheceis por ventura um caso, em que atribuem a morte a uma intervenção violenta? Nenhuma. É sempre por meio de um tyilulu ou da ouanga que os que querem entrar na posse de um poder mágico matam um parente. Neste caso, não pode haver hesitação no nosso espírito: não se vêem vestígios de crime segundo as nossas concepções jurídicas."[100]

Vejamos o seguinte: temos aí duas formas bastante distintas de aproximação à questão da *antropofagia*. Galvão opta por uma espécie de transcrição/tradução, que insinua se tratar um registro direto dos casos, colhido em

99 Galvão, Henrique. *Antropófagos*. 1947, 300; 306; 308-309. [Kinzári, do Kimbundo, o mesmo que "ogro"].
100 Estermann, Carlos. "O problema do homicídio ritual do Sul da África." [Transcrito de: Portugal na África. v.XV, n.86, Mar.-Abr., 1958, 69-82] *In: Etnografia de Angola*. Sudoeste e Centro. v.II, 1983, p.43-44.

primeira mão, "da boca dos nativos"; Estermann, por seu turno, apresenta um registro nitidamente mediado, que não é uma confissão, mas o relato "por ouvir dizer" de alguém que lhe repassa a versão de um episódio. No primeiro caso, no entanto, há uma notória propensão a tomar a *antropofagia* como um fato e as "confissões" como tais, levando a crer que as coisas se passam exatamente como aquelas pessoas teriam "contado"; no segundo, há a própria dinâmica da conversação entre o etnólogo e a depoente, a modular uma interpretação das coisas, revelando como que uma natureza simbólica dos fatos narrados e uma concepção exógena sobre a natureza da ação desse tipo de fenômeno sobre as pessoas (notemos que a noção de *ouanga* ou *tyilulu*, semelhante à ideia do *djambe* dos *Maka* de Camarões, analisada por Geschiere,[101] "forças espirituais que residem em alguma parte do corpo do *feiticeiro*", como condição inata deste, é, tanto quanto às ideias de similares e/ou de outras "forças profundas", uma concepção altamente dispersa nos vários contextos da África subsaariana e profundamente ligada às noções de "pessoa" que têm lugar nessas sociedades, como já notara Mary Douglas).[102] Intrigante é observar que, enquanto os depoimentos registrados por Galvão, talvez sem que o autor o desejasse, permitem ultrapassar os estreitos vínculos entre *feitiçaria* e *conflitos cotidianos* (afinal, parece muito evidente que há todo um processo de disputa política, em torno da chefia de Diogo Gonga e daqueles que lhe permanecem ligados, como o Muene Paca, a emoldurar as acusações de *canibalismo* contra estes sujeitos), o caso narrado por Estermann é muito mais propício a ilações sobre a depauperação das sociedades em causa ou sobre o egoísmo "guloso" dos "nativos", embora claramente o autor desconfie de que tais coisas se passem como narradas e quase não se sirva dessa imageria exótica. Como uma tradução certamente menos equívoca (e direcionada) acaba esbarrando nos mesmos limites de uma descrição que, no fim das contas, naturaliza o comportamento supostamente "irracional" do "*Outro*"? Para tentar responder a questão, digamos que, como disse Pina Cabral, boa parte da legitimidade desse tipo de concepção sobre o alterno reside na crença de que estes sujeitos estejam particularmente vulneráveis, e sejam particularmente "perigosos", porque subalternizados por princípios que mal compreendem e que, por isso, não

---

101 Geschiere, 1997, p.38-43.
102 Douglas, 1995, p.83-94.

podem dominar; é essa "zumbificação" do "Outro" que explicaria tanto a sua adesão irrefletida às explicações (e causas) sobrenaturais da feitiçaria, quanto às formas por que expressariam a sua corporalidade sub-humana.[103] Como, do ponto de vista duma "moral colonialista", os "deuses do Outro são demônios" e como a utopia modernizadora do colonialismo incorpora, carnalmente, a ideia do combate às "superstições", as descrições coloniais acabaram por encontrar, no vocabulário local, uma causa sociológica, que explicava e reunia ambas as dimensões – a "inveja". Como disse o próprio Estermann, *"esta palavra, 'inveja,' é a palavra-chave para explicar a grande maioria dos conflitos familiares e sociais dos Bantos [...] e são eles próprios que em caso de homicídio e 'feitiçaria' invocam constantemente esta causa"*.[104]

"Tudo é chipurulo", diz Capitia, personagem de uma das crônicas de Guilhermina de Azeredo, numa passagem em que pretende convencer o branco de que, tendo *"comida, bois e sambos cheios"*, importa é não *"matar- -se de trabalhar, descansar na sua cubata e ser feliz, [como os negros]"*.[105] A expressão *Mbundo* "chipurulo" equivale a "ambição, cobiça, vaidade... inveja". O que é que as narrativas coloniais compreendem por essa *"inve- ja"*. no entanto? Podemos recorrer à própria Guilhermina de Azeredo e ao seu contemporâneo Óscar Ribas, a fim de enfrentar a questão. A primeira versão de *Uanga (feitiço)*, de Ribas, apresentada ao Concurso da AGC, data do mesmo ano de *Feitiços* (1935), um dos trabalhos premiados de Guilher- mina de Azeredo; entre os livros, para além dos títulos, há vários pontos de contato: notadamente, a forma como desenvolvem o motivo da *"inveja"*. Em ambos os textos há uma nítida intenção documental; resultado da exa- cerbada preocupação com os "efeitos do contato" colonial. Para Ribas, em *Uanga*, trata-se de compor um *"repositório etnográfico"*, um *"documento da sociedade negra inculta"*, concepção que, por si mesma, revela uma ambi- guidade, entre o fascínio e o desejo de conservação de dadas tradições ne- gras (e mestiças) de grupos sociais que constituem o meio luandense, para o qual se volta, e, por outro lado, os limites que se colocam a esta recuperação da historicidade do "homem angolano", dados por uma ideia de progresso e de "evolução cultural", de base colonial, que implica necessariamente

---

103 Pina Cabral, 2001, p.503-505.
104 Estermann, Carlos. "A mulher e dois filhos. Conto com diversos elementos aculturados." *In*: *Boletim do Instituto de Angola*. Ano XI, n.17, Jan.-Dez., 1963, p.63.
105 Azeredo, Guilhermina de. *Feitiços*. 1935, p.34-35.

o abandono destas tradições.[106] Para Guilhermina, parece ser, antes, uma questão de comiseração para com uma sociedade que ela considera especialmente vulnerável e de algum modo perturbada (o que explicaria porque *Feitiços*, entre viciados em *liamba*, tabaco, aguardente, *ngangas*, caçadores bem e malsucedidos, miseráveis etc., é um livro atravessado por ideias de "atraso", "decadência" ou "infortúnio"). Mas, deixando de lado estes aspectos, o enredo principal é quase o mesmo em *Uanga* e no texto que dá nome à obra de Guilhermina, *Feitiços*. No romance de Ribas, temos a estória do casal Joaquim e Catarina, cujo amor e os tratos de casamento são desfeitos pela intervenção "feiticista" de Joana, ex-namorada de Joaquim, e do *ambaquista* António Sebastião, um *"invejoso"*. Na crônica de Guilhermina, é o próprio protagonista quem se inscreve no círculo dos *feitiços*: trabalhador sazonal que regressa à aldeia de origem depois de anos, ele negocia, por *inveja* e comodidade, um casamento tradicional com uma mulher que já estava unida a outro homem; dado como morto, ele regressará ao lar depois de nova temporada ausente e, tomado de ciúmes, reagirá violentamente ao deparar a mulher vivendo com o antigo companheiro. Num e noutro caso, o recurso ao *feitiço* parece um dado incontornável e, em certo sentido, irrefletido, constituindo assim o dado contextual – uma forma exterior e localmente circunstanciada (em termos "culturais") – duma cadeia metafórica, em que sobressai uma imagem do *"Outro"* tomado como "incapaz de autocontrole"; situação tanto mais grave diante dos "novos sentimentos" que o contato colonial desperta. Embora se possa argumentar que tais exemplos são bem mais complexos e não se confinam a esta questão, o que é fato, a recorrência das imagens que aí se veiculam, das quais há inúmeros outros exemplos, e a circunstância de que se atribuam tanto aos *"nativos"* vivendo *"longe da costa, da faixa cosmopolita do litoral que o 'branco' civilizou ou eivou de vícios"*,[107] quanto aos sujeitos circundados pelas forças conflitivas e impulsos normativos das urbes coloniais, é algo que se pode compreender somente em face da dispersão duma ideia dos *"africanos"* como "pessoas" especialmente propensas ao recidivismo, ao atavismo. E, nesse sentido, a "inveja" é mais do que a cobiça premeditada e pecaminosa da tradição judaico-cristã; ela é um sentimento *figadal*, uma reação, uma forma de

---

106 Ribas, Óscar. *Uanga (feitiço)*. 1950. *Cf.* Laranjeira, 2007; Chaves, R., 1999, p.137; p.144; Padilha, 1995, p.19.

107 Lemos, João de. *Almas negras*. 1937, p.9.

gula: não um desejo (econômico) de acumulação, de afluência medida em posses (de bens ou de proeminência sobre pessoas) ou de ascensão posicional, mas uma incontinência, um desejo de "comida", *"sambos cheios"*, de "promiscuidade", uma vontade de *etambu* – de um poder "incorporável", cuja obtenção só pode derivar de um mal proceder, de uma adesão ao mal que converte um dado sujeito num *kinzare*, num bruxo, num *"caminhador da noite"*, ou da pura e simples liberação do mal inato que jaz no corpo do *nganga*, do feiticeiro. De todo modo, o que é mais importante é tentar perceber o quanto essa concepção do *negro* como *pessoa fisiológica* e, por consequência, das sociedades africanas como *sociedades obcecadas pelos baixos desejos* ratifica a ideia do colonialismo como força interveniente, num quadro de grupos sociais mergulhados em estado de latente *guerra de todos contra todos* (e não será demais lembrar que, nos discursos coloniais, o *feitiço* ou a *antropofagia* é sempre uma empreitada de *"negros contra negros"*; só esporadicamente, em casos de extremo agravo das relações inter-raciais, é que se admite que atentem contra *"brancos"*, pois, de modo geral, o que estas instituições revelariam é *o mal que os negros fazem a si mesmos*).

Fundamentalmente, essa rasura da profundidade psicológica do *"Outro"* serve a uma estratégia de legitimação da interferência colonial, no seu variado gradiente de ações, de injunções morais e de instituições. Que sujeitos como Ribas, os membros da LNA e alguns dos ditos "Novos intelectuais de Angola", em meados dos anos 1950, compreendessem ações como a adesão às formas de moradia, higiene e/ou escolarização formal à moda europeia como um bem, como "progresso", tendendo a criticar as limitações, a incompletude, o descompasso entre "intenções e gestos"[108] num quadro de ascendente racialização, é algo compreensível; mas a sua chancela não abarcava outros pontos da "obra colonial portuguesa." E, não obstante, com o mesmo fundo de argumentação com que se apresentavam estes "bons frutos", o discurso colonialista logrou, em vários momentos, uma cumplicidade para alguns dos mais perversos estereótipos ou práticas com relação às sociedades angolanas (de que são exemplares o degredo e o trabalho "contratado", i.e., forçado, compulsório), servindo-se da lógica, perturbadora (porque atual), da "ação humanitária" – da intenção de "salvar os negros do seu próprio atraso". Para finalizar essa exposição, citemos

---

108 Chaves, 1999.

os etnólogos angolistas Carlos Estermann e José Redinha, em dois excertos que dão uma boa medida da força e dos efeitos desse "humanitarismo colonial":

	Superstição, normatividade e "perigos"
(iii)	"O grande princípio básico que rege a crença primitiva nesta matéria é este: Não há, em regra geral, doença e morte que se possam atribuir a causas naturais. Estes dois flagelos da humanidade são devidos à intervenção maléfica de uma pessoa viva ou morta, ou seja, neste último caso, de um espírito. Logo que alguém adoeça, urge pois descobrir o causador do mal, a fim de poder empregar os meios adequados para contrariar a sua ação nociva.
	Sendo as crianças seres humanos como os adultos, é claro que se encontram expostos aos mesmos agentes daninhos. Por conseguinte, quando uma criança é acometida por alguma doença, vai-se sem demora consultar um adivinho que sentenciará sabiamente que a criança ou foi vítima de um detentor de 'feitiço,' ou está sendo 'visitada' por um espírito. [...] Em ambos os casos de suposta doença preternatural, mesmo quando não se observa todo o ritual que é de rigor, há sempre a deplorar uma perda de tempo precioso que – desnecessário é sublinhá-lo – facilmente pode ser fatal."[109]
(iv)	"A vida religiosa dos kiokos é uma teia densa e emaranhada, tornando-se difícil marcar fronteiras nítidas entre o social e o religioso, entre o profano e o divino. A religião propriamente dita, o feiticismo, a magia e a superstição também se confundem e fundem, tornando-se indispensável conhecer o estilo da mística do negro para podermos interpretar o seus significados culturais. [...] Em virtude desse modo de concepção, o kioko infestou a terra de vários e temerosos perigos e depois lançou-se a lutar desesperadamente para opor a cada perigo um 'remédio.' [...] E assim, julgada à face da sua própria crença, pode dizer-se que a vida dum kioko é uma aventura religiosa. [...] O feiticeiro negro, seja ele o que for, é, acima de tudo, um agente psicológico que vigia e defende a moral das sociedades negras. Por isso, admitimos que a sua existência seja um mal, mas o seu aniquilamento não é isento de perigos, enquanto outro factor moral, profundamente arreigado, o não substituir eficazmente."[110]

É realmente interessante notar que os pronunciamentos desses "especialistas" revele uma ambivalência e uma superposição de estilos e perspectivas que reside justamente na limitação do discurso colonial quando confrontada às diversas formas do "relativismo". De um lado, há uma presença expressiva de insights que colocam ambos os fragmentos em contato com uma "descrição densa", com um lugar mediador que procura defrontar as "concepções Outras"; de outro, contudo, há a normatividade colonial – a crença na superioridade das explicações "científicas" para os fatos naturais, a defesa da "intervenção" perante a perigosa ineficácia das superstições (da

---

109 Estermann, Carlos. "Superstição e assistência médica: apontamentos colhidos no sul da província da Huíla." *In: Anais do Instituto de Medicina Tropical.* v.X, n.4, fasc. I, Dez., 1953, 2563-2568 [Reproduzido em Etnografia de Angola. Sudoeste e Centro, v.II,1983, p.197-199].

110 Redinha, José. "Costumes religiosos e feiticistas dos Kiokos de Angola." *In: Mensário Administrativo.* Ano VI, n.20-21, Abr.-Mai., 1949, p.29-30; p.39-40.

Cultura), uma ideia de que o "mal" (socialmente concebido como uma possibilidade) seja isto, um "mal", e não um instrumento social significativo a ser interpretado, donde só aceitável face à incapacidade de fazer valer a norma, os "usos e costumes civilizados". Como essa é uma questão complexa e ainda presente (sob a forma de conflitos que envolvem conceitos diversos e controversos, como, por exemplo, "direitos humanos" e "multiculturalismo"), acreditamos que é melhor encerrar a questão. Quanto à moral colonial e às representações do "Outro" que tiveram lugar enquanto ela vigeu em Angola, resta apenas dizer que, tanto ou mais do que em relação aos sujeitos positivamente definíveis como "Outros", elas parecem perturbadas pelos que não o são: aqueles para os quais se dirigia boa parte de suas ansiedades – os perigosamente próximos, liminares, fronteiriços...

3.3 Candonas, calcinhas, mulatos & outros "cafres"

Uma das fontes de ansiedade com relação a *"Outros nem tão outros"*, talvez a principal, é aquela em que, o colonialismo, enquanto ideologia, alberga uma boa dose de preocupações com a "edeologia". O estudo desse fenômeno particularmente perverso, o "desejo colonial", ganhou foros de disciplina nos "estudos culturais" dos últimos 1920 ou 1930 anos; seria contraproducente tentarmos recuperar tudo o que envolve. Fiquemos com um exemplo que será relevante para tratar o caso de Angola – o do conhecido ensaio *"Vénus noires, Appolons noirs"*, de Roger Bastide, que se abre com a referência a duas pesquisas financiadas pela Unesco, em que este sociólogo esteve envolvido nos anos 1950: uma, realizada em São Paulo, ao lado de Florestan Fernandes, discutia "relações raciais" no Brasil; outra, inquiria o aumento dos estudantes egressos da "elite africana" nas Universidades francesas, àquela altura. Em ambos os casos, um dado impressionara Bastide – a recorrência com que seus entrevistados responderam a questões em que a noção centralmente mobilizada era a de "raça" com alguma menção a "sexo". Discorrendo sobre o fato, Bastide sugeria que o fenômeno de corpos "que se encontram" e, juntos, parecem atravessar a barreira das "raças" não é propriamente uma prova da inexistência de preconceitos; é uma experiência paradoxal, em que o racialismo se insinua de forma rude. Nele, o que está em causa não é "a redescoberta da unidade da humano"; é a vindicação de "Vênus e Apolos negros", uma imagem de bestialidade e de desregramento sexual associada à ideia de "raça" e visível num famoso ditado cubano do século XIX – "*no hay tamarindo dulce ni mulata señorita*".[111] Para seguir adiante, devemos considerar que as teorias raciais, desde sua mais primeva versão, sempre tiveram alguma inquietação com sexo/sexualidade e com a progênie resultante de um intercurso sexual "híbrido". Ademais, o discurso colonial, na razão direta em que narrativas sobre "raça" e "mestiçagem" se "profissionalizaram", progressivamente, consagrou uma associação entre a hipersexualidade das "pessoas de cor" (um imperativo natural) e o comedimento "branco" (um imperativo intelectual) a uma clivagem, hierarquizante, entre "corpo" e "cultura" – e é assim que se pode compreender que o "desejo do Outro" seja menos uma vontade de ultrapassar as fronteiras e mais um reforço, em ato e metáfora, de preconceitos e assimetrias. Mas, no aspecto mais básico, essa fantasia, habitualmente descrita como "tara", não é um mero tema de "psicologia social"; é um fenômeno conexo a outros tantos, de cariz econômico e político, sobretudo. A história das expansões é toda ela pontuada de exemplos comprobatórios; e a própria ideia que Freyre fazia da "casa colonial brasileira" como uma unidade de reprodução de poder, fundada na legitimidade e na hierarquia construídas em torno das afinidades duma parentela "ilegítima", a reunir os polos da "casa grande" e da "senzala", é um motivo clássico.[112] Como disse Robert J. Young, "a construção cultural da raça" [e, leia-se, dos estereótipos raciais, dos usos e efeitos que produzem] "sempre foi incentivada pela conjunção corrupta de tais discursos sexuais e econômicos híbridos".[113] Angola, a meados do século XX, era ainda um campo fértil para que tais imagens e fantasias se fizessem tão recorrentes quanto foram noutros tempos e espaços coloniais. O que gostaríamos de fazer a seguir é tentar esmiuçar, tanto quanto possível, *como* e *por que* essa sua formação ambígua foi significativa no quadro das inquietações moralistas da presença colonial portuguesa no espaço angolano; para tanto, deixemos as considerações e passemos a alguns fragmentos desses discursos de *desejo* e *asco*:

---

111 Bastide, 1970, p.77-87. *Cf.* Bastide & Fernandes, 1955.
112 Freyre [1933], 2004.
113 Young, 2005, p.194.

"Belezas de bronze... com cheiro à manteiga"	
"'As mulheres – Em verdade as mulheres definem o ambiente das cidades. O Lobito, sem mulheres, seria uma terra horrendamente árida, africana, ardente, sem palmeiras nem mulheres que dessem amor e sombra ao viajor encalmado. Lá nisso, em notas tropicais, é mais fértil a vizinha Benguela, onde o bronze impera, regalo dos olhos e prazer dos sentidos – às vezes.'"[114]	"Naquele doentio recanto africano, onde as raras mulheres brancas eram seres inacessíveis, povoando nossos sonhos de imagens intraduzíveis, e as negras, mercê da fealdade, só podiam ser toleradas após intensa preparação de anis e cerveja, as artistas triunfaram por maneira fulminante e clamorosa. [...] Percebi, então, como chegam duas mulheres para consumar a rápida decomposição de um agregado social..."[116]
"No Moxico, a luena, pervertida e sensual, pode nos perturbar, mas, em compensação, no Chitato, as lindas balubas, de singular beleza plástica, de sangue arabizado, igualam – se não suplantam – em requintada e feminina graça, as tão faladas luenas do Moxico."[115]	"E o cheiro? meu amigo. Escolhi uma delas, a que me pareceu menos untada. Sim, que elas usam qualquer espécie de gordura [...] a fixar o cabelo [...]. As 'luenas' não são bem pretas."[117]

Temos aí quatro *flashes*, nos discursos de quatro sujeitos posicionalmente distintos: o jornalista Albuquerque Cardoso, o administrador Cândido Guerreiro, o (à data) militar e *sertanista* Ferreira da Costa e o *colono* Eduardo Teófilo, pela ordem; à exceção deste último, todos remontam ao mesmo período. Todos homens: sim, porque um dado a apresentar, à partida, é que, embora um reverso desse quadro "normal" (o eventual interesse da *mulher branca* pelo *homem de cor*) não fosse assim uma fantasia tão esporádica e irrelevante quanto às vezes se presume, o caso é que, na maior parte das memórias, representações e registros desse período, o foco é a *força branca*, o *desejo branco* pela *mulher de cor* – uma forma de reafirmar, nesse contato hipergâmico entre os *homens civilizados* e as *mulheres exóticas*, a proeminência da máquina colonial sobre a terra ocupada. Por isso, de todos os fragmentos citados, a despeito do vivo contraste entre flagrantes de excitação, por tais *"belezas plásticas, pervertidas e sensuais"*, e esforços de autocontrole, materializados num desprezo a mulheres *"feias e malcheirosas"*, o mais interessante é o depoimento de Ferreira da Costa, principalmente por tocar dois aspectos centrais do tema em questão. Em primeiro lugar,

---

114 Cardoso, Albuquerque. "O Lobito em festa." *In: A Província de Angola*. Ano XVII, n.4227, [s/d], Nov., 1939 [Citado em: Castanha, Simplício. "As mulheres e um repórter." *In: Angola*. Ano VII, n.37, Nov., 1939, p.10.

115 França, Cândido Guerreiro da. "Coisas que sucedem a quem anda pelo 'mato.'" *In: A Província de Angola. Suplemento de Domingo*. Ano VII, n.315, 10 de Mai., 1942, p.1.

116 Costa, Ferreira da. *Na pista do marfim e da morte*. 1944, p.317.

117 Teófilo, Eduardo. *Quando o dia chegar*. 1962, p.158.

no seu comentário acerca do furor que algumas artistas de teatro causaram na passagem pelo posto de fronteira de S. Antonio do Zaire, onde prestava serviços, em fins dos anos 1930, aparece o que poderíamos chamar uma certa "misoginia colonial". Essa atitude se prende à constância com que a colonização foi definida como empreitada "muscular, viril, máscula, rude e violenta", expressões tão comuns à forma de narrar o conflito *natureza vs. cultura* (como vimos, com relação às representações do *"mato"*) e tão essenciais à legitimação que provém da imagem do "sacrifício" perante o "espaço hostil" –, as quais derivam, no entanto, na ideia de que a *colônia*, e muito especialmente, o *sertão*, o *mato* são "impróprios para a mulher" (a mulher *branca*, bem entendido). Não raro, o debate estratégico que opõe partidários da eficácia econômica da "colonização por quadros" aos que defendem um maior provento político da "colonização demográfica" declina, pelo menos até meados dos anos 1940, no debate sobre o acerto e a necessidade de se transferir para as colônias "famílias", e, portanto, mulheres europeias. Isso nos leva ao segundo aspecto abordado no fragmento de Ferreira da Costa: a questão da objetiva "falta de mulheres brancas" em Angola, dado o desequilíbrio demográfico registrado, até fins dos anos 1950, entre os *coloniais*. Considerando apenas repercussões imediatas da questão diante das formas de representar o *"Outro"* (as *"Outras"*, no caso), digamos que a soma desses dois aspectos engendrou uma possibilidade aceitável de normalização das relações "inter-raciais", no quadro da "moralidade colonial". Analisando a figura da *candona/dumba*, termos equívocos pelos quais se empreendia um tipo de etnicização do fenômeno – o concubinato/companheirismo, regular ou esporádico, entre as mulheres negras e os homens europeus –, percebemos que essas *mulheres-arrimo* são tratadas, de modo geral, como um "mal necessário". Objeto preferencial das variadas formas de reificação em que os estereótipos raciais degeneravam (da excitação curiosa em torno de motivos exóticos até a bestialização embutida nas fantasias do Outro-hipersexual), as mulheres *negras* foram comumente descritas como "coisa útil" – como suporte do *branco*, força de trabalho, mediadora da adaptação do homem ao espaço adverso e, antes de tudo, como o *sparring* sexual indispensável à contenção das tensões e ansiedades de um aglomerado social em que o elemento exógeno era, prioritariamente, masculino. Evidentemente, não se trata de uma forma de apresentação que se distribuísse de modo homogêneo; mas, em que pese a gradação entre discursos mais ou menos explícitos, encontramo-la em formulações que percorrem todo o espectro de posições entre os *coloniais* – como veremos, a seguir, no ensaio de pendor progressista de Paulo Braga e na forma com que João de Lemos narra o diálogo de conversão, ao vício dos *"velhos colonos"*, dum recém-chegado ainda *"enojado das pretas"*:

Candonas, dumbas e "males necessários"	
(i)	"As indígenas!?... Não são, apenas, modelos para as artes decorativas europeias, como muita gente julga. Também são mulheres que se sacrificam e também lutam, às vezes agarradas ao colono, tratando-o quando ele está doente, abraçando-o quando ele é feliz. Vimo-las [...] não como as vêem os excursionistas com professores à frente. Vimo-las em colónias portuguesas e estrangeiras, umas negras e fortes, outras quási brancas, e quási iguais às mulheres da Europa. Encontramos nelas alguma coisa mais do que o que fica nas películas e nas chapas das máquinas fotográficas. Vimos que se civilizam e sublimam pelo amor e pela maternidade. Não são apenas modelos. Por elas começa a colonização mais perdurável. Nelas procura o europeu a ilusão, dando-lhes as virtudes e os defeitos que conheceu nas mulheres do país que deixou. Ensina-as a amar os filhos. Desenvolve-lhes a sensibilidade. Faz delas tudo o que quere. Querendo, civiliza-as."[118]
(ii)	"– E o que são, na sua essência, despojadas de véus, as outras, as 'brancas'? – Não vejo mesmo, nas diversas manifestações da sua feminilidade, carácteres que as distingam, e, brancas e pretas, na sua idêntica psicologia, nos seus gestos, nos meios e finalidades do seu comum anseio, revelam-se como duas irmãs, dissemelhantes na côr aparente da epiderme, mas ambas, inteira, profunda e exclusivamente, mulheres. [...] Nestas [nas negras], falta-lhes talvez, a nosso ver, a cumplicidade cerebral e os êxtases sentimentais que lhes tempere e sublime o ardor do sensualismo inato, capaz de as tender a ponto de vibrarem num eco irmão do nosso grito de cio, que nasce do zuído de um beijo para morrer no soluçar agônico dos espasmos. Mas que queres... se a preta não conhece o beijo, e se nós, os civilizados, não compreendemos o amor sem que o cadinho dos lábios refine e purifique o contato agressivo e espantosamente animal dos sexos?"[119]

É interessante que Braga, adepto do que poderíamos chamar de "realismo colonial" (o elogio do *preto* e do *mato*), volte-se contra a frequente incorporação de *mulheres exóticas* a padrões e modelos de apreciação estética europeus (dinâmica que envolve desejo, curiosidade, necessidade de auto-desdobramento, a construção social de motivos de fruição e de saber, tanto quanto imagens de inferiorização racial), que era comum muito antes de Braga e mesmo das *masques nègres* de Picasso, evocando exemplos que vão de Gaugin ao terrível caso de Saartjie Baartman, exibida na Europa e, de-

118 Braga, Paulo. "Colonos e nativos. Os criadores de mundos novos." *In: Angola.* Ano V, n.16, Jul., 1937, p.5.
119 João de Lemos. *Almas negras.* 1937, p.198-199.

pois, dissecada por Cuvier.[120] Mais interessante ainda é que, ao fazê-lo, recorra a imagens de um lugar, de um papel muito bem definido a ser desempenhado por essas mulheres, enfatizando a sua resiliência, a sua completa ductilidade às "vontades" e aos "usos" do homem "civilizado". É claro, concepções sobre a diferenciação de gênero correntes à época atuam aqui, de modo complementar às fantasias raciais do desejo colonial. De qualquer forma, seja qual for a versão deste utilitarismo, a sua mobilização implica que, como "coisas", tais mulheres possam (e, em certo sentido, devam – ao menos perante a média da moral colonial) ser "descartadas". Como advertência, encontram-se nas narrativas coloniais repetidas manifestações quanto aos "perigos" da estabilização desse tipo de relação, a princípio, "desviante". E, embora muitas das memórias dos coloniais procurem negar a existência de aversão racial em Angola (sobretudo relativa a tais "encontros"), o reduzidíssimo número de casamentos inter-raciais legalizados durante todo o período colonial e a constância com que o tema é alvo de denúncias em periódicos como *Angola* e *Cultura*, evidenciam o quanto a elite "crioula", os assimilados, mulatos e mesmo *coloniais* mais identificados à perspectiva *"angolense"* se mostravam inquietos com a "prescindibilidade" das "suas" mulheres. Como exemplo, citemos duas dessas queixas – um fragmento do conto "Maria, a lavadeira", de Justino de Miranda, membro da L.N.A., e um trecho da crônica "Minha filha não amiga branco", de Sidônio de Carvalho:

	Entre doces, afagos... e escorraçares
(iii)	"Entretanto [...] o engenheiro era casado e a família não tardava a chegar, pois ele, não querendo, na África, ligar-se maritalmente a uma crioula cuja formosura cativante o levara a fazer uma estroinice de mau gosto, de que aliás estava arrependido, mas que não podia remediar, resolvera mandar vir a esposa e filhos para assim se poder furtar, com mais segurança, à tentação irresistível... [...] Foi assim que Maria começou a sua vida... E, passando de mão em mão, correndo mundos amorosos que a afundavam mais e mais no lodaçal da desonra, ei-la como a encontrei: 50 anos, dos quais 19 vividos no pandemônio da luxúria, caquética, mal cuidada de si, de panos e fumando como uma chaminé, os olhos negros mergulhados num negro turbilhão de saudades de uma vida que quiz viver, sonho de que caiu para os braços do vício, em cujo monturo a abandonou a vida que passa indiferente e sempre a gargalhar ironias... "[121]

---

120 Saartjie Baartman (1789-1815), a "Vênus Hotentote", *Khoisan*, natural da Província do Cabo (África do Sul), foi levada a Londres, em 1810, e exposta, durante 5 anos, na Inglaterra e na França, como atração de circo. Após sua morte, seu corpo foi doado ao *Musée de l'Homme* de Paris, para estudos. Ver Gould, 1985, p.291-305.

121 Miranda, Justino de. "Maria, a lavadeira." *In: Angola.* Ano V, n.19, Nov., 1937, p.8.

(iv)	"Recebeu-a com afagos. Deu-lhe doces a comer, e ensinou-lhe mesmo a beber vinho do Porto. [...] Já eram passados dois anos, tempo suficiente para contentamento dos seus desejos. A.R. passou a andar quási sempre enervado e mal disposto. E a pobre Mutango era quem pagava. Chamava-lhe nomes, descompondo-a. – Sua preta! Porque é que não foste à porta para me receberes? Ao jantar, achava tudo mal feito. [...] – És uma preta ordinária! Sai daqui, rapariga! Mutango sofria tudo com resignação. Decorreram mais trinta dias, no fim dos quais, o Branco, colérico, mandou-a embora mais o filho. Não mais a queria ver ali, em sua casa. E Mutango, acabrunhada, triste, saiu, levando às costas o fruto dos seus amores com aquele Branco, que a escorraçava. [...] Uns a receberam com risos de troça, outros com carinhos, estando seu pai incluído nos últimos. Tendo sido aceita no seio da família, continuará ali a viver mais seu filho – o herdeiro único de tam pouca sorte! Por isso, muitos pretos costumam dizer meneando a cabeça: 'Minha filha não amiga Branco.'"[122]

São de mulheres coloniais, no entanto, alguns dos exemplos mais contundentes desse interdito à fixação das relações inter-raciais enquanto matéria narrativa. Embora a *candona*, a *negra* de companhia, fosse uma figura prescita, e até certo ponto aceitável, como vimos, no complexo das interações possíveis entre grupos sociais (racialmente definidos), histórias de desajuste, desacerto, fatalismo, tão frequentes quanto socialmente referendadas, revelam que, a rigor, o atravessamento de fronteiras que está em jogo nessas relações tendia, sim, a ser moralmente condenável. Os casos da crônica "Chiromba" (1935), de Guilhermina de Azeredo, e do romance autobiográfico de Maria Joana Couto, *Sol Tropical* (1961), são didáticos nesse sentido. No primeiro texto, Guilhermina nos apresenta Chiromba, companheira dum branco, "Sô Morales", fugida sem *"alambamento"*, contra os desejos da família, *"hipnotizada"* pela cidade, *"invejada"* pelas demais negras e, claro, *"enfeitiçada"* – o que só pode redundar no triste fim que lhe aguarda: ser semidevorada por um crocodilo e, por fim, executada com um tiro de "piedade" desferido pelo *"seu próprio branco"*.[123] O segundo exemplo é um percurso pela trajetória de reconhecimento da paternidade da própria Couto, *"mulata clara"*, natural do Sumbe, Kwanza Sul, filha dum comerciante *branco* e duma *"senhora mulata"*. Trata-se da história de Carlos Manuel, cafeicultor radicado no Amboim, que por "temor de África" deixara em Portugal a esposa branca, Ana Maria, indo trabalhar, inicialmente, com o *"velho colono"* Zé Maria, de cuja filha mulata, Maria

122 Carvalho, Sidónio Castelbranco de. "Minha filha não amiga branco." *In: Cultura.* Ano I, n.8, Dez., 1945, p.7.
123 Azeredo, Guilhermina de. "Chiromba." *In: Feitiços.* 1935.

Aline, Carlos se enamora, tendo dela um filho; descoberta essa trama, a esposa legítima decide reassumir seu lugar ao lado de Carlos, em Angola, dando ensejo ao *deus ex machina* com que se resolve a questão – Zé Maria morre "de desgosto", Maria Aline *idem*, e Carlos herda os bens da família; Ana aceita o filho mulato, e assenhora-se da "casa colonial" que o marido construíra.[124] A história é tanto mais paradigmática porque, para além do que diz sobre as relações entre o homem *branco* e a mulher *de cor*, registra o tema da passagem entre o estabelecimento dos "sertanejos", à moda da dupla Carlos/Zé Maria, e o modelo exclusivista da família *settler*, objeto de propaganda colonial e processo efetivamente verificado em Angola, sobretudo, no pós-1945. Em ambos os textos, todavia, o essencial é o efeito didático-moralizante que advém dessa imagem de algo ilícito que cerca as relações inter-raciais; uma ameaça que se aguça à medida que *diferenças* parecem se diluir e a *distância* não parece o bastante para garantir a hierarquia hipergâmica dessas relações (afinal, Chiromba não é "culpada" de ser *candona*, mas de ter trocado *"o interior pela vila"*, e Maria Aline não é apenas agente da bigamia de Carlos Manuel; ela é *"quase branca"* e personagem de uma relação estável, normalizada e recorrente no cotidiano colonial). Se nos *matos*, no *"império animal da necessidade"*, *"virgem da influência de culturas estranhas"*,[125] o usufruto da mulher *de cor* pode ser enquadrado e, portanto, compreendido, no meio dos *coloniais*, onde o *étnico* dá lugar ao *racial*, a quebra de "exclusividade" encarnada nos "casamentos mistos" desencadeia reações que explicitam todo um *degradé* de companhias "possíveis e/ou desejáveis", marcado pelas formas mais ambíguas da parelha *desejo/repulsa* e em contradição com os vários discursos "proto-luso-tropicalistas" sobre o "entendimento racial no Império português". Mesmo alguém como Maria Archer, talvez, a mais progressista das "escritoras coloniais", deixava-se contaminar por essa lógica da gradação, ao fim e ao cabo, afinada à da *assimilação*, como revela a sua tipologia das "mulheres de Angola", concebida num espírito que lembra os discursos sobre "oitavões, quadravões e meões" dos tempos coloniais da América ibérica:

---

124 Couto, Maria Joana. *Sol Tropical*. 1961.
125 Archer, Maria. "A alma do negro selvagem." *In: O Mundo Português*. Ano II, n.17, Jun., 1935, 169.

	"Tipos femininos na África portuguesa"
(v)	"O grande núcleo feminino da África portuguesa é ainda o da mulher indígena, e desta, a parte maior é o da negra selvagem. O seu valor é grande como elemento de trabalho e reprodução da raça. Mas nada mais se pode esperar delas, neste estágio da sua evolução. [...] Ela trabalha a terra para seu sustento, dos filhos, e do seu homem. Procria. E, sendo um bom animal de reprodução e trabalho, cumpre o seu dever perante a raça. [...] Abunda também a mulata, produto de branco e negra, abandonada pelo pai e criada como gentia pela mãe. Essa veste geralmente ao uso africano e trabalha pouco, preferindo ganhar a vida no ofício de ser a companheira ocasional dos europeus. A sua educação é inteiramente indígena, habita a palhota, come com as mãos, fala o dialecto da terra. É ela, em geral, o 'eterno feminino' das colônias. Não é bonita, não é graciosa, mas agrada mais que a preta retinta. "Nesse capítulo de mulatas há elementos variados, quer na educação, quer na gradação de cor. Há a contar com a mulata de família séria, filha de pais ambos mulatos, educada à portuguesa, vestida à portuguesa, com luzes de leitura e escrita, e competente para trabalhar de modista, ou no comércio, ou nos modestos empregos públicos. É rapariga recatada, com ideais de casamento, casa própria, continuidade de tradições, consideração social. É já um produto apreciável da colonização portuguesa. [...] "O tipo mais belo das mulheres coloniais é o da crioula filha de pai branco e mulata. Nessa, a mescla do sangue euro-africano depura-se num ente gracioso, muitas vezes bonito. Gostam de aloirar os cabelos, de exagerar a maquillage, de vestir com espalhafato. Quási sempre são educadas à europeia, compreendem o valor da própria beleza, e têm o equilíbrio necessário, moral ou amoral, para se instalarem bem na vida. São raparigas que casam com altos funcionários, que viajam, que fazem vista quando estão em Portugal. O seu valor na comunidade colonial, como elemento civilizador, é idêntico ao das portuguesas nascidas na África. Algumas trabalham, tal como as brancas, outras vivem luxuosamente, conforme as posses dos maridos e dos pais."[126]

Confirmando uma visão muito difundida sobre a experiência colonial portuguesa em Angola, ressalte-se que o texto de Maria Archer levanta um importante aspecto da questão, qual seja: a conexão entre estereótipos raciais e juízos sobre a posição social dos sujeitos, que, em geral, é compreendida como o traço determinante da especificidade do racismo tal qual se manifestava naquela sociedade. Mas há ainda outros personagens da história colonial de Angola ligados ao que há de mais profundo nas ansiedades que nos anunciam as representações ambíguas e derrogatórias das mulheres Outras. "Brancos cafrealizados" – eis um dos mais constantes fantasmas dos discursos coloniais. Imersos numa experiência que foi conflitivamente descrita como a "tragédia dos que, indo colonizar, vivem a vida dos selvagens e chegam a *perder o sentido da Civilização*"[127] e, a um só tempo, como a

126 Archer, 1945, p.116-119.
127 Braga, Paulo. "Colonos e nativos. Os criadores de mundos novos." *In: Angola. Ano* V, n.16, jul., 1937, p.5.

tentação da *"vida livre"* e da *"novidade da libertação das peias sociais"*, que *"compensa*[va], *para muitos, a miséria da vida cafreal"*, esses sujeitos – *"perdidos no mato"* –, cujas *"misérias e dores fica*[ra]*m desconhecidas da sociedade que abandonaram"*,[128] constituíam uma (talvez, a mais perturbadora), dentre as várias "identidades problemáticas" que as classificações coloniais engendraram. A fantasia com que se apresenta o *branco cafre* – o completo "trânsito do europeu às culturas indígenas" – é uma expressão do terror com a possibilidade duma "deriva/degeneração identitária", duma suspensão das "categorias e práticas de classificação", num universo em que, dada a sua natureza, as classificações tinham ainda mais peso, mais proeminência do que soem ter. Um terror, ademais, justificado pela existência de instituições, relações e, antes de tudo, percepções que faziam crer que os "portugueses", mais do que todos os outros colonizadores, dispunham-se, como sugeriu Malyn Newitt, a aceitar *"African values, African institutions and African means of production"* (percepção, diga-se, alimentada pela própria propaganda colonial portuguesa, que, insistentemente, sublinhava a tese da maior adaptabilidade aos trópicos).[129] Curiosamente, um modo corrente de caracterizar o *cafre* era apear, a seu lado, uma mulher *de cor*, preferencialmente a *indígena* – interessante caso de crença na "transmissão" cultural por osmose. Não surpreende que, dessa forma, as representações da *cafrealização* se deixassem contaminar por uma ambiguidade de todo semelhante àquela com que se apresentavam tais mulheres. Por um lado, há a construção de um discurso de cariz Histórico, que tentaremos abordar a contento, adiante, em que os *funantes*, os *sertanejos, pombeiros, aviados, comerciantes do mato*, os sujeitos mais comumente apodados de *cafres*, mercê do seu papel na ocupação efetiva de Angola, entre os séculos XIX e XX, são tratados como "heróis". Por outro lado, em face das novas relações coloniais, que proliferam a partir dos anos 1930 e 1940, reforçam-se as representações em que a *cafrealização* é uma ameaça, uma advertência dirigida a todos os *"colonos brancos"* sobre a importância do autocentramento; nessa acepção, o *cafre* é alguém reduzido à *"necessidade"* (como os *negros*), entregue ao álcool, ao fumo, às *pretas*, descuidado da sua própria higiene, enfim, a personificação de tudo quanto refere Henrique Galvão, ao afirmar que *"os*

---

128 Santa Rita, J. Gonçalves. *O contacto das raças nas colónias portuguesas.* Seus efeitos políticos e sociais. 1940, p.66-67.

129 Newitt, 1981, p.12.

agentes que na África mais arruínam e destroem o europeu são os vícios do próprio europeu".[130] Assim nós os encontramos em descrições do próprio Galvão, ficcionista, e do "repórter" Norberto Gonzaga:

"Cafres"	
(vi)	"O 'Dezassete' e o 'Coxo,' companheiros de longa data, eram dos mais hábeis funantes de Vila Arriaga. Confiavam cègamente nas suas espingardas, a-pesar-de velhas e dilatadas, tratavam as febres expondo-se nús à torreira do sol, em horas de meio dia, desprezavam as biliosas e os rasgões que os espinhos lhes faziam na carne, dormiam como bem-aventurados, em noites de chuva, sob um encerado meio esfrangalhado, deglutiam com delícia o leite azêdo e o pirão dos pretos, fumavam pelos seus cachimbos, amavam as suas mulheres bezuntadas de manteiga fétida – e eram capazes de sorrir sem nervosismo ante todos os vitupérios, insultos e vexames por que os negros os fizessem passar. Sabiam de ante-mão que um dia, que êles retardavam o mais possível, a perniciosa ou a azagaia do Mukubal os deixariam estendidos, para pasto de águias e abutres, em qualquer recanto da Chela – e esperavam, com ambição de bandidos, que o marfim, a riqueza, a Sorte Grande, os libertasse da pena a que condenara os outros como êles."[131]
(vii)	"É nestas terras que o 'funante' faz a sua vida de atribulação. Descrevia-me pessoa de minha amizade – e ofereceu-se-me ensejo depois de o comprovar – que o vagamundo, na sua miséria maldita, é um antigo correccional. E as explicações seguiram-se: de cabeça rapada à navalha, a barba crescida, o olhar amortecido, cigarro pendente, dá logo a ideia do aventureiro entregue à sua aventura. Dos confins da Chela vem fazendo o seu negócio, estacionando de terra em terra. Nada tem a perder na vida. Não toma quinina e resiste às febres. Por amiga tem a carabina, por mulher, a negra. Os companheiros nas horas da monotonia são os bois."[132]

Mas, como já antes discutíamos, as tensões envolvidas nesse caso são agudas porque se aplicam a extremos, a situações fronteiriças, em que juízos sobre "posição social" e "raça" estão embaralhados e invertidos com relação às expectativas da normatividade colonial. Se as mulheres *de cor* são, nesse sentido, um problema, porque intervém num *looping* cujo limite é outro problema – (o temor d)a *cafrealização* –, elas não são os únicos sujeitos *negros ascendentes*, percebidos como de "identidade problemática", "suspeita", pois "suspensiva", em conexão com sujeitos *brancos decadentes*. Lembremos que os textos citados até aqui remontam a um período em que *A Província de Angola* publicou, em primeira página, uma intervenção, proferida no Congresso da União Nacional, em que Raul Martins citava, com todas as letras, a *"opinião europeia"*, segundo a qual *"Deus fez o café e*

130 Galvão, Henrique. *Em terra de pretos*. 1929, p.43.
131 Galvão, Henrique. *O sol dos trópicos*. 1937, p.91-92.
132 Gonzaga, Norberto. *África de sangue, do oiro e da morte*. 1942, p.220.

fez o leite, mas não fez o 'café com leite'".[133] *Mulatos* e *assimilados* são, em graus distintos, um objeto sobre o qual proliferam discursos que, dando conta do seu entrelugar, do caráter híbrido e da não pertença a nenhum dos mundos possíveis dentro do universo social da colônia, sustentam a sua "inviabilidade"; a crença de que tais sujeitos jamais chegariam a se identificar com quaisquer dos *corpora* de referências socioculturais que encarnavam. É contra essa visão que se levanta Pinto Quartim, num ensaio em que estabelece um interessante paralelo entre o fracasso da "assimilação" e as circunstâncias sociais que justificam a "cafrealização":

> Se esta inclinação do homem alquebrado física e moralmente pelo desalento e a fadiga, de se aproximar da natureza de que o afastaram, é compreensível no branco, cujos sentimentos morais primitivos se encontram soterrados por camadas sucessivas de sentimentos superiores e mais recentes, que admira que seja mais forte essa mesma propensão no mestiço ou negro civilizado, sossobrado pelo comportamento que, para com ele, continua mantendo a sociedade branca colonial, a-pesar da sua superior cultura e inteireza de carácter? Convenhamos: é razoável e lógico que essa propensão de regresso à natureza seja neles mais decidida e forte, dada a sua aproximação evolutiva da vida instintiva e natural, ou, por outras palavras, pela sua curta e incompleta evolução psíquica, por falta dessas estratificações morais que no branco se têm acumulado através de gerações e de civilizações, por efeito da educação e das hereditariedades.[134]

***

Voltemos por um instante às representações das "mulheres *Outras*", para, em seguida, tentarmos extrair um pouco mais do trecho do ensaio de Pinto de Quartim. Uma das mais graves e compreensíveis preocupações dos setores progressistas dentre os *coloniais* e dentre os *angolenses, assimilados* e *mestiços*, dizia respeito a um "terror próximo", porque ameaçador, por assim dizer, das suas *esposas, filhas* e *irmãs*: a *prostituição* das mulheres *de cor*. A imagem do "exército" de prostitutas *crioulas* ou *mulatas sem instrução*, recorrente em muitas das narrativas coloniais relativas a Angola, é um

133 Martins, Raul. "O princípio e as práticas da unidade política – uma notável comunicação do Sr. Eng. Raul Martins ao Congresso da U.N." *In*: *A província de Angola*. Ano XXXIII, n.9.297, 3 jul., 1956, p.1; 6.

134 Quartim, Pinto. "A regressão do preto ou mestiço civilizado ao seu meio primitivo." *In*: *Angola*. Ano V, n.19, Out., 1937, p.6.

foco de inquietação que também atinge o moralismo dos *coloniais* mais conservadores (de um modo, digamos, um tanto hipócrita); o que os distingue
daqueles outros segmentos citados é que, ao abordarem a questão, tendem
a enquadrarem-na na mesma lógica de "inadequação" de relações gerais
entre *brancos* e *negras* ou a recorrerem a estereótipos de "delinquência" e de
"mandriice" dos *pretos*, sem considerar aspectos decisivos do problema – o
seu fundo econômico e o que ele revela, não tanto sobre as mulheres *de cor*,
mas sobre o conjunto da sociedade colonial: as limitações e os óbices da *assimilação*. Eis o que diz, a propósito, a "feminista" Maria Archer:

> Nas nossas colónias abundam as mulheres mestiças [...]. Com excepção
> daquelas que os pais amparam e educam – esse enorme contingente de mate-
> rial humano é valor perdido na obra da colonização. Arregimentam na grande
> falange das prostitutas e continuam a gerar filhas de sangue mestiço em que o
> erro e o mal estar se perpetuam. Os rapazes mestiços conseguem trabalho em
> ofícios ou ingressam nas repartições públicas e no comércio. Seguem o exemplo
> do que vêem fazer os brancos. [...] Mas as raparigas encontram-se diante dum
> grande espaço desértico onde não lobrigam exemplo a seguir. Que trajectória
> será dada ao seu destino? [...] A mulher portuguesa, a branca, não tem na
> África actividades fora do lar. Não é guia e conselheira da mestiça. [...] A legião
> de prostitutas mestiças entretém o branco nos seus anseios de amor e dificulta
> o casamento dos brancos com a consequente fundação de lares e progresso
> civilizador. [...] Não se julgue que a mulher mestiça tem especiais disposições
> para o meretrício considerado por alguns criminalogistas como a delinquência
> específica da mulher. Não tem. [...] As mestiças africanas seguem o rumo do
> desvario por não verem outro para o seu destino; não são impelidas pelo sangue
> ou a alma.[135]

Bem observados, os argumentos de Archer e de Quartim declinam uma
mesma causa para julgar a *"regressão do preto ou mestiço civilizado ao seu
meio primitivo"* ou o declínio da mulher *de cor* na prostituição: o que poderíamos definir como uma "falta de meios". Essa explicação classista, se é
possível defini-la assim, projeção da *diferença* em *desigualdade*, corrente na

---

135 Archer, Maria. "A mulher portuguesa no mundo. O problema da valorização da mulher mestiça."
In: *Angola*. Ano VI, n.22, Mar.-Jun., 1938, p.6; 15.

sociologia do século XX, não era, necessariamente, a mais comum ou mais relevante, mesmo entre segmentos sociais que tendiam a compartilhar seus princípios gerais. Em diversas manifestações, encontraremos um conjunto de ideias mais difusas, como a da *"sedução pelo luxo"*, pelos sinais exteriores de *"ostentação"* (forma de *vaidade*, que retoma o mote etnográfico da *"inveja entre os negros"*), e não raro se pode ter uma conexão entre tais ideias e aquelas, também normativas, moralizantes, em que sobressai uma sensação "desajuste" às instituições forjadas pelas relações coloniais, tal como se verifica na curiosa preocupação registrada nos meios luandeses, por volta dos anos 1930, com a questão do "adultério" e da dificuldade da adesão, por parte dos *"angolanos"*, ao casamento monogâmico e indissolúvel que a filiação à moral cristã pressupunha. Desse modo, o fato é que a *"falta de meios"* a que se referem Archer e Quartim, seria mais bem compreendida se pensada (tal qual o entendimento mais comum à época) como uma decorrência das *impossibilidades de acesso à identidade citadina*, à *cidadania colonial*, ou da *incompletude da assimilação*. Como as próprias palavras daquela escritora ratificam, os *rapazes mestiços de Angola*, malgrado uma situação consideravelmente melhor do que a das *raparigas*, estão condicionados a um número bem limitado de ocupações/posições possíveis; o que não é, senão, um modo de afirmar a importância relativa da "posição social" naquele quadro, posto que o racialismo, a partir de determinado ponto, atua como limitador da mobilidade. Se a retórica assimilacionista é boa para os discursos oficiais, a opinião média prevalente em Angola, como podemos resgatá-la, a partir dos documentos do período colonial, tende a expressar um sentimento geral de "descrença" na possibilidade que um dado indivíduo venha a ser, efetivamente, *"assimilado"*.

Uma forma particularmente interessante de discutir a questão é observá-la, não dum ponto de vista *branco*, mas sim da perspectiva das disputas internas entre *assimilados*, *angolenses* e *mestiços*, por exemplo, aqueles geralmente considerados a *"elite crioula"* dos meios urbanos angolanos. Numa das mais candentes polêmicas travadas nesse aglomerado social durante os anos 1930 e 1940, qual seja, a que opunha os *organizadores de baile*, do Grêmio Africano e de grupos análogos, aos *mutualistas* e *querelantes*, da Liga Nacional Africana, os limites do assimilacionismo são discutidos em termos, no mínimo, inusitados. Perante a incorporação superficial de "usos e costumes" *brancos* (ou *modernos*), nem sempre revertida em melhoria das condições de vida, acréscimo da escolaridade formal etc. (valores importantes para a postura "negocial", "parlamentar", digamos, que foi o teto do ativismo que se conseguiu praticar no período), os membros dessa geração, chamada "do silêncio", tida por "paralisada" pela máquina colonial, tendiam a reprovar o mau comportamento de seus *"iguais"*, na mesma medida em que buscavam reclamar, às autoridades coloniais, direitos como a extensão das políticas de *"educação indígena"*, garantias de assistência à saúde e de previdência para trabalhadores *negros* e outras benesses similares.[136] Faziam-no, entretanto, recorrendo a uma referência que lhes parecia inatacável: o mote da *"inadaptação à modernidade"*, da *"civilização com direitos alfandegários, que não foi feita para os portugueses, fica-lhes curta nas mangas"*, conforme consagrado, no século XIX, por Eça de Queiroz.[137] Revelando uma interessante estratégia de reivindicação da "portugalidade" pelo que tem de "negativo" (e, portanto, objeto de queixa), os engajados *assimilados* da LNA davam a conhecer algumas das formas mais correntes com que a sociedade colonial punha em causa o seu próprio estatuto de *"iguais"*, de *"portugueses plenos"*:

"A civilização fica-nos curta nas mangas..."
(viii)   "Diga o que quiser o presunçoso moralista; que berre o impertinente literato, ousamos dizer ao povo angolano que temos evoluído. Se existem ainda selvagens em Angola, a data da expansão da Civilização europeia nas terras africanas, e a extensão do território angolano claramente o justificam. Se há um progresso negativo, ou sintoma de decadência, é porque, ou a Civilização nos vem já depurada, ou nos falta o sentimento de proporção. [...] A mulher, a mulher angolana, constantemente acusada em exaltados artigos, injustamente condenada em eloquentes locuções do literato angolano, arrastada e alambuzada na lama da imundície por extemporâneos Românticos, em novelas ou contos, essa mulher nada tem cometido senão imitar o homem que progride. [...] Ela soletra que em Paris as senhoras para parecerem mais formosas roseiam levemente as faces; imediatamente alambuza-se de encarnado, empasta as faces de vermelho, armazena sobre os lábios barras de batom. [...] Ela, viu uma vez, na 'Revista de Moda,'

136 É corrente ainda hoje, diante dos equipamentos eletrônicos, automóveis importados, roupas de grife e outros tantos "luxos da modernidade" que se encontram em Luanda, ouvir dizerem os angolanos que o seu grande problema é terem uma elite pouco interessada com a "elevação espiritual" e a "melhoria da vida do povo" e muito ocupada em ostentar tais insígnias de cosmopolitismo e atualidade; é um interessante "fantasma colonial..."

137 "Em Portugal, importa-se tudo. Leis, ideias, filosofias, teorias, assuntos, estéticas, ciências, estilo, indústrias, modas, maneiras, pilhérias, tudo nos vem em caixotes pelo paquete. A civilização custa-nos caríssima, com os direitos da Alfândega: e é em segunda mão, não foi feita para nós, fica-nos curta nas mangas..." (Queiroz, J. M. Eça de. *Os Maias* [1888], 1986, p.83).

o retrato de uma senhora bem e elegantemente vestida, que tinha sob os pés a palavra Wamp. Desde então, a angolana que começara a aprender as primeiras letras, abandona-as, e o desejo febril de vestir-se luxuosa e elegantemente, de ser também uma Wamp, fá-la lançar mão a todos os meios possíveis de acumular luxo. [...] Esta Angola decidira arranjar-se a moderna:... somente como lhe falta o sentimento da proporção e ao mesmo tempo a domina a impaciência de parecer muito moderna e muito civilizada – exagera o modelo, deforma-o, estraga-o até a caricatura."[138]

(ix)	"Mas constituem o escol, porque são mais bonitos, têm maneiras mais polidas, falam melhor o português (isto é, um português que julgam não possuir sotaque africano), enfim, constituem o escol... porque sim... [...] Enquanto não nos convencermos que vale mais um trolha culto do que um molenguinhas em sala de baile a dizer loas, empertigado, a uma dama bem carminada e com os dentinhos sempre à mostra, por um campeão de box ou de saltos por mais espertotes que estes sejam porque aquele faz coisa útil com consciência e qualquer destes faz conscientemente uma coisa inútil, os angolanos nada valerão. [...] Todos os que se preocupam com o que sucede com a evolução dos povos sabem que não se pega em um gentio do mato, ensina-se-lhe uma outra língua, põe-se-lhe uma farpela, amacia-se-lhe a voz... num abrir e fechar de olhos está um homem civilizado à moderna, sabendo fazer tudo quanto exteriormente fazemos e com uma perfeição igual à nossa. [...] e dentro desse critério, as nossas associações têm sido sempre, mais ou menos, associações de minorias chics, improdutivas e inúteis no meio do ruge-ruge das sedas e casacas."[139]

De modo nada surpreendente, os "advogados e jornalistas *assimilados*" da LNA ou da "Cultural", sempre em demanda, sempre com uma *maka*, uma *kijila* a apresentar, eram alvo de um duplo, de um similar, descrito com as mesmas tintas carregadas de exagero, excesso, incontinência grotesca, descabida, com que estes representavam os *assimilados de sedas e casacas*:[140] o famigerado *"calcinhas"* (ou *ambaquista*) – *"curioso tipo intermediário do branco e do preto, primeiro passo no caminho da civilização, uma coisa assim como os cuocos* [tambores] *a transmitir desejos de notícias nossas"*.[141] Por constituírem um grupo especialmente vulnerável, descendentes de grupos sociais instruídos pelas missões anteriores ao século XX, que recebiam os hábitos e as "primeiras letras" como herança (o caso mais específico dos ditos *ambaquistas*), ou sujeitos cuja *assimilação* não era reconhecida "diante da lei" (caso dos *calcinhas*), estes indivíduos estavam sujeitos ao pior dos

---

138 [Texto assinado sob pseudônimo] Jodaeso. "Justa lamentação." *In: Angola.* Ano III, n.3, mar., 1936, p.6.

139 Machado, Américo Alves. "A Liga Nacional Africana e seus detractores." *In: Angola.* Ano III, n.8, nov., 1936, p.8.

140 *Maka; kijila,* do *Kimbundo,* problema; interdito, respectivamente.

141 [Texto assinado por rubrica. Trata-se de uma resenha a "África de sangue, do oiro e da morte", 1942, de Norberto Gonzaga] A.E.G. "Livros de África." *In: O mundo português.* Ano IX, n.102, jun., 1942, p.282.

mundos: guias de marcha, pagamento do imposto indígena (dado que, a rigor, eram *indígenas*), os mais subalternos empregos e a suspeição de *brancos e negros*. As representações dos *calcinhas* são, neste sentido, reveladoras. Se até aqui vimos tratando de sujeitos compreendidos como "intervalares", cuja imagem é sempre um misto de dissimulação e ambiguidade, o caso do *preto calcinhas*, pondo a descoberto o que era uma opinião rotineiramente velada sobre a *assimilação*, era de juízos diretos e explícitos. O seu esforço por *"vestir à europeia"* é sempre objeto de ridículo; sua linguagem, um *petit-nègre*, um *"português de preto"*; o uso da escrita como veículo de acesso a direitos, sempre um estratagema, um degenerado hábito de recorrer às petições, queixas etc., a fim de manter-se *"vagabundo"*. Crendo na força dos exemplos, citemos um texto (apesar de tudo, inegavelmente divertido) que dá uma medida precisa da ideia que corria a sociedade colonial acerca dos *calcinhas*: a crônica "Modo de vida à preto" (por si só, um título excepcionalmente claro), de Emílio Castelo Branco. Trata-se da curiosa descrição de uma profissão inaugurada por um *calcinhas* de N'Dala-Tando (Kwanza Norte), o Vicente: *"levar porrada"*. Servindo-se do auxílio de um rábula *preto* e de alguns auxiliares, esse personagem teria criado um "modo de vida" que consistia em pôr-se bêbado, provocar uma briga (com um *branco*, é claro), *"levar porrada"*, ameaçar o agressor de denúncia e, finalmente, "negociar" uma retribuição financeira para "encerrar o caso"; toda uma fabulosa e complicada engrenagem que se predispunha às mais escancaradas formas de estigmatização e preconceito, como se lê logo à partida:

Em Dala-Tando houve um preto calcinhas que, guardando fidelidade ao preceito de não faz nada, mantendo intacta a honra de não furtar, e não caindo na baixeza de pedir, governava a vida menos mal. Os meios, não tendo mais de onde, tirava-os do corpo, é lei geral; mas fazia-o de modo singular. – E como? – Levando *pancada*. Explique-se: Vicente, – assim se chamava, – nascera com certo condão atractivo de sovas, como tantos e tantas nascem com atractivos vários, para várias coisas. Assim como há mulheres fatais, que vê-las é querê--las e meter-se a gente em alhadas, sequer para as olhar, vê-lo a ele era sentir vontade de igual teor para lhe bater. Submetido a este fado, levou as primeiras, e, o não menos malfadado que lhas deu, ante a visão do tribunal, dos beleguins, das capas negras, das caras carrancudas, do papel selado, das penas a rabiscar, e por fim do chilindró, pagou-lhas e pagou bem. Tomou-lhe o gosto, – à paga, bem de ver, – e fez-se profissional. Saiu um artistão! [142]

Sobretudo, a figura do *calcinhas* é relevante, porque expressiva de um fenômeno cujas consequências são maiores do que se presume: a hipernormatividade, a perseguição consciente de um enquadramento aos padrões de conduta dum *"Outro"* (mas, nesse caso, o *branco*, da perspectiva dum *calcinhas*), conforme descrita no clássico argumento de Frantz Fanon, em *Pele negra, máscaras brancas* (1952), obra decisiva no contexto das descolonizações. Um caso concreto, e muito sensível, desse fenômeno, a que poderíamos recorrer, apenas a fim de materializar a questão, encontramo-lo numa belíssima fotografia, de 1953, que mostra um grupo de jovens mossamedenses na Praia das Miragens: numa pirâmide humana, vemos seminus, sujos, descontraídos, exalando alegria, uns 18 rapazes *brancos*, os mais novos, aparentemente, tendo uns 6 e os mais velhos cerca de 20 anos; não são os únicos personagens da cena – a seu lado, engomadíssimo, de camisa, suspensório e sapatos, cabelo penteado e ar contraído, há um solitário menino negro... por pouco não se o exclui da foto, é um pequeno projeto de *calcinhas*..., mal sabe que o esforço para manter-se indefectível (talvez não o seu, mas o de tantos outros meninos) é em vão.[143] Como diria Henrique Galvão, os *negros* não são verdadeiros *agentes*, mas *reagentes*; vivem entre o excesso de zelo ou de crueldade do *branco* e *"entre esses dois extremos, muito humanos entre latinos sem educação e sem bom senso, o preto, ou sofre como uma besta malquerida ou delinque como uma criança tarada..."*, e o *calcinhas*, geralmente, enquadra-se neste último caso.[144] Para finalizar esse percurso, permitamo-nos, contudo, uma digressão no tempo. No antigo texto de um fazendeiro britânico e historiador da Jamaica, Edward Long, encontramos, em meio aos mais escandalosos impropérios racistas do século XVIII, uma inquietante advertência de que, talvez, os *portugueses* não fossem os sujeitos

---

142 Castelo Branco, Emílio. "Modo de vida à preto!" *In: O mundo português.* Ano VIII, n.95-96, nov.-dez., 1941, p.453. É de se notar o "português de preto" de Vicente, tal como emulado no texto: "– Siô bate! Siô é má! Eu não tem culpa! Siô fulano acode! Siô sicrano meu testemunha! [ ] – Não se bate assim na homem! Ela tem galo na testa! Ela tem olho pisada! Ela não fez coisa mau! [ ] – Eu vai queixar! Eu vai siô delegado! " [p.455]

143 Ver Imagem 3.8.

144 Galvão, Henrique. *Em terra de pretos.* 1929, p.64.

mais indicados para *suspeitar* da *cafrealidade* ou da *mistura* de quem quer seja – uma indesejável consequência da sua *propensão para os trópicos*:

> *Thus, in the course of a few generations more, the English blood will become so contaminated with this mixture, and from the chances, the ups and downs of life, this alloy may spread so extensively, as even to reach the middle, and then the higher orders of the people, till the whole nation resembles the Portugueses and Moriscos in complexion of skin and baseness of mind. This is a venomous and dangerous ulcer, that threatens to disperse its malignancy far and wide, until every family catches infection from it.*[145]

Não deixa de ser engraçado pensar que, para um filho legítimo da pérfida Albion, o maior risco da *"mestiçagem"*, era tornar-se, *"na pele e na inferioridade mental"*, um *"português"*. Como se vê, "alteridades" são mesmo uma questão de "perspectivas". Por isso, muito do que procuramos, ao esmiuçar as formas com que os coloniais apresentaram os *Outros*, talvez só se encontre, de fato, ao discutirmos aquilo que eles pensavam de si mesmos.

---

145 Long, Edward. *Candid reflections upon the judgement lately awarded by the Court of King's Bench in Westminster-Hall on what is commonly called the Negroe-cause, by a Planter.* 1722, p.48-49.

Manuel de Abreu, o "Mata-Porcos" [à dir., de cigarro à boca], com um grupo de amigos, exibindo um guelengue recém-caçado. Namibe, meados dos anos 1930.
Fonte: Acervo de Nídia Jardim.

4. Aventura e rotina

Ah! Ninguém o duvide; êste é um dos grandes encantos da África, a possibilidade de um contato mais íntimo com a natureza, a penetração mais perfeita no mistério insondável do mundo. A cada passo, a cada instante, o homem sente a religiosidade da floresta, a tranquilidade perturbadora do deserto, a infinidade impassível das águas, a grandeza do firmamento estrelado, o número perturbador dos orbes que o rodeiam! E êste espetáculo mais palpável do Universo quebra no seu coração os impulsos do orgulho humano e, dando-lhe a cada hora a nítida sensação da sua pequenez e da sua humildade, derrama na sua alma uma larga, uma infinita tolerância! (Gastão de Sousa Dias)[1]

Enquanto eu os observava, me ocorreu de novo uma fantasia que já tomara conta de mim anteriormente: a de que não era eu que estava indo embora. Não estava em meu poder deixar a África: era o próprio continente que, lenta e majestosamente, se afastava de mim, como o mar quando a maré recua. A procissão que agora via – eles eram, na realidade, os bem fornidos e fortes dançarinos jovens de ontem e de anteontem que agora murchavam diante dos meus olhos e desapareciam para sempre. À sua maneira, estavam se afastando

1   Dias, Gastão de Sousa. *Páginas da História de Angola* (Crónicas angolanas). Cadernos coloniais, n.60. 1939, p.15-16.

em suaves passos de dança, estávamos juntos, eles e eu, em um único contenta-mento. (Karen Blixen)[2]

Exite uma ética do trabalho, como existe uma ética da aventura. [...] Entre esses dois tipos não há, em verdade, tanto uma oposição absoluta como uma incompreensão radical. (Sérgio Buarque de Holanda)[3]

Gastão de Sousa Dias, um professor liceal, ex-militar; Karen Blixen, cafeicultora e ex-esposa dum barão falido – em Angola e no Quênia, respec-tivamente, viveram ambos nos *planaltos africanos* e deles retiveram estas impressões sentimentais, imagens de profunda integração, numas vezes, ou de manifesta distância, noutras tantas, suscitadas por *Outras terras* e *Outras gentes*. Da sua poética descrição das formas de estar nesse *mundo colonial*, podemos apreender uma tendência em comum: a propensão a tratar a experiência de *alhures* (dum lugar concebido como distinto daquele de que a sua fala provém) como algo fugidio e quase místico, como uma espécie de "suspensão" dos modos prévios de perceber o entorno da "vida cotidiana". Conforme discutíamos, noutro ponto do nosso trabalho, esse motivo – do *settler* que "*toma o feitiço do Continente*", ficando *para sempre preso* às impressões daquela ordem distinta das coisas – é extremamente característico das memórias e das narrativas dos *coloniais* do século XX. Sua importância parece ainda maior para aqueles que, nessa condição, vi-veram um "evento", uma estância "transitória" das suas biografias. Se, em meados dos anos 1960, quase a metade da população *branca* de Angola já era constituída por *naturais*, o fato é que esse fenômeno demográfico tardio (quase tão tardio quanto a alta afluência de *colonos*), não altera o cenário da expressiva maioria do período efetivamente *colonial* seja naquele território, seja noutras partes do continente: um quadro em que prevalece uma mi-noria *branca* de sujeitos cuja vida foi, de alguma maneira, "transplantada"; "migrantes", num sentido estrito, sendo considerável dentre eles a parcela que abandonou África antes mesmo do desencadear da descolonização. Para tais sujeitos, a experiência colonial foi menos uma "passagem *para* a África" do que "*pela* África".[4] E, no entanto, ao contrário da publicidade

2   Blixen, Karen [Isak Dinesen, 1959]. *A fazenda africana*. [Trad. Cláudio Marcondes]. 2005, p.426.
3   Holanda, Sérgio Buarque de [1936]. *Raízes do Brasil*. 1995, p.44.
4   Ver Castelo, 2007.

colonial do século XIX ou dos artistas europeus do entreguerras, boa parte dos registros legados por esses indivíduos (dentre os quais contamos alguns dos textos mais conhecidos e influentes, acerca da vida dos *"colonos brancos"* na África do século XX – tais como os de Blixen, em escala mundial, ou dias, na cena portuguesa) deslocaram os motivos mais típicos do exotismo e/ou da narrativa "de aventura", em favor de uma representação em que, ao "eventual" e "pitoresco", sobrepunha-se o marcado interesse pela "prosaicidade", pelos aspectos "rotineiros" das formas de interação e inscrição dos colonos nesse espaço geral "de África". Imergindo nas mesmas contingências que cercavam distintos grupos de "velhos colonos", ainda que, dada a natureza dos seus deslocamentos, compartilhassem apenas uma fração do "risco" e da sensação de viver rodeado por aceleradas mudanças, que marcavam os pronunciamentos dessas comunidades, estes *settlers* do entreguerras e do período imediatamente posterior a 1945 convergiram com os seus pares doutro tempo na apresentação de uma trajetória que parecia de exceção, "singular" – ou, numa só palavra, "aventurosa" –, não pela característica exclusivista desses grupos, confrontados às sociedades locais e ao espaço mesmo, mas, principalmente, pelo forte caráter diferenciador dos modos de conceber a vida comezinha – por exemplo, a "rotina". Como o exemplo da própria Blixen desvela, a construção emotiva de uma "África" para sempre inscrita em sua biografia (o lar do "irmão negro", como, de hábito, ela designa Kamante, seu empregado) é substantivamente distinta da perspectiva de "aventureiros" de toda sorte (investidores, negociantes, promotores de safáris, caçadores profissionais etc.); e embora a síntese da sua *experiência africana* seja também sazonal, vicária, ela o é não por deformação desse *lugar outro* em imagens exóticas, mas por restrição às listas de "coisas" que ama e das quais dispõe: *"my black folk, guns and dogs"*.[5] E esse se apoderar de todo o mundo circunvizinho na ordem da vida "comum" (do mais excepcional interesse de aventureiros ao mais rotineiro recurso natural) parece ter sido o grande tema dessas descrições da "aventura colonial".

Para dar maior clareza ao argumento que pretendemos desenvolver, comecemos por sugerir que a ideologia colonial, em si mesma, compreende uma complexa engenharia que reúne a percepção da distância e da diferença do espaço das colônias (o fato propiciador da intervenção) e o conjunto de

---

5   Blixen, Karen. *Out of Africa*. 1984. p.327. *Cf.* Lewis, 2000, p.75.

tópicos que constroem a normatividade a ser transportada, imposta e reproduzida no curso da aquisição daquele espaço – uma norma social "branca"/
"euroamericana"/ "Ocidental" etc. (há tantos termos, amplos e equívocos,
quanto diferentes interpretações do fenômeno). Tratando-se de um processo histórico que se desenvolve num espaço de deslocamentos, transnacional
(e sob a égide dum cosmopolitismo que se consagra na experiência secular
e burguesa, a partir de fins do século XVIII), e, todavia, sempre atrelado às
bandeiras nacionais, o colonialismo contemporâneo é um fato que decorre,
simultânea e paradoxalmente, *lá* e *cá* (*abroad & at home*, para utilizar termos que a Antropologia dos anos 1980 venerava).[6] Isso implica, entre outras coisas, o florescimento de modelos de autoapresentação dos núcleos de
coloniais atravessados por múltiplas experiências de "desfamiliarização".
Como setor mais diretamente exposto às vicissitudes dessa "corda bamba",
da "passagem entre dois mundos", trata-se, por um lado, duma "desfamiliarização", no sentido em que o termo foi habitualmente empregado
na crítica cultural: um momento reflexivo e de justaposição transcultural
de instituições, ações ou concepções prévias àquelas que se compreender como sendo "outras".[7] Já tentamos demonstrar, noutra ocasião, que
mesmo os registro mais conservadores, ou mais aderentes às imagens da
propaganda colonialista, comportavam uma certa dose de suspeita e suspensão dos juízos sobre a "modernidade"/ "civilização", suscitada pela
visão e pelo confronto do que se percebia como singular no terreno colonial
(o *preto* e o *mato*, sempre presentes). E, ao fim e ao cabo, a própria ideia
de uma *"vida sem peias"*, menos "hipócrita", menos "convencionalista",
logo, mais propícia ao "trabalho", ao "esforço", ao "desbravamento" do
mundo, participa daquela mesma propaganda (o que supõe alguma dúvida
quanto a adequação dos modos de proceder próximos, ou "familiares", ao
homem europeu às necessidades musculares da empreitada colonial). Mas
trata-se também de "desfamiliarização" num sentido discursivo, próximo
àquele que V. Chklovski e outros compreenderam como uma característica
da própria linguagem poética: um efeito de comutação do conhecido em
percebido, um processo de conversão do habitual em algo mais complexo
e mais "singular".[8] Noutras palavras, por analogia a esse fenômeno de "es-

---

6   Ver Peirano, 2006, p.37-52.
7   Marcus e Fischer, 1999, p.137-164.
8   Chklovski [1917]. *In: Todorov*, 1989, p.39-56.

tanhamento" que advém do uso não convencional da linguagem, trata-se também de uma forma (com nítidas implicações morais, políticas, econômicas) de conceder sobrepeso, sobrevalor aos mínimos detalhes do que, a princípio, participa da ordem, da organização (convencional) da "vida comum". Há um farto quantitativo de exemplos desse "estranhamento" (*ostraniene*) nas narrativas coloniais – como, aliás, demonstram as epígrafes aqui citadas –, quer como elemento da construção sentimental, afetiva, da legitimidade da presença colonial, quer como parte das formas pelos quais os *coloniais* projetaram sua distinção.[9]

Assim, não é gratuito que, ao procurar discutir o repertório pelo qual esses sujeitos se fazem presentes nas narrativas coloniais, tenhamos escolhido evocar a poderosa imagem com que Gilberto Freyre, naquela que é uma de suas mais controversas obras, sintetizou o percurso da sua viagem, igualmente controversa, por "*terras portuguesas*", realizada ao longo de 1952, a convite do então Ministro do Ultramar, Sarmento Rodrigues. À partida, Freyre afirma que *Aventura e rotina* (1953) é um título relacionado à experiência da sua própria viagem: deambulação frenética por um Portugal que estava "*no Oriente e nas Áfricas, em Cabo Verde e em São Tomé, no Algarve e em Trás-os-Montes*", visto sempre em trânsito – "*quase uma aventura*" – e, afinal, reencontrado, "*na rotina do seu refúgio de Santo Antonio de Apipucos*".[10] No entanto, todo o texto nos mostra que o título é também uma contundente metáfora. Enquanto depura e/ou consolida conceitos já explorados na fase dos clássicos sobre a formação brasileira (atendendo, sobretudo, à ideia da *indeterminação*, do caráter plástico do *homem ibérico*, sempre capaz de absorver, de incorporar elementos novos – o aspecto definidor da expansão portuguesa), Freyre constrói um painel: ao engenho radical da mobilidade e do transplante de coisas, pessoas, hábitos, ideias, que atinge todos os mares e terras dispersos pelo mundo – "*concepção espaçosa*", *aventureira*[11] –, ele superpõe imagens de uma constância de caráter e de ação, encontrada em cada mínimo pedaço desse "*Portugal maior*", a confirmar uma unidade – de modos e fazeres – que os acréscimos não são bastantes para subverter. A Guiné e a Índia, Angola e São Tomé e Príncipe,

---

9   Aqui compreendida como "distinção social"– "as hierarquias feitas coisas; a ordem social feita corpo" – no sentido de Bourdieu [1979], 2007.
10 Freyre, Gilberto. *Aventura e rotina*. 1953, p.xxxii.
11 Holanda [1936], 1995, p.44.

Cabo Verde e a Estremadura: tudo observado como num *déjà vu* de velhas cidades brasileiras, de *sobrados e mucambos*, de espantosa *rotina*. Embora essa versão freyreana seja a mais influente e assaz discutida (e, consequentemente, a mais atacada), ele não foi o único dentre os "intérpretes do Brasil" a recorrer a essa (teórica) dualidade do caráter nacional português como um modelo explicativo para a história da formação colonial brasileira. Com outro sentido e outros rendimentos, temos o exemplo de um Sérgio Buarque de Holanda, aqui citado, cuja influência pela ideia weberiana de "tipos sociais" materializa-se nas figuras do *"aventureiro"* e do *"trabalhador"*, que constituem um *parti-pris* do entendimento da ocupação colonial: uma ocupação que, para Holanda, teria sido marcada pela monocultura extensiva e escravista, de um lado, e pelas técnicas arcaicas e degradantes de uso do solo, de outro, convergindo nesse padrão a ociosidade e o desejo de retorno imediato dos *intrépidos, aventureiros*, e o aferrado apego aos procedimentos da lavoura tradicional e de pequena escala praticada pelos portugueses, sentimento de *trabalhadores*, de amantes da *rotina*.[12] Se é verdade que esses exemplos brasileiros contêm algo de testemunho histórico e uma boa dose de mera impressão, discurso familiar, também é verdade que eles nos descortinam uma intuição sobre a vivência colonial que, talvez, seja extensível a diversos tempos e espaços: a constatação da relevância que percepções da *ordem* e da *reprodução social* e, em simultâneo, da *desterritorialização* e do *desapego* assumem diante dessa experiência de *deslocamento* e *fixação*. Em parte, é mesmo como um discurso de legitimidade e singularização que a autorrepresentação dos *coloniais* de Angola, no século XX, equilibra-se entre esses dois polos: o *ordinário* e o *excepcional*.

* * *

Uma das questões mais delicadas da análise dos discursos dos *coloniais* diz respeito ao nível de *adesão* e de *comprometimento* desses sujeitos com relação à *máquina colonialista*. Tomando a própria ideia da ocupação colonial – a metade do fenômeno histórico conhecida por *imperialismo* – como um arrazoado que carece de legitimidade por si mesmo (e que, portanto, passará à posteridade como um *equívoco*), trata-se, muitas vezes, de compreender que espécie de volatilidade *moral* tornou possível a articulação de concepções, significados e contextos em que esses processos de *migração*

---

12   Idem, ibidem, p.43-70.

qualificada (não apenas deslocamento, mas também uma incorporação assimétrica de *outras terras*, via de regra, submetendo *outras gentes* – o que é uma condição da chamada *colonização demográfica*) pareceram algo *normal*. Por um lado, há uma inegável defasagem entre as esferas da política, da economia, da engenharia social, de onde emanam os princípios que viabilizam a *"causa colonial"*, e o terreno da vida concreta dos *coloniais*. Por outro, é simplista atribuir apenas ao Estado ou aos seus agentes, aos interessados e aos publicistas metropolitanos, dentre outros, intervenções que resultam numa situação de que os *coloniais* – ainda que implicados, participantes – seriam não mais do que *vítimas*, como tantas demais (para além do quão questionável pode ser essa lógica das *vitimizações*, a separação desses sujeitos com relação ao poder colonial, embora notável, não parece o bastante para afastar sua dependência – ou, no mínimo, os benefícios que dele extraíram – e, por isso, não autoriza o raciocínio). A tentativa de melhor compreender as especificidades das formas pelos quais esses sujeitos pensaram a sua autoinscrição no universo colonial supõe algum esforço de reflexão sobre mecanismos de interpenetração entre o "alto plano das teorias sociais" e o "plano ordinário da realidade colonial".[13] Para evitar mal-entendidos, seguindo com essa argumentação, tomemos mais um exemplo que está para além da nossa Angola.

Comentando as disputas em torno da fixação dos colonos brancos e do deslocamento das populações *Khoi* e *Xhosa* na Colônia britânica do Cabo, na passagem dos séculos XVIII e XIX, Elizabeth Elbourne propõe uma interessante aproximação. Constatando a importância assumida por preocupações com a "domesticidade" (com a forma do "lar" e com a centralidade da instituição "casa"), com a "respeitabilidade" e com "papéis de gênero" nos discursos de sujeitos quase sempre em divergência, como missionários, colonos e políticos e publicistas britânicos, Elbourne enxerga na emergência da economia política as raízes da escolha desse tema que terminará por representar uma das principais fontes de *ansiedade colonial* na África do Sul daquele período. Ao debaterem um provável desajuste, ou antes, a falta de equivalência, das sociedades africanas diante dos padrões pelos quais os sujeitos *coloniais* compreendiam tais instituições – *casas, famílias, juízos sociais* – servindo-se destes termos, os britânicos do Cabo repunham

---

13 Elbourne. *In*: Woodward, Minkley e Hayes, 2002, p.28-29.

algumas das oposições fundamentais com que a elite da sua "terra natal" havia tratado de estabelecer uma diferenciação em relação aos seus *Outros* domésticos – marginalizados de toda sorte, operários urbanos etc. A mesma correlação entre um conjunto de ideias – como *progresso, civilidade, superioridade* –, práticas e valores – códigos sobre as *posturas e condutas públicas, higiene, vestuário, contenção* etc. – atuava num e noutro caso. No pano de fundo desse debate havia, no entanto, mais do que simples diferenciação. Como essa gramática dos modos, dos *"usos e costumes"*, tinha florescido em concomitância com o desenvolvimento de teorias de monta sobre questões como os mecanismos da concentração e da circulação de "capitais", a sua relação com entidades jurídicas como as "casas" e as "heranças", as formas de aproveitamento e de mobilização da força de trabalho, as distinções entre trabalhadores e classes ociosas, dentre outros temas da economia política do período, a sua projeção no contexto colonial – ademais, informada pela proximidade dos problemas na cena metropolitana – tinha consequências inauditas; ela dava a pensar, por exemplo, que, por não possuírem, aparentemente, códigos de herança e posse análogos aos europeus, talvez os africanos não devessem ter acesso à "propriedade privada de terras" (o que era certamente útil à fixação de colonos), ou que a conversão dessas sociedades a *designs* familiares "cristãos" (notadamente, a passagem das mulheres a mães e esposas cristãs), ocupando-se da troca dos seus deploráveis padrões de higiene e depauperadas condições domésticas por modelos mais "aceitáveis", supunha, necessariamente, um processo de educação/civilização que passava por fazê-las "serventes efetivas".[14] Conforme conclui Elbourne, é evidente que os colonos brancos do Cabo "não embarcavam para a África com volumes de Locke, Blackstone e Millar em suas bolsas",[15] mas o fato é que a sua percepção da própria inserção no universo colonial não é de todo deslocada dos contextos em que tais ideias foram possíveis, aceitáveis e, por conseguintes, difundidas; é natural a interpenetração entre fórmulas diluídas das ideias sociais da época e a engenharia do cotidiano dos *coloniais*; ao reproduzi-las no planejamento ordinário da vida, esses sujeitos deram corpo e forma ao universo de significados que, na outra ponta da história, qualificava e "autorizava" sua "experiência migrante" – numa espécie de

---

14   Elbourne. *In*: Woodward, Minkley e Hayes, 2002, p.29.
15   Idem, ibidem, p.28.

reforço mútuo. De todo modo, o que é mais interessante é notar que, nesse sentido, as formas de narrar a rotina dos *coloniais* poderiam ser tomadas como um exemplo particularmente eficaz duma tese famosa da teoria feminista segundo a qual *"o pessoal é político"*.[16]

* * *

Fala-se bastante frequentemente sobre o caráter vulnerável do colonato português de Angola – o qual, segundo essa versão, teria sido composto, na maioria, por "pobres", que partiram para a colônia em busca de "trabalho" e de "melhores condições", dispondo, no entanto, de poucos meios (sobretudo, no que tocava à qualificação acadêmica e profissional) para uma rápida ascensão. Em abono da opinião segundo a qual é possível dizer uma mentira somente afirmando verdades, digamos que este é parcialmente o caso. Que, em média, os portugueses da primeira metade do século XX tivessem poucas habilitações escolares (num período em que Portugal era recordista de iliteracia na Europa) e que esta pouca qualificação se refletisse entre os colonos, é um fato. Que os projetos de fomento à colonização do Estado português tenham sido quase sempre titubeantes e, a despeito de vultosas somas gastas em empreendimentos pontuais de "povoamento", uma boa parte dos colonos se tenha fixado em Angola abandonada à própria sorte, também o é. E, não obstante, a importância quantitativa desse padrão é resultado, principalmente, dos picos de concentração da imigração colonial (as duas primeiras décadas do século XX e, depois, as décadas de 1950 e 1960); no mais, foi sempre importante, decisivo no auge colonialista das décadas de 1930 e 1940, a participação demográfica doutro tipo de *coloniais* – quadros da administração, funcionários das Companhias de exploração agrícola e mineral, profissionais liberais, todos mais qualificados e dotados de meios: se a comunidade "branca" de Angola, comparada as demais da África austral, era relativamente mais "pobre" e, todavia, numerosa, é preciso ter em conta que, no plano interno, em relação ao *ratio* de "brancos" por "não brancos", ela não era grande o suficiente para que estes setores de "elite" sejam tomados por irrelevantes (ademais, a partir deles se estabeleciam cadeias de mutualidade que, por diversos mecanismos, acabavam assistindo toda a comunidade "branca"). Mas deixemos para trás estas observações, algumas delas já aqui discutidas, e demos um passo à frente.

---

16 Ver Okin, 1991; Habermas, 1984.

Com efeito, o distanciamento e as divergências entre os *coloniais* de Angola e o núcleo duro da *máquina colonialista* são tributários de alguns fatores objetivos e bem nítidos. De um lado, a *"aventura"* colonial em Angola, no século XX transcorreu, transcorreu entre laivos de autonomia e investidas de centralização, com claro predomínio desta última corrente; durante a longa era do Estado Novo, viveu-se um período de duplo cerceamento, com os constrangimentos desse regime e mais aqueles que decorreram do endurecimento do pacto colonial. De outro lado, no terreno em que os *coloniais* talvez pudessem ter tido mais benesses, havia uma profunda concentração de toda a atividade econômica nas mãos de uns poucos agentes. Como demonstraram Gervase Clarence-Smith, Richard Moorsom e outros estudiosos da economia colonial angolana, sob a aparência das inciativas exclusivistas do governo português e da retórica xenófoba que converteu em estandarte de guerra o lema da *"nacionalização das colônias"*, havia uma complexíssima rede de corporações e investidores portugueses e estrangeiros, a controlar os vários setores produtivos da colônia.[17] Nas suas formas mais obscuras, essa rede incluía grupos como a Société Générale de Belgique (SGB), a qual controlava boa parte dos negócios da poderosíssima Diamang, diretamente ou através dumas quantas subsidiárias portuguesas, além de manter fartos investimentos em grupos "nacionais", tais como a Companhia de Fomento Geral de Angola, *holding* adquirido durante a depressão dos anos 1930, por meio do qual a SGB acessava o mercado do algodão, através da célebre Cotonang, ligada a sua gêmea do Congo belga, a CotonCo. E a SGB não era o único grupo estrangeiro com negócios desse tipo em Angola. Pode-se citar, por exemplo, o caso do grupo Hallet, que controlava, também por meio de subsidiárias, quase dois terços das duas principais companhias cafeeiras de Angola: a Cada, Companhia Agrícola do Amboim, e a Companhia de Cazengo. Quando os Hallet decidiram deixar Angola, em 1944, transferiram o controle da Cada para o Estado, que o passou ao GES (o ainda famoso Grupo Espírito Santo); o que nos levará ao capítulo dos oligopólios portugueses. O GES, por exemplo, assumiu a Cada num momento em que dominava boa fatia da Sociedade Agrícola do Cassequel e da Companhia do Açúcar de Angola (CAA). Ao lado da CUF (Companhia União Fabril), que detinha negócios variados, desde a

---

17   Ver Clarence-Smith, 1985, p.1-13; 1995; Clarence-Smith e Moorsom, 1977.

exploração de minas em Bembe até uma fábrica de sopas em Luanda, bem como de grupos como o Champalimaud, o Banco Português do Atlântico e o Banco Burnay de Lisboa, empresas como o GES, associadas com capitais britânicos, belgas ou norte-americanos, somavam investimentos alojados desde a Diamang até a influente CFB (Cia. do Caminho de Ferro de Benguela). Para além dessas corporações, o que havia eram remanescentes dos "barões do café" do Centro-Norte ou os novos "barões" da fruticultura e da cana-de-açúcar, em que se contavam figuras como a família Sousa Lara e o grupo Correia & Costa, "novEstados Unidosx riches" da época de ouro das empresas agrícolas em Angola, em meados dos anos 1950.[18]

Esse resumo da história econômica da Angola colonial (parcial, é óbvio; centrado em exemplos), serve principalmente para demonstrar que, de fato, havia pouco espaço para os colonos se desenvolverem como grupo de força (econômica) e/ou de pressão (política). No final do período colonial, Henrique Guerra estimava, de forma um tanto enviesada, que "os colonos ricos eram não mais do que 200 famílias", contra "30 a 35 mil pequenos colonos", sendo inviável a "subsistência da exploração do colono independente isoladamente".[19] Embora as empresas agrícolas de pequeno e médio porte, "resultado de um processo local de 'acumulação primitiva,'"[20] tivessem tanto acesso à sobrexploração do trabalhado "contratado" quanto as corporações (o que, neste sentido, aproxima todos os empreiteiros coloniais "brancos"), elas eram fundamentalmente dependentes de crédito e extremamente suscetíveis às nuances do mercado. Decorrem deste quadro, algumas das razões, ou antes, das circunstâncias que fizeram da presença colonial portuguesa em Angola uma empreitada com forte concentração de assalariados ou pequenos proprietários, dependentes da função pública e, principalmente, do comércio, residindo em núcleos urbanos que, na sua quase totalidade, eram pouco mais do que "povoações comerciais", onde, dada a precariedade das infraestruturas e o lento processo de adensamento da comunidade colonial, muitos "brancos" experimentaram de fato uma certa vulnerabilidade. Isso talvez explique, em parte, cisões que estão na base da filiação dum bom número de "brancos", ao lado dos "mestiços" e "crioulos" luandenses, aos quadros do nacionalismo angolano, a partir

18 Clarence-Smith, 1985, p.1-13. Ver, também: Guerra,1988, p.27-58.
19 Guerra, 1988, p.51.
20 Silva, 2003, p.8.

dos anos 1960; um fenômeno bem mais expressivo em Angola, se o compararmos aos movimentos análogos em países vizinhos da África austral. Isso talvez explique, em parte, que as associações de "assimilados", como a LNA, tenham procurado recorrer à identificação com os chamados "velhos colonos", aqueles chegados a Angola antes dos anos 1930, como uma estratégia de afirmação das suas críticas (no momento do mais agudo constrangimento ao debate público), que, no entanto, permitia pagar um tributo à "portugalidade" obrigatória daqueles dias; no fundo, essa identificação repercutia a ideia de que também estes "colonos" constituíam um setor "prejudicado" pelas transformações do pacto colonial, ao lado dos assimilados urbanos e das comunidades rurais angolanas, tornadas, então, o que se chamou de "sociedades tributárias". Acontece que as coisas não foram simplesmente assim, nem tampouco foram sempre assim. Segundo Elisete Marques da Silva, com base em dados da MIAA/FAO (Missão de Inquéritos Agrícolas de Angola), nos anos 1960, apenas 7% da população rural "africana" residia numa área onde não havia nenhuma povoação comercial num raio de 30 km; essa proporção era de 47% em relação às vilas/cidades, de 23% em relação aos postos administrativos, 36% em relação às missões católicas e, num dos poucos casos em que era majoritária, de 58% em relação a empresas agrícolas e ranchos europeus.[21]

Parece ser bem evidente que essa "proximidade" na desigualdade (porque as próprias leis assim o determinavam) impelia a conflitos, de sorte que, em Angola, nesse período, debates de uma centena de anos antes, como aqueles que Elizabeth Elbourne refere terem ocorrido na África do Sul, eram ainda extremamente atuais. Quanto mais o afluxo de colonos expandia a influência e mesmo a presença do *universo colonial* para as fronteiras das comunidades rurais angolanas, mais o "racialismo" e a "etnicização" – os princípios mais violentos e problemáticos do furor classificatório do colonialismo – embaralhavam diferenciações sociais baseadas noutras categorias – classe, *status* ou posição, convenções de gênero, identidades locais e/ou nacionais; é há fortes indicativos de que, nesse momento, mais "exclusivista", mais aferrada a "privilégios" mal distribuídos, a comunidade colonial tenha sido (e também mais ocupada com modelos ideias de "conduta", "respeitabilidade" e, num sentido amplo, mais "moralista").

---

21   Idem, ibidem, p.11.

É bem verdade que tais coisas transcorreram em paralelo a reformas que, a partir dos anos 1950, permitiram um maior acesso ao ensino superior ou a postos de maior relevância no aparato do Estado, por exemplo; mas mesmo esta discreta abertura, de crucial importância na consolidação de "elites locais", deixou pelo caminho não só a esmagadora maioria da população angolana, mas também aqueles setores do núcleo de *coloniais* (fossem eles "brancos", "mestiços" ou "assimilados") que, pelas mais diversas razões, não foram capazes de operacionalizar os seus "privilégios", nem de agenciar sua "distinção". Ocorre que a maior parte desses conflitos e processos sempre esteve em marcha na vigência do colonialismo; o que os dias de maior "corrida à África" nos permitem é observar o quão interdependentes eram o plano das ações do Estado, das teorias e da política colonial – junto ao qual corporações e beneficiários da *máquina colonialista* encontravam suas justificativas – e o das *políticas do cotidiano* – em que os *coloniais* projetavam sua legitimidade. Do ponto de vista das relações entre os vários grupos sociais, é o que mais importa.

* * *

Nas páginas seguintes, gostaríamos de prosseguir nosso inventário, tendo em vistas o variado conjunto de representações do cotidiano colonial em Angola; pretender abarcá-lo, de todo, é uma insanidade – contentamo-nos com alguns fragmentos. Nossas escolhas e exemplos até aqui já denotam que tais representações, vinculadas ao que se tem chamado de uma "cultura colonial",[22] ("estrutura de atitudes, referências e experiências",[23] como queria Said, mas também "estrutura de afetos",) floresceram, em sua maioria, em espaços transnacionais. Há mesmo um peso considerável de imagens relativas aos espaços do Império colonial britânico nas formas de imaginar e de narrar a vida, a rotina, nas colônias africanas do século XX – e, como veremos, os registros que respeitam a Angola não são imunes a essa influência. Sem querer antecipar a discussão de alguns dos efeitos mais interessantes da forma peculiar com que essas imagens se manifestaram no caso das relações luso-angolanas, gostaríamos de admitir a sua relevância geral e de tentar mergulhar nesse mundo de referência recorrentes do *cotidiano*, a fim de transcender dicotomias (pensando, por exemplo, na interação entre

---

22 No sentido de Kennedy, 1987 e Prochaska, 2002.
23 Said, 1995, p.12; 44.

colonizados e *colonizadores* como parte do mesmo campo analítico) e a fim de travar contato com versões concorrentes da história, justamente num terreno em que ela tende a parecer mais unívoca.[24] Para tanto, poderíamos optar por diferentes estratégias: poderíamos, por exemplo, analisar a variedade de publicações das agências de propaganda colonial que postulam um "colono modelo", um "perfeito colonial" – seria um bom caminho; ou poderíamos tratar dos muitos debates sobre as formas preferenciais de colonos e de colonizações; isso sem considerar a possibilidade de esmiuçar biografias. Como não nos interessam propriamente trajetórias individuais, nem sequer a imprecisa previsão duma "psicologia de grupo", e como as discussões da *"fração colonial"* nos dizem bastante sobre ideações, mas pouco sobre casos concretos, escolhemos outra vereda. Preferimos apresentar, a seguir, alguns apontamentos sobre três motivos frequentes nas narrativas coloniais: a *"fazenda africana"*, a *"casa colonial"* (e suas convenções de "gênero" correlatas) e a *"caça"*, empresa econômica, nuns casos, ou de mera sociabilidade, noutros tantos. São, a princípio, três instâncias do *espaço* colonial, a que correspondem diferentes percepções do *tempo*: o tempo sazonal, em camadas, em fases, das culturas agrícolas; o tempo quase compacto, ordeiro, cotidiano, da casa; o tempo feito de instante, eventual, transitório, quase ritual, dos acampamentos de caçadores. Por que os eleger? Porque pensamos que estas instituições/situações/polos são formidáveis catalizadores dos temas e formas mais significativos da construção da diferenciação social dos *coloniais*, tal como ela emerge na sua autorrepresentação. Assim, sem abordar diretamente "vidas", podemos tentar compreender os percursos da narrativa de uma "vida" distribuída entre invenções de excepcionalidade e desejos de ordinareidade. Comecemos, então pela *aventura*... até que tudo caia na *rotina*...

4.1 Os devotos de Santo Humberto

Um dos livros mais notáveis de E. P. Thompson envolve um quiproquó acerca dum regulamento de caça e extrativismo na Inglaterra do século XVIII: *Whigs and Hunters* (*Senhores e caçadores*, 1975) é, com efeito, uma obra sobre uma lei – a célebre "Lei Negra de maio de 1723" – e, ainda mais,

---

24   Eckert e Jones, 2002, p.13.

é um estudo da obsessão retórica da aristocracia britânica com relação à ideia de *"lei"*, uma reflexão sobre as disputas, as imposições e as burlas que cercam a sua vigência, uma crítica à noção da lei como reflexo puro e simples dos interesses de um grupo/classe dominante, que não tem em conta a dinâmica da lei "em si mesma", e, finalmente, um exame das circunstâncias em que a concentração de poder e de recursos na sociedade inglesa começou a tomar sua definitiva forma contemporânea. Mas há um aspecto em que essa história da proibição, punida com pena capital, da caça e da extração de madeira nas terras dos *Whigs*, a que correspondem as ações contestatárias e ilegais dos *Black Hunters*, caçadores clandestinos que agiam nas florestas de Windsor, Hampshire e Dean, é iluminadora de experiências levadas a cabo, séculos depois, pelos *White Hunters* da África colonial. Ele não está explícito no texto de Thompson, embora seja notório. É que, nos meandros desses episódios, há uma polarização entre a caça como atividade econômica e como uma prática a que poderíamos atribuir o rótulo de "culturalmente simbólica" (apesar de ambas estas dimensões estarem sempre em jogo nas várias formas desse "jogo profundo"). E, ao mesmo tempo, podemos dizer que um caso como o da Lei Negra é parte da longa história de depuração dessa integração "utilitária" da caça às economias domésticas europeias (mais ou menos no mesmo sentido em que ela seria compreendida como prática das sociedades "nativas" na África colonial), em favor de uma forma de entendê-la como um direito "exclusivo" dum grupo de proprietários; portanto, como um modo de expressão, mais do que de uso dos recursos (tal como revelariam o impulso museológico e a caça "desportiva", na primeira metade do século XX), e, por consequência, como uma atividade perfectiva de "distinções", como uma fonte de *status*. São muitas as razões pelas quais acreditamos que esse fragmento peculiar da história inglesa,[25] para dizer com o próprio Thompson, é relevante para a nossa aproximação à caça colonial. Em primeiro lugar, há uma fortíssima relação entre as transformações dos códigos e dos aspectos materiais da caça, tais como decorriam na Europa, e os significados que ela assumiu no universo da África do século XX (e, desse modo, há uma história transnacional da caça a ser necessariamente considerada). E, em segundo lugar, um estatuto de superioridade, como aspecto dessa prática, quando ela se consolida como atividade de *Whigs*,

---

25   Ver Thompson [1978], 2001; [1975], 1997.

de *Senhores*, incidiu também sobre a caça colonial – obviamente, noutro quadro –, sem que, contudo, o seu aparecimento tenha logrado extirpar outras dimensões relativas à natureza dessa empreitada naquele cenário; por exemplo, nenhum esforço conseguiu apagar os exércitos de carregadores negros e suas técnicas locais ou a importância comercial de produtos obtidos pela caça, como era o caso, muito específico, do marfim. De um lado, essa situação impõe uma melhor compreensão dos termos desse jogo de cavalheiros, a fim de separar "o joio do trigo". De outro, ela indica que, ao nos defrontarmos com essa superposição de normas, talvez encontremos uma interessante paralelo de análise com relação à própria dinâmica da presença colonial "branca" no terreno africano. Como é nítido em diversos produtos bastante conhecidos do imaginário cultural contemporâneo, como as narrativas de Patterson ou *As neves do Kilimanjaro*, de Hemingway (ambas projetadas nas telas do cinema), a caça representou uma forma sintética de descrever *flashes* do trânsito colonial pelo lugar genericamente denominado "África"; mas é possível dizer mais: em certo sentido, ela foi uma das vias preferenciais para apresentar particularidades dos contextos africanos em termos metafóricos (como observamos no irônico *The Ultimate Safari*, de Nadine Gordimer)[26] – sobretudo, para uma audiência não familiarizada com os mesmos.

Por todas essas pistas, fica claro, à partida, que a caça é uma daquelas atividades a que dificilmente se pode imputar uma circunstância locativa "nacional"; é quase impossível separar, do manancial da literatura cinegética produzida por sujeitos que passaram por Angola, um conjunto de textos que nos revelassem algo especificamente sobre a caça "em Angola". *White Hunters* desses dias em que a África esteve atravessada pelo colonialismo foram, essencialmente, um amplo grupo de transeuntes, de sujeitos errantes, cuja prática altamente especializada, aparentemente cifrada ao não iniciado, envolta em riscos de considerável monta, autocentrada, num sentido geral, espalhava os rastros pelo continente, movida a interesses ou simplesmente a experiências que transcendiam as fronteiras nacionais das administrações das colônias. É certo que a caça estava tão fortemente ligada à situação colonial que, fosse como modo de entretenimento, fosse como

---

26   Gordimer, Nadine. "The Ultimate Safari." *In: Crimes of conscience.* London: Heinemann, 1991.

forma de economia complementar, ela existia, como veremos, numa mul-
tiplicidade de padrões. No entanto, é esse tipo – o do caçador profissional,
"aventureiro" ou *"entreprenant"* – aquele cuja influência irradia sobre os
vários agrupamentos de caçadores e insemina a caça colonial de significados abrangentes sobre as experiências dos *coloniais* "brancos" na África
(justamente, por contraditório que pareça, através do seu código privativo
e exclusivista). Para dar uma medida desses sujeitos e do seu *sport* temos o
exemplo duns fragmentos da vida de um personagem quase inverossímil,
mas que, de fato, existiu e cruzou Angola, até os lados do Cuando-Cubango: trata-se dum brasileiro, Jorge Alves de Lima Filho, o *Kirongozi*, Mestre
Caçador, título que ele recebeu no Quênia, num tempo em caçou com o
filho de Ernest Hemingway, Patrick, e que se tornou popular num filme
de Geraldo Junqueira de Oliveira (de 1957), assistido por paulistas que
mantiveram quatro semanas de filas repletas num cinema da capital, para
conhecerem a história desse indivíduo que, "qual Rimbaud sem palavras,
havia trocado o berço dourado da sua quatrocentona família pelo embate
diário na selva e nos bosques perigosos de África".[27] Da sua trajetória, o seu
biógrafo Sérgio Corrêa relata os seguintes lances passados em Angola:

> [...] Em meados da década de 50, Jorge decidiu tentar a sorte em Angola,
> acompanhado de um amigo que cogitava tornar-se caçador profissional, o pau-
> lista Eurico 'Guti' Martins. Jorge tentava converter o companheiro a associar-
> -se a ele numa futura organização de safáris: Guti era boa-pinta, poliglota e
> revelava talento como caçador – as qualidades fundamentais para um *White
> Hunter*. Depois de se encontrarem em Bangui e embarcarem os veículos (um
> velho mas confiável *Land Rover* e um caminhão *Bedford* nas mesmas condi-
> ções) em chatas fluviais, passando por Brazaville, rumaram para Angola, atra-
> vessando o Congo Belga, seguindo a rota Leopoldville – Matadi – Noqui (já na
> fronteira de Angola) – Tomboco – Ambrizete – Ambriz e, finalmente, Luanda.
> Jorge já tinha visitado anteriormente a cidade, numa viagem com poucos resul-
> tados cinegéticos mas com bons contatos pessoais, como Johnny Cabral, filho
> de Theodoro, o companheiro de Abel Pratas e de Henrique Galvão. Jorge
> conhecera Abel Pratas em sua primeira viagem a Angola e não ficara com uma

---

27 Viana, André. "Coração de Leão." *In: Private Brokers*. São Paulo: Ano III, n.12, out.-dez.
2006.

boa impressão, nascendo entre os dois uma antipatia mútua. Agora, fez a Abel uma visita de cortesia e percebeu que a situação não havia mudado, mas mesmo assim o português tinha o comprido e importante título de Diretor Geral dos Serviços de Veterinária e Presidente da Comissão Central de Caça de Angola, e a benção era obrigatória. Abel nunca estivera no Cuando-Cubango, o destino de Jorge, e pediu a ele uma descrição minuciosa da fauna e das experiências locais. [...] No Mucusso, as saudades do Brasil bateram forte em Guti e ele resolveu começar o longo caminho de volta para casa, para frustração de Jorge, que pretendia partilhar da companhia do amigo ainda por um bom tempo. Guti partiu no *Bedford* carregado de marfim pelo *Caprivi Strip*, atravessando a Rodésia e Tanganica até chegar a Nairóbi e ser entregue ao Major W. G. Johnny Raw, o representante da Rowland Ward no Quênia. Raw era ex-*Indian Army* e um *gentlman* genuíno e a venda do marfim era feita nas mais estritas bases de confiança: o produto da expedição era deixado com o Major, que se encarregava de vender o marfim e de depositar o dinheiro na conta do caçador – um perfeito acordo entre cavalheiros.[28]

Essa pequena descrição do percurso do *Kirongozi* em Angola, junto do amigo Guti (um *dândi* paulistano, partido temporariamente para África ao melhor estilo Hemingway), conta com todos os principais clichês sobre a caça colonial. Há o cosmopolitismo encarnado na pessoa do aristocrata brasileiro, educado em Stanford, caçador também na África Ocidental Francesa e frequentador da *high society* queniana *"na época do glamour, quando, no bar do hotel Norfolk, os grandes White Hunters tomavam os seus sundowners ombro a ombro com a nobreza europeia, milionários americanos e celebridades de Hollywood"*.[29] Há uma rede de "iguais", de nomes famosos como Johnny Raw e os portugueses Teodósio Cabral e Abel Pratas, de sociabilidades e de afetos entre *gentlemen* como "Jorginho" e "Guti" (como Pratas e Henrique Galvão, como Ferreira da Costa e Limatão), há vaidades e competições também. E há o império da "técnica", dos modernos automóveis e armas, a defrontarem a "natureza" inóspita, primeva, de "África". Há o pendor de tomar a caça como coisa prestigiosa, em que se exercita o controle do espaço

---

28   Corrêa, Sérgio [Biografia inédita de Jorge Alves de Lima Filho; excerto transcrito a partir da versão que consta no portal da comunidade Santo Humberto, disponibilizada em 5 jul. 2009], 2008.
29   Idem.

e em que se dá vazão a uma fantasia moderna: a de que a caçada seja quase um simulacro, digamos, "industrial", das antigas emulações "da guerra para as classes ociosas".[30] Finalmente, há valores particularmente caros aos caçadores – seu código de honra, suas normas de conduta – e há imagens de pretenso heroísmo, de virilidade, de *aventura*. Anos atrás, Jorge Alves de Lima Filho concedeu uma entrevista a um periódico paulista: das caçadas, ficaram-lhe o renome (diz-se que Bunny Allen e ele foram os maiores *White Hunters* de África nos anos 1950) e as memórias; com mais de 80 anos, vivia em Garça, cidade interiorana, cercado dos oito tigres e cinco leões mantidos em seu sítio; dizia-se conservacionista e quase todos os elementos da forma característica de descrever personagens como ele, qual glamourosos protagonistas de filmes de ação, continuavam presentes em seu discurso.

Entretanto, se é desse universo de relações e significados consagrados pela literatura, pela cinematografia, pelas "memórias" cinegéticas que a prática extraía o seu estatuto e dignidade, é, antes de tudo, pela sua duplicidade de registros que ela se tornou especificamente "colonial". Em verdade, num tempo que o Greenpeace, a WWF e a Peta ainda nem sonhavam em existir (e eis uma razão para se evitar "avaliar" a caça em termos que não estavam postos à altura), caçava-se de todo jeito, muito, em quase todo canto de África, e quase todo branco que dispusesse duma arma à mão acabava tentado, vez ou outra, a meter-se ao mato. Na vida comezinha, em que adjetivos pátrios fazem mais sentido, Angola foi terreno de caçadas que perpassaram boa parte do território, até os primeiros anos da década de 1960, quando a prática, mais disciplinada, começou a declinar. Ao redor das cidades, pequenos grupos de amigos ou famílias inteiras de classe média caçavam por diversão, ainda que salgassem as carnes e as fossem vender aos "nativos". Funcionários da administração ou militares, em postos mais isolados do interior, caçavam por fastio do tédio. Em dadas regiões como o Planalto e o Sul de Angola, onde a fauna era abundante, amantes do jogo, ricos ou pobres, para o sustento, para garantir o churrasco barreado com *jindungo* do fim de semana ou para nada – todos caçavam. No varejo das lembranças dos *coloniais*, a caça até se reveste do ar heroico e expansivo do *White Hunter*, mas acaba por se revelar algo muito mais prosaico, cor-

---

30 Landau. *In*: Hartmann, Silvester e Hayes, 1998, p.154.

riqueiro, menor – a procissão semanal dos devotos de Santo Humberto,[31] como dizia Maria Archer, todos os sábados posta em movimento para preencher de lances episódicos uma vida *rotineira*:

> Em Luanda, ao sábado, por volta da meia noite, os devotos de Santo Humberto partem para o matagal. Buscam de preferência a pacaça, fera temível e troféu desejado pelo caçador. São rapazes destemidos, vigorosos, ávidos de intensidade na emoção – perigo e crime – que a caçada facilita. Em cada rua da cidade há casas despertas, rumores de partidas, luzes que circulam. À porta o carro ronca, com os faróis rasgando o negro nocturno. Acomodados os aprestos, as armas, os homens, lá vão eles, abrindo rasto de luz na noite, a caminho da selva onde a caça grossa se acoita.[32]

Um dos primeiros aspectos muito interessantes da caça nas colônias é que, por conta dessa difusão, ela se tenha apresentado como uma daquelas situações-chaves em que a estrutura da sociedade parece replicada com minúcia de detalhes. Analisando uma variedade de narrativas sobre o tema, encontramos desde os queixumes quanto à precariedade de meios, às adversidades físicas e morais impostas pelo espaço africano, às necessidades imediatas da subsistência etc. (e todos esses são traços da percepção da caça como atividade integrada à ética do *trabalho*, da *vida dura*, parte do ideal do *colono* que sublima a hostilidade/resistência do ambiente adverso), até a exaltação do tipo de soberania dos "modos civilizados" (por exemplo, "brancos"), materializada em inúmeros sinais frugais de ostentação, numa das faces em que a caça se mostra mais associada à albinocracia colonial. Num e noutro caso, os detalhes da prática venatória são extremamente reveladores daquelas clivagens de classe e de *status* que fazem que, reconhecendo alguma identidade comum entre os *coloniais* – como um polo –, possamos, ao mesmo tempo, tornar mais complexa do que a princípio

---

31 Santo Humberto de Liége (656-728 d.C.) é considerado pela tradição cristã o padroeiro dos caçadores, dos mateiros, dos arqueiros e dos guardas-florestais. Tal patronímia lhe é atribuída porque, sendo Humberto um jovem nobre, filho do Duque de Aquitânia, mundano e versado nas artes da caça, o episódio da sua conversão a uma vida "santa", segundo a mesma tradição, envolve a batida falhada a um veado, graças à aparição, por entre os cornos do animal, de um crucifixo, donde emanava uma voz que lhe instava à mudança de maneiras.

32 Archer, Maria. *Caleidoscópio africano*. Cadernos coloniais, n.49, 1939, p.3.

parece a ideia de um conglomerado de *colonizadores*, por oposição aos *colonizados*. Os três exemplos que a seguir apresentamos exploram efeitos desse rebatimento de diferenças posicionais nas formas com que os sujeitos coloniais se dedicavam à caça (inclusive, quanto aos seus interesses): numa crônica de Maria Archer, achamos elementos comuns aos caçadores, apesar da variedade de *Cunhas e bolsas*; numa notícia da *Ilustração Colonial*, ficamos a saber das incursões do Duque de Sutherland – à caça duma palanca negra para um Museu na Escócia; e, nas memórias duma mossamedense, surge um personagem bem diverso do Duque, Manuel de Abreu, o "Mata-Porcos", uma lenda do Sul:

Prazeres de vida & morte	*Os prazeres de estirpe & outros da ralé...*
"A maioria dos caçadores de pacaças procuram saldar com a venda da carne as despesas da caçada. O indígena compra de preferência carne de caça, por ser mais barata do que a do talho. Na manhã de domingo estão de regresso, a horas que permitam o visto do veterinário e a mercância das feras abatidas. Os soldados indígenas, os degredados, são fregueses habituais dos caçadores. Também se compra a caça para a secar e vender depois de seca, em tiras de carne, como se faz no Brasil. Embora o negócio da carne não constitua o objetivo dos caçadores, eles fazem-no, porque estes prazeres de vida e morte são dispendiosos e fora do alcance de muitas bolsas que, contudo, tem folego para dar e vender morte e vida. O régio prazer da matança é também praticado, e com régio aparato, por aqueles que podem gastar somas sobre somas do saco que não são obrigados a encher. Então instalam na selva acampamento confortável. A caça morta é pasto de carnívoros e festim de sanzalas vizinhas. Automóveis e camionetas rolam de Luanda ao acampamento com champagne, maples, criados fardados. Mas todos os caçadores tem por finalidade a caçada, a chacina, o risco, a gloríola. Há entre uns e outros o desnível das facilidades provindas do dinheiro – que nunca alteram o preceito bíblico dos últimos que são os primeiros."[33]	"A bordo do Mouzinho passou em Luanda, no dia 26 do corrente, Lord George Granville Sutherland-Leveson-Gower, Duque de Sutherland, que com a sua comitiva, composta de Miss C. M. Vickers e dos Srs. Harold El Molsun e esposa e Charles Stain foi fazer uma partida de caça ao planalto de Benguela, tendo sido autorizado pelo Governo português a matar uma palanca preta, destinada ao Museu da Escócia, de onde o ilustre titular é natural. O sr. Duque de Sutherland foi recebido por S. Ex.ª o Governador Geral da Colónia, na sala nobre do Palácio. Depois seguiu para residência do Sr. D. Luís Estarreja, onde lhe foi oferecido um chá a que assistiram também os membros da sua comitiva e o Sr. Tenente Henrique Moniz, ajudante de campo de S. Ex.ª o Governador Geral, cônsul, consulesa e vice-cônsul da Inglaterra, director do Cabo Submarino e outras pessoas da colónia britânica residentes em Luanda. O ilustre viajante confiou ao Sr. D. Luís Estarreja as suas impressões acerca do fidalgo acolhimento que lhe foi dispensado pelo Sr. Coronel Eduardo Ferreira Viana e que, segundo afirmou, o deixou absolutamente desvanecido."[34] ....

---

33 Archer, Maria. *Caleidoscópio africano*. Cadernos coloniais, n.49. 1939, p.10.
34 "Visitantes Ilustres." *In: Ilustração Colonial*. Ano I, n.3, Mar. 1932, p.19.

"Naquele tempo não havia assistência profilática pecuária em Moçâmedes e muitas das reses dos bovinos abatidos para consumo da população não ofereciam garantias devido à contaminação que amiúde acontecia uma vez que apresentavam a presença da 'cisticercose.' Para colmatar essa carência, Manuel de Abreu Filho ia para o deserto caçar os animais selvagens que ele próprio esquartejava e preparava para pôr à venda no seu 'Bazar do Povo' apetrechado do respectivo talho.

"Naquele tempo não havia assistência profilática pecuária em Moçâmedes e muitas das reses dos bovinos abatidos para consumo da população não ofereciam garantias devido à contaminação que amiúde acontecia uma vez que apresentavam a presença da 'cisticercose.' Para colmatar essa carência, Manuel de Abreu Filho ia para o deserto caçar os animais selvagens que ele próprio esquartejava e preparava para pôr à venda no seu 'Bazar do Povo' apetrechado do respectivo talho.

Aconteceu porém que em pouco tempo o gostinho pela caça acabaria por se entranhar no espírito de Manuel de Abreu filho, e de seu grupinho de amigos que passaram a frequentar o Deserto do Namibe, não já apenas para matar gazelas, olongos, guelengues, e outros animais tendo em vista as carências alimentares da população, mas também, e sobretudo, por puro prazer de experimentar a pontaria e apresentar troféus, situação que viria a afastar os animais da periferia da cidade fugindo às perseguições de que eram alvo, tornando mais difícil o transporte dos animais abatidos para a cidade."[35]

O Duque de Sutherland, acompanhado de régia comitiva, recebido em Luanda pelo governador geral e pelo Conde de Estarreja, era certamente um desses figurões que instalavam o mais confortável acampamento de caça, com direito a *maples*, *champagne* e *criados negros* em fato de linho branco. Caçava em nome de um ideal que emergiu com força no final do século XIX – a tese conservacionista, segundo a qual a regulamentação da caça e a valorização de espécies cinegéticas eram meios eficazes de pre-

35   Conforme o relato de Maria Nídia Jardim, de 22 de Ago., 2010.

servá-las, sendo, ademais, os seus despojos objeto de taxidermia, estudo e exposição para amplos públicos na Europa e na América. No ponto diametralmente oposto estão Manuel de Abreu e seus companheiros; rasgando as areias do deserto de madrugada, tomando um desjejum improvisado nas cercanias da matança, bebendo os seus feitos ainda no campo, voltando à cidade com partidas de carne para vender, chifres de órix ou uma carcaça de leoa para ser vista e comentada pelos amigos próximos ou pelos curiosos todos. Entre esses dois extremos de caçadores coloniais, há mais do que as óbvias distâncias de classe. Decorrendo destas, há, por exemplo, uma nítida separação entre uma experiência esporádica, sazonal, vicária, de "África", com aquela que os turistas e os frequentadores de safáris vivenciaram (e, neste sentido, tendiam a se identificar com eles os altos funcionários da administração ou das grandes companhias coloniais), e a expectativa de fixação em definitivo, a vivência "profunda" do terreno africano, da necessidade de adaptação ao mesmo, como a que se abatia sobre aqueles colonos de Mossâmedes. E poderíamos ainda falar das divergências entre esse *"jet set"* colonial (composto por beneficiários mais diretos da "exploração"), cujo ideário comportava tendências como o conservacionismo, fundamento da caça esportiva (ou o conservacionismo "indigenista", por analogia), em relação à "ralé" colonial, no sentido de Arendt,[36] muito mais propensa aos exageros da predação (ou do racialismo), justamente porque estava mais desguarnecida. De qualquer forma, como indica o fragmento da crônica de Archer, havia também muito em comum entre os vários devotos do patrono belga.

Comparativamente, em face da caça praticada pelas grandes expedições de meados do século XIX, empreitadas de anos, às vezes, palmilhadas de mortes e ensandecedoras (tal qual elas nos surgem, por exemplo, nos romances de Conrad), ou diante da "caça Bôer", feita por "africanos de séculos", como se dizia, mateiros que dispensavam o auxílio de rastreadores nativos, ato de cariz econômico/alimentar, puro e simples (os ingleses deploravam-na dizendo que *"o bôer atira em tudo o que anda, voa, nada, rasteja e se entoca"*), extremos de *aventura* e *rotina*, a caça praticada pelo Duque de Sutherland ou pelo Mata-Porcos, atividade do esplendor colonial dos anos de 1930 a 1950, era muito mais "higiênica", muito mais afeita

---

36 Arendt, 1989, p.147-337.

à "normalidade citadina" que imperava nesses dias. Fazia-se sob auxílio de um batalhão de "coisas de ferro" – *Brokways, Fords, Bedfords*, que permitiam o rápido e eficiente deslocamento de pessoas e bugigangas; *trens* que abriam o "sertão africano" à frequência episódica dos caçadores; *Mausers, Winchesters, Benellis*, que autorizavam o aumento da distância do atirador à presa e proporcionavam maiores garantias de abate e/ou incapacitação do animal já nos primeiros disparos; enfim, todo um arsenal de dispositivos que fizeram também da *Kodak* utensílio indispensável de caça. A fotografia, aliás, é um bom termo de comparação (e não apenas porque há boas evidências de que muita gente, na África, caçava "para fotografar"). O desenvolvimento pelo qual as modernas câmeras ofereceram a quase qualquer um a possibilidade de capturar imagens é um processo, por assim, de alienação do intricado tratamento químico que leva à produção real do retrato. E a convergência linguística não é mera coincidência: a partir desse momento, a fotografia e a caça modernas passaram a ser muito mais associadas ao instante do *disparo* (*shoot*), a inevitável "sujeira" que se lhe segue passou a ser outra coisa – trabalho de "empregados" (de laboratório e de campo).[37]

Caçadores profissionais provavelmente discordariam dessa visão, mas acontece que estes artefatos foram determinantes para a popularização da caça como *divertissement*, como uma forma de lazer "de *estirpe*" e mesmo como uma alternativa relativamente acessível para as classes médias, justamente porque permitiram manter a suposta *emoção* e *virilidade* da coisa, despojando-a de seus aspectos mais exageradamente épicos ou vulgares. Essa é uma percepção interessante porque, de algum modo, a ilusão da "colonização demográfica", feita por "brancos", na África do século XX, seguia o mesmo protocolo: ela oferecia a fantasia de uma vida "normal", em que as circunstâncias coloniais estavam "naturalizadas", transcorrendo à parte do "jogo sujo" do colonialismo.

Todavia, deixemos de lado esta última observação, para passarmos a um relato que diz respeito à forma mais depurada e "industrial" da prática venatória nas colônias: os safáris de caça. Em Angola, como dissemos noutra parte desse trabalho, havia umas quantas empresas neste setor, por volta dos anos 1960; elas albergaram muitos dos *Professionals Hunters*, nomes como Jorge "Kirongozi" Alves e Hugo Seia, dentre outros ainda famosos

---

37   *Cf.* Landau. *In*: Hartmann, Silvester e Hayes, 1998, p.152-153.

nos meios de caçadores, num período em que o preservacionismo substituía já o conservacionismo, desde então, definitivamente. Como em Moçambique, o período final do colonialismo em Angola suscita um florescimento da indústria turística, ocupando a caça um lugar especial. O fim da década de 1950 é o momento da demarcação e fixação das grandes reservas e parques; os anos 1960 e 1970 assistem a um considerável debate público sobre a questão da caça e a crescente especialização duma literatura cinegética (então apresentada em termos "técnicos"), em total contraste à situação de trinta, quarenta anos antes, quando nomes como o cel. Antonio Brandão de Melo, Raul de Oliveira, Teodósio Cabral e Abel Pratas eram dos poucos interessados no tema em Angola.[38] Nesses dias de regulamentação da prática, os *sportmen* a dominaram. A caça já a muito deixara de ser "apanágio de aristocratas"[39] apenas; continuava, no entanto, sendo algo dispendioso e, nas suas formas mais elaboradas, exclusivista – os safáris, feitos sob medida para esse perfil, posto que dedicados a manterem um *habitus* de dândis tornado *habitus* colonial por excelência, passaram a ser uma grande fonte de hipercodificação a partir da qual todo funcionário, comerciante ou qualquer outro membro da ralé procuravam simular a exigentíssima conduta dos praticantes do "jogo". Da região do Mucusso, em Angola, temos a seguinte descrição de uma dessas empresas, cuja riqueza de detalhes é esclarecedora:

> Era a *Angola Hunting Safaris* (uma "pequena" coutada de caça com quarenta mil quilómetros quadrados), tinha diversos acampamentos, havendo um Base, com instalações para acondicionamento de mantimentos, vários 'rondáveis' (aposentos para clientes), um jango – local de convívio e refeições, construído em redor do tronco de uma árvore, telhado de colmo, espaço amplo e cómodo onde se serviam os aperitivos com esmero, preparados por pessoal que, assim como os cozinheiros, eram seleccionados, e vinham geralmente dos melhores hotéis da cidade. Perto, o lugar duma fogueira, para cumprir ritual indispensável em noite africana. Mais além uma pista de aterragem para aviões que transportavam e entregavam os clientes, ávidos de emoções e aventura!

---

38 Ver, por exemplo: Melo, Antonio Brandão de. *Criação de um Parque Nacional de Caça.* 1936; Pirelli, Mário. "A caça e os caçadores." *In: Revista de Angola.* Ano IV, n.98, jun., 1965, p.6; Laidley, Fernando. "A indústria de safáris em Angola." *In: Ronda.* Ano I, n.2, 1970, p.47.

39 *Cf.* Correa, 2011.

Armazém para guardar e tratar peles e troféus, com cuidados especiais. Pela vastidão da coutada espalhavam-se vários acampamentos distribuídos por caçadores, autoridades responsáveis, a quem era devida obediência, pela complexidade e perigo da situação no mato. As saídas faziam-se pela madrugada em jeep descapotável, com o para-brisas deitado sobre o *capot*, as armas, de calibres variáveis, são carabinas assentes em suportes adaptados. Passageiros eram de modo geral cinco: caçador, cliente e seu acompanhante, pisteiro e esfolador. O caçador conduzia, fazendo-o duma maneira muito própria, usando conhecimento, prática, atenção e reflexos; ao lado o cliente, que era sempre um apaixonado pela aventura, amante da caça, e de emoções fortes, que procurava levar daquelas terras da África profunda, episódios de intrepidez para recordar em troféus e fotografias. Eram sempre pessoas de grande poder económico. Ali fez um Safari D. Juan Carlos (agora rei de Espanha) . Foram seus companheiros Alfonso de Urquijo e o Duque de Piñaranda. O pisteiro, homem gentio *bochimane* (mucancala) conhecedor da zona, indicava caminhos, sabia também os sítios batidos pelo animal pretendido. Por fim, não de menos importância era o esfolador, sabedor de todos os métodos de bem esfolar e preparar as peles. [...] Dependendo do tempo necessário, podia ter de se pernoitar longe do acampamento, existindo para isso os *fly-camps* alojamentos em tendas. Habituado a situações complexas, resolvendo-as sozinho, de mecânica a sobrevivência, o caçador desenvolve uma capacidade inexcedível de desembaraço e improviso. Em idas frequentes ao deserto e passagens particulares pelo interior da selva, era sempre em desafio à surpresa da viagem feita por prazer, sem para isso se prevenir, aproveitando o alimento oferecido pelo povo (leite azedo ou belunga) e dormia com as botas como travesseiro! Inseparável o chapéu de aba larga e tira em pele de leopardo, usava manta para se cobrir, protegendo-o das moscas, mesmo a quarenta graus.[40]

Fly-camps, *jeeps* conversíveis, pistas de pouso em meio à anhara, uma frequência que comportava nobres e o próprio Príncipe herdeiro de Espanha, empregados dos melhores hotéis da capital da colónia, preparando aperitivos "com esmero", o engenho dos caçadores, a prova eventual de acepipes exóticos, leite azedo, belunga, uma fogueira a inventar rituais

---

40   Depoimento de Irene Banazol, "Zory", 1º jul. 2010 [Transcrito a partir de: http://canais.sol.pt/blogs/zory/ archive/2010/06/01/Hunting-Safaris.aspx].

obrigatórios em "noites de África", "pisteiros" *bushmen*, caçadores-cole-
tores versados no terreno, enfim, uma sobreposição de detalhes aparentemente desconexos, que nos contam uma história sub-reptícia; uma história
da proeminência da "técnica" e de como ideias tão díspares quanto as de
"arrojo", "refinamento" ou "sofisticação", dentre outras (noções ligadas a
qualidades abstratas das coisas e pessoas), serviram à utopia "tecnicista", à
ilusão do "progresso" como um atributo do empreendimento colonial.

Um livro realmente excepcional para quem se interessa por essa história
é *A Caça no Império Português* (1942), o compêndio de cinegética escrito
por Henrique Galvão e Freitas Cruz, com ilustrações de António Montes.
Embora não seja obra única na bibliografia portuguesa, é das mais conhecidas e bem-feitas sobre o assunto; sofre das limitações do quadro editorial
português e não chega mesmo ao nível das luxuosas e completíssimas edições inglesas, em que se destacam os livros da prestigiosa Rowland Ward,
mas é belo e interessantes nos seus dois volumes. O primeiro traz aspectos
gerais sobre a história da caça, um balanço da caça "à moda portuguesa"
(em que os autores defendem ser uma "originalidade" dos portugueses, e é
sempre essa a obsessão nacional – a da originalidade –, o "caráter amplo e
popular" de que a caça se revestiu), passa então a listar as espécies cinegéticas de Portugal e das Ilhas adjacentes e, finalmente, ao mais importante,
o exame da fauna das colônias, com alguma referência à Índia portuguesa e
uma longa descrição dos bichos de África. No segundo volume estão os códigos, as artimanhas, os procedimentos do esporte – e é aí que encontramos
o universo que está representado nas palavras de Irene Banazol, transcritas
anteriormente: o mundo particular dos praticantes do *Big Game* (a chamada *"caça grossa"*, que consistia na perseguição de grandes mamíferos, em
especial, os *Big Five* – elefantes, búfalos, leões, leopardos e rinocerontes),
essa espécie de quase-maçonaria. Como Henrique Galvão, principal autor
do texto, foi um homem particularmente ligado a Angola, boa parte do
material fotográfico que se encontra no livro é relativo a esse território: são
imagens do próprio autor e de seus amigos, fotos de caça às pacassas do
hinterland de Luanda, em figuram Antonio Brandão de Melo e sua esposa,
Eugénia, é Abel Pratas nas areias do Namibe ou nas cercanias do Cunene
ou o próprio Galvão, pelas bandas da Huíla e nos meandros do Moxico.
Nessas fotografias, o padrão é sempre o mesmo (aliás, é estilo característico
da fotografia colonial): uma carcaça de animal, ladeada pelo presumido

atirador – às vezes, pelo grupo de atiradores –, ocasionalmente com algum tipo de interação, encenada, entre os caçadores e o cadáver (quase sempre evidenciando a submissão deste) e frequentemente dando um tipo qualquer de destaque aos apetrechos de caça – armas e automóveis, sobretudo. Esse modelo é significativo por si mesmo, mas ainda o é mais, se comparado ao conjunto da obra.[41]

Ao longo das páginas de "*A Caça...*", ficamos conhecendo as diversas técnicas de caça e emboscada (a caça "em perseguição", "à espera", com auxílio de *mutalas/choças*, a caça "de batida" e a caça "com objetivo de apanhar animais vivos"), Lemos discussões sobre elementos da caça (ventos e rastros, orientação e abrigos, campos de tiro e "posse plena" etc.) e deparamos com milhares de excursos e gráficos sobre detalhes os mais variados: técnicas para extrair e conservar dentes ou peles, cabeças e armações, "troféus" de todo tipo (o objeto de desejo dos *sportmen* "verdadeiros"), os pontos vulneráveis dos diferentes animais, que deveriam ser buscados pelo atirador, as munições e armas mais recomendadas, os químicos mais modernos para o tratamento dos despojos, pegadas e rastros (ao que tudo indica, para que o caçador pudesse "fiscalizar" os "pisteiros"), orientações para a organização e administração do acampamento, orientações para a própria escolha de "pisteiros" e para a partilha de despojos, armadilhas, automóveis, artefatos, auxiliares...[42] Enfim, oscilando entre a tentativa de "esquartejar" a "Natureza" para investigá-la (à moda positivista, à moda Lineu) e as descrições entusiásticas dos modos de proceder ao abate de animais, que é o que a caça é, a rigor, como uma "ciência", assistimos a um monumental esforço de gramaticalização da prática. Uma vez que se trata de um livro de divulgação do esporte, mas também de um compêndio para adictos – e, portanto, de uma obra que flerta com a publicidade, com o modelo da famosa *Outdoor Life*,[43] mas que também veicula informação "especializada" – seu sentido se patenteia sem muitos subterfúgios e sem maiores melindres: é um elogio da "*Natureza*", em especial da "*natureza africana*", sim; mas é principalmente um manual da conversão dessa mesma natureza em objeto do mais-saber vindo da "cidade", do conhecimento "industrial", "técnico", "contemporâneo", (valorativamente) "eficaz". Eis aí um sentido

---

41   Ver Imagem 4.2.
42   *Cf.* Galvão; Cruz e Montes. *A caça no império português*. v.2. 1942.
43   Famosa revista de "Caça, Pesca & Campismo", publicada nos Estados Unidos desde 1898.

em que a caça decalca a própria ideologia colonial, naquilo que ela tem de exaltação retórica da importância do aproveitamento de "recursos inertes" (e não deve ser mera coincidência que à ideia de que pela valorização das espécies cinegéticas através duma prática exclusivista como a caça se promovia um impulso de "conservação" corresponda à ideia de que o "desenvolvimento" forçoso de África, sob impulso do colonialismo, com tudo o que implica quanto a fatores humanos, equivalha a uma tarefa "humanitária").

Pensemos, por exemplo, nas palavras com que o funcionário de aduana, convertido a caçador profissional, José da Costa, abre o diário de campo em que registrou as impressões de suas peripécias como caçador de elefantes em Angola: "*8 horas da manhã de 5 de Outubro. O mata-bicho ou pequeno almoço estava quase pronto. Refeição abundante, de garfo, como o exigia quem anda na perigosa e custosa vida de caçar elefantes. Vinho e cognac. Frutas viriam do Posto*".[44] É impossível desassociar um dado frugal, um cardápio, em que se percebe um nítido "refinamento", com relação aos padrões da colônia (afinal, quantas pessoas tinham, em Angola, frutas, vinho, *cognac*, refeição de garfo, logo ao mata-bicho?), e as circunstâncias que propiciam esse traço "distintivo". Com efeito, se há algo além dum registro banal, ordinário, na nota de Costa, é no máximo uma noção de "conforto", a sensação de "comodidade" e mesmo de "estabilidade" em relação ao meio e à empreitada adversa. Donde provém essa noção, entretanto, se não de um sentido de "superação"/"ultrapassagem" da hostilidade que se atribui ao meio, ligado, justamente, à provisão de dispositivos "técnicos". Como aquelas fotografias de carcaças de animais mortos ao lado de atiradores e armas revelam, dum modo geral, o que está em jogo na caça (e no próprio colonialismo) é a projeção de uma suposta superioridade da "razão", dos "utensílios", dos "procedimentos" e também da "conduta", da "postura", por que não dizer dos "usos e costumes" do *White Hunter* (ou simplesmente do colonial "branco"), com relação ao espaço africano na sua extensão. Há incontáveis exemplos de narrativas coloniais dedicadas à caça que se movem freneticamente entre descrições naturalistas, anotações banais e exortações dos aparatos e da técnica, pontuando todos esses aspectos duma massa de adjetivos idênticos, de que resulta uma mistura de várias fases: na

---

44 Costa, José da. "Episódios da vida de caçador (II)." *In: O mundo português.* Ano XIV, n.8, ago., 1947, p.167.

base, o "ambiente"; no topo, a "aparelhagem" (e há um quê de "futurista" – um certo tom Marinetti – nessa exaltação do *heroísmo*, da *aventura* e da *força*, conjugada à *beleza pungente da máquina*), como podemos ver nos exemplos a seguir:

O império das técnicas	
(i)	"Distribui-se o café. Em volta da fogueira todos os semblantes acusam uma alegria comunicativa e infantil. Há quem solicite sanduíches. Também há quem prefira cognac. Bebe-se cerveja. Ninguém dorme. Contam-se histórias e todos riem. O trajo de caça exige calção, bota grossa, chapéu derrubado – para os amadores. Para os da aficion, caçadores de verdade, de sangue na guelra, basta um simples fato de cáqui. E não lhes falta o sapato, a peúga vulgar. Costumam olhar de soslaio os outros, com um piscar de olhos significativo. "A madrugada está na derradeira hora – deu sinal de si. Dissipa-se uma ligeira neblina. Tudo se apronta para a Baía dos Elefantes. Ronca o primeiro carro, o segundo, o terceiro – e o quarto. E na máxima velocidade todos se metem de novo à areia. Transpõem-se quilómetros. Aclarou ligeiramente. O dia nasceu. De longe vislumbra-se algo que se desloca e ondula. Depois alastra, cresce aos olhos. É uma massa confusa, imprecisa, um corpo, dir-se-ia em movimentos desencontrados. O que será? É a springbok. Agora avista-se mais de perto. Desenha-se mais nitidamente o corpo. São dezenas, centenas de cabras de leque. Espavoridos ao ruído dos carros, os animais descrevem saltos de dois metros. Parecem ficar suspensos no ar, as patas distendidas, o corpo arqueado. Avançamos para o meio. Em frente, atrás, da esquerda, da direita, – o mar prolongando-se sempre, da bicharia aterrorizada. Nunca eu vi assim.Partem tiros, visando os machos. De pé atira-se aos mais corpulentos. Animais tombam, outros correm com os membros partidos a flectir no ar. Novos tiros. Novos animais que morrem, novos feridos – um rasto sangrento na areia. Começa a loucura."[45]
(ii)	"O farolim, como olho de fera, investiga nas trevas. Em breve largam a estrada. O carro começa a insinuar-se pelos desvios do capim raso que aclaram o matagal. A noite cerra o seu enigma para além das chapadas luzentes dos faróis; em torno do carro roncante percebem-se sussurros brandos da folhagem, em harmonia com as scintilações do sendal estrelado, a beleza da noite tropical cerca o monstro de ferro, emissário de guerra sem quartel."[46]
(iii)	"Somos ao todo uns vinte caçadores e nem uma palavra se aventura, todos dominados pela impressão estranha da ausência de vida, da escuridão, da planura rasa e negra sôbre que voamos. Nem o vulto duma planta, nem o vulto duma pedra! Marchamos por sobre uma superfície absolutamente plana, onde há a certeza de não encontrar senão areia compacta e firme, numa extensão de que não saberíamos dizer a profundidade. A vida deve ter morrido neste areal desolado e, não obstante irmos todos levados pelo desígnio de caçar, no nosso espírito forma-se a incredulidade de que seja possível encontrar um único ser da criação. Devoramos quilómetros. Uma pressa nervosa se apoderou dos chauffeurs. Dir-se ia que temos receio de perder um espectáculo de passageira duração."[47]

45   Gonzaga, Norberto. *África de sangue, do oiro e da morte*. 1942, p.232-233.
46   Archer, Maria. *Caleidoscópio africano*. Cadernos coloniais, n.49, 1939, p.5.
47   Dias, Gastão de Sousa. "Nos areais de Mossâmedes." *In: África portentosa*. 1926, [s./p.].

Essas imagens vigorosas de *olhos de férrea fera investigando nas trevas, ruídos de motor a atormentarem os animais espavoridos, máquinas que devoram quilómetros em busca dum espetáculo de passageira duração* dizem todas respeito à centralidade da técnica na estrutura de afetos associada ao *sport*, ao lugar da caça como "lazer", como ferramenta de socialização particularmente cara ao tipo de interação pensada como adequada, propícia, para a minoria colonial "branca". A *aventura*, para o caçador colonial, é basicamente uma concepção em que o contraste entre o *mundo natural* – um mundo de formas "lentas" e percebidas como "arcaicas" – e o *mundo civilizado* – um mundo industrial, prenhe de "velocidade", de "dinâmica" – parece suspenso, em nome de uma figuração em que, por indissociáveis (ou antes, integrados, como nos exemplos anteriores), esses universos geram a ilusão de uma situação-limite: cheia de riscos, de lances pitorescos, de emoções "exóticas". Para a maioria dos aficionados, embora essa ideia esteja profundamente ligada ao fenômeno colonial, na sua extensão, ela não é mais do que algo fugaz, um efeito preso ao "instante", ao momento do jogo. E, no entanto, se é a técnica que fornece os meios para que o *Big Game* se imponha no terreno das colônias, é também ela que franqueia outros campos aos caçadores. Para além do que ela suscita ao "popularizar" a prática (por mais exclusivista que fosse, ela chegou a granjear um bom número de associados), a moderna ciência venatória também transformou o exercício da caça como atividade regular, como "campo" profissional, como trato econômico. Sobretudo nas décadas de 1930, 1940, antes do surgimento daquela indústria turística vinculada à caça (que pressupunha maior especialização e maiores exigências por parte da clientela), a organização de empreitadas, fossem expedições aos moldes das antigas, do século XIX, fossem batidas rápidas ao *sertão*, se abriu como alternativa de exploração, com mais atrativos para uma classe média ávida por participar de hábitos *aventurosos* e possibilidades de *ganho imediato*, a exemplo dos setores mais altos da colônia. É interessante notar como esse *métier* de códigos tão elitistas se tornou seara de *freelancers* durante esse período. Essa é uma realidade que denota, por exemplo, a vitalidade de redes de ajuda mútua, de associação para a empresa econômica, de cooperação entre os *coloniais*, que problematiza a ideia da vulnerabilidade do *"branco sem qualificações"* (porque, a rigor, como diversos estudos sobre a economia colonial em Angola demonstram, esse padrão tendia a se reproduzir nas mais variadas atividades).[48] Nas suas minúcias, ela revela também o quanto, contra toda propaganda do *viver habitual português*, havia uma forte tendência a compreender a situação colonial como mais recompensadora das artes dum certo *risco*, do *empreendimento*, do que da faina contínua, como mais propícia para a *exceção* do que para a *ordem*, como mais afeita ao *evento* do que à *rotina* (e essa é uma fonte de tensão, um objeto de queixa permanente dos *colonos* efetivos, pequenos proprietários de terras, homens da *fixação*). No relato da montagem de uma expedição de caça, feito pelo mesmo José da Costa anteriormente citado, encontramos quase todos esses elementos:

> Encontrava-me, em 1928, em Santo Antonio do Zaire, colocado na Reparti-ção de Fazenda, como aspirante, quando um dia vim a saber que estava atrapa-lhado com um processo às costas, por ter morto um elefante sem estar munido da respectiva licença, o meu velho amigo e conhecido do Ambriz, Raul de Oliveira, por alCunha *O Limatão*, grande e afamado caçador de pacassas. Vivia no Sumba, em casa de um amigo, aguardando a decisão do processo, seriamente ralado por lhe terem apreendido as armas, pois a sua única profissão era a caça. Telefonei-lhe e prometi interceder por ele junto do Governador, coronel Ivo Ferreira. Assim fiz e consegui que somente lhe fosse aplicada uma multa de 100$00, com a restituição das armas apreendidas e permissão para poder con-tinuar a caçar. É claro que esta amizade e protecção me entrou nas algibeiras, porque tive de pagar eu a multa, arcar com as despesas da compra de uma *Mau-ser* 9,3x62 e os respectivos cartuchos, e ainda com as da licença autorizando-o a abater dois elefantes. [...] Já andava, nessa altura, com a ideia de me dedicar à caça dos elefantes, sem ainda ter resolvido bem o caminho a seguir. E combinei com o *Limatão* que fosse ele primeiro para o Tomboco conhecer da região e da abundância daqueles paquidermes e que depois me prevenisse. Assim fez. dias depois, uma chamada telefônica do Ambrizete, prevenia-me de que o *Lima-tão* tinha abatido um elefante, comunicando-me logo a seguir que viria nesse mesmo dia para Sazaire, a encontrar-se comigo. Trazia com ele as duas pontas de marfim que pesavam dezanove quilos cada uma, dando-me boas informa-ções sobre a abundância de animais na região do Tomboco. Resolvo abandonar o Estado; e, no dia seguinte, pedia a exoneração. Era uma vida que atraía o meu espírito, fadado para a aventura. A minha mocidade exigia mais qualquer coisa

---

48   Guerra, 1988, p.51-58. Ver ainda: Dilowa, 2000; Clarence-Smith, 1985, p.1-13.

do que o monótono serviço de uma repartição. Com crédito aberto na casa comercial de um tal GonçAlves, que nesse tempo explorava o *Hotel de Santo António*, comprei outra arma *Mauser* do mesmo calibre da que tinha comprado para o *Limatão*, e ainda outra do mesmo sistema, mas de calibre 9 mm, para um amigo que estava desempregado e que se nos juntou à última hora, Vivaldo de Almeida e Sousa. Assim, três companheiros passariam uma vida mais animada no mato.[49]

Grandes empreitadas de caça tiveram um papel relevante no processo de "abertura" da África à exploração colonial. Na última década do século XIX, por exemplo, estima-se que só no grande mercado de marfim da Antuérpia teriam sido comercializadas as presas de algo como 185.000 elefantes; desde 1880, dados aproximados sugerem que em territórios como Tanganica, atual Tanzânia, Uganda e Quênia teriam sido abatidos cerca de 70.000 elefantes ao ano, até que, no começo do século XX, a defasagem populacional da fauna africana começou a ser perceptível e as primeiras sociedades de conservação conseguiram, pela primeira vez, instar as autoridades à regulamentação das atividades de caça.[50] Essa frenética *guerra da fera humana contra a Outra fera* não só livrou da fauna bravia terras cobiçadas pela imigração "branca" (sobretudo, as chamadas *highlands*, de clima mais temperado), mas também contribuiu para a ampliação das redes europeias nos interiores africanos, dado o seu próprio movimento de avanço sobre o terreno. Foi quase nesse mesmo molde que, depois da Primeira Guerra Mundial, a afeição pela cinegética participou de uma nova onda de "abertura" do continente africano. Por paradoxal que pareça (sobretudo, porque temos um certo vício em sobrevalorizar o "exotismo" desse período), poucos foram os momentos em que, tal como a seguir à década de 1920, a "ideia de África" na Europa e na América esteve calcada em algum grau de informação e não simplesmente em estereótipos; trinta ou quarenta anos de colonização e presença efetiva permitiram uma mínima reprodução de estruturas de organização do cotidiano e fizeram que, de modo inédito, a África pudesse ser anunciada como um destino *"fun to travel"*. Não foram poucos os *espíritos aventureiros* da Europa que então decidiram arriscar uma

---

49   Costa, José da. "Episódios da vida de caçador (II)." *In: O mundo português.* Ano XIV, n.8, ago., 1947, p.159-160.
50   L'Ânge, 2005, p.190-191.

empreitada de caça em terras austrais; e a eles se juntaram muitos *coloniais* que, pelas razões mais variadas, se dispunham a dar concretude ao *"sonho"* ou a encontrar um modo de aprofundar a sua experiência de uma *"África real"*. Algumas das mais interessantes narrativas coloniais ligadas ao assunto dizem respeito justamente a essa ideia da caça como uma arena indispensável, definidora, da vivência dos *africanistas*: é o caso de *Aventuras de caça* (1935), de António de Aguillar, longo registro duma única expedição, ou de "Sangue na planura", episódio de *Na pista do marfim e da morte* (1944), de Ferreira da Costa, que retém o cotidiano de um pelotão de caçadores do distrito do Congo. Evidentemente, as formas de organização da caça, por essa altura, já não tinham os traços épicos de outrora, como aqui já referimos. O que não significa que, a depender da *fantasia* ou da *disposição da bolsa* de quem a empreendesse, não tivesse uma armação considerável. O próprio António de Aguillar, um nobre português, à altura instalado como fazendeiro na região do Amboim, ao começar a descrever seus dias de caçador, por ocasião da empresa em que se associa ao sr. Agostinho "Catucinho", registra a seguinte impressão: *"A coluna estendia-se por mais de mil e quinhentos metros de percurso, marchando os primeiros carregadores sempre a cantar, seguidos de mulherio de quindas à cabeça, para além da povoação. Parecia a migração dum povo..."*.[51] Por conta dessa complexidade – e do vulto que podia assumir em alguns casos –, a organização e a gestão da caça (mais do que suas formas e códigos) são aspectos que nos permitem enxergá-la não apenas como uma metáfora, como uma fonte de analogias, com relação à sociedade colonial, mas também como um verdadeiro microcosmo desta. Essa será uma perspectiva instigante, sobretudo, em relação a duas questões. Primeiro, refletindo características peculiares da sociabilidade colonial; e, em seguida, normalizando hierarquias em vigência naquele universo social.

Quando Lemos narrativas coloniais sobre a caça ou quando observamos uma sucessão de fotografias de caçadores, percebemos muito rapidamente que, enquanto tipo de interação social eletiva, baseada na colaboração para uma finalidade determinada, a caçada parece tender ao reforço das relações preexistentes intra e intergrupos sociais. Extrapolando ou exagerando os vínculos ou mesmo as formas de autorreconhecimento, ela age profunda-

---

51   Aguilas, António de. *Aventuras de caça*. 1935, p.35.

mente sobre o que já se chamou de "a constituição social e moral de *rela-tedness* (o estado de estar relacionado)";[52] num certo sentido, ela disciplina as múltiplas combinações interacionais entre os sujeitos, que constituem o que tomamos por "sociabilidade".[53] A organização da caçada, mesmo quando decorria a umas poucas dezenas de quilômetros do quintal de casa (o que ainda era relativamente possível até meados da década de 1950 em Angola), supunha algum grau de engenharia, de preparo e preliminares. Funcionava, portanto, como um prolongamento desse estado momentâneo da vida social (o evento em si), demandando a extensão do "bem-estar" ou da "afinidade", de sorte que a empreitada de caça foi frequentemente apresentada como "reunião de *iguais*". Isso implica dizer que, para além dos aspectos evidentes, como a secção das formas da caça e dos grupos de caçadores por classes, já referida, uma variedade de outras modalidades de distinção eram reiteradas pelos códigos do jogo. Numa coleção de fotos de caça, que retrata a prática durante as décadas de 1930 a 1950, no extremo Sul de Angola,[54] achamos vários indícios da importância da *família* (com toda sorte de segmentos internos – classes de idade e distribuição por gênero, parentes diretos, colaterais e afins etc.) ou dos grupos de *amigos*, destes núcleos baseados na duração e/ou na profundidade perceptível do ciclo de relacionamento; ambos agregados que parecem confirmar a ideia da "situação-caça" como instância de reforço de laços. A estas imagens, poderíamos contrapor os mais variados flagrantes, de caçadores profissionais ou de caçadores sazonais abastados, e pela viva distinção, mais do que do capital econômico, teríamos um bom panorama dos diferentes acúmulos de capital social;[55] e, ao mesmo tempo, a simetria entre os personagens de cada uma das séries é suficiente para que, distendendo ao máximo o fenômeno, se pudesse também dizer que a caça é das situações em que minoria colonial "branca" é mais "branca" e, logo, mais exclusivista, mais autocentrada. Do geral ao específico, podemos concluir a exposição do problema evocando o exemplo da série de fotos dos irmãos Abreu, caçadores de Mossâmedes (como aquela que abre este capítulo):[56] um dos seus aspectos mais notáveis

---

52 McCallum, 1998, p.1. [*Cf.* Strathern, 1990, p.357-358].
53 Ver Simmel [1917], 2006, p.59-72.
54 Ver Imagens 4.4, 4.5 e 4.6.
55 No sentido de Bourdieu , 2007, e Bourdieu e Passeron, 1964.
56 Ver Imagem 4.5.

está na postura, na face e nas roupas dos *amigos* ali retratados, na sua disciplina física, na sua *hexis* corporal muito própria. São imagens de descontração, de "licença entre comuns"; os irmãos Abreu e seus companheiros se vestem, sorriem (com encenada ironia), têm expressões "más", à moda *gângster*, perfeitamente em consonância com o padrão masculino/*middle--class*/1930 (e, ao lado da *Brokway* do "Mata-Porcos", eles parecem mesmo saídos dum filme sobre Al Capone). Basta pensarmos nos trajes familiares ao comum dos caçadores coloniais (botas, fato cáqui, chapéu de abas) e constatamos que cada mínimo elemento aparentemente externo do grupo dos Abreu os torna quase um universo em si mesmo – e um universo que se exprime por um *estilo* (no sentido linguístico, duma realização particular das possibilidades oferecidas pelo código social). Como notaram Elias e Dunning, a propósito do lazer, a caça também parece agir, nesse caso, como mecanismo de galvanização dum sentido de "bando", o que é aspecto importante das estratégias de coesão social (e, portanto, um ponto nevrálgico de experiências sociais análogas ao colonialismo).[57]

Há, no entanto, uma forma sociabilidade, bastante frequente nas narrativas coloniais sobre a caça, que merece uma nota à parte. Trata-se daquela que envolve *parcerias entre homens*. As circunstâncias em que as caçadas decorriam e a centralidade dos sentidos de grupo, de agregado, como ficou dito anteriormente, já constituíam elementos bastantes para que a caça, ou antes, os discursos sobre a caça envolvessem todo um repertório de afetos como *amizade, lealdade, companheirismo, cumplicidade, camaradagem, honra* etc., a tal ponto que alguém como Henrique Galvão chegava a considerar a escolha de companheiros para a formação de acampamentos como sendo uma parte da própria técnica [ver fragmento de texto *viii*, adiante]. Ao mesmo tempo, a caça alberga tantos e tão nítidos sinais de *força, virilidade, enfrentamento entre brutos, ação muscular* etc., todas categorias associadas a uma dada experiência de construção social da *masculinidade*, que é possível enxergá-la como sendo, eminentemente, um *negócio de homens, entre homens* (e embora se registrasse uma cota de mulheres caçadoras no período colonial, há uma inegável tendência a apresentá-las como caso excêntrico e, como veremos adiante, potencialmente perigoso). Da correlação entre estes

---

57   Elias e Dunnig, 1992, p.372.

aspectos, resulta ser frequente, nas narrativas de caça, uma exacerbação dos aspectos afetivos que envolvem *parelhas* de caçadores.

Há uma versão dessa ligação profunda em que o máximo a que se pode chegar é à constatação de que a *comensalidade prolongada* das estações de caça, dos dias passados em comum, no *mato*, bem como a *identificação afetiva* que emerge da partilha da *excitação* e do *risco*, tudo isso flagrantemente conotado com imagens de *autocentramento* e de *rigor masculino*, impelem ao estreitamento de vínculos sentimentais ainda verbalizados nos termos da *amizade*, da *lealdade* entre *iguais*. É o que aparece, por exemplo, no arroubo de sentimentalismo *expansivo* (que, a princípio, é não propriamente *masculino*) com que António de Aguillar evoca a lembrança do seu *parceiro* de caça, "Catucinho". Ou o que se destaca da descrição que Norberto Gonzaga faz do final de uma estação de caça, com os dois *parceiros* a se separar e a seguir caminho ao lado da sua *dumba* – o que, como vimos, é uma não relação, um pastiche; aqui, por oposição à relação verdadeira e/ou legítima entre os caçadores [ver, respectivamente, fragmentos *vi* e *vii*, adiante].

Entretanto, o que mais impressiona o olhar distanciado dos leitores atuais é o quanto essas narrativas também investem numa versão densa desse tipo de relação. É muito difícil não ter em conta toda a ritualização da secreção e do sangue, toda a malha de imagens do choque entre os homens e animais, igualmente másculos, a própria simbologia fálica das armas, aspectos que estão evidentes nos retratos da caça colonial, e não associá-los a uma dimensão em que a caçada sublima tensões sexuais – e nem seria apropriado desprezar essa associação, dado que ela é admitida várias vezes nos relatos de caçadores do período colonial, como evidencia o fragmento das memórias de Ferreira da Costa, transcrito adiante [*iv*]. Esse é um fato tanto mais perturbador quanto mais se tenha em vista a sua coincidência com aquela forma de *misoginia colonial* de que falávamos noutro ponto deste trabalho. Não é incomum encontrar nas narrativas de caçadores uma concepção sobre as mulheres que tende a tomá-las como sujeitos "*complicados*", "*suspeitos*" ou mesmo "*incômodos*": as mulheres "*atrapalham*", diriam alguns afamados *White Hunters*. Um exemplo muito contundente é o do conselho que Raul de Oliveira teria dado a Ferreira da Costa, em fins dos anos 1920, no distrito do Congo: "*Se puderes dizer sempre o mesmo* [não ter gostado de nenhuma mulher, ele afirma], *serás feliz...* [Afinal,] *as mulheres são muito piores do que nós. Pelo menos, a maioria delas... Algumas nem um tiro merecem!"*[58] Se o conselho é, por si mesmo, profundamente significativo, ele ainda o é mais, se o relacionamos a todo o processo de *promessa, decepção* e *culpa,* envolvendo a relação do "Limatão" e de Ferreira da Costa, em que este autor se consumia no final de sua vida [ver exemplo *v,* adiante]. Longe de querermos suscitar uma polêmica, digamos apenas que indícios bastantes de que a lógica do *"camping it up/acting it out", isolar-se* para trabalhar no espaço *aberto, fechar-se* para então se *revelar,*[59] permitem supor que alguma forma de *afetividade entre homens* seja um elemento constituinte da dinâmica da caça colonial. Para não ir além da prudência, deixemos falar os exemplos:

"Coisas de homens..."	
(iv)	"Assim viviam os rapazes brancos, em Sazaire, invejando os funcionários casados, mirando-lhes as mulheres, de soslaio e segredando comentários de mau humor. [...] Um pequeno grupo escolhera caminho diferente: longas digressões pelo mato, carabinas ao lado – um imenso desejo de movimento e de aventuras a levantar os ânimos atrofiados pelo ambiente. [...] Encontrara um mundo cheio de emoções e rico de atractivos e de encantos, para o meu temperamento."[60]
(v)	"[...] fui cobarde. Não cumpri [a promessa, feita a Raul, de regressar a Angola e reencontrar-se com ele]. Não voltei. E hoje, catorze anos volvidos, sinto chegar o justo castigo da imperdoável falta: esta saudade sem remédio, feita de nostalgia, de desgosto e de remorso."[61]
(vi)	"Muitos anos são volvidos. A minha mão trémula mal encontra forças para escrever, tamanha é a dor que me punge ao relembrar a morte do leal companheiro de tantas misérias partilhadas na saudosa Angola! E os olhos, martirizados por tanta agrura da vida, ainda têm lágrimas para verter..."[62]
(vii)	"E depois separam-se [os caçadores]. Carabinas para um lado e capacetes de cáqui, botas de cano alto e malas e pontas de marfim – para o outro. Um shake-hands leal, amigo e cada um segue com a sua dumba, a preta fiel, a cumprir o seu destino."[63]
(viii)	"Se o campismo, na Metrópole, constitui puro prazer de caçadores e não caçadores, nas Colónias é necessidade imperiosa de quem quer que deseje realizar caçadas completas em regiões distantes dos povoados – tanto mais que só nestas se realizam caçadas completas às grandes espécies. [...] Os acampamentos são estações centrais de caça – e, como nem todos os dias se caça, quer porque convém repousar de certas fadigas penosas a que a caça nas colónias obriga, quer porque nem todos os dias são propícios, convém pensar um pouco na forma de tornar a vida de acampamento

58   Costa, Ferreira da. *Pedra do feitiço.* 1945, p.467.
59   Hartmann. *In*: Hartmann, Silvester e Hayes, 1998, p.156-163.
60   Costa, Ferreira da. *Na pista do marfim e da morte.* 1944, p.212-214; 222.
61   Costa, Ferreira da. *Pedra do Feitiço.* 1945, p.485.
62   Aguilar, António de. *Aventuras de caça.* 1935, p.220.
63   Gonzaga, Norberto. *África de sangue, do oiro e da morte.* 1942, p.53.

agradável e não deixar cair no repouso os prazeres que se gozam na acção. Evidentemente, a questão depende mais das pessoas do que das coisas. Com companheiros agradáveis, alegres, bons camaradas, de génio fácil, o problema está mais ou menos resolvido – e, como tal, pouco haveria que recomendar além da escolha dos bons companheiros... Se estes são indispensáveis em todos os prazeres da vida para os quais os homens se associam, mais indispensáveis são ainda na caça, que desperta e incita facilmente as vaidades fáceis, os orgulhos baratos e as impaciências prontas."[64]

Como é da potencialização de clivagens sociais que vimos falando, seria importante salientar ainda o quanto a caça concentra e normaliza imagens relativas àquela que é a mais aguda polarização do universo colonial: a que se revela em termos raciais. Norberto Gonzaga, que, como repórter, participou de umas quantas empreitadas de caça, oferece uma interessante pista do modo com que narrativas cinegéticas, associadas a um repertório de concepções de polidez, refinamento, porque não dizer, de "técnicas", reiteram discursos em que sobressai a necessidade de afirmação, por parte da minoria colonial, e a delimitação de hierarquias:

> Mas, com essa paisagem por cenário, na África não há *gentlman* que não saiba conduzir um carro, atirar a um antílope, que não se barbeie todos os dias e faça com elegância a risca do seu cabelo. Uma vivenda e outra, por vezes, surge na mata inhóspita. Simplesmente se carece do preto para nos indicar onde estão os antílopes, servir à mesa e dar-nos o jantar.[65]

Por si mesma, a "caça colonial" já é uma atividade simbólica de hierarquias raciais; ela se realiza delimitando um campo nitidamente marginal para a *expertisse* dos caçadores africanos e em oposição ao caráter, teoricamente, de mera subsistência com que os *nativos* caçariam. Contudo, como sempre demandava algum nível de cooperação de auxiliares locais, é extremamente comum que as narrativas sobre a prática registrem marcas enfáticas da superioridade da minoria "branca". Elas estão presentes desde os discursos sobre os códigos até as performances. Um exemplo muito interessante está numa fotografia que retrata um grupo de amigos caçadores de Mossâmedes, nos anos 1950, a caminho dum pedaço do distrito,

---

64   Galvão, Henrique; Cruz, Freitas & Montes, Antonio. *A Caça no Império Português*. v.2. 1942, p.617-618.
65   Gonzaga, Norberto. *África de sangue, do oiro e da morte*. 1942, p.59.

então conhecido como Serra da Neve.[66] O retrato nos mostra os caçadores alinhados, de carabinas apontadas para o espaço "vazio" (e nenhum deles olha diretamente a câmera), à frente duma família *Kuvale*, uma "segunda linha", uma retaguarda entre o bloco dos caçadores e o terreno. É claro que a fotografia parece concebida como um tipo de "brincadeira exótica", como uma recordação de uma "África profunda". Mas o fato é que essa "formação", a sua ordem, a atenção concentrada dos *nativos* que "posam" para a foto (em contraste com a "aparente" dispersão dos caçadores, que cuidam do entorno e não se "espantam" com o dispositivo) são coisas por demais eloquentes. Aliás, as fotografias de caça, nesse particular, apenas reproduzem o que é o padrão da representação visual dos criados e/ou dos auxiliares nativos: sempre em posição menor, secundária, marginal; sempre atrás, ao lado, a uns tantos passos. Enfim, nos exemplos que citamos adiante, temos algumas das formas rotineiras de reafirmar essa lógica de excisão entre superiores e subalternos, no que toca às narrativas de caça. Eles nos falam da contraposição entre a "razão", o sentido de "aperfeiçoamento" das práticas dos caçadores brancos, e a "imprevidência", a "rudeza" dos caçadores nativos; descrevem o excesso de zelo que se deveria guardar diante dos "auxiliares negros", a obsessão em não tergiversar perante eles; e até mesmo quando reconhecessem qualquer capacidade ou proficiência específica dos locais (como era o caso da propalada habilidade atribuída aos "pisteiros" *bushmen*, por exemplo, *Khoisan*, caçadores contumazes), fazem questão de reafirmar os vícios dos *nativos* e a importância do exercício do controle sobre os mesmos:

Hierarquias & Autoafirmação
(ix)	"Todavia, embora abandonássemos as grandes batidas, nem por isso a carne e os couros deixaram de se amontoar no acampamento porque diariamente os caçadores iam cumprindo. Os carros começaram a derivar as nossas presas para a via férrea e aquela vida transitória que trouxéramos ao mato dava-lhe um aspecto agradável. De resto, nós próprios é que nos acostumávamos ao meio, e a rudeza daquele sertão desaparecia ao passo que o íamos conhecendo melhor."[67]
(x)	"Senti-me envergonhado e confundido. Pareceu-me que ver logo nos olhos dos negros uma expressão de desdém e senti-me corar. À tarde fui para um logar oculto fazer exercícios de tiro e ganhar confiança na minha pontaria. Eu que era em Portugal

---

66   Ver Imagem 4.8.
67   Aguilar, António de. *Aventuras de caça*. 1935, p.119.

um regular caçador de perdizes, com certa fama entre devotos de Santo Humberto, fiquei desolado. Mas quando acampamos, no fim da tarde, já tinha derrubado um lindo bâmbi com um tiro na espádua e sentia-me com alma para acometer o leão."[68]

(xi)   "O caçador colonial deve ter os seus pisteiros habituais e, idealmente, formá-los ele próprio para que, entre ambas as partes, se estabeleça perfeita identidade de compreensão e acção. Nem todos o podem fazer, é claro. Neste caso escolher-se-ão, entre indígenas, caçadores. Em todos os povos habitantes de regiões de caça há indivíduos especialistas. São estes que se devem escolher – e não quaisquer. Se qualquer preto se adapta facilmente à função de pisteiro, a verdade é que só os pretos caçadores dão bons pisteiros de aplicação imediata. Como dissemos [...] o trabalho dos pisteiros – por melhor que seja – deve ser frequentemente fiscalizado pelo caçador. Mesmo os melhores se enganam – e quando não se enganam, pretendem às vezes iludir o caçador. Os bochimanes, como já o dissemos também, são de longe os melhores pisteiros de caça das colónias. Infelizmente, só se encontram em escassas regiões do sul de Angola."[69]

Por fim, antes de encerrar essas notas acerca do "jogo venal", é preciso não deixar de comentar o quanto ele também envolve de *má consciência*. Há todo um esforço retórico por fazer a empresa colonial se confundir com uma noção de *progresso, controle, razão*, toda uma tentativa de valorizar a duplicação do *habitus* europeu no terreno de África, toda uma estratégia de supressão da *alteridade* do espaço colonial na forma inventada do *Império*, em relação aos quais a caça parece uma atividade profundamente contradi-tória. Sobretudo, o *Big Game* (a *caça grossa*) envolve altas doses de violência incontida, excedente, não disciplinada, não burocrática, o morticínio de grandes mamíferos, não raro, em larga escala, de sorte que, por mais persu-asivos que fossem os elementos que identificam a prática ao refinamento, ao gosto de "estirpe" das elites coloniais, era impossível declinar da sensa-ção de que ela envolvesse algo de *"bárbaro"*, e, portanto, de inadequado, impróprio para os *"brancos"*. Some-se a isso a natural *simpatia* pela fauna, como aspecto intrínseco aos códigos de caça (um tema recorrente nas repre-sentações: *o animal enquanto um adversário que se equipara em dignidade ao bravo caçador*), bem como a necessária *adaptação ao meio*, com a interpene-tração à *vida local*, com a aquisição de *modos e artes de fazer*, que a própria moralidade colonial se obstinava em classificar como *primitivos, inferiores*, e estão dadas as condições para que, vez por outra, surgisse a intuição de que,

---

68   Galvão, Henrique. *O Velo de Oiro*. 1933, p.63-64.
69   Galvão, Henrique; Cruz, Freitas & Montes, Antonio. *A Caça no Império Português*. v.2. 1942, p.541.

talvez, tudo aquilo fosse *errado*, de que, talvez, em torno da *aventura*, rondasse o *horror*, de que, talvez, a caça fosse algo no limite da *civilidade*, logo, potencialmente *marginal*. Para dar concretude a esta impressão, tomemos apenas mais dois exemplos:

Má Consciência	
(xii)	"Descobri na minha boca um gosto adocicado – o repugnante paladar que, hoje, me causa náuseas. Mas nesses segundos supremos, nessa emergência em que 'alguém' diferente
	do que eu sou travava um primitivo combate de brutos, o gosto enjoativo encheu-me de furor selvagem. Gritei de exaltação. Era sangue! Sangue! E cravei a faca, duas, muitas vezes, não sei quantas, a bramir de alegria e de terror."[70]
(xiii)	"É que os caçadores escalonados ao comprido da picada, ouvido colado ao solo, haviam sentido a aproximação dos elefantes e avisavam continuamente do seu avanço. Com o braço estendido na direção do sol, Bruaia apontava-me copas de árvores em movimento no meio da quietação da mata infinda e mostrava-me a dentuça alva mirando com a arma um elefante imaginário, rindo de satisfação!... O meu olhar seguiu a indicação e logo aos meus ouvidos chegaram ruídos estranhos à mistura com o estralejar de árvores, como numa derruba. Parecia que uma tempestade se aproximava. [...] Um tiro, depois outro e outro, a espaços e disparados a medo, a seguir, fogo de salva e, repentinamente, surgiram os elefantes correndo à desfilada, trombas ao ar, furiosos, lançando bramidos e urros, um biri-biri ensurdecedor e temeroso. Açodados pelos batedores, espavoridos com o tiroteio armado que os mordia pelas costas, os animais avançavam como bólidos em direção aos penedos onde estávamos, para ganharem a outra margem do desfiladeiro e porem-se a salvo. [...] Amontoavam-se, acavalavam-se, feriam-se com as enormes patas, os da frente querendo retroceder, os da retaguarda procurando romper por entre mortos e feridos. Jamais os meus olhos haviam contemplado um espetáculo tam horrível."[71]

Uma vez que até aqui temos tentado relacionar as características internas da caça, enquanto fato, a uma sociologia da colonização, enquanto processo, gostaríamos de encerrar esse tópico com um pequeno trecho de uma crônica de Maria Archer, cuja viva descrição da assimetria do confronto entre o caçador e a presa pode funcionar como uma instigante metáfora. Para além de ter sido o que se poderia chamar de uma "mulher de vanguarda" (o que de algum modo justifica que a sua abordagem da caça seja quase sempre parcial, um tanto quanto preservacionista *avant-la-lettre*), Archer é das poucas autoras coloniais que escreveram sobre Angola que, sem ter manifesto jamais uma clara ruptura com o colonialismo, pronunciava-se

---

70   Costa, Ferreira da. *Na pista do marfim e da morte*. 1944, p.292.
71   Aguilar, António de. *Aventuras de caça*. 1935, p.111-113.

quase sempre de modo liberal, com uma particular tendência à crítica e à expressão da *má consciência*. E é assim que nos sugere que

> na doidice que é sempre a perseguição dum animal fugitivo o caçador esquece os riscos, desvairado pelo prazer de matar. [...] Então o despeito do homem faz-lhe enviar a bala, o pequeno e infernal engenho que facilmente abate ânimo e corpo resistentes. O vigoroso abutre não tem garras para se opor ao inimigo. Tomba aniquilado, morre para gáudio do homem, o único sádico da terra. Mas nem tudo são prazeres nesses festins de vida e de morte. Há scenas trágicas. Há scenas de maçada. Há a colhida sangrenta... [...] Às vezes, um clarão de remorso passa na alma do caçador, julgo eu que passa, mas sem ter certeza. Penso que quem vive este episódio nunca mais pode caçar.[72]

Ao folhear, ver e ouvir incontáveis registros sobre a vida dos *coloniais* em Angola, nas últimas décadas da presença portuguesa, temos também a impressão de que, diante do horror, de *"cenas trágicas"* e *"cenas de maçada"*, em meio a *"colhidas sangrentas"*, talvez tenha ocorrido a muitos um clarão, não propriamente de remorso, mas, quiçá, de inviabilidade. E também nós não sabemos ao certo, mas julgamos que sim. Como disse Archer, no entanto, quando a faísca desse pensamento incandesce na cabeça de alguém, já não é possível continuar... Talvez isso explique muita coisa...

4.2 Mulheres, casas e papéis

Da *caça* à *casa*, passamos do domínio da *expansividade* ao terreno do *recato*, do cenário da *expressão pública* e *plástica* do *desejo colonial* ao lugar da *reprodução particular* e *restrita ao essencial* da sua *moralidade*, do explicitamente *excêntrico* e *excepcional* ao ambiciosamente *comezinho*, de uma prática cujo significado pleno se realiza no *mundo sem peias*, na *aventura* (para além da *fronteira*), no espaço *transnacional*, ao âmbito do eminentemente *nacional,* ou antes, do comum, do localizado, do circunscrito à margem estreita da *comunidade*. Transpondo o nosso olhar para essas polaridades, a princípio, opostas, mantemo-nos, todavia, na zona de influência dum mesmo fenômeno: a *distinção social,* a palavra-chave a reunir esses

---

72   Archer, Maria. *Caleidoscópio africano*. Cadernos coloniais, n.49, 1939, p.13.

dois domínios (e embora a caça seja talvez mais exemplar dos extremos da coisa, porque mais vincada ao capital econômico, ela não chega a ser tão claramente significativa dos *juízos* e da *construção social da distinção* quanto a casa). Essa face simbólica da casa e dos seus artefatos a que nos referimos – aquela que os toma como uma espécie de linguagem, de código específico da expressão de posição/de *status* dos indivíduos, a partir de adesões a modelos de "consumo conspícuo", como dizia Veblen[73] – foi das que mais se deram à reflexão sociológica e historiográfica sobre o *ambiente doméstico*/a própria condição de *domesticidade*. Por exaustivo, não cabe recuperar detalhadamente os termos desse debate; bastaria lembrar, para os nossos objetivos, que o velho Durkheim, falando especificamente da arquitetura, já concebia a "construção" (um dos vários aspectos associados a essa noção de *casa*) como arena que manifesta *"le plus clairement, dans des applications publiques ou privées, la structure des collectivités plus ou moins étendues qui molent à leur image ses créations"*.[74] A rigor, em movimento pendular, ao tratar de "casas", acabamos por alternar constantemente entre *trajetórias individuais* e *construções de grupo*; é este também o caso.

Em meados da década de 1950, o cancioneiro popular português fixava o lugar da "casa" no imaginário afetivo nacional: *"Numa casa portuguesa fica bem/ pão e vinho sobre a mesa/e se à porta humildemente bate alguém/ senta-se à mesa co'a gente/ [...] A alegria da pobreza/está nesta grande riqueza /de dar e ficar contente"*, cantava Amália Rodrigues,[75] em melodia que percorreu o mundo, numa altura em que o Estado Novo ainda realizava concursos da *"mais portuguesa das aldeias"* e em que, retórica e politicamente, seguia a sua cruzada em torno da imagem do *Portugal dos pequeninos*, do país de humildes, a *viver habitualmente*; não por motivos a que fosse estranho o reconhecimento da importância da casa enquanto território fundamental do *habitus*, dimensão em que a vida está particularmente disposta a ser descrita em termos *tradicionais*, e, logo, parcela do universo social, teoricamente, mais fácil de ser identificada com *razões conservadoras*. Com efeito, a *"casa portuguesa"* pode ser considerada um motivo básico dos discursos de *legitimidade* da presença colonial, seja em relação aos aspectos da

---

73 Veblen, 1987.
74 Durkheim. "L'habitation byzantine." In: *Anées Sociologique*. Tome IV. 1900-1902, p.557.
75 *Uma casa portuguesa* (Comp.: Reinaldo Ferreira). Int. Amália Rodrigues. *Single* 78RPM, 1953.

vida privada, seja em face dum *senso de coletividade*. Ela é tanto mais central num espaço como Angola, onde a ideia do vínculo indissociável à metrópole, da possibilidade de fazer emergir uma nova Nação de matriz lusitana, de criar um "segundo Brasil", foi um elemento muito forte da ideologia colonial (e, até certo ponto, baseado no relativo grau de homogeneidade daquela comunidade). Para seguir em frente, consideremos as palavras de Gastão de Sousa Dias, um dos escritores coloniais mais conservadores das *tradições* portuguesas transplantadas para essa Angola colonial. Ele nos oferece algumas reflexões sobre a importância da *casa* (do lugar físico, da construção) no universo da colônia, junto de *flashes* históricos sobre a sua transformação material:

"De há muito que a própria legislação vem lutando contra a antiga casa de pau a pique, em que funcionários e até as repartições públicas do interior se achavam instaladas. Quem ler o *Regulamento das Circunscrições Administrativas*, de 17 de abril de 1913, encontrará, na notável circular que o precede, severas recomendações nesse sentido: 'Reagir por todos os meios ao seu alcance contra a habitação que tenha a forma e o aspecto de palhota, procurar cercar--se de conforto, instalar-se de modo que possa viver com família legalmente constituída – é o dever e tem de ser o cuidado constante dos Administradores.' Desde então acentuou-se a febre construtiva que foi transformando as antigas povoações, cujas casas, construídas de adobe e zinco, mais pareciam de acampamentos provisórios; e, entre as novas vivendas, aqui e além, começaram a surgir casas com elementos arquitectónicos portugueses. [...]

Folheio o livrinho encantador de Raul Lino – *A nossa casa* – e não vejo, efectivamente pela análise de cada um dos elementos tradicionais da construção portuguesa, razão alguma que condene a sua adopção nos planaltos colonizáveis de Angola. [...] Que pena que Raul Lino, que, para o renascimento da casa portuguesa ofereceu modelos adaptáveis a todas as províncias de Portugal, se não lembrasse de estudar a adaptação da bela casa portuguesa à Colónia de Angola, em cujos planaltos se ajustaria tão apropriadamente e onde o desconfortável *bungalow* aparece implantado no solo como produto exótico e inestético! A casa portuguesa foi concebida para um clima de dois excessos, o calor do estio e o frio do inverno. Por outro lado os telhados de beiral, pela sua habitual inclinação, dão pronto escoamento à água das chuvas. É esse afinal o regimen planáltico: temperaturas limites, se bem que muito mais atenuadas que em Portugal, não nas estações opostas mas entre o dia e a noite, e chuvas abundantes na estação própria. Ora a implantação de um tipo de vivenda é, como toda a gente sabe, uma das formas mais eficazes – a outra é a língua – de marcar vincadamente a nossa passagem por sobre a terra, de eternizar o esforço colonizador, que é a nossa grande, a nossa maior glória!"[76]

Num primeiro momento, o texto de Sousa Dias nos remete ao aspecto mais explícito da relevância da *casa* no *design* colonial: trata-se daquela dimensão em que a arquitetura, o edifício e a habitação "à europeia", consubstanciam a ocupação do terreno da colônia, dando-lhe uma face, uma realidade sensível, palpável, concreta. A substituição dos materiais de construção tipicamente "africanos" pelos produtos e técnicas "de fora" é um dos processos mais notáveis do período que se convencionou chamar da "ocupação efetiva" (aquele momento da passagem entre o século XIX e o início do século XX, marcado por agudas transformações das relações coloniais em áreas urbanas e pelo avanço da máquina colonialista sobre o universo rural). É nessa fase que se desencadeia um fenômeno de cisão entre a cidade de alcatrão e alvenaria e aquela "outra", de adobe e zinco, talvez a forma mais contundente de *segregação* que a presença portuguesa produziu em Angola, até os dias derradeiros da era colonial. O próprio Sousa Dias, que aqui aparece postulando a identidade entre o planalto angolano e as terras do Portugal metropolitano, lembra, nesse mesmo texto, as várias iniciativas de construção que impulsionaram esse processo, sobretudo, a partir dos anos 1920-1930: são os casos dos bairros "da C.F.B." no Lobito e em Nova Lisboa, "da C.F.M." em Mossâmedes e em Sá da Bandeira, do bairro dos colonos de Póvoa do Varzim em Porto Alexandre (atual Tombwa), dos diversos outros bairros planejados, construídos para albergar funcionários de grandes companhias coloniais, os quais proliferaram em quase todas as regiões de Angola (e acabariam por gerar uma verdadeira revolução urbana quando se generalizaram, a partir dos anos 1950). Muito antes da J.P.P., a célebre Junta Provincial de Povoamento, colocar em marcha os projetos dos colonatos agrícolas, foram essas iniciativas privadas de colonização semidirigida que mais contribuíram para coalhar a colônia de casas portuguesas, como atestam, aliás, os debates da época.[77] No entanto, esse é apenas um dos aspectos a considerar; *casas* são muito mais do que essa parte visível da empresa colonial.

---

76   Dias, Gastão de Sousa. *O destino da grei*. 1940, p.59-62.
77   Ver Matos, Norton de. "Uma experiência de colonização em Angola." *In: Boletim da Sociedade de Geografia de Lisboa (BSGL)*. 58ª série, n.3-4, mar.-abr., 1940, p.170-173.

Imagem 4.1 – Imagens de uma temporada de caça na Angola Hunting Safaris, no Mucusso (Cuando-Cubango), no início dos anos 1970. De cima para baixo, o Professional Hunter (ao volante), acompanhado de "cliente" e "pisteiro"; o pessoal da Cia. posa com o "cliente" e uma pacassa abatida; pista de pouso da coutada; e, finalmente, um jango, estação avançada de caça.
Fonte: Imagens disponibilizadas por Irene Banazol.

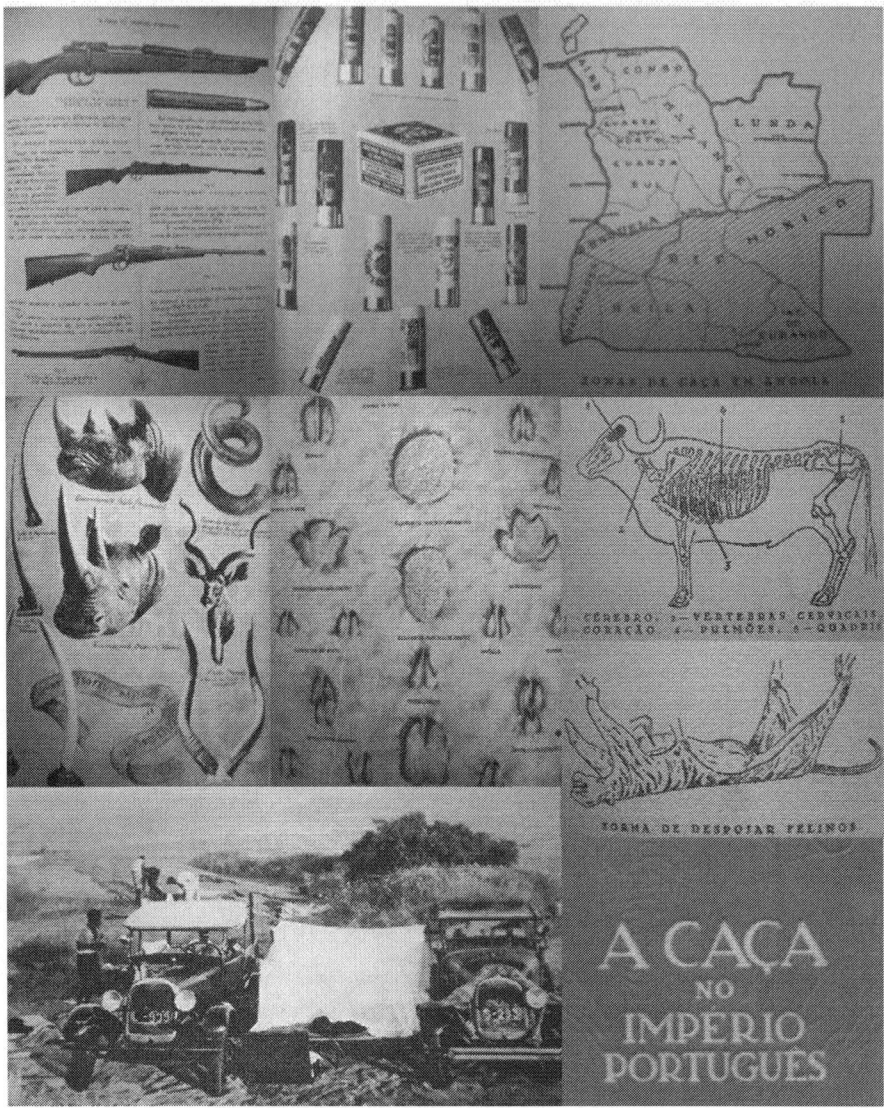

Imagem 4.2 – Aspectos de *A caça no Império Português*
Fonte: (Galvão, Henrique; Cruz, Freitas & Montes, Antonio, 1942.

Imagem 4.3 – Brandão de Melo, sua esposa, D. Eugênia, e Teodósio Cabral, com uma leoa. Angola [local não identificado], meados dos anos 1930.
Fonte: Galvão, Henrique; Cruz, Freitas & Montes, Antonio. *A caça no Império Português*, 1942.

Imagem 4.4 – Um grupo de moçamedenses entusiastas da caça, capitaneados pelos irmãos David e Manuel de Abreu. Namibe, anos 1930.
Fonte: Fotografias do acervo de Nídia Jardim.

Imagem 4.5 – Manuel de Abreu (na extremidade esq.) e o irmão David (tomando cerveja), durante uma caçada. Anos 1930.
Fonte: Fotografias do acervo de Nídia Jardim.

Imagem 4.6 – Olímpia Aquino (com a arma), o esposo, José Arvela, uma amiga e os filhos (destaque para o pequeno "atirador" mirando o espaço vazio). Início dos anos 1960. Namibe.
Fonte: Fotografias do acervo de Nídia Jardim.

Imagem 4.7 – Acampamento de caçadores, em Angola (sem indicação de local). Anos 1930.
Fonte: Galvão, Henrique; Cruz, Freitas & Montes, Antonio. *A caça no Império Português*, 1942.

Imagem 4.8 – Grupo de caçadores rumo à Serra das Neves, em frente a uma família Kuvale. Deserto do Namibe. Anos 1950.
Fonte: Fotografia do acervo de Nídia Jardim.

Imagem 4.9 – "Associação entre casas": casamento de José Miguel Pratt e Amélia Ladeira (segundo e terceiro adultos, da dir. para a esq., na primeira fila), reunindo as duas principais famílias de Silva Porto (Cuíto) à época. Abril de 1927.
Fonte: Salvador, Paulo. *Recordar Angola*. v 2. 2008, p.210.

Imagem 4.10 – Ilustração de R. S. (?) na capa de Voz do Planalto (Ano VIII, n.371, 30 de Dez., 1939), junto ao artigo "Não é permitido sonhar", de Norberto Gonzaga.
Fonte: (Acervo do Arquivo Histórico Nacional de Angola - AHNANG.)

Um ponto em que a casa se mostra igualmente vital nos discursos de legitimação dos *coloniais* é na sua associação a uma dada concepção de "modernidade" (bem entendida, um padrão burguês de modernidade). É certo que esse é um terreno pedregoso, no que se refere à experiência colonial em Angola, dada a obsessão do discurso oficial português com uma noção de *tradição*, de aferramento aos hábitos; em divergência com essa mesma modernidade. Contudo, ao atentarmos para a força do "desenvolvimentismo"/ "modernismo" colonial como motivo ideológico mobilizado constantemente naquele contexto, bem como para a dispersão dessa associação, de que resultam investimentos em todas as classes sociais (e mesmo entre grupos aparentemente resistentes a uma tal "modernidade"), perceberemos que, por sua origem, ela acaba por se fazer presente mesmo nos recantos dessa *"Angola portuguesa"*. Basicamente, a noção contemporânea de *doméstico* prende-se à oposição entre a *casa* e o *ambiente de trabalho*, os espaços fundamentais da "circulação cotidiana" na sociedade industrial – este, a arena da *produção*/da *criação* de bens e valores (a fábrica, o escritório); aquela, o lugar do *consumo*/da *reprodução* de modelos. Essa clivagem, um tanto artificial, mas não de todo, implicou, principalmente desde o século XIX, numa crescente valorização da casa como o terreno primordialmente dedicado a reunir uma *coleção* (de coisas, tanto quanto de memórias); e é neste sentido que ela é também uma *fronteira* – ou antes, uma *"fortaleza individual"* (um aspecto de interesse especial numa sociedade que, por força da prevalência duma ordem discricionária, ligada a um constante impulso classificatório, atribuía muito peso a sinais de posição social particular). A imagem da casa como repositório da própria trajetória dos sujeitos não é significativa apenas para esse processo de visibilização dos lugares sociais que eles ocupam, mas também para a afirmação de um vínculo profundo (e, portanto, autojustificável) com a localidade; não surpreende, pois, que ela seja tão recorrente nas narrativas coloniais, nem tampouco que a referência ao fato de "ter que deixar tudo para trás" (como quem sugerisse "ter abandonado a própria vida") seja tão comum nos discursos daqueles que, em Portugal, passaram a viver sob o pesado rótulo de "retornados". É com esse olhar que podemos analisar certas memórias do passado colonial impregnadas de símbolos da superposição entre o "percurso da vida" e o "lugar no mundo", todos emanados da casa. Tomemos dois exemplos – o primeiro, a descrição um tanto romanceada que a jornalista Ana Sofia Fonseca fez do casamento de Rosário Seixas, a partir de entrevista concedida por esta, cheia de referências às coleções da família, uma das mais bem postadas do Kwanza Sul; a segunda, a evocação do lar da família Saiago em Moçâmedes, como o recorda a benguelense Aida Saiago:

Casas, casamentos & outros que tais
(i) "A noiva é moça de pergaminhos. Nasceu por entre tongas de café, tem um enxoval de disparar invejas. Baús cheios de tecidos finos, rendas urdidas à mão e pratas de pôr finezas na mesa. Toda a toalha de linho tem a graça de um bordado; qualquer louça, assinatura de gabarito. Luxos de princesa, comprados nas mais chiques lojas da metrópole e embarcados para Luanda. Rosário Seixas, 'Ru' para os da casa, é herdeira de uma das maiores fortunas da província. Bonita como só ela, caminha pelo quarto num sorriso de lua cheia. Traz na sina ser menina rica, tem o futuro assegurado. Ou teria, se a vida fosse dessa natureza. "[...] Numa azáfama, a casa do Mirante empertiga-se para a boda. Do terraço, vê-se o mar, a cidade dengosa. No jardim, mulheres afogueadas correm para lá e para cá. Panelas a caminho de lume, garrafas de Super Reserva Raposeira num giro até ao frio. Também conhecida por Casa Ferramenta, o palacete dos Seixas é referência no Cuanza Sul. A família colecciona roças de café, fazendas de palmar, algodão e criações de gado por todo o distrito. Na capital, Novo Redondo, tem a casa principal, uma mão-cheia de lojas, prédios a perder de soma, investimentos em bombas de gasolina, representação de companhias de navegação e seguros. Por aqui, o seu nome vale como senha mágica. Abre portas e desperta vénias."[78]
(ii) "Atrás da escadaria central, a sala de jantar de enormes dimensões. A mesa correspondia ao tamanho da sala... a família era numerosa! O armário das louças ocupava quase uma parede lateral. Talvez porque a lembrança dessa peça provenha da minha infância, vejo-a sempre como sendo enorme, porém estreita! De tal ordem que, quando por ali se andava com passo mais apressado ou, no caso de nós, crianças, corríamos nas nossas brincadeiras (o soalho era de madeira com caixa de ar, característico das casas da época), as chávenas penduradas tilintavam! Sem falar nos vários ovos de avestruz, assentes não-me-recordo-em-quê, que não lhes garantia lá grande equilíbrio!... Logo ao lado, a sala de visitas particular dos Avós, onde destaco a bela escrivaninha de persiana, local de trabalho da Avó. Ali estava também o rádio marca Phillips, cuja carcaça de madeira tinha sido corroída pela salalé. Construiu-se, então, uma espécie de esqueleto de madeira, coberto por uma capa de tecido, ficando só à mostra o painel, os botões... Mas esse seu pobre aspecto não evitava que ouvíssemos o que de melhor havia na época, inclusive a BBC de Londres... "Logo ao lado, o quarto de dormir dos Avós. Território quase sagrado para todos... [...] O terceiro quarto de dormir, tal como todas as dependências da casa, era de dimensões avantajadas e lá estava, jogado a um canto, o piano da Avó, já bastante deteriorado. Quando, principalmente no Verão, os filhos mais velhos, ambos funcionários do C.F.B. e residentes no Lobito, ou os amigos do Lubango vinham a banhos, na Praia das Miragens, transformava-se numa camarata. [...]

---

78 Fonseca, 2009, p.75-76.

328 DIEGO FERREIRA MARQUES

> "Descer ao jardim, passear pelo pomar, ir até à dependência onde eram guardados os patos, as galinhas, os cabritos, etc., que vinham das 'hortas' para consumo da família, era uma aventura! No meio do quintal, ao lado de uma altíssima araucária, que se avistava de longe, a cacimba. Todos os finais de dia, lá estava um burro (ou burra?) a puxar a nora, trazendo para a superfície a água para regar os canteiros de flores – tão a gosto da Bisavó! –, o pomar. Era uma cerimónia a que gostava de assistir: o burro a dar pacientemente voltas e mais voltas, a água a correr pelas valas... e eu a correr, a acompanhar esse trajecto..., oferecendo às plantas a tão necessária água... No fundo do quintal, estava, 'aposentada', a velha charrete que a Bisavó conduzia para ir até às fazendas. [...] Foi depois desmantelada, as suas peças aproveitadas para ferro-velho. Dela sobreviveu apenas a buzina, que o meu irmão levava para os jogos de basquete da Casa do Pessoal do Porto do Lobito. O seu som rouco mas estridente fazia o delírio do público presente."[79]

"Quem casa, quer casa", diz o adágio. Esse instantâneo do pensamento intuitivo nos lembra que, ao debatermos questões relativas às casas (mesmo que nos referindo apenas à unidade domiciliar) não podemos perder de vista todo o emaranhado de sucessão, de parentela, de alianças, enfim, das múltiplas redes que as circundam. Quando Lemos relatos como os anteriores, memórias que bem poderiam ser encontradas, nas mais variadas versões, nos mais diversos tempos e lugares, podemos discernir, da massa, a princípio, banal, significados bem mais complexos. Do que vimos dizendo e de nossos exemplos, podemos sugerir, entre outras coisas, que tão interessante quanto observar essas memórias em relação apenas ao seu recorte, é pensá-las dentro de séries históricas. Consideremos o caso das bodas de Rosário Seixas: mais do que indiciar o acúmulo (em termos de "bens de família"), a aparelhagem e o prestígio da casa dos Seixas contam parte duma história que, como resultado de ações que não se restringem ao instante, é da dispersão (e em certo sentido, da eficácia) da empresa colonial como um todo, não apenas daquela casa. De modo semelhante, numa casa, ao que tudo indica, bem mais modesta, o amontoar de referências à sucessão geracional entre os Saiago dá lume a uma percepção de fixidez/fixação ao longo tempo, que enfrenta uma das mais poderosas fontes de ilegitimidade da presença colonial, qual seja: a sua exogenia, a ideia segundo a qual a comunidade é, como um todo, invasiva do espaço da colónia. Nesse sentido, também é bom recordar, processos e/ou cisões internas às casas são profundamente relevantes, porque, ao fim e ao cabo, eles repercutem o que está para além da casa, na própria tessitura social.

---

79   Texto de Aida Saiago, sobre a casa dos avós paternos, em Moçâmedes. [Disponível no sítio pessoal da autora: http://www.saiago.com/angola.html].

Tudo isso nos leva a duas questões fundamentais. Primeiro, um debate sobre as *casas coloniais* será bastante prejudicado se não considerarmos um ponto nodular da sua organização: as convenções de *gênero* – ou, mais especificamente, o que a linguagem da época chamava de *"papéis de mulher"*. Sim, porque uma das dimensões mais debatidas dessa noção burguesa de *domesticidade*, em que a *casa* está em oposição ao *trabalho* e, por extensão, a toda a *esfera pública*, é justamente uma correlação entre esses polos opostos da *reprodução/passividade* e da *criação/atividade*, pela ordem, e a premissa da existência de mundos *feminino* e *masculino* distintos. O universo colonial, por razões que esperamos demonstrar, foi particularmente profícuo no reforço dessa separação. Comentando a expansão da intervenção política do "indivíduo" (compreendido como um sujeito independente e influente de um corpo de "pessoas", a começar pelo seu núcleo familiar), tal como decorreu entre o final do século XVIII e o século XIX, na Grã-Bretanha, Catherine Hall cita um documento muito expressivo: a carta de Martha Syms, esposa dum oficial do exército britânico na Índia, endereçada a seu pai, clérigo protestante na Inglaterra. Escrevendo a partir de Mumbai, em 1810, Martha se dirige ao pai nos seguintes termos: "Syms deseja que lhe transmita as melhores lembranças, e acrescenta que concorda plenamente com a opinião política contida em sua última carta, [...] eu, não compreendo e, portanto, não entro nesses assuntos". Hall sugere que esse discurso é exemplar de uma convenção: afirma a contenção da mulher aos assuntos domésticos e "encena" a ignorância ou a incompreensão de questões políticas, padrão generalizado entre mulheres de classe média no começo do século XX. Ao alargamento das fronteiras da vida pública (para os homens, é evidente), corresponde uma constrição dos lugares da vida privada. E, neste sentido, os discursos relativos à *domesticidade* (apoiados em marcas de *gênero*, e de *classe* também) teriam consolidado, a partir desse momento, a fixação feminina à casa e o seu papel de *suportes/auxiliares* dos *pais* e *maridos*.[80]

Por um lado, essa já é uma constatação importante em relação ao nosso objeto, pois, a rigor, durante longo tempo, *mulheres coloniais* foram mulheres percebidas como suporte da ação de pais e maridos. Por outro, a associação entre convenções de gênero, casas e "cultura colonial" não é uma

---

80   Hall, 1995, p.151; 168-169. Ver, ainda: Hollows, 2000.

exclusividade dessa concepção contemporânea, "industrial", burguesa da *domesticidade*. Num sentido certamente diverso (mas tangencial a este), interpretações da reprodução da concentração de poder análoga à reprodução (biológica) do contato colonial, referentes à sociedade em que casas são unidades de (con)vivência e de trabalho, já haviam sublinhado esse vínculo, tal como podemos perceber, por exemplo, nas teses de *Casa Grande & Senzala*, de Freyre. Entretanto, pondo à parte a enorme quantidade de debates suscitados por esse tipo de análise, bem como essa imagem passiva do feminino, gostaríamos de observar um âmbito de agência das mulheres, mesmo nesta versão de carregada normatividade. Trata-se do que a separação casa/trabalho, ação/reprodução implica em relação à questão do consumo. Conforme a História Social tem demonstrado, pelo menos desde os anos 1980, à progressão em que a casa passou a ser definida como santuário da vida privada, refúgio do indivíduo, terreno do consumo, depósito de um acervo pessoal e, a um só tempo, como o "lugar eminentemente *feminino*", cresce a identificação da mulher com o consumo (algo ainda bem visível na publicidade, sobretudo) e toma corpo a ideia que ela devesse ser, por excelência, uma espécie de curadora, ou melhor, articuladora desse acervo coligido na casa. É esse o campo de agência em que emerge, na sua forma contemporânea, uma figura presente no nosso senso comum: *la maîtresse de la maison* – a *dona da casa* (ou a *dona de casa*).[81] No caso em análise, essa será uma figura de especial relevância, uma vez que a situação colonial tendia a valorizar sobremaneira esses sinais externos e padrões de gosto, de consumo (os usos), tanto quanto os modos privativos, "domésticos", habituais de atualizá-los (os costumes) – justamente as dimensões articuladas pela *"dona da casa"*. Para nos atermos a um exemplo dessa importância das "senhoras" enquanto "consumidoras", passando, por meio dele, à nossa segunda questão, gostaríamos de apresentar um relato inusitado: é a descrição de como as mulheres de Mossâmedes, numa altura em que a cidade era um pacato vilarejo, com as suas quantas famílias *"brancas"*, burlavam os fiscais para adquirirem, junto aos navios fundeados na orla, os produtos seletos que satisfaziam suas pequenas vaidades ou desejos frugais, contribuindo, no entanto, de modo fundamental, para a manutenção do espírito das suas *casas coloniais*; uma leve aventura de consumo, para os engenhos da rotina:

---

81   Ver Martin-Fugier. *In*: Aron, 1980, p.116-134.

	Aventuras de consumo, para engenhos de rotina
(iii)	"As visitas aos navios de passageiros que passavam por Moçâmedes a caminho de Portugal ou da África do Sul e Moçambique não se reduziam a despedidas a um ou outro familiar ou amigo, elas eram motivo de grande satisfação para os Moçamedenses, porque os navios traziam novidades, coisas bonitas e baratas que não se encontravam à venda nas lojas da cidade. "[…] Escusado será dizer que as grandes clientes eram as senhoras que ali acorriam geralmente em pequenos grupos, sempre à espera das últimas novidades vindas da Europa e outros lugares, que encontravam penetrando em alguns camarotes, contactando alguns camareiros e camareiras já conhecidos, ou visitando a barbearia do navio, que eram os locais onde se fazia esse tipo de negócio paralelo e onde se podia encontrar de tudo um pouco: fina lingerie, roupas diversas, camisas, meias, sapatos, cintos, carteiras, perfumes espanhóis (Tabú, Maderas do Oriente e outros), cheirosos sabonetes, muitos bibelots orientais, caixas com saborosas uvas de Portugal ou da África do Sul, doces, chocolates Cadburys, bebidas, etc., etc. "Lembro-me de olhar para cima e de encarar lá no topo da escada com o olhar vigilante dos guarda fiscais, e da aventura que era o regresso, uma vez que entravamos mais elegantes e saíamos menos, por escondermos por baixo das nossas roupas, as roupas que havíamos entretanto comprado... Lembro-me do medo que sentíamos ao passar pelos guardas fiscais, de novo, no regresso a terra. Guardas fiscais, que regra geral usavam de grande discrição, mas que às vezes, perante alguns abusos tinham que intervir, sobretudo quando se tratava de determinada compras consideradas contrabando, chegando uma ou outra pessoa a ser objecto de revista por apalpadeiras/os e os produtos apresados. Lembro-me enfim, que nada disto nos deixava abater ou impedia de continuarmos esta aventura, ávidas de novidades que não encontrávamos no nosso pequeno burgo onde nesse tempo poucas novidades haviam."[82]

O que à primeira vista pode parecer uma simples narrativa divertida sobre um tema banal, o consumo, é, a rigor, algo bem mais complexo; é uma verdadeira concepção de "zelo" com a aquisição e mantença de artefatos domésticos ou pessoais que perfazem um ideal de *casa civilizada*, portanto, uma atitude expressiva de inquietações comunitárias e não simplesmente privadas. Mas, há que se considerar também um outro dado que salta aos olhos nessas memórias dos percalços e dos "esforços" das senhoras mossamedenses: o evidente *provincianismo* desse mundo de novidades entregues de quando em quando, de *comadres* que se reúnem para empreender as tarefas das "boas donas de casa". A indisfarçável pequenez daquele universo nos coloca diante de um problema, por assim dizer, "de escalas". E eis aí nossa segunda questão: mesmo nas áreas de maior concentração – e esse é o caso de algumas cidades do sul de Angola, como a própria Mossâmedes ou a capital da Huíla, Sá da Bandeira –, a população *colonial*, mais especificamente, a população *branca*, conforma um grupo de pequena escala (nessas

---

82   Depoimento de Maria Nídia Jardim [em 26 de Mar., 2007].

zonas em que é timidamente majoritário, a povoação é baixa, a densidade demográfica, diminuta); no cômputo global da colônia, é uma pequeníssima minoria e, como tal, atrai para si toda a sorte de características comumente associadas a este tipo de pequeno grupo social. Gostaríamos de abordar duas destas características estreitamente ligadas à casa.

Primeiro, a *minoria colonial branca* é um agregado que, geralmente, envolve redes de parentes, compadrios, relações de vizinhança (às vezes, na origem dos indivíduos, em Portugal, no entanto, ramificadas na colônia), as quais atuam nas mais variadas dimensões da interação social; a mais influente delas, possivelmente, a dimensão econômica. Quando descrevíamos sumariamente a economia colonial de Angola, na abertura deste capítulo, buscávamos demarcar as limitações da iniciativa individual dos *coloniais*, enquanto empreendedores. Dada a extremada concentração das principais atividades econômicas por um limitadíssimo grupo de companhias e investidores, assim como a prevalência da pequena empresa agrícola e do comércio, enquanto ocupação da maioria da população *colonial*, não é difícil constatar que a associação entre familiares e vizinhos, as sociedades e companhias limitadas eram o principal bastião da autossuficiência econômica dos coloniais, o que denota um reforço da importância de estratégias de conservação patrimonial e de estabelecimento de alianças, processos estes travados *entre casas*. Ao mesmo tempo, o pequeno universo da minoria *branca*, mercê dessa proximidade acentuada entre os sujeitos, é também um mundo de acentuado controle social, de proliferação de juízos, normas de conduta, de todos aqueles mecanismos que, tal como demonstram os estudos de pequenos grupos sociais, de vizinhanças, são tão mais influentes quanto maior a proximidade e a estabilidade da rede nuclear da comunidade.[83] Era, portanto, um mundo perpassado pela "fofoca" (*gossip*), pelo que em Angola se denomina pelo termo *kimbundo* – *mujimbo*. Em ambos os casos, quer se trata de valor (econômico), quer de valores, podem-se enxergar nessas características elementos definidores da *casa colonial* como "pessoal moral", um "objeto de direitos e deveres", enfim, como uma "*casa*" no sentido em que a etnologia consagrou o conceito – em face do que se compreende serem "sociedades por casa".[84]

---

83   Ver, entre outros, Elias [1965], 2000.
84   Lévi-Strauss, 1991; 1984, p.185-187.

Do centro Sul de Angola e da cota ficcional das narrativas coloniais pro-vém um bom exemplo do funcionamento da *"casa portuguesa"* na colônia, enquanto "domínio composto de bens materiais e imateriais" que "reifica relações". É o romance *Panguila* (1944), de Lília da Fonseca; um rocam-bolesco roteiro, em torno da "inventada" casa dos Vidigueira, de Benguela (como a autora). A trama é policial (e este, aliás, é um gênero cuja origem é de impressentidas relações com a fábula colonialista). João Vidigueira é acusado de assassinar o seu sócio, Mendes Cabral, por conta duma su-posta traição cometida por este e pela esposa de João, D. Henriqueta. Para defender-se, João foge e instala uma investigação paralela à do comissariado de Polícia. D. Henriqueta, ao longo de todo o enredo, tem duas preocupa-ções básicas: sua iminente decadência na falta do marido e a dificuldade que eventualmente terá em casar a filha moça, Maria Isolina, sendo uma *"mulher falada"*. Como de hábito, a contento ficará provada a inocência do sr. Vidigueira. Mendes Cabral fora morto por sua participação numa inacreditável empreitada de exploração ilegal de diamantes no norte de An-gola em conjunto com negociantes alemães e uma *femme fatale* luso-belga, Madeleine Rivière, baseados no Congo (e é providencial, não gratuito, que os malfeitores sejam "estrangeiros"). Quem o prova é o engenheiro José Roberto, que se dispõe a auxiliar João nas suas investigações. O final da trama é exemplar: enfim reunidos, João e D. Henriqueta abençoam a união de José Roberto e Maria Isolina e os Vidigueira investem parte do seu capi-tal na empresa agrícola recém-fundada por José. A mais do que previsível aliança econômica e conjugal salvaguarda os bens e a reputação da casa, para que ela possa transmiti-los aos sucessores. Em parte, a narrativa de Lília da Fonseca é uma "aventura", irreal, mas possível, num mundo tão repetidamente descrito sob esse rótulo. Mas é também uma ficção plausível sobre a *casa colonial* em risco, em meio à pequenez daquele mundo. Num momento crucial da trama, quando o tenente Lampreia, o investigador oficial do caso, busca o foragido João Vidigueira, D. Henriqueta, à beira da queda, lembra-se da primeira oportunidade em que o militar a tinha encontrado... numa festa, a *casa*, o objeto "em perigo", é o estopim da me-mória, a evidência de tudo que a "Dona" teme perder; ela recorda indícios de distinção, maneiras, como num sonho...

A varanda também soberbamente iluminada, como o tombadilho de um vapor. No ângulo, para acompanhar os dois lados da casa, a orquestra. A orquestra do *Angola*, que precisamente nesse dia estava fundeado no porto. Não queria que nada faltasse a esse serão que oferecia à Missão Militar, antes de seu regresso à metrópole. Os criados, engomados nas jalecas de linho branco, passavam com jarros de *cup*. A brisa tépida enchia de movimentos caprichosos os tules e musselinas dos vestidos compridos, revoluteantes entre fardas brancas de oficiais e jalecas engomadas, também brancas, dos outros convidados. O seu belo vestido dessa noite! Sentia-se orgulhosa dele! As pedrarias dos ombros davam-lhe realce ao pescoço nu. Na nuca, uma série de caracolinhos emprestava remate infantil à cabeleira. Também, estivera toda a manhã com a cabeça repleta de *bigoudis* na cabeleireira de Salvador Correia![85]

É certo, é apenas um romance. Nem por isso deixa de ser um desses casos de relações significativas entre o "real" e o "ficcional". De *Panguila*, Lília da Fonseca afirmou que a sua escrita foi motivada pela "*sordidez, a mesquinhice, a aventura, o sonho, a desgraça daquele mundo*", baseando-se na Benguela em que nascera, sugeriu ainda que as personagens do livro "*não são uma fotografia, mas são colhidas do real, elas feriram minha atenção, ma-goaram-me umas e entusiasmaram-me outras* [...], *deram-me uma tal medida da sociedade colonial em que eu mergulhara, que fui tentada para a aventura de a descrever em romance*".[86] "Mulher moderna", jornalista, colaboradora de periódicos de associações de naturais de Angola, moça tipicamente *colonial*, Lília encerrou os seus dias em Lisboa, escritora e promotora de teatro infantil (um interessante campo literário/pedagógico, tipicamente definido como *feminino*). Ao longo da sua carreira, seus escritos evidenciam que boa parte do seu incômodo com a empresa colonial, no seu todo, era levemente concomitante a uma espécie de "ressentimento de classe", mal disfarçado. Conectando essas duas dimensões numa narrativa repleta de reflexões sobre o retesamento moral daquele universo, ela nos oferece um relevante testemunho não apenas sobre a *representatividade* da *casa colonial* (sobre seu lugar no espaço, bem como na tessitura social), mas também sobre a sua ligação à emergência de um peculiar senso de *respeitabilidade*.

---

85   Fonseca, Lília da. *Panguila*. 1944, p.16-17.

86   Idem. Entrevista. *In: A província de Angola*. Suplemento Artes & Letras. [s/n] 4 mai., 1974, p.5.

* * *

Durante a idade do ouro colonial, era ainda bastante famosa uma máxima atribuída a Péricles e popularizada, contemporaneamente, pela verve duma *"new woman"*, a escritora Virginia Woolf: "A verdadeira glória para uma mulher é que ninguém fale a seu respeito".[87] Essa concepção de *recato, acondicionamento ao lar, discrição*, é, com efeito, um dos elementos fundamentais da forma típica burguesa, "vitoriana", vigente até pelos menos a primeira metade do século XX, de pensar a convenção, a imagem, o "papel" da *mulher*, de sorte que, ao considerarmos o quanto há de relação entre discursos sobre a *domesticidade* e sobre a *feminilidade*, podemos dizer que essa ideia da *mulher recatada*, sobre a qual não se fala, indica um regime de superposição entre a *reputação* da *casa* e a da *dona da casa*. Nesse quesito, o caso da *mulher colonial* não apresenta nenhuma grande peculiaridade – exceto pelo acirramento dos riscos que pesam sobre a manutenção da sua *respeitabilidade*. Numa situação de deslocamento (migração, mas também mobilidade social), de contato "intercultural" (e, obviamente, de mediação e de adaptação), de inserção "cosmopolita" num universo "provinciano" e de pequena escala e, principalmente, de constante perigo de "desidentificação", i.e., de deixar-se de perceber as coisas como idênticas a si mesmas, tal como era, em muitos aspectos, a da comunidade colonial, eram vários os fatores que podiam desestabilizar esse modelo de núcleos familiares, com a estabilização de uma ordem de posições bem definidas por gênero, endogâmico (quanto ao grupo) e hipernormativo; e é esse ideal de *casa* que está em jogo, porque é ele que informa uma dada visão de "indivíduo", que está na base da afirmação dos *coloniais* perante as sociedades *nativas*.

Um novo exemplo da ficção literária colonial nos pode ajudar a desenvolver a questão – trata-se do conto "Um inglês" (de *Há-de haver uma lei*, 1949), de Maria Archer. Todo o problema da narrativa reside no conflito entre diferentes padrões de conduta, entre duas gerações da mesma família, entre a "mundanidade" de alguém "externo" ao círculo comunitário e a contenção, o recato desejado da família de certa extração social, enredada pelas limitações da urbe colonial. A trama se desenvolve a partir do casal Peter Bridge, o "inglês", e Alzira, a filha do proprietário da companhia em que Peter trabalha; após o casamento, a *"boneca morena"* e o *"sportman"* vão viver em Londres; e é lá que lhes nasce a filha, Annie. Por força da morte do

---

87   Woolf, Viriginia. *A Room of One's Own*,1929.

pai de Alzira, os Bridge têm de retornar a Luanda, onde Peter assumirá os negócios da família e a casa em que vive a sogra, D. Miquelina. A passagem revelará a incompatibilidade perfeita entre as Donas angolanas, *"enquadra-das no ambiente arcaico da cidade"*, com *"a graça de um objeto colocado no seu lugar"*, e os Bridge, que, obviamente, não se podiam adaptar às *"manei-ras modestas"* e ao *"cérebro de animal doméstico"* das duas senhoras. O inglês e a filha acumulam sinais de "modernidade" (caçam, vão ao *tennis club*, são adictos ao cinema e ostentam objetos extravagantes, como o carro conver-sível amarelo de Annie). Archer apresenta a cidade colonial, por volta dos anos 1930, e, na sequência, insere a figura de Annie e a maledicência a seu respeito, nos seguintes termos:

> Luanda, nesses anos que antecederam a Grande Guerra, era uma cidade bisonha, moldada pelo figurino acanhado das nossas mais rotineiras cidades da província. [...] Não tinha água, não tinha luz. [...] Os cafés só eram frequenta-dos por homens. Nos clubes só em noites de festa e baile é que se viam senho-ras. Os chefes de família, se eram ciosos da reputação das mulheres, fechavam as suas em casa, recusando-se a deixá-las ir a esses bailes em que as cabeças tresloucavam e donde saia, em grande parte, a maledicência que envenenava a cidade. [...] Em Luanda, nos anos que antecederam e se seguiram à Grande Guerra, uma mulher branca, ou mesmo mulata de categoria, não saía de casa, nem a compras e visitas, sem a companhia de uma pessoa de respeito.
>
> ....
>
> Um mês depois [de chegada] Annie Bridge corria Luanda de ponta a ponta, ia à praia, ao ténis, ao cinema, guiando o sue carro amarelo e acompanhada de amigas escolhidas entre a elite mundana da cidade. A população branca e mulata vi-as passar e ficava-se a moê-las de suspeitas e injúrias. Invejavam-nas e caluniavam-nas, punham-lhes alCunhas infames. Mas quem falava à Annie curvava-se reverente, porque ela era filha de Peter Bridge.

O desfecho da trama é previsível: Annie se envolve com Carlos, compa-nheiro de caças de Peter, e acaba por dar um mau passo. Após um acidente com o "carro amarelo" descobre-se que ela estava grávida e acabara de sofrer um aborto. Ainda assim, as senhoras exigem de Peter que os faça casar, a Annie e Carlos; o que ele repudia, veementemente, com as seguin-tes declarações: *"Um biltre a restituir a honra à minha filha! É de morrer de rir!* [...] *Isso de ficar desonrada por actos alheios é uma ideia portuguesa, fora de moda no resto do mundo... Não vou estragar o futuro da Annie para dar satisfação aos preconceitos de certa gente antiquada"*.[88] E todos seguem suas vidas.

Há várias críticas interessantes a observar nesse texto; muitas relacionadas à própria biografia de Archer, filha e esposa de dirigentes do Banco Ultramarino (condição que a levou, por décadas, a Angola e Moçambique), inadaptada à casa dos pais, e depois, divorciada, especialmente incomodada com os convencionalismos advindos da sua posição de "classe" e do fato de ser mulher. Gostaríamos de focar duas dessas críticas. Primeiro, junto ao ceticismo que marca o seu retrato da Luanda dos anos 1930, provinciana, desprovida de conforto, há uma clara associação entre *reputação e identidade*, o que está patente na constância da ideia de que o tipo de *moralismo* que essa narrativa deplora seja um traço tipicamente *português* (e para além do que poderíamos discutir quanto a essa "especificidade", isso reitera o vínculo entre convenções de gênero/classe/raça, dimensões que são constitutivas da concepção de *casa* e de *respeitabilidade* que vimos discutindo, e a legitimação duma forma de estar no mundo que distinguiria a fração colonial *branca*). Bem mais original é o segundo objeto de crítica. Archer explora nitidamente uma contradição: por um lado, temos a existência de incontáveis discursos que exaltam essa vida *habitual*, quase *aldeã*, como uma mais-valia do sistema colonial português (que, graças ao fato, seria mais humanista, mais cristão); por outro, toda a ideia da "necessidade"/ da "justificação" colonial está assentada numa lógica "modernizadora", da qual é parte a dispersão de um modelo de conduta burguesa – e a própria deterioração das relações entre os colonos brancos e os grupos de prestígio locais, a partir dos anos 1930, é, pelo menos no nível dos discursos oficiais, um objeto de retórica racial, tanto quanto de afirmação da suposta superioridade da vida "moderna" (e, em certo sentido, "elitista"). É interessante que Archer utilize um "inglês" (e, na África colonial, *britanidade e modernidade* foram quase sinônimos) para apelar a esse paradoxo e sugerir, numa narrativa de teor francamente *feminista*, que o maior grau de autonomia da mulher é uma conquista da *civilização* (e, como tal, deveria participar da modernização colonial). Enfim, o que mais nos importa é notar que todas

---

88   Archer, Maria. "Um inglês". *In*: *Há-de haver uma lei...* 1949, p.119-121; 129; 136-137.

essas articulações possíveis de serem lidas no texto citado são o resultado, mais do que de construções específicas sobre o *feminino*, da importância das concepções que instituem o que poderíamos rotular como "a função pública da mulher".

Um documento que indexa à perfeição esse "papel social" é uma conferência, de 1948, proferida pela poetisa Alda Lara, uma *moça colonial* de Benguela, como Lília da Fonseca, na C.E.I., a Casa dos Estudantes do Império (cenário da agitação nacionalista africana, a partir de meados da década de 1950), diante, quase exclusivamente, de rapazes. Apesar da plateia e lugar inusitados, "Os coloniais do século XX" é de uma minúcia ao propor as "tarefas das raparigas angolanas", que vale uma citação mais extensa:

> É natural que alguém pergunte a razão porque as raparigas angolanas, em idênticas circunstâncias, não agem da mesma forma em relação aos noivos metropolitanos, ou de outras colónias. A verdade, porém, é que, em casos de domínio, alguém tem de ser o dominado, e as raparigas neste caso são quem se submete. Por isso mesmo vocês, os rapazes, estão mais obrigados do que elas a atender a isto porquanto o papel das raparigas embora seja importante não é primordial, como o vosso! Ora, uma vez que as angolanas muitas vezes se hão-de ver afastadas do caminho que as conduziria à Colónia, resta-nos voltar os olhos para as outras raparigas que irão tomar o lugar destas; porque irão ser colonizadoras também, lado a lado convosco. E essas são as de que falei há pouco! Aquelas que hão-de partir com vocês um dia, esquecendo tudo o que ficou para trás para aprenderem a amar, por amor de vós, a nossa terra distante! Com respeito a elas, não as deveis iludir, nem desiludir. Pintem-lhes o quadro como é realmente! Digam-lhes que lá nessa Angola longínqua, não há só as caçadas audaciosas que se inventam nas discursatas [...] que não há Baixa nem Rossio, nem as casas de chá e que as modas chegam lá tão diluídas que quase se lhes não presta atenção. Mas digam-lhes também que há uma civilização nova a construir e na qual elas irão ter um papel importantíssimo! Médicas, professoras, missionárias ou simplesmente mulheres dos colonos, Angola espera-as! Mais do que isto, conta com elas! Serão as principais educadoras dos filhos que por sua vez hão-de formar os alicerces da sociedade angolana futura. Serão as auxiliares mais poderosas na campanha em prol do indígena, porquanto é em contato com elas que os criados negros hão-de absorver uma civilização maior para a transmitirem depois aos outros. Hão-de ser vossas companheiras em

toda a acepção da palavra, porque além de femininamente lisboetas como vocês as escolheram, terão de ser intelectuais e artistas para suprir junto de vós o que o meio não consegue por enquanto dar-vos. Vede pois se Angola pode menosprezar o auxílio destas raparigas, deixando que os rapazes por cá casem e por cá fiquem!... De resto, devemos concordar que isto não é leal.[89]

Em 1948, no pós-Guerra, muita coisa havia mudado em relação àquele mundo de que falava Maria Archer; já não era possível, por exemplo, interditar de todo às mulheres a perspectiva de uma carreira eminentemente "pública" (ser *médica, professora* etc., como menciona Alda Lara). No entanto, a dedicação da mulher aos *afazeres domésticos*, aos engenhos *do lar*, continuava sendo a função feminina de interesse social por excelência. "Educadoras dos filhos", "auxiliares do marido", "*bibelots* da casa", "artistas que a tornassem mais agradável", enfim, conservadoras da estabilidade; eixos da vida doméstica, eis o que deveriam ser as mulheres. Os discursos sobre a *domesticidade*, ao longo dos séculos XIX e XX, investem pesadamente em normas a serem operacionalizadas pelas mulheres: elas envolvem uma ideia de requisitos necessários à vida em família – as necessidades da criança, o cuidado com o corpo e a saúde, a higiene, o cuidado do vestuário e da comida, o repouso e a preparação para o trabalho, a própria organização da casa. À medida em que esse repertório de tarefas se consolida, surgem gramáticas particulares dessas atividades, tornando-as um verdadeiro campo: a puericultura, a culinária, a moda, a decoração. Surgem também outros tipos de papéis: as mais variadas formas de uma "literatura feminina". Em Angola, quase todos os principais jornais e revistas do período colonial contavam com essas popularíssimas *páginas da mulher*; no Suplemento de Domingo, de *A Província*, a sua diretora foi, por muitos anos, a citada Lília da Fonseca. Em tais colunas, repercutia-se um conhecimento que existia de forma sistemática em livros, programas de rádios e incontáveis outras fontes: apresentavam-se conselhos para a educação dos filhos, receitas e sugestões culinárias (até para o simples preparo do bom arroz), novidades da moda, segundo as estações – o verão, o *cacimbo* (interessante ajuste ao vocabulário local, mas não tanto à realidade do clima da

---

89   Lara, Alda. "Os colonizadores do século XX." *In: Mensagem*. Boletim da C.E..I. [1948]. 1996, p.8-9.

colônia); tudo afeito ao padrão que se encontrava noutros quadrantes do *mundo moderno*.

Há, no entanto, um aspecto bem peculiar na fala de Alda Lara: a ideia de que a casa é um espaço de *pedagogia colonial*, especialmente significativo na tarefa da *assimilação* dos locais; e as *patroas*, nessa acepção, seriam também *educadoras* em contato com quem os *indígenas* (num sentido que claramente os *infantiliza*) ascenderiam pelo aprendizado de *boas maneiras*. Encontramos nessa noção traços característicos dum debate recorrente no ensaísmo político e na propaganda colonial, acerca de um tema que transcende essa visão da "função pública da mulher" intrínseca ao *design* da casa burguesa. Trata-se do que à época se chamava de *"a ação da mulher portuguesa na África"*, uma questão em que confluem concepções coloniais e convenções de gênero. Por extensíssimo, bastaria citar um ou dois exemplos desse debate, a fim de recuperar seus elementos estruturalmente mais relevantes; fiquemos com um editorial de *O Mundo Português* e uma crônica de Sousa Dias:

Convenções de gênero & concepções coloniais	
(iv)	"Quantos coloniais deixariam de sentir a África como um lugar de desterro se tivessem a ampará-los um carinho feminino? Quantos deixariam de sossobrar na nostalgia, se um lar português substituísse junto deles a Pátria distante? Quantos deixariam de sentir a necessidade imperiosa de voltar à Metrópole interrompendo a sua ação? "Quantos trabalhariam com outro ânimo e outra disposição de espírito, se não vissem solitários cair o sol na terra estranha, à hora melancólica em que pesam mais as saudades? Quantas lágrimas deixariam de ser choradas, ou custariam menos ao homem exilado, se uma alma feminina capaz de o compreender estivesse a seu lado? Ah! se as mulheres acompanhassem os maridos!... No Posto mais longínquo, perdido na selva africana, poderia haver uma nota delicada de ternura feminina e bem portuguesa: vasos com plantas, uma jarra com flores, cortinas nas janelas, uma toalha garrida, um quadrinho na parede, às refeições um prato que fizesse lembrar a Pátria distante... E nas cidades, em vez de viverem nos hotéis e gastarem as horas nos 'bars,' os homens poderiam encontrar, depois de um dia de trabalho, uma casa amável e sorridente, com uma mulher carinhosa que os compensasse do sacrifício de lutar longe das comodidades e prazeres da Europa."[90]
(v)	"Temos, na verdade de provocar na mentalidade das nossas mulheres uma grande transformação, no sentido de acompanharem os homens para as Colónias, mas como verdadeiras mulheres, ansiosas de maternidade e abnegação, capazes de se adaptarem, e não como fúteis bonecas, que em nada favorecem, antes muito pelo contrário, a organização da família e, portanto, a colonização das terras Africanas. Queremos

90   "A mulher portuguesa e as colónias." *In: O Mundo Português*. Ano II, n.16, Abr., 1935, p.122.

mulheres dedicadas ao seu lar e não mulheres que, pela constante aspiração dos gozos europeus, venham transformar a vida de seus maridos num inferno de intranquilidade e mal-estar. Inconformadas, chorosas, minando lenta mas tenazmente a coragem do homem que luta a seu lado, essas é preferível que não venham e, gastem, por lá, em cinemas, bailes e teatros, onde possam estadear beleza e luxos, a sua inútil existência."[91]

Em ambos esses exemplos podemos enxergar, como sugeria Hilde Heynen, vínculos entre "sistemas de normatização, padrões de comportamento e arranjos espaciais" e a mecânica da concentração/distribuição de poder.[92] A ideia que mais intensamente evocam – a de que é mister atrair mulheres brancas para a colônia – apela à gama de discursos sobre a necessidade da fixação, da colonização demográfica, da ocupação efetiva, da estabilização da comunidade colonial, a um só tempo em que caberia à mulher, segundo essa lógica, preencher a casa (e a vida) de elementos de identidade, de sinais que indiciem a *nacionalização da colônia* [Não há como correr os olhos por um texto como o editorial de *O Mundo Português*, sem lembrar daquelas imagens popularmente definidoras da *casa portuguesa*, com suas "*Quatro paredes caiadas,/ um cheirinho à alecrim,/ um cacho de uvas doiradas,/ duas rosas num jardim,/ um São José de azulejo/ mais o sol da primavera...*"]. E esse imperativo, de fixar a "família portuguesa" (transpondo-a para a colônia, como uma ferramenta de garantia da sua posse), foi tanto mais grave quanto, em dado momento do processo colonial, perto dos anos 1920, 1930, a própria demografia da comunidade branca em Angola se revelava um obstáculo. Considerando a disparidade entre mulheres e homens brancos nesse período, bem como o número de moças brancas solteiras, reduzidíssimo, a "necessidade de mulheres" surgia como um problema, não só em face das estratégias de adensamento populacional da colônia, mas também perante uma fantasmagoria colonial: *o declínio do homem branco em costumes bárbaros*; o casamento inter-racial e o que dele poderia advir – a *cafrealização*. Toda a ansiedade acerca desse (aventado) fenômeno, a qual já analisamos anteriormente, guarda estreitas relações com a tensão e a "falta de critério", passe o termo, com que Henrique Galvão, em um texto extremamente divertido, mas um tanto grosseiro, viria a definir Angola como "o paraíso das quarentonas". O seu chamado muito peculiar à vinda da mulher branca para Angola é significativo do tipo de papel público que dela se espera:

---

91 Dias, Gastão de Sousa. "A acção da mulher portuguesa na África." *In: O destino da grei.* 1940, p.28-29.
92 Heyden, 2005, p.1-29.

Há dois produtos metropolitanos, que importados para Angola, se valorisam por mais 30%: São a moeda e as mulheres. Uma nota de cem escudos trocada em Luanda vale cento e trinta escudos provinciais – mesmo que cá chegue velhinha e esfiampada: uma senhora de quarenta anos embarcada no Caes da Fundição e cambiada em qualquer cidade angolana, vale uma virgem de vinte e cinco primaveras – mesmo que cá chegue com caria nos dentes e nódoas na reputação. Entre a moeda e as mulheres há apenas uma diferença: emquanto uma enfraquece com a transferência, a outra ganha força, emquanto a moeda tem o mesmo ágio em toda a parte, o da mulher varia na razão direta do quadrado das distâncias para o interior. A sexagenária, que em Benguela se cota por quarenta anos, é recebida por trinta no Huambo, por vinte e cinco no Bihé, por dezoito certamente nas lonjuras misteriosas do Cubango, lá para onde Angola acaba. [...] Realmente a mulher em Angola – a bonita como a feia, a honesta como a desonesta, porque por emquanto ainda há logar para todas – exerce na vida da Colónia uma influência, que embora não passe despercebida a ninguém, tem sido descurada. [...] Ser mulher e ser branca n'este Paiz de grandes isolamentos e pequenas distrações, em que há ainda muitas mais florestas misteriosas do que cidades habitáveis, onde se ignoram os casinos, os teatros, os dancings, onde não há multidões nem costumes europeus, onde não há, emfim, o contacto frequente com a mulher – é ter um olho n'uma terra de cegos, é ter um pão n'uma sociedade de esfomeados!

[...] Conheci um comerciante, excelente creatura, com largos anos de labuta rude em Angola, homem de haveres e que dos seus cabedais bem podia distrair com que comprar e renovar um hárem, d'aquelas mulheres bonitas, que se oferecem em série, em qualquer club elegante de Lisboa, que conheceu, n'um dia fatal da sua vida, uma megera farta de carnes, francamente feia – uma branca! Habituado a fazer bons negócios, fez n'esse dia o pior negócio da sua vida – casou com ela! E o meu bom comerciante, amarrado à *mulher branca*, como um velo d'oiro milagrosamente alcançado, inteiramente submetido, enfeitiçado, tolera e suporta tudo quanto a fantasia d'uma megera pode engendrar, para fazer cabelos brancos a um negociante.

[...] Ah! quarentonas minhas patrícias, mulheres desoladas que nunca encontrastes um homem que vos oferecesse o logar n'um eléctrico, ou que vos dissesse uma insolência galante, esta é a terra em que dominais, estes são os homens que vos pertencem! Vinde para África. Comprae um bilhete de terceira classe e, logo no segundo dia de viagem, haveis de encontrar, entre os cafres que regressam, um, dois, meia dúzia, que vos farão dormir em camarote de luxo, se assim o quizeres.[93]

É um tanto chocante, para o leitor de hoje, essa comparação entre mulheres e moeda, o que equivale a lhe atribuir um "valor-de-coisa", bem como essa franca concepção de que a maior preocupação duma mulher deve ser garantir um bom casamento (i.e., um casamento "seguro", em termos econômicos). Contudo, é bem evidente que esse tipo de referência não era nem um pouco estranho à altura; quase duas décadas depois de Galvão ter escrito tais palavras, A Província ainda publicava uma charge cujo humor advinha dessa imagem do colonial disposto a qualquer esforço pela mulher branca (no fim das contas, sempre a ideia de que "o velhote pagará por tudo"). De todo modo, mais ou menos explícita e grosseiramente do que o texto de Galvão, há uma profusão de narrativas coloniais que se dedicam a explorar os efeitos desse fenômeno comumente chamado da "falta de mulheres brancas" em Angola; a maior parte delas tende a opor o mundo rude, masculino, do terreno colonial (o mundo dos funantes e caçadores, por exemplo) não tanto ao universo "citadino", mas a esse ambiente doméstico, cheios de insígnias modernas e, a um só tempo, nacionais, conservado pela mulher, pelo que se consolida a ideia de que é esse feminino colonial que pode dulcificar a hostil experiência do homem colonial, fazendo pender para a normatividade que, à época, descrevia-se em termos como civilidade/civilização, a tendência à "queda" nos costumes nativos que persegue as situações limítrofes a que os homens do mato estão sujeitos. Evidentemente, tudo é isso é peça do esforço retórico da propaganda colonial, antes de qualquer coisa; e os seus rebatimentos na fração "branca" daquela sociedade são, sobretudo, da ordem do reforço dos estereótipos (todo esse tipo de representação tendia, de modo geral, a ser mais significativo internamente ao "partido colonial" e a seus debates do que em relação à gestão do cotidiano na colônia). O que não quer dizer que seja desprezível a influência dessas representações nas relações coloniais efetivas. Por exemplo, é quase inquestionável a importância dum ideal de domesticidade (gerido por uma posição feminina), como um fator de separação em face das sociedades locais: a própria ideia de assimilação passa por algum mecanismo de reco-

---

93 Galvão, Henrique. "O paraizo das quarentonas." In: Em terra de pretos. 1929, p.75-77; 79-81.

lhimento dos *negros* a uma *casa branca* – seja, como empregado, nas *casas coloniais* ou nas empresas, seja, como cristianizado, nas missões (a rigor, *casas*, num sentido corrente e num sentido etnográfico, aquele das *sociétés à maison*). Do mesmo modo, a concepção "nativa" de *nativos* (i.e., aquela que compreende a noção de *"primitivos"* etc.) prende-se a uma ideia de "indivíduo" que, em boa medida, é contrastiva a modelos de afetividade, relações interpessoais e formulação de elos societários dos quais participam a *casa* e as convenções de gênero que nela têm lugar; é o caso dos vários juízos que opõem a conjugalidade e o casamento *brancos* às regras matrimonias, nessa ótica, consideradas prescritivas, mas, principalmente, *pitorescas* e *exóticas*, dos *nativos*. Em quaisquer dos casos, na mesma acepção em que propúnhamos que a *caça* é uma situação que catalisava categorias de diferenciação e hierarquias, no universo colonial, podemos sugerir que a *casa*, e as *donas da casa*, são importantes *articuladores de identidade*; uma função pública bastante particular, e característica daquele contexto, em que, talvez, as mulheres fossem mais do que *curadoras do lar*.

Aproximando-nos da conclusão desse ponto, gostaríamos apenas de acrescentar uma dimensão inusitada dessa questão do "interesse social" por "papéis de mulher". Trata-se do sentido que a ela atribuíram algumas lideranças *assimiladas* do meio luandense. Percebendo nesse caso um flanco, uma brecha, propícia para a sua estratégia de acesso aos direitos, pela via do exercício da hipernormatividade, esses sujeitos construíram os seus próprios "manuais de mulher", oferecendo conselhos e prescrições, com destaque absoluto para a motivação ao estudo e discussão dos temas primordiais a serem tratados por mulheres (educação, assistência social etc.). Tendiam a perceber essa atitude "moderna" como um mecanismo de ampliação de espaços, pelo qual, ao menos as suas mães e irmãs, poderiam avançar como intervenientes relevantes na sociedade colonial. Novamente os textos dos membros da L.N.A. são a melhor fonte para resgatar os termos desse debate:

> Há vários problemas sociais que se debatem dia a dia e os quais, além de interessarem a todos, interessam à mulher em particular. Tais são as questões múltiplas que se podem apresentar sobre a educação, a liberdade individual, a assistência social, etc., etc. Consultar, portanto, os trabalho literários que

versem estes e outros palpitantes assuntos é uma necessidade e aconselho-vos a, neste como em outros casos, dar preferência às obras escritas por mulheres.[94]

....

A mulher angolana, a nossa querida Mãe e a nossa alegre e buliçosa Filha, têm de capacitar-se de que a vida social é obra comum entre ela e o homem. Juntos terão de viver lutando e vencendo todas as vicissitudes e amenisar todos os sofrimentos comuns. A mulher angolana deve ter um sentimento mais nobre, uma consciência mais elevada das coisas e uma noção da vida mais digna de si mesma e da Raça a que pertence. Não é próprio de uma senhora ou menina ilustre conservar-se indiferente ao movimento social do seu tempo, porquanto é sumamente grato e nobre uma mulher colocar-se ao lado de seu marido e de seu irmão, auxiliando-os na obra social de levantamento que dia a dia constitui a sua preocupação premente.[95]

Por uma dessas associações enviesadas, isso nos leva a uma última questão. É que boa parte dessas construções sobre o *feminino* acabaram perdendo o sentido (ou sendo profundamente alteradas) ao longo de transformações que decorreram para muito além do pequeno universo dos *coloniais*. E, quase em simultâneo, as mudanças no padrão migratório com destino às colónias, dos anos 1950 em diante, sobretudo, fizeram que o peso das várias questões relativas aos discursos sobre a *domesticidade* fosse substantivamente modificado. Por exemplo, à medida que crescia o número de naturais da colónia, em relação aos imigrantes, e à proporção em que a maioria dos ingressos de metropolitanos passou a ser feita "em família" (com exceção, é obvio, das entradas de militares, após 1961), aspectos relacionados à conservação do acervo pessoal da *casa*, à distinção, à conquista de dado "padrão social" e/ou à mantença de certo "estilo de vida" ganharam terreno em relação àqueles ligados apenas à *respeitabilidade* ou às *"boas maneiras"*. No entanto, ao observarmos debates cosmopolitas, como aqueles que envolvem os primeiros passos duma segunda geração feminista, na sua versão colonial, constatamos que circunstâncias locais continuaram sendo significativas no que se refere a estes temas; e, por isso mesmo, essas

---

94 Mara, Ludovico. Carta de Ludovico (às suas patrícias). *In: Angola*. Ano IV, n.3, mai.-jun., 1936, p.5.

95 F.S. "A mulher perante o nosso desenvolvimento económico e social." *In: Angola*. Ano VI, n.26, out., 1938, p.9.

discussões, a princípio, também imigrantes, se mostraram expressivas de processos que viriam a ter lugar no devir da colonização. É o caso dum entreveiro que opôs Lília da Fonseca e Cândido Guerreiro da França, nas páginas de *A Província*. Para encerrar esse tópico, transcrevemos um trecho da réplica de Guerreiro da França, a um texto inicial em que Lília defendia a expansão do voto feminino, seguido de parte da tréplica de Lília:

	Sobre mulheres & "modernidades"
(vi)	"A mulher, para o bem do Mundo, tem que voltar a ocupar o seu lugar antigo. Enquanto vocês preferirem o nervoso volante do automóvel, o matraquear das máquinas de escrever, o agitado remexer dos ficheiros comerciais, creia-me minha encantadora camarada, que o Mundo continuará na mesma ou que por outra tornar-se-á cada vez peor. Vocês precisam ser 'modernas,' sim: mas o vosso modernismo já vai muito longe e as excentricidades e os vossos exageros mais entenebrecem o horizonte." [...] Conheço na Lunda uma senhora, francesa de origem, portuguesa pelo casamento, que é o exemplo vivo desse modernismo saudável, equilibrado e productor. Vejo-a vestida sempre com modéstia incomparável, a qual não falta o apuro de elegância. Gentilíssima, culta, musicóloga distinta, católica protestante – (o que quere dizer que não é religiosa por moda, exibicionismo ou... necessidade de agradar) – resolveu empregar as suas horas vagas em catequizar as rudes mulheres quiôcas, as lindas donairosas balubas, os negros semi-selvagens. Ensinou-lhes as palavras de Jesus e ela, francesa, fez-lhes primeiramente cantar e compreender o hino português. A seguir, fê-los entoar, a três e quatro vozes, os mais lindos hinos litúrgicos, impregnados de unção e gravidade. E acredite você, minha gentilíssima camarada, esta Senhora é uma mulher moderna. Eu sei que você concordará comigo. [...] E quando amanhã você sair envolta na graça, na neve, na airosidade dos seus véus de noiva, você, Lília, concordará comigo: é melhor andar de 'braço dado' que andar de 'passo a passo.'"[96]
(vii)	"Assim, Guerreiro da França, lá dos confins da Lunda, desenhou na sua imaginação, ao ler as minhas insossas e mal alinhavadas linhas de prosa, o protótipo da sufragista. Felizmente, como ele próprio o assegura, enganou-se. Não sei porquê que, ainda hoje, para a maioria dos homens, a mulher que se abalance a ter uma simples ideia, é logo irremediavelmente tomada por ridícula sufragista! Cabe perguntar, então, para que lhe abriram as portas das Escolas Industriais, das Escolas Comerciais, dos Liceus e das Universidades? Foi para afastarem a mulher da sua verdadeira e primacial missão na vida, a de esposa e mãe, que lhe deixaram ingressar naqueles estabelecimentos e lhe permitiram o conhecimento de problemas um bocadinho diferentes da confecção de uma sopa ou do passajar das meias ao sábado, para no domingo, quando o marido abrir a gaveta da cômoda, encontrar o esquadrão de peúgas dobradas simetricamente alinhado? Creio bem que não. O meu caminhar 'passo a passo com o homem' não exclui o 'caminhar de braço dado', pelo que opta Guerreiro da França e com quem estou de acordo. Somente pode, e deve, quem for sensato, conciliar a cozinha com a biblioteca, os cueiros dos meninos com o estudo e arte, consoante as tendências de cada espírito. As mulheres, felizmente hoje já poucas de espírito banal e inculto, não conciliam também estas prendas do lar com as banalidades, tam poucas vezes abonatórias, que a ociosidade lhes proporciona? [...] Embora com a modéstia ferida, não deixo de agradecer as suas

96   França, Cândido Guerreiro da. "Mulheres modernas." *In: A Província de Angola.* Suplemento de Domingo. Ano II, n.101, 10 de Abr., 1938: p.5.

> amáveis mais imerecidas referências, e dizer-lhe que nisto de mulheres modernas ou antigas, elas serão sempre aquilo que vocês quiserem que elas sejam, consoante as amarem muito ou pouco."[97]

Vejamos que, inicialmente, a polêmica entre os autores diz respeito a temas clássicos do feminismo enquanto corrente de opinião: a maior inserção e equiparação da mulher ao homem no mundo do trabalho, o direito ao voto, o acesso idêntico ao ensino (questão ainda relevante neste momento) etc. Contudo, ao buscar exemplos "locais" de que é possível ocupar o lugar (normativo) da mulher na sociedade sendo "moderna", Guerreiro da França oferece uma imagem que, de fato, é uma simples transposição, do lar para a esfera pública, de tarefas eminentemente *femininas* – zelo moral (e religioso), cuidado material, acompanhamento pedagógico, "formação" etc. –, numa ação que se dirige, como se presumiria, às crianças, aos tutelados do espaço colonial – os *indígenas*. Ora, todo esse ideal de "participação social feminina" de Guerreiro da França é um emaranhado em que se reúnem convenções de gênero, condutas de classe (porque, afinal, há um que de caridade cristã, no fundo, concebida de modo elitista, subliminarmente por disto tudo) e, claro, estereótipos raciais. É certo que esse debate, em particular, é extemporâneo (decorreu pelo menos duas décadas antes do início da agonia colonial). De certo modo, entretanto, ele é um indício de que, mais tarde, coisas como os vários movimentos reivindicatórios de direitos civis e a revolução comportamental dos 1960 e 1970 tenham efetivamente contribuído no processo de inviabilização do colonialismo; afinal, como uma espécie de teoria sem centro, era realmente muito difícil sustentar a fantasia colonialista num mundo em que todos os valores morais que a autorizaram pareciam, simplesmente, ruir.

4.3 A fazenda africana

Em face de espaços tão fortemente conotados com a construção da *masculinidade* e da *feminilidade*, a *caça* e a *casa colonial*, respectivamente, a *fazenda africana* é, antes de tudo, um espaço de *encontro*, de justaposição de sujeitos diversos: encontro do colonato *branco* com a massa *negra* de traba-

---

97 Fonseca, Lília da. "Mulheres modernas." *In: A Província de Angola*. Suplemento de Domingo. Ano II, n.102, 17 de Abr., 1938, p.1.

lhadores; encontro da *economia* colonial e do seu universo de *técnicas* com a *terra africana*; e da *família* colonial com o mundo alargado que se estende do *sobrado*, da *"sede"*, ao *kimbo*; ou, como um traço peculiar, presente nas mais diversas narrativas que se desenrolam nesse "cronotopo", o espaço do encontro *afetivo*, entre meninos brancos e negros, germanos inusitados em (con)vivência, entre homens e mulheres também. Em face de tantas referências a um *espaço transfronteiriço*, preso só aos limites da *aventura*, ou a um *espaço de contenção*, fundamentalmente ligado à construção do senso de *localidade* ou à reafirmação da *nacionalidade*, com relação à *caça* e a *casa*, a *fazenda* é uma espécie de *lugar fora do mundo*, um reino particular entre os limites de cercas e porteiras, tão precisamente descrito no título do filme de Caroline Link, *Nowhere in Africa* (2001). Entretanto, apesar dessas muitas imagens "idílicas", presentes aqui e acolá, nas mais variadas memórias e registros daqueles dias coloniais, era também um lugar de enfrentamentos. A cidade colonial era propriamente um terreno da *lei*, e, por conseguinte, duma certa ideia de *polidez*; portanto, um domínio em que, por um lado, havia indícios de *segregação* (ou, no mínimo, de desigualdade de direitos, de oportunidade e de circulação social mesmo) por toda parte, mas, por outro, a *violência* era geralmente contida. A fazenda, por oposição à urbe, era muito mais uma arena em que vigoravam códigos muito pouco "ortodoxos", por assim dizer; por um lado, era um *espaço de contato*, dum contato poroso, pervasivo, daquele tipo que, como vimos, levava alguém como Karen Blixen a tratar *"os negros"* como sendo a sua "família" (ainda que atribuísse igual estatuto aos seus "cães e armas"), por outro, um cenário em que, não raro, o confronto explodia em violência – o lugar do trabalho *contratado*, das jornadas quase infindas, do castigo corporal vez por outra aplicado. Quando pensamos no caso específico de Angola, não surpreende que o desencadear das hostilidades da guerra, da luta independentista, na sua cruenta forma duma *jacquerie* inicial, tenha decorrido justamente no universo da *fazenda* – dos campos de algodão da Cotonang até os terreiros de café da Cada, do Norte ao Centro do país.[98]

---

[98]   Referimo-nos aos acontecimentos que transcorreram na fronteira entre Angola e o Congo, na região da Baixa do Cassange, a partir da Fazenda Primavera, próxima a S. Salvador, até as cercanias de Carmona, entre 15 e 18 de março de 1961. Os confrontos ali desencadeados (atribuídos, geralmente, à UPA, depois FNLA), pelo que se lê nos jornais da época e pelos relatos, marcaram, para a maioria dos coloniais, o "prenúncio do fim".

É bem verdade também que a maioria expressiva das terras ocupadas pela colonização estava nas mãos dessas Companhias semimajestáticas, como antes citamos, e que assim boa parte dos "colonos" estava ligada inicialmente a tais empresas, quase sempre na posição de supervisores, contratadores, regentes etc. A *fazenda* que importa como "motivo colonial", mais do que como um objeto da história econômica, não é essa, todavia; não é como a "Boa Entrada", na Gabela, ligada a Cada, pertencente ao Grupo Espírito Santo, considerada uma das maiores produtoras de café no mundo, durante a primeira metade do século XX. *"Com as suas vivendas construídas à californiana, [...] Bairro Residencial para os quadros superiores; bairro do Galinheiro, do Cassange, do Hospital e da Sanzala para os operários. Um clube, piscina, cines, biblioteca, campo de futebol, tiro aos pombos, barragem"*, da "Boa Entrada" se dizia ser o *"paraíso, a 7 km da Gabela, onde se podia viver e morrer sem necessidade de ir à cata de novos céus"*.[99] Mais do que esses microcosmos da exploração colonial, mais do que o outro extremo, o delírio dos colonatos agrários da Cela e da Matala, a *fazenda africana*, o espaço que poderíamos dizer "colonial" por natureza, era aquela que encontramos na "Cooperativa dos Criadores de Gado do Sul de Angola", com seus 30 sócios, nas cerca de 70 fazendas de ananás em torno de Monte Belo, no Bocoio, noutras tantas na Ganda, nas culturas de sisal, 80 no Cubal, 40 na Ganda, mais outras 40 no Bocoio (propriedades maiores, de 1.000 a 3.000 ha.), ou nas pequenas propriedades algodoeiras de Malanje, cerca de 250 empresas, fazendas de 100 h.a., que repassavam a produção à Cotonang, e, finalmente, nas quase 2.500 fazendas de café, no Uíge, em Malanje, no Kwanza-Sul, em Benguela, no Huambo, no Bié; estima-se que, no final dos anos 1950, mais de 7.000 colonos se dedicassem a tais propriedades.[100] Espaços, também, de muito contraste. Ali, sobretudo nos tempos mais recuados, por volta dos anos 1920, 1930, radicava boa soma dos "títulos de nobreza" a viverem em Angola, meia-dúzia de fidalgos que tentaram restabelecer um certo domínio senhorial na colônia, quando o mesmo já não era possível no minifúndio da Metrópole; ali, ao mesmo tempo, encontravam-se, e, nesse caso, até o fim do período colonial, muitos

---

99 Segundo o relato de José Sousa, 24 mar. 2010.
100 Oliveira, José Eduardo da Costa. *Economia de Angola*. Evolução e perspectivas: 1962-1969. 1970; Marques, Walter. *Problemas do desenvolvimento económico de Angola*. 1965; Cf. Guerra, 1988.

dos mais vulneráveis "colonos brancos" de Angola, aldeões que foram arriscar a faina de alcançar "o velo de oiro". Um "Quênia" e uma "Rodésia" no mesmo terreno. Para passarmos a alguns dos elementos centrais que descrevem esse "motivo" que as narrativas do período nos dizem ter sido, além de tudo, uma importante fonte da autodefinição dos *coloniais* (ou, pelo menos, de parte substancial deles), gostaríamos de começar evocando memórias, lembranças de quem *viveu* esse espaço:

	Mundos "criados" & Mundos "achados"
(i)	"Estendia-se por ali, limitada por pau a pique, sustido por piaçás, reforçando a cerca que se queria fosse resistente, evitando entradas e saídas não desejadas. E era grande aquela fazenda, um dos paraísos no distrito do Bié, Cuando-Cubango, pouco distando do Posto Sede: Mandembua. Cedo despertava para o trabalho todos os dias, gente agrupada por afazeres diversos, com a orientação de um capataz. Logo a manhã clareava, e, passando frente à casa, os homens buscavam alfaias no barracão ao lado. Rica, de pomares, muito milho, trigo também, e gado que cresceu bem, com a fartura de pastos viçosos, obrigava a grandes serviços, tarefas várias consoante a época. A família, sempre aumentando, vivia em moradia de adobo que albergava já a terceira geração. O casal de velhotes que ali se estabelecera havia décadas, tinha planeado a vida como ela decorrera então, com muitos filhos e netos; ela era negra, fizera-se com a idade a 'mama' perfeita, gorda, de aspecto calmo, temperamento também, com todo o saber de dona de casa, ensinando sem impor Ele ficara magro, mas robusto, um pouco austero, sem contudo se exaltar com facilidade. Tinha olhos azuis e expressão que parecia severa. Dos filhos, uma rapariga, a mais nova, conta agora, histórias daquele tempo, das brincadeiras num espaço onde nunca se perdiam, mas era imenso. "Soltos corriam no milheiral de plantas altas, com quase dois metros, de folhagem barulhenta, batida pela aragem; sempre muita mocidade por ali crescendo, tios e sobrinhos de idades aproximadas, parecidos, cabelos crespos, tez morena, por sangue caldeado, aparecendo em alguns, a herança de olhos claros, do pai ou avô. [...] havia as tardes em fins de semana, as festas de baptizados, e casamentos, dias de grande azáfama bem aproveitados, em que o prazer começava com os preparativos. De quando em quando, ir ao cinema, à vila, fazia parte dum Domingo completo, depois de cumprida a obrigação de assistir à missa, na Missão Católica de São José. A roupa que se vestia tinha o corte de rapariga habilidosa, que muito solicitada, fazia, com esmero, camisas e vestidos em tecido de seda. Em Silva Porto, aprenderia mais tarde a costurar, arte que seria depois, o trabalho de toda a vida. Em família grande assim, apareceram mil vocações, descobertas para superar necessidades e também para fazer, da existência, uma constante descoberta. Juventude que cantava, animando festas, aceitava exibições nos povoados próximos, como Cutato e Cangote. Iam em carrinha de caixa aberta, porque o tempo permitia, levavam comida para o caminho e faziam o percurso em festa. Hoje, pronunciar 'Chinguar,' significa voltar às terras quentes de Angola, que vou relembrando nos contos que oiço, e com eles vem uma boa sensação de saudade doce!"[101]

---

101   Depoimento de Irene Banazol, "Zory", 24 de Mai. 2011 [Transcrito a partir de: http://canais.sol.pt/blogs/zory/ archive/2011/05/24/Chinguar.aspx].

(ii)	"Logo que cheguei a Angola fui viver numa fazenda de café, entre grandes árvores centenárias, entre os morros do Amboim, Cuanza Sul, perto das belas cachoeiras que se situavam entre a Gabela e Novo Redondo, actual Sumbe. Ali, o ar e as águas eram puras e os únicos barulhos que se ouviam eram os cantares dos belos pássaros que nidificavam por entre a ramagem das palmeiras, dos banzes, bananeiras, taculas, mulembas e cafeeiros. Aquela era uma zona de muito cacimbo. Nalgumas manhãs, ele era tão denso que apenas se conseguia vislumbrar o que quer que fosse a uma distância de vinte metros. [...] De vez em quando, víamos passar por entre a selva, com plantações de café por baixo de arvoredo de grande porte, um comboio movido a lenha que fazia o trajecto de Porto Amboim à cidade da Gabela, transportando mercadorias e pessoal. Embora fosse muito lento, este dava uma imagem bonita por entre a selva da montanha, conhecida como os morros do Amboim. Ali, na fazenda Quitona dependência da sede do Congulo, estávamos no mato, isolados de toda a civilização [...] Passados mais uns quatro anos o meu pai deixou de trabalhar para esse patrão e foi trabalhar alguns meses por conta de seu irmão na Quilenda, mas logo descobriu, no lugar do Lundo, mais propriamente junto à sanzala Cananguena, próxima ao rio N'hia, numa das savanas angolanas, uma fazenda com cem hectares, de um proprietário, que se encontrava abandonada. Aí ficamos até Junho 1975, data em que tudo tivemos que abandonar.[102]

Há muito a comentar nesses dois fragmentos. Mas, objetivamente, in-teressa-nos um aspecto em particular: em ambos os relatos, sob a multi-dão de referências à natureza, ao *"amor pela terra"* (uma forma de apego e legitimação que aqui já discutimos), à família, à relação entre as vilas e fazendas, ao microcosmo do universo colonial, reproduzido em pequenas fatias de 100 h.a., etc., salta aos olhos uma imagem de paraíso erguido a braços (mesmo que fortuitamente "achado"), um ideal de esforço indivi-dual que refunda a vida *"no isolamento do mato"*. E essa não é uma ideia banal. Como fartamente discutido, o colonialismo, enquanto um *modus* econômico, não era propriamente uma empresa liberal. Seja como ator eco-nômico, que intervinha nas mais diversas atividades, seja como um fiador político e jurídico (porque, antes de mais nada, o colonialismo praticado na África dos séculos XIX e XX ainda era um fenômeno de ocupação política e militar), o Estado colonial um protagonista desse modelo, cuja natureza, em parte dirigida e, no geral, monopolista, contraria a receita efetivamente "liberal". Aliás, é nesse sentido que o termo "imperialismo" (uma forma-ção econômica peculiar, a qual já foi descrita como "estágio superior do ca-pitalismo") define com muito mais propriedade o fenômeno. Boa parte da África colonial viveu sob o mandato dos monopólios e do Estado mediador e/ou colaborador duma exploração praticada em articulação com setores das sociedades locais, sob a supervisão da pequeníssima minoria branca.

---

102 Segundo o relato de José Sousa, de 19 de Mar., 2010.

Angola, no entanto, era parte dum outro grupo de espaços coloniais: aquele em que o "sucesso da empreitada colonial, da ampla e altamente capitalizada empresa agrícola", dependia da ocupação "a granel" de extensões de terra e da incorporação da economia *settler*, como dizia Paul Mosley.[103] Nesses espaços, que reclamavam *"braços brancos"*, o "imperialismo", por força da conveniência, recorreu àquela que é, talvez, a maior, a mais potente fantasia liberal: a do *self made man*, a do homem autocontido, autocentrado, que se lança ao movimento vertiginoso da ascensão social, que "constrói" riquezas, mediante o esforço ou as capacidades individuais, o homem que "faz a América". A essa fantasia, a esse apelo é que tantas e tão recorrentes imagens de "paraísos criados" ou "descobertos" respondem.

Estudos sobre dois casos paradigmáticos do contexto colonial anglófono, a Rodésia e o Quênia, tendem a sublinhar que, embora a situação do colonato que vivia do "trabalho" pudesse ser mesmo descrita, em média, como de *vida dura* e até de relativa precariedade para uma faixa dos colonos (dadas as condições da sua inserção inicial na cena africana), dos extremos de conforto ou de dificuldade até essa mediana, em comum, a vida desses sujeitos também se podia definir por seu "senso de oportunidade e liberdade sem limites"[104] (e o mesmo pode ser dito em relação às antigas possessões portuguesas, nas quais, apesar de tudo, experimentava-se frequentemente a sensação de ser menos "constrangido"). Nesse aspecto, o segundo que relato que citamos é exemplar: os Sousa são efetivamente o que poderia chamar de "colonos pobres", que se beneficiaram dum regime de terras muito particular; em nenhum outro quadrante do mundo, exceto nesse tipo de situação colonial, a sua passagem de assalariados do campo a pequenos fazendeiros teria sido tão rápida (cerca de seis ou sete anos após a chegada do "chefe" da família a Angola) ou mesmo possível. Apesar disto, e em parte por conta dessa miragem da "terra de oportunidades", a "desconfiança", a reticência, também parecem ter sido traços fundamentais da experiência desses "brancos africanos/na África" (*"white men on the spot"*).[105] A máquina imperialista se não era propriamente imoral era certamente amoral; e, como acabaria por ficar provado, podia mudar suas estratégias da noite para o dia, abandonando o colono à vulnerabilidade duma situação em que

---

103 Mosley, 1982, p.390-408.
104 Cf. Kennedy, 1987; Wrigley, 1965, p.221-249.
105 Ranger, 1979, p.463-469.

o equilíbrio de forças coercitivas poderia ser bem rapidamente alterado.[106] Entretanto, considerando apenas essa meia dúzia de décadas durante as quais se acalentaram projetos de tornar a África um grande celeiro mundial, um grande banco de *commodities*, o funcionamento da empreitada dessa presença demográfica legitimatória (sobretudo, nos altiplanos da parte austral do Continente). Essa convergência entre o interesse do que se pode chamar "o grande capital" e aquele dos indivíduos dispostos à "colonização", fez que a *fazenda africana*, por um lado, se tornasse um espaço em que nitidamente se pode perceber que, apesar das diferenças internas entre os *"coloniais"* em que vimos insistindo, "o que os unia era maior do que o que os separava"; e, por outro lado, ela se tornou também um poderoso objeto de *propaganda*.

É nessa condição, como um motivo da *propaganda colonialista*, que as representações da fazenda são mais constantes na narrativa colonial. Henrique Galvão, talvez o autor mais citado ao longo deste trabalho – não só pela sua importância, mas também pela proficuidade da sua obra –, foi um especialista em retratar, certamente dum modo "idealizado", colonos-agricultores. Como o "perfeito colonial" que ele pretendia ser, "mais realista do que o Rei" (o que, no caso português, é mais do que uma metáfora), estava consciente do potencial que residia na promessa de "riqueza" e de "felicidade" da *fazenda africana*; e por isso se esforçou em fazer do que artifícies do colonialismo em Angola, como Vicente Ferreira e Norton de Matos, tomaram como assunto de debates e teses, as mais variadas, uma matéria de *narrativa de aventuras*. Os seus dois principais romances coloniais – *O Velo de Oiro* (1933) e *O Sol dos Trópicos* (1936) – apresentam, justamente, histórias de fracasso pessoal, cuja redenção está nas "oportunidades sem limites" do trabalho no campo. Por tudo o que permite esmiuçar dessa fantasia, *O Sol dos Trópicos* é ainda mais direto do que o primeiro livro. A história do falhado português que, por acaso, acaba parando na Chela, por acaso, acaba parecendo um semideus, um "Kurz", perante os *"nativos"*, que, desse episódio fortuito, retira as condições para fundar um povoado e que, do povoado, cujo epicentro é sua fazenda, retira as condições para uma "nova vida" é modelar. Mas, ao invés de continuar a descrevê-la, vejamos

---

106 Idem, ibidem.

como a crítica da época a descreveu; a resenha a seguir, de Armando Ferreira, já esclarece quase tudo o que importa:

> O entrecho é rudimentar. Simples, como a história de Robinson Crusoé. [...] Um falhado da metrópole, beirão forte e sadio, mas ingênuo para as tramas da vida civilizada, busca a África para *estoirar*. [...] Ali, um facílimo acaso lança-o logo para o interior. A muitas léguas da parte civilizada, tendo repulsa pelos raros brancos que lá exercem o comércio com os pretos – pouco recomendável como propaganda, mas digna pelo desassombro da verdade e realismo – o herói do romance fica só, só, com a selva. Mas o Sol dos Trópicos, que se sucede aos diluvianos aguaceiros do continente africano, mostra-lhe panoramas inéditos, belezas luxuriantes. Nasce-lhe, ou renasce, o instinto de viver. O amor à vida, nos seus mais primitivos alvores, vai-se criando... Depois aparece um preto, o primeiro contato com o semelhante, o surgir do sentimento de fraternidade... Depois, o cultivo e amanho da terras, o deslocar da água, a sabor da inteligência e mando do Homem. O repúdio das miragens de ouro fácil até a constituição do pequeno povoado, em que os negros são os símios que rodeiam Adão, até que Eva é dada pelo Criador, para companheira do primeiro homem. Eva é Marta, a vítima da vida pouco escrupulosa dos funantes, das razias dos pretos e da decrepitude do soba, até que desce ao paraíso da Chela. Só isto e tudo isto.[107]

"*Só isto e tudo isto.*" Duas fortíssimas imagens discursivas: o antigo motivo do Éden e o mais conhecido "mito" contemporâneo sobre a capacidade de "demiurgo" do indivíduo. Robinson (nesse caso, Venâncio) e Sexta-Feira (o *kuvale* N'Tuba) lutando com o *mato*; Adão e Eva (Venâncio e Marta) perante o paraíso (um paraíso, note-se, em que os *negros* são como "*símios diante de Adão*", interessante meio-termo entre o evolucionismo e o criacionismo). Essa leitura capta com precisão o "espírito da coisa". De fato, a lógica estrutural da narrativa remete de algum modo a esses motes – a vida pregressa de Venâncio em Portugal é de constrangimentos e insucessos; a sua experiência inicial em Angola, junto dos *funantes*, é igualmente degradante; "sozinho" na Chela, ante um senso brutal de "individualida-

---

107 Ferreira, Armando. "O romance *O sol dos trópicos.*" In: *Jornal do Comércio e das Colónias.* Ano LXXXIV, 20 de out. 1936, [s./p.].

de" e "perspectivas", é que ele percorre o roteiro do *self made man*; por fim, é na "fazenda", "em família", que ele descortina um "Novo Mundo". É evidente que essa crítica de Ferreira é um tanto cabotina. E também que, pela própria natureza do gênero, a narrativa apela ao exagero desse "colono--padrão", um colono "hiper-real". Mas tanto a referência a imagens tão "não específicas" por parte do crítico, quanto o excesso do escritor (um excesso de "propagandista") têm a sua razão de ser. No primeiro caso, apesar da particularidade portuguesa desse "ideal agrícola" (ligada a uma forma de conceber a nacionalidade, tornada "oficial" durante o Estado Novo), o tema da *fazenda africana* é encontrado na propaganda colonial nos mais diversos contextos. E quanto às superdosagens de Galvão, bastaria retornar às memórias de "mundos criados" que se tornaram as *"saudades doces"* de muitos para constatar as simetrias entre o romance e os discursos dos *coloniais*. A propósito, vale a pena citar algumas passagens do livro para aceder a outros tantos aspectos em que essa simetria é também facilmente notada:

> Sim, sim, eu era ainda o homem que quer caminhar para a frente, para mais alto – mas já sabia para onde queria ir e como me deleitava trepar. Criara um mundo meu, com o meu esfôrço, a boa fibra que na terra se criara e que para a terra se voltava – e o que desejava era aperfeiçoar êsse mundo, nutrir o orgulho exigente das minhas criações, lutar de igual para igual com as dificuldades naturais. A Marta velava o meu renascimento. E uma noite – uma das longas noites em que longamente conversamos e nos transmitíamos um ao outro como se cada um, animado pela paisagem de isolamento, pensasse em voz alta – descobrimos que éramos duas pessoas alegres. Pessoas alegres, dessas que na Europa são tímidas perante as multidões ou o espírito da sociedade – mas que trazem o sol dentro de si e com êle se iluminam. [...]
>
> * * *
>
> Trabalhámos incansàvelmente, durante semanas, com instrumentos improvisados – e por fim a água que se despenha do alto, à doida, para passear cá em baixo, juntamente com as águas viajeiras do ribeiro, entrou na caleira que conseguimos amanhar e veio dar de beber ao milho.
>
> Todas as tardes a encaminhávamos – e ela obedecia, alegre, cantante, até se espalhar na seara para descer à intimidade creadora das raízes. E o milho crescia, com hastes rijas e um verde sadio. A massambala enfeitava-se de vistosos penachos. A seara entrou em festa.

* * *

Os animais aumentavam: galinhas que esgaravatavam a terra em volta da casa e que a Marta recolhia à noute no galinheiro. Os bois que o Muanka me guardava juntamente com os seus. Uma gazela mansa que nos acompanhava como um cão.

* * *

E também a casa cresceu. E ao lado dela outra casa – e em frente um silo, um pouco mais arreada uma eira. Depois das chuvas amanhei a primeira horta.[108]

O discurso em primeira pessoa de Venâncio (expressivo do seu quê de Crusoé) revela uma interessante conexão entre o *trabalho*, a forja desse "mundo próprio" (ou "propriedade"), e um senso de *espontaneidade*. Na riqueza dos detalhes desse universo, feito de casas e celeiros, de lavras e animais, afirma-se constantemente a soberania do indivíduo que *"cria um mundo seu"*, o elogio da *"boa fibra que se cria e para a terra se volta"* – uma concepção que, tentando desnaturalizar ao máximo os termos e ser o mais fiel ao que está dito, poderíamos definir como um *"orgulho do próprio esforço, da própria capacidade"*, enfim, uma ideia profundamente enraizada na fantasia liberal do "progresso individual". Nesse mundo, "criado a sua imagem e semelhança", era bem razoável supor que fosse possível viver segundo códigos e convenções particulares (mesmo no seio duma experiência afeita a normatividades). Esse sentido de "arejamento", de existir em conformidade livre consigo mesmo e participar de relações espontâneas é, com efeito, uma noção bastante comum nos relatos sobre os dias vividos nas colônias; já o vimos aqui insinuado nos mais variados exemplos. É presumível que alguém como Galvão tendesse a associá-lo a uma ideia de reformação moral, de "reconstituição do Homem", numa acepção que aproxima o colonialismo de experiência totalitárias também fiadas na construção do "Homem Novo" (o "perfeito colono" ou qualquer Homem resultante da projeção da ideologia totalitária em questão). Para a maioria dos *coloniais*, no entanto, é possível que estivesse mais ligado a uma noção de "estilo de vida"; ainda que este estilo fosse também objeto de ideologia e, principalmente, de moralidade. Como ainda tentaremos discutir, boa parte das rusgas, do ruído, entre os *coloniais* e os Estados colonialistas, tem alguma

---

108   Galvão, Henrique. *O sol dos trópicos*. 1936, p.311; 314-315.

relação com as ambiguidades e interditos da percepção de "singularidade" que advém dessa "existência espontânea".

Há um outro aspecto relevante da narrativa de Galvão, de algum modo ligado a esse. Trata-se da tendência a representar a *fazenda* como um espaço de construção da subjetividade, de modelagem do indivíduo (o que é apenas uma distinção sutil em relação ao aspecto anterior, talvez mais adequada para narrar processos de descoberta da própria intimidade, da própria emotividade – questões de afeto, memória e trajetória). É fácil constatar que nove em cada dez relatos de *White farmers* da África colonial trazem a marca indelével da biografia, como se fosse quase impossível descrever o espaço ou os *"acabrunhadores pormenores econômicos"*, de que falava Norberto Gonzaga, sem pontuá-los de referência tangíveis à "vida". Nos romances e crônicas coloniais, em especial, tal característica tomou a forma dum motivo frequente: a *fazenda* como lugar de *relação* e de algo que se pode chamar *autodesvelamento*; de encontros *amorosos*, de vivências em comum, tanto quanto de afirmação identitária *(self-fashioning)*,[109] de constituição duma *persona*, tal como Lemos na narrativa paradigmática de Karen Blixen (*Out of Africa*, 1938). Em *O Sol dos Trópicos*, essa tendência está representada, sobretudo, na figura de Marta – a branca *"sozinha"*, maltratada por um *cafre*, sujeita à proteção de um *soba kuvale*, numa *fazenda*, retirada, confrontada com o *amargor*, com a *vida dura*, noutra, a que constrói com Venâncio, *renascida*, *"idêntica a si mesma"*, como a encontramos em dois momentos distintos do romance:

> A princípio julgou que morria. Depois habitou-se. E ali, naquela fazenda da Chela donde nunca saía, entrou a acreditar que nenhuma mulher no mundo seria menos infeliz do que ela. Lia, lia muito – e porque na leitura aprendia que havia homens e sentimentos diferentes, outros países, outras ideias, outras mentalidades, ela considerava, no mundo, uma parte abstrata, espécie de jardim da imaginação, onde os espíritos cansados ou envilecidos podiam repousar – e uma parte concreta, que seria, por todas as bandas, como a Fazenda, o Narciso e os pretos. Há alguns anos que não desejava fosse o que fosse. Apenas de quando em quando, ao deitar-se, sentia vagamente o desejo de não acordar.

109 Greenblatt, 1980.

Que a morte lhe viesse durante o sono e lho prolongasse indefinidamente. Fazia-me uma impressão estranha ouvi-la. [...]

* * *

Marta, que me seguia, parecia outra. O brilho que se lhe acendeu nos olhos, na madrugada da nossa amizade, não se apagou mais. Renascia com curiosidades novas, como uma creança. E o sorriso passou a substituir aos cantos da sua boca o rictus amargo que sempre trazia.[110]

Há uma superposição entre essa dimensão "privada" e a formulação de sensibilidades "coletivas" no que se refere à representação da *fazenda africana*, assim como há, de modo geral, um constante movimento entre impressão e senso de objetividade nas formas de descrever os sentidos da experiência dos "plantadores brancos" naquele contexto. Num texto sobre a dinâmica regional e econômica do ciclo cafeeiro angolano, Irene van Dongen notou, por exemplo, que os debates nos quais se repercutia a alta desse produto a partir da Segunda Guerra Mundial ou, um pouco mais tarde, as medidas e efeitos dos *Planos de Fomento* (planos de desenvolvimento econômico de 5-6 anos, adotados perto do fim do período colonial) tendiam a dar tanta importância à econometria, às estatísticas relativas à mercancia do café, quanto à explanação das consequências sociais (obviamente, do ponto de vista dos colonos-agricultores) desse ciclo virtuoso. Para os fazendeiros portugueses imigrados que nos anos anteriores a essa fase haviam chegado a Angola e se engajado na cultura de "gêneros pobres", o café, mais do que cifras, significou "esperança, um novo sentido de dignidade e uma elevação dos padrões de vida"[111] – percepção dominante numa revista como *Angola Portentosa*, de Malanje, um órgão, sobretudo, dedicado às questões comerciais, duma região importante da economia cafeeira e, por isso mesmo, um documento confiável. Apenas para encerrar as referências aos romances de Henrique Galvão, citemos um pequeno trecho de *O Velo de Oiro*; trata-se duma reflexão final feita por Rodrigo, o protagonista do livro, ao lado de Estela, a "Eva" do seu paraíso particular, na qual o dado objetivo da "riqueza" proveniente dos gêneros agrícolas (o "verdadeiro ouro de Angola" num tempo em que ainda não se falava de petróleo ou diamantes) está cla-

---

110 Galvão, Henrique. *O sol dos trópicos*. 1936, p.295-296; 301.
111 Van Dongen, 1961, p.324 [320-346].

ramente associado com uma atribuição de sentido à trajetória de vida, que se realiza eminentemente no plano individual:

> Os dons da África são como tantos outros que concedem os mundos mais antigos e desbravados. É preciso conquistá-los, progressivamente, com trabalho e inteligência, com ordem e bom senso. Simplesmente, e nisso consiste a sua generosidade, o prêmio é mais farto, a progressão mais rápida, o trabalho mais livre, a inteligência mais desempoeirada e o sentimento viril das possibilidades mais nítido e expressivo. [...] Olhei então com amor para estas terras do Sul e, pela primeira vez, vi claro no caminho da minha vida. [...] Dois anos depois, instalado já na minha Fazenda, para as bandas do Jau, nasceu o primeiro filho. E, quando, por altura das ceifas, certa manhã assomei à janela do meu quarto mais a minha mulher, estava a seara tão doirada e linda e o sol tão meigo, que a Estela exclamou: – Parece oiro, Rodrigo. Que beleza! E eu voltei: – É oiro meu amor! E nós que o fomos procurar tão longe. [112]

Admitir que exista alguma identidade entre esse tipo de narrativa e as vivências dos *coloniais*, apesar dos muitos matizes discursivos que provém das condições de inserção efetiva na situação colonial, é admitir que havia um nível considerável de permeabilidade entre as impressões desses sujeitos e as construções da propaganda colonialista. Embora a imagem duma ascensão tão fácil quanto parece nas palavras de Galvão seja um elemento fortemente rechaçado por vários dos antigos residentes e/ou brancos naturais de Angola (quase sempre obstinados em manter essa sua retórica da *vida dura*), o fato é que dificilmente se podem isolar de todo as formas pelas quais colonos tendiam a conceber o seu direito àquelas terras como autoevidente das formas segundo as quais a ideologia colonial concebeu sua necessária ocupação. O aspecto em que esses polos mais coincidem é aquele em que, por central, também são mais notórias as fricções, as divergências, qual seja: uma compreensão muito particular do *trabalho* – o valor constante de todos esses discursos.

Uma fonte especialmente interessante onde encontramos essa compreensão distinta do *trabalho* associada à *fazenda colonial branca* são os inúmeros documentos que registram a utopia da confecção de "Novos Brasis". No

---

112 Galvão, Henrique. *O velo de ouro*. 1936, p.265-266; 272.

caso de Angola, é muitíssimo claro o quanto este tópico tinha de mitografia, articulada sobretudo no terreno da propaganda política e fundada na carga histórica da experiência luso-brasileira e da presença do Brasil e de "brasileiros" em Angola. Entretanto, há uma incidência pouco conhecida, mas relativamente importante, da ideia do "Novo Brasil" noutros cenários da África colonial – nos quais, certamente, as "singularidades" dos métodos de ocupação portuguesa não tinham nenhuma relevância simbólica, nem prática. Robin Palmer cita o exemplo do administrador colonial britânico Harry Hamilton Johnston (1858-1927), primeiro governador do protetorado da África Central Britânica, depois Niassalândia (atual Malawi); diante de fazendas que Johnston encontrou na região, quando da sua chegada, a primeira crença que ele manifestou a seus superiores em seus relatórios foi a de que as terras altas africanas poderiam produzir *"another Brazil"* (e, de fato, esses textos do final do século XIX não os únicos que recorrem ao mote).[113] Se a Índia colonial é frequentemente apresentada como um modelo influente da *indirect rule*, do tipo de relação colonial estabelecida em largas áreas da África ocidental e central, é possível supor que, de algum modo, a ocupação colonial brasileira tenha sido uma das referências do *"white settlement"*, tal como praticado na África austral entre os séculos XIX e XX (e é significativo que, por um lado, as experiências alternativas, das fazendas *bôers*, por exemplo, tenham alguma relação com as práticas mais remotas dos holandeses no nordeste brasileiro; tanto quanto que essa referência continuasse a ter relevância tardiamente, graças, principalmente, à importância do café, gênero de que o Brasil era o maior produtor mundial). Mais do que a retórica vazia da "criação de novos Mundos", o que, talvez, explique essas ocorrências é o teor que sujeitos como Vicente Ferreira e Norton de Matos, por exemplo, davam à imagem do "Novo Brasil": tomando-o como padrão econômico de ocupação dos solos, de monocultura em extensão, de produção voltada para exportação de gêneros tropicais. No entanto, arriscando uma hipótese mais difícil de demonstrar, podemos dizer também que é um complexo de organização social arregimentada pelo *trabalho*: a *fazenda* como um centro de poder e disseminação de *valores*, dirigida de modo quase senhorial por um proprietário e poucos auxiliares

---

113 Palmer, 1985, p.211-245 [com base em: F.O. 84/2052. Memo by Johnston, December, 29th, 1890].

(o que Vicente Ferreira chamava "quadros coloniais"), assentada no uso de um grande contingente de força de trabalho, para a qual o *trabalho* é também *controle*.[114]

Sugere-se também com frequência que a importância econômica efetiva dos *"colonos brancos plantadores"* tenha sido pequena; e, de fato, se esse modelo brasileiro foi atingido em algum lugar foi nas grandes Companhias agrícolas, geralmente sediadas na metrópole, que operavam na África sob trabalho assalariado, das quais a Cada ou a Cotonang são exemplo. Na maior parte do universo dos fazendeiros coloniais, predominava uma junção – do modelo de esforço contínuo, de "amanho da terra", seguindo as formas do cultivo dos minifúndios europeus, e das perspectivas de rendimentos a extrair da cultura em maiores extensões e mais apoiada por trabalho braçal em quantidade e intensidade, à brasileira. Contudo, em termos de importância simbólica e até mesmo política, a medida era inversa. No fim do período colonial, o desenvolvimento urbano acabou por se tornar o mais importante objeto de justificação da presença tutorial do Estado colonialista; mas antes disto, durante longas décadas, foi a ideia da melhor ocupação e exploração da terra africana, condensada na imagem da *fazenda colonial*, o principal argumento retórico a legitimar a empresa da colonização; um fenômeno marcado pela fantasia da dinamização dum continente inerte. Pouco pode ser apresentado de mais significativo do quanto as comunidades coloniais se revelavam ufanas dessa ideia do que o epíteto que a sede do Huambo, a então "Nova Lisboa", reclamou para si: *"a capital do trabalho"*[115] (uma forma expressivamente elogiosa de retificar a sua impossibilidade de ser a capital de fato, ainda que a tivessem concebido de direito, na qual se percebe um claro *"orgulho de bandeirantes"*, típico de *colonos*, de *pioneiros*, da ética dum grupo que se representa como *"locomotiva do país"*). Pouco pode ser apresentado de mais significativo do quanto essa idealização do "colono-trabalhador", "fazendeiro", é indiscernível das formas de concepção da legitimidade da colonização do que as palavras do Coronel britânico F. Clement Egerton, ao tempo em que colhia notas para o livro *Angola whitout prejudice* (1955), quando instado pelos repórteres de *A*

---

114 *Cf.* Ferreira, Vicente. *A nova Lusitânia*: Angola, novas tendências da política colonial. 1948; *Colonização étnica da África portuguesa*. 1944; "A situação de Angola." *In: BGC*. Ano III, n.28, out., 1927, p.85-121; n.29, nov., 1927, p.54-89.

115 *Cf.* "A capital do trabalho." In: *Voz do Planalto*. Ano VIII, [s/n], 25 nov., 1939, p.3.

Huíla a comentar suas principais impressões da colônia: *"Parece-me difícil dar impressões gerais depois de tantas e tão belas coisas"*, afirmava, *"mas sobre todas as outras: a energia, a coragem, o sacrifício dos colonos portugueses* [...] *mesmo nas regiões mais remotas, nas zonas mais afastadas dos grandes centros de civilização, conservam uma indómita vontade de encaminharem para o progresso estas terras..."*.[116] Os idílios ou os queixumes de *fazendeiros brancos*, por força dessa centralidade ideal, acabavam sendo apresentados como indícios dos sucessos ou dos "problemas" da máquina colonial como um todo; uma tendência notória nesse tipo de análise "interessada", como a de Egerton e outros publicistas da colonização, mas também expressa nas narrativas de *coloniais*, sob variados matizes, de que podemos citar alguns exemplos:

	Esforços, trabalho, "amor à terra" & seus limites
(iii)	"Chamaram-te visionário, quási criminoso, até! E no entanto, tu deste àquela terra o melhor do teu esforço. Sacrificaste por ela o teu nome, a tua posição e a tua glória; riquezas mais acessíveis e vida confortável e fácil. Tu fôste como aquele pioneiro que, a golpes rudes, abriu caminho à civilização; fôste o mártir da selva e ela tudo deste: a tua persistência, o teu sacrifício, o teu trabalho e o teu sangue, combatendo o próprio sentimento e o próprio desânimo. [...] Desse teu esfôrço gigantesco nasceu a Fazenda e dentro dela, à tua ordem, cem, duzentos, trezentos braços revolviam a terra, abriam valados e picadas, erguiam paredes, batiam o ferro, moldavam o barro. Tu próprio, tudo ensinaste, tudo fizeste naquele mato. Fôste cavador e engenheiro, ferreiro e lenhador. Numa luta titânica contra a natureza sem recursos, aguçaste o engenho. E as semanas correram umas atrás de outras, meses e meses canseirosos e iguais. "Quanta dor curtida! Quantas saudades mortais! Quanto sonho desfeito! Amparados um ao outro, vivemos. Ansiedades de um eram as ansiedades do outro; escondíamos toda a fraqueza, muitas amarguras e dúvidas, muitos desesperos. E assim, ganhamos coragem e temperámos as almas, fazendo do trabalho um padrão e do combate uma fortaleza."[117]
(iv)	"[Joaquim] Ferreira contou-nos dos seus esforços para a montagem da sua fazenda. E pasmamos de ver naquele sertão monstruosas máquinas do melhor fabrico inglês. Locomóveis, semifixas, moinhos, peneiros, montanhas de ferro e cobre, um capital imenso ali aplicado ao aproveitamento do solo. Aquilo era a resultante duma vida inteira de trabalho, da tenacidade, duma vontade firme dedicada ao engrandecimento do nome português. Infelizmente, de 'cima' nada vinha em auxílio daquele lutador."[118]

116 "Em Angola uma impressão se afirma sobre todas as outras. Entrevista ao cel. F. C. C. Eggerton." In: *A Huíla*. Ano XIX, n.478, 14 nov. 1951, p.2.
117 Azeredo, Guilhermina de. "Ah! Meu amigo, meu amigo! Nós éramos tão novos e tão cheios de ilusões!" In: *O Mundo Português*. Ano XI, n.123, Mar., 1944, p.104-105.
118 Aguilar, Antonio de. *Aventuras de caça*. 1935, p.198.

(v)	"Foi para o Cubal, aquela viagem que programei, em jeito de férias, mas na realidade, visitar a família era o propósito. [...] Chegar ao posto administrativo de Hanha, Cubal, era ver o exemplo duma povoação cuidada por pessoas que amaram a terra e dela fizeram um aprazível lugar. Em redor, os campos de sisal, rasteiro, de folha grossa, em mil plantas cobrindo o solo, é um não acabar de verde, riqueza da zona. Em fazendas muito próximas, um cheiro doce no ar, sente-se bem nas proximidades de cultura de abacaxi, que sobra e se empilha, formando pirâmides imensas de fruta que fermenta logo."[119]

Há algumas sugestões particularmente instigantes nesses exemplos. Imagens como a da fazenda de Guilhermina Azeredo & Antonio de Aguilar, com *"duzentos, trezentos braços* (negros) *a revolver a terra"* sob o comando do proprietário (branco), ou a dos campos de sisal da Hanha, *"um não acabar de verde"*, ou a da "moderna" sesmaria de Joaquim Ferreira, construída sem *"auxílios 'de cima,'"* insinuam dificuldades e vulnerabilidades, tanto quanto um senso de magnitude do "esforço" colonial, que são aspectos frequentes das narrativas para as quais nos voltamos. Aproximando-nos do fim deste capítulo, gostaríamos de partir dessas imagens para levantar duas últimas questões.

Em primeiro, como discutíamos ao tratar as representações de *"outras terras"*, espaços e paisagens de Angola, há uma conexão entre os cenários extensivos das transformações coloniais e uma forma de conceber o terreno africano, tomando-o como "vazio" (e "fora do tempo"). Não há como ignorar essa ecologia política da colonização que transplanta não só *"colonos"*, mas *"culturas"*, interferindo decisivamente no meio físico. E, nesse aspecto, a *fazenda* é também um espaço agudo de confrontos. Porque, se a cidade, com a sua densidade histórica própria, é um espaço de camadas superpostas, de aceleração da mudança, quase sempre com apagamentos, com exclusões de formas e com a plenitude da ideia do espaço transplantado, a *fazenda*, por seu turno, é um espaço em que a interferência convive com o *mato*, em que a mudança afeta o meio, mas também é contingenciada por ele, um espaço em que, na sua extensão, casas, terreiros, maquinários, silos são parte, não todo; evidenciando um domínio sempre precário, sempre angustioso em alguma medida, como podemos ler numa breve descrição de *Nas terras do café*, de Metzner Leone:

---

[119] Depoimento de Irene Banazol, "Zory", 14 de Ago. 2011 [Transcrito a partir de: http://canais.sol.pt/blogs/zory/ archive/2011/08/14/Ao-Cubal.aspx].

Os nove quilómetros de caminho que separavam a sede da roça Boa Lembrança da sua feitoria no Zulo não são todos através de cafezais; a propriedade tem grandes manchas incultas intercalando-se entre as folhas de terreno cultivado, e, dessa maneira, grande parte do percurso é através de regiões de floresta onde dá impressão que homem algum se afoitou a pôr o pé, a afastar-se do trilho sinuoso que, a subir e a descer, sempre em curvas, sulca com a sua cor argilosa o verde forte que o envolve – e as árvores enormes, desenvolvendo-se naquela região luxuriante, crescem desmedidamente lançando os seus troncos uns contra os outros, contorcendo-se para ganharem em cima a amplitude do ar e a carícia do sol, que mal consegue penetrar o intricando tapete de ramagens tecido pela floresta [...] E ao cair da noite, quando através do túnel rarefeito que é pálio do atalho há ainda uma claridade absoluta, já para o interior da floresta nada mais se vê que um negrume cerrado, tudo confundindo e amalgamando nas suas sombras. [...] Nem viva alma, nem uma luz, nem um som. O terreiro e a casa não davam nada a sensação de um *términus* de uma viagem, mas antes incitavam a que se prosseguisse a caminhada, de tal maneira ali se respirava abandono e desolação. De longe, vinha uma toada plangente e confusa, que devia ser o eco de um algum batuque distante – e a claridade leitosa do luar, atravessando a humidade do nevoeiro, dava cintilações de prata às orlas das folhagens e ao telhado da casa.[120]

O "Éden recriado" da *fazenda colonial*, entremeado à vegetação nativa, com seu cheiro doce de fruta e imensidões de verde (o que é uma imagem extremamente idealizada, claro), quase nunca se apresenta em conexão com aquilo que ele também é: um cenário que, longe de se erguer sobre o "espaço vazio", avança pelo interior da colônia, por terrenos de fato não cultivados, tanto quanto sobre os campos de repouso ou sobre as periferias das áreas agricultáveis outrora usadas pelas populações locais, interferindo no ambiente, bem como nos regimes de uso e distribuição das terras, e produzindo consequências socioambientais, na completa extensão do termo. A "tradição" oral de diversas comunidades angolanas reteve muitos destes efeitos, exprimindo-os, inclusive, em concepções e vocabulários próprios. É o caso da oposição, registrada por Emmanuel Kreike, entre os termos *oshilongo* ("um espaço cultivado e transformado pelo investimento de tra-

---

120 Leone, Eduardo Metzner. *Na terra do café*. 1946, p.58-59; 61-62.

balho humano, num local anteriormente desértico"; associado, durante o período colonial, às *terras dos brancos* ou à terra do Ovampo apropriada pela expansão) e *ofuka* ("um espaço desolado, hostil, com carência de alimentos, estrutura e segurança"; quase sempre, o espaço para lá do Ovampo ou espaço do êxodo, aquele em que é preciso "reconstruir" as coisas).[121] Essa dicotomia, vista entre os *Kwanyama* do sul de Angola/do norte da Namíbia e ressignificada ao longo do período colonial, é apenas um dentre os vários exemplos que testemunham a influência do incremento dos modos de produção coloniais (nessa acepção, *brancos*), concorrendo para a desterritorialização das sociedades locais.

Outra questão similar é aquela que diz respeito à constância com que as narrativas de *coloniais* tendem a tornar o "trabalho nativo", um fato que está no centro da *fazenda africana*, mero aspecto periférico, referido em imagens duma massa indistinta de trabalhadores ou simplesmente não referido. Isso nos lembra do comentário de Edward Said a *Orgulho e Preconceito*, de Jane Austen (1813), ao lembrar que a empolgante história que envolve questões de posição social, moralidade e educação e que apresenta "heróis e heroínas que tomam chá e dançam minuetos" suprime do seu universo o contingente de escravos negros que, além-mar, cultivam *fazendas* donde a aristocracia britânica extraía as condições para o seu conforto e estilo de vida.[122] Mas, deixando esse problema do "silêncio eloquente", simbólico e nem por isso menos decisivo, quanto ao qual pouco poderia ser acrescentado às palavras de Said, notemos que, nas representações do trabalho nativo empregado nas fazendas brancas, há algo de revelador da situação dos *coloniais* perante a máquina colonialista. E essa é uma questão diretamente relacionada a versões mais ou menos incisivas do ressentimento que se nota no reparo de Antonio de Aguilar, face à fazenda de Joaquim Ferreira, no Amboim: "'*de cima,' nada vinha em auxílio daquele lutador*". Isso porque, de modo geral, a situação colonial impelia a diversidade dos sujeitos para posições extremas. De um lado, por exemplo, ela suscitava relações, interpenetrações, uma circulação social mesmo, em que sujeitos *coloniais* e sujeitos "*angolanos*", em sentido lato, acabavam partilhando circunstâncias propiciadoras de um senso de localidade – o que é um perigo, do ponto de vista do "imperialis-

---

121 Kreike, 2004.
122 Said, 1995, p.120-138.

mo". De outro, não menos perigoso é o fato de que as contingências colocadas em espaços como as fazendas, sobretudo tendo em conta os "riscos" ou as condições de "vulnerabilidade" de muitos pequenos fazendeiros, tenham despertado muitas vezes discursos reivindicatórios de subsídios e privilégios ainda maiores para os assentados brancos e de condições ainda mais acessíveis de exploração dos trabalhadores locais. Como sugerira Ranger, as desconfianças dos colonos brancos, em relação ao equilíbrio instável dum "Império" que podia cambiar valores repentinamente, deram vazão a formulações ideológicas próprias desse grupo, nas quais as hierarquias raciais e a ideia de raça foram particularmente salientadas.[123] De ambos esses lados, no entanto, temos bons exemplos de que poucos *coloniais* tenham podido dar-se ao luxo de estar o tempo todo em afinação com a retórica colonial veiculada a partir da metrópole. E, aliás, é também sintomático que um dos poucos aspectos que Gilberto Freyre tenha deplorado, na sua viagem que resultou em *Aventura e rotina*, seja justamente o fato de que o português "europeu magnificamente impuro", caricato, à brasileira (de certa forma, afeito aos "valores tradicionais portugueses" de que o regime do Estado Novo se ufanava), viesse cedendo terreno a portugueses de modos, de "caráter e ação" à inglesa ou à belga, o que mais não é do que lhe parecerem exclusivistas e pejados de um "racismo" particular, tal qual outros protagonistas dessa África colonial do século XX.[124]

Enfim, declarada ou tacitamente, a *fazenda africana* surgia nas representações daquele tempo como um espaço de profunda intervenção/mudança no terreno da colônia (por isso mesmo, como um lugar perfectivo de um ideal de colonização), tanto quanto como uma criação que ratifica a centralidade dum segmento social, geralmente qualificado em termos raciais. Pode parecer uma simples tautologia reafirmá-lo, principalmente quando já se disse o mesmo, ou quase o mesmo, dos mais diversos temas e motivos aqui tratados. Mas, nesse caso, cabe refletir o quanto, devido a esses repertórios de fatos tratados como clichês, a valorização do *trabalho* (ao fim e ao cabo, a valorização de "si mesmo"), tal qual surge nesses espaços radicais da experiência colonial, como a fazenda, não exprime um senso de identidade e de interesse comum (de grupo) que acaba por explicar as vias pelas

---

123 Ranger, 1979, p.467.
124 *Cf.* Freyre, Gilberto. *Aventura e rotina*. 1953.

quais ela se fez dimensão central duma ética dos *coloniais*, em geral, e dos *White farmers*, em especial – uma ética que podemos reconstituir, a título de exemplo, nos fragmentos da crônica de Norberto Gonzaga, significativamente intitulada "Não é permitido sonhar":

> Se não soubermos exteriorizar em actos renegaríamos a missão imposta aos povos modernos pela força e ciência de uma época que adora as curiosidades históricas apenas pela *patine* e espírito e nunca como lei e motivo. Carecemos de estugar o passo dessa arrancada para o melhor. Integrar o homem branco no seu papel de guia e coordenador, de célula consciente e activa numa colmeia onde o esforço de um só reflecte o ritmo de milhares – e o homem negro na sua função social de consumidor que não oferece simplesmente perspectivas para lhe cuidarem da mentalidade desprezando necessidades inadiáveis. Precisa ele de vestir e calçar, como carece de uma casa, onde a característica exterior nos afirma da conquista e aproveitamento de um valor que não se perdeu ou anulou. Trabalhará mais e melhor. [...] Que nas fazendas o tractor arranhe a terra, definindo-nos que a agricultura não é apenas a tarefa rudimentar da enxada, mas o condicionamento de uma indústria – onde nunca pode haver desperdícios. Sim – é preciso tudo isso. Novas habitações despontarão sobre novos caboucos.[125]

* * *

Sonhava-se, entretanto, nesse mundo em que Gonzaga convocara o "homem branco" ao trabalho, no melhor estilo Kipling, e a "fazenda" à mobilização permanente. Mas, as fazendas se perderam no passado. As caçadas deram lugar ao domínio absoluto das "Kodaks", que, no caso das antigas coutadas de Angola, só muito recentemente voltaram a disparar, depois que a Guerra não mais promoveu a caça indiscriminada do bicho homem. Sobrados de família ainda os há; Luanda e as antigas cidades "brancas" do Sul ainda os têm, mas já conservam outras formas de poder (e têm de concorrer com os arranha-céus que sobem freneticamente por Angola). E, ainda assim, mesmo aqueles que partiram da colônia quando tudo isto ainda fazia sentido exprimiram por diversas vezes a sensação de que, abandonando o prestigioso e exótico da *aventura* ou a distinção da

---

125 Gonzaga, Norberto. "Não é permitido sonhar" *In: Voz do Planalto*. Ano VIII, n.371, 30 dez., 1939, p.1.

rotina, acabaram "expatriados da própria vida", qual se sentem, em geral, aqueles que, mais tarde, seriam chamados "retornados". É o que Lemos, por exemplo, no belo relato de Ferreira da Costa, que, nos mais de trinta anos em que viveu novamente em Portugal, depois de regressar de Angola, parece jamais ter se reencontrado consigo:

> Pergunto a mim próprio se fui eu quem viveu essas páginas de perigo e de febre, esses lances em que o sangue moço cachoava, impaciente, gerando audácias irreflectidas. No meio do surdo ruir das esperanças, por entre o desmoronar de tudo quanto supunha luminoso e sólido, chego a esquecer que também já tive vinte anos... E, ao contemplar os tempos idos, não é a mim que distingo. Visiono outro eu, diferente – jovial e atrevido, sofrego de movimento, pujante de energia, milionário de quimeras, arrostando a iniciação nos segredos do sangue derramado por amor aos horizontes sem fim, à liberdade das grandes florestas, à luta feroz e amorosa com a selva. Avisto nas jornadas rutilantes, correndo, lutando, a viver em força e beleza, ignorante das coisas mesquinhas, olhando, sem fremir, a esfíngica presença da Morte. A África penetrou-o, apossou-se dele para sempre. Por isso não voltou. Ficou por lá – emanação de uma índole revoltada contra a renúncia que lhe impunham. E por lá continua – sombra descuidada, a vaguear nos palmares e nos sertões. Escuta cânticos dos quissanjes, colhe beijos dos carnudos lábios das raparigas tisnadas, grita de alegria pelos fulvos capinzais, lançado numa aventura que jamais finda... Quem voltou fui eu...[126]

É sobre a importância identitária e sobre os usos sociais desse tipo de discurso que se desdobra entre trajetória e História, entre centramento e excentricidade, dando dinâmica ao que é norma na moralidade colonial, que ainda temos algumas últimas palavras a dizer.

---

126 Costa, Ferreira da. *Na pista do marfim e da morte*. 1944, p.10-11.

Em meados de 1974, coloniais residentes no sul de Angola formam um comboio para abandonar o país pela fronteira com a Namíbia, submetendo-se a uma arriscada viagem através da "Costa dos Esqueletos" até Windhoek.
Fonte: L'Ânge, Gerald. *The White Africans*. 2005, p.226.

5. O DESTINO DA GREI

Gibbon observa que en el libro árabe por excelencia, en el Alcorán, no hay camellos; yo creo que si hubiera alguna duda sobre la autenticidad del Alcorán bastaría esta ausencia de camellos para probar que es árabe. Fue escrito por Mahoma, y Mahoma, como árabe, no tenía por qué saber que los camellos eran especialmente árabes; eran para él parte de la realidad, no tenía por qué distinguirlos; en cambio, un falsario, un turista, un nacionalista árabe, lo primero que hubiera hecho es prodigar camellos, caravanas de camellos en cada página; pero Mahoma, como árabe, estaba tranquilo: sabía que podía ser árabe sin camellos. (Jorge Luis Borges)[1]

....

Angola precisa de colonos. Colonos, aos milhares! Mas colonos que, no momento próprio, sejam capazes de trocar o arado pela espingarda, barrando decididamente a passagem àqueles que pretendem arrebatar-lhes a terra fertilizada pelo sangue dos nossos maiores. (Gastão de Sousa Dias)[2]

....

Ubi bene, ibi patria. (Provérbio latino)[3]

---

1   Borges, Jorge Luis. *"El escritor argentino y la tradición."* In: *Discusión* [1932]. 1957, p.151-162.
2   Dias, Gastão de Sousa. *Povoamento de Angola.* Cadernos coloniais, n.41. 1939, p.39.
3   "Onde [se está] bem, aí [está] a Pátria."

De um modo um tanto intuitivo, é possível afirmar que o coração do que se costuma definir por Nações é constituído pela crença na partilha de valores, condutas, símbolos e códigos (a linguagem, sobretudo) que conformam algo rotineiramente aceito como uma *"cultura comum"*. Nas sociedades contemporâneas – ditas, complexas – dispositivos variados, como a imprensa, ou certos procedimentos "de Estado", como os recenseamentos e mapeamentos (os quais tem despertado as atenções de diversos estudiosos, há décadas),[4] teriam redimensionado tal crença, dando uma forma ideológica ao que, no fundo, como sugeria Appiah, é a continuidade duma *"fantasia tribal"*; um tipo de depuração "imaginada" da convivência face a face, que transporta o "comum" para a "cultura de cada indivíduo, de cada família".[5] No entanto, admite-se também com relativa frequência que essas crenças possam ser perturbadas. Processos que as pessoas tendem a perceber coletivamente como sendo de acelerada mudança social costumam ser igualmente considerados ápices desses instantes de "perturbação". Ao tempo em que Borges escreveu essas palavras, movimentos como *Martín Fierro*, na Argentina, ou a *Semana de Arte Moderna de 1922*, no Brasil, confrontavam fenômenos de transformação das estruturas políticas e econômicas dessa América Latina semiperiférica (que no Brasil, por exemplo, culminariam com a Revolução de 1930), os quais faziam colidir – e conviver – ideais de modernização e imagens de arcaísmo, crescimento urbano e persistência da centralidade do mundo agrário, com profundo impacto sobre as formas de "imaginar a Nação". À instabilidade dessa hora de mudanças, essas frentes intelectuais responderam com uma perspectiva sobre suas nacionalidades que se tornou influente, embora nem sempre bem sucedida: uma recuperação das simbologias nacionais através de um localismo crítico, cujo aporte era dado não por referências ao idêntico, à tradição, à profundidade da "cultura", mas sim pela adesão às forças irrefreáveis de uma modernidade vinda "de fora", "cosmopolita".[6] Desse modo, quando Borges opõe a legitimidade e a "naturalidade" de um localismo autoconsciente e, portanto, capaz de desdobramentos, à falácia e ao caráter estagnante dum tipo de nacionalismo/regionalismo excessivamente imbuído de "cor local" (descoberto tanto na má compreensão do "turista", quanto na retórica do

---

4   Com destaque para as obras seminais de Gelner, 1978 e Anderson, 1989.
5   Appiah. *In*: Cheah e Robbins, 1998, p.99-101.
6   Ver Pinto, M., 2001, p.435-455 e Schwartz, 1995.

arrivista), ele descortina o potencial universalizante que pode residir na "cultura comum". E não parece gratuito que o seu exemplo seja justamente o da pedra fundamental do Islã que, como o Cristianismo e o Estoicismo clássico, todas estas, morais prosélitas, oferece a possibilidade dum cosmopolitismo que se cumpre na universalização de "valores tradicionais" (na extensão da sua singularidade, como, talvez fosse o caso da imagem-Nação das vanguardas latino-americanas). Tudo isso remete ao difícil problema das representações do apego e do desapego à Cultura (no sentido herderiano), em sua relação com as representações da Humanidade. Quase todas as vanguardas do começo do século XX tomaram parte neste vastíssimo debate, principalmente porque confrontadas com a força dos nacionalismos (tal como se manifestaram nas Grandes Guerras) e com o apelo cosmopolita do avanço industrial e das utopias modernizadoras – as de "esquerda", as de "direita" e, é claro, a do "partido colonial".

São historicamente coincidentes o contexto em que este debate assumiu esses termos e o ápice da presença colonial contemporânea na África e na Ásia; e, de fato, o colonialismo foi um fenômeno de múltiplas fricções, contradições e conflitos entre ideais de "singularidade" e projeções de "universalidade": por um lado, a sua natureza é a dum projeto de "modernização não local" – e ele envolve tanto deslocamentos de coisas e pessoas num espaço transnacional, quanto a produção de novas filiações e fidelidades aos "novos" espaços coloniais; por outro, o fator crucial que o move são as garantias de que é fiador o Estado-nacional imperialista, com toda a sua retórica dedicada à afirmação da superioridade da "cultura comum" de comunidades particulares. Duas ideias em que temos insistido ao longo desse trabalho são a peculiaridade e o autocentramento das comunidades coloniais (pensadas em relação às suas metrópoles nacionais "de origem") e a frequente inquietação dessas comunidades com a questão da "legitimidade" da sua presença no terreno colonial. Nesse nosso último capítulo, gostaríamos de relacioná-las ao problema exposto anteriormente, tentando refletir, especificamente, sobre as formas pelas quais a autorrepresentação dos coloniais foi influenciada por imagens de "abertura", de "cosmopolitismo", a um só tempo em que a sua inserção num contexto particular, no caso, o de Angola, remetia à ideia de um vínculo de longa duração com uma essência nacional, a portugalidade, que acabou determinando a emergência de uma identidade comunitária pejada de História e de um senso muito peculiar de *destino* (coletivo) e *trajetória* (individual).

Dentre as várias dimensões conflituosas dessa questão, que envolve sucessivos pares de referências em oposição (*nacional vs. colonial; História vs. trajetória; tradição vs. cosmopolitismo*), a primeira e mais visível é, sem dúvida, a *política*. Em diversas ocasiões neste trabalho referíamo-nos ao posicionamento dos sujeitos em relação às disputas políticas em que estiveram imersos. De um modo geral, o quadro restante permite afirmar que uma expressiva maioria dos intelectuais e dos escritores que viveram ou passaram por Angola, aqui mencionados, acabou cerrando fileiras com a oposição democrática portuguesa, seja aderindo abertamente a agrupamentos como o M.U.D. ou rompendo com o salazarismo, ao longo da sua trajetória, isto sem considerar aqueles que, ao fim e ao cabo, acabariam filiando-se e/ou prestando solidariedade aos movimentos independentistas dos anos 1960-1970. Isso inclui um espectro de pessoas que vai de antigos oficiais coloniais como Augusto Casimiro a figuras *avant-garde* como Maria Archer, passando, afinal, por gente como Henrique Galvão, conhecendo uma tímida versão "localista", num *degradé* que reúne *colonos*, como Norberto Gonzaga, e *naturais de Angola*, como Lília da Fonseca, e atingindo, no limite, precursores nacionais como Óscar Ribas e Soromenho. À exceção de sujeitos diretamente ligados à administração, bem como daqueles cuja situação era mais dependente da manutenção daquele *status quo*, por razões de fundo econômico ou institucional (como era o caso de antropólogos, como Redinha e Sarmento), é difícil listar outros homens de letras que não tenham, nalgum ponto, manifesto qualquer disjunção em face do regime (ainda que isso não significasse ruptura com o ideário colonialista). É certo que, por mais significativa que fosse, essa atitude não exprime a totalidade da posição dos *coloniais*, nem quiçá a da maioria deles. Nos anos derradeiros da presença portuguesa em Angola, foram muitos os que, a exemplo do herdeiro do diretor de *A Província*, Ruy Correia de Freitas (o qual organizou um célebre grupamento de aviadores que, na prática atuou como milícia do ar, em apoio ao esforço de guerra), resolveram tomar as palavras de Gastão de Sousa Dias ao pé da letra, "*trocando o arado* (a prensa, a loja etc.) *pela espingarda*". Aliás, nesse ponto também havia algo de "cosmopolita", uma característica presente no que se tem definido por "cultura colonial"; afinal, como demonstraram Kennedy ou Nicholls, em estudos sobre as comunidades coloniais do Quênia e da Rodésia, tanto quanto exclusivistas e autocentradas, essas comunidades tenderam a ser defensivas e dispostas ao uso da força para a autoproteção[7] (o que remonta à permanente sensação de instabilidade/ameaça em que supunham viver). E ainda havia uma oposição ultraconservadora ao regime, que, no caso de Angola, foi particularmente importante em momentos de acirramento da luta política, como na rebelião contra o governador Filomeno da Câmara, em 1930, ou durante a Guerra. Mesmo entre os setores mais afinados ao governo português, como o exemplifica Reis Ventura, no período final do colonialismo em Angola, havia o que se pode chamar de um adesionismo crítico, já que não era originalmente parte do programa do Estado Novo para Angola o reformismo luso-tropicalista que ganhou terreno a partir dos anos 1950 (e, sobretudo, durante a gestão de Adriano Moreira à frente do Ministério do Ultramar), ao qual esses segmentos efetivamente aderiram. Como demonstrado num trabalho recente de Fernando Tavares Pimenta, essa miríade de posicionamentos (bem mais complexa do que parece por esse breve apanhado) explica muito da perturbação entre a franja dos *coloniais* no momento da secessão de Angola, tanto quanto é explicável pelo seu afastamento quase completo da administração colonial, fator decisivo para que, por falta de meios políticos, os "euro-africanos" acabassem sendo excluídos do processo de descolonização.[8]

O que é especialmente interessante é observar o quanto essas dissensões radicam não apenas sobre o que é eminentemente *político*, não são movidas apenas pelo interesse econômico da comunidade colonial, represado pelo protecionismo metropolitano, ou pela deprivação de direitos a que se viam submetidos os *naturais de Angola*, mas também dizem respeito a conflitos que, à falta de melhor qualificação, diríamos ser entre "visões de mundo". Na conclusão do seu trabalho sobre os *coloniais* de Angola e Moçambique, Cláudia Castelo sugere que uma das características centrais da autodefinição dos portugueses de Angola era o fato de se perceberem como "empreendedores, *self-made-men*, capazes de enfrentar dificuldades e privações para alcançar os seus objetivos"; o que é um traço que repetidamente vimos destacando e está em íntima conexão com a *"ética do trabalho"* e

---

7   Nicholls, 2005; Kennedy, 1987.
8   Pimenta, 2008, p.427-442.

com a explícita valorização de noções de *progresso* (social e/ou pessoal), tal
como discutíamos, no capítulo anterior, a propósito do exemplo dum texto
de Norberto Gonzaga.[9] Em comparação com seus patrícios de Moçambique, prossegue Castelo, os *coloniais* de Angola pareciam não se prender
tanto a uma imagem do endogrupo como sendo social e economicamente
distintivo, muito menos procuravam emular um modo de vida tipicamente
colonial, leia-se, *britanicamente colonial* (feito de hábitos como o *whisky* ao
fim de tarde, o *bridge*, os *clubs* e o próprio vocabulário inglês); segundo a
historiadora, enquanto aqueles – mais afeitos "ao *status* e ao reconhecimento" – tendiam a realçar a sua superioridade escolar e socioprofissional em
relação aos de Angola, estes – que davam ênfase à "realização e ao mérito"
– tanto deploravam a influência sul-africana sobre Moçambique, usando
o portuguesíssimo argumento de que tal exacerbava o "racismo" e o "ex-
clusivismo" (que em Angola se acreditava diminuto), quanto se aferravam
a um ideal de "pioneirismo", de ascensão mediante os empreendimentos
que, ao fim e ao cabo, era tipicamente "burguês" (e, *mutatis mutandis*,
"não local", cosmopolita).[10] Essas constatações, que nos parecem muito
apropriadas, mostram uma profunda contradição entre as intenções de
progresso/crescimento/"desenvolvimento", tal como elas foram mobili-
zadas pelos *coloniais*, e o apertado controle exercido pela metrópole – para
o qual, no plano retórico, colaboravam tanto o modelo ideal de "colono"
propugnado pela propaganda portuguesa, quanto a própria imagem imo-
bilista duma nação de pacatos e de "pequeninos", que o Estado Novo fazia
crer se tratar da essência de Portugal. Ademais, o desejo de autonomia foi
uma constante das intervenções políticas das várias comunidades coloniais
da África do século XX; e, nesse sentido, a circunstância portuguesa, de
um regime de exceção vigente na metrópole, só fez adensar a causa, na
medida em que justificava pleitos autonomistas, mesmo aqueles feitos no
estrito limite de uma cidadania nacional "do Império". Se é verdade que as
memórias tendem a ser piedosas para com os que as narram, acentuando
dados aspectos em detrimento doutros, também parece certo que, num
sentido geral, a ideia de que os *coloniais* tenham sido apenas agentes locais
do colonialismo é muito parcial. Por isso, o que mais nos interessa é discu-

---

9　Gonzaga, Norberto. "Não é permitido sonhar." In: *Voz do Planalto*. Ano VIII, n.371, 30
　　dez., 1939, p.1.

10　Ver Castelo, 2007, p.379-382.

tir o quanto as posições que lhes foram peculiares estão relacionadas com sensibilidades e valores (como estes que se referem à idealização do *esforço* e do *progresso*), pensando ainda nas formas pelas quais estes conceitos morais interagem com uma perspectiva individual – um senso de identidade e "lugar social" –, resultando numa ideia de "estilo de vida". Para sintetizar a questão, tomemos o exemplo da opinião de uma senhora nascida no Namibe, cujo mérito maior é reunir impressões sobre a leitura do cotidiano e afinidades políticas:

> A maior riqueza de Angola para as pessoas de classe média que lá viviam, era um estilo de vida optimista e descontraído, com muita esperança num futuro melhor. A população europeia era em geral constituída por gente jovem, portanto com uma visão de progresso. Não se falava em desemprego, todos os negócios eram rentáveis para quem quisesse e soubesse trabalhar. [...] Ainda em 1950 os portugueses brancos que nasciam em Angola eram chamados "portugueses de segunda", pelo motivo de ficarem diminuídos os seus direitos cívicos (cargos de administração, políticos etc.), por suspeita que essas pessoas pudessem estar na origem de ambições independentistas em relação à mãe pátria, o que na realidade acontecia (*todos os nascidos em Angola, de todas as raças, queriam a, ou uma certa, independência*)[11] [grifos nossos].

As considerações particulares dessa senhora não podem, obviamente, ser tomadas como as palavras definitivas sobre a vontade dos portugueses de Angola; mas é impossível não interrogar por que, afinal, num quadro em que se repetiu à farta a ideia do vínculo indissolúvel com Portugal, acabou por se tornar possível que ela e outros tantos viessem a conceber que os *naturais da colônia*, "*todos, queriam uma certa independência*". O mero autonomismo não parece suficiente para elucidar o ponto em que a singularização da comunidade colonial deu azo a expressões tão abertas de cisão. Consideremos, no entanto, o seguinte: houve sempre uma tendência a associar esse "*estilo de vida optimista e descontraído*" que se acreditava caracterizar os *coloniais* a práticas de consumo, de lazer e mesmo de relacionamento, de traquejo social, a uma imagem de "liberalismo" (tanto o econômico, quanto o comportamental) e de informalidade, que, por ser/parecer interdita

---

11   Depoimento de Maria Nídia Jardim [6 mai. 2008].

no cenário de fortes restrições que vigia em Portugal, colaborava com a identificação da comunidade colonial com uma "cidadania transnacional", "citadino-burguesa". Além disso, é preciso lembrar que até a viragem da demografia colonial, por volta dos anos 1960-1970, a expressiva maioria dos residentes em Angola era formada por uma população sazonal, temporariamente instalada naquele território, e que não raro transitava por entre espaços coloniais diversos, ou por sujeitos que, a rigor, eram migrantes, o que implica dizer que também frenquentemente se inseriam em redes de deslocamento transnacional, mantendo relações com a metrópole, tanto quanto com familiares e amigos instalados nos Estados Unidos, no Brasil, na França, na Venezuela ou mesmo noutros cenários da África colonial. Por outro lado, o sentido de integridade, de coesão, a *cultura comum* que permitiu a esses indivíduos se perceberem como parte de um grupo social e constituiu importante fator de legitimação da sua presença na colônia foi decisivamente marcada pela portuguesíssima retórica dos "direitos históricos". Resulta daí que boa parte dessa comunidade tenha construído uma autoimagem justificatória que reunia a imagem do empreendedorismo cosmopolita (*"para cá viemos e tudo aqui construímos"*) e uma noção de profundidade histórica em que se sublinhava uma suposta *continuidade* entre a existência – num "presente" – da comunidade colonial e os feitos – no "passado" – dos pioneiros consagrados pelas mitografias nacionais portuguesas.

Tomemos, como exemplo fortuito, o caso dos termos, "quase-etnônimos", com que os residentes em Angola exercitavam as típicas provocações regionalistas características de cada uma das principais localidades da colônia. Em quase todas essas rivalidades, "tempos" e "atividades" são os elementos centrais: é o caso da oposição entre as "velhas" Luanda e Benguela, a *capital* e a *bela*, ambas imaginando-se como terrenos de "tolerância", "ilhas crioulas" e "heroicas"; é o caso da rixa entre o Lobito e Nova Lisboa (Huambo), o *porto* e a *capital do trabalho*, cada qual mais empenhada em reclamar para si a imagem de um celeiro de *progresso*. A competição entre Moçâmedes e Sá da Bandeira (Lubango), no entanto, foi uma das mais criativas quanto à produção de alCunhas, mais e menos pejorativas, com que as comunidades coloniais passaram a ser identificadas. Os do Lubango costumavam chamar aos de Moçâmedes *"cabeças de pungo"* (ou *"de peixe"*), lançando mão do pouco prestígio de que gozava a pesca, que *"achavam ser a única atividade daquela terra rodeada de deserto"*.[12] Os de Moçâmedes, em troca, chamavam aos de Sá da Bandeira *"macópios"*, um coelho vulgar nas terras do planalto (talvez, querendo com isto enfatizar o fato de que aqueles "brancos do planalto" fossem um tipo vulgar de colono, uma "infestação", e tão endógeno e limitado àquela terra quanto estes roedores), ou então evocavam o termo que os *M'wila* Cunharam: *Xicoronhos*. E é este termo o mais significativo dentre os três citados: ele remonta à época em que a futura Sá da Bandeira era o cerne da colônia *bôer* que se estabeleceu, a partir de 1880, na região da Humpata; evoca a figura de Artur de Paiva, o comandante português que se casou com a filha do patriarca *bôer* Jacobus Botha e foi o primeiro administrador da Comissão Municipal da localidade; finalmente, lembra a Missão espiritana da Huíla e a chegada dos colonos madeirenses, porque foi a este caldo formado por uma comunidade de "fazendeiros", em que se somavam os *bôers* remanescentes, os madeirenses, *trekkers* portugueses, e uma comunidade *nativa* relativamente cristianizada que os *M'wila* deram a alCunha de *Xicoronhos*. Em meados do século XX, entretanto, o mais urbanoide dos moradores da "cidade jardim" podia ser identificado como *Xicoronho*. Poucas populações foram tão afetadas pela presença colonial quanto os *M'wila*, mas todas as representações que se criaram em torno do seu encontro com os *Xicoronhos* fizeram emergir a imagem de uma comunidade cuja singularização tinha como base, justamente, esse "convivência". Aliás, é também muito interessante que, se num ponto *bôers* e portugueses, que gostavam de se apresentar como seus antagonistas, coincidiam era nesse tipo de discurso que dava ênfase à antiguidade da sua presença, às "gerações sucessivas" que deles faziam *"brancos especiais"*; *"africanos"* mesmo, num caso, *"colonizadores por sua essência nacional"* noutro. Um aspecto muito importante a considerar é o quanto, neste sentido, a "profundidade histórica local" influiu nas formas pelas quais estas comunidades conceberam o que era "ser português" (o caso da fantástica forma com que os estudantes do Liceu Nacional Diogo Cão, de Sá da Bandeira, criaram todo um universo ritual profundamente particular daquele espaço, ressignificando a ideia de que aí se devesse instalar uma "Coimbra duplicada", é exemplar).[13] Enfim, tudo isto serve para tentar

---

12 Depoimento de Afonso Loureiro [26 nov. 2011].

13 Referimo-nos especificamente ao famoso "Reino de Maconge", uma associação de ex-alunos do Liceu Diogo Cão, surgida no Lubango ainda durante o período colonial e ainda hoje

dar uma impressão geral do quanto essas macronarrativas sobre a História podiam descer à gestão do cotidiano, dando às trajetórias destes indivíduos um sentido de *"projeto de grupo"*. Contudo, é claro que o terreno das representações dessa *cultura comum* colonial, entre cosmopolita e localista, é uma arena de conflitos antes de qualquer coisa. Para avançar sobre as suas contradições e os múltiplos enfrentamentos que nela têm lugar, permitam-nos narrar um pequeno episódio, bem conhecido de muitos dos que viveram em Angola. É aparentemente apenas uma história; só aparentemente...

* * *

Corria o ano de 1966, em Luanda, e o jornalista Adulcino Silva organizava a oitava edição do Festival da Canção, realizado no elegante bairro do Alvalade, no Cinema Avis, em noite de gala, a 16 de setembro. No palco, pela primeira vez, um grupo "angolano" é autorizado a tomar parte do Festival; a *dikanza* e os tambores entram em cena pelas mãos de Amadeu Amorim, de Zé Maria, Tonito, Nino N'dongo e Geje, todos de passeio completo, para acompanhar um *semba*. São elementos ligados ao *N'Gola Ritmos*. Desde os anos 1950, cultivam o merengue, o semba e a rebita; e cantam em *kimbundo* e assumidamente buscam uma estética "angolana". Por isso, a PIDE não vê o grupo com bons olhos; um dos seus mentores, o velho Liceu Vieira Dias, envolvido em "política", é preso. Mas, neste dia de setembro de 1966, os *N'Gola* ganham um passaporte para o asfalto, para os espetáculos que estão além do Bairro Operário: é a cantora Sara Chaves, com quem vão executar a música mais afamada e polêmica daquele festival – *Maria Provocação*, de Adelino Tavares da Silva e Ana Maria de Mascarenhas. A música era quente, sincopada. A letra era de uma combinação não menos do que explosiva: narrava as manhas de uma mulher (africana) "licenciosa" [*"Foi ela,/ quem arrastou o primeiro/ pra junto do cajueiro/ que havia ao fundo da rua/ E disse/ daquele jeito, em que ninguém a imita:/ – Metade da esteira é tua,/ logo depois da rebita"*] e preenchia o verso em português de termos *kimbundo* correntes em Luanda [*"Foi ela,/ quem provocou toda a maka nos muceques/ Foi ela/ e estes moleques que estavam de fora/ Da combinação dessa barona/ que agora/ Chamam de Maria Provocação"*]. Em todas as ocasiões em que apresentamos a canção a brasileiros, encontramos uma reação unânime: um

---

existente, espalha pelo mundo tanto quanto os seus antigos confrades; a ela retornaremos, adiante.

sentimento de estranha familiaridade (*"parece música brasileira"*, diziam). E, de fato, além dessa mais do que explicável correlação, é preciso também dizer que a qualidade da obra é inegável; gravada hoje, com as modernas técnicas e recursos de estúdio, a canção poderia passar sem maiores problemas por peça atual desse gênero tão controverso e tão adulado, a *World Music*. À altura, o sucesso foi grande – segundo Amadeu Amorim, *"os nascidos em Angola e os portugueses que se sentiam angolanos pela vivência aplaudiam"*.[14] Mas houve também descontentamentos. Tonito recorda a apresentação no Festival da seguinte forma: *"a plateia agitou-se e acabou aplaudindo de pé! A PIDE interveio, o júri titubeou e a classificação foi a mais ridícula possível. Não nos foi atribuído o 1º prémio para não abrir precedentes, segredavam-nos Sebastião Coelho e Santos e Sousa, notáveis jornalistas da época"*. *Maria Provocação* perdeu a *Welwitschia de Ouro* para *Mulata é a noite*; como recorda ainda Tonito, acreditava-se que *"as canções tinham que reflectir do ponto de vista melódico, da mensagem e do ritmo, o sentimento português, da portugalidade"*.[15] Adulcino Silva tinha permitido a apresentação, mas o júri alegou não ser possível qualificar a música, dado que o regulamento não previa a utilização dos instrumentos do *N'Gola*, estando os concorrentes obrigados a recorrer à Orquestra de Casal Ribeiro, a oficial do Concurso, vinda especialmente de Lisboa. Não obstante, Sara Chaves, que era, além de conhecida cançonetista, funcionária da Rádio Emissora Oficial de Angola, foi agraciada e recebeu o prêmio de melhor intérprete; a confirmar o sucesso da canção, foi a sua fotografia, com o *N'Gola* ao redor, que estampou as capas das principais revistas e jornais de Luanda.

Por que, afinal, esse episódio parece tão revelador? Em primeiro lugar, apesar de toda a balbúrdia do caso, não há indícios realmente contundentes de que tenha havido cerceamento nos bastidores do Concurso, embora pareça certo que tenha decorrido algo bastante comum neste tipo de situação e regime – um processo de sugestão, constrangimento e autocensura. De todo modo, a admissão do *N'Gola* ao Concurso não foi gratuita. Enquadrava-se numa estratégia de reformismo e demonstrações públicas de tolerância, que constituiu o último refúgio do colonialismo português na sua obcecada

---

14   Entrevista de Sílvia Milonga a Amadeu Amorim. *In: Nós por cá*. 25 out. 2002. Disponível em: http://www.nexus.ao/milonga.

15   Entrevista de Carlos Gonçalves a Tonito. *In: Angola digital*. 24 dez. 2005. Disponível em: http://www.angoladigital.net.

cruzada de convencimento da comunidade internacional sobre a peculiaridade e o caráter "multicultural" da sua presença na África. Foi graças a isso que, nos mais diversos campos de atividade, iniciativas conotadas com o emergente nacionalismo angolano encontraram fissuras através das quais se disseminar. No caso específico da literatura, por exemplo, poderíamos citar as publicações "Imbondeiro", de Sá da Bandeira, sob a direção de Leonel Cosme e de Garibaldino de Andrade, editora que manejou com muito equilíbrio a veiculação de textos claramente associados a *angolanidade* em fermentação ou produzidos por autores proibidos, como José Luandino Vieira, e a difusão de obras bastante mais conservadoras, como as de Reis Ventura. Nesse momento, a meio da década de 1960, a tônica dominante vinda do Terreiro do Paço enfatizava a ideia de uma "Nação" que, sendo una, era "pluricontinental" e "plurirracial"; e, se há algo de propriamente "luso-tropical" na gramática política desses dias, é a valorização da lógica do *acréscimo*, que Freyre explicitamente defendeu[16] – a ideia de um franqueamento aos valores do Outro como uma "constante cultural" da portugalidade. Os que aplaudiram a canção defendida por Sara Chaves e pelos *N'Gola* fizeram-no, é certo, por apreciarem a obra em si mesma, mas também muito provavelmente pelo duplo efeito de identificação que ela suscitava: por um lado, exprimindo algo de profundamente *local* (no fundo, "angolano"), que podia traduzir um modo de "ser português, sem rejeitar a vivência africana" – um sentimento a que poucos *coloniais* eram indiferentes; por outro, extravasando um senso de *abertura* e *arejamento*, em tudo afim ao cosmopolitismo colonial, que, sendo relevante do ponto de vista das formas de compreender a singularidade daqueles sujeitos, não parecia contraditar com a retórica a que o regime se apegava na altura. No entanto, o que se percebe neste caso é que as circunstâncias coloniais deram margem a "compatibilidades equívocas"[17] também entre a percepção daqueles que experimentaram, de fato, Angola e a daqueles que, acima do Equador, desenharam as *políticas* com que se geriu aquele espaço. A trama pode até ter sido mais complexa; quanto às sensibilidades e às suscetibilidades, no entanto, é simples compreender o que se passou naquela noite de setembro de 1966, em Luanda: a moça morena, perfeitamente *colonial*,

---

16   Ver Freyre, Gilberto. *Aventura e rotina*. 1953.
17   Pina Cabral, 2002.

recebeu o prêmio que parecia devido aos intérpretes da canção – mérito, mas também contentamento; quanto ao conjunto africano, não foi tolerado – entre a aceitação "luso-tropical"/cosmopolita do *semba* e a consagração daquela música, que parecia tão naturalmente "árabe, sem camelos", havia a perigosíssima fronteira a não cruzar: a possibilidade da legitimação de uma nova *"cultura comum"*.

Vários dos conflitos coloniais relativos a identidades e limites estão aí colocados e não parece exagerado afirmar que o caso é emblemático da contradição entre a *amplitude* que subjaz à ideia de um Império Ultramarino e a *restrição* da fantasia nacionalista, que o deseja indelevelmente preso à metrópole (uma contradição levada ao paroxismo nos dias da guerra). E, não obstante, há nesse episódio outro aspecto relevante: a vitória pessoal da cantora em contraste com o "fracasso" individual dos músicos do *N'Gola*. De um lado, ela aponta para uma assimetria entre esses sujeitos (mais do que esperada, pelo que se presume deste contexto), que parece dar razão às sugestões de Mamdani quanto à correlação negativa entre "poder" e "proximidade à terra" na África colonial.[18] De outro, entretanto, é preciso lembrar que fatos como este (ou dados da relação com Angola, tais como se identificar por *Xicoronho*) têm um lugar privilegiado nas descrições com que os *coloniais* costumam representar a sua afinidade com aquele cenário. Como já dizia Marcel Mauss, há uma decalagem, mas também uma estreita conexão, entre a consciência de "si" e a construção coletiva da noção de "individualidade" e mais ainda de "personalidade social". Ao ingressarem em histórias de vida, essas situações singularizantes nos lembram que a própria ideia de que um percurso, uma "vida", possa ser narrado como uma "história" supõe que exista equivalência entre as biografias e a História.[19] O que pretendemos demonstrar é que, de modo geral, para o *grupo colonial* em Angola, no período estudado, o nó górdio dessa equivalência consistia na oscilação duma identidade que se definiu comprimida entre a *externalidade* (*cosmopolita*) do grupo em relação ao espaço e o crescente senso de *pertencimento* (*histórico*) àquela comunidade em particular.

Fala-se frequentemente de determinados hábitos, padrões de consumo ou modos dos relacionamentos interpessoais que tinham lugar na Angola

---

18 Mamdani, 1995.
19 Mauss [1950], 2003, p.367-398. Ver, na sequência: Bourdieu [1986], 2006, p.183-192.

colonial, associando esse *"estilo de vida"* à *abastância*, ao *privilégio*, a um *nível de vida* especialmente proporcionado por aquela circunstância; o que é uma perspectiva quase sempre violentamente rechaçada pela maioria dos antigos *coloniais*. Essa associação é tanto mais reforçada, quanto se sublinha a recorrente imagem de "África" (ou de Angola) como *"paraíso perdido"*, ainda que ela pareça remeter muito mais a um tipo de organização das memórias individuais (a *trajetória percorrida*, o espaço da infância, da juventude ou da vivência familiar etc.) do que propriamente à decadência de *prestígio/poderes* outrora disponíveis. Pouco, no entanto, tem sido pensado quanto a dois importantes aspectos: primeiro, quanto à conexão desses "modos" com a valorização de ideais de *modernidade/avanço* que constituem linhas de força do que se apresentava como uma *ideologia colonial* predominante (ainda que, no caso português, estivesse em profundo contraste com o *arcaísmo/fechamento* do regime); segundo, quanto ao vínculo notório entre um tal estilo de vida e o pluralismo de origem (social, regional, às vezes até nacional) desses sujeitos, migrantes, que constituem aquela comunidade e precisam "relocalizar" sua identidade, no contexto de uma África que se tornara, como disse Appadurai, uma espécie de *"global ethnoscape"*.[20]

Essas são dimensões importantes a ter em conta; porque, quando definimos aquele contexto como "cosmopolita", somos invariavelmente levados a pensar num senso corrente que identifica no tipo de atitude cosmopolita qualquer sorte de "desapego" (em relação a lugares, pessoas, "cultura" etc.), embora, como sugeria Bruce Robbins, a experiência do cosmopolitismo aponte para uma realidade de "reapego, de múltiplo apego ou de apego à distância".[21] Talvez por isso mesmo tenha sido tão crucial reafirmar os laços com África. Acreditamos que também a Angola se aplica a constatação de David Hughes, quando afirma, a propósito dos rodesianos, que estes reivindicavam o *status* de "locais", "naturais" (ou mesmo de "nativos"), justamente por "parecerem 'de fora,' estrangeiros – e saberem disto". Em prol da sua "legitimação", supõe Hughes, "os brancos – embora inegavelmente cosmopolitas – ansiavam por uma identidade paroquial".[22] E não é por outra razão que também se pode falar da experiência dos cha-

20　Appadurai, 1991.
21　Cheah e Robbins, 1998, p.3.
22　Hughes, 2006, p.269-287.

mados "retornados", nos termos que Katya Uusihakala usou para falar dos brancos do Quênia, como uma condição de "dupla diáspora": sendo a primeira um movimento voluntário de *deslocamento no espaço* (da Europa em direção à África colonial) e a segunda o forçoso movimento de *deslocamento no tempo* (o "abandono do passado").[23] Para encerrar nossa exploração da "construção de Si" entre os *coloniais* de Angola, gostaríamos de enfrentar essas representações que indexam um sentimento de "estar em casa, no mundo", tanto quanto a construção, a princípio contraditória, de um "lugar" que não é precisamente um "espaço", mas sim um senso de coerência de "vidas e obras" em relação a uma História comunitária (e que por tal caráter fluido, por ser, em primeiro lugar, uma "experiência", não poderia acabar, senão, desmoronando...)

5.1 Em casa, no mundo

Enquanto preparávamos este trabalho, ocorreu ter sido publicada em Portugal uma reportagem que provocou celeuma entre antigos residentes nas colônias africanas. Não havia nada de especialmente original no texto; na verdade, ele se apresentava como uma versão condensada e tipicamente jornalística de uma profusão de relatos que têm vindo a público com maior frequência nos últimos dez anos, pelo menos. Trata-se da matéria de capa da revista *Sábado*, da semana de 28 de outubro de 2010: "Os anos dourados dos portugueses na África". A autora, Rita Garcia, tomou os depoimentos de algumas famílias que viveram em Angola e Moçambique, sobretudo a partir da década de 1950, a fim de compor um panorama da vida cotidiana naqueles territórios. Não obstante, a sua narrativa foi considerada por muitos uma simples coleção de estereótipos, de *clichês* – o que é a crítica mais comum a este tipo de texto (que, aliás, pelo número e características bem peculiares, já pode ser considerado uma série literária "pós-colonial" à parte). Se, por um lado, é verdade que a matéria em si não representa uma novidade – e que as *"memórias coloniais"*, passadas quase quatro décadas do fim do colonialismo, desvelam-se já sem maiores melindres –, o processo da veiculação do texto, com as consequentes réplicas e tréplica, não deixa

---

23 Uusihakala, 1999, p.27-45.

de ser revelador. Ele exemplifica muito bem o percurso da memória sobre o passado colonial "na África", tal como ele se cumpre entre os "ex-colonos" e se apresenta à sociedade portuguesa como um todo. Por isso, gostaríamos de tomá-lo como ponto de partida desta reflexão, apresentando alguns excertos do texto, que nos parecem sintetizar os tais estereótipos que tanta ansiedade têm causado:

"A vida na África era assim...", matéria de Rita Garcia, na "Sábado" [excertos]

(i)   "Os dias que pareciam sem fim, os grandes espaços, o cheiro da terra vermelha e o estilo de vida informal e descontraído levaram Manuel Vinhas a apaixonar-se por Angola na primeira visita – de tal maneira que dizia que era ali que queria morrer. O empresário partiu no início dos anos 50, na sequência de desentendimentos com Salazar. O ditador opunha-se aos seus planos de expansão. Quando chegou, começou com as cervejas. 'Tinha fazendas no Luso [Luena], plantações de café, fábricas de plástico e vidro, importava vinho. No fim eram mais de 50 empresas. Em 1956, introduziu a cerveja em Angola,' lembra Manuel Vinhas Filho, 61 anos. Ele e os irmãos ainda deram opinião sobre o nome da marca. Ficou Cuca. E Cuca passou a ser sinónimo de cerveja. [...] O fim da tarde não era o mesmo quando não se ia beber um copo. Patrões e empregados podiam sentar-se lado a lado para tomar um whisky com soda, um gin tónico ou uma imperial no Baleizão (conhecido, sobretudo, pelos gelados), no Calhambeque ou no bar do Hotel Continental, na baixa de Luanda. Tanto em Angola como em Moçambique, uma bebida nunca vinha só. 'Pedia-se uma cerveja e punham em cima da mesa um prato de camarão a acompanhar como se fosse tremoços.'
"António Costa Macedo desenhou várias peças para a residência da família no bairro de Alvalade [Luanda]. 'A casa era enorme, de luxo. Tinha cave, rés-do-chão e primeiro andar,' diz ['Zezinha' van Zeller], 'Quando havia festas, fazia-se um bufê e servia-se com os melhores serviços e pratos. Punham-se mesas nos terraços, varandas e jardins.' O menu podia até variar muito, mas nunca saía da comida tradicional portuguesa. À mesa, os colonos não podiam ser mais conservadores. [...] Os restaurantes reflectiam essa tendência. O Vilela era paragem obrigatória para quem procurava o melhor e mais alto bacalhau de Luanda. 'O Bitoque só servia garoupinhas grelhadas. Tinha mesas de madeira todas tortas e teias de aranha, mas estava sempre cheio,' conta João van Zeller, marido de Zezinha. No Pezinhos na Água almoçava-se em fato de banho. E o melhor bife com molho de natas, batatas fritas e ovo comia-se ao balcão do Caçarola. No Mussulo, as tascas de grelhados faziam sucesso. 'Quem não tinha barco ia no cacilheiro Cabo Soca e ficava junto ao porto. Os outros ficavam onde queriam. Muitos tinham cabanas de praia lá.' O 'Clube dos Amigos da Costa,' um barracão frequentado maioritariamente por pescadores desportivos, era um ponto de encontro para patuscadas. 'Cada um levava a sua arca frigorífica. Faziam-se lá grandes churrascos.' [...] Ao fim-de-semana, além do Mussulo, rumava-se às Palmeirinhas, ao Morro dos Veados ou à ilha de Luanda.
"[...] Os portugueses habituaram--se a um convívio constante em casa uns dos outros. As festas nem precisavam de ser convocadas. [...] Às vezes apareciam 20 ou 30 pessoas de uma vez e ninguém estranhava. Uns traziam comida, outros bebida. Falavam, cantavam e dançavam ao som de discos de vinil até de madrugada. No dia seguinte iam trabalhar. 'Trabalhava-se muito, mas tínhamos a preocupação de gozar a vida.' [...] Os namoros eram muito mais liberais. O escuro do cinema ajudava a esconder uns beijos. No Miramar, ao ar livre, no Avis, no Restauração, onde era permitido fumar, no Tivoli e no São Paulo, os filmes passavam 'Nas festas e nas

praias era um enrolanço total. Dançávamos slows, muito apertados.' [...] Os maiores êxitos internacionais ouviam-se nas 17 rádios de Angola com muito pouco atraso em relação ao lançamento. 'Os discos da [editora norte-americana] Capitol Records chegavam poucos dias depois de saírem. Ouvia-se sobretudo música anglo-saxônica e francesa. Também iam algumas coisas de Lisboa,' recorda Emídio Rangel, então jornalista da Rádio Comercial de Angola, em Sá da Bandeira."[24]

As reações à reportagem foram múltiplas: registraram desde a curiosidade pitoresca dos portugueses por "coisas de África" (que já era corrente no período colonial) até a manifestação tipisíssima da *saudade*; deram ensejo à expressão da má consciência sobre o período, tanto quanto à crítica mais virulenta, que, embora não rejeite em absoluto a ideia inscrita na capa da revista (a de que tenham sido "anos dourados"), constrange-se profundamente com a insinuação de que para todos a vida tenha corrido tão facilmente. Antes de passarmos a explorar as imagens contidas nos fragmentos anteriores, apresentamos uma pequena antologia da recepção à matéria, com direito a uma "resposta" da jornalista Rita Garcia, porque, apesar da extensão, vale a pena tentar sistematizar os elementos centrais desse embate em torno das lembranças da vida comezinha:

	Réplica de Ricardo Correa, ...
(ii)	"Poucos locais 'adequados' existiam e nem todos os PORTUGUESES andavam em paródias ou noitadas de fins-de-semana em... 'clubes exclusivos e festas na praia...!' Era uma população trabalhadora (não havia desempregados permanentes, nem subsidiados profissionais). Também essas leis eram respeitadas. Por lá, ANGOLA desses tempos 'dourados,' muito boa gente, já com certa idade, nunca tinha visto uma 'PRAIA,' tal a imensidão do território. E muito menos tinha sido beneficiado com... 'um pires de marisco (de camarão ou outro) à borla, nem mesmo duma cerveja fresca em zonas em que ainda nem havia electricidade, nem 'geleiras' domésticas! Normalmente nem eram pires de 'camarões' à borla, mas sim, de tremoços ou ginguba. Pelo contrário, viviam quase isolados, carentes, passando privações, sem qualquer 'assistência social.' Eram terras de trabalho duro e de boas produções e não de 'farras,' regabofes, festivais, etc. Eram trabalhadores sérios, honestos, patrióticos."[25]
	... um debate entre antigos residentes em Angola, ...
(iii)	"['JPT:'] "Agora venham-me dizer que são 'opções...' então e como se chama aquilo? Mas se isso é o tom da revista, mais pungente ainda é a radical mediocridade preguiçosa do texto: a enésima abordagem ao ramerrame da cerveja Cuca, as festas liberais, o camarão que vinha oferecido com a imperial, as caçadas, o criado doméstico..."

24 Garcia, Rita. "A vida África era assim..." *In: Sábado*. Ano VII, n.339. 28 de Out.-3 de Nov., 2010, p.48-60.
25 Crítica de Roberto Correa, disponibilizada em 30 de Out., 2010, pelo sítio http://angola--brasil.blogspot.com.

"['Miguel:'] "Era mesmo assim, correcto? Vida de uma qualidade muito acima da média, para quem vinha daquele Portugal cinzentinho, ou não? Ou, como diz tia minha, já idosa, era tão boa a qualidade de vida, que tinha de acabar... E porquê ter vergonha de dizer que de facto se vivia bem, independentemente do dinheiro, que até nem contava muito? [...] Com tanta família e amigos que passaram por África, no 'outro tempo,' nunca ouvi ninguém falar mal de rigorosamente nada. Até o paludismo parece que deixou saudades..."

"['Antonina:'] "Angola não era Luanda ou Benguela, como Portugal não é Lisboa. Era um mundo de contrastes e, como diz Miguel?, a qualidade de vida não tinha apenas a ver com o que o dinheiro proporcionava, mas com um modo de estar com os outros e com a terra que na 'metrópole,' como então se designava, se desconhecia por completo. Sim, era cinzento, lá encontrávamos todas as cores... [...] Era o camarão com a cerveja, como aqui são as pevides ou os tremoços; mas também era o paludismo, o ensino nas missões, o arame farpado a dividir-nos e afastar-nos da sanzala, os caminhos de terra batida, a distância, as línguas, mas também a reciprocidade. Participar no carnaval que durava uma semana, comer funge com muamba de galinha, absolutamente divinal quando cozinhado por uma vizinha minha, natural de Angola, e claro, dançar merengue nos finais da tarde ou ouvir os cânticos por ocasião da morte de alguém na Sanzala. É realmente pena que não se contem as histórias que estão muito para além, e não menos saudosas, da praia, das caçadas, do camarão, dos clubes, and so on..."[26]

... tréplica de Rita Garcia (em entrevista ao Jornal de Leiria) ...

(iv)   "JL: A reportagem "Os anos dourados dos portugueses na África", publicada por si há um ano na Sábado, recebeu algumas críticas, onde se alega que aquela era a vida de uma minoria. Estas pessoas continuam ainda muito ressentidas?

"RG: Não quisemos fazer na Sábado um trabalho sociológico sobre todos os habitantes de Angola. Efectivamente, grande parte das pessoas com quem falámos (claro que algumas pertenciam a uma elite) não eram só gente rica, também havia funcionários públicos. Era inegável que a vida das pessoas era, na altura, muito mais confortável que a de cá. Não quer dizer que tivessem todos muito dinheiro, mas tinham uma mente muito mais aberta. Acredito que houvesse pessoas com vidas muito diferentes das retratadas nesse trabalho jornalístico, mas pobres, pobres e a dividirem uma sardinha por três, como cá na metrópole, não tenho conhecimento. O que não quer dizer que não houvesse."[27]

& um comentário final

(v)   "Como se desiludiriam os que assim escrevam e afirmam, se fosse possível uma consulta aos 'montantes' por eles [os coloniais] deixados em contas bancárias nas colónias. Quero acreditar que 5% não as possuíam, o que faria cair por terra todas as idealizações em sentido contrário. Uma verdade é incontestável, quem algum dia viveu naquelas paragens, pobre ou rico, passa forçosamente a ver a vida com outros olhos. Os seus horizontes jamais serão comportáveis em espaços exíguos, a sua mente estará sempre aberta a grandes dimensões...."[28]

Tentaremos ser o mais sucintos possível. Em primeiro lugar, é preciso observar que a reportagem da *Sábado* e boa parte das críticas a ela tratam

26 Debate entre "JPT'", "Miguel" e "Antonina", travado entre os dias 30 de Out. e 3 de Nov., 2010, através do fórum do sítio http://ma-schamba.com.

27 Entrevista de Graça Menitra a Rita Garcia. *In: Jornal de Leiria*. Ano XXV, n.1428, 24 de Nov., 2011, p.24-25.

28 Depoimento de Maria Nídia Jardim, em 10 de Nov., 2010.

quase sempre de coisas distintas; há um *gap* entre elas. O relato jornalístico dá especial relevo ao que se pode chamar de "cultura material" *dos coloniais* (o que se comia e bebia, a música, os filmes, a utensilagem, o gosto por dados "objetos" – carros, barcos, até mesmo aviões etc.), a isto acrescentando fragmentos do traquejo social dessas pessoas (os passeios à praia, os deslocamentos, as festas,...); ao fazê-lo, recorre ao potencial que tais coleções de coisas e episódios fragmentários concentram: um potencial ilustrativo, que recupera a dimensão sentimental, afetiva, daquela experiência, e que não só é de um apelo muito maior, como também é pretensamente "neutro" de *política* – ou permite, sutilmente, diminuir a sua centralidade –, afastando os aspectos perversos/violentos de um contexto que acabou convulsionado. [E, nesse sentido, a sua estratégia não difere muito do fenômeno que, na Alemanha pós-reunificação, se tem chamado *Ostalgie*][29] Enquanto isto, as críticas a esse modelo de abordagem do período são muito mais relativas aos efeitos do que aos termos; i.e., considerando que estas imagem desejam "recriar" o ambiente das colônias, os seus detratores se referem, sobretudo, à variedade socioeconômica das comunidades coloniais e ao que seria a falsa impressão de uma vida homogeneamente abundante.

Entretanto, é possível observar que, mesmo aqueles que atentam para as limitações da dimensão a que estes relatos se reportam, costumam fazer--lhes alguns reparos. Reclamam, por exemplo, a necessidade de considerar a diversidade regional dos territórios coloniais, a qual, nessa ótica, redundaria numa diversidade de experiências – enquanto não se nega a adequação desse rol de resquícios do passado para compor um panorama da vida nas cidades, principalmente nas mais populosas, pretende-se com isso deixar clara a discrepância entre aqueles que viveram as colônias nos meios urbanos e os que se dispersaram pelo interior, confrontados com parcas infraestruturas (afinal, *"Angola não era Luanda, como Portugal não é Lisboa"*). Acresce a esse argumento a "acusação" de "má compreensão" por parte dos metropolitanos (que repercute uma ideia muito comum desde o período colonial); dados aparentemente irrelevantes são os mais expressivos da questão, como é o caso dos famosos "camarões" e "frutos tropicais", que seriam consumidos à farta pelos *coloniais*; a eles incomoda o fato de que, sem considerar as circunstâncias locais de oferta desses produtos, tais

---

29   Ver Enns, 2007, p.475-491.

relatos tendam a associá-los àquilo que, na Europa, de fato são: objeto de consumo de "elite". Nos mesmos moldes, encontramos outros reparos, alguns apenas insinuados nesta antologia, dentre os quais destacamos a questão temporal, i.e., a diversidade entre as sucessivas "ondas" da presença de colonos na África. Com efeito, a maior parte dessas descrições tem em conta a experiência ou dos *baby boomers* nascidos em Angola ou dos colonos que lá viveram a partir dos anos 1950, num período tardio da colonização, marcado pelo agudo crescimento econômico e pelo aumento exponencial da população "branca". Suas vivências, portanto, foram bastante distintas daquelas dos *velhos colonos* (do que são testemunho, aliás, os vários indícios de interpenetração entre a sociedade dita *colonial* e as sociedades *nativas*, registrados em espaços de colonização mais antiga como Benguela e mesmo Luanda) – o seu mundo é o do pós-Guerra; o dos *velhos colonos*, um mundo *misto*, de outro tempo.

Ainda assim, tais relatos não são um produto de ficção; por mais maleáveis que sejam, segundo os desejos de quem os sintetiza e/ou elabora, são rearranjos de memória, fundados numa vivência em comum. Há, deste modo, uma grande quantidade de aspectos em que descrições deste tipo e a opinião média dos antigos *coloniais* são coincidentes. Talvez o mais importante dele seja a ideia, que aparece nos debates citados, de que *"mais importante do que o dinheiro era um 'estilo de vida' – um modo de estar com os outros e com a terra"*, a qual se soma o contraste entre um Portugal *cinza* e uma Angola *onde se encontravam todas as cores*, o que, em geral, remete a uma noção de liberalidade, de "abertura" para o mundo. Assim também encontramos em toda parte a imagem da "amplitude" e dos grandes deslocamentos no "espaço" (*"na África as distâncias nunca importaram"*, dizia um dos subtítulos da reportagem da *Sábado*), bem como a percepção dos "dias longos", do "tempo" que se prestava a múltiplas atividades. Isso sem considerar aqueles aspectos que, mesmo que contestados, por recorrentes, revelam-se marcantes; tal é o caso da alegada adesão dos *coloniais* a um padrão de comportamento e consumo "internacional", numa palavra "burguês" (em oposição a imagem dum "meio" restritivo, em que *"o colono passava a vida amargurado, cheio de hesitações ou de cepticismo sobre o que poderia ser o seu 'dia de amanhã'"* – um *"meio pequeno, pequenico"*, como diziam os articulistas de *Angola portentosa*, em 1932).[30] Se pequenos sinais não bastassem para demonstrar a importância efetiva desse padrão (como, por exemplo, a frequência de expressões em línguas estrangeiras com que esses antigos *coloniais* tantas vezes se exprimem), poderíamos evocar um caso anedótico e que, no entanto, expõe com clareza a ideia de que a "liberalidade colonial" não fosse apenas o resultado duma "informalidade" perceptível nas relações sociais travadas naquele espaço, mas também fosse o produto de coisas muito concretas como o fato de que enquanto os "continentais" passaram uma grande parte do século XX sem acesso a uma reles *Coca-Cola* (proibida na Metrópole), os *coloniais* já a conheciam e consumiam a décadas. Daí resulta também a impressão de que o trânsito entre a colônia e Portugal, neste período, fosse muitas vezes uma experiência de "choque [cultural]". De todo modo, críticas à parte, tem razão Rita Garcia num ponto: quando afirma que era inegável que a vida daquelas pessoas fosse em geral muito mais "confortável". Porque, sim, se consideramos um arrazoado demográfico, as estatísticas, a frialdade dos números, de fato, em média, não só o "nível" de vida era superior em Angola (talvez mais ainda em Moçambique), comparando a população de Portugal aos "brancos" da colônia, como outros indicadores sociais (a escolaridade, os salários etc.) pendem em favor dos "de África" (ainda que, obviamente, os maiores beneficiários econômicos da exploração colonial estivessem na metrópole e não na colônia). Sem considerar as causas por que é tão perturbador para estes sujeitos o confronto entre essa média e as experiências singulares duns quantos *"brancos pobres"*, digamos assim, e pensando no conjunto de relatos recentes, cujo teor é de algum modo semelhantes ao da reportagem citada, poderíamos sugerir que, entre as coincidências e críticas, o repertório das *"memórias africanas"* veicula um certo número de assunções sobre o que teria caracterizado aquelas vivências, das quais, referindo-se a Angola, destacaríamos as seguintes: [1] *Em Angola vivia-se num mundo de "grandes horizontes e grandes dimensões"*; [2] *Em Angola trabalhava-se muito, mas também "gozava-se a vida"*; [3] *Em Angola havia mais "proximidade" nas relações interpessoais*; [4] *Em Angola havia uma "forma peculiar de conduta/ comportamento"*.

---

30 "A nossa inciativa e o público." *In: Ilustração Colonial*. Ano I, n.3, mar., 1932, p.28 [Transcrito de *Angola portentosa*].

Em quase todas as circunstâncias em que encontramos sentenças próximas destas, há uma tendência subjacente a querer traduzir também a noção geral de que "vivia-se bem", o que é o mesmo que afirmar a distinção do nível/estilo de vida local; todavia, enquanto as fórmulas anteriores se aproximam de um consenso, a "boa vida" aparece como uma exceção, já que, por contraditório que pareça, como vimos, tenha sido particularmente importante o seu avesso – a imagem da "vida dura". Seja como for, essas assunções poderiam ser refinadas num corpo de ideias mais detalhadas, que refletem as linhas gerais da "biografia coletiva" dos *coloniais*; quais sejam:

a) a ideia de que a experiência de vida na colônia tenha sido marcada pelo deslocamento /pelo trânsito/ pela mobilidade, em termos geográficos (passando da Europa à "África" ou movendo-se pelas diferentes regiões de Angola), sociais (por via da "ascensão" ou do contato, por afinidade de outras ordens, entre pessoas de diversas "origens") e "culturais" (pelos efeitos da proximidade com as sociedades nativas ou pelo ingresso numa "cultura mista/crioula");

b) a ideia de que no contexto colonial tenha havido uma correlação entre o "dinamismo"/ "iniciativa" (como valores associados ao "trabalho") e formas de "gestão do tempo" em que se dava especial atenção à disponibilidade para o "convívio" intracomunitário, para atividades culturais, lúdicas, etc.;

c) a ideia de que a situação colonial tenha movido as pessoas para relações de solidariedade/ autoajuda que deram especial relevância a subgrupos da comunidade colonial como a vizinhança, as associações de interesse, os clubes, os grupos de amigos, as classes escolares ou profissionais, etc.;

d) a ideia de que a porosidade social (i.e. o contato com o "meio africano" e a pluralidade – socioeconômica, étnico-racial, etc. – vigente naquele contexto), associada à valorização de uma autoimagem "progressista", tenha proporcionado aos coloniais a vivência de uma abertura/ flexibilidade comportamental;

e) a ideia de que tenha havido na colônia uma particular valorização da "modernidade" ou da "novidade", como um valor político, mas também estético; associado ao gosto, aos hábitos.

Sem querer discutir a veracidade ou a falsidade intrínseca dessas ideias, pensamos que mais importante do que nos concentrarmos na forma habitual com que as discutem (sempre em função de terem sido as coisas assim ou não) é interrogar por que se fez possível definir o mundo colonial nos termos que sobressaem na citada reportagem da revista *Sábado* e por que, diante das equivalências entre estes termos e boa parte das memórias dos antigos *coloniais*, eles persistem em incomodar, ou antes, angustiar, produzir ansiedade e rejeição entre esses sujeitos. Parece certo que estamos diante de um exemplo do quanto padrões de consumo e/ou práticas de traquejo social se assemelham a grandes sistemas de classificação, pelo que admitir as imagens que vimos discutindo implica se aproximar dos mecanismos de integração e diferenciação vigentes naquele universo. No entanto, acreditamos que a questão central aqui é tentar intuir que valores estão em causa nas representações deste tipo, pois, como tentaremos demonstrar, a grande fonte de inquietação neste caso é um dado encadeamento de imagens da Angola colonial que parece resultar numa percepção conjugada de *distinção* e *exterioridade*, cujos sentidos são particularmente ambíguos.

Voltando no tempo e deslocando-nos para a Angola de antes da Segunda Guerra Mundiale do fluxo massivo de *"novos colonos"*, gostaríamos de recorrer a uma fonte aparentemente inusitada, a fim de sustentar que esses fragmentos minuciosos do cotidiano, que tanta polêmica causam quando a eles se prendem as descrições do passado colonial, já dispunham de uma "função pública" bem evidente na Luanda dos anos 1930. Trata-se das "colunas sociais", que aqui serão representadas pela assinada por Salinas de Moura, na revista *Ilustração Colonial*. Projeto de vanguarda, essa revista, de duração bem efêmera, assumia programaticamente uma intenção modernista/modernizadora, desejando o "arejamento do meio luandense", o que fica clara tanto pelo seu aspecto gráfico, quanto pelas suas preocupações. Nesse contexto, a crônica social produzida por Moura volta-se para esses pequenos círculos mundanos da elite colonial dos anos 1930, que constituem também o seu público pretendido, articulando imagens da sociabilidade local, da "moda", do gosto etc., as quais correspondem quase integralmente às representações dos relatos semelhantes ao de Rita Garcia (cheios de referências à "modernidade" e "elegância" do vestuário colonial, às reuniões de lazer na praia, aos bailes e aos clubes privativos). Vejamos algumas das "notas de sociedade", de janeiro de 1932:

> Constituiu não só um acontecimento artístico como mundano, a inauguração do Nacional Cine-Teatro. A sala oferecia um aspecto deveras elegante; fazendo recordar as primeiras representações dos teatros europeus. Entre a numerosa assistência lembra-nos ter visto *Mademoiselle* Maria Augusta Caiola Viana, filha gentilíssima de S. Ex.ª o Governador Geral, que apresentava uma linda *toilette*: saia em cetim preto e *blouse rose bon-bon* e uma elegante *capeline* da mesma cor [...]

* * *

Segundo tivémos conhecimento, algumas senhoras da nossa melhor sociedade, tencionam destinar um dia em cada semana, possivelmente às quintas-
-feiras, para durante estes dois meses de calor, na praia da Ilha, passarem as tardes, numa elegante e distinta reunião, tomando ali o seu chá. Mais nos consta,
que também ali se pensa organizar, entre as crianças, um interessante concurso
com prémios, para a que fizer, na areia, a mais bela edificação. A *Ilustração
Colonial*, desde já promete aos leitores, a publicação de fotografias deste original concurso em Luanda.

* * *

Não correspondeu à animação esperada o baile carnavalesco ultimamente
realizado no *Club Naval*, aguardando-se com muito interesse o do próximo
dia 6, que, pelo que temos ouvido, deve ser animadíssimo por muitas senhoras terem mandado fazer, propositalmente, para essa noite, lindos *costumes*,
devendo, portanto, ser uma noite de alegria, realçada com a maior distinção e
elegância.[31]

Ora, a chamada "crônica social", como gênero literário/jornalístico,
tem uma história que remonta às primeiras décadas do século XX, sendo a
sua forma atual profundamente marcada pelo padrão desenvolvido, dentre
outros, pelo famoso colunista norte-americano Walter Winchell. Embora o
registro de efemérides da dita "alta sociedade" seja certamente muito mais
antigo (com função laudatória e/ou irônica), o modelo da *coluna* como o
conhecemos reuniu informações fúteis, de caráter curioso, anedótico, *fait'
divers* e aqueles registros da vida particular de "*gente de estirpe*" – políticos,
"homens ricos", artistas etc. – que constituíam as chamadas *gossip columns*,
salpicando-as de "notas de bastidores". Esse tipo textual refletia a consagração duma esfera de "circulação social privativa", embora ampliada
da aristocracia tradicional para segmentos da *upper middle class*, onde se
supunha existir um campo de convivência/intimidade exibida em público,
distinto daquele que os sujeitos construíam no espaço doméstico – algo
que, nos Estados Unidos, chamava-se de "*cafe society*".[32] É este o modelo
seguido por Salinas de Moura, sujeito culto e atualizado em termos jorna-

---

31   Moura, Salinas de. "Notas de sociedade." *In*: *A Ilustração Colonial*. Ano I, n.1, jan., 1932,
      p.27.
32   Ver Stowe, 1998, p.1324-1406.

lísticos; e é segundo as suas convenções, como se de um "diário dum grupo social" se tratasse, que registrou flagrantes da elite luandense de antes da Guerra. Suas festas organizadas à *americana* e animadas por *jazz-bands*, frequentadas por "gente de *casaca*", por senhoras e senhoritas que seguiam a moda ditada em Paris, uns e outros exibindo o proverbial gosto pelas expressões em língua estrangeira, surgem condensadas na saborosa descrição (com algum exagero e *blague*) de um baile realizado no Club Naval de Luanda, por ocasião do *Réveillon* de 1931-1932:

> *Luz a jorros de lâmpadas elétricas. Algumas pretensões sem luz. Correntes de alta frequência que pouco frequentam os atingidos. Grande mostruário de modelos: Casacas com veneras, fardas sem crachás, fatos de* smoking *rasos de vulgaridade.* [...] *Ceia à americana. O* jazz-band *procura alforrias de desarmonia e animação. Há momentos de pausa – saudades para os que estão longe. As mesas, em cachos de gente, são outras tantas* clans *a reclamar, pela cerimónia, uma diferença de castas... que não existe...*

* * *

> [...] Num grupo de gente grave e austera. Dão-se ares de importância, conversam de gesto largo: (1ª Casaca) – Ele vem com vontade de fazer qualquer coisa de novo e está bem creditado junto ao Ministro... (2ª Casaca) – Tudo depende da *entourage* – e afunila a boca grosseira, a reforçar o que disse –.

* * *

> [...] Como espírito é uma tradução francesa da nossa galantaria. Uma tradução defeituosa. Mas, uma boneca de tão bonita que é... Alguém lho faz sentir: – V. tem talento em sua beleza... – *Qu'est ce que vous dites?*... – A graça e a beleza na mulher têm talentos de sedução... – *Pas vrai!... Vous étes un charmeur, vous...* Ele, mudando de assunto, a querer atenuar a obsessão do francês: – Que diz V. do baile? – *Voyons, convenez vous: Ça c'est triste, voilá...* Como último recurso, já a desistir: – Ano novo – mil esperanças, outras tantas ilusões – será para V. propício. E dirá para si, em íntima consulta, como para não acordar invejas: '*A vida é bela e eu gosto de viver...*,' – Não é verdade?... – *Peut-être... – A une nouvelle année toute une autre vie...* E, a sua linda boca tinha desenhos de

carícia, transparecendo, talvez, – quem sabe? – a nota dum íntimo contenta-
mento... – Que pena ela só falar francês!...[33]

Logo, não é nada além do esperado admitir que as imagens de velhas
colunas coloniais ou das recentes "memórias africanas", descontados aqueles resíduos do cotidiano que remontam às experiências de quase todos
(lembranças sensíveis, das "coisas" – do que se comia, do que se ouvia, do
que se assistia – resquícios de "lugares", de pessoas), são, para além deste
"comum", baseadas no padrão de vivência de "elites". Contudo, é preciso
observar pelo menos duas questões. Primeiro, ao longo do processo de expansão da influência colonial sobre o território, acompanhado do aumento
da população "branca", houve também uma dispersão desses padrões, cada
vez mais identificados com "maneiras polidas", "citadinas" e, principalmente, "modernas"; mas mesmo em zonas distantes dos centros urbanos
ou em épocas mais recuadas, é possível falar de alguma forma de "irradiação" desses modelos. Como não se nega que a sociedade colonial tenha
sido profundamente hierárquica e particularmente marcada por questões
de identidade, não se pode descartar que o *modus vivendi* de "elite" tenha
sido, tanto quanto possível, emulado e reelaborado, em função dos recursos
locais, por segmentos da "ralé" colonial; isto porque, no fundo, era esse
protocolo que identificava, antes de qualquer outro, o que se supunha ser o
homem branco/civilizado (dotado de *whiteness*). Depois, há que se considerar outro aspecto relacionado a este primeiro: a influência dessas imagens
numa prática que, à falta de melhor definição, chamaríamos de "mimetismo colonial". Um bom exemplo desse fenômeno (no que se refere à questão
em tela) é o das "colunas sociais" de revistas como a da L.N.A., *Angola*, e
outras associadas à "elite assimilada/crioula" de Luanda. Em geral, elas
não só se filiam ao padrão de publicações como a *Ilustração Colonial*, reproduzindo os tipos de efemérides por elas publicadas, ajustando-as apenas a
personagens colhidos no seu "meio social", i.e., entre setores assimilados e
mulatos da cidade, como também procuram "dialogar" com escol da elite
"branca" de Luanda. Se não por um desejo de afirmar a sua integração,
adesão e/ou mesmo pertença a um tal padrão de conduta, de "elite" (quase
um pleito para que se lhes reconheça a "existência social"), que outros

---

33   Moura, Salinas de. "Club Naval,1931/1932. Réveillon. *In: A Ilustração Colonial*. Ano I, n.1, jan.,
      1932, p.18; 27.

motivos teria a Liga Nacional Africana (além da adulação ou da possível, mas improvável, afinidade) para saudar, na sua *coluna*, a família Mota, por ocasião do deslocamento da "srta. Mary" a Portugal, lamentando a partida da jovem tenista nos seguintes termos:[34]

> Embarcou no vapor Cassequel para a Metrópole a senhorinha Mary Mota, acompanhada de sua irmã Heloísa e extremosos pais. Sofre o tennis de Angola uma vaga dificílima de preencher. Foi com bastante pesar que a vimos embarcar. Mary deixa imensas saudades nos corações dos Africanos. Pela sua graciosidade, gentileza e modéstia, granjeou amplas simpatias. Afável como todas as senhorinhas do Sul, singela como uma pétala, nos deixa absortos, a olhá-la através do imenso e inquieto Atlântico.[35]

Enfim, estes exemplos são todos recolhidos dum único gênero textual, aliás, cheio de convencionalismos próprios que, obviamente, não podemos discutir aqui. Mas apesar da limitação destas fontes, elas nos permitem ter contato com o problema fundamental que está em jogo neste caso: é que, em última análise, esse "estilo de vida" composto de consumo "moderno", valorização do "indivíduo", comportamento "liberal", disponibilidade partilhada entre "trabalho" e "lazer" é um modelo perfeito de conduta "burguesa" e "cosmopolita", muito mais afeita às marcas de classe e ao *status* de grupo social transnacional do que à *"continuação dos valores tradicionais portugueses"*, como postulavam alguns dos mais obstinados propagandistas coloniais.[36] Por contraditório que pareça, é preciso lembrar que o que acabaria por se tornar uma fonte de inquietação no devir da experiência colonial foi, originalmente, consequência dessa mesma propaganda colonialista, na medida em que a possibilidade da ascensão a um padrão de vida "burguês", feito de comodidade, de funcionalidade e de "modernidade", foi apresentada como um atrativo do deslocamento para as colônias. Não deve causar surpresa, portanto, que ainda hoje tenha tanto apelo, em Portugal (e noutros quadrantes), a recuperação de imagens dessa "vida de um nível superior" dos colonos de África. Para ficarmos em apenas um exemplo, po-

---

34 Ver Imagem 5.2.
35 "Mary Mota." *In*: *Angola*. Ano VI, n.23-24, jul.-ago., 1938, p.44.
36 Dias, Gastão de Sousa. "Carta a uma senhora sobre a literatura colonial." *In*: *Seara Nova*. Ano VIII, n.107, 5 mai., 1928, p.429-430.

demos citar o romance infanto-juvenil (gênero particularmente sujeito aos exercícios pedagógicos-propagandísticos) *Eu também sou português* (1945), de Maria de Figueiredo. Produzido e comercializado apenas em Portugal, o enredo deste livro apresenta o jovem estudante Francisco, proveniente de Angola, e a sua difícil adaptação à sociedade lisboeta, por força não só da grande quantidade de incorrespondências "culturais", mas, principalmente, pela sua dificuldade em convencer aqueles que deveriam comungar da sua nacionalidade sobre o fato de *ser, também ele, um português*. Dentre os vários expedientes utilizados pela autora para promover o contraste entre os espaços colonial e metropolitano, afirmando uma de retórica da "unidade na diversidade" *avant-la-lettre*, são notáveis as passagens em que ela formaliza a diferença entre Angola e Portugal por meio de indícios materiais que opõem *modernidade/cosmopolitismo* e *tradição*. É o que se pode ler na cena do primeiro jantar de Francisco na casa do padrinho, em Lisboa, na qual se revela a impressão de estranhamento do jovem angolense, perante a ostentação "inútil" da vivenda portuguesa (repleta de pratas e móveis "velhos"), em contraste com a sua casa em Angola, *"moderna"* e *"inglesa"* (como, aliás, *moderno* e *anglófilo* era ele mesmo, sem que isto o impedisse de optar pela *portugalidade*). Eis a descrição desse ingresso do *colonial* na casa portuguesa:

> Pratas por toda a parte. Grande ostentação. Pouco gosto e nenhum conforto. Na África a sua casa era género inglês. A sala de jantar servia de salão, onde os amigos do pai se sentavam em cómodos *'maples'* e conversavam, após as refeições, fumando e bebendo. Tudo comodidades, conforto. Nada de coisas supérfluas. Ali...
>
> [...] Falava tão bem o português como o inglês. Fôra criado entre colonos dos dois países. O Sr. Diamantino queria mesmo mandá-lo para terras saxónicas, mas ele preferiu a sua terra...[37]

Ao ingressar nos discursos dos próprios *coloniais*, essa imagem de uma vida superior e mais "moderna", tal como consta dos recursos persuasivos da propaganda colonial, deixa de ser pura ideologia; na verdade, ela exprime um tipo de "relação significativa entre contextos culturais de pertença

---

37   Figueiredo, Maria de. *Eu também sou português*. 1945, p.21.

e práticas de consumo desenvolvidas", em que as coisas não são "neutras" - como já se disse no âmbito de teorias sobre o consumo e a vida social, os objetos "materializam processos de configuração identitária", tornando-se corresponsáveis pela produção do contexto que habitam.[38] Os anos 1960 são o ponto alto da expressão desse vínculo entre moralidade e consumo. Num tempo que ficou notabilizado pela efervescência de uma "cultura *jovem*", cosmopolita, por excelência, nas colônias exibia-se uma espécie de "orgulho" por viver em uma sociedade, nesse aspecto, "afinada à sua época", "atualizada" com a revolução comportamental/sexual que então se desenrolava (como fica claro nos depoimentos recolhidos por Rita Garcia, na citada matéria na *Sábado*), atenta para o modismo da *psicodelia* e do *rock 'n roll* (que atingia em cheio a *"mocidade portuguesa de Angola"*, seja através dos discos brasileiros da "Jovem Guarda", seja através das *"garage bands"* influenciadas pelo modelo das suas similares sul-africanas), enfim, nova-mente, uma sociedade que se afirmava como "informal" e "moderna". Um excelente arquivo desse período cheio de conflitos e de mudanças é a re-vista *Notícias*, de Luanda. As suas páginas registravam os acontecimentos *mundanos* e *noticiosos* da colônia, a um só tempo em que exaltavam a beleza "jovial" e "contemporânea" das modelos de Angola, como a notável Tatão, fotografada à moda psicodélica por ocasião do desfile de Laffayette e An-tonelli, estilistas de Nova Lisboa, ou a "moderna" Ana Paula de Carvalho, a Turra, que foi um sucesso na sua passagem por Tóquio, onde venceu o concurso de "Miss Internacional Jovem", em 1971 (é sempre de ser "inter-nacional" que se trata, afinal). O aspecto gráfico da revista, repleto das mais variadas referências à moda daqueles dias, com seu inconfundível estilo *Flower Power*, aliada à publicidade que nele se veiculava, completavam esse panorama de um consumo pautado no uso distintivo da "modernidade". Pode-se, sem dúvida, afirmar que esse *"espírito do tempo"* não era um exclusivo colonial; mas, por contraste com a metrópole, diga-se que, não só fenômenos típicos dos anos 1960 (como as canções de humor-protesto de Fernando Tordo e o *rock* de Sérgio Godinho) acabaram, geralmente, tendo mais audiência em Angola do que no próprio "Portugal continental", como, considerando-se, por exemplo, esse caso da revista *Notícias*, é quase unanimidade a opinião segundo a qual pouquíssimas, talvez nenhuma

---

38   Rosales, 2007, p.24-46; Ver Appadurai, 2008, p.15-88; Kopytoff, 2008, p.89-121.

publicação equivalente da metrópole podia rivalizar com a luandense, quer pelo liberalismo da sua linha editorial, quer pela qualidade, profundamente "moderna", do seu projeto gráfico.

Considerar essa "biografia social das coisas", como diz Kopytoff,[39] é uma forma direta de entrar em contato com processos de utilização das coisas, cujos efeitos, socializados, redundam em mecanismos de diferenciação. As narrativas coloniais, mesmo as dos anos 1930, 1940, nos oferecem um bom número de exemplos do quanto as hierarquias, as formas de prestígio e reputação podiam ser comutadas em imagens de artefatos materiais. É nessa acepção, por exemplo, que, para marcar a importância social, a "dignidade" dum alto negociante colonial (Herr Fischer, o "alemão" que, ao fim, descobrimos ser o contrabandista que movimenta a trama do romance *Panguila*, 1944), Lília da Fonseca apresenta não uma sucessão de feitos e adjetivos, mas sim uma descrição, algo irônica, do seu escritório – cheio de móveis metálicos, decoração "moderna", à inglesa, e bens de consumo, todos "importados". Mais curioso e também mais significativo do que este uso linear da agência do consumo, digamos assim, é o tipo identificação metonímica entre certos "objetos modernos" e uma dada concepção do que caracteriza a "civilidade", a "obra colonial", típica daquele contexto. Tal é o caso de um artigo interessantíssimo, publicado por Norberto Gonzaga, em *Voz do Planalto*, jornal de Nova Lisboa (Huambo), em que se retrata a ocasião solene em que um *soba* do Bailundo viajou, pela primeira vez, num avião. A grande quantidade de pequenas aeronaves e pistas de aterragens particulares e a existência de vários aeroclubes, com bom número de sócios brevetados, fenômenos incontáveis vezes mais comuns em Angola do que em Portugal, já são, por si mesmos, indícios da tendência colonial para o "consumo da modernidade". O mesmo pode-se dizer dos automóveis, um artigo que chegou à colônia muito precocemente, quando ainda era incomum mesmo na Europa, e acabou mais tarde recebendo uma consagração lúdica, no fascínio dos *white africans* por corridas e *rallies*. O que chama atenção, no caso do texto de Gonzaga, por contraste com o tipo de descrição com que Lília da Fonseca apresentava o seu abastado negociante alemão, é que a situação enfocada – uma situação de contato intercultural – revela, mais do que a importância distintiva das "coisas", a não gratuidade política

---

39   Kopytoff, 2008, p.89-121.

dessa afeição colonial por grandes "máquinas modernas". Como se pode ver nos fragmentos transcritos a seguir, ao apresentar o furor com que o *soba* e sua aldeia recebem a "novidade" aeronáutica, Gonzaga identifica a adesão *"nativa"* à máquina com a adesão ao domínio português que a faz chegar até eles, explicitando parte do papel das "coisas" na construção daquele contexto:

Objetos "modernos"	
(vi)	"[...] quando o Huambo, pilotado pelo sr. Albuquerque Bossa, poisou, a tempestade, ferida por uma varinha mágica, recolheu – e fez-se murmúrio, sussurro: nada. Todos se concentraram. O chefe desceu, calmo, sereno, majestoso. E fitando aqueles milhares e milhares de irmãos da sua cor, quási prostrados, mundo negro imenso a perder-se dos olhos, estendendo o braço, perante as autoridades portuguesas que assistiam, articulando as palavras com nobreza, em voz sonora, de timbre inconfundível, disse: "O soba de 1917 que arregimentou os pretos para a guerra do Seles era muito importante. Mas eu sou mais importante do que êle: andei pelo ar. Vi o que os brancos fizeram. Eu quero, por isso – afirmou, encarando o sr. Norberto Lopes – senhor Administrador, que o Bailundo tenha um avião. Toda a minha gente, que são 50.000 pretos, vai depositar em cada posto dois angolares por cabeça para se comprar um avião que tenha o nome de Bailundo. "[...] Não se descreve a loucura. Espontânea, esmagadora, brutal, estrondeou como uma massa despenhante, fundindo-se num grito único, arrasador – que pareceu encher a terra inteira. Longe a serrania eclodiu em ecos vibrantes – que dir-se-iam tocar o sol na sua pujança arrebatadora, nua e esplendente. Os brancos, emocionados, não acreditavam no que ouviam."[40]
(vii)	"Luziam no gabinete do alemão os metais cromados das mobílias último estilo e os classificadores metálicos impunham a severidade do seu aspecto sóbrio. A única nota reconfortante e acolhedora entre a frieza daquele interior provinha de dois maples de couro, chegados a um mesa baixa, onde uma lata de bolachas inglesas, entreaberta, estava quase esvaziada. Acompanhavam-na, além do cinzeiro, três cálices e uma garrafa de cognac."[41]

Esse exemplo de Gonzaga, que, muito significativamente, ele apresentava como *"uma lição ao mundo"*, revela ainda o quanto de afinidade há entre referências ao consumo, às práticas de utilização social das "coisas", habitualmente pensadas como parte da dimensão privada da vida, e a forma de compreender não só o processo de construção duma identidade coletiva da comunidade colonial, mas também o sentido geral da própria colonização. Isto está particularmente claro nas descrições da "cidade colonial", nas

---

40 Gonzaga, Norberto. "Uma lição ao mundo." *In: Voz do Planalto.* Ano VII, n.332, 1º de Abr. 1939, p.1.
41 Fonseca, Lília da. *Panguila.* 1944, p.175.

quais encontramos um alto grau de coincidência de termos, de temas e de formas, com relação aos relatos que perseguem o *habitus* "distinto" e "cosmopolita" com que se distingue a "vida superior" das colônias. A cidade definida em função de um centro nervoso, a cidade econômica, a *polis*, por excelência, com seu frêmito de trânsito, comércio, cafés, encontros, tipos, pontos de referência, descrita com atenção especial para a minúcia material, cheia de signos do tráfego transnacional de coisas e pessoas, era uma estratégia de demonstração dos sucessos da empreita colonial, uma forma de conceber o que (tentando compreender as ideias então em voga) poderíamos chamar de *desafricanização* do espaço; uma maneira de percebê-las, enfim, como sendo cidades similares às da Europa ou da América, não locais, cidades "*de nível internacional*", como era praxe dizer naqueles dias. Para fornecermos alguns exemplos concretos, consideramos um artigo do repórter Carlos Sanches, de *O Comércio*, premiado no Concurso Cultural da Câmara Municipal de Luanda de 1968, ao lado de um outro trecho de uma crônica de Norberto Gonzaga, a propósito das suas impressões de Brazzaville, capital do Congo francês, ambos textos que indexam sinais da "modernidade" e do "cosmopolitismo" das cidades da África colonial:

Cidades "modernas"	
(viii)	"As cidades vivem-se na rua, mas vêem-se do alto. Num beco ou numa avenida, numa calle ou num troittoir, vemos a gente que passa e nos acotovela, que nos fala com cortesia ou nos insulta. Sentimos palpitar a sua vida. Conhecemos os seus gostos, as suas tradições, as suas pequenas ou grandes misérias. É na rua que Lemos os seus jornais. Tomamos os seus cafés.
	"Compramos os seus souvenirs. Fumamos os seus cigarros. Apreciamos as suas montras. Olhamos as suas mulheres. Sentimos os cheiros que transbordam dos seus restaurantes. Luanda é também assim. Luanda vive-se na rua, como as outras cidades. Nos balcões de mármore dos bancos. Nas esplanadas e nos cafés. Nas repartições e nos escritórios. Na Avenida Marginal ou Rua dos Mercadores. Nas ruas calmas de Alvalade ou nas picadas da Terra Nova.
	"É na rua que se vive Luanda. Talvez com maior intensidade na Baixa. Onde a vida tem pulsações mais rápidas. O nervo da cidade. O coração de Angola. Onde se vende café. Onde se empresta dinheiro. Onde se espera pelo maximbombo. Onde de pagam contribuições. É aqui que se vive Luanda. É aqui que ela mais se afirma. Na pujança da vida. Nas transações comerciais. No suor da gente que corre nos passeios. Na ruideira dos minicarros. Nos grupos yé-yé. Nas rodadas de cerveja. Nas mulatas que passam às cinco da tarde..."[42]

---

42 Sanches, Carlos. "Luanda vive-se na rua, mas vê-se dos miradouros." *In: Boletim Cultural da Câmara Municipal de Luanda.* Ano [?], no 20, Jul.-Set., 1968: 84 [Transcrito a partir de *O Comércio*, de 10 de Fev., 1968].

(ix) "Um hotel iluminado... Gente e uma orquestra... Jardins... casas brancas... Uma catedral... Ruas... E da outra banda do rio no seu colar de fogo, desponta Kin, a cintilante capital do Congo belga... [...] Brazza, como os franceses dizem, logo de manhã cedo oferece aos olhos um aspecto típico, cheio do riso do boy que compra a carne, os legumes, a batata e a manteiga e regressa do mercado cruzando-se com a madame, perna nua e lábios pintados que, do alto do pousse, sorri amavèlmente a tout le monde. [...] senhoras de narizinho arrebitado, cabelos oxigenados, frescas, apetitosas, com ternuras quentes nos olhos e dois francos no port-monaie, para dez gramas de Gruyére e cinco cêntimos de costeletas..."[43]

Imagem 5.1 – Sara Chaves, com o prêmio de melhor intérprete, e os músicos do N'Gola Ritmos, após apresentação no Festival da Canção de Luanda: o sucesso da "Maria Provocação" valeu-lhes a capa da *Revista de Angola* [Ano VI, n.129, 15 de Out., 1966].
Fonte: Acervo de Sara Chaves.

Imagem 5.2 – Carlos e Lurdes Seixas, em trânsito entre Angola e a Metrópole, numa festa a bordo do paquete Príncipe Perfeito. Anos 1960. Acervo de Rosário Seixas. Ao centro, na coluna esq., Ruy Correia de Freitas, então diretor de *A Província de Angola*, ao lado da sua avioneta, filiada ao Aeroclube de Luanda, que acabaria empenhada na Guerra. Início dos anos 1960. Acervo de Ruy Correia de Freitas. Ondina Teixeira e amigo, num barco de seus familiares, deslocando-se ao Mussulo, em Luanda. Anos 1960. Acervo de Ondina Teixeira. E os "desportistas" de duas distintas gerações: a tenista "Mary Mota" e uma adversária, retratadas na revista Angola [Ano VI, n.23-24, Jul.-Ago., 1938, p.44], por ocasião da sua partida para Portugal, e a seleção de natação de Angola (composta apenas por jovens "brancos"), em deslocamento para o Campeonato Nacional Português de 1973. Fonte: Acervo José Guilherme Loureiro.

Imagem 5.3 – O registro histórico do automóvel De Dion-Bouton do sr. Silva, que aguarda o genro dar a partida ao motor, em Katchiungo, no início do século XX.
Fonte: Salvador: 2008, v.3, p.115

Imagem 5.4 – Numa síntese de "modernidade" e "cosmopolitismo", o repórter Eduardo Baião (à esq.), o piloto "Peixinho", um dos mais famosos de Angola, e o jornalista belga Jaime Saint-Maurice, em 1970, diante do Automóvel Touring Clube de Moçambique, em Maputo (então, Lourenço Marques), depois de terem feito o percurso da célebre viagem de Serpa Pinto, de Angola à Contra-Costa, em menos de 40 horas, num Alfa 1750 Berlina.
Fonte: Fotografia de Adelino Dinis, disponibilizada por Ricardo Duarte.

Imagem 5.5 – O General Norton de Matos, em 1912, inaugura os primeiros 200 km da estrada de Malanje. Imagem disponibilizada por Jofre Alves. Ao lado, cartaz da campanha "democrática" de Norton à Presidência da República Portuguesa, nas eleições de 1949. À esq., o Príncipe-herdeiro de Portugal, D. Luís Felipe, Duque de Bragança, ao lado do então Governador Henrique Mitchell de Paiva Couceiro, um dos principais protagonistas da "pacificação" de Angola, em visita à colônia, em 1907, e, à dir., o "sertanejo" Silva Porto, em esboço de Jaime Martins Barata para a composição da nota de Ang. 500 (quinhentos angolares).
Fonte: Acervo de Jofre Alves.

Imagem 5.6 – Senhoras e raparigas de Moçâmedes, trajando vestes "típicas" regionais de Portugal, por ocasião da visita do Presidente Carmona a Angola em 1938.
Fonte: Acervo de Nídia Jardim.

Imagem 5.7 – Os "maconginos": alunos e ex-alunos do Liceu Nacional Diogo Cão, durante uma das "serenatas" do Reino de Maconge, em 1967; todos com as indefectíveis "capas pretas" à Coimbrã.
Fonte: Acervo de Angelino de Abreu.

Imagem 5.8 – Moçamedenses, durante as celebrações do Centenário da Cidade, "a bordo" de um carro alegórico que representava a barca "Tentativa Feliz", aquela que trouxe os pioneiros de Pernambuco. 1949.
Fonte: Acervo de Nídia Jardim.

Um detalhe a ser observado com relação ao texto de Gonzaga é que, tão significante quanto a francofilia com que apresenta a típica e, a um só tempo, cosmopolita "Brazza", é a própria circunstância da passagem do repórter de Angola pelas capitais vizinhas (além de Brazzaville, ele cita, com intimidade, "Kin", i.e., Kinshasa). Ela nos lembra que, da ideia de ter vivido num "espaço em que não se conheciam distâncias", frequentemente evocada em "memórias africanas", consta, de modo geral, o dado muito concreto da incorporação do "deslocamento" (fosse interno ou externo), como um traço do cotidiano (e, aliás, esta é uma das razões pelas quais automóveis e aviões, meios "modernos" de transporte que tiveram um papel fundamental na penetração no interior da África colonial, parecem ter gozado de tanto prestígio naquele universo). É certo que se dirá que a maior parte dos antigos coloniais jamais viveu essa "vida viageira" que às vezes desponta dos relatos; no entanto, isto não quer dizer que ela não tenha constituído um importante aspecto dum imaginário associado à vivência colonial. Um caso realmente fantástico passado em Angola pode elucidar um pouco mais o que pretendemos dizer. Trata-se da história de Sthepen e "Tony" Rokke – ela, moça do sul de Angola, educada na Cidade do Cabo, funcionária do consulado norte-americano; ele, um geólogo do Texas, a serviço da Petrofina, nos primórdios da pesquisa das reservas petrolíferas em Cabinda. Em 16 de janeiro de 55, já casados, com as malas forradas de peles de zebra, para espanto dos carregadores de um hotel em Nova Iorque, eles partiram de Luanda em viagem de lua de mel e atravessaram o Congo Brazza, o Congo belga, Rwanda, Burundi, Uganda, o deserto, pela franja do Mar Vermelho, do Sudão até o Egito, a Líbia, a Tunísia, Argélia e Marrocos, donde passaram à Europa e, finalmente, embarcaram num cargueiro norueguês até os Estados Unidos, todo esse percurso feito num *Volkswagen Carocha (Fusca)*, ao qual carinhosamente apelidaram *Hero* (herói). Na Líbia, a sua viagem causou tanta impressão que dela foi publicada uma reportagem, em árabe, italiano e inglês, nos principais jornais de Trípoli. Esse foi, certamente, um caso excepcional, excepcionalíssimo, na verdade; mas o que não é invulgar é que Maria Antonieta Chaves, a "Tony" Rokke dessa história, declare, ainda hoje, não ter considerado a ideia da tal viagem uma extravagância do marido – *"nós estávamos constantemente a viajar por Angola"*, ela diz, *"então, para mim, era só um espaço maior"* – e não ter notado nenhum espanto entre as pessoas de Luanda durante os preparativos da sua partida – a maioria achou normal, cabível, essa divertida "aventura".[43] Afinal, havia mesmo uma tendência para a compreensão da experiência colonial (um situação social de "deslocamento", *a priori*) como uma forma de *abertura*, que supunha o contato com *outras realidades*; um estar *"em casa, no mundo"*.

Em resumo, parece haver três questões importantes a considerar sobre este aspecto. Primeiro, há que se considerar o quanto o ideal de "modernidade"/ "progresso"/ "liberalidade", que consta deste tipo de discurso, ajusta-se aos argumentos comumente vistos como justificativas das intervenções coloniais, empurrando memórias que deveriam ser pura e simplesmente de uma vida, de fato, em média, mais confortável, para um campo político e ideológico atualmente indesejável. Depois, diretamente relacionado a esta primeira questão, está o fato de que referências à afluência, ao "estilo de vida despojado e socialmente distintivo" dos *coloniais* são

---

43   Entrevista de Maria Antonieta Chaves a Paulo Salvador, 27 nov. 2010.

perturbadoras ao extremo, por despertarem a má-consciência do que seria, segundo estes sujeitos, uma falsa identificação, que reitera a confusão entre os *coloniais* e o colonialismo, como se aqueles fossem apenas agentes deste sistema. Essa é uma questão particularmente sensível para aqueles indivíduos que, pela origem ou pela situação em que vieram a se encontrar no fim do período colonial, não se sentem beneficiados sob nenhum aspecto. Finalmente (e esse parece ser o grande problema, raríssimas vezes dito), há a questão da legitimidade da presença dos sujeitos coloniais em Angola e do quanto tais referências podem (ou parecem poder) comprometer dadas reivindicação dessas pessoas e o seu sentimento de "despossessão", que marca as narrativas sobre a *"perda daquele paraíso"*. Porque, no fundo, para elas é importantíssimo ressaltar o seu "localismo", o vínculo profundo, a identificação total com aquelas terras; e, no entanto, ser considerado alguém que comia à europeia, vestia à europeia, "consumia" à maneira burguesa, deslocava-se de lugar a lugar, em busca de "oportunidades", acaba dando ensejo a que se suponha o que esses sujeitos consideram indizível: o fato de que, em relação aos *africanos*, aqueles que os próprios *coloniais* consideraram quase sempre como indiscutíveis "locais", também eles poderiam ser considerados, de certa maneira, *estrangeiros...*

* * *

Para encerrar essa discussão, gostaríamos de acrescentar algumas poucas notas sobre a questão das representações de *estrangeiros* na narrativa colonial referente a Angola. A questão é vária, sem dúvida, e por isso mesmo, consideremos apenas um aspecto: a profunda ambiguidade, a oscilação das imagens de estrangeiros entre o prestígio e a repulsa. Por um lado, parece haver uma compulsão cosmopolita que manifestava simpatia pelas "coisas estrangeiras". Esse sentimento era geralmente extensível aos forasteiros, sobretudo, quando se tratava de representar *valores* comuns àqueles que, mesmo fora dos limites da comunidade concebida como igual, eram contextualmente próximos (i.e., pertencentes ao mesmo meio social ou, mais frequentemente, *brancos*). Por outro, há que se considerar que o autocentramento e o impulso de autodefesa (comumente descritos como a característica mais marcantes desse grupos de *coloniais*), conjugados à profusão de discursos sobre a "identidade", impeliam a um certo medo e/ou resistência a tudo quanto era *estranho/ estrangeiro*; o que se refere tanto às sociedades *nativas*, quanto a estes *outros* peculiares (porque não tão *outros*). Deve-se perceber, nesse sentido, que a "cultura colonial de negação", tal como sugeriram Gosden e Knowles, enquanto um aspecto da "moralidade" vigente naquele tipo de situação social, impelia à supressão do *Outro*, não tanto por ignorá-lo, mas por conceder especial importância à manutenção do caráter restritivo do endogrupo.[44] Com efeito, nas narrativas dos *coloniais* de Angola, a negação de práticas como o *racialismo*, por exemplo, é quase sempre proporcional à incidência de discursos em que, mais do que juízos derrogatórios sobre os *"nativos"*, o que se nota é a excessiva afirmação do próprio *habitus*. No entanto, como esses limites existiam em equilíbrio instável, não era raro que, por "precaução", digamos assim, incluíssem nas mesmas suspeitas todo tipo de *outliers*.

Poderíamos desenvolver a questão com os mais diversos exemplos, mas vamos nos concentrar em dois, um tanto quanto similares, que, além de tudo, têm a vantagem de abordarem um outro tipo de ansiedade em relação a "estranhos", à qual já nos referimos: a *"misoginia colonial"*. O primeiro é o caso da personagem Madeleine Rivière, a luso-belga que é cúmplice dos traficantes de diamantes e seduz o detetive e herói incidental de *Panguila* (1944), de Lília da Fonseca. Ela nos é apresentada como uma *femme fatale*, plena de ambiguidade, no entanto: a sua "beleza clássica" é o contraponto da sua excessiva informalidade; o seu cheiro, seus modos à Ocidental", "ingleses", são o avesso do seu costume de vestir à oriental; toda ela é um emblema do desejo e do temor pelo que é estrangeiro, um sinal do seu prestígio atrativo e uma advertência quanto ao seu caráter suspeito:

> [...] a vida do hotel tomou uma animação inesperada de que Madeleine era o ponto central e todos aqueles homens que lhe disputavam a primazia do sorriso ou do olhar, os círculos concêntricos que à sua volta se iam enleando e estrangulando. Valha a verdade que Madeleine possuía aquele tipo sedutor que, aonde quer que chegue, se impõe imediatamente à atenção dos homens [...]. Desprendia-se dela um perfume penetrante, de sabonete inglês e água-de-colônia, da autêntica. Estava ainda em trajo matinal. A cabaia de seda azul pálido, de grandes pagodes bordados a branco e ouro, ajustava mal, revelando o pijama

---

44 Gosden e Knowles, 2001, p.10; 209.

da mesma cor, retesado no joelho por efeito da perna traçada. O pé bamboleava minúscula chinela de cetim preto ao sabor do movimento da perna.[45]

Análoga à descrição da fascinante e dissimulada Madeleine, é Dala Ussulf, a turca que encontramos num conto de Maria Archer, cujo título já revela a fonte primordial do magnetismo e da desconfiança que ela suscita – "Uma mulher internacional" (1949). No enredo de Archer, Dala é uma ex--atriz do teatro de revista parisiense, de passagem para Angola, onde irá ter com o colono que a desposara durante viagem pela Europa. No percurso, cortejada por diversos coloniais, ela se deixa seduzir por um sujeito ligado à extração do ouro, a caminho de Moçambique, e percebendo aí uma "oportunidade" formidável e prometedora de "aventuras", resolve desembarcar em Angola apenas para entregar um dos dois cães galgos que traz consigo (como um presente para o, agora, "ex- esposo"), seguindo viagem com o "homem das minas". Novamente, o fascínio e a suspeita, bem como o prestígio das "coisas" e a reserva quanto aos "atos", são a tônica dominante na descrição da "mulher estrangeira":

> Trazia agora vestidos finos, claros, desportivos, ou coisas leves que ondeavam ao vento do largo deixando ver a cada lufada forte, a carnação láctea das pernas, acima das meias de transparência imaterial. Para o jantar ostentava longas bainhas cintilantes que a cingiam com ardências de estrelas, sedas de rebuscado lavor, rendas de efeito decorativo. Dos seus ombros, mal se sentia a aragem nocturna, pendiam capas de peles claras ou abafos de sedas envolventes. Irradiava brilhos de joias principescas – tão belas que levantavam suspeitas, quer da autenticidade, quer da proveniência. É que luxo tamanho, sem a garantia de um homem conhecido, começava a irritar as outras mulheres... [...]
> Tamanha reserva intimidava a audácia dos sertanejos, afeitos à selva, às caçadas aos búfalos e leões, mas contidos por ela, pelo olhar dela submissos, domados, aguardando as graças da deusa e espiando-se uns aos outros.
> [...]
> Só regressaram a bordo quando o paquete apitava os três toques da partida. A Agência tinha regulado o assunto da passagem. Dala podia seguir para Moçambique. Os passageiros, agrupados na amurada, viram-na subir a escada

---

45   Fonseca, Lília da. Panguila. 1944, p.203.

de bordo, todos com tamanho assombro nos olhos como se contemplassem os mistérios do Apocalipse. Ele, o homem das minas de ouro... Ela, a mulher internacional... O cão, um bicho de estampa... No sopé do grupo uma palavra prestigiosa – *Aventura*...[46]

Archer utiliza a figura de Dala Ussulf de forma extremamente irônica. Associando a conduta liberal dessa mulher ao seu caráter "internacional", "cosmopolita", ela sublinha o caráter provinciano e, em certo sentido, obtuso da sociedade portuguesa, mal ajustado para compreender o comportamento "moderno" (e, portanto, deficitário, posto que mal ajustado à "modernidade" que a experiência colonial supõe), que só pode redundar em "engano", numa postura naïf e facilmente ludibriável. Tendo em conta a obra de Archer (divida entre os vetores da primeira geração feminista e do nacionalismo republicano), é possível enxergar aí tanto uma reprovação da imposição do recato às mulheres (ineficaz, quando os homens sucumbem à Wamp reificada), quanto a retomada crítica do tema, típico do século XIX, da indesejável anglofilia e francofilia da elite portuguesa. Mas também é interessante que ela insinue recorrer a um tópico muito presente no imaginário das propagandas colonialistas portuguesas: a ideia de que o "estrangeiro" é um "interesseiro", um descomprometido "aventureiro", disposto a trocar, ao primeiro sinal de ganho, a fixação de "raízes" na terra (no caso, representada simbolicamente pelo Baleizão, o colono de Angola), em favor de cifras mais vultosas. Afinal, o exemplo da narrativa literária nos encaminha para o que é mais "sério". A política colonial portuguesa sempre se pautou por duas inquietações em relação aos estrangeiros (e a elas recorreu nos seus esforços de autolegitimação): por um lado, manietava-se com a impossibilidade de incorporá-los à sua retórica assimilacionista (o famoso "tudo isto é Portugal"), na medida em que, não estando albergados à cidadania portuguesa, não eram "sujeitos", mas também não eram "objetos" da "ação colonial" (como os nativos); por outro, uma das formas contumazes de justificar o centralismo em relação às colônias foi evocar a existência de uma mão invisível, sempre disposta a arrancar nacos do "patrimônio português" – durante as tensões da Grande Guerra, na partilha dos seus despojos, mesmo no fim do período colonial, diante das alianças da Guerra Fria,

---

46   Archer, Maria. "Uma mulher internacional." *In: Há-de haver uma lei...* 1949, p.25; 28; 35.

sempre o Terreiro do Paço difundiu a ameaça das "cobiças estrangeiras" (dizem, inclusive, que quando se comprovou haverem reservas de petróleo significativas em Angola, nos anos 1950, Salazar teria lamentado: "era o que nos faltava..."). Para todas essas circunstâncias, o antídoto português foi o mesmo: reclamar os "direitos históricos", a profundidade temporal do elo luso-angolano, um mote que, de tão repetido, passou a ser fundamental nos discursos dos coloniais; em parte (para alguns, ao menos), como uma forma de adesão à ideologia colonialista; em parte, como um traço importante, extensivo, da construção das suas próprias biografrias.

5.2 Vidas e Obras (acerca da História)

Nem todos os "estrangeiros" eram maus, entretanto. Para compreender essa relação particular ao contexto colonial entre biografia e história, poderíamos começar, justamente, citando um trecho de um livro excepcional, *Julgareis qual é mais excelente...* (1948), do historiador Gastão de Sousa Dias, dedicado à trajetória de vida de um forasteiro que, pela origem e posição social, tinha todos os pré-requisitos para ser "abominável"; e, não obstante, entrou para a galeria de "heróis" da construção da Angola colonial. Trata-se do *bôer* Willem Venter, um velho *trekker* que chegou aos planaltos angolanos no fim do século XIX e se estabeleceu na pequena colônia na Humpata, onde Artur de Paiva, o patriarca Jacobus Botha e os madeirenses, chegados ali à mesma época, davam os primeiros passos do que viria a ser a maior "ilha branca" de Angola – o Distrito da Huíla, a cidade de Sá da Bandeira (Lubango). Sousa Dias, que passou boa parte da vida nessas mesmas terras, que se ufanava de ter sido fundador do Liceu Nacional Diogo Cão (emblema da cidade até os anos 1970) e que foi sempre um obsessivo conservador da memória colonial portuguesa, encontrava na "vida" desse sujeito exemplos dos elementos que ele acreditava constituírem a identidade dos *coloniais* de Angola, mais especificamente daqueles colonos agrícolas do Planalto, *Xicoronhos*, e do que era um ideal perfectivo da própria colonização. Eis como ele nos apresenta Venter, o *bôer* que ele conheceu e que frequentava sua casa, em Sá da Bandeira, onde falavam sempre sobre o *passado*:

Entre os poucos Boeres que ainda habitavam as terras da Humpata, fiigurava um velho de quase oitenta anos, homem enérgico e desempenado, cuja existência merece algumas páginas de exaltação, porque o seu nome se acha estreitamente ligado a quase todos os acontecimentos militares da ocupação do Sul de Angola. Quando, em 1927, os Boeres, arrastados por agentes da União Sul-Africana, para contrabalançarem a influência eleitoral dos Alemães na Damaralândia, efectuaram um novo *trek*, o velho Willem Venter opôs-se corajosamente a essa aventura; mas, vencido pelo número, quase sozinho, ficou agarrado à sua propriedade da Palanca, onde lhe tinha crescido a família e onde, pouco a pouco, fora ganhando força no seu cérebro a ideia de acabar como português fiel, na boa e hospitaleira terra de Angola! Aqui tinha filhos e netos; aqui lhe decorrera quase toda a aventurosa existência de caça e de guerra... Para que trocar já quase no fim da vida, a paisagem ridente da Humpata pela aridez desértica da Dâmara, onde, como única manifestação de vida, as plantas espinhosas e os cactos hostis parecem encolher-se sob o fogo do céu? Ficou. [...] Esta era a sua terra, que, como pátria adoptiva, se abrira hospitaleiramente para o agasalhar, a ele e a seus pais, numa hora de graves dificuldades. Aqui decorrera a sua vida; aqui lutara e guerreara, aqui consituira família, construindo a sua casa e fertilizando o solo pelo seu próprio braço; e aqui vertera o seu sangue... Não! Por coisa alguma largaria a sua *farm*, onde os eucaliptos altos ramalhavam à tarde docemente, exprimindo-se em linguagem amiga, que ele muito bem compreendia, porque eram tão velhos como ele, e, como ele, sabiam com quanto esforço tinha sido feita esta terra de Angola, que era afinal a sua verdadeira pátria![47]

Os *bôers* do Sul de Angola, que, após a década de 1920, eram apenas remanescentes, não deixaram nunca de parecerem, aos portugueses, sujeitos "problemáticos". Tanto quanto possível, o discurso colonial português procurou enquadrá-los, ressaltando a sua contribuição na ocupação do interior angolano, bem como a sua submissão à soberania portuguesa; e é neste sentido que Sousa Dias apreende a trajetória de Venter, por modelar. Mas interessante mesmo é a concepção que daí emerge, bastante distinta do que se supõe sobre o tipo de nacionalismo (europeu) vigente naqueles contextos coloniais: uma nacionalidade "por escolha", concentrada na "fixação

47   Dias, Gastão de Sousa. *Julgareis qual é mais excelente*. 1948, p.393; 405.

à terra", num senso de "localismo", numa contingência "biográfica", tanto mais significativa por partir de um forasteiro – o que pressupõe alguma adesão/identificação, no plano dos "valores". No fundo, é a encarnação da ideia de um vínculo indelével com o espaço angolano, construtor de uma "pátria germinal", que concentra as expectativas sobre a presença portuguesa naquele lugar, o que faz do estrangeiro um herói "nacional" digno de figurar no panteão de *Julgareis qual é mais excelente* – um livro publicado com selo do Governo Geral de Angola, premiado pela AGC, no Concurso de Literatura de 1949, comemorativo do tricentenário do "evento-chave" da História angolista (a "Restauração de 1648", i.e., a retomada de Angola do domínio holandês), enfim, um perfeito exercício de "oficialismo".

Começando pelo título, que retoma as palavras de Luís de Camões, n'*Os Lusíadas*, as escolhas de Sousa Dias nesta obra são emblemáticas dos sentidos atribuídos, na primeira metade do século XX, à "longa duração" do contato português com Angola.[48] Trata-se de uma História à maneira das antigas crônicas historiográficas, romanceada, ou antes, novelesca, porque feita duma reunião de biografias, como capítulos autônomos, através dos quais, no entanto, o autor pretendeu dar a conhecer a *"marcada continuidade do esforço português em Angola"*, *"impelido, em parte, pelo móbil dos interesses materiais, mas espiritualizado por ideais de proselitismo, de piedade e de amor humano"*.[49] Do "descobridor", Diogo Cão, ao Mons. Manuel Alves da Cunha, clérigo e assessor de comissários do período republicano, são 40 biografados: 13 governadores (de Paulo Dias de Novais, que fundou a cidade de Luanda, em 1575, até J. A. Alves Roçadas, conquistador do Cuamato, governador entre 1909 e 1910); 9 militares (de Francisco de Gouveia, que submeteu os *Jagas*, em 1570, até Pereira d'Eça, o temível General que venceu os *Kwanyamas* do *soba* Mandume, em 1915); 8 exploradores (de Duarte Lopes, comerciante que viveu no Congo, entre 1578 e 1584, até o célebre Henrique de Carvalho, que "reconheceu" as Lundas, em 1884, incluindo os indefectíveis Serpa Pinto, Henrique Capelo e Robert Ivens, os "Stanleys" portugueses); 2 colonos, além de Venter (os pioneiros

---

48   O verso é recolhido da "Dedicatória" ao Rei, D. Sebastião, referindo-se aos portugueses nos seguintes termos: "Ouvi: *vereis o nome engrandecido/ Daqueles de quem sois senhor superno,/ E julgareis qual é mais excelente,/ Se ser do mundo Rei, se de tal gente.*" [*Os Lusíadas*, 1572, Canto I, I-XV].

49   Dias, Gastão de Sousa. *Julgareis qual é mais excelente*. 1948, (p.v.)

Trigo Teixeira e Bernardino Freire, "patriarcas" do Moxico, em 1894, e de
Mossâmedes, em 1840, pela ordem), sem considerar o "maior" dos *sertanejos* e *funantes* do século XIX, o "suicida do Bié", Silva Porto; 3 "mulatos"
(Luís Lopes da Sequeira, o "mulato dos prodígios", o "Nun'Alvares de
Angola", que submeteu os reinos do Congo e da Matamba, no século XVII,
e Pedro João Baptista e Amaro José, empregados do comerciante Honorato
da Costa, que realizaram a primeira "travessia" entre Cassange e Tete); 3
missionários; 3 outros estrangeiros (o botânico Frederic Welwitsch, descritor da famosa planta do Sul, e o pe. Ernest Lecomte, chefe dos espiritanos,
no fim do século XIX), dos quais se distingue o único negro dessa História
(Orlog, o auxiliar *zulu* que apoiou os portugueses na ocupação do Sul de
Angola); e, claro, todo o destaque para o brasileiro, o Libertador, o "herói
de todos os heróis" do período colonial de Angola, Salvador Correia de Sá,
o chefe militar carioca que expulsou os holandeses de Luanda, em 1648.
Essas escolhas, inclusive na sua gradação, tem uma indisfarçável relação
com o quadro de textos coloniais por ocupação/posição social dos autores,
tal como o apresentávamos no primeiro capítulo deste trabalho; em certo
sentido, esse monopólio das narrativas é um epifenômeno de uma concepção específica da colonização, que resulta em desigual distribuição de prestígio (e sobretudo de poder) entre os vários segmentos sociais implicados.
Para além disso, entretanto, há pouco a acrescentar com relação ao tipo de
História de Angola que está materializado no livro de Sousa Dias: trata-se
de uma narrativa que pretende abarcar o máximo de dilação temporal possível, apoiada no tema clássico das reivindicações coloniais portuguesas – os
infalíveis "direitos históricos"; nada de novo, portanto.

O fato que subjaz à pretensão historicista que dá sustento a esta e tantas
outras obras é mesmo isto: um fato. Com efeito, os portugueses travavam
contato com o espaço angolano já há mais de quatrocentos anos à época do
auge do colonialismo contemporâneo. Todavia, essa história foi escrita,
por assim dizer, em camadas. Dos entrepostos comerciais da primeira era
até os dias do predomínio do tráfico atlântico (no miolo do qual há um
bom período "brasileiro" de Angola, i.e., a ligação intensa a interesses
luso-brasileiros, mais do que aos desígnios metropolitanos), são quase
300 anos; nos 100 anos seguintes, há fases muito distintas – o declínio do
tráfico e da influência do Brasil, a era áurea dos *funantes*, dos *comerciantes
do mato*, o período das explorações e a constituição de um Estado colonial,

centrado em Luanda, e o período "crioulo", luso-angolano, as últimas ações coloniais da Monarquia, com suas reformas e com as campanhas de ocupação e, por fim, a "virada" africanista definitiva, o ímpeto da "colonização demográfica" e as transformações do período inicial da República que deságuam na "breve História" da comunidade colonial do século XX. A grande questão, no entanto, é a diversidade dessas experiências; as relações Portugal-Angola existiram ao longo do tempo em contínuo (ainda que "Angola", por si só, seja a definição duma unidade espacial e temporal de "origem portuguesa" e só plenamente significativa por volta do século XIX), mas as várias agendas e agentes, a incidência em diferentes regiões e diferentes durações de cada um dos movimentos descritos anteriormente e mesmo a natureza não propriamente "colonial" de alguns deles nos dizem que, em vez de os considerarmos fases, etapas sucessivas de uma única História, seria mais adequado enxergá-los como ondas distintas de um contato prolongado, embora descontínuo. Não obstante, o que o discurso colonial do século XX promoveu foi uma condensação, a afirmação dum sentido de unidade, onde, a rigor, há descontinuidade. Sublinhando um domínio (bem contestável), uma presença (intermitente e "mista", na maior parte do tempo) e uma dispersão (de fato, bastante limitada), a retórica portuguesa não discutia o *passado*, obviamente, mas procurava investir-se de legitimidade num *presente*; logo, recorria a uma "história monumental". E, em verdade, colaborava para essa sua estratégia de reposicionamento em face da disputa aberta naquele período, o fato de que pudesse evocar tanto as reelaborações locais de influxos dum contato que, subsistindo, provocou rearticulações nas instituições e sociedades africanas (o que, de modo geral, dava estofo à ideia da *"influência"* portuguesa), quanto as várias marcas materiais tidas por *"monumentos"*, esses indícios que tem como característica "o poder de perpetuação, voluntária ou involuntária, de sociedades históricas (legado à memória coletiva), reenviado a testemunhos, só numa mínima parcela escritos", como definia Jacques Le Goff[50]

Uma das causas fundamentais em que a lógica dos "direitos históricos" se empenhou foi a defesa do conhecimento e da interferência portuguesa no interior do continente africano (que, na sua versão inicial, deu vazão à fan-

---

50   Le Goff, 1996, p.462.

tasia do "mapa cor-de-rosa", cujo princípio era a ideia de que a intervenção de Portugal na faixa interior entre Angola e Moçambique seria anterior à corrida dos exploradores do século XIX). Pois bem, para essa defesa era fundamental a teoria das duas zonas de irradiação portuguesa, a partir da África Ocidental; uma, centrada na "influência" sobre a bacia do Zaire e às relações de Portugal com o Reino do Congo, que remontavam ao século XVI; outra, radicada na dispersão portuguesa pelo *hinterland* de Luanda, que, efetivamente, à exceção singular de Benguela (a mais "brasileira" das cidades portuguesas), foi o único bastião português de Angola em que se podia reconhecer alguma continuidade, do século XVI ao XX. Transcreve-mos a seguir o exemplo de dois textos que investem na sobrevalorização da teoria das "duas frentes de *influência*" para o interior, a fim de darmos uma medida da importância desses marcos referencias da "história monumen-tal" de Angola para a "invenção" de uma presença *"quatro vezes secular"*. O primeiro é um guia histórico-turístico, de Alfredo Diogo Jr., que estabelece uma equivalência entre construções e marcos geográficos do Centro-Norte do país (ligados à "longa duração" da presença portuguesa) e monumentos do século XIX, como o forte da Quibala ("origem" do Huambo) ou os "barracões" da primeira leva de colonos madeirenses da Huíla, como se justificasse uns pelos outros. O seguinte é um trecho da obra que Henrique Galvão dedicou aos *Dembos* (*"sobados"* da região *Kimbundo* das cercanias de Luanda, Bengo, Kwanza Norte e parte do Uíge e Malanje); num movimen-to de muita argúcia, Galvão reconhece na evidência da descontinuidade (o fato de que, após o século XVIII, se tenha verificado uma nítida disjunção entre o núcleo português e crioulo de Luanda e a região dos Dembos) o seu contrário – de sorte que a redescoberta da *"influência portuguesa"* pela expe-dição de João de Almeida, em 1907 (materializada em utensílios, vestuário ou no conhecimento da língua e da escrita em português, fruto da transmis-são dos Ambaquistas educados pelos jesuítas, antes das reformas pomba-linas de fins dos Setecentos, tal como encontrados nas *Banza kimbundo*), pareceu-lhe a evidência de um *"gênio colonizador"* enraizado naquelas terras, mais do que, de fato, o resíduo de uma relação assentada em bases já então desaparecidas e, no máximo, em reelaboração. Ambos os textos nos confrontam com a centralidade então atribuída às "cargas da História":

Memória & Monumento: as "cargas da História"

(i)	"De norte a sul da Província de Angola encontramos a cada passo lugares de um ou de outro modo ligados à História, e monumentos cujos vestígios assinalam para os vindouros uma gesta notável de sacrifício e heroicidade: a Pedra do Feitiço, símbolo de uma apagada e cruel tradição vencida pela presença civilizadora; as ruínas da Igreja de S. Salvador mostrando ao viandante os primórdios do apostolado missionário; as velhas pedras da fortaleza do Ambriz que em séculos passados respondeu à cobiça dos assaltantes estrangeiros; as fortalezas de S. Miguel, do Penedo e de S. Pedro da Barra, em Luanda, afirmando uma presença quatro vezes secular; os baluartes defensivos de Muxima, Cambambe e Massangano, onde se jogaram os minutos decisivos da história portuguesa em Angola; as famosas Pedras Negras de Pungo Andongo evocando o reino fabuloso da Ginga; os fortes de Calulo e da Quibala recordando a epopeia da ocupação; os 'barracões' de Sá da Bandeira marcando o exemplo dos colonizadores daquelas paragens na segunda metade do século XIX."[51]
(ii)	"Sendo hoje quási um arrabalde de Luanda, que pode ser percorrido em tôdas as direcções, e com o mesmo risco com que se viaja na Beira Alta, em algumas horas de automóvel, por qualquer burguês desenfastiado, [a região dos Dembos] era então [no final do século XIX] zona negra, impenetrável, onde nem sequer os indígenas que trajavam à europeia eram admitidos. Julgou-se durante muito tempo, pois o negro barranco aberto na nossa acção colonial tudo fizera esquecer e perder de vista, que todos esses povos que se opunham à nossa penetração, bravios e indômitos, viviam em estado primitivo de selvajaria e alheios a qualquer influência ou contacto com gente branca.

"Foi ainda o reconhecimento dos Dembos que veio revelar o contrário e pôr em evidência uma nova manifestação do nosso génio colonizador. […] As duas influências – a de Luanda e a de S. Salvador – no seu avanço, acabaram por encontrar-se e, no fim do século XVII, o domínio português era efectivo e nítido em todo o território que, desde a costa, era limitado ao Norte pelas extremas do reino do Congo e ao Sul pela bacia do Cuanza. A nossa influência ia-se esbatendo para Leste, adelgaçando a zona dominada na direcção da Lunda e Matianvúa e formando uma faixa mais estreita, que tinha por eixo o curso do Cuanza, unia-se, por alturas do Dilolo, com o curso do Zambeze, ligando-se depois com Moçambique. Para o Sul da Colónia é que a nossa influência se limitava apenas ao litoral, com pequenos núcleos no interior, os quais não avançavam para além de trezentos quilómetros da costa."[52] |

Mas não pretendemos esmiuçar essa redescoberta e condensação de uma relação que, embora dispersa, em distintos momentos da História, foi, até muito tardiamente, frágil. Nem nos interessa insistir na já extenuantemente discutida retórica dos "direitos históricos" reclamados por Portugal. Não foi à toa que decidimos começar pelas biografias traçadas por Sousa Dias. Com elas, desejamos chamar a atenção para o fato de que grande parte da historiografia colonial de Angola foi composta à moda rankeana, concebendo a História como uma coleção de "grandes feitos" e dos "gran-

---

51   Diogo Jr., Alfredo. "Valores históricos no turismo de Angola." *In: Boletim do Instituto de Angola*. Ano XV, n.27, Jan.-Abr., 1967, p.94.
52   Galvão, Henrique. Dembos. *Pelo Império*, n.3. 1935, p.12.

des homens" que os empreenderam. Mesmo no cenário de restrições à circulação e consumo literário do Portugal da primeira metade do século XX,
o sucesso editorial de uma coleção como a "Pelo Império" (série de monografias históricas da A.G.C., quase toda composta de biografias e de alguns
relatos de episódios da epopeia colonial) atesta o quanto esse tipo de História foi apelativo e consideravelmente influente à época. Até aí não há nada
de excepcional; sabe-se que até há pouco a historiografia tradicional gozava
ainda de ampla difusão e a "História oficial", passe o termo, como elemento
constitutivo do Estados-nação, é, geralmente, uma codificação simbólica
dum panteão de "nomes" e "datas". Acontece que podemos olhar esses
símbolos de outra perspectiva. Porque o que nos interessa é refletir sobre
as formas pelas quais essa macronarrativa (*grand récit*) interferiu nos sentidos que os *coloniais* de Angola atribuíam à sua própria trajetória naquele
espaço, gostaríamos de propor a seguinte estratégia: faremos uma antologia
de alguns perfis destes "grandes homens" e tentaremos demonstrar, apesar da
monotonia dessas descrições encomiásticas e excessivamente elogiosas, que
a constância de qualidades e características enfatizadas nos indicam certos
"valores" dominantes, os quais, constituindo objeto de uma dada visão da
História, constituem também um ideal de "vivência colonial". Comecemos, então, pela incontornável figura de Salvador Correia de Sá, até chegarmos a dois homens, os Altos Comissários republicanos Norton de Matos e
Vicente Ferreira, cuja presença nos discursos dos angolistas (num momento
em que se tornaram *personae non gratae* do salazarismo) é indicativa das
peculiaridades daquela comunidade colonial:

| Salvador Correia de Sá | "Salvador Correia de Sá é a figura central do glorioso friso da reconquista de Angola. Dependia esta cada vez mais estreitamente do Brasil; e, por isso, natural se tornava que fosse um herói brasileiro a resgatá-la do cativeiro holandês, em que há sete anos gemia. Salvador Correia era filho de Martim de Sá e de D. Maria de Mendonça e Benevides, achando-se assim filiado na ilustre família dos Sás, a que perteciam os fundadores do Rio de Janeiro, Mem de Sá e Estácio de Sá. [...] Uma vez expulso o Holandês, pelo seu sereno critério, espírito de justiça, tolerância e bondade, iniciou-se um governo modelar, de largo espírito de restauração e senso administrativo e político. E, quando em 2 de Março de 1652, Salvador Correia retirou para o Brasil, para de novo se pôr à testa da capitania do Rio de Janeiro, a fama do seu valor e da sua prudência ficava perpetuamente em Angola, para, em lugar de decrescer, como é regra das coisas humanas, se ir avivando pelo tempo fora em preitos desinteressados de reconhecimento e justiça."[53] |

---

53 Dias, Gastão de Sousa. *Julgareis qual é mais excelente*. 1948, p.99; 108.

Serpa Pinto & os sertanejos	"Muitas viagens se fizeram ao interior da África antes da travessia de Serpa Pinto, e delas tirou este explorador grandes ensinamentos. O sertanejo Silva Porto forneceu a Serpa Pinto informações seguras que lhe foram de manifesta utilidade na sua viagem de Benguela ao Zambeze. Não se esqueceu Serpa Pinto de testemunhar em público estes factos e de prestar, ao longo do seu livro, homenagem aos pioneiros portugueses e estrangeiros que antes dele abriram caminhos através do Continente Negro. E fê-lo sempre com grande elevação e carinho, principalmente quando se referiu ao explorador comercial Silva Porto e a Stanley, com quem esteve na África nas vésperas da sua grande e gloriosa viagem. Ao ler-se a obra do explorador Serpa Pinto, pensa-se no grande filme que se poderia fazer acerca da descoberta do interior de África, em que a sua viagem seria a razão e a justificação de todas as tentativas da travessia de costa à costa, e da vida dos sertanejos, desses descobridores e ocupantes dos sertões. [...] Seria um filme a dizer-nos pela forte sugestão da imagem o que foi a acção dos portugueses durante meio século nos confins da África e do aparecimento, nessas paragens já conhecidas dos nossos pioneiros e mercadores, dos mais famosos exploradores europeus e americanos, que sempre se serviram, no decorrer das suas viagens, das informações dos sertanejos portugueses."[54]
Silva Porto	"Mas era necessário andar e andar depressa. Silva Porto no seu posto avançado do Bié, em Belmonte, sentia as ameaças e sofria com elas. Nos seus 'Diários' as reflexões e comentários surgem insensivelmente, mais amargos, mais dolorosos, mas mais patrióticos também. Em Janeiro de 1890 o conflito latente entre Portugal e a Grã-Bretanha declara-se com o Ultimatum. Em Abril seguinte morre Silva Porto. As razões que o levaram a escolher o caminho do aniquilamento não estão ainda bem esclarecidas. Paiva Couceiro, que não se encontrava longe de Belmonte quando se verificou o triste desenlace, escreveu a propósito a um amigo íntimo: 'É preciso que saibas que Silva Porto era muito orgulhoso e de um génio muito particular.' Orgulhoso? Sim, devia ser orgulhoso, devia sentir o orgulho de um homem que, no passado, se sentira prestigiado e agora se julgava vilipendiado. "Orgulho de ser português e de não poder afastar quaisquer veleidades com a sua simples presença, orgulho de o seu nome – o seu nome só – já não bastar para manter a soberania portuguesa em toda aquela região. [...] Preferiu morrer. Mas os homens morrem e as pátrias continuam e, por isso, a morte é sempre vencida. E aqui estamos nós a testemunhá-lo celebrando a memória de Silva Porto no que ela tem de mais puro que o seu amor pela Pátria, o seu amor por Angola, terra de Portugal, pela qual hoje tantos continuam a sacrificar a vida para que ela seja sempre portuguesa."[55]
Silva Porto, Artur de Paiva & a "campanha do Bié"	"No Bié, a simples presença dos soldados de Couceiro e Teixeira da Silva leva à insubordinação do Dunduma e a nossa precária soberania, encarnada no puro e heroico coração de Silva Porto, tomba vencida.

54 Soromenho, Castro. "O explorador Serpa Pinto." In: O Mundo Português. Ano X, n.119, Nov., 1943, p.947-948.
55 Cunha, Joaquim M. da Silva. "Palavras proferidas pelo Ministro do Ultramar, em 3 de novembro de 1968, na cerimônia de homenagem a Silva Porto." In: BGU. Ano XLIV, n.521-52, Nov.-Dez., 1968, p.64-65.

Mas a explosão que roubou a vida ao nobre pioneiro, é sentida em Portugal como estremecimento violento da própria consciência da nação. O suicídio romântico desse grande português teve o condão de despertar o país da modôrra em que vivia. [...] A campanha do Bié, que terminou pela tomada da embala do Ecovongo, é um dos mais brilhantes e mais bem conduzidos feitos de armas das nossas campanhas coloniais. Nela nada faltou: nem a valentia dos oficiais, soldados e auxiliares, nem a generosidade sempre usada para com os vencidos, nem as medidas serenas de pacificação e de repovoamento. Mas o que mais profundamente toca a nossa imaginação, são as honras fúnebres prestadas pelos homens da expedição ao velho sertanejo Silva Porto, cujos restos mortais haviam de acompanhar até ao Planalto da Huíla."[56]

Artur de Paiva

"Começou aqui [no Cubango] a vida mais aventurosa de Artur de Paiva, durante a qual percorreu os sertões em todos os rumos, a-fim-de impor a soberania ou castigar uma rebeldia, com essas colunas de singular composição, onde predominavam auxiliares brancos e pretos e que apenas dispunham de um pequeno núcleo de tropas regulares, colunas que tão depressa as tintas frescas da aurora começavam a manchar o azul do céu se podiam ver a serpentear ao longo dos trilhos, como se fôssem grandes formigueiros, até que a tarde agonizava num estertor rápido e o sol incendiava as nuvens antes de se afogar no horizonte. Umas vezes sofrendo as ardências dum sol inclemente, outras debaixo de chuvas diluvianas, lá iam elas atravessando desoladas planícies, penetrando sombrias florestas, trepando escalvadas encostas, descendo convulsionadas ravinas ou vadeando cursos de água impetuosos, vencendo assim a resistência passiva da natureza bruta – a fera natura – mais hostil que a selvajaria dos homens e a ferocidade das feras. [...] "No fim deste relatório diz Artur de Paiva: 'Do Cubango ao Cuando é um passo e do Cuando ao Zambeze é um salto, mas um salto bem feliz para a nação europeia que o der e que eu bem desejava que fosse a portuguesa.' Era velha de séculos essa política, como era essa influência. Assim já Frei João dos Santos, na sua 'Etiópia Oriental,' diz ter visto em Sofala um cobertor de paapa, trazido de Angola, comprado por um português no reino de Manica, a mercadores cafres. Mas essa velha política era, no entanto, há 60 anos inoportuna e irrealizável, uma vez que outro imperialismo – o inglês – manobrado por Cecil Rodhes, nos ameaçava cortar o caminho."[57]

Norton de Matos

"Razão tinha o nosso colega O Planalto quando, na hora da glorificação, dedicou as seguintes palavras ao fundador da sua cidade: 'Não é Nova Lisboa apenas, mas sim o País inteiro a exaltar a memória de Norton de Matos. Grande estadista, insígne patriota, a sua obra projecta-se para além do tempo e do espaço, abrangendo o território todo de Portugal eterno. Angola, em especial, deve-lhe imenso. Nova Lisboa deve-lhe tudo, porque ele a criou. E assim, sendo Norton de Matos uma figura nacional, ela é, sobretudo, de Nova Lisboa. Por isso mesmo a nós cabe a maior tarefa nas comemorações e homenagens a tão notável português.

56 Dias, Gastão de Sousa. "Artur de Paiva." In: Boletim Cultural do Huambo. Ano III, n.3, Dez., 1950, p.29.
57 Teixeira, Alberto de Almeida. Artur de Paiva. Pelo Império, n.43, 1937, p.9; 11; 13.

	O que criando-nos responsabilidades, nos atribui por igual forma subida honra.' Além da sua acção a todos os títulos notável, Norton de Matos legou-nos um vasto manancial de exemplos edificantes, reveladores de um somatório de virtudes que só existem nos homens de craveira invulgar. Exemplos de fidelidade a um Ideal, de tenacidade, de noção dos deveres cívicos, de honestidade e, sobretudo, de patriotismo. Apesar de poder reservar-se o direito de se considerar vítima de incompreensão e de injustiças, o ilustre General manteve em todas as conjunturas uma conduta ao nível da sua forte personalidade, colocando sempre acima de tudo e de todos, os interesses da Pátria e o grande afecto que dedicava a Angola. [...]."[58]
"Os grandes Governadores": Sousa Coutinho, Paiva Couceiro, Norton de Matos & Vicente Ferreira	"Como todos os grandes homens, quais águias que pairam muito acima da terra, Norton de Matos recebeu a inevitável ingratidão. Passaram anos; mais uma vez verificou-se o 'atrás de mim virá quem me honrará;' Angola, que, no seu lado mais puro nunca deixou de fazer justiça ao seu primeiro alto comissário, bem como a um outro também de grande valor – o engenheiro Vicente Ferreira – soube então avaliar a grandeza da mentalidade, da ação e do patriotismo desses dois homens públicos! Angola. Angola teve três grandes governadores: D. Francisco Inocêncio Sousa Coutinho, nos fins do século XVIII, Paiva Couceiro, já numa época de transição e Norton de Matos numa época de renovação."[59]

Passando ao largo de ideias como "patriotismo", "lealdade", "coragem" etc. (virtudes estas que entram na conta da fetichização pela qual "heróis nacionais" são construídos, não em face das suas biografias propriamente, mais do que significam no quadro da autoimagem "unitária" das Nações),[60] vamos considerar o seguinte: primeiro, em quase todas essas descrições da trajetória de "figuras de proa" da História luso-angolana subsiste uma noção que vimos associando ao conjunto dos *coloniais* – a imagem do "trabalho" como um valor essencial, definidor dos direitos e das razões da colonização (note-se que mesmo Salvador Correia, na visão de Sousa Dias, é um "Governador" de apurado *senso administrativo*, o que ele considera tão ou mais importante para a "Restauração" do que seus feitos militares); segundo, essas "vidas" e "obras", retomadas no século XX, são, antes de tudo, objeto duma História prospectiva, i.e., procuram deslocar a historicidade dessas "figuras", tendo em conta o seu encadeamento em um "antes e depois", no devir da presença portuguesa em Angola (assim, as explora-

58   Loureiro, Vitorino. "Ao celebrar condignamente o centenário do General Norton de Matos Nova Lisboa ajudou a amortizar a dívida de Gratidão que a Pátria contraiu para com o 1º Alto Comissário de Angola." *In: Boletim Cultural do Huambo*. Ano XX, n.21, Jan.-Dez., 1967, p.15-17. [Transcrito do jornal Sul, do Lobito].

59   Sousa, Antonio Gomes de. "Duas figuras notáveis de Angola. I. O Dr. Manuel Alves da Cunha." *In: Boletim do Instituto de Angola*. Ano III, n. 6, Jan.-Jun., 1955, p.9.

60   Ver Nora, 1993; Carvalho, J., 1990.

ções da época de Serpa Pinto derivam da "ciência" dos sertanejos como o "notável" Silva Porto, a fixação e a ocupação efetiva do tempo de Artur de Paiva remetem a ambos, exploradores e sertanejos, e, sucessivamente, os colonos do século XX prendem-se aos pioneiros e "fundadores" dos dias de Artur de Paiva); finalmente, essas biografias tendiam a estender o senso de "destino" (histórico) que sustém cada uma destas personagens, tomando-o como interpretativo de sentimentos/ações que se atribuem a todo o corpo da comunidade nacional.

Disto tudo, podemos concluir que, à maneira que se compreende o funcionamento da tradição oral (dita, "africana"), também neste caso a História angolista produziu "pessoas-posições" – ou seja, narrativas sobre "notáveis" que são menos indivíduos e mais posições estruturantes, um tipo de recipiente que vale pelo que passa a significar de acordo com o significado que o preenche; nesse caso, a memória de uma localidade/região, processo e/ou tipo social que cada um dos vários "heróis coloniais" em questão representa. Assim, Silva Porto (1817-1890), o comerciante vindo do Brasil, que casou com uma *Ovimbundo*, estabeleceu-se no Bié e expandiu seu comércio até as zonas de Mongu, na atual Zâmbia (então Barotseland), e acabou por "se explodir", acossado pela rebelião do *soba* Ndunduma e pela pressão dos ingleses, vale pelo *"velho colono"*, significa os seus "esforços" diante do ambiente, da doença, das "ameaças", representa a sua pretensa integração com os *nativos* e a sua dispersão pelo interior africano: a sua posição, enfim, é a da própria "comunidade colonial"; e por isso o Ministro do Ultramar sublinhava a analogia estrutural entre o seu sacrifício (tornado rito nacional) e o dos que *"continuavam a sacrificar a vida para que Angola fosse sempre portuguesa"*. Ao sertanejo segue-se Artur de Paiva (1856-1900), que vale por uma região – o Sul, ou antes, a Huíla –, tanto quanto por um "tipo" – o "colono", propriamente dito, o agricultor, o *Xicoronho*, de quem a seu percurso, ocupando grandes extensões de terra, casando-se com uma *bôer*, para acumpliar as suas gentes na soberania portuguesa, inaugurando a "ilha branca", aldeia metropolitana duplicada no Planalto, é considerada representativa. Norton de Matos (1867-1955), por sua vez, foi o grande mito colonial contemporâneo de Angola; vale por um processo – a "modernização" desencadeada nas primeiras décadas do século XX – e também pelas localidades diretamente vinculadas com os seus períodos de governo – como o Lobito, crescido a partir do porto e da sede dos Caminhos de Ferro de Benguela, ou Nova Lisboa, a cidade que ele fundou e Vicente Ferreira desejou promover a capital de Angola, por decreto, sendo em ambos os casos digno de nota o efeito dessa "filiação" à imagem de Norton na constituição duma identidade baseada em ideais de modernidade/trabalho, mais crucial nestas cidades do que em qualquer outro ponto de Angola. Norton é também o caso mais interessante de tradução da dissenção política moderada, porque, mercê de suas posições e da sua participação nas eleições presidenciais de 1949 (em oposição ao candidato de Salazar), passou a valer ainda como símbolo da diferenciação entre o autonomismo colonial e o centralismo oficial da metrópole. E, por último, o primeiro, Salvador Correia de Sá (1602-1688), é compreensivelmente a própria encarnação da História colonial de Angola; vale por "Portugal em Angola", enquanto uma insígnia do lusitanismo daquelas terras ("por ele recuperadas" a um domínio estrangeiro), a um só tempo em que sintetiza a ligação de Angola com as "fases anteriores" da expansão portuguesa, por sua trajetória "triangular" (luso-afro-brasileira), e prenuncia a imagem, carregada de ideologia, do desejo de construir, no espaço angolano, um "Novo Brasil".

Por força de procedimentos similares, a "história monumental" de Angola penetrava a identidade coletiva da comunidade colonial, como um todo, e dos seus segmentos e localidades, em particular, emoldurando-a de propriedades que estes distintos grupos supunham partilhar com os seus "pais fundadores"; naquele contexto, o presente da vida simultânea da comunidade tendeu, de modo especial, a ser pensado em função da pregnância da História, da presença pensada como um histórico,[61] da pertença social traduzida em filiação. Mesmo os mais insuspeitos "localismos" foram formulados nestes termos, nas mais diversas situações. Luanda e Benguela, por exemplo: rivais, na melhor acepção das questiúnculas entre vizinhos que disputam proeminência, estas cidades velhas, repletas do passado colonial, tinham muitos pontos de fricção – disputas políticas, econômicas, até mesmo *nativas*, dada a sútil oposição entre os *Ambundo* e *Umbundo*. Todavia, eruditos angolistas e *coloniais* empenhados recorreram às divergências de fundo histórico para exprimir essa rivalidade e discutir a sua persistência. Dois artigos, um de Carlos Alves, outro do historiador Ralph Delgado, nos permitem explorar uma versão leve dessas disputas: ambos tratam dos episódios de 1648, do ponto de vista das comunidades luso-angolanas que vivenciaram os embates contra os flamengos. Alves reclama o reconhecimento dos *"heróis de*

---

61   Ver Bédarida, 2006, p.219-229.

Massangano" (a fortificação do *hinterland* de Luanda em que os portugueses "luandenses" se refugiaram, e donde partiram em ataque quando os navios de Salvador Correia aportaram na cidade); nessa passagem fica clara não só a filiação de Luanda a Massangano, mas também um discurso, particularmente deplorado pelos benguelenses, que iguala Luanda e Angola. Contra essa sobreposição, Delgado refere-se à "Restauração" destacando o papel dos *"heróis de Caconda"* (a pequena povoação onde se refugiaram os portugueses de Benguela, onde foi morto o Governador Nicolau Landim e onde se firmou a resistência à expansão holandesa), de modo a contrapor o simbolismo da sua pertinácia diante das adversidades (análoga à obstinação, ao dinamismo, ao trabalho etc., que caracterizaria Benguela) ao teatro político de Luanda:

Luanda & Benguela... Massangano & Caconda... e "velhos heróis anônimos"	
(iii)	"Na sua 'História de Angola,' a fls. 184, diz Alberto de Lemos, após a descrição das batalhas de Massangano: 'Os portugueses de Massangano, esses heróis que escreveram uma das páginas mais brilhantes da epopeia lusitana, ainda hoje aguardam um monumento de gratidão das gerações que lhe sucederam.' Ora, assim, que melhor oportunidade haveria para prestação deste preito sentimental, do que a do tricentenário da Restauração de Angola, da qual Massangano foi o fulcro, fazendo erguer, numa das maiores praças de Luanda, um monumento consagrado à Raça, ao esforço da Reconquista, ao bom aperto de mão dos guerreiros da Metrópole com os da 'guerra preta,' aos velhos colonos e à gente luso-africana, ao missionário e ao pombeiro, ao símbolo, enfim, de uma tenacidade que, com as suas virtudes e até mesmo com os seus característicos defeitos, alicerçou e definiu, por tantos séculos em fora, uma terra que é sua e que nós, e as nossas gerações, vimos herdando, com a obrigação de manter vivo o culto de gratidão por quem o legou?"[62]
(iv)	"Se foi grande a página de sofrimentos, escrita por César de Meneses e pelos companheiros, em terras escaldantes das margens do Cuanza, a libertação, firmada com desassombro e bravura, correspondeu, em grandeza, à cruzada comovente dos anos de expectativa confiada e altaneira. Benguela participou desses momentos históricos com apreciável parcela de contrariedades, de resignações e de morticíneos. Nicolau de Lemos Landim, Governador do reino, deixando a vida em territórios da Hanha – primitiva Caconda –, vítima heroica de uma odisseia violenta, foi símbolo expressivo da resistência nacional contra a usurpação. O dia 15 de Agosto de 1648, dia do ataque, em Luanda, às defezas inimigas, seguido da capitulação flamenga, foi o dia fixado para comemoração da grande vitória portuguesa. Transcorre hoje o seu 298° aniversário. Data interpretativa da ansiedade nacional, posta ao serviço da libertação da terra portuguesa, esfrangalhada pela dominação castelhana, desperta, nos corações portugueses, o amor por Angola. Registamo-la, mais uma vez, com o entusiasmo próprio das consagrações eternas."[63]

62 Alves, Carlos. "A consagração dos heróis de Massangano." *In: A Província de Angola*. Suplemento de Domingo. Ano X, n.500, 23 de Dez., 1945, p.6.
63 Delgado, Ralph. "A acção libertadora de 1648." *In: Jornal de Benguela*. Ano XXXII, n.32, 15 de Ago, 1946, p.1.

Quase todos os principais núcleos de colonização portuguesa em Angola tinham seus próprios marcos, eventos e, principalmente, personagens, cujas biografias, longe de estarem numa relação de diálise com a História, foram tomadas justamente como o ponto em que a ideologia "de cima", procedente dos discursos oficiais na Metrópole, confluía com as percepções e a autoimagem dos "de baixo", forjada em face dos desafios do cotidiano colonial; um processo aproximado do que Ginzburg analisou ao propor a ideia de uma "circularidade cultural" na constituição das identidades locais ou segmentárias (como a dos camponeses da Europa pré-industrial).[64] Mais interessante do que essa identificação por empréstimo, que ecoava a opinião segundo a qual "o reconhecimento de grandes homens é a marca dos povos fortes",[65] eram as formas pelas quais a História local, agindo sobre os "regionalismos" (tão indispensáveis para um sentimento de estabilização e perenidade das comunidades coloniais), interferia na identidade política do colonato como um todo. Um exemplo desse tráfego, que vai da biografia da História, do local ao "colonial" [nativista, antes de nacional], da cultura à política, é o elogio que o jornalista João da Chela fazia à cidade de Nova Lisboa. Numa transição brusca, ele recupera dois monumentos – as pedras de Candumbo e o Forte da Quissala – associados a um episódio que transcorreu algumas décadas antes da fundação da cidade e, por isso, raramente mencionados como diretamente ligados à sua existência, passando a narrar em seguida a vida cotidiana na capital do Huambo. Entre a imagem "progressista", de "motor de Angola", a que João da Chela se referia, em meados dos anos 1950, e as circunstâncias que levaram à criação da cidade, principal entreposto do escoamento de bens do interior até o porto do Lobito, havia muito mais nexo, correlação, do que entre a história local da cidade "moderna" e aqueles eventos em que o regimento de Teixeira Moutinho, partindo de Benguela, enfrentou a rebelião dos *Bailundo* e dos *Wambo* (desencadeada no Bié, naquele citado episódio que levou ao suicídio de Silva Porto), a não ser, talvez, por terem "disponibilizado" o território para a futura ocupação. No entanto, ao fazê-los parte de um contínuo, o jornalista reproduzia a gramática de condensação do tempo colonial, num movimen-

---

64   Ginzburg, 1993, p.13.
65   *Cf.* Levillain. *In*: Rémond, 2003, p.157.

to em que o presente evocava a legitimidade do passado e, a um só tempo, o justificava:

Do cimo dos morros do Candumbo, desenrolando-se toda essa área fértil e viçosa de culturas e umbelas de mulembas, os olhos trazem-me à ideia os dias de há meio cento de anos, numa evocação enternecida. Com efeito, já então as terras em redor e, mesmo, por todos os longes, tinham esta beleza de pendões floridos. Mas o primeiro branco que por ali botou pé, com a sagrada ideia de comerciar e levar à alma dos negros os benefícios da civilização, teria estremecido de medo e de assombro ao deparar com a imponência trágica dos rochedos ciclópicos. [...]

Desci dos morros e fui, na romagem piedosa do meu sonho, ao Forte da Quissala. A evocação da sua história e a beleza da sua solidão, pelo esquecimento de cinquenta anos, fizeram-me ajoelhar ao pé do obelisco como se ali estivessem as pedras sagradas duma ermida. O silêncio que ali ficou foi a benção da paz lançada ao berço do Huambo, que cresceu e floriu sem o assobiar dos ventos da tragédia que o gerou. A esta sublime geração há-de dar relevo um historiador que virá para além dos nossos dias. Abro a cortina branca do sonho. Olho. Lá vai uma cidade grande a correr, a aumentar, sem atropelos. Uma avenida longa e florida, iluminação, árvores, jardins, arruamentos urbanizados – e um longo formigueiro de gente, a operar, a bulir nervosamente. Ouve-se um clarim de guerra... Marca, num ritmo de passos em festa, as notas de uma marcha de paz! Chaminés, e um caudaloso combóio de vagões, Senhor da Conquista que regressa, majestoso, de Leste, do cabo do seu Império. Além vão batas brancas, em revoada feliz, segurando alegremente pastas com livros da escola. E, ao lado, faz-se a cerimónia do lançamento duma pedra para a construção duma Igreja – mais uma pedra da civilização e da cristandade levada pelos portugueses para a obra do Mundo. A Mutualidade... Cooperativa 'A Nossa Casa'... Muitas casas!... Uma discussão acesa, num grupo, adiante. É o bairrista Martins Lopes, a gesticular, a gritar, escamado como um peixe, por lhe dizerem que Nova Lisboa não era a segunda cidade de Angola. '– A primeira, senhores!...' [...] E agora, em menos de dez lustros, uma pedra lavrada do morro negro do Candumbo é uma estrofe do grandioso poema do trabalho;

uma rosa criada pelo humus onde floriram cactos; é a presença do homem que proveio daquele sangue vivo e forte de que Nova Lisboa nasceu.[66]

O cerne dessa construção, a tese central da historiografia angolista, era algo de muito simples: resumia-se à concepção da "História como sucessão" e do "território como herança". Se há algum ponto de afinidade quase total entre as memórias coloniais e os discursos oficiais vigentes à época (por exemplo, nos três primeiros quartos do século XX) é justamente a normalização dessa forma de ver as coisas. Com frequência, ao ouvirmos antigos residentes em Angola, deparamo-nos com um estranhamento à perspectiva de que portugueses pudessem ser considerados elementos exógenos naquele espaço, correlato à naturalidade com que se explica a decisão de ir viver em Angola – no caso daqueles que "migraram" – por meio da recorrente sentença *"pensávamos, na altura, que tudo aquilo também era Portugal [pois tinha sido desde sempre*, supõe-se]". Nas últimas décadas do período colonial, à medida que a dilação temporal fazia os episódios da ocupação se distanciarem quase um século, essa concepção se solidificou ainda mais. De modo geral, era nessa acepção que, vez por outra, emergiam referências a Angola como uma "nova Pátria" (o "novo" aqui significando apenas a atualização do idêntico, a própria dinâmica sucessória), tal como encontramos num discurso do insuspeito reitor do Liceu Nacional Salvador Correia, dirigido aos estudantes portugueses quando da passagem por Luanda do Cruzeiro Colonial de 1936, do qual transcrevemos um trecho a seguir. Igualmente, os entraves ao "desenvolvimento" de Angola podiam ser apresentados como "débitos" transmitidos pelo "espólio" dos "conquistadores do Mar Tenebroso"; o que, por inusitado que seja, era um argumento realmente encontrável em debates de economia política, tal como o comprova um artigo de Carlos Alves, publicado na revista do setor algodoeiro de Malanje:

De *"heranças"* & *"herdeiros"*	
(v)	"Empenhados nessa luta diária, muitos compatriotas nossos há que a má fortuna não deixa há muito ver o torrão sagrado onde nasceram, e ainda outros perderam já, talvez, essa esperança; mas se falardes com eles, sentireis que arde viva a chama da Pátria nos

---

66   Chela, João da. "Uma evocação do Huambo." *In: Boletim Cultural do Huambo.* Ano VIII, n.4-8, set., 1955, p.27-29. [Texto trancrito do *Jornal de Benguela*]

seus corações. Lá no sul, vereis centros de população branca, para os quais a terra de Angola é já uma nova pátria, embora Portugal viva para eles na sua língua, nos seus costumes, nos seus antepassados, na bandeira respeitada. Estas observações vos darão a medida de como Angola se tornou indispensável aos 5.000 portugueses da Europa que aqui vivem e como este território é bem o prolongamento do Portugal Continental. E quando voltardes direis – e haveis de dizê-lo porque o tereis sentido – o fervor patriótico, o amor a Portugal que em todos estes corações palpita Portugal, cujo nome o trabalho e o heroísmo de sucessivas gerações gravaram nesta terra, quer nas inhóspitas e doentias paragens do interior ou litoral, quer nos planaltos de clima suave."[67]

| (vi) | "Vem-nos à memória a descrição que ouvimos algures do exemplar funcionamento de uma estação experimental na Humpata. Contaram-nos maravilhas, descreveram-nos explendidos resultados. E assim uma estação experimental bem encaminha é o espelho onde se pode mirar a assistência técnica de um Estado, é a fonte onde podem ir beber seguras informações e exactos exemplos os colonos agricultores, sucedâneos na aventura do Mar Tormentoso, para aqui arrastados numa audácia de melhor vida, num desejo de colonização eficaz, que deve traduzir-se por obras, por boa ocupação do solo, por utilidade enfim... Porque não nos dedicamos aos laticínios quando há tanto gado no Sul, não sei. Porque não intensificamos a indústria de conservas de peixes, ignoro. Porque não exploramos florestas de madeira, porque não pesquisamos as riquezas do subsolo, desconheço. Mas tenho em mim a convicção de que a 'Angola que se baste' existe, porque ela sente-se nas pequenas experiências que dão boas provas, porque ela se nos oferece a nós todos seus colonos como mimo de riquezas, consolo de trabalhos, terra bemdita, Angola portentosa."[68] |

Tudo isso para enfatizar o quanto a História foi elemento indispensável da narrativa colonial concernente a Angola. Sim, é evidente que algum nível de elaboração sobre a "história" é detectável em quase todo tipo de processo em que se pode localizar uma "invenção" de identidades abragentes, tais como as relativas à "Nação" ou à "comunidade", de modo geral. Mas os caminhos dessa elaboração são muito distintos, sua valência, os aspectos com os quais se encaixa, são vários, segundos as sociedades, contextos, experiências em que incide. E, principalmente, nem sempre ela é formulada em termos de "História" (enquanto um gênero, um modo do discurso, um campo ou uma disciplina do conhecimento). Nuns casos, é periférica – um signo dentre outros; noutros, ela é central – um código, mobilizado nas mais diferentes circunstâncias da vida social. Por motivos que vão desde a evidência de um contato/relação que podia mesmo ser datada de séculos até o peso da História na narrativa predominante sobre o próprio Portugal, a comunidade colonial de Angola tendeu a formular a percepção da sua

67 Aguiar, Luiz de. "Discurso do reitor do Liceu Nacional de Salvador Correia aos estudantes da Metrópole." In: O Mundo Português. Ano III, n.32-33, Ago.-Set., 1936, p.387.
68 Alves, Carlos. "Angola que se baste." In: Angola portentosa. Ano I, n.4, Abr., 1935, p.3.

historicidade nestes termos: como um aspecto primordial de suas representações e de sua autoinscrição. Por isso, a literatura concentrada na História e mesmo a historiografia angolista do século XX são terrenos particularmente reveladores, não apenas com relação às "disputas", presumíveis em um contexto de hegemonia instável e "regimes de verdade" reconhecidos como frágeis,[69] mas também em face de variadas "construções de si". Podemos citar a forma defensiva com que naturais de Angola, mulatos e assimilados urbanos tenderam a pleitear a sua plena integração na "Angola portuguesa", recorrendo a manifestações de fidelidade de grupo à *portugalidade*, cuja prova era de natureza histórica.

Considerando alguns exemplos desse fenômeno, veremos que, numa extremidade, as atenções desses sujeitos se voltavam para a construção e para a retomada de seus próprios heróis e suas próprias referências, tanto quanto para a ressignificação dos heróis luso-angolano. É o que se nota nas várias menções ao mulato Luís Lopes de Sequeira, o comandante das tropas portuguesas na famosa Batalha de Ambuíla (1665) contra o Reino do Congo, tomado como mostra da correção e da "lealdade" histórica desse segmento à soberania portuguesa, e, não raro, equiparado à figura de Salvador Correia de Sá, como a indicar que também os "naturais" das colônias (nesse caso, ditos *angolenses*) compunham um setor interessado na manutenção do vínculo colonial com a metrópole, razão pela qual os seus pleitos em favor de maior autonomia não deveriam ser confundidos com as aspirações mais francas à "independência"; dessas referências, dão mostra um artigo publicado pela Liga Nacional Africana e uma série de textos do historiador Alberto de Lemos, em *A Província de Angola*, dos quais transcrevemos a seguir alguns fragmentos. No outro extremo, no entanto, havia a questão de uma História, por assim dizer, "africanizada", i.e., centrada em personagens, episódios e instituições consideradas "tradicionais" de Angola. Em geral, a sua recuperação tendeu a levar em conta não apenas injunções locais ou a importância *nativa* de cada um desses termos de memória, mas também a possibilidade de associá-los ao histórico da presença portuguesa em Angola. Essa é uma das razões pelas quais, em detrimento de outras, figuras e espaços como o *Ngola* ki-Luanji-kia-Samba, o Reino do

---

69   Foucault, 2004, p.12. Sobre a fragilidade da hegemonia colonial portuguesa, ver Trajano, 2003.

Congo ou o império Lunda do *Mwatianvwa* despertaram uma curiosidade particular no período colonial. A biografia de D. Ana de Sousa, a célebra Nzinga M'bandi, rainha da Matamba (*c.* 1583-1663) é o exemplo mais conhecido de dispustas envolvendo a "africanização" da História de Angola: conforme o sabor das polêmicas em que se a evocava, ela bem podia ser um indício do potencial político africano (como a vemos retratada nas páginas da revista da L.N.A., de que a seguir fornecemos também um exemplo) ou um testemunho da insubordinação. Daí, talvez, a impossibilidade de não receber com mal-estar a obra que João Maria Cerqueira de Azevedo levou ao Concurso de Literatura Colonial de 1949, *Jinga, a rainha da Matamba*, dado que seria bastante inadequado, da perspectiva portuguesa, considerar como trabalho comemorativo do tricentenário da Restauração de Angola a trajetória romanceada de uma mulher que ora foi vista como a hábil diplomata que encerrou a vida cristã e em paz com Portugal (ainda que, após a sua morte, 7.000 de seus homens tenham sido vendidos como escravos e trazidos para o Brasil), ora foi apenas o *"diabo em forma humana"* e *"insolente gentia"*[70] (aliás, aliada dos holandeses em dado momento). Enfim, ao postularem a inscrição da "tradição" e da "oralidade" angolana no curso da "História", como tática da sua própria inscrição (tal como a pensava José Morgado, que publicou uma dezena de "lendas e narrativas de Angola", ao longo dos anos 1930 – ver exemplo *x*, a seguir), sujeitos como os assimilados da L.N.A. deparavam com imagens de "resistência" que, inevitavelmente, os projetavam para fora do quadro da História luso-angolana. A extensão desse processo só se verifica, de fato, quando nos damos conta de que, seguindo a trilha aberta no período colonial, por exemplo, pelos romances de fundo histórico de Castro Soromenho, uma das principais linhas de força da emergente literatura nacional angolana, a partir dos anos 1970, foi justamente aquela que visava recuperar uma "História" concebida como pré-colonial, de que são exemplo livros como *Lueji* (1989), de Pepetela, centrado na figura da mítica princesa *Chokwe* que estaria na origem do império Lunda, e *A Konkhava de Feti* (1981), de Henrique Abranches, que incorpora a imagem do monumento críptico, situado entre as *Mupas do Kuiva*, nas cercanias do Huambo, e que tinha sido objeto de curiosidade (e de profanação, diga-se de passagem) nos últimos tempos do

---

70 Azevedo, J. M. Cerqueira de. *Jinga, rainha da Matamba*. 1949, [s/p].

colonialismo.[71] De todo modo, passemos a apresentar uma breve antologia de fragmentos, para testemunar os vários sentidos de que podia se revestir o elo luso-angolano:

Os vários sentidos do elo luso-angolano	
(vii)	"Com efeito, no artigo [Sousa Dias] nos honrou e publicamos a pgs. 61, escrevendo acerca da figura do herói de Angola, Luís Lopes de Sequeira (mestiço) conclui por reconhecer a lealdade e correcção que os mestiços desta Província tem demonstrado através da administração portuguesa, que tantos deles ajudaram a cimentar nestas terras, o que, implicitamente, envolve o repúdio do mau juízo que, em hora de menor reflexão, se descaíra a fazer dos mestiços, filhos de Angola."[72]
(viii)	"Este imperativo que está na razão íntima das realidades, é que tornou sempre ridícula e idiota a acusação puramente caluniosa com que, pessoas de inferior mentalidade, tem desejado justificar violências e infâmias. E, por isto, também ela não tem encontrado o acolhimento que esperavam. A separação política duma colónia é sempre mais filha dos erros políticos e econômicos das Metrópoles do que sentimento natural dos núcleos coloniais. A história de todas as nações, antigas colónias, revela isto até a saciedade, dá da observação prova eloquente. Alguns impérios aproveitaram das lições do Passado, outros não. Sempre que o respeito pelos legítimos interesses e direitos dos domínios se mantém, estes, longe de aspirarem a uma emancipação, lutam e esforçam-se por conservar e prestigiar a comunidade política e econômica que é, em todas as circunstâncias, uma vantagem, não um prejuízo. Voltando ao caso de Angola, tem se visto, através dos tempos, serem os luso-angolenses os maiores defensores desta união. É um mestiço, Luiz Lopes de Sequeira, o Nun'Alvares de Angola, aquele que, com tropas na sua maioria luso-africanas, vence e incorpora na dominação portuguesa os três mais poderosos reinos indígenas, e consolida a ocupação do território. Durante a usurpação holandesa, é maioria apreciável o núcleo de luso-angolenses que auxilia a resistência portuguesa e é ainda um luso-brasileiro, Salvador Correia, quem vem restaurar esse domínio."[73]
(ix)	"Se a escrita ajuda a manter civilizações, e já hoje é elemento imprescindível para as desenvolver, não é, porém, meio essencial para as criar. Analfabeta era a nossa Rainha Ginga, e, nem por isso, deixou de ser soberana altiva, de grande evergadura política, diplomata consumada e de tato administrativo invulgar para o seu tempo, o que obrigou Cadornega a tecer-lhe este belíssimo elogio: 'Muito se poderá dizer e escrever do que esta valerosa Mulher e Rainha obrou no discurso de tão prolongada vida, mas não há quem dê notícia de tudo se não de algumas couzas que nesta nossa história vão relatadas assim no primeiro tomo como neste segundo, que não teve pouco

71 Ver Moura, Júlio Diamantino de. "Uma história entre lendas." *In: Boletim do Instituto de Angola.* Ano V, n.10, jul.-dez., 1957, p.55-90.

72 "A obra literária do Prof. Gastão Sousa Dias." *In: Angola.* Ano XI, n.75-79, Jan.-Mai., 1943, p.14.

73 Lemos, Alberto de. "A velha história da Independência de Angola é desde 1822 o salvatério de todos os naufrágios. III." *In: A Província de Angola.* Suplemento de Domingo. Ano X, n.506, 10 de Fev., 1946, p.1.

desvelo o Autor para as poder alcançar, e descrever aquellas que não passarão em seu tempo, que se entende o que em sua vida obrou, sobrepujou à Semiramis, à Pantasileia, à Cleópatra, à famosa Judith e à Artemiza...' (História Geral das Guerras Angolanas, pgs. 141 – 2º Volume)."[74]

(x)

"O tempo, na sua marcha lenta e ininterrupta, cobriu já meio século, mais ou menos, desde que a crendice da gente supersticiosa de Loanda daquela época aludia, com ressaibos de temor, sobre a aparição de fantasmas ou lobis-homens nas cercanias do sítio conhecido por Maianga (derivado do termo manhânga). A balela, como era de esperar, transitando de casa em casa, estabelecera tal terror entre os espíritos fracos e mesmo alguns fortes, que o local se tornara para os habitantes da parte baixa da cidade como que execrável, e a gente que o povoava, que pouca era, olhada com certo receio e até mesmo com repulsão."
[...] A tradição, porém, livro póstumo em que os estudiosos vão buscar grandes conhecimentos de factos e sucessos do passados que, sem ela, se perderiam na bruma do tempo, tornou conhecida até aos nossos dias, a respeito de Manhânga ou Maianga, a lenda que a seguir narramos.
"[...] Destronado, Ngola-ki-Luanj-kia-Samba, o Grande rei e Senhor do vasto território de Angola, e ocupada pelas tropas portuguesas a cidade de Loanda, que fora a primitiva sede e capital do reino, alguns bravos que faziam parte da corte do rei, fiéis à causa da independência e seguidos por muitos homens, haviam-se refugiado para além Manhânga, no sítio conhecido por Jimbondo, de onde esperavam empregar, lutando, a última e derradeira resistência, antes de se entregarem definitivamente – aqueles que assim quizessem – ao domínio português."[75]

Assim, chegamos finalmente à questão de tentar discutir como as elaborações acerca do "histórico" partem de biografias de "grandes homens" e eventos da "história monumental", em seguida, passam pela constituição de identidades coletivas, "localismos" e interesses segmentários, onde são objeto de lutas por legitimidade/prestígio/*status* etc., e, ao fim, retornam à biografia e ao evento (nesse casa, da "história cotidiana"), intervindo nas formas por que os sujeitos *coloniais* vêm a ponderar a sua própria experiência naquele terreno. Um caso divertido, e, nem por isso, menos ilustrativo, a partir do qual poderíamos debater o problema, é o do conhecido "Reino de Maconge" – uma associação que ainda existe, surgida em 1939, em Sá da Bandeira, reunindo alunos do Liceu Nacional Diogo Cão. Seus objetivos iniciais envolviam a extensão da sociabilidade acadêmica (com a promoção das famosas serenatas, saraus e "vira-virós"), bem como a salvaguarda das "tradições", que os alunos mais velhos consideraram ameaçada quando a

74 Lumenação. "A posição de Angola na História de Portugal. II." *In: Angola.* Ano X, n.11, Set., 1942, p.1.
75 Morgado, José. "Lendas e Narrativas de Angola. Manhânga. I." *In: Angola.* Ano III, n.4, Abr., 1935, p.8.

intervenção do Reitor do Liceu levou à direção da associação estudantil um dos elementos que eles chamavam "fracos". Pois bem, como de uma agremiação "tradicionalista" se tratava, é preciso dizer que as "tradições" em questão eram ligadas à praxe de reproduzir, neste Liceu da Huíla, rotinas e hábitos procedentes da Universidade de Coimbra (materializados nas indefectíveis capas-pretas coimbrãs). Havia aí a pressuposição de um primeiro elo, por assim dizer, histórico, com a academia portuguesa representando a origem, a fonte de legitimidade do liceu angolano, e com este estabelecendo a continuidade dos valores e dos modelos educacionais portugueses em Angola, tanto quanto um preâmbulo para a passagem dos *coloniais* à Universidade. Entretanto, mais interessante é a forma que o Reino assumiu: monarquia "ideal", com um primeiro e único Rei, D. Caio Júlio César da Silveira IV, duques, barões, viscondes, condes, marqueses, à maneira europeia, cavaleiros, gentil'homens, e, finalmente, *sobas* – sim, *sobas*, já que por *sobados* tratam as localidades em que se encontram seus súditos, assim como por *cubatas* denominam as residências dos mesmos – estabelecendo seu senhorio sobre territórios semirreais e semi-imaginários (Maconge, aliás, era o nome da fazenda dos pais de Caio da Silveira). É claro que toda essa fabulosa elaboração é um tanto quanto pândega, um jogo de rapazes; mas há pelo menos um aspecto a considerar. É que, tendo surgido num ambiente escolar, é natural que ela contivesse um certo grau de ironia com relação aos conteúdos disciplinares, acrescentando ao decalque duma tradição (histórica), um embaralhamento alegórico da História. Não há como não ver a monarquia de Maconge com um jogo de que participam reverberações da concessão de títulos nobiliárquicos europeus a "chefes" *nativos* (característica da relação de Portugal com os Reinos africanos durante o chamado I° Império) ou da reivindicação de um *status nativo* (quase à rodesiana), incluindo a ideia da integração com as sociedades locais, que foi uma marca importante da identidade *Xicoronha* do Lubango.[76] A performance dos ritos acadêmicos, em Maconge, deu lugar ao *pastiche*; e essa paródia irônica da História se incorporou à biografia dos maconginos. O Reino subsistiu: primeiro, através da Associação do Ex-Estudantes da Huíla, que se reunia pelos bares de Angola e tomava parte em eventos da comunidade como as Festas da Senhora do Monte; depois, na "diáspora", espalhado

---

76   *Cf.* Hughes, 2006, p.269-287.

em diversos continentes e com um número crescente de adeptos. Por um lado, tornou-se elemento da identidade destes sujeitos, fazendo "presente" a referência ao "passado" e, desse modo, legitimando a sua remissão a uma pertença "africana"; por outro, contribuiu para a agregação de memórias que tenderiam à dispersão, construindo, de resquícios da "vida", de experiências individuais, algo como uma "memória coletiva". Essa menção ao Reino de Maconge é apenas um friso de tudo quanto se poderia dizer sobre ele; acreditamos que um estudo mais detalhado dessa associação traria enorme contribuição ao entendimento das memórias coloniais no Portugal contemporâneo.

Enfim, mesmo diante das mais firmes alegações de separação entre a presença de um Estado (imperialista) exógeno, munido de alta carga ideológica, e a vivência comezinha de colonos que podiam mesmo ter um grau muito pequeno de comprometimento ou "consciência", passse o termo, o fato é que as formas históricas da relação colonial parecem ter invadido incontáveis vezes as trajetórias desses indivíduos que, voluntária ou involuntariamente, nelas estavam inseridos. É o pioneiro diretor do Serviço de Administração Civil de Angola, o etnólogo Ferreira Diniz, a quem podemos recorrer para sintetizar o espírito dessa cumplicidade, quando ela definia a empreitada de *"colonizar Angola e consequentemente promover a sua civilização"* como sendo *"pesada tarefa que tem de se realizar com o concurso de todos os portugueses e onde todos têm um lugar"*, na medida em que, pensava ele, *"constitui, sobretudo grande obra de educação"* (o que implica dizer que é uma empresa que alberga toda a socialização no meio colonia, toda a gestão do cotidiano).[77] Para encerrar essa nossa "versão da história", gostaríamos de citar três depoimentos que, em sequência, compõem uma interessante gradação. Primeiro, temos a lembrança de Sacadura Bretes, promotor de touradas e concursos de marchas populares na Moçâmedes do fim dos anos 1940, início dos 1950. A forma com que se evoca a sua figura é representativa de um setor "tradicionalista", aderente à ideia de que a sua história "em Angola" pudesse, de fato, ser a simples expansão da sua vivência "em Portugal". Na sequência, em contraste com a imagem do Bretes, os personagens trazidos à luz são o casal Torres, pioneiros da segunda leva de colonos procedentes de Pernambuco que fundaram Moçâmedes. Nesse exemplo, o

---

77   Diniz, Ferreira. *A missão civilizadora do Estado em Angola*. 1926, [s./p.].

que é mais interessante é o diálogo entre o passado e o presente, por meio da inusitada atribuição de um aspecto realmente notável dessa cidade do Sul (o seu "maneirismo burguês", tão bem expresso no ideal de polidez e vaidade feminina que caracterizava sua Misses; e quase todas as famosas Misses de Angola provinham de Moçâmedes) à origem social e cosmopolita, já "deslocada", já "migrante", dos seus fundadores pernambucanos que, em meados do século XIX, cruzaram o Atlântico numa barca, a "Tentativa Feliz". Finalmente, temos o encontro de um antigo colonial com a sua terra de origem, o Lubango, outrora Sá da Bandeira, diante do monumento aos pioneiros madeirenses que chegaram às terras da então Alva Nova, em 19 de janeiro de 1885, instalando-se em habitações de uso coletivo, numa localidade que ficou conhecida por Barracões. É como que uma recuperação de marcas essenciais de uma presença, que, um século depois, na sua dilação histórica, já depurada de todo conteúdo não local, exprime um pertencimento indiscutível à terra, um senso *"nativo"* (que é, afinal, o principal elemento da legitimação da posse que estes sujeitos creem usurpada e da própria ideia de que eles mesmos vivam "em diáspora"):

	A História para uso diário
(xi)	"Foi talvez a necessidade de imitar aspectos do rincão natal para suprir a nostalgia da distância, que teria levado homens como Sacadura Bretes, a tentarem estas 'touradas' em terras de África.[...] Por essa altura o sentido de portugalidade encontrava-se tão difundido e propagandeado, que os organizadores destes eventos, geralmente recém chegados da Metrópole, transportavam consigo usos e costumes que não tardavam a pôr em prática, e conseguiam arrastar as novas gerações, ávidas de folguedos, filhos e até netos e bisnetos de pais e avós já ali nascidos, que jamais havia pisado solo metropolitano, a desfilar com arquinhos e balões, socas e canasta à cabeça, imitando nazarenas, e rapazes de barrete verde e vermelho, quais campinos do Ribatejo, a cantar e a bailar, acompanhados ao acordeão e à concertina, numa imitação folclórica daquilo que se passava na terra de seus e nossos antepassados. Foi gente da índole de Sacadura Bretes que fundou associações, organizou clubes, festas, romarias, peregrinações, peças de teatro, récitas, arraiais, bailes da pinhata, assaltos de Carnaval, desfiles automóveis (corsos), marchas populares, cantigas de roda à volta da fogueira, e que na década de 50, pela primeira vez organizou as 'touradas' aqui referenciadas."[78]
(xii)	"Manuel Joaquim Torres e de Maria José da Costa Torres já eram pessoas endinheiradas quando partiram do Brasil, integrados na 2ª colónia, em 1850. A 1ª colónia chegara a Mossâmedes na barca 'Tentativa Feliz' em 4 de Agosto de 1849. O interior da bela moradia onde viveram Manuel Joaquim Torres e Maria José da Costa Torres, mantinha as características dos lares das burguesias metropolitanas 'aristocratizadas' da época, quer no mobiliário, quer na indumentária das suas femininas representantes.

78   Depoimento de Nidia Jardim, em 16 de Fev., 2011.

Ali não faltavam quadros a óleo, pratas e cristais cintilantes, o tradicional piano, instrumento que fazia parte da educação de uma menina prendada, e aos serões familiares as senhoras reunidas à volta de uma grande mesa, coziam à máquina e bordavam ao bastidor, faziam leituras em voz alta, tocavam, cantavam, etc. Foram estes usos e costumes burgueses e de certo modo aristocratizados, que foram passados para a geração seguinte já nascida em Mossâmedes [...] Dizia-se, que alguns desses usos e costumes trazidos por essa geração vinda do Brasil em meados do século XIX haviam contagiado a população branca que ali se fixara a seguir. Isso talvez explique que Mossâmedes, terra de pescadores, primasse pelas suas mulheres, sempre prontas a aprender as boas regras de etiqueta, a bem receber, vestir, etc. De facto ainda em meados da década de 50, era facilmente detectável nas jovens raparigas da terra a preocupação das mães na sua educação."[79]

(xiii) | "Desde o primeiro ano da chegada dos madeirenses, 115 anos decorreram. A odisseia dessa gente passou à história; mas os símbolos permanecem indeléveis: o 19 de Janeiro consagrado a feriado da cidade do Lubango; o lugar conserva o nome de Barracões; a Capela mantém-se erecta e de portas abertas; o Cemitério, incólume e silencioso, esconde no seu seio os que ali dormem até à consumação dos séculos. E, em posição de relevo, a assinalar o sagrado lugar, o memorável Monumento no qual, na face orientada ao Atlântico, gravada a Saudosa e Justa Homenagem: Neste local instalaram-se os primeiros colonos madeirenses em 1885."[80]

Acreditamos que estas três posições resumam o fundamental do que se tem chamado de "cultura colonial": um código de (con)vivência, hipernormativo e autocentrado, baseado numa estrita valorização do "trabalho" e do "indivíduo", defensivo, embora afeito à ideia de informalidade e despojamento (inclusive no contato com os "*nativos*"), e, sobretudo, oscilante entre a fidelidade ao lugar de procedência (Portugal, a Europa, qualquer outro lugar que, ainda que jamais tivesse sido pisado, pudesse ser tomado como "matriz") e a identificação com uma experiência de trânsito e de contato intercultural, nitidamente conotada "cosmopolita", e, por isso mesmo, dependente de uma noção de profundidade histórica, localista, descrita como um "apego à terra", que agia como o fator de equilíbrio e estabilidade da identidade comunitária.

Também isto já é História. "O destino da grei", título que recolhemos a um dos livros de Gastão de Sousa Dias, foi, para a esmagadora maioria, a dispersão. Apesar de ainda ser gigante o campo para se debater o quanto o legado desse período incide sobre a sociedade angolana após a descolonização, a verdade é que boa parte do que se apresentou neste trabalho ficou no passado; e, como diz o hino português, perdeu-se "entre as brumas da me-

---

79 Idem, em 29 de Mar.. 2011.
80 Texto de Jorge Kalukembe, disponibilizado por sua filha, Ana Paula, em 22 de Set., 2010.

mória". Um dia, esse mesmo Sousa Dias havia exortado a assimilação nos seguintes termos: "*a esses processos de colonização de que fomos os verdadeiros criadores, nos devemos, por todas as razões afincadamente agarrar, como a um dos nossos mais legítimos títulos de posse a estas sagradas terras*", pois, dizia, "*o tempo se encarregará de provar que a outra mentalidade, que se opõe à nossa, agressivamente, está destinada a morrer, como todas as violências, sepultada no sangue, nas lágrimas e dores que haja causado entre os povos por ela reputados inferiores*".[81] É irônico que, de fato, Portugal se tenha agarrado a Angola até tão tarde quanto possível, tal como o previa o historiador da Huíla, mas não por força do altruísmo, do humanismo assimilacionista, sim pela força das balas. E é ainda mais irônico que, como uma espécie de escárnio da História, aquela "outra mentalidade", na sua mais detestável face (o *Apartheid*), tenha sobrevivido ainda muito além do Império português, assistindo a seu sepultamento. O devir das coisas obedeceu às palavras de outro sujeito, Fernando Pessoa: novamente, "*cumpriu-se o Mar e o Império se desfez*". Quanto à terra de que nos ocupamos até aqui, a República de Angola vai cumprindo-se, vai seguindo seu próprio caminho, autonômo; embora, aqui e ali, por entre as suas mulembas, ainda se possa encontrar, em flor, um ou outro carvalho...

---

81   Dias, Gastão de Sousa. *Povoamento de Angola*. Cadernos Coloniais, n.41. 1939, p.48.

Uma aldeia Umbundo, com a nsanda (mulemba) ao centro.
Fonte: Fotografia de Veloso e Castro, 1907, disponibilizada por José Carlos de Oliveira.

CONCLUSÃO

"Capwa kiso kutima oko cili..."
[Não é por deixarmos de ver as coisas
que deixamos de as sentir]
(provérbio Umbundo)

Entre várias das populações do interior de Angola é possível identificar
uma forma de correlação entre o espaço e uma ou várias matrilinhagens que
compõe uma comunidade, a partir da referência a um ou a mais de um mato
adjacente e considerado domínio coletivo. Acredita-se que o aparecimento de
pequenas e esparsas áreas de vegetação mais fechada, em regiões predomi-
nantemente de savanas, tenha alguma relação com o acúmulo de detritos, de
cinzas, excrementos animais, etc., que, marcando a existência anterior de um
povoado, uma vez abandonados, aumentam expressivamente a fertilidade do
solo, suscitando o surgimento destas matas espontâneas. A importância social
deste mato pode ser considerada em diversos níveis. Primeiro, em geral, ele
remonta a um espaço alargado, para fora do espaço "presente" de residência
das pessoas, dando conta da circulação histórica de grupos afins e, portanto,
levando a uma noção de "território tradicional". Segundo, ele tem um papel
simbólico que é capital, na medida em que, como demonstrou Victor Turner, a
propósito dos Chokwe/ Lunda-Ndembu, boa parte do código ritual destas
sociedades depende de significantes que provém deste mato, tanto quanto ele,
como um todo, é também um signo ritual. Falando de modo grosseiro, supõe-se

que quase todos os matos comunitários deste tipo tenham um centro: via de regra, uma árvore específica, que, representando o cerne dum antigo agregado matrilocal, sobrevive, por analogia ou translado, no meio da área pública de cada aldeia. No "tempo antigo", dizem, se havia que mudar o local de residência, indo o povoado se fixar em outra parte (sobretudo, devido à morte de um chefe), a prescrição era que o sobrinho mais velho do antigo soba por via materna, pressuposto novo chefe, tomasse estacas dessa árvore matricêntrica (porque "pertencente" a uma ascendência comum) e as fosse plantando, sendo o local definitivo de reinstalação da comunidade determinado como aquele em que a planta vingasse. Entre Ambundos e Umbundos, *especialmente, era uma* mulemba/ nsanda *essa árvore em torno da qual se estruturavam os* kimbos/ libatas. *Porque a sua seiva, as suas raízes, folhas, infrutescências, seus próprios ciclos de crescimento funcionavam como símbolos instrumentais, análogos às funções orgânicas (aos ciclos "da vida"), a árvore, no todo, era o símbolo dominante, o "espírito-corpo", o "espírito" em forma "concreta", que encarnava um tipo de "princípio vital", que representa e "é" de fato, em certo sentido (identificando-se com ele), o próprio espírito da comunidade. Por isso, enquanto "lugar de memória", procedente de um "lugar antigo", como o grupo, tratava-se a árvore como o espaço de contato com os* malunga *(os espíritos ancestrais), nela "personificados", e também como uma ágora; local de juízo e convenção, sob o qual se deviam discutir todas as* makas *da comunidade. A tradição oral legou incontáveis relatos sobre estas árvores: do ponto de vista da história que vimos até aqui contando, uma das mais interessantes é aquela que diz que os antigos sobas alertavam os* mwene-puto *("chefes" portugueses) sobre a importância dessas árvores e que, embora de modo aparente eles não prestassem muita atenção ao fato, a "força dos espíritos" fazia com que os primeiros* mindele *(homens brancos) acabassem sempre construindo as suas cidades a partir de um centro em que se encontrava, soberana, uma* Ficus thonningii *– uma estranha "resistência" da natureza que, não por acaso, foi tantas vezes descrita como o pior inimigo/ obstáculo da colonização.*

A cerca de 13 km a noroeste do centro da Província de Luanda, na comuna N'gola Kiluanje, entre os municípios da Sambizanga e de Cacuaco, encontra-se uma mulemba que é símbolo da República da Angola: chamam-na Mulemba Waxa Ngola ou Mulemba wa-Ixi ya-Ngola *("mulemba da terra do Ngola"). É um local dedicado à memória do Ngola Kiluanji kia-Samba e um marco da sua soberania sobre o reino do Ndongo; tem este nome porque,* segundo a narrativa tradicional, teria sido lá que o rei estadiou em 1575, por ocasião das suas negociações com os primeiros portugueses que chegaram para se estabelecer naquela costa. Diz-se ainda que a sua sobrinha-neta, a famosa Nzinga Mbandi, ou D. Ana de Sousa, teria acampado neste mesmo sítio com as suas tropas, no início do século XVII. A mulemba povoa outras tantas narrativas sobre a história de Angola: conta-se que foram as mulembas os marcos geodésicos que o Ngola Kiluanji utilizou como limites para demarcar o perímetro em que concedia foro da sua soberania para que Paulo Dias de Novais fundasse a cidade de Luanda, no fim do século XVI; e que foi também sob uma destas árvores que, em 1885, uma linhagem de soberanos do Ngoyo firmou com o reino de Portugal o Tratado de Simulambuco, pelo qual Cabinda se tornava um protetorado português – como se vê, várias das pontas da trajetória da Angola produzida pelo elo luso-angolano (algumas, inclusive, objeto das mais candentes polêmicas ainda acesas naquele espaço) remetem à árvore.

E por uma dessas ironias do destino, que nos faz dar razão às palavras de Hamlet, segundo a qual "há mais coisas entre o céu a terra do que supõe nossa vã filosofia", no auge do período colonial, em meados do século XX, nas cercanias da Mulemba Waxa Ngola, os esforços voluntariosos de um colono, Carlos Mar Bettencourt Faria, levaram à criação dum centro de pesquisa realmente fascinante: o Observatório Astronômico da Mulemba. Numa época em que o planeta ainda não estava rodeado de satélites de comunicação, a NASA, para manter contato entre a sua sede e o espaço, precisava de uma rede de colaboradores que recebessem e decodificassem sinais emitidos pelos satélites e estabelecessem ligação com os astronautas: o Observatório da Mulemba era o único centro equipado para tanto na África; e, graças a isto, Bettencourt Faria conseguiu, em 1969, conversar por alguns minutos com Neil Armstrong, diretamente da Lua, algo incrível, principalmente pelo fato de que o centro não dispunha de praticamente nenhum subsídio oficial, sendo construído através do engenho de Faria, que reaproveitava os mais diversos materiais. Radiamador e empreendedor das telecomunicações, este engenheiro teve vários programas de rádio, nos quais transmitia para Angola, a partir da Mulemba, notícias da conquista do espaço. Enfim, com ligações do céu, recepção de sinais de satélite, previsões (ou divinações?) meteorológicas, à sua maneira, toda a parafernália moderna de Bettencourt Faria também funcionava como uma "ponte" entre o espaço e a terra, entre o mundo que os homens veem e aquele que existe para além dos olhos – impressentidas relações que talvez explique porque o cientista, que acabaria morto em 76, junto à Mulemba, acabou atraído à maneira dos mindele aos quais os sobas de antanho já advertiam. Mas a questão é que foi outra a árvore que permitiu que ele tivesse vindo um dia instalar o seu Observatório junto àquela terra...

De carvalho eram feitas as embarcações em que Diogo Cão largou da barra do Tejo até atingir a foz do Zaire e instalar o seu padrão junto ao Cabo Negro, em Tombwa, no ano de 1486. De carvalho eram também os seis galeões que levaram Salvador Correia de Sá ao Rio de Janeiro, em 1648, para que, à frente de sua frota, partisse rumo a Quicombo e à retomada de Angola aos holandeses. De robles eram feitos os tonéis do "vinho dos pretos", a mercadoria preferencial de um comércio que garantiu a fiança da burguesia portuense ao ministro que promulgou o Acto Colonial, em 1930, a caminho de se tornar o mítico Oliveira Salazar, "nada que era tudo". Na primeira metade do século XX, toneladas de carvalho ingressaram em Angola sob a forma de móveis que ornaram as igrejas, serviram repartições públicas ou preencheram as casas dos colonos que então vinham se radicar naqueles terrenos. Carvalhos estes mesmos colonos plantaram, com algum sucesso, nas terras altas do Huambo e da Huíla. Sobre uma Fagaceae, um carvalho, portanto, a azinheira, Quercus ilex, é que teria surgido a virgem de Fátima diante dos pastorinhos: a virgem que fora coroada rainha de Portugal por d. João IV, em 1646, e novamente por Pio XII, em 1946, com farta menção àquela árvore sobre a qual "se erguia o altar da fé e o altar da nação"; a virgem que ergueram no Lubango, àquele tempo Sá da Bandeira, ao pé da Serra, na capela da Senhora do Monte – porque, é claro, símbolos e ritos existem por toda parte, multirreferenciais. E foi um carvalho-roble da Beira Alta que o nosso conhecido Henrique Galvão escolheu para representar o que se esperava da empreitada colonial: conversão de pessoas, espaços e tempos; produção de "novos" duplos de "velhas cidades". Nas últimas frases do seu romance O Sol dos Trópicos (1936), Rodrigo, o dândi português fracassado nos negócios e no amor, que decidira dar cabo da própria vida nas "terras de degredo" de Angola, encontra-se pacificado, casado, tornado Xicoronho na Huíla e voltado para o cultivo da terra e dos filhos. Diante da sua "fazenda africana", com os olhos cortados pela visão dos percalços por que passara, ele admira a utilidade e o "propósito" dos seus afazeres, quantificados nos frutos que colhe. E é pelo contraste com essa paisagem que o filho, a seu lado, testemunha uma presença invasiva:

– Pae, olha esta árvore pequena... Não há nenhuma igual. É diferente de tôdas!... E mostrava-me um arbustro de metro e meio, rijo e fresco, que prometia, a rebentar sàdiamente de entre duas pedras bravas.

Era um carvalho.

E ali mesmo, ao sol poente, contei ao rapaz a história dumas bolotas da Beira, filhas do lindo roble da minha infância, que tinham vindo ter, por acaso, a terras da Chela e que nessas terras abençoadas, refizeram energias criadoras, por milagre do Sol dos Trópicos. Quando terminei a história era noite. Em volta da fogueira eram quatro. A Marta, eu e os dois filhos. E junto de nós, o arbustro sàdio e môço, prometia. [Henrique Galvão. O Sol dos Trópicos.1936: 322]

Então, também o romance nos fala de árvores-símbolo, "espíritos" de "lugares antigos", de homens do "tempo passado" ("heróis do mar", "egrégios avós"), levados em fortuitas sementes escondidas no bolso do colono, tomando assento na fundação de novos lugares. Uma questão de sobrepor territórios, confundir biomas e histórias, à maneira do que Alfred Crosby chamou de "imperialismo ecológico"; uma questão de fazer florescer carvalhos *em terras de* mulembas...

* * *

O fato e o texto: este trabalho surgiu do encontro dessas duas fontes (e, porque não dizer, dessas duas ideias). As memórias do Observatório Astronômico da Mulemba, visitado por sucessivas levas de estudantes da Angola colonial, radicado num espaço que se tornaria central na constituição do imaginário nacional angolano pós-descolonização, bem como o livro de Henrique Galvão, embebido na crença da legitimidade e do triunfo da presença portuguesa sobre os espaços territoriais do planalto de Angola, foram duas das primeiras referências com que deparamos ao iniciar esta investigação, originalmente motivada pelas inquietações registradas na obra de um sujeito que se revolveu continuamente entre o passado e o presente de Angola – o antropólogo e polígrafo Ruy Duarte de Carvalho, que, recentemente, *"ausentou-se para parte incerta"*, como diriam os maconginos. O encontro dessas duas narrativas, de forma e natureza diversas, suscitou-nos, em primeiro lugar, uma série de desconfianças. A suspeita de que a dita "intromissão" colonial (em que pesem os vários episódios violentos da "ocupação") não fosse somente *um* único e linear *processo* de intervenção/

exploração que, estabelecendo um controle do *espaço outro*, determinaria a elisão dum *Outro*, mas sim *diversos* e sucessivos *processos* distribuídos na *longa duração* da História colonial, em que, sem prejuízo de terem havido formas de hegemonia "africana", constituiu-se uma hegemonia exógena, *"do colonizador"*, na qual o *Outro presuntivo* não era exatamente invisível; era incorporado, perifericamente (como, por metáfora, a Mulemba ao centro de pesquisas de Bettencourt Faria). A suspeita de que, à maneira com que a personagem de Galvão exibe a perfeita identificação com sua "terra", uma "terra" que ele "cria", restituindo, "angolanamente", a "terra natal", as representações do "futuro promissor" dos colonos de Angola não respeitassem apenas à propaganda da ocupação, movida por um Estado interessado, mas também captassem, ao menos em parte, na sua variedade, a emergência de um senso/identidade coletiva de um segmento que, embora, situacionalmente, se tenha afinado com o Estado colonizador, noutras tantas vezes foi intersticial e mesmo heterodoxo (como a obra e a vida de um Galvão demonstram) e, por isso, tão facilmente removidos da arena política, quando o acirramento dos embates determinou a aglutinação dos polos contendores. Por fim, a suspeita de que a crítica nacionalista que emergiu nos anos 1950, sob o lema "Vamos descobrir Angola", não estivesse efetivamente "descobrindo" algo (no sentido de quem "desvelasse" algo – o passado, sobretudo o "pré-colonial" irrecuperável, ou a "Cultura", tivesse ela essa unidade toda que se supõe), mas sim disputando os significados de experiências históricas que, longe de terem sido, digamos, "encobertas" por um lapso, uma página em branco, que teria cedido lugar à "invenção" de um espaço colonial, faziam parte da narrativa que identificava Angola como produto de relações e de construções luso-angolanas. Essa suspeita, aliás, reforçou-se, ao longo do caminho, à proporção em que o contato com o manancial da escrita sobre Angola colonial (em boa parte, hoje, esquecido, pelos mais diversos motivos) revelava versões rivais das mesmas narrativas, circulando no mesmo espaço e tempo, indicando, afinal, que a própria escolha de fontes protonacionais, por parte desses "novos intelectuais de Angola" dos anos 1950 e 1960, era parte do processo de disputa. É claro que as formas definitivas dessas desconfianças resultaram da pesquisa; mas, uma fórmula incipiente delas esteve conosco desde aquele começo.

Como, ao menos em tese, ninguém planta árvores, nem escreve livros, a esmo, o que nos moveu, à partida, foi o desejo de situar imagens da justa-

posição de ecologias culturais distintas – como a das sementes de roble in-
trometidas na serra da Chela naquela narrativa de Galvão – no contexto de
uma "biblioteca colonial portuguesa", lendo a escrita sobre Angola nos três
primeiros quartos do século XX em face dum repertório de motivos constantes e concepções transversais às várias formas de conhecimento daquele
espaço. No entanto, como deve ter ficado claro, o trabalho que apresentamos é um pouco o contrário do que prometia: ele não é "sobre a literatura
colonial"; é feito "a partir dela", ou antes, ele se desenvolve considerando
uma noção muito alargada do que é "literatura", que remete ao conjunto
completamente heterogêneo de textos reunidos não por uma afinidade de
gênero ou de forma, mas sim pela pretensão catalográfica de abarcar um
"assunto". É certamente passível de crítica que tenhamos nos movido tão
erraticamente por entre fontes cuja natureza e propósito são, a rigor, tão diversos. Considerar, sem mediações, a equivalência entre um romance, um
livro de "memórias", uma coleção de crônicas e uma monografia histórica,
um relato administrativo, uma etnografia, uma enciclopédia de caça etc.,
isso sem falar em artigos de jornal, colunas sociais e "páginas da mulher",
seria sem dúvida um erro: a intenção, as situações em que cada um deles
emerge, o campo em que se inserem, o *background* e a perspectiva destes
textos são demasiado diferentes; e, além disso, são incontáveis as variações
quanto à relação que mantêm (ou ambicionam manter) com a fronteira
entre o fato e a ficção.[1] Inicialmente, procuramos analisar os processos
de circulação social e os caminhos institucionais na origem destes textos,
oferecendo um pequeno panorama das complexas relações entre autores,
público, canais, obras e campos, a fim de demonstrar que, apesar do impulso do Estado ter sido decisivo para sua existência, a variedade de circunstâncias em que se deu a sua produção, bem como de agentes e agendas
envolvidos nas duas margens da situação colonial, revela que, ao invés do
monólito da "ideologia colonial", a escrita em questão tendia a reproduzir
a multitude daquele universo. Com isto, esperávamos não só legitimar esse
corpus enquanto fração representativa da Angola colonial como um todo,
mas também deixar a sugestão de que os fatores influentes que estariam
na raiz e no desenvolvimento, na "vida social", desses textos acabariam
por impor algum nível de convergência entre eles, não obstante estarem

---

1   Ver Ginzburg, 2007, p.7-14.

filiados a matrizes discursivas tão variadas. À medida que a pesquisa se desenrolava, acabamos dando ênfase muito maior à periferia dos textos do que a eles propriamente ditos, numa tentativa, às vezes mais, às vezes menos bem sucedida, de elucidar escolhas do seu repertório. Ainda assim, o que mais nos chamava a atenção era o fato de que entre objetos tão díspares, desde aqueles em que se encontrava o desejo de neutralidade da "ciência" até aqueles não melindrados em assumir a sua vinculação com um "divertimento" que era também "propaganda", pudéssemos demarcar "valores similares" e "estratégias argumentativas simétricas", tal como discutíamos, em "Palavras-chave", a propósito de algumas ideias que pareciam atravessar todos estes discursos (e, aliás, essas são ideias também visceralmente ligadas às tarefas que a Antropologia costuma reivindicar; o que, talvez, se possa melhor compreender observando as incontáveis coincidências, voluntárias ou involuntárias, entre o gênero etnografia e os produtos paraliterários, de "consumo de massa", na viragem entre o século XIX e o XX). Que, em parte, essas convergências se possam explicar pela dispersão de algo como "preconceitos", "estereótipos negativos", produtos do tempo e das suas contingências, parece certo; mas acreditamos que seja mais do que isso: de outra forma, podemos enxergar as obsessões que reúnem essa série como sendo também o resultado de circunstâncias equivalentes de inserção no cenário colonial e interação com os seus atores, formas comuns de adesão e/ou de distinção, em relação àquele *espaço Outro*.

Contudo, há ainda um outro aspecto que nos moveu à aproximação de materiais que, a princípio, não deveriam ser confundidos. Como já sugeria Jack Goody, a escrita é um dispositivo social (da "cultura") que interfere de modo decisivo nos mecanismos da cognição, de sorte que as representações da cultura escrita estão duplamente mediadas, pelo sistema simbólico em que estão codificadas e pelo próprio código da escrita, conduzindo a um conhecimento não necessariamente mais complexo, mas certamente mais ambivalente.[2] Portanto, se é de "valores" que se trata, já que no início deste trabalho nos propúnhamos a relacionar o repertório deste textos à emergência de uma "moralidade colonial", aproximá-los, malgrado as suas diferenças, pareceu uma boa estratégia para tentar burlar a superfície da forma escrita, a fim de acessar, por "debaixo" dos textos, aqueles motivos

---

2   Goody, 1999.

fundamentais que conduzem ao conhecimento neles expresso. Acrescente-
-se a isto o fato de que um trabalho construído em uma perspectiva diacrô-
nica, em face de um tempo fugidio e de uma experiência que não é tangível,
que não se pode "visitar", que "já não está lá", tem de lidar, do princípio ao
fim, com a dificuldade da sua única forma de contato com uma dimensão
"nativa" ser a via representacional, considerando ainda que tais representações são, em geral, cristalizadas e que, embora se possa indiciá-lo a partir
dos "resíduos", dos vestígios materiais que subsistem, elas estão apartadas
de contexto e só a duras penas é possível acerca-se dele. Por isso, decidimos
recorrer às "memórias" dos *coloniais* também; tanto aquelas suscitadas por
um motivo exterior mais ou menos fixo no passado (como no caso da fotografia colonial), quanto aquelas que encontramos nos livros que recentemente
eles têm publicado, nas páginas pessoais em que exercitam seu confessiona-
lismo ou nas conversas que tivemos ensejo de manter. As memórias, evidentemente, não são idênticas ao fato; depuram-no, rearranjam-no, retêm
e dispensam elementos dele. No entanto, sem as amarras documentais da
historiografia, elas são, como disse Giovanni Levi, um canal privilegiado
pelo qual questões e problemas fundamentais da narrativa se transmitem
à História.[3] A escrita literária tem uma infinidade de esquemas e modelos
narrativos que permitem discorrer sobre "áreas escuras": o pensamento,
a vida cotidiana, a incerteza, o fragmentarismo, a dinâmica e, às vezes, a
contradição das identidades; a memória, com dispositivos mais ou menos
análogos também as acessa. A escrita literária sabe-se, desde a partida,
um duplo ou um substituto da vida. A memória, por seu turno, é como
a História; concentra-se em aspectos, mas acredita que não os decalca e
sim que os "recolhe" diretamente da própria "vida". Introduzir esse tipo
de narrativas, tornando ainda mais povoado de "estranhos" este trabalho,
pareceu-nos, todavia, produtivo: o contato que estabeleceram com o que
constituía o nosso objeto original pode ser compreendido como um modo
de tentar oferecer maior credibilidade às nossas descrições, se não de "como
as coisas se passaram", ao menos, do que certas pessoas "acreditam que se
tenha passado".

---

3   Levi, 1989, p.325-336.

* * *

Embora tenha compreendido uma parcela de trabalho "em campo", em Portugal, em Angola e também no Brasil (onde mantivemos contato com alguns *coloniais* de Angola), boa parte dessa pesquisa, evidentemente, foi desenvolvida como uma "etnografia de arquivo". Pode parecer um certo *mise-en-scéne* dizer "etnográfica" uma prática que, a rigor, não foi muito mais do que uns tantos dias passados sob a luz artificial dos arquivos, a dissecar a "matéria morta" dos documentos. Contudo, gostaríamos de deixar claro o seguinte: primeiro, estamos de pleno acordo com Ingold, quando afirma, um tanto categoricamente, que a Antropologia e etnografia são coisas diferentes e que a sua busca é diferente, apesar da estreita dependência de uma em relação à outra[4] – este é um trabalho de Antropologia, acreditamos, porque, a despeito das suas limitações, procura investir na tarefa de comparar/confrontar para compreender criticamente formas de saber/de ser-no-mundo na variedade de universos sociais que compõe um universo humano que nos é comum; segundo, a escolha do arquivo (e não de um "terreno" tradicional) não implica no abandono completo de uma observação intensiva e de uma espécie qualquer de experiência em primeira mão – na verdade, as disposições, disponibilidades e formas do arquivo, bem como as relações entre arquivistas, usuários e o próprio arquivo, isto para citar apenas alguns elementos, são profundamente indicativos de um estado da memória relativa aos objetos investigados; por isso, incontáveis vezes, eles são fontes de *insights etnográficos*. No caso deste trabalho, podemos afirmar que os diferentes espaços de pesquisa foram influentes, nuns casos, ou decisivos, noutros, com relação a muitas das nossas escolhas.

No Brasil, por exemplo, é possível encontrar documentação sobre o período colonial em Angola em algumas poucas instituições. Em muitas delas, essa presença é o resultado do nada desprezível intercâmbio entre intelectuais brasileiros e os seus confrades *coloniais* de Angola ainda antes de 1975 (e alguns dos casos mais conhecidos envolvem nomes como Gilberto Freyre, Luís da Câmara Cascudo, Waldir Freitas Oliveira, Edson Carneiro, Maria Archer, José Redinha, Osório de Oliveira, dentre outros). Noutras, é uma decorrência dum translado físico do acervo de sujeitos que deixaram Angola ao longo dos anos da guerra e vieram reconstruir as coisas no velho Brasil. Em uma única instituição, no entanto, há quantidade e variedade

---

4   Ingold, 2011, p.229-231.

de materiais (sobretudo, quanto a livros, já que ali se encontram obras raras mesmo em Portugal, raríssimas em Angola): é no "Real Gabinete Português de Leitura", no Rio de Janeiro; e, se em algum lugar o "espírito triunfante" da expansão portuguesa sobrevive (ou, pelo menos, deixa ouvir os seus ecos) é, por estanho que possa parecer, justamente na imponência das grandes estantes de madeira daquele belo prédio em estilo manuelino. Muitos desses livros sobre Angola presentes "no Real" (como se diz no Rio de Janeiro) provêm do antigo estatuto do depósito legal português de que a instituição desfrutava. Eles, quase sempre, nos chegam ainda com as "páginas coladas" (indicando nunca terem sido manipulados) e, entretanto, nos chegam francamente. É compreensível; o RGPL é uma instituição importante e de propósito claro: quando se observam as bandeiras de Portugal, do Brasil e da cidade do Rio, junto ao busto de Camões, no largo que tem o nome do poeta, em frente à sua Biblioteca, percebe-se que o "lugar" do Real é o de salvaguarda da memória de Portugal no Rio/no Brasil, tendo atrás de si a comunidade que representava, em 2000, 1% da população carioca, num universo de 5,8 milhões de habitantes (algo em torno de 58.000 pessoas, considerando apenas os nascidos em Portugal, o que deixa de ter conta o triplo, ou mais, de lusodescendentes cidadãos portugueses). A Angola que ali subsiste é um dos elos da corrente imaginada que a língua sustém; tanto quanto a Angola colonial que ali está é fração de uma história da qual a comunidade portuguesa no Brasil faz parte, mas não a melindra, já que não se vê implicada (ou sublima sua implicação) nos seus desconcertos. No mais, a Angola que ainda interessa fundamentalmente ao Brasil (à exceção daquela dos petrodólares) é um quase-lugar: uma Canaã vista do cativeiro da Babilônia, a fonte de gentes e motivos, do semba, tornado samba, e da capoeira de Angola, que não é de Angola, mas que fascinava José Redinha, na possibilidade de "adivinhar" a sua procedência angolana; porque, enfim, a "África", vista desse lado do Atlântico, ainda é, sobretudo, para o bem e para o mal, um dos termos do "mito das três raças".

Em Portugal as coisas são mais complexas. Há profusão de memória, há "necessidade de dizer", mas há também um grande números de interdições e, no limite, há certos casos de afasia – tudo decorrendo em simultâneo. As instituições depositárias da documentação sobre Angola são evidentemente várias. Na Biblioteca Nacional, por exemplo, é decididamente o Estado quem fala – o material sobre Angola é vasto, é certo, mas não é propriamente especial: ele se oferece de modo asséptico, burocrático; é regularmente acessível, disperso em meio à grande massa de registros da "Biblioteca". Na Sociedade de Geografia de Lisboa, por outro lado, essa documentação, que é quase tão vasta, nos é mais próxima; toca-se mais as coisas, no seu "original", e, de um modo ou outro, há a sensação de que isto tenha relação com o fato de a instituição ter estado numa espécie de origem dessa empreitada colonial "moderna", a um só tempo em que, tendo participado da sua dimensão "científica", possa disponibilizar estes materiais sem maiores pesos ou adjetivos, como quem ainda persistisse apenas fornecendo "saberes". E assim poderíamos falar de outros tantos espaços, outros estados da memória, até chegarmos ao "Junqueiro", ao Arquivo Histórico Ultramarino. O A.H.U. algumas vezes nos pareceu qualquer coisa como um labirinto de Creta – e os "perigos" podiam ser da ordem de descobrirmos, por exemplo, que um dos principais fundos para a nossa pesquisa, o da extinta Agência Geral das Colónias (AGC), simplesmente não estava catalogado e que acessá-lo ia nos obrigar a esperar que os arquivistas responsáveis preparassem uma seleção das caixas baseada na nossa descrição de assunto, a qual só podia ser remetida para avaliação meses depois, devolvida e então franqueada a pesquisa etc. etc., ad infinitum. Descobrimos uma curiosa forma de "inveja", a inveja dos objetos históricos, cada vez que constatamos que, ao contrário do que decorria com as nossas investigações, outros momentos da gesta imperial portuguesa (guerras contra holandeses, feiras na Índia, açúcares do Brasil), beneficiados dos catálogos produzidos ainda na vigência da era colonial, davam-se a conhecer sem regateios; só o Estado Novo permanecia "Encoberto", "entre as brumas da memória". E com esta inveja, chegamos à conclusão de que havia um pouco de "ontem imediato", de curta dilação temporal, a atrapalhar as coisas, mas também havia muito de "tabu". De certo modo a memória da Angola *paraíso perdido* (às vezes *inferno*, para alguns) está em Portugal por toda parte: no país de pouco mais 10,5 milhões de habitantes, é difícil não encontrar, aqui e ali, um *macongino*, um *calcinhas de Luanda*, quem tenha ido à guerra, quem tenha parentes ou amigos que tenham ido à Guerra, um saudosista da *Cuca*, outro do tempo; é difícil ignorar o quanto se diz, pensa, escreve sobre o assunto. Mas é uma quase a memória de Funes – o personagem de Borges, a quem o excesso de lembrança levava à paralisia. É quase como este setor do

A.H.U. – um imenso manancial ainda espalhado em balbúrdia, ainda cheio de interditos, ainda por catalogar.

Em Angola, finalmente, a situação é um pouco contrária à portuguesa. Se há "ontem imediato", este é a guerra, as sucessivas guerras; e sobre elas, sim, é difícil falar. Quanto ao período colonial, as instituições que dispõem de documentação não são muitas, mas o acesso, em geral, não é difícil (considerando que ainda é possível recuperar parte dos catálogos produzidos à época por instituições como o Museu ou o Instituto de Angola, o que por si só é interessante, tudo se resume a um pouco de paciência). Há limitações, é evidente, mas também compreensível diante de tantas e claramente mais essenciais urgências; mas também há boa disposição e, no que nos diz respeito, os pesquisadores, até que se prove o contrário, parecem ser considerados colaboradores importantes no processo de reconstrução da História do país. Fora das instituições, as pessoas conversavam de modo empolgado sobre esse "tempo muito antigo". E, aliás, muitos dos documentos de mais valor estão mesmo fora dos arquivos. Um caso ilustrativo: o Arquivo Histórico Nacional de Angola fica numa rua lateral, na Baixa, junto ao Largo Amílcar Cabral. Pois bem, o incauto recém-chegado a Luanda teria enorme dificuldade de tomar um táxi (um "carro de praça", reaparecido em Angola a uns poucos anos) no Aeroporto 4 de Fevereiro e chegar, logo na primeira tentativa, ao AHNANG; isto porque quase todo luandense sabe que, passando a Maianga, na direção da Mutamba, o que há é o Largo de Serpa Pinto (e, de fato, de cada lado da rua existe uma placa e um nome diferentes). E não é tudo, porque o realmente instigante nessa história surge quando "L.", um jovem ex-atacante do 1º de agosto, hoje condutor de táxis, ao ouvir a sugestão de que "fazia sentido que o Largo não se chamasse mais 'de Serpa Pinto,' e sim 'Amílcar Cabral,' já que um tinha sido um explorador e o outro um líder das independências", retorquiu: "tanto faz, já os dois eram mortos quando nasci; eu não sei quem foram". De um jeito ou de outro, pensamos que era provável que um taxista do Rio de Janeiro também não soubesse quem foi o General San Martin (um arremedo de analogia), que dá nome à rua do Leblon, e que talvez uma hipertrofia da História no imaginário português tenha levado a memória desses espaços um dia perpassados por Portugal a estranhos caminhos; como as elucubrações não nos levariam a nada, deixamos de lado esse ruído e concluímos somente que, nas mais diversas formas, o passado, em Angola, ainda se lê nas ruas...

* * *

Do ponto de vista da Antropologia, se é que este trabalho consegue oferecer alguma contribuição, acreditamos que ela envolva duas questões, sobretudo: a primeira se refere à história da própria disciplina; a segunda, ao espinhoso problema da definição do que é um grupo social, da natureza das interações recorrentes que se supõe que nele decorram, do que preside à formação da sua imagem e das suas fronteiras. A primeira questão de certo modo, é mais fácil e mais passível de alguma conclusão. Por um lado, há um debate de décadas cujo foco é justamente discutir a medida em que qualquer contextualização do fato colonial (e, em parte, é disto que se trata aqui) é também uma contextualização da Antropologia. Como ele se tem concentrado em aspectos como relações institucionais e decorrências políticas do tipo de conhecimento produzido pela disciplina, as quais não chegamos a abordar diretamente (não nos mesmos termos, ao menos), teríamos a acrescentar apenas que, tendo explorado várias formas de representação baseadas em classificação, etnicização, contagem, contingenciamento, mapeamento etc., somos levados a crer que o que há de realmente interessante nesse debate, para além das divergências, não é uma exclusividade da nossa disciplina, mas uma série de motivos propulsores, de circunstâncias, mais do que de agendas, que reúnem um conjunto de técnicas que, nalgum ponto, participaram da ideia de governamentalidade procedente da relação entre Estados europeus e espaços coloniais. Basta pensar na própria noção de estatística [*Statistik/ state-craft*] como um "ofício de Estado", tal qual a etnografia foi em muitos casos (e não a Antropologia, de forma geral) Mas essa é uma dimensão que também já foi amplamente tratada. Por outro lado, no entanto, o nosso estudo de caso, dedicado à massa difusa e diversa duma escrita colonial, dialoga com certa "Antropologia do colonialismo", influenciada pelos métodos da "Análise do discurso", na tentativa de demonstrar "as extraordinárias redundâncias produzidas por 'lugares comuns' da narrativa colonial, que cruzam as linhas que dividem a política, a economia, a religião e também contextos culturais e as disciplinas que os estudam".[5] Essas repetições se encontram nos lugares mais diferentes; inclusive, como se pode deduzir, ao se observar o "repertório" de que tanto falamos aqui, numa atração do olhar para fenômenos e motivos convergen-

---

5   Pels, 1997, p.169.

tes, objetos da fabulação literária, tanto quanto da dissecação dos etnólogos. Pode-se considerar que isto reafirma a identidade entre a disciplina e a perspectiva colonial; ou, que é apenas o produto de uma época, o "espírito do tempo". Contudo, acreditamos que existe algo mais complexo, para além disto: algum tipo de correspondência entre *tropos* e *topos*, entre as formas do enunciado e o lugar de enunciação, a revelar uma impressentida relação (que, à parte todo esforço crítico-reflexivo vivido nas últimas décadas pela Antropologia, talvez seja mesmo difícil de ser superada) entre um tipo de inserção no contexto de pesquisa característico da disciplina e alguns dos dilemas enfrentados pelos *coloniais* – porque, no fim das contas, acaba se tratando de um *estranho* tentando "dominar" um país que lhe é *estrangeiro* (e a vida do outro, mesmo quando somos outro de nós mesmos, é quase sempre um país estrangeiro). E, ao mesmo tempo, essa espécie de produção "menor", "periférica", que analisamos é também suficientemente cheia de exemplos do quanto certas relações de proximidade (em contato e em conflito), que marcam boa parte da escrita sobre a Angola colonial, influem na produção dum conhecimento que não é necessariamente melhor, nem pior, mas é certamente diferente do que se desenvolve noutros contextos de maior institucionalidade e, por isso, em geral, de distanciamento. Isto nos lembra que é preciso não tomar as relações entre "saber" e "poder" como algo absoluto; e que, talvez, a atitude mais prudente no julgamento dessa questão seja aquela que emana do velho lema funcionalista, segundo o qual devemos distinguir o que as pessoas fazem daquilo que dizem sobre o que fazem. Afinal, em lugar de pensarmos que podemos falar "da perspectiva nativa", seria bom que tentássemos nos lembrar de que também somos "nativos", só depende do ângulo a partir do qual as coisas são vistas... Mas isso já é outra história.

No que toca à segunda questão, já não é tão simples alinhavar um comentário final e, muito menos, expandi-lo como fizemos anteriormente. Ao longo deste trabalho, demos ênfase a um corpo de sujeitos, como se tivessem relações sistêmicas e afinidades de perspectiva e de sensibilidade, aos quais chamamos *coloniais*. Entretanto, fizemos um esforço simultâneo para demonstrar o quanto a sociedade colonial em Angola, na sua variedade de pessoas, posições, arranjos, enfim, era matizada; o que tornou impossível igualar essa noção de *coloniais* à ideia de *brancos/portugueses* (de origem), sobretudo por conta da interpenetração de categorias/clivagens socialmente distintivas (tais como a raça/a etnia, a classe, o gênero, o parentesco, o grau socioprofissional etc.), mas também tornou problemática a visão desse conjunto, se é que é possível falar nestes termos, como um grupo, ainda mais, sem que isto equivalesse a uma reformulação do maniqueísmo (politicamente potencial, mas um tanto quanto simplista) que só distingue *"colonizados e colonizadores"*. Num momento em que a teoria antropológica aprofunda os questionamentos a noções como a *cultura* e investe na discussão e na inquisição de macrocategorias como a própria *sociedade*, devemos admitir que, sim, segmentar a vida social, concentrando o olhar numa faixa intermediária que é uma construção, um produto, *a posteriori*, sempre implicará em desprezar parte da complexidade que está acima e também abaixo dessa faixa, no que a transcende e no que é a minúcia em que cada um (sendo muitos) existe em-Si e para-Si. Tendo naturalizado, em alguma medida, essa ideia de um grupo de *coloniais*, arriscamo-nos a uma boa dose de generalizações, cristalizações, excessos, o que é certamente uma deficiência; mas, por outro lado, pensamos que essa escolha não é totalmente inadequada (acerca de algumas questões, na verdade, ela nos pareceu a menos imprópria). Considerando a natureza do fenômeno histórico que está na base do nosso objeto, essa ideia nos permitiu "localizar" as representações da escrita sobre a Angola colonial, superando uma visão que nos parece ainda mais questionável (pois tende a identificar toda a narrativa colonial como um discurso exógeno, desprezando o quanto ela está permeada de reposicionamentos "locais", no espaço da colônia) e, ao mesmo tempo, ligando-as a uma administração do cotidiano em que percepções/concepções sobre o "contato" e a "interação" tiveram grande importância. Quando confrontamos, por exemplo, trajetórias tão distintas quanto as de Henrique Galvão, Castro Soromenho, "intelectuais locais" como Cruz Malpique, Salinas de Moura ou Antonio Videira, *coloniais* autoprofessos como Gastão de Sousa Dias, *"colonos"*, como se pensavam vários dos que aqui falaram, lideranças assimiladas e *"mulatas"*, como eram os membros da Liga Nacional Africana etc., de fato, temos que considerar uma enorme variedade de interesses, posições, fidelidades, alianças, compromissos, perspectivas, formas de ser e de estar em relação com os outros, diferentes acepções de sentido atribuídas aos vínculos entre esses sujeitos, enfim. E não obstante, podemos também constatar que em certas circunstâncias há uma remissão que transfere todo essa variedade para o espaço de uma vida comum, para além da fortaleza da identidade, onde, apesar destes sujeitos a significarem de modos diversos, encontramos uma "norma", um número mínimo de contextos formados por/formadores de associações entre contextos; uma moralidade,[6] que, como todos os códigos socialmente eficazes, podia ser compreendida e reelaborada. No limite, podemos dizer que havia um *campo colonial*, formado de microcampos, às vezes em aberto conflito, às vezes em sutil divergência, e que nele a reivindicação duma pertença de "grupo" (*"colonial"*) era, mais do que uma adesão efetiva, elemento da própria dinâmica social; uma identidade situacional,[7] dentre várias possíveis naquele universo. Se isto nos diz que o "grupo" pode ser uma interessante dimensão de análise (principalmente, pelo que se supõe que não é um grupo; pelo seu movimento, pela sua heterogeneidade), também nos apresenta uma questão relevante do ponto de vista duma abordagem do fenômeno colonial pela Antropologia: afinal, esse tipo de recorte em que os únicos elementos realmente reconhecíveis que o legitimam são de ordem espaço-temporal (a presença de dados sujeitos, num dado cenário, durante certo tempo) pode ter algumas desvantagens, mas tem o mérito, ou a possibilidade, de desconfiar de outras formas de reificação das coisas (muito crentes na idiossincrasia do *Outro* ou tão empenhadas em descortinar as *lutas* que acabam negligenciando a *convivência*), a fim de recuperar os apelos de Malinowski e de Schapera para que estudássemos "o contato cultural de forma holística", observando, no mesmo plano, "colonizados e colonizadores",[8] na expectativa de que assim possamos, talvez, lançar novos olhares sobre velhos problemas.

* * *

Quanto ao seu objeto em específico, embora este não seja um trabalho de História, acreditamos que ele tenha alguma contribuição a oferecer à historiografia. Por um lado, utilizamos um bom número de fontes originais e de séries documentais ainda pouco ou nada exploradas, quer no âmbito das ciências sociais, quer no da história ou da crítica literária (o que se aplica sobretudo àquelas relativas às décadas de 1930 e 1940), procurando confrontar as representações da Angola colonial que se difundiram "a partir de Portugal" (ou de uma agenda e de instituições portuguesas) com aquelas

---

6   Ver Wagner, 2010, p.87-89.
7   No sentido de Gluckman, 2010, p.237-363.
8   Mair, 1938.

que se construíram e circularam "na colônia". Essa atenção dedicada à "localidade" do saber, das imagens e concepções que procuramos explorar é um aspecto especialmente importante do nosso esforço. Porque, em que pese a existência de diversos trabalhos consistentes referentes às experiências coloniais de Portugal na África do século XX (os quais já constituem uma verdadeira subárea de estudos), há ainda muito o que fazer quanto à investigação dum domínio de "territórios sobrepostos e histórias entrelaçadas", como dizia Said,[9] que é o da presença efetiva de *coloniais* nos espaços africanos, principalmente quando se trata de inquirir a sua sensibilidade, identidade e vida cotidiana e não apenas as dimensões político-econômicas dessa presença. Se, na esteira do amplo desenvolvimento da temática nos estudos relativos aos espaços coloniais anglófonos e francófonos, esse tipo de pesquisa tem avançado em algumas ex-colônias portuguesas, na produção pertinente a Angola ainda há um predomínio de lacunas. Além disso, tanto a profusão de relatos, digamos, em primeira mão (nas incontáveis reportagens e livros de memórias atualmente publicados), quanto o ainda marcante interesse por trabalhos que ou identificam o contexto colonial com a autoimagem das nações pós-coloniais (às vezes, reduzindo-o a ela), ou focam o Estado colonial e a perspectiva metropolitana sobre as colônias (e sobre sujeitos identificados como *nativos*), têm contribuído para a obstrução de estudos dedicados a uma dimensão mais comezinha das ditas "memórias africanas". Foram essas lacunas, principalmente, que pretendemos enfrentar.

No que toca à produção intelectual, por exemplo, a investigação do universo de obras, autores, agentes, instituições efetivamente "coloniais", radicadas e difundidas em Angola, tem sido altamente deficitária; e, mesmo no mirrado campo de estudos da questão, há uma majoritariedade explícita daqueles que consideram, sobretudo, os vínculos dessa produção com iniciativas "de fora" (como o Concurso da AGC) ou com a constituição de um "saber português" sobre a "África", bem como daqueles que se restringem ao período final do colonialismo, a partir dos anos 1950, portanto, os quais tendem a considerar a produção "colonial" quase um epifenômeno, cujo interesse é, antes de tudo, servir de contraste à emergência do nacionalismo angolano. Assim, boa parte da crítica a esse período provém de meados dos

---

9   Said, 1995, p.33-98.

anos 1970, da imediata sequência da descolonização, ou mesmo dos anos 1950 e 1960, mercê do enfrentamento a que se dispuseram os "novos intelectuais de Angola"; de resto, há um eclipsamento geral. Como tentamos demonstrar, esse devir da perspectiva e, mais ainda, da voz dos *coloniais* não pode ser dissociado da sua posição intermediária naquele universo de relações: ora tendente à redundância das narrativas do "Império", sem, no entanto, ser capaz de se restringir a elas; ora propensa à reivindicação de um "localismo" que, todavia, não se confunde com um "nativismo" protonacional que pudesse ser enquadrado pela narrativa da constituição da nação pós-colonial. Ao tentarmos contextualizar a escrita sobre a Angola colonial, procurando um detalhamento tão extenso quanto possível das circunstâncias de produção intelectual e circulação de "bens de conhecimento", passe o termo, "sobre Angola" e "em Angola" durante a época colonial do século XX, esperamos demonstrar que as narrativas "sobre" e aquelas concebidas "em", apesar de serem concomitantes e equivalentes, não eram idênticas. Entretanto, como um espaço colonial é, de forma geral, compreendido sob o crivo duma hegemonia e de relações de poder assimétricas muito nítidas (nesse caso, pendendo para a defesa da *portugalidade* de Angola), a enorme variedade do quadro social angolano nesse período, da qual a produção intelectual é uma face reveladora, tal como esperamos ter demonstrado na primeira parte deste trabalho, não parece ter implicado num descompasso que nos impedisse de sugerir que, se as "palavras-chave" que conformam aquilo que chamamos "o olhar colonial" revelam alguma heterodoxia, uma polifonia possível, elas exibem sob muitos aspectos e com maior intensidade uma convergência de perspectivas entre os *"de fora"* e os *"de dentro"* (i.e., a Metrópole e os *coloniais*).

Uma das constantes dessas narrativas é sua clara preocupação legitimista. Ela indexa tanto as formas do *grand récit*, da macronarrativa de fundo histórico mobilizada pelo Estado e por agentes interessados do imperialismo português, enquanto um motivo retórico/ideológico usado no âmbito das disputas transnacionais, quanto, por outro lado, a ansiedade dos *coloniais* com uma hipótese qualquer de suspensão/suspeição do seu "direito" à presença no espaço colonial (algo que, no fundo, todos sabiam ser um arranjo frágil, suscetível de queda). Em primeiro lugar, é na própria construção do espaço que essa preocupação se afirma. E se é de *legitimidade* que se trata, não causa surpresa que, da análise de exemplos sucessivos do seu repertório, tenhamos chegado a dois focos representacionais primordiais dessas narrativas: "o *preto* e o *mato*", aos quais se aplica uma filosofia do Homem e da História peculiar, em última instância, a fim de conferir *status* "moral" ao usufruto colonial. Quanto ao *mato*, é possível afirmar que as representações dessa instância (uma "relação" e um "espaço", acúmulo de tempos e pessoas, não necessariamente um "lugar") produzem, de modo geral, um processo de *dessignificação*, deprivação de sentidos do espaço, em face da construção dum território – Angola (a *Angola portuguesa*, que, no fim das contas, é também o terreno contido pelas linhas imaginárias das atuais fronteiras da nação). Contudo, há uma clara distribuição das imagens do *mato* entre discursos cujo centro é a *disposição/disponibilidade* do espaço (mais importantes para a empreitada econômica colonial, como revela a constante ideia de que "na África havia um espaço amplo e vazio") e aqueles cujo acento incide na *incorporação sensível*, na *experiência* do espaço (mais relevantes para a afirmação da sensibilidade dos *coloniais*, como reiteradamente demonstram suas memórias). Quanto ao *preto*, se a ideia essencial que resume a perspectiva colonial em relação ao *mato* é a *aquisição*, aquela que preside o enquadramento desse "Outro" é a *apreensão*. Uma apreensão que se realiza também em função da justificabilidade do colonialismo e em que se pode notar ao menos três vertentes distintas: a obsessão classificatória, como parte da constituição do Outro enquanto o objeto preferencial da ação colonial, a submissão de uma ideia de "usos e costumes" desses sujeitos ao crivo de juízos normativos, que participa da consolidação de uma imagem de "Cultura alterna", cujo domínio é um mais-saber, e, finalmente, uma flutuação estratégica entre "etnicidade" e "raça", consoante às circunstâncias da interação social que envolvem este Outro, que é fundamental para a sua *disponibilização* (tornando-o *recurso*, como o espaço, por força de uma "concepção de pessoa", de corporalidade, que também o dessignifica), tanto quanto para a dissimulação do distanciamento e da separação vigentes naquele contexto, compreendendo uma dialética do *desejo* e da *repulsa*.

Se essa metade do repertório das narrativas coloniais é significativa das formas pelas quais elas concebem "Angola", a outra metade, muito mais suscetível à divergência, à polifonia, é a que exprime as formas pelas quais concebem a "presença colonial em Angola". Concentrando-nos neste polo na última parte deste trabalho, procuramos demonstrar como uma tal presença, que, a rigor, pode ser indiciada pela autoimagem dos *coloniais*, aponta para a construção duma identidade que é, em geral, autocentrada, legitimista, melindrada com a demonstração da sua singularidade e, apesar disto, fundamentalmente ambígua (inclusive graças à dupla fidelidade, "local" e "não local", que marca a sua inserção naquele universo). Por um lado, deixa-se seduzir por imagens de *estirpe*, de *prestígio* (*elitista*), que, basicamente, repercutem, sob novas formas, velhos motivos de um olhar em que a "experiência africana" tende a ser apreendida como *excepcional* (uma *aventura*, portanto). Por outro, empenham a sua legitimidade numa "*ética do trabalho*", da contenção e da disciplina, em boa medida tributária de concepções de *progresso*, *civilidade*, *polidez*, especialmente importantes no contexto da moralidade colonial, cuja "normatividade" visa à "normalização" da sua presença, pelo que também representa aquela experiência como *ordinária* (uma *rotina*). Por um lado, a passagem para o espaço da colônia, impelindo a uma valorização da *inciativa individual*, suscitava percepções de *liberalidade*, *espontaneidade*, que acabavam por correlacionar a vivência colonial à experiência do *cosmopolitismo*. Por outro, um "estatuto nativo" que veio a ser reivindicado por uma boa fatia desses *coloniais* radicava, sobretudo, num senso de profundidade histórica, que restituía a imagem do elo luso-angolano de "longa duração", tanto quanto estreitam os vínculos da autoimagem comunitária com a ideologia perfectiva da especificidade do "colono português". De fato, é só a dissolução desse universo colonial que dirime esta ambiguidade, produzindo uma faixa de "autonomismo branco" e, às vezes, de "independentismo" mesmo (aliadas, em geral, na resistência à hegemonia "angolana" que se anunciava durante a descolonização), uma adesão ao nacionalismo, no outro extremo, e um expressivo interregno de *coloniais* que, por estreitamente identificados com aquele estado de coisas em transição, acabaram desterritorializados, passando a experimentar uma "dupla diáspora"; para fora da origem (na Europa) e para fora da terra (em "África"). No limite, aliás, essas ambiguidades também podem ser entendidas como produto de um duplo registro, em que foram mais ou menos constantes as associações da vida colonial a uma experiência passada "na África" (essencialmente dependente de imagens que emergiram no contexto das comunidades *white settlers/White Africans* da África austral do século XX – notadamente nos espaços anglófonos) e a uma experiência "em Angola" (esta, marcada pela crença na peculiaridade portuguesa e na indissociabilidade desta que era, ou deveria ser, "a mais portuguesa de todas as colônias"). É interessante pensar que, por mais que se evoque a questão das pressões externas, do contexto da Guerra Fria e etc., a sucessão de conflitos que, entre os anos 1970 e 1990, envolveram Angola, a Namíbia, a África do Sul, Moçambique, o Zimbábwe, enfim, num mesmo contínuo de enfrentamento, com um intenso tráfego de pessoas, de rivalidades e de fidelidades, não deixa de nos sugerir que, de certo modo, na base de tudo isto também esteja, talvez, uma trajetória que redundou em dilemas comuns, da qual a dispersão duma hegemonia colonial, de que os *White Africans* foram parte, é um termo decisivo. E, talvez, por isso hoje, mais do que nunca, seja importante revisitar o passado colonial de Angola: afinal, os processos de reconstrução e reconciliação nacional, cruciais no devir da República de Angola, passam, com toda certeza, se não por uma reconciliação com essa sua suposta face peculiar, por uma recuperação das peculiaridades da sua História.

Referências

Fontes primárias

Obras

AGUILAR, A. de. *Aventuras de caça*. Lisboa: Parceria A. M. Pereira, 1935.

ALTAMIRA, J. de. *Mulata*. Scenas da vida em Benguela. Benguela: Livraria M. de Mesquitela, 1927.

ARCHER, M. *Há-de haver uma lei...* Lisboa: [e.a.], 1949.

_____. *Viagem à roda da África*. Romance de aventuras infantis. Lisboa: Editorial O Século, 1938.

_____. *África Selvagem*. Lisboa: Guimarães Editores, 1935.

ARCHER, M.; QUARTIM, P. *Duas novelas*. Luanda: [e.a.], 1933.

ASSIS JR., A. de. *O segredo da morta*. Luanda: Lusitânia, 1935.

AUGUSTO, A. *A grande aventura*. Lisboa: Livraria Popular de Francisco Franco, 1941.

AZEREDO, G. de. *Brancos e negros*. Lisboa: A.G.C., 1956.

_____. *Feitiços*. Porto: Artes & Letras, 1935.

AZEVEDO, E. de. *Terra de esperança*. Romance duma viagem a Angola. 2.ed. Lisboa: Fomento Publicações, [s.d].

AZEVEDO, J. M. C. de. *Jinga, rainha da Matamba*. Braga: Oficinas Gráficas A. Costa, 1949.

_____. *A árvore das macutas*. Luanda: Imprensa Nacional, 1934.

CABRITA, C. L. A. *Em terra de Luenas*: breve estudo sobre os usos e costumes da tribo Lwena. Lisboa: A.G.C., 1954.

CAETANO, M. *Tradições, princípios e métodos da colonização portuguesa*. Lisboa: A.G.U., 1951.

CARDOSO, C. *Cancioneiro popular de Cete*. Luanda: IICA/ CITA, 1963.

_____. *Contribuição para o estudo crítico da bibliografia do conto popular das etnias angolanas*. Col. Memória e trabalhos, IICT, v.2. Lisboa: IICT, 1960.

CASIMIRO, A. *Nova Largada*. Romance de África. Lisboa: Seara Nova, 1929.

CERQUEIRA, I. de. *Vida social indígena na colónia de Angola*. Lisboa: A.G.C., 1947.

CHAGAS, J. *Trabalhos forçados*. Lisboa: Bertrand, 1926.

COELHO, M. F. *A Condenada 112*. Lisboa: Editorial Minerva, 1945.

_____. *Terra dos diamantes*. Lisboa: Editorial Minerva, 1940.

COSTA, A. F. da. *Na pista do marfim e da morte*. Porto: Educação Nacional, 1944.

_____. *Pedra do Feitiço*. Reportagens africanas. Porto: Educação Nacional, 1945.

COUTO, M. J. *Sol Tropical*. Coimbra: Editorial Coimbra, 1961.

CRUZ, J. R. *Notas de etnografia angolana*. Lisboa: [s./n.], 1940.

DELGADO, R. *História de Angola*. Benguela: Tipografia do Jornal de Benguela, 1948.

_____. *Ao Sul do Kuanza*. Lisboa: Imprensa Beleza, 1944.

_____. *O Reino de Benguela*. Benguela: Tipografia do Jornal de Benguela, 1941.

DIAS, G. S. *Julgareis qual é mais excelente*. Figuras da história angolana. Luanda: Museu de Angola, 1948.

_____. *Como Serpa Pinto atravessou a África*. Lisboa: Sá da Costa, 1944.

_____. *O destino da grei*. Crónicas angolanas. Lisboa: Cosmos, 1940.

_____. *Cartas de Angola*. Lisboa: Seara Nova, 1928.

_____. *África portentosa*. Lisboa: Seara Nova, 1926.

DINIZ, F. *A missão civilizadora do Estado em Angola*. Lisboa: Centro Tipográfico Colonial, 1926.

ESTERMANN, C. [& SILVA, A. J., col.]. *Cinquenta contos bantos do Sudoeste de Angola*. Texto bilíngue com introdução e comentários. Luanda: Instituto de Investigação Científica de Angola, 1971.

ESTERMANN, Cs. *Etnografia de Angola*. Sudoeste e Centro. v.2 – Lisboa: IICT, 1983.

_____. *Etnografia do Sul e Sudoeste de Angola*. Lisboa: Junta de Investigações do Ultramar. v.1 – Os povos não bantu e o grupo étnico dos ambós, 1960a; v.2 – Grupo étnico Nhaneca-Humbe, 1960b; v.3 – Grupo étnico Herero, 1961.

_____. *Estudos Etnográficos*. v.1. Luanda: Instituto de Investigação Científica de Angola, 1960c.

ESTERMANN, C.; COSTA, E. C. e. *Negros*. Lisboa: Bertrand, 1940.

FARIA E MAIA, C. R. M. de. *Colonização da raça branca portuguesa em Angola*. Lisboa: Papel Carmona, 1930.

_____. *Recordações de África*. Lisboa: Tipografia Carmona, 1929.

FELGAS, H. E. *As populações nativas do Congo Português*. Luanda: Tipografia Angolana, 1960.

FELNER, A. A. *Angola (subsídios históricos)*.Coimbra: Imprensa da Universidade de Coimbra, 1931.

FERREIRA, V. *Estudos Ultramarinos*. v.1 – Angola. Lisboa: Agência Geral do Ultramar, 1954.

_____. *A nova Lusitânia*. Angola, novas tendências da política colonial. Lisboa: Soc. de Geografia de Lisboa, 1948.

_____. *Colonização étnica da África portuguesa*. Lisboa: Bertrand, 1944.

FIGUEIRA, L. *Bantu. Tribos e raças de Angola*. Lisboa: Oficina Fernandes, 1938.

_____. *Princesa negra*. O preço da civilização em África: novela histórica. Coimbra: Coimbra Editora, 1932.

FIGUEIREDO, M. de. *Eu também sou português*. Lisboa: Parceria Antonio Maria Pereira, 1945.

FONSECA, L. da. *Panguila*. Romance. Lisboa: Parceria A. M. Pereira, 1944.

FRANÇA, C. G. da. *No sertão dos diamantes*. V. N. de Famalicão: Minerva, 1936.

_____. *Princesa Cacuege*. Lisboa: [e.a.], 1933.

FRAZÃO, F. Santos Serra. *Associações secretas entre os indígenas de Angola*: breves apontamentos sobre a provável existência de associações secretas e práticas ocultistas entre as populações gentílicas de Angola. Lisboa: Editora Marítimo Colonial, 1946.

GALVÃO, H. *Antropófagos*. Lisboa: Ed. do Jornal de Notícias, 1947.

_____. *Kurika*. Lisboa: Liv. Pop. de Francisco Franco, 1944.

_____.. *Outra terras, outras gentes*. Porto: Jornal Notícias, 1941. 2v.

_____. *O sol dos trópicos*. Romance colonial. Lisboa: Anuário Comercial, 1936.

_____. *Terras do feitiço*: contos africanos. Lisboa: Parceria A. M. Pereira, 1934.

_____. *O vêlo de Oiro*. Lisboa: Livraria Popular, 1933.

_____. *História do nosso tempo*: João de Almeida (sua obra e acção). Lisboa: A. M. Teixeira & Filho, 1931.

_____. *Em terra de pretos*. Crónicas de Angola. Lisboa: Liv. Popular, 1929.

GALVÃO, H.; SELVAGEM, C. *Império Ultramarino Português*. Monografia do Império. v.III – Angola. Lisboa: Empresa Nacional de Publicidade, 1952.

GALVÃO, H., CRUZ, F.; MONTES, A.. *A caça no Império Português*. Lisboa: Tip. 1º de janeiro, 1942.

GALVÃO, H., PRATAS, A.; CABRAL, T. *Da vida e da morte dos bichos*. Lisboa: Livraria Popular de Francisco Franco, 1933.

GONÇALVES, J. *O Sul d'Angola e o quadrado de Môngua na epopéia nacional de África*: relatos dum expedicionário, 1914-1915. Lisboa: J. Rodrigues, 1926.

GONZAGA, N. *África de sangue, do oiro e da morte*. Lisboa: Edições Universo, 1942.

GONZAGA, N. *O grito da selva*. Lisboa: Edições Universo, 1942.

GRANADO, A. C. *Mucandas ou Cartas de Angola*. Lisboa: [s./n.], 1940.

GRANGER, A. *Facetas d'Angola*. Lisboa: Bertrand, 1926.

KOPKE, M.. *Cartas de África*. Porto: Imprensa Moderna, 1928.

_____. *No sertão d'África*. Contos tradicionais indígenas. Lisboa: Spartacus, 1926.

LARA, A. [1948]. "Os colonizadores do século XX." *In: Mensagem*. Boletim da Casa dos Estudantes do Império. Linda-a-Velha: Ed. Alac, 1996. v.1.

LEMOS, J. de. *Almas negras*. Lisboa: Livraria Clássica, 1937.

LEONE, E. M. *Na terra do café*. Romance. Lisboa: Liv. Francisco Franco, 1946.

MARQUES, W. *Problemas do desenvolvimento económico de Angola*. v.2. Luanda: Junta de Desenvolvimento Industrial, 1964-1965.

MATOS, N. de. *A província de Angola*. Porto: Maranus, 1926.

MELO, A. B. de. *Criação de um Parque Nacional de Caça*. Lisboa : Tipografia Cristóvão Augusto Rodrigues, 1936.

MILHEIROS, M. *Muata-Maiendo, o crocodilo*. Aventuras. Porto: Progredior, 1950.

MONTEIRO, G. de A. *Conquista do Sertão*. Lisboa: Ed. Portugal Ultramar, 1930.

MOREIRA, A. *Política Ultramarina*. Lisboa: J.I.U, 1960.

MORGADO, J. *Família adúltera*. Luanda: Livraria Mondego, 1934.

_____. *Loanda às escuras*. Luanda: Livraria Esperança, 1933.

MOURA, S. de. *Noite Alta*. Lisboa: Parceria A. M. Pereira, 1948.

_____. *Tântalo*. Lisboa: Parceria A. M. Pereira, 1945.

_____. *O Raid*. Luanda: Aero Clube de Luanda, 1938.

_____. *Longe: contos de Natal*. Luanda: A Província de Angola, 1936.

MOURA, S. da C. *De tudo um pouco*. Lisboa: [e.a.], 1940.

OLIVEIRA, J. E. da C. *Economia de Angola: evolução e perspectivas. 1962-1969*. Luanda: Governo Geral de Angola, 1970.

OLIVEIRA, J. O. de. *Uma acção cultural em África*. Lisboa: Oficina, 1954.

_____. *Roteiro de África*. Lisboa: Agência Editorial Brasileira, 1936.

_____. *Geografia Literária*. Coimbra: Imprensa Universitária, 1931.

OLIVEIRA, M. de. *África do Sonho*. Lisboa: Officina Gráfica, 1932.

PAIVA, A. de A. e. *Terras do nu e do batuque*. Lisboa: Informação Colonial, 1933.

PINTO, J. F. *Angola*. Notas e comentários de um colono. Prefácio de Ferreira do Amaral. Lisboa: J. Rodrigues, 1926.

PINTO, M. de J. *África redentora*. Lubango: Tipografia Vouga, 1938.

_____. *O convite*. Novela africana. Lubango: Venâncio Guimarães, 1936.

PIRES, A. *Tonga, epopeia do café*. Luanda: Lello, 1959.

_____. *Luiana*. Luanda: [s./n.], 1950.

_____. *Sangue Cuanhama*. Lisboa: Agência Geral das Colónias, 1949.

QUARTIM, P. *A lenda e o processo do estranho caso Pauling*. Luanda: [e.a.], 1935.

_____. *Trezentos Contos*. Luanda: [e.a.], 1935.

QUINTINHA, J. *Novela Africana*. Lisboa: Nunes de Carvalho, 1933.

RAPOSO, H. *Areias de Portugal*. Em que se contam alguns cativeiros de alma e outros casos de África. Porto: Livraria Civilização, 1935.

_____. *Ana a Kalunga*. Os filhos do mar. Lisboa: Ottosgrafica, 1926.

REBELO, H. de Sá V. *Angola na África deste tempo*. Lisboa: [e.a.], 1961.

REDINHA, J. *Distribuição étnica de Angola*. Luanda: IICA/ CITA, 1971.

_____. *Etnossociologia do nordeste de Angola*. Lisboa/ Braga: A.G.U./ PAX, 1958.

_____. *Coleção Etnográfica*. Museu de Angola. Luanda: Museu de Angola, 1955.

RIBAS, O. *Uanga (feitiço)*. Luanda: Tipografia Angolana, 1942.

ROCHA, H. *Além-Mar*. Lisboa: Artes & Letras, 1933.

SANTA RITA, J. G. "O contacto das raças nas colónias portuguesas. Seus efeitos políticos e sociais." *In: Actas do Congresso do Mundo Português*. v.XV. IX Congresso Colonial. t. II, II. Lisboa: A.G.C., 1940.

SANT'ELMO, R. *Falhados*. Lisboa: Arthur Brandão, 1930.

SANTOS, A. C. Valdez Thomaz dos. *Angola*: Coração do Império. Lisboa: Agência Geral das Colónias, 1945.

SANTOS, F. B. dos. *Política Ultramarina de Portugal*. Lisboa: Soc. De Geografia de Lisboa, 1955.

SARAIVA, A. A. de M.; FARIA E MAIA, C. R. M. de. *Leitura coloniais*. Lisboa: Livraria Popular de Francisco Franco, 1933.

SARMENTO, A. *Estudos de antropologia angolana*. Lisboa: [s./n.], 1944.

SOROMENHO, C. *Calenga*. Lisboa: Editorial Inquérito, 1945.

_____. *Rajada*. Lisboa: Portugália, 1943.

_____. *Noite de angústia*. Lisboa: Inquérito, 1943.

_____. *Homens sem caminho*. Lisboa: Gráfica Santelmo, 1942.

_____. *Nhári*: o drama da gente negra. Porto: Livraria Civilização, 1938.

TEIXEIRA, L. *Na roda do batuque*. Lisboa: Bertrand, 1933.

TEIXEIRA, A. de A. *Angola intangível*: notas e comentários. Porto: Oficinas Gráficas da Sociedade de Papelaria, 1934.

TEÓFILO, E. *Quando o dia chegar*. Sá da Bandeira: Imbondeiro, 1961.

TORRES, M. J. de M. *O distrito de Moçâmedes*. Lisboa: A.G.U., 1951.

VENTURA, R. *Cafuso*. Lisboa: Tipografia do Carvalhido, 1957.

_____. *A Grei*. Lisboa: [e.a.], 1941.

VIDEIRA, A. *Angola*. 10 bilhetes postais ilustrados. Lisboa: [e.a.], 1955.

_____. *Talvez*. Quatro dias a sede no deserto do Kalahari. Lisboa: [e.a.], 1941.

VITORINO, V. *Degredados*. Lisboa: Parceria/Antonio Maria Pereira, 1930.

Coleções

ARCHER, M. *Caleidoscópio africano*. n.49,1938.

_____. *Colónias piscatórias de Angola*. n.32,1937.

ARCHER, M. *Angola filme*. n.19,1936.

_____. *Ninhos de Bárbaros*. n.15, 1936.

_____. *Singularidades de um país distante*. n.11, 1935.

_____. *Sertanejos*. n.9, 1934.

AZEVEDO, F. A. *Mística Imperial*. n.17, 1935.

BEBIANO, J. B. *Uma viagem em Angola*. n.48, 1937.

BOTZÀRIS, A. *África e o comunismo*. v.I, n.27, 1959; v.II, n.46, 1961.

CADERNOS COLONIAIS. Lisboa: Cosmos, _____.

CASIMIRO, A. *Paisagens de África*. n.46, 1937.

CONTREIRAS Jr., M. F. *O massacre do Cunene.* n.44, 1937.

COSTA, F. da. *A punição do soba vermelho.* Camaxilo, 1917. n.69, 1940.

CUNHA, S. *Aspectos dos movimentos associativos na África negra*, v.II – Angola. n.23, 1959.

DIAS, A. A. *Benguela.* n.43, 1938.

_____. *Os pombeiros de Angola.* n.35, 1937.

DIAS, G. de S. *Páginas da história de Angola.* n.60, 1939.

_____. *Baía dos Tigres.* n.53, 1939.

_____. *Povoamento de Angola.* n.41, 1938.

ESPANHA, J. R. *O planalto de Benguela.* n.19, 1936.

GALVÃO, H. *Dembos.* n.3, 1935.

GUIMARÃES, L. A. de P. *Campanha do Humbe* (1997-1898). n.44, 1938.

GONZAGA, N. *Aspectos de Angola.* n.45, 1936.

JUNTA DE INVESTIGAÇÕES DO ULTRAMAR. Lisboa: J. I. U., _____.

LAVRADIO, M. do. *Henrique Augusto Dias de Carvalho.* n.10, 1935.

LEBRE, A. *África desconhecida.* n.2, 1934.

LIMA, M. *Os 'Akixi' (mascarados) no nordeste de Angola.* n.70, 1967.

MORGADO, N. A. *Manual de inquéritos demográficos.* n.19, 1959.

NORONHA, E. de. *O explorador Serpa Pinto.* n.25, 1936.

PORTUGAL/ J. I. U. *Estudo sobre o absentismo e a instabilidade da mão-de-obra africana.* v.I, n.20, 1959; v.II, n.35, 1960; v.III, n.44, 1960.

PELO IMPÉRIO. Lisboa: AGC, _____.

REDINHA, J. *Paredes pintadas da Lunda.* n.18, 1953.

_____. *Campanha etnográfica ao Tchihoco*, Alto-Tchicapa. v.2, n.19, 1953.

_____. *Máscaras de madeira da Lunda e Alto Zambeze.* n.31, 1956.

RESENDE, M. *Ocupação dos Dembos, 1615-1913*: subsídios para a história de Angola. n.61, 1940.

SOROMENHO, F. de C. *Lendas negras.* n.20, 1935.

SOROMENHO, F. de C. *Imagens da cidade de São Paulo de Luanda.* n.55, 1938.

TAVARES, S. *Diogo Cão.* n.27, 1936.

TEIXEIRA, A. de A. *Artur de Paiva.* n.43, 1937.

_____. *O General Pereira de Eça no Cuanhama.* n.16, 1935.

SUBSÍDIOS PARA A HISTÓRIA, ARQUEOLOGIA E ETNOGRAFIA DOS POVOS DA LUNDA. Lisboa/ Dundo: Museu do Dundo, _____.

Periódicos

ABC. Diário de Angola. [Jornal] Luanda: Indústrias ABC.

A Huíla. Sá da Bandeira: Carlos Alberto Cancela de Vitória Pereira.

Angola. Revista de doutrina, estudo e propaganda instrutiva. Luanda: Liga Nacional Africana.

Angola. Revista mensal ilustrada. Luanda: João Mimoso Moreira & Roberto Fonseca.

Angola Ilustrada. Luanda: Angola Ilustrada / A. Figueiredo Festas.

Angola Ilustrada. Revista mensal de propaganda angolana. Luanda: J. Trindade.

Angola Portentosa. Malange: Tipografia da Missão Católica.

Angola rádio. Revista mensal de divulgação de assuntos de T.S.F, radiofônicos e Literários. Luanda: J. A. C. Pinto.

A Província de Angola. [Jornal] Luanda: Empresa Gráfica de Angola.

As Novidades. [Jornal] Lisboa: Tipografia das Novidades.

Boletim Cultural da Câmara Municipal de Luanda. Luanda: C.M.L.

Boletim Cultural do Huambo. Nova Lisboa: Câmara Municipal de Nova Lisboa/Serviço Cultural.

Boletim da Agência Geral das Colônias. Lisboa: AGC/ AGU. [1926-1935; 1936-1951 – *Boletim Geral das Colônias*; 1952-1969 – *Boletim Geral do Ultramar*]

Boletim do Instituto de Angola. Luanda: Instituto de Angola.

Boletim do Instituto de Investigação Científica de Angola. Luanda: IICA/ CITA.

Boletim da Sociedade de Geografia de Lisboa. Lisboa: SGL.

Correio de Angola. Semanário independente. Mossâmedes: M. Freitas Piedade.

Cultura. Mensário da Sociedade Cultural de Angola. Luanda: Sociedade Cultural de Angola.

Diário de Luanda. [Jornal] Luanda: Sociedade Colonial de Tipografia; João H. Abreu.

Ensaios. Revista Literária. Luanda: Cruz Malpique.

Flama. Lisboa: Garrido Serra.

Geographical Review. New York: American Geographical Society.

Ilustração Colonial. Luanda: A. M. Pereira Gil & Pedro de Miranda.

Ilustração de Angola. Luanda: Livraria A Lusitana.

Jornal de Angola. [Jornal] Luanda: Associação dos Naturais de Angola.

Jornal de Benguela. [Jornal] Benguela: Manuel de Mesquitela.

Jornal do Comércio e das Colónias. Lisboa: Typ. Do Jornal do Commercio.

Jornal do Congo. [Jornal] Carmona: Empresa Gráfica do Uíge.

Journal of American Geographical Society. New York: American Geographical Society.

Journal of Royal African Society. London: The Royal African Society.

Mensário Administrativo. Luanda: Direção dos Serviços de Administração Civil.

Notícia [s]. Luanda: João Charrula de Azevedo.

Notícias do Bié. Órgão quinzenário de defesa e propaganda do Bié e Moxico. [Jornal] Vila Silva Porto: Empresa do Notícias do Bié.

Notícias da Huíla. Semanário. Sá da Bandeira: Empresa do Notícias da Huíla.

O Comércio de Angola. [Jornal] Luanda: Gonzaga Martins & Pitta da Graça.

O Diabo. [Jornal] Lisboa: João Antunes de Carvalho.

O Distrito de Benguela. [Jornal] Benguela: Tipografia Paris.

O Intransigente. [Jornal] Benguela: Gráfica de Benguela.

O Lobito. [Jornal] Lobito: Gráfica do Lobito. Jakobas Arthur Botta Ferreira de Paiva.

O Mundo Português. Lisboa: SPN/ AGC.

O Planalto. [Jornal] Nova Lisboa: Gráfica de Nova Lisboa. [1932-1959, *(A) Voz do Planalto*]

O Século. [Jornal] Lisboa: Empresa Editorial de O Século.

O Sul de Angola. Mossâmedes: J. Trindade.

Portugal Colonial. Lisboa: Imprensa Contemporânea.

Portugal em África. Lisboa: Congregação do Espírito Santo.

Revista de Angola. Luanda: CITA.

Ronda. Lisboa: Fernando Laidley [cont. *Ronda pelo Ultramar*].

Seara Nova. Lisboa: Seara Nova.

Sul. Moçâmedes: Júlio Victória Édito.

The Journal of American Folklore. Champaign: A.F. S./ The University of Illinois Press.

Vértice. Lisboa: Sociedade Editora Vértice.

Depoimentos, Entrevistas, Sítios/Páginas pessoais (web)

Entrevistas concedidas a Paulo Salvador
[Programa Memórias Africanas, Rádio Sim, Lisboa]
Ana Adelaide Gavino, "Nana." 23.05.2009.
Antonio Augusto Martins Cristão. 09.01.2010.
Antonio Freire. 14.03.2009.
Emídio Fernandes. 07.02.2009.
Júlio Garcês de Menezes Lencastre. 21.09.2009.
Luísa Neves e Sousa. 31.10.2009.
Maria Antonieta Chaves. 27.11.2010.
Roberto Manuel de Sousa Correia. 01.05.2010.
Sara Chaves & Ondina Teixeira. 21.02.2009.

Depoimentos orais & Sítios da Web consultados [em linha]

Afonso Loureiro
Aida Maria de Abreu Saiago
António Gonçalves
Célia Cunha
Cláudio Frota
Inácio Rebelo de Andrade
Irene Banazol
José Sousa
Maria Nídia Jardim
Teresa Carneiro
Victor Cabral

Africandar. http://africandar.blogspot.com/
Aida Saiago. http://www.saiago.com/angola.html
Angola-Brasil. http://angola-brasil.blogspot.com/

Angolanos perdidos. http://angolaanosperdidos.blogs.sapo.pt/
Gente do meu tempo. http://princesa-do-namibe.blogspot.com/
Ma-schamba. http://ma-schamba.com/
Memórias e raízes. http://memoriaseraizes.blogspot.com/
Mukandas do Monte Estoril. http://huambino.blogs.sapo.pt/
Os nossos Kimbos. http://www.nossoskimbos.net/
Reviver Histórias. http://reviverestorias.blogspot.com/
Sanzalangola. http://www.sanzalangola.com/primeira.php

Documentos e Outras publicações periódicas (não seriadas)

AGÊNCIA GERAL DAS COLÓNIAS. *Catálogo Bibliográfico.* Lisboa: A.G.C., 1943.

AGÊNCIA GERAL DAS COLÓNIAS. I Exposição Colonial Portuguesa, 1934. Catálogo. Porto: S.P.N./A.G.C., 1934.

AGÊNCIA GERAL DO ULTRAMAR. *Documentação Ultramarina Portuguesa.* Lisboa: Centro de Estudos Históricos Ultramarinos/A.G.U., 1960.

ANGOLA. DIREÇÃO GERAL DOS SERVIÇOS DE ESTATÍSTICA. *Recenseamento Geral da População de Angola, 1960.* Luanda: DSEA, Vol. "População segundo nacionalidades e naturalidades", 1964; Vol. "População residente segundo a região, os grupos linguísticos e a fecundidade", 1964. Vol. "População residente segundo as condições perante o trabalho." 1964.

ANGOLA. REPARTIÇÃO TÉCNICA DE ESTATÍSTICA GERAL. *II Recenseamento Geral da População de Angola, 1950.* Luanda: Imprensa Nacional, 1954. 3 vol.

ANGOLA. REPARTIÇÃO TÉCNICA DE ESTATÍSTICA GERAL. *I Recenseamento Geral da População de Angola, 1940.* Luanda: Imprensa Nacional, 1946.

ARQUIVO DE HISTÓRIA SOCIAL / A.H.S. - I.C.S., Universidade de Lisboa. Lisboa:

Espólio de Pinto Quartim. "Recortes sobre Angola." [s./d.]

ARQUIVO HISTÓRICO NACIONAL DE ANGOLA. Luanda:

Cx. 904, Processo n.50 – Gov. Geral da Prov. Angola / Dir. dos Serviços de Administração Civil.

Cx. 910 – Processo n.36 – Gov. Geral da Província de Angola / Secretaria do Interior/ "Várias licenças de caça." Agosto de 1926.

Cx. 915 – Gov. Geral da Província de Angola / Direção dos Serviços de Administração Civil. "Inventário da riqueza indígena referente ao ano de 1928. Circunscrição Civil de Lungue-Bungo. Distrito do Moxico."

Cx. 915 – Gov. Geral da Prov. Angola / Direcção dos Serviços de Administração Civil – Trabalho indígena – Verbetes, modelo E, 130 fls., 38.14.8, AA.

Cx. 1171 – Processo/ Raul Lourenço Vieira, 5 Vol., 1930.

ARQUIVO HISTÓRICO ULTRAMARINO. Lisboa:

Processo I-IV, GAP/MC/AHU, 1934-1935, Pasta 44, 24 7, Mç. 50, "Imprensa".

Caixas T-144; T-148; T-149; T-150; T-164; T-234; T236; T37, RSRPT/ AGC(U)/ MC(U)/ AHU, 1942-1973; 1939-1973; 1926-1965; 1934-1966; S/D; 1929-1974; 1925-1970; 1929-1960, "Concursos de literatura, atribuição de prémios, ensaio e história, trabalhos práticos, manuais e artesanais, melhor produção sobre o ultramar português publicada na imprensa regional da metrópole, jornalismo, radiodifusão, fotografias, poesia ilustrada, pesca desportiva, novelistica, admissão de pessoal" / "Concursos de literatura ultramarina e colonial, poesia, ensaio, novelística, história, teatro, contos, reportagem, empreitada, poesia ilustrada, jogos florais, concurso hípico, concurso de tiro" / "Concursos de literatura ultramarina e colonial, artísticos como jogos florais, jornalismo, produções radiofônicas".

FUNDAÇÃO CALOUSTE GULBENKIAN. Comissão de Leitura do Serviço de Bibliotecas Fixas e Itinerantes. Formulários de Recensão. vv. nn. [1956-1967]

FUNDAÇÃO MÁRIO SOARES. CENTRO DE DOCUMENTAÇÃO DO 25 DE ABRIL.

CD-ROM. *Censura e apreensão de livros*. Acervo de Francisco Lyon de Castro. Lisboa: 2004.

CD-ROM. *República Censurada*. 1932-1970. Acervos de Jaime Carvalhão Duarte e Ruella Ramos. Lisboa: 2004.

JUNTA DE INVESTIGAÇÃO DO ULTRAMAR. Colóquio sobre a influência do Ultramar na Arte. Anais. Lisboa: J. I. U./Ministério do Ultramar, 1965.

LIVRARIA POPULAR DE FRANCISCO FRANCO. Catálogo das Edições. Lisboa: Livraria Popular de Francisco Franco, 1946; 1947; 1948.

MINISTÉRIO DAS COLÓNIAS. *Colecção de Legislação Colonial da República*. 1926-1938/ 1°sem. Lisboa: Ministério das Colónias /A.G.C., 1938.

MINISTÉRIO DO ULTRAMAR. *Anuário Estatístico das Províncias Ultramarinas*. 1944-1945; 1946-1947; 1948-1949; 1950-1951; 1952-1953. Lisboa: Ministério do Ultramar/A.G.U., 1955.

PORTUGAL. *Colecção de Legislação da República*. 1930-1945. v.2 Lisboa: SNI, 1946.

PORTUGAL. I.N.E. *Recenseamento Geral da população no Continente e Ilhas Adjacentes*, em 12 de Dezembro de 1940. Lisboa: I.N.E., 1945.

PORTUGAL. I.N.E. *Anuário Estatístico do Império Colonial*. 1944-1949. Lisboa: I.N.E., 1950.

PORTUGAL. I.N.E. *Anuário Estatístico do Ultramar*. 1950-1960. Lisboa: I.N.E./ A.G.U., 1961.

SECRETARIADO NACIONAL DE IMPRENSA. *Mundo Português*. Imagens de uma exposição histórica – 1940. Lisboa: SNI, 1956.

Outras fontes impressas

BLIXEN, K. [Isak Dinesen: 1959]. *A fazenda africana*. São Paulo: Cosac & Naify, 2005. [ed. britânica: *Out of Africa*. London: Penguin Modern Classics, 1984]

CAMACHO, B. *Pretos e Brancos*. Lisboa: Guimarães & Cia., 1926.

CAPELO, H.; IVENS, R. *De Benguela às Terras de Yacca* [1881]. Mem Martins: Europa-América, 1996.

_____. *De Angola à Contra-Costa*. v.2. Lisboa: Imprensa Nacional, 1886.

CARVALHO, H. A. D. de. *Ethnographia e historia tradicional dos povos da Lunda*. v.4. Lisboa: Imprensa Nacional, 1890.

CAVAZZI DA MONTECUCCOLO, G. Antonio. *Istorica descrizione de' tre' Regni Congo, Matamba, et Angola*. Bologna: Giacomo Monti. 1687.

CHATELAIN, H. *Folk-tales of Angola*. New York: The American Folk-lore Society, 1894.

DA MATA, J. C. *Philosophia popular em provérbios angolenses*. New York: A. F. S.,1891. [ed. by Héli Chatelain]

DÁSKALOS, S. *Um testemunho para a história de Angola*. Do Huambo ao Huambo. Lisboa: Vega, 2000.

DUPARQUET, Pe. C. *Viagem na Cimbebásia*. Trad. de Gastão Sousa Dias. Luanda: Museu de Angola/Imprensa Nacional, 1953.

FONSECA, A. S. *Angola, terra prometida*. A vida que os portugueses deixaram. Lisboa: Esfera dos Livros, 2009.

GOMES, M. L. *Andanças a preto e branco*. Memórias da minha vida e andanças por Angola. Paços de Ferreira: Tribuna Pacense, 1998.

HUXLEY, E. *The Flame Trees of Thika*. London: Random House Publications, 1987 [1959].

LEBEL, R. *L'Afrique Occidentale dans la Litterature francaise (depuis 1870)*. Paris: Éditions Larose, 1925.

LÉVY-BRUHL, L. *Les fonctions mentales dans les sociétés inférieures*. Paris: Felix Alcan, 1928.

_____. *La mentalité primitive*. 1927.

LIMA, A. G. M. de. *Os kyaka de Angola*. Abertura e História. Lisboa: Ed. Távola Redonda, 1988.

_____. *Introdução à Antropologia Cultural*. Lisboa: Bertrand, 1984.

LIMA, J. J. L. de. *Ensaios sobre a statística das possessões portuguezas*. Lisboa: Imprensa Nacional, 1844.

LOPO, J. de C. *Jornalismo de Angola*. Subsídios para a sua história. Luanda: Centro de Informação e Turismo de Angola, 1964.

_____. *Para a história do jornalismo de Angola*. Luanda: Museu de Angola, 1952.

MARQUES, A. S. *Os climas e as producções das terras de Malange à Lunda*. Lisboa: Imprensa Nacional, 1889.

MEDEIROS, C. A. *A colonização das terras altas da Huíla (Angola)*. Estudos de geografia humana. Lisboa: Centro de Estudos Geográficos, 1976.

ORTIGÃO, R. A Questão Africana. In: *As Farpas*. v.IV. Lisboa: Clássica, 1989. pp. 207-221.

OLIVEIRA, M. A. *Luanda, ilha crioula*. Lisboa: A.G.U., 1968.

PINTO, S. *Como eu atravessei a África* [1881]. Mem Martins: Europa-América, 1990.

476 DIEGO FERREIRA MARQUES

QUENTAL, A. de. *Causas da decadência dos povos peninsulares*. Lisboa: Livraria Guimarães, 2001.

RIBAS, Ó. *Missosso*: literatura tradicional angolana. v.1. Luanda: Tipografia Angolana, 1961.

SEIA, H. *In any kind of cover*. Hunting the dangerous game of Africa. Agoura, CA: Trophy Room Books, 2001.

SILVA, J. A. *Selva maravilhosa*. História de homens e bichos. Lisboa: Liv. Popular Francisco Franco, 1933.

SOROMENHO, C. *Terra morta*. Lisboa: Sá da Costa, 1976.

_____. *A chaga*. Rio de Janeiro: Civilização Brasileira, 1970.

SOROMENHO, C. *Viragem*. Col. Atlântica. Lisboa: Ulisseia, 1957.

VASCONCELOS, J. T. de. *Memórias de um caçador de elefantes*. África vivida. Porto: Educação Nacional, 1957.

Referências gerais

AGAMBEN, G. *Homo sacer*: o poder soberano e a vida nua. Belo Horizonte: EdUFMG, 2002.

AJAYI, J. F. A. *Tradiction and Change in Africa*. The Essays of J. F. Ade Ajayi (FALOLA, T., ed.). Trenton/ New Jersey: African World Press, 2000.

ALENCASTRO, L. F. de. *O trato dos viventes*. Formação do Brasil no Atlântico Sul – séculos XVI e XVII. São Paulo: Cia. das Letras, 2000.

ALEXANDRE, V. *Velho Brasil, Novas Áfricas*. Portugal e o império (1808-1975). Porto: Afrontamento, 2000.

_____. *Os sentidos do império*: questão nacional e questão colonial na crise do antigo regime português. Porto: Afrontamento, 1993.

_____. *Origens do colonialismo português moderno*. Lisboa: Sá da Costa, 1979.

ALMEIDA, C. "A natureza africana na obra de Giovanni António Cavazzi. Um discurso sobre o homem." *In*: Actas do Congresso Internacional "Espaço Atlântico de Antigo Regime: poderes e sociedades." Lisboa: FCSH/UNL, 2005.

ALMEIDA, M. V. de. *Um mapa da cor da terra*. Raça, cultura e política da identidade. Oeiras: Celta, 2000.

AMADO, L. A literatura colonial guineense. In: *Revista do ICALP*. Lisboa: ICALP, vols. 20 e 21, julho a outubro de 1990. pp. 160-178.

ANDERSON, B. *Comunidades Imaginadas*. Reflexões sobre a origem e a difusão do nacionalismo. São Paulo: Cia. das Letras, 2008.

ANDERSON, P. *Portugal e o fim do ultracolonialismo*. Rio de Janeiro: Civilização Brasileira, 1966.

ANDRADE, M. P. de. *Origens do nacionalismo africano*. Continuidade e ruptura nos Movimentos unitários emergentes da luta contra a dominação colonial portuguesa: 1911-1961. Lisboa: Dom Quixote, 1997.

APPADURAI, A. Introdução: mercadorias e política de valor. In: _____. (org.). *A vida social das coisas*. As mercadorias sob uma perspectiva cultural. Niterói: EdUFF, 2008.

_____. "Global ethnoscapes: notes and queries for a transnational anthropology." *In*: FOX, Richard G. *Recapturing anthropology*. Working in the present. Santa Fe: School of American Research Press, 1991. 191-210.

APPIAH, K. A. *Na casa de meu pai*: a África na filosofia da cultura. Trad. Vera Ribeiro. Rio de Janeiro: Contraponto, 1997.

APPLETON, J. *The experience of landscape*. London: Wiley, 1975.

ARAÚJO, R. B.; VIVEIROS DE CASTRO, E. Romeu e Julieta e a origem do Estado. In: VELHO, G. *Arte e Sociedade*. Ensaios de sociologia da arte. Rio de Janeiro: Zahar, 1977. 130-169.

ARENDT, H. *Origens do totalitarismo*: anti-semitismo, imperialismo, totalitarismo. São Paulo: Cia. das Letras, 1989.

ASTIER-LOUFTI, M. *Littérature et colonialisme*. L'expansion coloniale vue dans la littérature française (1871-1914). Paris: Mouton, 1971.

AUERBACH, E. *Ensaios de literatura ocidental*. São Paulo: Editora 34, 2007.

_____. *Mimesis*. A representação da realidade na literatura ocidental. São Paulo: Perspectiva, 2004.

AUGÉ, M. *Symbole, fonction, histoire*. Paris: Hachette, 1979.

AXELSON, E. *Portugal and the scramble for Africa*. Johannesburg: Witwatersrand Univesity Press, 1967.

BAKHTIN, M. [1940]. *A cultura popular na Idade Média e no Renascimento*. O contexto de Françoise Rabelais. Brasília: EdUnb, 2008.

BALLANDIER, G. A noção de situação colonial. In: *Cadernos de campo*. Revista do Programa de Pós-Graduação em Antropologia da USP. São Paulo: Ano III, n° 3, 1993.

BANCEL, N. (org.). *Images et colonies*. Iconographie et propagande coloniale sur l'Afrique Française. Paris: BDIC/ACHAC, 1993.

BARNARD, A. *Hunters and Herders of Southern Africa*. Athens: Ohio University Press, 1992.

BARTH, F. *O guru, o iniciador e outras variações antropológicas*. Rio de Janeiro: Contra Capa, 2000.

BARTH, F. "Introduction." *In*: *Process and form in social life*: selected essays of Fredrik Barth. London: Routledge & Kegan Paul, 1981.

BASTIDE, R. "La dimension sexuelle (Vénus noires, Appolons noirs)." *In*: *Le Prochain et Le Lointain*. Paris: L'Harmattan, 1970. 77-87.

BASTIDE, R.; FERNANDES, F. (org.). *Relações raciais entre negros e brancos em São Paulo*. São Paulo: Unesco/ Anhembi, 1955.

BASTOS, C.; ALMEIDA, M. V. de; FELDMAN-BIANCO, B. *Trânsitos coloniais*: diálogos críticos luso-brasileiros. Campinas: Ed. Unicamp, 2007.

BAXANDALL, M. *Padrões de intenção*. A explicação histórica dos quadros. São Paulo: Cia. das Letras, 2006.

BECKER, H. *Art worlds*. Berkeley: University of California Press, 1982.

BÉDARIDA, F. "Tempo presente e presença da História." In: FERREIRA, M. de M.; AMADO, J. (orgs.). *Usos & Abusos da História Oral*. Rio de Janeiro: FGV, 2006. 219-229.

BENDER, G. *Angola under the portuguese. The myth and the reality*. Berkeley: University of California Press, 1978.

BENDER, G.; YODER, S. Whites in Angola on the Eve of Independence: The Politics of Numbers. In: *Africa Today*. Bloomington: Indiana University Press, 21 (Fall), 1974. 23-37.

BENJAMIM. W. Teses sobre a filosofia da História. In: KOTHE, Flávio (org.). *Walter Benjamim*. Col. Grandes Cientistas Sociais. São Paulo: Ática, 1987.

BETHENCOURT, F.; CHAUDHURI, K. (orgs.). *História da Expansão Portuguesa*. v.V – Último Império e Recentramento (1930-1998). Lisboa: Círculo de Leitores, 1998.

BHABHA, H. *O lugar da cultura*. Trad. Myriam Ávila et alli. Belo Horizonte: EdU-FMG, 1998.

BIRMINGHAM, D. The Coffee Barons of Cazengo. In: *The Journal of African History*. Cambridge: University Press, v.19, n.4, 1978. 523-538.

BITTENCOURT, M. *Dos jornais às armas*. Trajectórias da contestação angolana. Lisboa: Vega, 1999.

BLANCHARD, P.; LEMAIRE, S. *Culture colonial*. 1871-1931. La France conquise par son Empire. Paris: Autrement, 2002.

BOAVIDA, A. *Angola*: cinco séculos de exploração portuguesa. Luanda: União dos Escritores Angolanos, 1981.

BOLLIG, M.; BUBENZER, O. *African landscapes*: interdisciplinary approaches. New York: Springer, 2008.

BOSI, A. *História concisa da literatura brasileira*. São Paulo: Cultrix, 1994.

_____. *Dialética da Colonização*. São Paulo: Cia. das Letras, 1992.

BOURDIEU, P. *A distinção*. Crítica social do julgamento. São Paulo: Edusp/ Zouk, 2007.

_____. A ilusão biográfica. In: FERREIRA, M. de M.; AMADO, J. (orgs.). *Usos & Abusos da História Oral*. Rio de Janeiro: FGV, 2006.

_____. *A dominação masculina*. Rio de Janeiro: Bertrand Brasil, 1999.

_____. *As regras da arte*: gênese e estrutura do campo literário. São Paulo; Cia. das Letras, 1996.

BOURDIEU, P.; PASSERON, J.-C. *Les Héritiers*. Paris: Minuit, 1964.

BRAUDEL, F. *O modelo italiano*. São Paulo: Companhia das Letras, 2007.

_____. *Civilização material, economia e capitalismo*. v.3. Os tempos do mundo. São Paulo: Martins Fontes, 1996.

_____. *A dinâmica do capitalismo*. Rio de Janeiro: Rocco, 1985.

BREMOND, C. Le message narratif. In: *Communications*. Paris: CNRS/Seuil, n.4, Nov., 1964. 4-32.

BRODKIN, K. Global capitalism: what's race got to do with it? In: *American Ethnologist*. AAA, v.27, n.2, 1998. p.237-256.

BUGART, F. "La logique de la légitimation de la violence." *In*: HÉRETIER, F. *De la violence*. II. Paris: Odile Jacob, 1999.

CANDIDO, A. *A educação pela noite e outros ensaios*. São Paulo: Ática, 1987.

_____. *Literatura e sociedade*. Estudos de teoria e história literária. 5ª ed. São Paulo: Ed. Nacional, 1976.

CARTOGA, F. Nacionalistas e iberistas. In: TORGAL, L. R.; ROQUE, J. (coord.). *História de Portugal*. Lisboa: Estampa, 1993. v.5. O liberalismo.

CASID, J. H. *Showing Empire: landscape and colonization*. St. Paul/ Minneapolis: University of Minnesota Press, 2005.

CASTELO, C. *Passagens para a África*: O Povoamento de Angola e Moçambique com Naturais da Metrópole. Porto: Afrontamento, 2007.

_____. *O modo português de estar no mundo*. O luso-tropicalismo e a ideologia colonial portuguesa (1933-1961). Porto: Afrontamento, 2000.

CARVALHO, J. M. *A formação das almas*. O imaginário da República no Brasil. São Paulo: Cia. das Letras, 1990.

CARVALHO, R. D. de. *Aviso à navegação*. Luanda: Inald, 1997.

_____. O futuro já começou? Transições políticas e afirmação identitária entre os pastores Kuvale (Herero) do Sudoeste de Angola. In: *Lusotopie*. Revue du Centre d'Étude d'Afrique Noire (CEAN/UB). Bordeaux: Karthala, n.25-27, 1995. p.221-237.

CERTEAU, M. de. *A cultura no plural*. Campinas/São Paulo: Papirus, 1995.

_____. *A invenção do cotidiano*: artes de fazer (I). Petrópolis: Vozes, 1994.

CESAR, A. *Novos parágrafos de literatura ultramarina*. Lisboa: Sociedade de Expansão Cultural, 1971.

_____. Breve introdução a uma temática africana na moderna literatura portuguesa – separata da *Revista Ultramar*. Lisboa: v.10, n° 39, 1970.

_____. *Parágrafos de literatura ultramarina*. Lisboa: Sociedade de Expansão Cultural, 1967.

CESAR, A.; MOUTINHO, M. *Elementos para uma bibliografia da literatura e cultura portuguesa ultramarina contemporânea*. Poesia, ficção, memorialismo, ensaio. Lisboa: Agência Geral do Ultramar, 1968.

CHABAL, P. *Vozes moçambicanas*: literatura e nacionalidade. Lisboa: Vega, 1994.

CHAMBERS, I. *Migrancy, culture, identity*, London: Routledge, 1994.

CHATMAN, S. *Story and Discourse*. Narrative structure in fiction and film. Ithaca: Cornell University Press, 1978.

CHAVES, R. de C. N. *Angola e Moçambique*. Experiência colonial e territórios literários. São Paulo: Ateliê Editorial, 2005.

_____. Colonialismo e vida literária no império português. In: *Literatura e Sociedade*. Revista do Dept° de Teoria Literária e Literatura Comparada da FFLCH/USP. São Paulo: v.1, n.6, 2001-2002.

_____. *A formação do romance angolano*. São Paulo: FBPLP/FFLCH-USP, 1999.

CHEAH, C.; ROBBINS, B. *Cosmopolitics*: thinking and feeling beyond the nation. Minneapolis: University of Minnesota Press, 1998.

CHKLOVSKI, V. "A arte como procedimento." *In*: TODOROV, Tzvetan. *Teoria da Literatura I*. Formalistas Russos. Lisboa: Ed. 70, 1989.

CHOMSKY, N. *Language and problems of knowledge*. The Managua Lectures. Cambridge, MA: The M.I.T. Press, 1988.

CIDADE, H. *A expansão ultramarina e a literatura portuguesa*. Lisboa: Agência Geral das Colônias, 1944.

CLARENCE-SMITH, G. *O terceiro império português (1825-1975)*. Lisboa: Teorema, 1995.

_____. "Business Empires in Angola under Salazar, 1930-1961." *In*: *African Economic History*. Madison: *University of Wisconsin Press*, n.14, 1985. p.1-13.

_____. *Slaves, peasants and capitalists in southern Angola. 1840-1926*. Cambridge: Cambridge University Press, 1979.

CLAYTON, A. Review. Islands of White: Settler Society and Culture in Kenya and Souther Rhodesia, 1890-1939, by Dane Kennedy. In: *African Affairs*. Oxford: University Press/ The Royal African Society, v.87, n.347, April, 1988. p.304-305.

CLIFFORD, J. *A experiência etnográfica*. Antropologia e literatura no século XX. Org. e Trad. José Reginaldo dos Santos Gonçalves. Rio de Janeiro: EdUFRJ, 2002.

CLIFFORD, J.; MARCUS, G. (org.). *Retóricas de la Antropología*. Madrid: Ediciones Júcar, 1991.

COCHOFEL, J. (org.). Angola (literatura colonial). In: *Grande dicionário da literatura portuguesa e da teoria literária*. v.1. Lisboa: Ed. Inciativas, 1977. p.302-305.

COMAROFF, J. L. "Reflections on the colonial State, in South Africa and elsewhere: factions, fragments, facts and fictions." *In*: *Social Identities*. v.4, n.3. London: Routledge, 1998.

COMAROFF, J.; COMAROFF, J. "Portraits by the ethnographer as a young man. The photography of Isaac Schapera in 'old Botswana.'" *In*: *Anthropology Today*. v.22, n.1. London: Wiley-Blackwell: Feb., 2006. p.9-16.

_____. *Of Revelation and Revolution*. v.II. The Dialects of Modernity on a South African Frontier. Chicago: University Press, 1997.

COOPER, F. *Colonialism in Question*. Theory, Knowledge, History. Berkeley: University of California Press, 2005.

COOPER-DRIVER, G. A. "Welwitschia mirabilis: A Dream Come True." In: Arnoldia. v.54, n.2 (Fall). Cambridge: Harvard University Press. 1994.

COPANS, J. Review. *Citzen and Subject*. Contemporary Africa and the legacy of late colonialism, by Mahmood Mamdani (1996). In: *Transformation*. Critical Perspectives on Southern Africa. Michigan: State University Press, v.1, n.36, 1998. p.102-105.

_____. *Críticas e políticas da Antropologia*. Lisboa: Edições 70, 1981.

COPANS, J.; GODELIER, M.; TORNAY, S. Et alii. *L'anthropologie: Science des sociétés primitives?* Paris: Denoël, 1971.

COQUERY-VIDROVITCH, C. *The History of African Cities South of the Sahara*. From the origins to colonization. Princeton: Marcus Wiener, 2005.

CORNEVIN, R. *Littérature d'Afrique Noire de Langue Française*. Paris: PUF, 1976.

CORREA, S. M. de S. "Caça esportiva e preservacionismo na África colonial." *In: Anais do XI Congresso Luso-Afro-Brasileiro de Ciências Sociais*. Salvador: UFBA, Ago., 2011.

COSGROVE, D. E. *Social formation and symbolic landscape*. London: Croom Helm, 1984.

CRAPANZANO, V. *Waiting*. The Whites of South Africa. New York: Random House, 1986.

CROSBY, A. *Ecological imperialism*. The biological expansion of Europe (900-1900). Cambridge: University Press, 1986.

CRUZ, V. da. Angola: quelle indépendance. In: *Révolution*. Revue Mensuelle Internacionale. Paris: n.6, Février, 1964. p.5-17.

DANIEL, V.; PECK, Jeffrey. *Culture / Contexture*. Explotations in Anthropology and Literary Studies. Berkeley: University of California Press, 1996.

DARNTON, R. *Os best-sellers proibidos da França pré-revolucionária*. São Paulo: Cia. das Letras, 1998.

DAVIDSON, B. Os valores coloniais portugueses. In: FERREIRA, Eduardo. *O fim de uma era*: o colonialismo português em África. Lisboa: Sá da Costa, 1977.

_____. *In the eye of the storm: Angola's people*. New York: Longman, 1972.

DILOWA, C. R. *Contribuição à História Econômica de Angola*. Luanda: Editorial Nzila, 2000.

DÖPKE, W. A vida longa das linhas retas: cinco mitos sobre as fronteiras na África Negra. In: *Revista Brasileira de Política Internacional*. Brasília: IBRI, Ano 42, n.1, 1999. p.77-109.

DOUGLAS, M. "The cloud god and the shadow self." *In: Social Anthropology*. v.3, n.2. London: Wiley-Blackwell/EASA, 1995. p.83-94.

_____. *Pureza e Perigo*. Lisboa: Edições 70, 1991.

DOZON, J. *Fréres et sujets*. La France et L'Afrique en perspective. Paris: Flammarion, 2003.

DUIGNAN, P.; GANN, L. *Burden of Empire*. An Appraisal of Western Colonialism in Africa South of the Sahara. Stanford: Hoover Institution Press, 1977.

_____. *Colonialism in Africa. 1870-1960*. Cambridge: University Press, 1970. v.2. The History and Politics of Colonialism. 1914-1960.

DURAND, J.-F. Littératures coloniales, Littératures d'Empire? In: *Romantisme*. Revue du XIXème siècle. Paris: Cairn, n.139. Le fait colonial. 2008/1. p.47-58.

DURKHEIM, É.; MAUSS, M. "Algumas formas primitivas de classificação." *In:* DURKHEIM, É. (org. José Albertino Rodrigues). *Sociologia*. São Paulo: Ática, 2000.

DURKHEIM, É. *Lições de sociologia*: a moral, o direito e o Estado. São Paulo: T. A. Queiroz/ Edusp, 1983.

ECKERT, A.; JONES, A. Historical writing about everyday life. In: *Journal of African Cultural Studies*. Londres: Taylor & Francis, v.15, n.1, Jun. - 1992. pp.5-16.

ECO, U. *A obra aberta*. São Paulo: Perspectiva, 1971.

ELIAS, N. *Os estabelecidos e os outsiders*. Rio de Janeiro: Zahar, 2000.

ELIAS, N.; DUNNING, E. *A busca da excitação*. Lisboa: Difel, 1992.

ELKINS, C.; PEDERSEN, S. (eds.). *Settler Colonialism in the Twentieth Century*. Projects, Practices, Legacies. New York: Routledge, 2005.

ENNS, A. "The politics of *Ostalgie*: post-socialist nostalgia in recent German film." *In: Screen*. v.48, n.4. Oxford: Oxford University Press, 2007. p.475-491.

ERVEDOSA, C. *Roteiro da literatura angolana*. Col. Estudos. Lisboa: Ed. 70, 1979.

EVANS-PRITCHARD, E. E. [1937]. *Bruxaria, oráculo e magia entre os Azande*. Rio de Janeiro: Jorge Zahar, 2004.

_____. *Os Nuer*. São Paulo: Perspectiva, 1978.

FALOLA, T.; SALM, S. J. (eds.). *African urban in historical perspectives*. Rochester: University of Rochester Press, 2005.

FALOLA, T. (ed.). *Africa*. Durham: Carolina Academic Press, 2000.

FANOUDH-SIEFER, L. *Le mythe du nègre et de l'Afrique noire dans la littérature français*: de 1880 à la 2 eme Guerre Mondiale. Paris: Klincksieck, 1968.

FELDMAN-BIANCO, B. (org.). *Antropologia das Sociedades Contemporâneas*: métodos. São Paulo: Editora da Unesp, 2010.

FERNANDES, J. M. *Geração Africana*. Arquitectura e cidades em Angola e Moçambique, 1925-1975. Lisboa: Livros Horizonte, 2009.

FERREIRA, A. P.; RIBEIRO, M. C. (orgs.). *Fantasmas e fantasias imperiais no imaginário português contemporâneo*. Porto: Campo das Letras, 2003.

FERREIRA, M. *O discurso no percurso africano I*: contribuição para uma estética africana. Lisboa: Plátano, 1989.

_____. *Literaturas africanas de expressão portuguesa*. São Paulo: Ática, 1987.

FERREIRA, M.; MOSER, G. *Bibliografia das literaturas africanas de expressão portuguesa*. Lisboa: INCM, 1983.

FERRONHA, A. L. (org.). *As civilizações africanas*. I – A África e os africanos; II – A iconografia do encontro. Lisboa: GT para as Comemorações dos Descobrimentos Portugueses/Ministério da Educação de Portugal, 1996.

FIGUEIREDO, F. de. *História literária de Portugal*. São Paulo: Ed. Nacional, 1966.

FORTES, M.; EVANS-PRITCHARD, E. E. *Sistemas políticos africanos*. Lisboa: Fundação Calouste Gulbenkian, 1987.

FOUCAULT, M. *Microfísica do poder*. Rio de Janeiro: Graal, 1979. [20ª ed., 2004]

FREUND, B. *The African City*: a history. Cambridge: University Press, 2007.

FREYRE, G. *Casa Grande & Senzala*. Formação da família brasileira sob o regime da economia patriarcal. 49ª ed. São Paulo: Global, 2004.

_____. *Aventura e rotina*. Rio de Janeiro: José Olympio, 1953.

_____. *Um brasileiro em terras portuguesas*. Rio de Janeiro: José Olympio, 1952.

_____. *O mundo que o português criou*. Rio de Janeiro: José Olympio, 1940.

GALLO, D. *Antropologia e colonialismo*. O saber português. Lisboa: Editores Reunidos/ Heptágono, 1988.

GARCIA, J. L. L. Propaganda no Estado Novo e os Concursos de Literatura Colonial. O Concurso da Agência Geral das Colônias / do Ultramar (1926-1974). In: TORGAL, L. R.; PAULO, H. *Estados Autoritários e Totalitários e suas representações*. Coimbra: Imprensa da Universidade, 2008. p.131-144.

_____. Os Concursos de Literatura e a propaganda colonial nos primórdios do Estado Novo. In: *As Ciências Sociais nos Espaços de Língua Portuguesa*. Balanços e Desafios. Porto: Faculdade de Letras da Universidade do Porto, v.2, 2002. p.241-250.

_____. A idéia do império na propaganda do Estado Novo. In: *Revista de História das Idéias*. Coimbra: Faculdade de Letras/ UC – Instituto de História e Teoria das Idéias, n.14, 1992.

GAY, P. *O cultivo do ódio*. A experiência burguesa. v.3. São Paulo: Cia. das Letras, 2001.

GEFFRAY, C. *A Opressão Paternalista*. Cordialidade e brutalidade no cotidiano brasileiro. Rio de Janeiro: EdUCAM, 2007.

GELL, A. *Art and agency*. An Anthropological Theory. Oxford: Claredon Press, 1998.

GELLNER, E. *Nações e nacionalismo*. Lisboa: Gradiva, 1978.

GEERTZ, C. *Obras e vidas*. O antropólogo como autor. Rio de Janeiro: EdUFRJ, 2005.

_____. O saber local. Novos ensaios em antropologia interpretativa. Petrópolis: Vozes, 1998.

_____. *A interpretação das culturas*. Rio de Janeiro: LTC, 1989.

GESCHIERE, P. *The modernity of Witchcraft*: politics and the occult in Postcolonial Africa. Charlottesville: University Press of Virginia, 1997.

GINZBURG, C. *O fio e os rastros*. Verdadeiro, falso, fictício. São Paulo: Companhia das Letras, 2007.

_____. *Nenhuma ilha é uma ilha*. Quatro visões da literatura inglesa. São Paulo: Companhia das Letras, 2004.

_____. *Relações de força*. História, retórica, prova. São Paulo: Companhia das Letras, 2002.

_____. *Mitos, emblemas, sinais*. Morfologia e história. São Paulo: Companhia das Letras, 1991.

GLUCKMAN, M. Análise de uma situação social na Zululândia moderna. In: FELDMAN-BIANCO, B. (org.). *Antropologia das Sociedades Contemporâneas*: métodos. São Paulo: Editora da Unesp, 2010. p.237-363.

GOFFMAN, E. *Stigma*: notes on the management of spoiled identity. Harmondsworth: Penguin Books, 1963.

GOLDMANN, L. *Sociologia do romance*. Rio de Janeiro: Paz e Terra, 1967.

GOODY, J. *Representaciones y contradiciones*. Ambivalencia hacia las imagénes, el teatro, la ficción, las relíquias. Barcelona: Paidós, 1999.

_____. *The Expansive Moment*. Anthropology in Britain and Africa (1918-1970). Cambridge: University Press, 1995.

GOSDEN, C.; KNOWLES, C. *Collecting Colonialism*. Material culture and colonial change. Oxford: Berg, 2001.

GOULD, S. J. "The Hottentot Venus." *In: The Flamingo's Smile*. New York: W.W. Norton & Co., 1985. p.291-305.

GREENBLATT, S. *Renaissance Self-fashioning*. From More to Shakespeare. Chicago: University of Chicago Press. 1980.

GUERRA, H. *Angola*: estrutura econômica e classes sociais. Luanda: União dos Escritores Angolanos, 1979.

HABERMAS, J. *Mudança estrutural na esfera pública*. Rio de Janeiro: Tempo Brasileiro, 1984.

HAMILTON, R. *Literatura africana, literatura necessária*. Lisboa: Ed. 70, 1984. 2 vol.

HALL, C. (org.). *Cultures of Empire*: Colonizers in Britain and the Empire in the 19th and 20th Centuries. Manchester: University of Manchester Press, 2000.

_____. *White, male and middle class*. Explotations in feminism and history. Cambridge: Polity Press/ Blackwell Publishers, 1995.

HAMMOND, R. J. *Portugal and Africa (1815-1910)*. A study in uneconomic imperialism. Stanford: Stanford University Press, 1966.

HARTMANN, W.; SILVESTER, J.; HAYES, P. *The Colonising Camera*. Photographs in the making of Namibian history. Ohio: University Press, 1999.

HAYES, P.; SILVESTER, J.; WALLACE, M. (eds.). *Namibia under South Africa Rule*. Mobility and Containment. 1915-1946. Oxford: James Currey, 1998.

HEIMER, F.-W. *O processo de descolonização de Angola, 1974-1976*. Lisboa: A regra do jogo. 1980.

_____. "Estrutura social e descolonização em Angola." *In: Análise Social*. Lisboa: ICS, v.X, n.40 (4), 1975. p.621-655.

HEINTZE, B. "In Pursuit of a Chameleon: Early Ethnographic Photography from Angola in Context." *In: History in Africa*. v.17. Leiden: African Studies Association, 1990.

HENRIQUES, I. C. *Os pilares da diferença*. Relações Portugal-África. Séculos XV-XX. Lisboa: Centro de História/ Universidade de Lisboa, 2004.

_____. *Território e Identidade*. A construção da Angola colonial. Lisboa: Centro de História da Universidade de Lisboa, 2003.

HEYNEN, H. "Modernity and domesticity: tensions and contradictions." *In*: HEYNEN, H.; BAYDAR, G. *Negotiating domesticity*: spatial productions of gender in modern architecture. London: Routledge, 2005. p.1-29.

HOBSBAWM, E.; RANGER, T. (org.). *A invenção das tradições*. Trad. Celina Cardim Cavalcante. Rio de Janeiro: Paz e Terra, 1997.

HOBSBAWM, E. *A era dos impérios: 1875-1914*. São Paulo: Paz e Terra, 1989.

HOLANDA, S. B. de. *Visão do Paraíso*. Os motivos edênicos no descobrimento e colonização do Brasil. São Paulo: Brasiliense, 2002.

_____. *Raízes do Brasil*. São Paulo: Cia. das Letras, 1995, [1936].

HOLLOWS, J. *Feminism, femininity and popular culture*. Manchester: Manchester University Press, 2000.

HUGHES, D. M. "Hydrology of hope: farm dams, conservation, and whiteness in Zimbabwe." *In: American Ethnologist*. v.33, n.2. New York: Wiley/ A.E.S., 2006, p.269-87.

HUTCHINSON, S. *Nuer dilemmas*. Coping with money, war and State. Berkeley: University of California Press, 1996.

INGOLD, T. *The perception of the environment*. Essays on livelihood, dwelling and skill. London: Routledge, 2000.

_____. (ed.). *Key debates in Anthropology*. London: Routledge, 1996.

_____. (ed.). *Companion Encyclopedia of Antropology*. Humanity, culture and social life. London: Routledge, 1994.

ISER, W. *O ato de leitura*: uma teoria do efeito estético. São Paulo: Ed. 34, 1996.

_____. Os atos de fingir ou o que é fictício no texto ficcional. In: LIMA, Luis Costa (org.). *Teoria da literatura em suas fontes*. v.2. Rio de Janeiro: Civilização Brasileira, 1983. pp.384-416.

JAMESON, F. *As marcas do visível*. Rio de Janeiro: Graal, 1995.

_____. *O inconsciente político*. A narrativa como ato socialmente simbólico. São Paulo: Ática, 1992.

JANEIRO, H. P. Os 21 dias que abalaram Angola. In: *História*. Lisboa: Publicações e Conteúdos Multimedia. Ano XX, n.1, Abril de 1998. p.26-35.

JOHNSTON, R. J. *et alli. The Dictionary of Human Geographic*. Oxford: Blackwell Publishers, 2000.

KANDJIMBO, L. *Apologia de Kalitangi*. Ensaio e Crítica. Luanda: INALD, 1997.

KENNEDY, D. *Islands of white*: settler society and culture in Kenya and Southern Rhodesia, 1890-1939. Durham: Duke University Press, 1987.

KRAUTWURST, U. What is Settler Colonialism? An Anthropological meditation on Frantz Fanon's "Concerning Violence." In: *History and Ahthropology*. New York: Routledge, v.14 (1), March, 2003. p.55-72.

KREIKE, E.. *Re-creating Eden*: land use, environment and society in southern Angola and northern Namibia. Portsmouth: Heinemann, 2004.

KUPER, A. *Antropólogos e antropologia*. Rio de Janeiro: Francisco Alves, 1977.

KUPER, H. The Colonial Situation in Southern Africa. In: *Journal of Modern African Studies*. Cambridge: University Press, v.2, n.2, Julho de 1964. p.149-164.

KUPER, L.; SMITH, M. G. *Pluralism in Africa*. Berkeley: University of California Press, 1969.

LALANDE, A. L'impossible de la fondation. Les indiens de William Faulkner. In: *L'homme*. Revue française d'anthropologie. Paris: Éditions EHESS, n.166, 2003, 31-58.

L'ANGE, G. *The White Africans*. From colonisation to liberation. Johannesburg: Jonathan Ball Plublishers, 2005.

LARANJEIRA, P. A literatura colonial portuguesa. In: *África*. Revista do Centro de Estudos Africanos da USP. São Paulo: Humanitas/FFLCH, n.20-21, 2000. p.71-77.

_____. Formação e desenvolvimento das literaturas africanas de expressão portuguesa. In: VV. AA. *Literaturas Africanas de Língua Portuguesa e Identidade Nacional* – Colóquio Internacional (anais). Lisboa: Fundação Calouste Gulbenkian, [10 a 13 de julho de 1985] 1987.

LATOUR, B. *Jamais fomos modernos*. São Paulo: Editora 34, 1994.

LEACH, E. Once a Knight is quite enough: Como nasce um cavaleiro britânico. In: *Mana*. Rio de Janeiro: PPGAS/ Museu Nacional, v.6 (1), 2000. p.31-56.

LEAL, J. *Etnografias portuguesas* (1870-1970): Cultura popular e identidade nacional. Lisboa: Dom Quixote, 2000.

LECLERC, G. *Anthropologie et colonialisme*. Paris: Fayard, 1972.

LE GOFF, J. *História e memória*. Campinas: Ed. Unicamp, 1996.

LEIRIS, M. *A África fantasma*. São Paulo: Cosac & Naify, 2007 [1934].

L'ESTOILE, B. The past as it lives now: an anthropology of colonial legacies. In: *Social Anthropology / Anthropologie Sociale*. Oxford: EASA / Wiley, v.16 (3), October, 2008. p.267-279.

_____. *Le goût des Autres*. De l'Exposition coloniale aux Arts premiers. Paris: Flammarion, 2007.

_____. "O Arquivo total da Humanidade." Utopia enciclopédica e divisão do trabalho na etnologia francesa. In: *Horizontes Antropológicos*. Porto Alegre: PPGAS/ UFRGS, Ano 9, n.20, Outubro de 2003. p.265-302.

LÉVI-STRAUSS, C. "Lévi-Strauss nos 90: voltas ao passado." *In: Mana*. Revista do Programa de Pós-Graduação em Antropologia Social do Museu Nacional. v.4, n.2. Rio de Janeiro: PPGAS/MN, Out., 1998.

LÉVI-STRAUSS, C. *Tristes trópicos*. São Paulo: Cia. Das Letras, 1996.

_____. *Elogio de la Antropologia*. Buenos Aires: Caldén, 1995 [1974].

_____. "Maison". In: BONTÉ, P.; IZARD, M. *Dictionnaire de l'ethnologie et de l'anthropologie*. Paris: PUF, 1991.

_____. Clã, linhagem, casa – a noção de casa. In: *Minhas palavras*. São Paulo: Brasiliense, 1984.

_____. *O pensamento selvagem*. São Paulo: Ed. Nacional, 1976 [2ª ed., 1997].

LEWIS, S. Culture, Cultivation and Colonialism in *Out of Africa* and Beyond. In: *Research in African Litteratures*. Bloomington: Indiana University Press, v.31 (1/ Spring), 2000. p.63-79.

LOURENÇO, E. *O labirinto da saudade*: psicanálise mítica do destino português. 7ª Ed. Lisboa: Gradiva, 2001.

_____. *Portugal como destino, seguido de Mitologia da saudade*. Lisboa: Gradiva, 1999.

MacDONALD, R. H. *The Language of Empire*. Myths and Metaphors of Popular Imperialism (1880–1918). Manchester: University Press, 1994.

MALINOWSKI, B. *Um diário no sentido estrito do termo*. Rio de Janeiro: Record, 1997 [ed. póstuma, 1967].

MAMDANI, M. Historicizing power and responses to power: Indirect rule and its reform. In: *Social Research*. New York: CPS/The NSSR, v.66, n.3 (Fall), 1999. p.859-886.

_____. *Citizen and Subject*. Contemporary Africa and the legacy of late colonialism. New Jersey: Princeton University Press, 1996.

MARGARIDO, A. Algumas formas da hegemonia africana nas relações com os europeus In: SANTOS, M. E. M. (org.). *I Reunião Internacional de História de África*: relações Europa-África no 3° quartel do Séc. XIX. Lisboa: ISICT, 1989. p.383-406.

_____. *Estudos sobre literaturas das nações africanas de língua portuguesa*. Lisboa: A Regra do Jogo, 1980.

_____. Le colonialisme portugais et l'anthropologie. In: COPANS, Jean. *Anthropologie et impérialisme*. Paris: Máspero, 1975. pp.307-344.

MARCUS, G.; FISCHER, M. M. J. *Anthropology as cultural critique*: an experimental moment in the human sciences. Chicago: University of Chicago Press, 1999.

MARK, P. The evolution of "Portuguese" identity: Luso-africans on the upper Guinea coast from the 16th to the early 19th Century. In: *Journal of African History*. Cambridge: University Press, v.40, 1999. p.173-191.

MARQUES, V. "A poesia dos simples:" arte popular e nação no Estado Novo. In: *Etnográfica*. Lisboa: CEAS/ISCTE, v.11 (1), Maio de 2007, p.63-89.

MARTIN-FUGIER, A. "La *maîtresse* de la *maison*." In: ARON, *Jean-Paul* (ed.). *Miserable et glorieuse*. La femme du XIXème siècle. Paris: Fayard, 1980, p.116-134.

MARWICK, M. G. *Sorcery in its social setting*. A study of the Northern Rhodesian Cewa. Manchester: Manchester University Press, 1965.

MATA, I. *Literatura Angolana*: Silêncios e Falas de uma Voz Inquieta. Lisboa: Mar Além, 2001.

_____. O texto colonial: uma questão estético-ideológica. In: *Mensagem*. Luanda: n.4, 1989, p.32-39.

MAUSS, M. *Sociologia e Antropologia*. São Paulo: Cosac & Naify, 2003.

M'BOKOLO, E. *África Negra*. História e Civilizações. Tomo II. Do Século XIX aos nossos dias. Lisboa: Edições Colibri, 2007.

M'BOUKOU, J. P. Makouta. *Introduction à l'étude du roman négro-africain de langue française*: problèmes culturels et littéraires. Abidjan: Nouvelles Éditions Africaines, 1978.

McCALLUM, C. "Alteridade e sociabilidade Kaxinauá: Perspectivas de uma antropologia da vida diária." In: *Revista Brasileira de Ciências Sociais*. v.13, n.38. São Paulo: Anpocs, Out. 1998.

McCLINTOCK, A. *Imperial Leather*. Race, Gender and Sexuality in the Colonial Contest. New York: Routledge, 1995.

MELO, D. Longe da vista, perto do coração: o associativismo regionalista no Império português. In: *A questão social no novo milênio*. Anais do VIII Congresso Luso-Afro-Brasileiro de Ciências Sociais. Coimbra: CES-FE/UC, 2004.

MELO, R. Nyaneka-Nkhumbi: uma carapuça que não serve aos Handa, nem aos Nyaneka, nem aos Nkhumbi. In: *Cadernos de Estudos Africanos*. Lisboa: CEA/ISCTE, n.7-8, Julho de 2004 – Junho 2005. p.157-178.

MEMMI, A. *Retrato do colonizado precedido pelo retrato do colonizador*. Trad. Roland Corbisier e Mariza Pinto Coelho. Rio de Janeiro: Paz e Terra, 1977.

MESSIANT, C. *1961: L'Angola colonial, histoire et société*: les premisses du mouvement nationaliste. Basel: Schlettwein, 2005.

MIDDLETON, Y. J.; WINTER, E. H. (eds.). *Witchcraft and Sorcery in East Africa*. London: Routledge/ Kegan Paul, 1963.

MIGNOLO, W. "El pensamiento des-colonial, desprendimiento y apertura: un manifiesto." In: *TristesTópicos*. 2005. [Transcrição da aula-inaugural proferida no Centro de Estudos Avançados (CEA), da Universidade de Coimbra, disponível em: http://walter 20mignolo_ descolonial_tristestopicos.pdf, acessado em dezembro de 2006]

MILLER, C. *Blank darkness*: africanist discourse in French. Chicago: University of Chicago Press, 1985.

MINER, H. (ed.). *The City in Modern Africa*. New York: Praeger, 1967.

MITCHELL, W. J. T. *Landscape and power*. *Chicago:* University of Chicago Press, 2002.

MOISÉS, L. P. Alegres trópicos: Gonneville, Thevet e Léry. In: *Revista USP*. São Paulo: n.30, Junho a Agosto de 1996. p.84-93.

MÔNICA, M. F. "Deve-se ensinar o povo a ler?" A questão do analfabetismo (1926-1939). In: *Análise Social*. Lisboa: ICS, v.XIII, n.50 (3), 1977. p.321-353.

MOORE-GILBERT, B. (org.) *Writing India (1757-1990)*. The Literature of British India. Manchester: Manchester University Press, 1996.

MOSER, G. *Almanach de lembranças*. 1854-1932. Linda-a-Velha: Ed. ALAC, 1993.

MOSLEY, P. "Agricultural development and government Policy in settler economies: the case of Kenya and Southern Rhodesia, 1900-1960. *In: Economic History Review*. v.35, n.3. London: Wiley-Blackwell, Aug., 1982. p.390-408.

MOURALIS, B. *As contra-literaturas*. Coimbra: Almedina, 1982.

MUDIMBE, V. Y. *The idea of Africa*. Bloomington/Londres: Indiana University Press/James Currey, 1994.

_____. *The invention of Africa*. Bloomington: Indiana University Press, 1988.

MUNANGA, K. Antropologia Africana: Mito ou Realidade? In: *Estudos Afro-Asiáticos*. Revista do Centro de Estudos Afro-Asiáticos da Universidade Cândido Mendes. Rio de Janeiro, n.11, 1985. p.125-131.

NADEL, S. F. "Witchcraft in four African societies: an essay in comparision." *In: American Anthropologist*. v.54, n.1. Arlington, VA: A.A.A., 1952. p.18-29.

NASCIMENTO, C. A. R. do. *A atualidade do mito*. São Paulo: Duas cidades, 1977.

NETO, J. P. *Angola*: meio século de integração. Lisboa: ISCSPU/ Cia. Nacional, 1964.

NETO, M. da C.. Ideologias, contradições e mistificações da colonização de Angola no século XX. In: *Lusotopie*. Revue du Centre d'Étude d'Afrique Noire/UB (CEAN), Institut d'Études Politiques. Bordeaux: Karthala, n.31-33, 1997, p.327-359.

_____. O Luso, o Trópico... e os Outros (Angola, c. 1900-1975). In: *II Reunião Internacional de História da África*. Atas. Rio de Janeiro: CEA-USP/SDG-Marinha do Brasil/CAPES, 1996.

_____. Respeitar o passado – e não regressar ao passado., [Comunicação não publicada] In: *I Encontro Nacional sobre Autoridades Tradicionais*. Luanda: 2002.

NEWELL, S. Dirty Whites: "Ruffan-Writing" in Colonial West Africa. In: *Research in African Literatures*. Bloomington: Indiana University Press, v.39, n.4, Winter, 2008.

NEWITT, M. *Portugal in Africa*. The last hundred years. London: C. Hurst & Co.,*1981*.

NICHOLLS, C. S. *Red Strangers*. The White tribe of Kenya. London: Timewell Press, 2005.

NIETZCHE, F. *Segunda consideração intempestiva*. Dos usos e desvantagens da História para a vida. Rio de Janeiro: Relume Dumará, 2003 [1874].

NOA, F. *Império, mito e miopia*. Moçambique como invenção literária. Lisboa: Caminho, 2002.

NORA, P. "Entre memória e história: a problemática dos lugares." In: *Projeto História*. Revista do Programa de Pós-Graduação em História da PUC-SP. São Paulo: PUC-SP, n.10, Dez., 1993. p.7-28.

_____. *Les lieux de mémoire*. Paris: Gallimard, 1984. v.1. La République.

NUGENT, P.; LOCATELLI, F. (eds.). *African Cities*: Competing Claims on Urban Space. Leiden: Brill, 2009.

NUGENT, P.; ASIWAJU, A. I. (eds.). *African Boundaries*. Barriers, Conduits and Opportunities. London & New York: Pinter, 1996.

OKIN, S. M. "Gender, the Public and the Private." In: HELD, David. *Political theory today*. Stanford: University Press, 1991. p.67-90.

OKUMA, T. *Angola in ferment*. The background and prospects of Angolan Nationalism. Boston: Beacon Press, 1962.

OLIVEIRA, M. A. F. de. *A Formação da Literatura Angolana (1851-1950)*. Lisboa: INCM, 1985.

OLIVEIRA, W. F. de. Brancos e pretos em Angola. In: *Afro-Ásia*. Salvador: CEAO/UFBA, Ano I, n.1, 1966. p.33-39.

OTISO, K. M. Colonial Urbanization and Urban Management in Kenya. In: FALOLA, T. & SALM, S. J. (eds.). *African urban in historical perspectives*. Rochester: University of Rochester Press, 2005. p.73-97.

PADILHA, L. C. O espaço colonial e sua paginação em branco na cartografia ficcional de Eça de Queiroz. In: SANCHES, M. R. (org.). *Portugal não é um país pequeno*. Contar o império na pós-colonialidade. Lisboa: Cotovia, 2006. p.29-42.

_____. Olhares do exílio (a expatriação de negros e brancos na cena colonial africana). In: *Novos pactos, outras ficções*: ensaios sobre literaturas afro-luso-brasileiras. Porto Alegre: EdPUC-RS, 2002. p.95-104.

_____. Entre voz e letra. O lugar da ancestralidade e a ficção angolana do século XX. Niterói: EdUFF, 1995.

PALMER, R. "White farmers in Malawi before and after the depression." In: *African Affairs*. v.84, n.335. Oxford: Oxford University Press/ The Royal African Society, Apr., 1985. p.211-245.

PATTEE, R. *Portugal na África Contemporânea*. Coimbra: Instituto de Estudos Ultra-marinos, 1959.

PAULO, H. *Estado Novo e propaganda em Portugal e no Brasil*. O SPN/SNI e o DIP. Coimbra: Minerva, 1994.

PEDRO, A. M. do R. *Concursos de Literatura Colonial (1926-1936)*: um instrumento do império. Dissertação de Mestrado em Estudos Portugueses. 2 v. Lisboa: Facul-dade de Ciências Sociais e Humanas, Universidade Nova de Lisboa, 2003.

PEIRANO, M. *A teoria vivida e outros ensaios de antropologia*. Rio de Janeiro: Jorge Zahar, 2006.

PÉLISSIER, R. *História das campanhas de Angola*: resistência e revoltas (1845-1941). Trad. Manuel Ruas. 2.v. Lisboa: Estampa, 1989.

_____. *Le naufrage des caravelles*: estudes sur la fin de l'Empire Portugais (1961-1975). Paris: Éditions Péllisier, 1979.

PÉLISSIER, R. *La colonie du minotaure*. Nationalismes et revoltes en Angola, 1926-1961. Orgeval: Éditions Péllisier, 1978.

PIAULT, M. (ed.). *La colonisation: rupture ou parenthèse?* Paris: L'Harmattan, 1987.

PIMENTA, F. T. *Angola, os Brancos e a Indenpendência*. Porto: Afrontamento, 2008.

_____. Ideologia nacional dos brancos angolanos (1900-1975). In: *A questão social no novo milênio*. Anais do VIII Congresso Luso-Afro-Brasileiro de Ciências Sociais. Coimbra: CES-FE/UC, 2004.

PINA CABRAL, J. de. Galvão among the cannibals: the emotional constitution of colonial power. In: *Identities*. Global Studies in Culture and Power. New York: Routledge, v.8 (4), 2001. p.483-515.

PINTO, A. de O. O Concurso de Literatura Colonial da Agência Geral das Colónias (1926-1951): colonialismo e propaganda. In: *Clio*. Revista do Centro de História da Faculdade de Letras da Universidade de Lisboa. Lisboa: Nova Série, v.7, 2002. p.191-256.

PINTO, M. I. M. B. "Urbes industrializada: o modernismo e a pauliceia como ícone da brasilidade." *In: Revista Brasileira de História*. v.21, n.42. São Paulo: Anpuh, 2001. p.435-455.

PIRIO, G. *Commerce, industry and empire*: the making of modern Portuguese colonia-lism in Angola and Mozambique (1890-1914). Berkeley: University of California Press, 1982.

PIZARRO, A. (org.). *América Latina: palavra, literatura e cultura*. v.1 – A situação colonial. São Paulo/Campinas: Memorial/EdUnicamp, 1995.

PORTO, N. "O museu e o arquivo do império (o terceiro império português visto do Museu do Dundo, Companhia de Diamantes de Angola)." In: BASTOS, Cris-tiana; ALMEIDA, M. V. de; FELDMAN-BIANCO, B. *Trânsitos coloniais*: diálo-gos críticos luso-brasileiros. Campinas: Ed. Unicamp, 2007.

_____. *Angola a preto e branco*. Fotografia e ciência no Museu do Dundo. Coimbra: Museu Antropológico da Universidade de Coimbra, 1999.

PRÉVOST, C. *Literatura, política e ideologia*. Lisboa: Moraes Editores, 1976.

PROCHASKA, D. *Making Algeria French*. Colonialism in Bône, 1870-1920. London: Cambridge University Press, 2002.

RADCLIFFE-BROWN, A. R. *Estrutura e função na sociedade primitiva*. Petrópolis: Vozes, 1973.

RANGER, T. *Are we not also men?* The Samkange Family and African politics in Zimbabwe. 1920-64. Oxford: James Currey, 1995.

_____. "White Presence and Power in Africa." In: *The Journal of African History*. v.20, n.4. Cambridge: Cambridge University Press, 1979. p.463-469.

RÉMOND, R. *Por uma história política*. Rio de Janeiro: EdUFRJ/FGV, 2003.

RIÁUSOVA, H. *Dez anos de literatura angolana*. Col. Estudos. Luanda: UEA, 1986.

RIBEIRO, O. *A colonização de Angola e o seu fracasso*. Lisboa: INCM, 1981.

RICHARD, T. *The Imperial archive: knowledge and the fantasy of Empire*. New York: Verso, 1993.

ROCHA, E. *Angola*. Contribuição ao estudo da génese do nacionalismo moderno angolano (período 1950-1964): testemunho e estudo documental. Lisboa : Dinalivro, 2003.

RODRIGUES, E. *A Geração Silenciada*. A Liga Nacional Africana e a representação do branco em Angola na década de 30. Porto: Afrontamento, 2003.

ROONEY, C. Narratives of Southern African Farms. In: *Third World Quarterly*. New York: Taylor & Francis/ Routledge, v.26, n.3. Connecting Cultures. 2005. p.431-440.

ROSALES, M. V. Casas de África. Consumo e objetos domésticos no contexto colonial moçambicano. In: *Arquivos da Memória*. Antropologia, escala e memória. Lisboa: Centro de Estudos de Etnologia Portuguesa, n.2 (nova série), 2007. p.24-46.

ROSAS, F. *História de Portugal*. v.7 – O Estado Novo. Lisboa: Estampa, 1994.

_____. *O Estado Novo nos anos trinta (1928-1938)*. Lisboa: Estampa, 1986.

ROSAS, F. et alli. *Armindo Monteiro e Oliveira Salazar*: correspondência política (1926-1955). Lisboa: Estampa, 1996.

SAHLINS, M. The Original Affluent Society. In: SOLWAY, J. *The Politics of Egalitarianism*: Theory and Practice. New York: Berghahn Books, 2006. p.79-98.

_____. *Cultura e razão prática*. Rio de Janeiro: Jorge Zahar, 2003.

_____. *Ilhas de História*. Rio de Janeiro: Jorge Zahar, 1988.

SAID, E. W. *Reflexões sobre o exílio e outros ensaios*. São Paulo: Cia. das Letras, 2003.

_____. *Cultura e imperialismo*. São Paulo: Cia. das Letras, 1995.

_____. *Orientalismo*: o oriente como invenção do ocidente. São Paulo: Cia. das Letras, 1990.

SALVADOR, P. *Recordar Angola*. Fotos e gentes de Cabinda ao Cunene. 3 Vol. Lisboa: Quetzal, 2008.

SANCHES, M. R. (org.). *Portugal não é um país pequeno*. Contar o império na pós-colonialidade. Lisboa: Cotovia, 2006.

SANTOS, J. de C. N. *Descaminhos narrativos*: estudo dos romances *O sol dos trópicos* e *O vêlo de Oiro*, de Henrique Galvão, e *O esplendor de Portugal*, de Antonio Lobo Antunes. [tese de doutoramento] Orientador: Rita de Cássia Natal Chaves. São

Paulo: Faculdade de Filosofia, Letras e Ciências Humanas (FFLCH) da Universidade de São Paulo, 2006.

SARAIVA, A. J.; LOPES, O. *História da Literatura Portuguesa*. Porto: Porto Editora, 1966.

SARAIVA, T. "Frontier organisms: Karakul sheep, genetics and German imperialism in Africa and Europe." *In*: Actas do IV Congresso da Associação Portuguesa de Antropologia. Lisboa: APA, 2009.

SCHUMAKER, L. *Africanizing Anthropology*. Fieldwork, networks and the making of cultural knowledge in Central Africa. Durham: Duke University Press, 2001.

SCHWARTZ, J. *Vanguardas latino-americanas*: polêmicas, manifestos e textos. São Paulo: Edusp, 1995.

SCHWARZ, A. *Colonialistes, africanistes et africains*. Paris: Nouvelle Optique, 1979.

SEILLAN, J.-M. *Aux sources du roman colonial (1863-1914)*: L'Afrique à la fin du XIXème siècle. Paris: Karthala, 2006.

SERRANO, C. *Angola. Nascimento de uma nação*. Luanda: Kilombelombe, 2008.

_____. "Angola: o discurso do colonialismo e a antropologia aplicada." *In*: *África*. Revista do Centro de Estudos Africanos da USP, n.14-15. São Paulo: CEA/ USP,1992.

SERRÃO, J.; MARQUES, A. H. de O. (direção). *Nova História da Expansão Portuguesa*. v.10. Lisboa: Estampa, 1988, v.X. ALEXANDRE, Valentim; DIAS, Jill (coord.). O império africano – 1825-1890; v.XI. MARQUES, A. H. de Oliveira (coord.). O império africano – 1890-1930.

SEVRY, J. Les littératures coloniales et les réactions africaines. In: VV. AA. *Regards sur les Littératures Coloniales*. v.3 – Afrique Anglophone et Lusophone. Paris: L'Harmattan, 1999. p.205-227.

SILVA, E. M. da. *Impactos da ocupação colonial nas sociedades rurais do sul de Angola*. Centro de Estudos Africanos/ISCTE. Occasional Papers Series, n.8. Lisboa: CEA/ ISCTE, 2003.

SIMATEI, T. Colonial Violence, Postcolonial Violations: Violence, landscape and memory in Kenyan Fiction. In: *Research in African Litteratures*. Bloomington: Indiana University Press, v.36 (2/ Summer), 2005. p.85-94.

SMITH, B. H. Narrative versions, narrative theories. In: *Critical Inquiry*. Chicago: The Chicago University Press, v.7, n.1. On narrative. Autumm, 1980. 213-236.

SIMMEL, G. *Questões fundamentais da sociologia*. Rio de Janeiro: Jorge Zahar Editor, 2006.

SONTAG, S. "Notes on Camp." *In*: *Against Interpretation*. London: Eyre & Spottiswoode, 1967. p.275-289.

SPEARS, T. Neo-Traditionalism and the Limits of Invention in British Colonial Africa. In: *The Journal of African History*. London: Cambridge University Press, v.44, n.1, 2003. p.3-27.

STOCKING Jr., G. *Colonial Situations*: essays on the contextualization of ethnographic knowledge. Madison: The Wisconsin University Press, 1991.

STOWE, D. W. "The politics of Cafe Society." In: *The Journal of American History*. v.84, n.4. Lincoln: Organization of American Historians, Mar., 1998: p.1384-1406.

_____. *Victorian Anthropology*. New York: The Free Press, 1987.

STRATHERN, M. *The gender of the gift*. Problems with Women and Problems with Society in Melanesia. Berkeley: University of California Press, 1990.

_____. "Out of the context: the persuasive fictions of Anthropology." In: *Current Anthropology*, n° 28 (3), 1987. p.251-258.

TAUSSIG, M. *The nervous system*. New York: Routledge, 1992.

_____. *Shamanism, colonialism and the wild man*: a study in terror and healing. Chicago: The Chicago University Press, 1987.

TELO, A. J. *Economia e império no Portugal contemporâneo*. Lisboa: Cosmos, 1994.

THOMAZ, O. R. "Raça", nação e status: histórias de guerra e "relações raciais" em Moçambique. In: *Revista USP*. São Paulo: USP, n.68, Dezembro-Fevereiro, 2005-2006. p.252-268.

_____. *Ecos do Atlântico Sul*. Rio de Janeiro: EdUFRJ/Fapesp, 2002.

_____. O bom povo português: usos e costumes d'aquém e d'além-mar. In: *MANA* – Estudos de Antropologia. Rio de Janeiro: PPGAS-UFRJ/Museu Nacional, v.7, n.1, 2001. p.55-87.

_____. *O império no Porto*: representações sobre a colonização portuguesa no século XX. São Paulo: Cebrap, 1994.

THOMPSON, E. P. *As peculiaridades dos ingleses* e outros artigos. [ed. Antônio Luigi Negro & Sérgio Silva] Campinas: IFCH/Unicamp, 2001, [1978].

_____. *Senhores e caçadores*. Rio de Janeiro: Paz e Terra, 1997, [1975].

THORNTON, J. K. The demographic effect of the slave trade on Western Africa, 1500-1850. In: FYFE, C; McMASTER, D. *African Historical Demography*. v.2. Edinburgh: Centre of African Studies, 1981. p.691-720.

TODOROV, T. *Imperfect garden*: the legacy of humanism. Princeton: University Press, 2002.

_____. *A conquista da América*: a questão do outro. São Paulo: Cia. das Letras, 1988.

_____. *Nós e os Outros:* A reflexão francesa sobre a diversidade humana. v.2 Rio de Janeiro: Jorge Zahar, 1989.

TOMACHEVSKI, B. Temática. In: TODOROV, T. (org.). *Teoria da Literatura* – II. Formalistas Russos. Trad. Isabel Pascoal. Lisboa: Ed. 70, 1989. p.169-204.

TORRES, A. Angola: conflitos políticos e sistema social (1928-1930). In: *Estudos Afro-Asiáticos*. Rio de Janeiro: UCAM/ CEAA, n.32 Dezembro de 1997. p.163-183.

_____. *O império português entre o real e o imaginário*. Lisboa: Escher, 1991.

TRAJANO FILHO, W. *Pequenos, mas honrados*: um jeito português de ser na metrópole e nas colônias. Série Antropologia, n.33. Brasilia: UnB/ Departamento de Antropologia, 2003.

TRIGO, S. *Ensaios de Literatura Comparada Afro-luso-brasileira*. Lisboa: Vega, 1999.

_____. Literatura colonial/ Literaturas africanas. In: VV. AA. *Literaturas Africanas de Língua Portuguesa e Identidade Nacional* – Colóquio Internacional (anais). Lisboa: Fundação Calouste Gulbenkian, [10 a 13 de julho de 1985] 1987.

TURNER, V. *Dramas, campos e metáforas*. Niterói: EdUFF, 2008.

_____. *A floresta de símbolos*. Aspectos do ritual Ndembu. Niterói: EdUFF, 2005.

_____. *The anthropology of performance*. New York: PAJ Publications, 1987.

_____. *From ritual to theatre: the human seriousness of play*. New York: PAJ Publications, 1982.

UUSIHAKALA, K. "From impulsive adventure to postcolonial commitment: making white identity in contemporary Kenya." *In: European Journal of Cultural Studies*. v.2, n.1. London: Sage, 1999. p.27-45.

Van DONGEN, I. "Coffee Trade, Coffee Regions, and Coffee Ports in Angola." *In: Economic Geography*. v.37, n.4. Worcester: Clark University Press, Oct., 1961. p.320-346.

VANSINA, J. *How societies are born*: governance in West Central Africa before 1600. Charlottesville, VA: University of Virginia Press, 2004.

_____. *Kingdoms of the Savanna*. Madison: The University of Wisconsin Press, 1966.

VEBLEN, T. *A teoria da classe ociosa. Um estudo econômico das instituições*. São Paulo: Abril Cultural, 1987.

VIVEIROS DE CASTRO, E. "O nativo relativo." *In: Mana*. Revista do Programa de Pós-Graduação em Antropologia Social do Museu Nacional. v.8, n.1. Rio de Janeiro: PPGAS/MN, Abr., 2002. p.113-148.

WAGNER, R. *A invenção da Cultura*. São Paulo: Cosac Naify, 2010.

WATERSON, R. "The Contested Landscapes of Myth and History in Tana Toraja." *In*: FOX, J. J. *The poetic power of place*. Comparative perspectives on Austronesian ideas of locality. Canberra: The Australian National University Press, 1997.

WERBNER, R. *Tears of the dead*: the social biography on an African family. Edinburgh: University Press, 1991.

WESSELING, H. L. *Dividir para dominar*. A partilha da África (1880-1914). Rio de Janeiro: EdUFRJ /Revan, 1998.

WESTERN, J. Undoing the colonial city. In: *The Geographical Review*. New York: American Geographical Society, n.75, July, 1985. p.335-357.

WHEELER, D.; PÉLLISIER, R. *Angola*. London: Praeger, 1971.

WHITE, L. *Magomero*: portrait of an African village. Cambridge: University Press, 1987.

WILLIAMS, R. *Palavras-chave*. Um vocabulário de cultura e sociedade. São Paulo: Boitempo, 2007.

_____. *O campo e a cidade na história da literatura*. São Paulo: Cia. das Letras, 1989.

WILSON, M. "Witch beliefs and social structure." *In: American Journal of Sociology*. v.56. Chicago: University of Chicago Press, 1951. p.307-313.

WOODWARD, W.; HAYES, P.; MINKLEY, G. *Deep histories*. Gender and colonialism in Southern Africa. Amsterdam/ New York: Rodopi, 2002.

WRIGLEY, C. C. *"Kenya: the* patterns of economic life." *In*: HARLOW, V. T; CHILVER, E. M. *History of East Africa*. v.II. Oxford: Clarendon Press, 1965. p.221-249.

YOUNG, R. J. *Colonial desire*: hibridity in theory, culture and race. London: Routledge, 1995.

ZILHAO, P. M. P. G. *Henrique Galvão*: prática política e literatura colonial (1926-1936). [tese de doutoramento] Orientador: Leila Maria Gonçalves Leite Hernandez. São Paulo: Faculdade de Filosofia, Letras e Ciências Humanas (FFLCH) da Universidade de São Paulo, 2006.

SOBRE O LIVRO

Formato: 16 x 23 cm
Mancha: 27,5 x 49,0 paicas
Tipologia: Horley Old Style 11/15

EQUIPE DE REALIZAÇÃO

Coordenação Geral
Oitava Rima